Volker Schumpelick, Bernhard Vogel (Hrsg.)

Alter als Last und Chance

D1671426

Volker Schumpelick, Bernhard Vogel
(Hrsg.)

Alter als Last und Chance

Beiträge des Symposiums
vom 30. September bis 3. Oktober
2004 in Cadenabbia

Herausgegeben im Auftrag
der Konrad-Adenauer-Stiftung e.V.

HERDER

FREIBURG · BASEL · WIEN

Gedruckt auf umweltfreundlichem,
chlorfrei gebleichtem Papier
Originalausgabe
Alle Rechte vorbehalten – Printed in Germany
© Verlag Herder Freiburg im Breisgau 2005
www.herder.de
Satz: Barbara Herrmann, Freiburg
Druck und Bindung: fgb . freiburger graphische betriebe 2005
www.fgb.de
Umschlaggestaltung: Media Consulta, Köln
Bildnachweis: dpa
ISBN 3-451-25952-4

Inhalt

I. Reflexionen

II. Definitionen

III. Demographische Entwicklung

IV. Medizin im Alter

V. Fallbeispiele aus der klinischen Praxis

VI. Soziale Aspekte des Alters

VII. Wirtschaftliche Aspekte des Alters

VIII. Altersgrenzen

IX. Politik in der alternden Gesellschaft

X. Das Alter in der Literatur

XI. Schlusswort

Vorwort

Volker Schumpelick, Bernhard Vogel

Seit 2002 finden die „Cadenabbia-Gespräche Medizin – Ethik – Recht" in der Villa La Collina, Adenauers Feriendomizil am Comer See, statt. Der interdisziplinäre Gesprächskreis widmet sich politisch brisanten Fragestellungen aus dem Themenfeld Medizin und Gesundheitswesen, die mit erheblichen ethischen und rechtlichen Problemen verknüpft sind und deren Behandlung ein sachlich und fachlich fundiertes Urteil voraussetzt: „Klinische Sterbehilfe und Menschenwürde" (2002), „Grenzen der Gesundheit" (2003) und „Alter als Last und Chance" (2004).

Die Diskussion über Fragen der Medizinethik darf nicht auf den Kreis von Spezialisten beschränkt bleiben; sie ist von allgemeinem Interesse und sollte es künftig noch mehr werden. Dazu ist die Dokumentation der Cadenabbia-Gespräche ein, wie wir meinen, wichtiger Beitrag.

Fragen der Medizinethik verdienen breite Beachtung, weil sie häufig den Kern des Menschseins und die Wahrung der Menschenwürde berühren. Doch bei aller notwendigen öffentlichen Debatte – sie muss auch in der richtigen Weise geführt werden. Das Thema der demographischen Entwicklung ist ein Beispiel dafür: Zwar erreichen entsprechende Publikationen inzwischen sogar die Bestsellerlisten, aber dennoch ist die Debatte immer noch aufgeregt und wenig ergebnisorientiert. In der Abgeschiedenheit von Cadenabbia, fern vom politischen Alltagsgeschäft, haben Experten verschiedenster Disziplinen das Thema „Alter als Last und Chance" drei Tage lang eingehend diskutiert. Die vorliegende Dokumentation ist ein Beleg dafür, dass

11

auch dieses Thema abgewogen diskutiert werden kann,
dass Lösungsansätze für brennende Probleme existieren.

Zweifellos ist der demographische Wandel eine der größten Herausforderungen, vor denen die westlichen Gesellschaften und in besonderem Maße Deutschland stehen.
Seine Bedeutung kann kaum überschätzt werden, doch für
Katastrophenszenarien besteht kein Anlass. Dass Menschen immer älter werden, ist zunächst ein wunderbarer
Erfolg, zu der die Medizin mit ihren präventiven und therapeutischen Fortschritten erheblich beigetragen hat. Aber
der Anstieg der Lebenserwartung und – damit verbunden –
die Alterung der Gesellschaft stellt uns auch vor unüber-
sehbare Probleme, denen wir uns endlich stellen müssen.
Es herrscht dringender Diskussions- und Handlungsbedarf.

Die demographische Entwicklung betrifft die Zukunft
des Gesundheits- und Sozialwesens in besonderer Weise,
doch muss man ihre Auswirkungen darüber hinaus als ein
gesamtgesellschaftliches Problem, das heißt *grundsätzlich*
diskutieren: Wann ist ein Mensch alt? Welchen Platz sollen Menschen höheren Alters in unserer Gesellschaft
haben? Welche Risiken birgt eine alternde Gesellschaft?
Welche Lasten kommen auf uns zu? Wie reagieren die Gesellschaften in unserer Nachbarschaft auf den demographischen Wandel? Ergeben sich auch Chancen? Kann es sich
unsere Gesellschaft leisten, ältere Menschen und ihre Potenziale zu vernachlässigen? Wie können wir das Know-
how und die Lebenserfahrung älterer Menschen nutzen?
Wie lässt sich die Teilhabe der Älteren am gesellschaftlichen Leben verbessern?

Konrad Adenauer war 73, als ihn der Deutsche Bundestag 1949 zum Bundeskanzler wählte, und er blieb noch 14
Jahre in diesem Amt. Bei seinem 90 Geburtstag wünschte
ihm ein Gratulant, dass er 100 Jahre alt werde. Adenauer
soll darauf geantwortet haben: „Warum wollen Sie der
Barmherzigkeit Gottes so enge Grenzen setzen?"

Adenauers Vorbild taugt auch für die gegenwärtige Debatte um das Alter. Die Probleme des demographischen
Wandels darf man nicht verschweigen oder bemänteln, sie
sind gravierend. Und doch darf man darüber nicht übersehen, dass das Alter auch gute und immer mehr auch gesunde Jahre für die Menschen bereithalten kann. Für uns
heißt das: Nehmen wir die Probleme zur Kenntnis, wie sie
sind! Aber ohne Resignation und in der Bereitschaft, mit
den Schwierigkeiten fertig zu werden. Die „Cadenabbia-
Gespräche 2004" haben gezeigt, dass das möglich ist.

Einführung

Bernhard Vogel

Demographischer Wandel, alternde Gesellschaft, Alter und Altern sind wahrlich keine neuen Themen! Viele Fachleute arbeiten schon seit langem daran. Und seit Jahren liegen viele Publikationen vor, die auch dem interessierten Laien die entstehende Problematik veranschaulichen. Auch in den Medien wird dieses Thema in all seinen Facetten immer wieder aufgegriffen.[1]

Aber leider ist es in Deutschland schwierig, darüber eine wirkliche Debatte zu führen: Die Warnungen vor den Konsequenzen des demographischen Wandels sind schon vor zwanzig, dreißig Jahren ausgesprochen und niedergeschrieben worden. Bereits das Jahresgutachten 1980/81 des Sachverständigenrates zur Begutachtung der gesamtwirtschaftlichen Lage[2] wies auf die folgenschweren Auswirkungen der demographischen Entwicklung bei der Rentengesetzgebung hin. Fast gleichzeitig mahnte Oswald von Nell-Breuning – der bedeutende Vertreter der katholischen Soziallehre – an, dass der absehbare Strukturwandel im Altersaufbau der Bevölkerung zu Konsequenzen führen müsse.[3]

Durchgreifende Konsequenzen sind jedoch lange Zeit ausgeblieben. Nur wenige politisch Handelnde haben die Tragweite der demographischen Änderungsprozesse wirklich erkannt. Die Auseinandersetzung um die Zukunft der sozialen Sicherungssysteme hat zwar zu einem Perspektivenwechsel geführt. Aber dadurch haben wir längst noch keine sachbezogene Debatte. Als die Herzog- und die Rürup-Kommission ihre Berichte vorlegten,[4] war der Auf-

14

schrei groß. Auf Verdrängung folgte Untergangsstimmung, gegenseitige Schuldzuweisung oder Relativierung.

Das Gespenst einer schrumpfenden und alternden Gesellschaft geht um: Von einem „*Methusalem-Komplott*", von einer „*demographischen Zeitenwende*" oder – noch schlimmer – von einer „*Zivilisation der Euthanasie*" war in der Debatte bereits die Rede. Hierzulande ist die Kunst der Dramatisierung nicht weniger hoch entwickelt als die Kunst der Verdrängung. Das eine führt zu Attentismus, das andere zu vorschnellen und unüberlegten Handlungen.

Die erste Forderung muss daher lauten: Wir brauchen die nüchterne Erkenntnis dessen, was ist, was sein wird und – nicht zuletzt – was auf uns zukäme, würden wir nicht vernünftig und konsequent handeln.

Die Kindersterblichkeit geht zurück und die Lebenserwartung steigt. Die Lebenserwartung betrug 1871 bei Mädchen 45 und bei Jungen 38 Jahre, heute beträgt sie bei Mädchen 81 Jahre und bei Jungen 75 Jahre[5] – das sind acht Jahre mehr, als ein männlicher Säugling vor vier Jahrzehnten zu erwarten hatte; bei Frauen ist die Lebenserwartung im selben Zeitraum sogar um fast neun Jahre gestiegen.

Die Prognosen gehen davon aus, dass sich die durchschnittliche Lebenserwartung weiter erhöhen wird – alle vier Jahre etwa um ein Jahr. Sollen wir das etwa bejammern? Man könnte sich auch darüber freuen und darin einen Anlass sehen, der Wissenschaft und den Medizinern zu danken.

Während die Lebenserwartung steigt, nimmt die Bevölkerung insgesamt ab. Um die Bevölkerungszahl stabil zu halten, müssten – statisch betrachtet – pro 100 Frauen etwa 210 Kinder geboren werden. Tatsächlich sind es aber nur 136 Kinder. Beinahe alle Prognosen beruhen auf der Annahme, dass sich an diesem Trend in den kommenden dreißig oder vierzig Jahren kaum etwas ändern wird. Auf dieser Grundlage sagt eine Modellrechnung des Statistischen Bundesamtes bis 2050 einen Bevölkerungsrückgang auf 70 Millionen Einwohner voraus. Das entspräche dem Bevölkerungsniveau der 50er Jahre des vorigen Jahrhunderts.

Als Folge zurückgehender Geburtenziffern und steigender Lebenserwartung werden die Deutschen bereits 2035 zu den Völkern der Erde gehören, die das höchste Durchschnittsalter aufweisen. Bewahrheiten sich die Erwartungen der Demographen, dann wird es 2050 ebenso viele über 80-Jährige wie unter 20-Jährige geben.

Demographie ist hilfreich, um auf die Zukunft vorbereitet zu sein. Man muss allerdings zwischen Prognosen und ihrer problematischen Fortschreibung unterscheiden. Es gibt sichere Prognosen, an denen sich so gut wie nichts mehr ändern lässt und die wir akzeptieren müssen. Aber Vorausberechnungen für 2050 zu akzeptieren bin ich nicht bereit. Schon deshalb nicht, weil sich demographische Trends – zumindest langfristig – umkehren oder abschwächen lassen, beispielsweise mit einer guten Familienpolitik oder weil sich insbesondere Zu- und Abwanderung beeinflussen lassen. Langfristige Prognosen haben daher erfreulicherweise die Eigenschaft, sehr häufig nicht zu stimmen.

Vorhersagen mit einem Horizont von über 50 Jahren haben in der Vergangenheit nicht gestimmt, und sie werden auch in der Zukunft nicht stimmen. Erfreulicherweise erlaubt sich die Wirklichkeit, sich anders zu verhalten, als es statistisch vorausberechnet wird. Kein Vorwurf an die Statistiker, an die statistischen Landesämter: Sie tun ihre Pflicht. Sondern Vorwurf an die, die mit den Zahlen umgehen! Handlungsmöglichkeiten stehen uns offen, und wir sollten bereit und entschlossen sein, sie zu nutzen.

Völlig hoffnungslos ist die Lage trotz aller düsteren Szenarien nicht! Im Gegenteil: Wer ein Umdenken zum Bei-

16

spiel in der Familienpolitik fordert, darf doch nicht gleichzeitig von ihrer völligen Folgen- und Wirkungslosigkeit ausgehen. Und im Übrigen ist interessant, dass sich die Geburtenzahlen stark an die konjunkturelle Lage anpassen. Die Weltwirtschaftskrise der frühen 30er Jahre hat eine Kerbe in die Bevölkerungspyramide geschlagen, die heute noch gut sichtbar ist. In Zeiten des Wirtschaftswunders schnellte die Geburtenrate in die Höhe: 2,5 Kinder pro Frau, heute zwischen 1 und 1,4! Was 2050 wirklich sein wird, ist auch abhängig von der Wirtschaftsentwicklung.

Dass die Bevölkerung in den nächsten Jahrzehnten drastisch abnehmen und durchschnittlich älter werden wird, steht fest. Um wie viel, ist jeweils noch die Frage. Auf die absehbaren Einwicklungen müssen wir uns einstellen. Ganz praktische Fragen sind zu klären. Wie machen wir die sozialen Sicherungssysteme demographiefest? Wer soll die Betreuung pflegebedürftiger Menschen übernehmen? Der Staat oder die Familie?

Doch muss man auch grundsätzlicher fragen: Unser Volk wird älter, aber altern wir auch? Von „altern" kann nur der sprechen, wer die Maßstäbe von vorgestern und nicht die von morgen anlegt. Dass wir länger leben, ist eine erfreuliche Tatsache, aus der aber nicht die notwendigen Konsequenzen gezogen werden. Früher haben fast alle Menschen mit 14 Jahren zu arbeiten begonnen, mit 65 haben sie aufgehört und mit 68 sind sie im statistischen Mittel gestorben. Heute sind wir froh, wenn Lehrlinge mit 18 ausgelernt haben und Akademiker mit 30 anfangen und nicht mit 58 schon wieder zu arbeiten aufhören. Danach liegen im Schnitt noch 20 Lebensjahre vor ihnen – langfristig sogar 40 Jahre.

Das ist der entscheidende Punkt. Wer heute 80 ist, war mit 60 jünger als der 60-Jährige vor vier Jahrzehnten mit einer Lebenserwartung von 65 Jahren. Es ist sehr bedauerlich, dass heute in Deutschland weniger Kinder geboren als Tote begraben werden. Aber es ist erfreulich, dass man uns heute sagt: Von zwei Mädchen, die 2004 geboren wurden, hat eines die Chance, das 22. Jahrhundert zu sehen. Nur müssen wir die Zeichen der Zeit erkennen und daraus Schlussfolgerungen ziehen!

Die Menschen leben nicht nur länger, sie bleiben länger gesund und aktiv. Der Anteil der Gesunden und Leistungsfähigen an der Gesamtbevölkerung steigt. Das sagt das Schweizer Risk Institute und stellt einen gegenläufigen Alterungsprozess – „counter-aging" – fest.[6]

Von dem statischen Altersbegriff – 65 Jahre –, den wir alle als eiserne Gewissheit mit uns herumtragen, sollten wir uns daher verabschieden. Alt ist man dann, wenn die körperlichen und geistigen Kräfte signifikant nachlassen.

Und zweitens: Wo steht denn geschrieben, dass das Durchschnittsalter der Bevölkerung über die wirtschaftliche Leistungsfähigkeit eines Landes entscheidet? Berechnungen, nach denen es einen altersbedingten Rückgang der Wirtschaftsleistung geben soll, halte ich für abwegig. Innovation und Produktivität haben zunächst einmal keine Altersgrenze. Voraussetzung ist allerdings, dass der Zugang zu neuem Wissen und technischen Entwicklungen nicht abbricht. Bildung und lebenslanges Lernen sind entscheidende Faktoren, wenn Wachstum und Wohlstand auch bei schrumpfender Bevölkerung gewahrt werden sollen.

Mit durchschnittlich 60,5 Jahren hat Deutschland eines der niedrigsten Renteneintrittsalter überhaupt, bei der Erwerbsquote der 55- bis 64-Jährigen – 41,5 Prozent – liegen wir international ebenfalls ganz hinten.

Ich meine, es ist an der Zeit, dass wir es nicht mehr vom Alter abhängig machen, was wir den Menschen zutrauen.

Die Amerikaner machten Konrad Adenauer – 69-jährig – wieder zum Kölner Oberbürgermeister. Mit 70 wählte ihn die CDU in der britischen Besatzungszone zum Vorsitzenden. Wenig später übernahm er die Fraktionsführung im Landtag von Nordrhein-Westfalen. Als ihn 1948 der Parlamentarische Rat zu seinem Präsidenten machte, war er 72. Am 15. September 1949 wählte der erste Deutsche Bundestag den 73-Jährigen zum Bundeskanzler, und er blieb es 14 Jahre lang.

Noch ist die Arbeitslosigkeit hoch. Das mahnt zur Vorsicht. Aber auch hier muss über den Tag hinausgedacht werden. Wenn es zum Beispiel in Thüringen 2010 – statt heute 36.000 – nur 15.500 Schulabgänger gibt, werden zunächst Lehrlinge und drei Jahre später junge Facharbeiter Mangelware sein.

Mittelfristig wird man nicht umhinkönnen, den Menschen ein längeres und produktiveres Arbeiten zu ermöglichen. Zumal der Blick über die Grenzen zeigt, dass in Ländern mit einer hohen Erwerbsquote älterer Menschen insgesamt eine geringere Arbeitslosigkeit herrscht.

Die vielfältigen und komplexen Anforderungen des demographischen Wandels verlangen nach mehrdimensionalen Anpassungs- und Lösungsstrategien. Man kann nicht unkoordiniert, also lediglich in einzelnen Politikfeldern auf sie reagieren. Dass wir uns jetzt in Deutschland vor allem mit den akuten Finanzierungsproblemen der sozialen Sicherungssysteme beschäftigen, ist notwendig.

Aber von nachhaltigen Lösungen, die über das Finanzielle und Ökonomische hinausgehen, sind wir noch weit entfernt. Die Fragen, die wir zu beantworten haben, betreffen das gesamte gesellschaftliche und private Leben. Sie sachlich fundiert und vernünftig abwägend zu beantworten, ist eine Herausforderung für die gesamte Gesellschaft. Es ist endlich Zeit „für große politische Aktion". Nehmen wir zur Kenntnis, was ist! Ohne Resignation oder Panik, sondern vielmehr mit der klaren Absicht und Bereitschaft, mit den Schwierigkeiten fertig zu werden. Machen wir die Zukunft zu unserer Sache – und nicht nur die Gegenwart!

Anmerkungen

[1] Vgl. u. a.: Späth, Lothar / Lehr, Ursula (Hrsg.): Alter als Chance und Herausforderung. Bonn 1990; Enquete-Kommission Demographischer Wandel – Herausforderungen unserer älter werdenden Gesellschaft an den einzelnen und die Politik, Bundestags-Drucksachen 12/7876 und 13/11460; *Birg, Hartwig:* Die demographische Zeitenwende. München 2001; *Miegel, Meinhard:* Die deformierte Gesellschaft. München 2002; *Schirrmacher, Frank:* Das Methusalem-Komplott. München 2004.

[2] Sachverständigenrat zur Begutachtung der gesamtwirtschaftlichen Lage, Jahresgutachten 1980/81. Wiesbaden 1981 (www.sachverstaendigenrat-wirtschaft.de).

[3] *Nell-Breuning, Oswald von:* Soziale Sicherheit? Freiburg 1979.

[4] Bericht der Kommission „Soziale Sicherheit zur Reform der sozialen Sicherungsssysteme", www.cdu.de/tagesthema/30_09_03_soziale_sicherheit.pdf; Nachhaltigkeit in der Finanzierung der Sozialen Sicherungssysteme, www.soziale-sicherungsssysteme.de.

[5] Vgl. Statistisches Bundesamt, www.destatis.de/themen/d/thm_bevoelk.php.

[6] Vgl. Risk Institute, www.riskinstitute.ch.

I. Reflexionen

Das Alter in der Medizin- und Kulturgeschichte

Klaus Bergdolt

Was ist das Alter? Ein *Naturphänomen*, eingebunden in das ewige Werden und Vergehen, hinter dem große Denker von Heraklit bis Goethe den Kern von Leben und Unsterblichkeit vermuteten? Oder eine *Krankheit*, die es zu bekämpfen gilt? Kein Mensch wird diese Frage jemals klären können, es sei denn, er legte sich, um sich selbst zu täuschen, bestimmte höchst subjektiv gefärbte Prämissen zurecht. In der Kultur- und Medizingeschichte wurde das Thema naturgemäß häufig aufgegriffen. Als Seneca, Cicero oder – um ein Beispiel aus dem Mittelalter herauszugreifen – Albert der Große (in seiner Schrift *De generatione et corruptione*) über das Problem reflektierten, ging es – von der Tradition der (ebenso medizinisch wie theologisch begründbaren) „ars vivendi" bzw. „ars moriendi" einmal abgesehen – vor allem um psychologische Fragen oder naturwissenschaftlich-philosophische Theorien. Heute dagegen kreist die Altersdiskussion um „Life Science", Versicherungsprobleme und ökonomische Aspekte, wie etwa die Bewältigung der Kosten für die Betreuung alter und kranker Menschen, manchmal auch schon um die Börsentauglichkeit des Hospizgewerbes oder der boomenden Altersheim-Industrie. Die Altersmedizin (Geriatrie) steht längst im Schatten einer umfassenden, interdisziplinär betriebenen Alterswissenschaft (Gerontologie). Das Thema „Alter" fasziniert und schockiert. Buchverlage, Talkshows, Vortragsreihen, Feuilletons und wissenschaftliche Symposien stellen sich auf das für die Gesellschaft so existentielle Thema ein.

Im Hinblick auf aktuelle Entwicklungen, welche auf eine Rationierung medizinischer und anderer Leistungen für alte Menschen hinauslaufen, erscheint die Frage legitim, inwieweit das Alter und der alte Mensch schon *vor* der Mitte des 20. Jahrhunderts gesellschaftlich an den Rand gedrängt wurden, als der Jugend- und Schönheitskult die westliche Kultur zu dominieren begann, d. h. jene als Dorian-Gray-Syndrom bekannt gewordene Massenpsychose, die heute etwa fünf Prozent unserer Jugendlichen kennzeichnet, deren Lebensziel allein in der Vervollkommnung des Körpers besteht und die ein sinnvolles Dasein nur noch mit Jugend verbinden können? Es war Simone de Beauvoir, die in den 70er Jahren die Verdrängung des Alters durch die moderne Gesellschaft brandmarkte. Ihr Buch *Die Zeremonie des Abschieds* kreiste um den körperlichen und geistigen Zerfall Jean-Paul Sartres und klagte eine utilitaristisch geprägte modische Entwicklung an, welche die Rücksichtslosigkeit der Gesellschaft gegenüber betagten, hinfälligen Menschen vorprogrammierte. Philippe Ariès und Jacques Gélis entdeckten damals das Alter als Thema der historischen Sozialforschung. Über die soziale Stellung alter Menschen in der Vergangenheit ließ sich, so ihre sozialhistorische These, erst dank demographischer Analysen richtig urteilen – eine Lücke, die zunächst Arthur E. Imhoff mit umfassenden Forschungen zu schließen suchte. Struktur- und Mentalitätsgeschichte tendierten damals mit ihren sozialwissenschaftlichen Ansätzen dazu, bisher tabuisierte Aspekte des Menschlichen zu untersuchen. Das Alter bot sich hier besonders an. Man lernte, dass es auch früher betagte, ja sehr alte Menschen gegeben hatte und historische Statistiken über niedrigere *Durchschnittsalter* hinaus wenig Konkretes aussagen. Wer vom 17. bis zum frühen 19. Jahrhundert z. B. das 10. Lebensjahr erreichte, hatte immerhin gute Chancen, auch 50 zu werden, wobei allerdings nur jeder Zehnte das 60. Lebensjahr überschritt. 70- oder gar 80-Jährige blieben in der frühen Neuzeit allerdings eine Rarität! Der Beginn des Greisenalters wurde entsprechend niedriger angesetzt als heute. Vieles spricht dafür, dass Alte als kleine, privilegierte, an Lebenserfahrung und „Altersweisheit" reiche Gruppe häufig besondere Verehrung genossen und aufgrund ihrer geringen Zahl gesellschaftlich bevorzugt wurden. Allerdings steht diese populäre These – viele mag das überraschen – auf einer erstaunlich brüchigen historischen Quellenbasis. Allzu viele Ausnahmen – bis weit ins 19. Jahrhundert – bestätigen in diesem Fall jedenfalls nicht die Regel. 1843 verlangte der Arzt Friedrich Wilhelm Theile in der *Allgemeinen Enzyklopädie der Wissenschaften und Künste*, Ärzte müssten sich jenen (im Alltag offensichtlich nicht seltenen!) Verfahren entziehen, „durch die man ebenfalls die Agonie abzukürzen sucht, dem Wegziehen des Kopfkissens, dem Bedecken des Gesichtes mit einem Tuche, dem Umlegen des Kranken aufs Gesicht, dem Zubinden oder sonstigen Verstopfen der Nase und des Mundes". Passagen wie diese, die so gar nicht zu unserem Bild des Biedermeier passen, lassen vermuten, dass das Schicksal der Alten und Schwerkranken in der bürgerlichen oder bäuerlichen „Großfamilie" des 19. Jahrhunderts weit weniger idyllisch war, als es die gängige Vorstellung von der „guten alten Zeit" suggeriert! Entsprechend betonte zwei Jahre später Theiles französischer Kollege Maximilien Simon in der *Déontologie médicale*, ein Arzt dürfe niemals aktiv ein altes Menschenleben beenden, wenn die Medizin ein „Zweig der Caritas" bleiben wolle. Das „Altenteil" war für die Jungbauern und Junghandwerker ein Problem, vor allem aber für die Betroffenen selbst, die ernährt werden mussten und der Generation ihrer Kinder und Schwiegerkinder nur Sorgen bereiteten. „Alte Jungfern", böse Schwiegermütter und die böse Hexe im Märchen standen für die negativen Alten. Die „Generationenliteratur", aber auch das bewusst positive Bild der Großeltern oder der sozial engagierten Witwen in der Erziehungsliteratur des 19. Jahrhunderts sollte solche Erfahrungen korrigieren. Sie lassen aber keinesfalls auf den realen Alltag schließen!

In Wirklichkeit wurde das Alter schon früh marginalisiert. Im Dreißigjährigen Krieg und in anderen Kriegen ging es betagten Menschen aus der Masse der Bauern und Ärmeren, der Leibeigenen, Mägde und Knechte bis zum 18. und 19. Jahrhundert schlecht – falls sie nicht in einem Hospiz versorgt wurden oder von wohltätiger Hand eine Pfründe oder sonstige karitative Unterstützung erhielten. Und auch in Friedenszeiten war ihre Situation kaum befriedigender. Die heute etwas in Verruf gekommene Bismarck'sche Sozialreform bedeutete hier eine einschneidende Wende zum Besseren mit weltweiter Vorbildfunktion. Dass sich aus ihr eine „Versorgungsmentalität" mit ausufernden Ansprüchen entwickeln würde, konnte in den 80er Jahren des 19. Jahrhunderts niemand ahnen. Entsprechende Forderungen an den Staat werden heute infolge der drastischen Verknappung öffentlicher Gelder scharf kritisiert – und vor allem alten Menschen unterstellt, die in Deutschland im Durchschnitt noch nie so alt wurden und (rein materiell gesehen) noch nie so gut dastanden wie in unseren Tagen. Sie spüren die ausgesprochenen und unausgesprochenen Vorwürfe und fühlen sich, gerade im Hinblick auf ihren hohen Lebensstandard, auf der Anklagebank. Man weiß, dass ungeahnte Restriktionen und Benachteiligungen drohen, vor allem eine schlechtere medizinische Behandlung und die Verachtung jener Jüngeren, die allein in der Lage sind, das Bruttoinlandsprodukt zu vermehren. In unseren Tagen spielen sich in unseren Altersheimen und Pflegestationen – von der Spaßgesellschaft weitgehend übersehen – zunehmend Tragödien ab. Am Institut für Rechtsmedizin der Charité konnte man in den letzten Jahren einen dramatischen Anstieg der Selbstmord-fälle unter den 65- bis 95-Jährigen nachweisen. Ihr entscheidendes Motiv war, wie die Autoren herausfanden, „Angst vor absoluter Hilflosigkeit und unwürdigem Weiterleben". 2002 nahmen sich bundesweit 3524 Menschen über 65 das Leben, fünf Prozent mehr als im Vorjahr. Der eiskalte Wind, der alten Menschen entgegenbläst, wird noch zunehmen! Vielleicht gibt es, könnte man zynisch erhoffen, hier doch noch ein suizidbedingtes, demographisch-prognostisch noch nicht einkalkuliertes Einsparpotential, so dass der eine oder die andere Alte sich trotz allem, ungeachtet der beifallsbegleiteten Forderung eines bekannten Jungpolitikers, ein Hüftgelenk wird leisten können ... Der italienische Philosoph Norberto Bobbio hat in seinem Buch *Vom Alter* (1997) die Probleme des Betagten naturalistisch – und damit dramatisch – geschildert. Es handelt sich für mich um das eindrucksvollste Werk zu dieser Problematik.

Das Alter wurde, ungeachtet aller Beschwichtigungen und Verklärungen, schon immer als bedrohlich empfunden. Las man in der frühen Neuzeit (von Montaigne bis zur Aufklärung) „schöngeistige" Literatur, wurde man in seiner kritischen, ja ablehnenden Haltung alten Menschen gegenüber eher bestätigt. 1720 verfasste so der Poeta Laureatus Hermann von Walkoven einen Traktat über den „Geiz der Greise" (*De senum avaritia*). Die Idee ging auf Aristoteles und zahlreiche Satiriker und Komödiendichter der Antike zurück – man denke an Aristophanes, Menander oder Plautus, die alte und altersschwache Menschen erstaunlich kalt und gefühllos karikierten. Horaz und Ovid hatten die angebliche sexuelle Lüsternheit der Greise herausgestellt, Aristoteles beschrieb sie als Misanthropen, misstrauisch, pessimistisch, zum Zorn neigend, rückwärts gewandt, mutlos, geizig und egoistisch. In mittelalterlichen Sentenzen- und Spruchsammlungen finden wir „senes qui se nesciunt" – also Greise, die sich selbst nicht kennen –, das Gegenteil der weisen Alten (von „*se nes*ciunt" leiteten einige Autoren sogar das Wort *senes* – Greise – ab, Leute eben, die sich selbst nicht mehr kennen!).

Sie verdienen im Übrigen, wie schon das Gros der heidnisch-antiken Autoren betont hatte, wenig Mitleid. Wer das banale Glück hatte, die meisten seiner eigenen Generation zu überleben, muss akzeptieren, dass es sich bei dem nunmehr erreichten Alter nun einmal, wie im Buch Kohelet (12, 2) nachzulesen ist, um Jahre handelt, „von denen du sagen wirst, sie gefallen dir nicht". Sie sind schicksalhaft – und deshalb, ob positiv oder negativ, klaglos hinzunehmen. Alte haben, einem uralten Naturgesetz entsprechend, zurückzustecken. Francesco Petrarca, der „erste moderne Mensch" (Renan), pflegte im 14. Jahrhundert seine ideologischen Gegner, d. h. vor allem die scholastisch gebildete Ärzteschaft, als herumschwadronierende Greise abzuqalifizieren, so dass ihm ein prominenter päpstlicher Leibarzt 1351 vorhalten konnte, er verspotte das Alter auf unchristliche und entehrende Weise. Kultur und Denkwelten des Spätmittelalters erschienen Petrarca, wie es die Säftelehre der verhassten Schulmedizin vorgab, „nach Greisenart träge und kalt" – die Jugend galt als heiß, das Alter als kalt und trocken! Auch die Erde wurde mit Kälte assoziiert, und schon Aristoteles leitete das Wort „geras" (Greis) von „gé" (Erde) ab. Alt war, wer schon erdig, zäh, verlangsamt, passiv erschien. Die keinesfalls betagten Kleriker an der Kurie in Avignon, die Petrarca in seiner Schrift *Sine nomine* attackiert hatte, machten sich – so die Invektiven des Dichters – lächerlich, weil sie, folgen wir seinen Ausführungen, *Karikaturen* der Alten entsprachen: „Derart hat sie das Vergessen ihres Alters, ihres Zustands und ihrer Kräfte gepackt, so sehr entbrennen ihre Begierden, so stürmen sie in jedes schändliche Laster, als bestünde ihr Ruhm nicht im

Kreuze Christi, sondern im Fressen und Saufen ... Und heftig versuchen sie, die entfliehende Jugendkraft mit der Hand zurückzureißen, und sie halten es für eine Bereicherung des äußersten Greisenalters zu tun, was kein Jüngling wagen würde." Der scharfe Beobachter und sensible Zeitkritiker erkannte ferner: Betagte Menschen zaudern häufig von Natur aus und blockieren Denken und Phantasie der Jüngeren, wie jener alte Hirte, der – unmittelbar vor der berühmten, 1336 geschilderten Besteigung des Mont Ventoux – sich bemühte, den Dichter und dessen Bruder von dieser Aktion abzubringen, mit der nicht wenige den neuen Gedanken der Renaissance verbinden. Nicht nur bei Petrarca lautete der ungeheure Vorwurf: Alte Menschen verhindern den Fortschritt!

So sehr Petrarca allerdings hier polemisierte – sein *philosophisches* Konzept von *dignitas, senectus* und *auctoritas* berief sich auf ein anderes, durchaus positives Altersbild (das ebenfalls seit der Antike ableitbar war, wofür es in der Literatur allerdings weitaus weniger Beispiele gab). Der häßliche, widerliche Alte und der würdige, weise Greis prägten somit die Ambivalenz des Begriffs „senectus" und wurden durch die frühen Humanisten für Jahrhunderte kanonisiert. Diente das Alter einerseits als polemisches Totschlagargument, etwa gegenüber intellektuellen Gegnern, wurde es in Petrarcas Briefen bereits wieder verklärt. Antike Vorbilder, etwa die einschlägigen Schriften Catos und Ciceros (hier besonders *De finibus bonorum et malorum*, die *Tusculanae disputationes, De natura deorum*, die *Epistulae ad Atticum*, auch *De officiis*), von Seneca (etwa *De brevitate vitae* oder die *Trostschrift an Marcia*), aber auch Augustinus und Vergil wurden zu Kronzeugen dieses positiv gedeuteten, würdevollen, von Weisheit geprägten Altersbildes. Ein Alter in Krankheit und Elend erschien pathologisch und galt als Zeichen eines missglückten Lebens, ein Alter in Würde und Vollendung erschien dem-

gegenüber erstrebenswert und – eine entsprechende „ars vivendi" vorausgesetzt – durch Bemühung erreichbar! Der in
der Ilias positiv herausgestellte Nestor, Prototyp des rüstigen Hochbetagten, galt als Vorbild. Nach Seneca stellte das
Alter sogar *die* intellektuelle Phase des Lebens dar, in der
man sich – mit höherem Gewinn als in allen anderen
Lebensabschnitten – dem Studium der Philosophie hin-
geben sollte. Geist, Weisheit und Alter erscheinen nach
stoischer Auffassung eng verbunden. Cicero stellte im
Cato maior die moralische Pflicht der Verehrung des Alters
heraus, und Platon hatte im „Staat" den altersbedingten
Verlust schädlicher Begierden gelobt. In den „Nomoi"
wird die Gerontokratie, d. h. die weise Staatsführung Älterer nach dem Vorbild der spartanischen „Gerusie" empfohlen. Wer sonst als die Alten habe das Wissen und die Reife,
die Politik der Polis zu bestimmen! In einem Brief (1362)
erinnerte Petrarca seinen Dichterfreund Boccaccio an das
aufmunternde Beispiel hochbetagter Griechen und Römer:
„Varro hat bis zum hundertsten Jahr ununterbrochen gele-
sen und geschrieben und seinen Lerneifer erst mit dem
Tode abgelegt. Livius Drusus ließ, obgleich von Alter und
Blindheit erschöpft, nicht von der dem Staatswesen so
nützlichen Auslegung des bürgerlichen Rechts ab. Appius
Claudius, der dieselben Beschwerden hatte, bewies die gleiche Ausdauer. Homer, der bei den Griechen das gleiche Los
erduldete ..., vollbrachte dasselbe ... Von den Rednern haben Isokrates, von den Tragikern Sophokles je ein herr-
liches Werk geschrieben, jener, als er im 94., dieser, als er
im 100. Jahr stand ... Platon hat noch als Greis an seinem
letzten Tag, seinem Geburtstag, den Wissenschaften gehul-
digt." Viele weitere Beispiele werden präsentiert. Dabei
schwang allerdings ein latenter Vorwurf an jene mit, denen
es im Alter nicht so gut ging, denn mit genügend Eigenverantwortung und einer positiven geistigen Grundhaltung
hätten sie ja das hohe Ziel erreichen können. Auch heute

gibt es vereinzelt solche Stimmen, die sich auf das (allerdings missverstandene) Konzept der „ars vivendi" bzw. Selbstverantwortung für die Gesundheit berufen. Der 102-jährige Philosoph Hans Georg Gadamer war in der Tat für die Sozialfürsorge kein Problem! Die Frage wäre nur, ob dies sein Verdienst war oder, wie nicht wenige Mediziner vermuten würden, eine simple Konsequenz seiner genetischen Disposition!

Immer wieder finden wir in der europäischen Kulturgeschichte die erwähnte, auch heute wieder soziologisch, medizinisch und ökonomisch wichtige Zweiteilung des Alters: Das gesunde, fruchtbare, würdige – und das kranke, trostlose, hoffnungslose Dasein, das sich mit Bösartigkeit und Missgunst verbinden kann und nicht selten zum Vorwurf gemacht wurde. In der Regel wurden beide zeitlich hintereinandergestellt. Varro, einer der gebildetsten Römer (116–27 v. Chr.), hatte das Leben in fünf Abschnitte aufgeteilt, wobei als letzte Stufen die *seniores* (45.–60. Lebensjahr) von den *senes* (jenseits des 60. Jahres), den hinfällig Alten, unterschieden werden. Solon hatte das Leben sogar, wie auch noch Claudius Ptolemäus in seinem „Tetrabiblos" (um 200 n. Chr.), in sieben Abschnitte eingeteilt. Die letzten beiden sind der Involution gewidmet, wobei die siebte Stufe, wie Ptolemäus unterstreicht, unter dem Einfluss Saturns steht, was gleichzeitig die Melancholie der Alten erklärt. Vom 49. bis 56. Lebensjahr spricht er vom Presbytes, es folgt der Geron – ein Schema, das bereits in der hippokratischen Schrift *De hebdomadibus* vertreten worden war. Galen und die ihn rezipierende islamische Medizin, aber auch die meisten christlichen Interpreten sprachen von drei Lebensaltern, andere antike Ärzte – unter dem Einfluss des Viererschemas der Säftelehre – von vier Phasen, welche sich durch die vier verschiedenen Temperamente auszeichnen. Augustinus zählte dagegen sechs Lebensalter – als siebtes galt ihm der Sterbevorgang selbst! Isidor von Sevilla, der große Etymologe des 7. Jahrhunderts, identifizierte ebenfalls sechs Lebensalter. Das letzte kennzeichne die Greise (senes – das Wort leitet sich, nach kühner etymologischer Mutmaßung des gelehrten Bischofs, „a sensus deminutione", also von der Sinnesminderung ab). Seit Terenz ließ sich auch der Begriff „senex depontanus" nachweisen. Die auch in der Renaissance rezipierte Metapher ging auf den angeblichen Aufruf „sexagenarios de ponte" (die über Sechzigjährigen von der Brücke!) zurück, mit dem in Rom, wie man später glaubte, die scheinbar nutzlosen Mitglieder der Gesellschaft ihres Lebens (vielleicht aber auch nur ihres Stimmrechts in der Volksversammlung) beraubt werden sollten.

1732 schrieb ein Hallenser Medizinstudent, Jakob Hutter, eine Dissertation zum Thema „Senectus ipsa morbus est" (es handelt sich um ein Zitat aus der Komödie *Phormio* des Terenz). Auch Seneca hatte das Greisenalter als unheilbare Krankheit bezeichnet und historische Stellungnahmen zu dieser Frage gesucht, ebenso wie – eineinhalb Jahrtausende später – der französische Chirurg Ambroise Paré, der „eine Art von Krankheit" (une espèce de maladie) zu erkennen glaubte. Galen, die größte und noch im Mittelalter und in der Renaissance verehrte Autorität der Ärzte, hatte dagegen einen ägyptischen Sophisten verspottet, der das Alter als eine behandelbare Krankheit bezeichnet hatte. Der große Arzt aus Pergamon sah vielmehr einen mehr oder weniger „natürlichen" Alterungsprozess am Werk, der (in gewissen Grenzen) durch Diätetik aufhaltbar schien bzw. verlangsamt werden konnte – eine These, die von den meisten europäischen Ärzten übernommen wurde. Alter ist demnach ein neutraler Zustand – weder Krankheit noch Gesundheit, eine unangenehme Phase der Gratwanderung zwischen pathologischen Prozessen und natürlicher Involution. Seit der Antike hatte man auch die Vorstellung vertreten, das Alter trete in irgendeiner Weise als Folge einer Krankheit auf („senium ex morbo"), wofür die Tatsache spreche, dass der eine früh, der andere spät altere. Der Gesundheitszustand im Alter erschien zudem schwächer als bei jungen Menschen, dabei stets gefährdet, eine Art umgekehrtes Rekonvaleszentenstadium, doch eben auch, wie es der arabische Arzt Haly Abbas beschrieben hatte, einer chronischen Phthisis vergleichbar. „Tempus est causa corruptionis", hatte so der mittelalterliche Arzt Petrus Hispanus notiert, eine Aussage, die medizinische wie philosophische Aspekte beinhaltete. Am Ende der menschlichen Existenz steht eben nicht andauernde körperliche Heilung, sondern der Tod.

Luther umschrieb das Alter wiederum als Krankheit, ebenso wie Erasmus, der die damit verbundenen Lasten und Schmerzen herausstellte. Gabriele Zerbis, ein großer Arzt des 15. Jahrhunderts und Verfasser einer wichtigen Leitlinie für Ärzte, sah den Verlust des „calor innatus" (der angeborenen Körperwärme) als Ursache des Alterns und letztlich des Todes an. Der Mensch wird natürlicherweise kalt, erdig, verlangsamt, krank und stirbt schließlich – Kunst der Ärzte ist es, den pathologischen Alterungsprozess, der hier als natürliche Krankheit aufgefasst wird, hinauszuzögern und maximal zu verkürzen, im Idealfall auf den Moment des Todes selbst.

Alter als Last, Alter als Chance? Es war die Natur, die einzelne Individuen in den letzten Dekaden ihres längeren Lebens im Sinne einer Chance privilegierte. Früh mahnten die antiken und mittelalterlichen Ärzte ihre Patienten, sich philosophisch – heute würde man sagen „mentalitätsmäßig" – gegen das drohende Unglück zu wappnen. „Es ist Zeit, dass man auf das Alter sammelt", schrieb der 30-jährige (!) Goethe besorgt. Dies war der Tenor unzähliger alteuropäischer Diätetik-Bücher. Nur wer nicht mit dem Altersschicksal hadert und die späten Jahre und ihre natürlichen Restriktionen in sein Kalkül einbezieht, kann für sich und andere aus ihnen Nutzen ziehen. Dennoch – nur ein Phantast oder Verweigerer alles Irdischen könnte Goethes Erkenntnis bestreiten: „Die Summa Summarum des Alters ist eigentlich niemals erquicklich." Der alternde Dichter musste zur Kenntnis nehmen: „Die Jahre, die erst brachten, fangen an zu nehmen. Man begnügt sich in seinem Maß und dem Erworbenen und ergötzt sich daran um so mehr im Stillen, als von außen eine aufrichtige, reine, belebende Anteilnahme selten ist." Wenn schon Goethe in einer Zeit, wo es wenig wirklich Alte (70- oder 80-Jährige) gab, zur Selbstbescheidung mahnte, spricht nichts dafür, dass es Alten, die zum Massenphänomen wurden, besser gehen sollte. Europas Kulturtradition lehrt, bei aller Widersprüchlichkeit, sich geistig auf das Alter einzustellen – und zu hoffen, dass man von der „aetas decrepita", der körperlichen und geistigen Hinfälligkeit, bis zum Tode verschont bleibt. Das Alter in Würde hat mit Weisheit, aber auch mit Glück (und mit den eigenen Genen) zu tun.

Literatur

Bergdolt, Klaus: Leib und Seele. Eine Kulturgeschichte des gesunden Lebens. München 1999.

Bergdolt, Klaus: Arzt, Krankheit und Therapie bei Petrarca. Die Kritik an Medizin und Naturwissenschaften im italienischen Frühhumanismus. Weinheim 1992.

Bobbio, Norberto: Vom Alter – De senectute. Berlin 1997.

Göckenjan, Gerd: Das Alter würdigen. Altersbilder und Bedeutungswandel des Alters. Frankfurt a. M. 2000.

Kondratowitz, Hans-Joachim von: Die Medikalisierung des höheren Lebensalters. Kontinuität und Wandlungen vom ausgehenden 18. bis zum frühen 20. Jahrhundert. In: Labisch, A. / Spree, R. (Hrsg.): Medizinische Deutungsmacht im sozialen Wandel des 19. und frühen 20. Jahrhunderts. Bonn 1989, S. 207–222.

Rosenmayr, Leopold: Die menschlichen Lebensalter in Deutungsversuchen der europäischen Kulturgeschichte. In: Ders. (Hrsg.):

Die menschlichen Lebensalter. Kontinuität und Krisen. München 1978, S. 23–79.

Schäfer, Daniel: Alter und Krankheit in der frühen Neuzeit. Der ärztliche Blick auf die letzten Lebensjahre. Frankfurt a. M./New York 2004.

Zerbi, Gabriele: Gerontocomia. Of the care of the aged and Maximianus. Elegies on old age and love. Philadelphia 1988.

Die Zukunft des Alters zwischen Jugendkult und Altersweisheit

Jürgen Mittelstraß

Vorbemerkung

Zur Weisheit, die wir gemeinhin mit dem Alter beschwö-
ren, gehören abgeklärter Erfahrungsreichtum und erprobte
Urteilskraft, aber auch gebildete Zitierfestigkeit. Und weil
ich selbst mittlerweile der Altersgestalt des Lebens nahe
bin, will ich dies gleich, in diesem Falle in alter Anhäng-
lichkeit gegenüber dem griechischen Denken, belegen[1]:
Eos, die Göttin der Morgenröte, die alles Schöne und Jugendliche schätzt und bereits drei prächtige männliche
Exemplare geraubt hatte, unter ihnen Orion, der mit Arte-
mis jagte und später von dieser aus göttlicher Eifersucht getötet wurde, verliebt sich in Tithonos, Sohn des Königs
Laomedon von Troja und der Nymphe Strymo. Sie entführt
Tithonos und empfängt Memnon, der später in Troja im
Kampf gegen die Griechen fällt, und Emathion, der von He-
rakles getötet wird, als er diesen am Raub der goldenen
Hesperidenäpfel zu hindern sucht. Eos bittet Zeus um Unsterblichkeit für Tithonos – eine Bitte, die dieser auch erfüllt –, vergisst aber, zugleich um dessen ewige Jugend zu
bitten. So wird der Unsterbliche alt und grau. Als er sich
vor Entkräftung nicht mehr rühren kann und Eos das Lager
nicht länger mit ihm teilen will, legt sie den schrumpfenden und eintrocknenden Gemahl in eine Wiege und hängt
diese in einer Kammer auf, aus der nunmehr nur noch das
kraftlose Stimmchen des einst kräftigen und schönen Ti-

thonos dringt. Schließlich verwandelt ihn Eos in eine Zikade, auf dass er sie mit seinem Zirpen erfreuen und alljährlich seine alte Haut ablegen kann. Er müsste wohl noch unter uns sein. Wichtiger ist: Man sieht, wohin unbedachte Unsterblichkeit führen kann und dass Unsterblichkeit ohne (ewige) Jugend schwer zu ertragen ist.

Auch unser Leben läuft irgendwo zwischen begehrenswerter Jugendlichkeit und zirpenden Zikaden ab. Bevor wir sterben, verlieren wir unsere Jugend, und auch mit Häutungen mancher Art, die Eos heute im Gewande der Schönheitsingenieure praktiziert, kehrt sie nicht wieder. Eines ist allerdings anders geworden, auch gegenüber dem griechischen Mythos: Wir werden immer älter, doch während wir älter werden, werden wir auch immer jünger, jedenfalls verglichen mit unseren Altvorderen, die längst alt waren, während wir im gleichen Alter heute noch jung sind, und die eine Generationengrenze von 30 Jahren erfanden, bei deren Erreichen sich heute manche, z. B. Studenten, überhaupt erst zu fragen beginnen, ob sie das Leben, für das sie gelernt haben, auch praktizieren wollen. Die Unsterblichkeit ist nicht näher gerückt, aber das Leben hat sich verschoben; einerseits zugunsten der Zikaden – das ist gemeint, wenn wir von der drohenden Vergreisung der Gesellschaft sprechen –, andererseits zu ihren Lasten, wenn Jugendlichkeit, echte wie falsche, kultische Formen annimmt.

1. Zikaden und Aphroditen

Eos mochte noch als Einzelgängerin Jagd auf schöne Jünglinge machen, heute ist es eine ganze Gesellschaft, zumindest die westliche, die der Jugend nachjagt oder sich in diese zu verwandeln sucht. Jugendlichkeit wird zur Pflichtaufgabe, im Privaten wie im Beruflichen. „Dynamisch",

„flexibel", „innovativ" – das sind die Zauberworte unserer Zeit, und die reimen sich nun einmal nicht auf Ältere, selbst nicht auf solche, die dem Alter nach schlicht Erwachsene sind. Die Ordnung der Lebensalter tritt hinter die Ordnung falscher Wünsche und die des Marktes zurück. Dessen Dynamik wiederum kennt keine abgeschlossenen Lebensformen, auch nicht die der Reife. Allgemeine Jugendlichkeit, die sich gerade über ausgelebte Unfertigkeit definiert, eine Jugendkultur wird verschrieben.

Dabei hat unsere Zeit die Jugendkultur gewiss nicht erfunden, und den Kult, den die Älterwerdenden, die Erwachsenen und die Alten mit der Jugendlichkeit treiben, auch nicht. Nicht nur Eos, die Griechen insgesamt schätzten die Jugend hoch und das Alter, auch wenn dieses, z. B. in Athen und Sparta, nicht ohne Einfluss war, gering. Achill, der immer Junge, war das Ideal aller erstrebenswerten Lebensformen, und in Homers Aphrodite-Hymnus heißt es, dass auch den Göttern vor dem Alter graust.[2] Entsprechend war die griechische Kultur körperbetont, sinnlich, sportlich, eben jung. Die Alten stehen für die Ordnung der Gesellschaft, die Jungen für ihre bevorzugte Unordnung. Das ist im Grunde auch in der weiteren europäischen Entwicklung nicht anders, selbst dort nicht, wo etwa in der römischen und in der mittelalterlichen Gesellschaft das Alter an institutioneller Bedeutung und gesellschaftlichem Ansehen gewinnt. „In der Jugend Strahlen sonnen / Ewig alle Geister sich", schreibt der junge Hölderlin in seinem *Hymnus an den Genius der Jugend*.[3]

Auch heute scheint eine ganze Kultur auf Jugend umzustellen. Die Kosmetikindustrie boomt und die so genannte Schönheitschirurgie, die in Wahrheit mehr Narben als gewünscht und versprochen hinterlässt und geliftete Gesichter meist in ein tiefgefrorenes ewiges Lächeln taucht, auch. Der Körper verliert seinen Geruch und seine Falten, nicht nur auf den Hochglanzseiten der Gazetten und der

Werbung. Wer sich jetzt nicht schminkt, ist out, und wer sich jetzt nicht salbt, verpasst die nächste Verführung – so lautet die Botschaft der Munter- und Jugendmacher. „Einstein meets Monroe" – so eine hübsche Fotomontage aus den 1950er Jahren. Auch der Geist macht der Schönheit und der Jugend seine Aufwartung, noch immer der Vorstellung nach gut griechisch, aber der intendierten Wirklichkeit nach doch eher ein – nur durch das Alter Einsteins wohl verhinderter – Kniefall des europäischen Geistes vor dem synthetischen Kultobjekt einer vermeintlich jungen Welt. Blond gegen Weiß – das klingt verlockend und sieht auch gut aus, bleibt aber doch wohl eher ein Element jener falschen Welt, mit der wir uns vor uns selbst zu verbergen suchen. Jedenfalls dürfte es sich hier, zwischen Albert und Marilyn, um eine sehr flüchtige Begegnung gehandelt haben.

Das Geschäft mit der Jugend boomt, nicht nur bei den Jugendlichen, die heute ganz oben in den Rekordlisten des Konsums stehen, sondern auch bei den Älteren, die alles schlucken und schmieren, was zur Schönheitspflege auf dem Markte ist. Und auch die Anti-Aging-Medizin wird im Gefolge eines um sich greifenden „erwachsenen Infantilismus"[4] zum großen Geschäft. Da wird, Botticellis Venus und Michelangelos David immer im Blick, geschnitten, gehobelt, geschmirgelt, gespritzt, geätzt, geraspelt auf Teufel komm raus. Alles, was die Natur verpfuscht zu haben scheint, scheint veränderbar, alles machbar zu sein. Die Anthropologie, mit der die Philosophie den Menschen und seine Befindlichkeit, die *conditio humana*, seit alters her zu beschreiben und zu ergründen sucht, gerät in die Hände von Handwerkern; nicht Einsichten in das, was wir sind, was unsere Natur ist – Idealmaße und Maßnahmen gegen die Schwerkraft sind gefragt. Zum Geburtshelfer, der uns den Eintritt in die Welt erleichtert, zum Fahrlehrer, der uns mobil macht, und zum Psychologen, der sich um unsere Seele kümmert, tritt der Bodybildner; aus den Körpern wird die Zeit vertrieben.

Die Welt füllt sich, wenn man den Verheißungen der neuen Glückbringer glauben darf, mit Schönheit, immer gleicher Schönheit. Angst vor Klonen? Wir schnippeln sie uns längst zurecht; Barbie ist heute überall. Warum sich da noch um das reproduktive Klonen streiten? Paul Valéry hat einmal gesagt: „Das Tiefste am Menschen ist seine Haut"[5] – und eben diese wird ihm jetzt entzogen, wird zum beliebig auswechselbaren Ersatzteil oder zum Mieder, das sich – so ein faszinierendes Bild auf der letztjährigen Sacher-Masoch-Ausstellung in Graz – öffnen und auch einmal ablegen lässt. Es ist zum Aus-der-Haut-Fahren.

Glücklicherweise ist es noch nicht so weit. Wäre es so, müsste es ja von Achillesfiguren und flotten Aphroditen nur so wimmeln. Doch das ist nicht der Fall. Nicht, weil die einschlägigen Industrien und Gewerbe ihr Meisterstück noch nicht geliefert haben, sondern weil Eos, die Göttin der Morgenröte, kommt und geht, sich nicht auf Dauer mit dem schönen Geschlecht verbindet, und Tithonos, ihr unglücklicher Gemahl, früher oder später die Männer doch einholt. Es gibt eben doch eine Ordnung der Lebensformen, unterschiedliche Gestalten des Lebens, die sich nicht transferieren und die sich auf Dauer nicht überlisten lassen. Zu diesen Gestalten gehört auch das Alter.

2. Gestalten des Lebens

Wo es nur noch Jugend und Alter zu geben scheint und das Alter nur noch in den Kategorien von Vergehen und Verfall betrachtet wird, also als Kehrseite von Werden und Jugendlichkeit, verliert das Leben seine Ordnung, verlieren aber auch Jugend und Alter ihre Zeit. Das war nicht immer so. Am griechischen Anfang unserer Kultur verbindet sich eine Ordnung der Zeit mit einer Ordnung von Lebensformen oder (zeitlichen) Gestalten, unter die das Leben tritt. Noch einmal lade ich Sie zu einem kleinen Ausflug in die griechische Welt, diesmal in eine recht philosophische Welt ein.

Als die Philosophie die Zeit entdeckte, war sie gerade mit kosmologischen Fragen beschäftigt. Wie die „Zeit des Kosmos" Tage und Nächte, Monate und Jahre hat, so hat nach griechischer Vorstellung die menschliche Zeit die Lebensformen Kindheit, Jugend, Erwachsensein und Alter. Das Leben besteht aus gegliederten Ganzheiten, aus zeitlichen *Gestalten*. Es hat keine zeitliche Struktur im Sinne unseres alltagsphysikalischen Verständnisses, wonach die Zeit fließt, nämlich von der Vergangenheit in die Zukunft, oder wonach wir gleichsam auf einem Zeitpfeil die (gerichtete und einsinnige) Zeit entlangreiten, wie Münchhausen auf der Kugel, und unser jeweiliger Ort in der Zeit die Gegenwart wäre. Das Leben hat vielmehr zeitliche Gestalten. Das Ganze ist das Leben – des Kosmos wie des Menschen in den mythischen Bildern der griechischen Kosmologie. Daher besteht dieser Vorstellung nach das Leben auch nicht aus Zeit, sondern aus *Zeiten*. Diese wiederum ahmen die zeitliche Struktur des Kosmos nach: die menschliche Zeit und das menschliche Leben stellen die kosmische Zeit und das kosmische Leben dar.

Dass dies keine Erfindung einer spekulativen Philosophie ist, machen frühgriechische Zeugnisse deutlich. Hier ist Chronos ein Gott, aber kein eigentliches Thema. Nicht die Zeit, sondern der Tag steht im Mittelpunkt. Er ist es, der Glück und Verhängnis bringt. Die Menschen heißen „Ephemeroi", d. h. diejenigen, die dem wechselnden Geschick der Tage ausgeliefert sind. Der Tag gliedert sich in weitere zeitliche Gestalten: den frühen Morgen, den Vormittag (die Zeit des Marktes), den Mittag, die Tagesneige. Die Zeit ist kein kontinuierliches Fließen, sondern eine

Wiederkehr von Zeiten. Neben den Tag und seine Zeiten treten die Jahreszeiten und die Lebensalter, wobei sich gelebte und kosmische Zeit im Gestaltcharakter der Zeit miteinander verbinden. Das Leben, noch einmal, besteht aus zeitlichen Gestalten, die einander abwechseln wie Tag und Nacht, Morgen und Abend, Sommer und Winter. Deshalb kann Achill auch immer jung bleiben – sein Leben „hat" nur die Gestalt Jugend; und deshalb birgt auch jede zeitliche Gestalt andere Erfahrungen. Grenzen der zeitlichen Gestalten des Lebens zu bestimmen, ist sinnlos; die Erfindung der Uhr täuscht über diesen Umstand nur hinweg. Alternative wäre ja ein Kontinuummodell der Zeit oder das Bild vom Zeitpfeil, und beide gehören im Grunde einer anderen Welt, der Welt der Physik an. Nicht die *Zeit* fließt, sondern die *Dinge* fließen, sie verändern sich, allerdings gestalthaft, in der Zeit.

Damit entsprechen die griechischen Zeitkonstruktionen der gelebten und der in Mythen und in alltagssprachlicher Form dargestellten Zeit ihrer Zeit. Was hier archaisch wirken mag, ist weit eher Ausdruck lebensweltlicher Erfahrungen im Umgang mit der menschlichen Zeit, die noch nicht den Weg in eine abstrakte physikalische Theorie genommen haben. Dass wir heute andere Erfahrungen zu machen scheinen, liegt daran, dass andere Zeitkonstruktionen, z. B. alltagsphysikalische, die Lebenswelt beeinflussen. Das Bedürfnis, konkrete Zeiten, darunter auch wieder Naturzeiten und Lebenszeiten, zu koordinieren, jederzeit von einer zeitlichen Gestalt in eine andere gehen zu können, andere Zeitgestalten begreifen zu können, führt zu einer „abstrakten" Zeit, die überall *gleich* und überall *eine* Zeit ist. Zeittheorien, die in der Regel in diesem auch alltagsphysikalischen Sinne Theorien einer abstrakten Zeit sind, haben diesen praktischen Hintergrund. Paradigmen des Übergangs von konkreten Zeiten (und damit auch dem Gestaltmodell der Zeit) zu einer abstrakten

Zeit sind die *Uhren*. Diese kommen aus der Gestaltvorstellung der Zeit – astronomische Modelle des Kosmos sind auch Uhren – und führen in die Kontinuumvorstellung oder Zeitpfeilvorstellung der Zeit.

Moderne Zeitkonstruktionen sind den antiken Zeitvorstellungen theoretisch überlegen, lebensweltlich, unter Gesichtpunkten einer menschlichen Zeit, wahrscheinlich, trotz ihres im genannten Sinne praktischen Charakters, unterlegen. Darüber täuschen das Altmodischwerden der Analoguhr am Handgelenk, die noch die Sonnenbahn simuliert, und der Vormarsch der Digitaluhr, die gar nichts mehr darstellt, die nur noch „zählt", nur hinweg. Gleichzeitig wird die Einsicht, dass das Leben nicht Zeit, prozesshafte Zeit ist, sondern Zeiten, gestalthafte Zeiten hat, blass. Modernität, auch wenn sie einmal auf das falsche Pferd bzw. auf die falsche Uhr setzt, ist eben ansteckend.

Bis in die Moderne hinein bleiben allerdings auch Elemente gestalthafter Zeitkonzeptionen bewahrt, insbesondere im Rahmen einer Philosophie der Lebensalter. Hier bestimmen antike Vorstellungen, in denen das menschliche Leben eine geordnete Folge zeitlicher Gestalten aufweist, maßgeblich die Entwicklung einer philosophischen und literarischen Anthropologie. Dabei sind die antiken Vorstellungen keineswegs einheitlich. Der archaischen Zweiteilung in die Gestalten der Jugend und des Alters, der wir auch heute wieder begegnen, folgt, orientiert am Sonnenlauf (Tages- und Jahreslauf), eine Gliederung in drei Lebensaltergestalten. Aus der Zweiteilung entwickelt sich, wohl in pythagoreischer Tradition, eine Teilung nach vier Gestalten. Diese entspricht den vier Jahreszeiten, in denen sich nunmehr die Gestalten des Lebens spiegeln, desgleichen den vier Elementen, den vier Körpersäften und den vier Temperamenten.

Der alexandrinische Astronom Ptolemaios übernimmt im 2. nachchristlichen Jahrhundert diese Vorstellungen, vergleicht Lebensalter mit Jahreszeiten und Sinnesqualitäten und erweitert aus (älteren) kalendarischen und (neueren) astronomischen Gründen die Vierzahl der Lebensaltergestalten zur Siebenzahl. Die sieben Wochentage und die sieben in der Antike bekannten Planeten bilden das Fundament, auf dem Ptolemaios nun auch direkt Beziehungen zwischen den Eigenschaften der Planeten und den Eigenschaften der Lebensalter darzustellen sucht. Mittelalterliche und frühneuzeitliche Konzeptionen schließen unmittelbar an diese Vorstellungen von gestalthaften Lebenszeiten an. Bekannte Beispiele sind die Wiederaufnahme der Sieben-Planeten-Analogie in Sir Walter Raleighs *History of the World* (1614) und in der Rede Jaques' in Shakespeares *Wie es euch gefällt*, ferner die Wiederaufnahme der Vier-Lebensalter-Konzeption in Dantes *Gastmahl*. Hinzu tritt seit dem 16. Jahrhundert im Zusammenhang mit der Vier-Lebensalter-Konzeption das Bild der Lebenstreppe, auf die auf der einen Seite ein Kind, aufsteigend, seinen Fuß setzt, und die auf der anderen Seite, absteigend, ein Greis bzw. eine Greisin wieder verlässt.

Auch hier hat jede Gestalt des Lebens ihren Sinn. Wer, so die Alten, von einem „eigentlichen" Leben spricht und dieses am Ende allein mit Jugend identifiziert, hat das Leben nicht begriffen.[6] Dieses Wissen aber, so scheint es, ist heute verlorengegangen, wenn wir das Alter nicht mehr als eine besondere Gestalt des Lebens zu begreifen vermögen, und wenn doch, dann eben als etwas Negatives, verglichen mit den vorausgegangenen Gestalten Minderes. Deshalb die Körperschneider, die an die Stelle der früher gesuchten Altweiber- und Altmännermühlen getreten sind, und deshalb allein noch die Vorstellung von Armut (an Lebenschancen), Verfall und Vergreisung.

3. Die Alten – die unbekannten Wesen?

Wenn das über Jugendkult und Gestaltform des Lebens Gesagte richtig ist, dann verliert vor allem das Alter in der modernen Entwicklung seine Lebensform, d. h. seinen Ort in einer Ordnung der Lebensformen. Das Alter weiß um die Endgültigkeit seiner Zeitgestalt; das Leben geht an ihr vorbei, sieht in ihr nur noch Leiden und Verfall. Dabei ist die Verbindung von Alter und Leiden, ist das Leiden am Alter selbst eine Deformation des Lebens, hier der Lebenszeit Alter, nicht sein Wesen. Nur wenn das Alter mit psychischer und gesellschaftlicher Missachtung einhergeht, erscheint die Deformation als das Natürliche, als das Unvermeidbare, Schicksalhafte. Ernst Bloch hat dem im *Prinzip Hoffnung* in geradezu schwärmerischer Weise ein positives Bild entgegengestellt: „[...] eine blühende Gesellschaft fürchtet nicht, wie die untergehende, im Altsein ihr Spiegelbild, sondern begrüßt darin ihre Türmer."[7]

Weisheit auf Türmen? Wer denkt da nicht gleich an die nächtliche Versammlung von Philosophen in Platons *Gesetzen* und an die geheimnisvolle Turmgesellschaft in *Wilhelm Meisters Lehrjahren*? Doch davon, von der Herrschaft der Alten über die Jungen, sei hier nicht die Rede. Ich will mit meiner Darstellung auch nicht auf eine häufig im Gegenzug zum Jugendkult anzutreffende Betulichkeit hinaus, die das Alter in die wärmende Hand zu nehmen sucht und mit einem verschmierten humanistischen Pathos Alter und Weisheit miteinander identifiziert. Worauf es mir ankommt, ist eben dies: jenseits von Blüte und Verfall unterschiedliche Lebensformen wieder als eigene Gestalten des Lebens zu begreifen, die je für sich ihre Selbständigkeit und ihre Würde besitzen. Das Leben ist in allen seinen Phasen ein „Gedächtnis", das um seine Vergangenheit und seine Zukunft weiß. Warum sollte seine eine Seite, die Jugend, reich, seine andere Seite, das Alter, arm sein?

Sind wir, in Blochs Worten, eine untergehende Gesellschaft? Wird nicht nur der Einzelne, wird auch unsere Gesellschaft alt – nicht im *demographischen* Sinne, für den üblicherweise gebärunwillige Frauen und sterbensunwillige Greise verantwortlich gemacht werden (ein Hinweis auf den Fortschritt der Medizin wäre hier richtig), sondern in einem *anthropologischen* Sinne? Vieles spricht dafür, gerade auch die aufgeregte Jugendlichkeit der Älterwerdenden. Es ist zugleich das Unvermögen, dem Alter jenseits von Seniorenwohnheimen, Pflege- und Intensivstationen eine eigene Lebensform und ein eigenes Glück zuzuweisen. Noch einmal: Das Leben droht unter dem Zwang zur Jugendlichkeit eine wesentliche Gestalt, die des Alters, zu verlieren. Nicht nur die Eitelkeit, auch die Jugend, die wahre wie die falsche, ist das letzte Kleid, das der Mensch auszieht.

Das wiederum hat nicht nur modische, sondern – trotz des über die Gestaltform des Lebens Gesagten – auch anthropologische Gründe. Die Furcht vor dem Alter ist stärker als die Furcht vor dem Tod. Wir fürchten uns nicht so sehr davor, nicht mehr zu sein, als davor, nicht mehr so zu sein, wie wir es in der Jugend und in der Mitte des Lebens sind. Vor den Zeitgestalten der Jugend und des Erwachsenseins – wenn wir denn noch so unterscheiden – verblasst die Gestalt des Alters zur Kehrseite des Lebens, zur Rückseite des (lebendigen) Spiegels, zur eigentlichen Anti-Utopie des Lebens. Der Wunsch, in diese Gestalt des Lebens zu treten, erscheint wie etwas Krankhaftes, der Eintritt in diese Gestalt wie ein unabwendbares Schicksal. Auf der Schale des Glücks liegen die Gestalten der Kindheit, der Jugend und des voll erblühten Lebens, nicht die des Alters. Als wäre Glück allein etwas Junges, auch Erwachsenes, nichts, das auch im Alter wohnt, es zu wärmen vermag. Der Kirchenvater Augustin hat recht: „Jugend und Alter können nicht zugleich im Leibe sein, aber in der Seele."[8]

Jugend und Alter sind nicht gestaltgleich, aber im Handlungs- und Selbstverständnissinne koexistent möglich.

Das weiß auch die moderne geistes- und sozialwissenschaftliche Forschung, insofern sie, ohne biologische Abbauprozesse zu leugnen, solche Aspekte des Alterns und des Alters hervorhebt, die Ausdruck ganz anderer Prozesse sind. Gemeint ist die Welt des Geistes, die Welt der Gefühle, aber auch eine Handlungswelt, deren physische Grenzen wohl enger, deren kulturelle Grenzen aber durchaus weiter werden können. Hier werden altersspezifische Lebensformen in den Blick genommen, die nicht mit einer physischen Welt konkurrieren, aber deutlich machen, dass Entwicklung kein exklusives Moment der Jugend ist. Außerdem ist der Mensch biologisches „Mängelwesen" nicht nur im Alter, auch wenn diese Seite unseres Wesens im Alter ihre definitive Bestimmtheit gewinnt. Das bedeutet nicht, dass biologisch-medizinische und geistes- bzw. sozialwissenschaftliche Sichtweisen auseinanderfallen (müssen). Das macht einerseits das zunehmende medizinische Interesse an präventiven Forschungsstrategien und Gesichtspunkten aktivierender Rehabilitation deutlich, andererseits der Umstand, dass es ein differentielles Altern gibt und dieses sowohl biologische als auch psychische und soziale Strukturen betrifft. Ein Beispiel dafür ist der Entwicklungsverlauf der Intelligenz, der selbst für das hohe Alter noch ein (individuelles) Leistungswachstum nachweisen lässt.

Es gibt offenbar kein einheitliches genetisches Programm, das das Altern zu erklären vermag und differentielles Altern verhindert, weshalb auch von biologischer Seite geäußert wurde, dass die entscheidende Frage nicht die nach dem Tod, sondern die nach den Ursachen des langen Lebens sei. Das Altern bzw. das Alter erscheint wie ein evolutionsbiologisch nicht vorgesehener Zustand oder allenfalls als ein solcher, der sich aus den Defiziten der eigentlichen Lebens- und Entwicklungsprozesse ergibt. Ein Beispiel dafür ist die These von spät wirkenden und vom Leben zu spät erkannten, daher durch Mutation und Selektion nicht eliminierten schädlichen Genen. Für eine geistes- bzw. sozialwissenschaftlich orientierte Analyse öffnet sich damit auf den Spuren Augustins ein weites Feld. Die Biologie wird nicht außer Geltung gesetzt, aber sie erklärt nicht alles.

Anders als im Falle von Jugend und Alter, die unter Handlungs- und Selbstverständnisgesichtspunkten koexistieren können, sind Leben und Tod „absolute" Gegensätze; es führt keine Brücke vom Leben in den Tod, im strengen Sinne nicht einmal im Sterben. Deswegen ist das Alter dem Tode nah, aber ihm nicht schon ähnlich – wie es die mittelalterlichen und frühneuzeitlichen Darstellungen wollen, in denen der Greis Züge des neben ihm gehenden Todes annimmt. Dabei ist der Tod, wenn überhaupt, nicht nur eine dem Alter, sondern eine allen Gestalten des Lebens nahe Gestalt. Nicht allein, weil er faktisch jederzeit – als das eigentliche Un-Glück des Lebens – einzutreten vermag, sondern weil der Mensch das Wesen ist, das stets, nicht erst im Alter, weiß, dass es sterben muss. Unser Bewusstsein, das nicht altert, weiß, dass es mit dem Leib, dessen Bewusstsein, dessen Ich es ist, stirbt. Darum leidet auch nicht der Leib an seinem Tode, sondern das Bewusstsein, das Ich. Es weiß um seinen Tod, selbst im Glück. Wir fürchten uns vor dem Tod, aber wir haben Angst vor dem Sterben, nämlich davor, dass das Leben ein Leben zum Tode ist. Diese Angst hat nur der Mensch, weil er allein weiß, dass er sterben wird. (Tiere haben keine Angst, allenfalls Furcht, weshalb die Jäger es auch so leicht mit ihnen haben.) Die Altersangst ist ein Teil dieser Angst, die der Mensch hat, solange er lebt, und die er auch durch falsche Jugendlichkeit nicht abzuschütteln vermag. Das Alter ist zugleich der Ort, an dem diese Angst konkret wird, nämlich definitiv weiß, dass sie ihre Erfüllung findet – im Tod. Und noch etwas kommt im Alter hinzu, das etwas mit unserem Bewusstsein, das nicht altert, zu tun hat. Oscar Wilde hat es prägnant formuliert: „Die Tragödie des Alters ist nicht, dass man alt ist, sondern dass man jung ist."[9] Auch das macht die (verloren gehende) Lebensform und Gestalt des Alters aus.

Wird das Alter seine Lebensform, seine eigene Gestalt wiedergewinnen? Darauf gibt es heute keine klare Antwort, nicht einmal eine medizinische. Optimistische Annahmen rechnen damit, dass sich Krankheitsprozesse in Zukunft derartig verlangsamen bzw. verschieben lassen, dass sie erst jenseits des biologischen Maximalalters – angenommen werden etwa 100 Jahre – „auftreten" werden, also nicht mehr innerhalb der üblichen Lebenszeit liegen. Das Alter verlöre seine Krankheit und seine Angst vor der Krankheit. Wir wären alle Achill – bis zu unserem Tod. Pessimistische Annahmen verknüpfen gerade das (wachsende) Alter mit (wachsender) Morbidität. Jedes gesunde Jahr eines verlängerten Lebens würde durch etwa dreieinhalb eher kranke Jahre erkauft.

Vermutlich wird keine dieser Annahmen, wobei die einen ein wenig von Science-Fiction, die anderen von enttäuschten Erwartungen zeugen, rein realisiert werden. Die einen nicht, weil sie nicht mit der natürlichen Evolution rechnen, die noch manch böse Überraschung (Stichwort AIDS) für uns bereithalten wird, die anderen nicht, weil sie den wissenschaftlichen Fortschritt, z. B. im Bereich der Alzheimer-Demenz, wohl zu gering einschätzen. Doch auf Klarheit auf diesem (prognostischen) Felde kommt es in unserem Zusammenhang auch gar nicht an. Entscheidend ist vielmehr, dass das Alter wieder als eine Lebensform, als eine Gestalt des Lebens in den Blick tritt, die sich nicht allein als Ausbleiben von „Wachstum" und als Eintritt von „Verfall" definieren lässt. Die Zukunft des Alters ist seine

(Wieder-)Entdeckung als genuine Lebensform. Deren Beschreibung wiederum ist keineswegs einfach. Zu unterschiedlich sind schon die lebensweltlichen Vorstellungen von einem gelingenden Leben, und zu ärgerlich wäre es, ein gelingendes Altern nur an gewonnenen Jahren zu messen. Wer sehr alt wird, sieht in der Regel auch mehr Elend, nimmt an mehr misslingendem Leben teil, steht an vielen Gräbern. Außerdem ist sich auch die Philosophie, selbst nach fast zweieinhalbtausendjährigem Nachdenken, noch immer darüber uneins, was ein gelingendes Leben ist. Nur dass dieses sich nicht allein auf Jugendlichkeit reimen wird, ist klar.

Im Übrigen gibt es auch so etwas wie eine Tröstung der Endlichkeit. Wäre das Leben des Menschen ein endloses Leben, ein Leben ohne Tod, verlöre es nicht nur seine Gestalthaftigkeit, sondern mit dieser auch sein Wesen. Es wäre „ein Leben, in dem alle Erfahrungen immer noch gemacht werden könnten – also nie gemacht zu werden brauchten, ein Leben, in dem alle Entscheidungen immer noch getroffen werden könnten – also nie getroffen werden müssten"[10]. Die Besonderheit des Alters liegt nicht darin, dass das Leben schwächer wird, sondern darin, dass das Alter die letzte Lebensform ist, die das Leben bietet, die letzte Gestalt, die es einnimmt und mit der es sich vollendet. Wären wir unsterblich oder Götter – eine Vorstellung, von der die Anti-Aging-Medizin unserer Tage geleitet zu sein scheint – und dächten wir dann noch über Leben und Tod nach, wäre das nur noch ein beliebiger Zeitvertreib, den wir mit alternden Organismen, mit alternden wie nicht alternden Ziliaten (Wimpertierchen) und mit Bakterien, die überhaupt nicht zu altern scheinen, trieben. Aber wir sind keine Götter und glücklicherweise auch keine Zikaden. Und eben das macht ein Nachdenken über die Ordnung des Lebens und die Ordnung der Lebensformen heute so wichtig.

Anmerkungen

[1] Zum Folgenden vgl. die ausführlichere Darstellung in: *Mittelstraß, Jürgen*: Jugendwahn und Altersangst. Zur Ordnung und Unordnung der Lebensformen. In: Futura. Zeitschrift des Boehringer Ingelheim Fonds 1996, H. 1, S. 33–42.

[2] *Homer*: Odyssee und Homerische Hymnen (Übers. A. Weiher). München: dtv, 1990, S. 509 (Vers 246).

[3] *Hölderlin, Friedrich*: Hymnus an den Genius der Jugend (ca. 1792). In: Sämtliche Werke (Hrsg. P. Stapf), Berlin/Darmstadt: Tempel, 1956, S. 125.

[4] *Schirrmacher, Frank*: Das Methusalem-Komplott. München: Blessing, 2004, S. 68.

[5] *Valéry, Paul*: L'Idée fixe, Oeuvres (Hrsg. J. Hytier). Paris: Gallimard, 1957/1960, Bd. 2, S. 215.

[6] Vgl. *Mittelstraß, Jürgen*: Zeitformen des Lebens. Philosophische Unterscheidungen. In: Baltes, Paul / Mittelstraß, Jürgen (Hrsg.): Zukunft des Alterns und gesellschaftliche Entwicklung, Berlin/ New York: de Gruyter, 1992, S. 386–407; Ders., The Future of Ageing. In: European Review. Interdisciplinary Journal of the Academia Europaea 10 (2002), S. 345–355; *Gethmann, Carl Friedrich*: Phasenhaftigkeit und Identität menschlicher Existenz. Zur Kritik einiger Visionen vom Altern. In: Max-Planck-Gesellschaft (Hrsg.): Biomolecular Aspects of Aging. The Social and Ethical Implications. München: Max-Planck-Gesellschaft, 2002, S. 50–61.

[7] *Bloch, Ernst:* Das Prinzip Hoffnung. Frankfurt a. M.: Suhrkamp, 1959/1973, Bd. 1, S. 41.

[8] *Augustinus, Aurelius*: Retractationum libri duo. Die Retractationen in zwei Büchern (Hrsg. C. J. Perl). Paderborn: Schöningh, 1976, S. 136.

[9] *Wilde, Oscar*: Das Bildnis des Dorian Gray. In: *Ders.*, Das Bildnis des Dorian Gray. Märchen, Erzählungen, Essays (Hrsg. F. Apel). München: Winkler, 1988, S. 227.

[10] *Gethmann, Carl Friedrich u. a.*: Gesundheit nach Maß? Eine transdisziplinäre Studie zu den Grundlagen eines dauerhaften Gesundheitssystems. Berlin: Akademie Verlag, 2004 (Berlin-Brandenburgische Akademie der Wissenschaften. Forschungsbericht 13), S. 14.

II. Definitionen

Zur Definition des Alterns: Humanbiologische Aspekte

Dietrich O. Schachtschabel

Der *Begriff* „Altern" leitet sich von einem altgermanischen Verb „alan" (wachsen) ab, das stammverwandt ist mit dem lateinischen Wort „alere" (ernähren, aufziehen, wachsen lassen, vergrößern). So beinhaltet die ursprüngliche Bedeutung den engen Bezug zum Wachstum („schnelles Wachstum – schnelles Altern"). Dieser Bezug wird von den Ergebnissen der aktuellen Alternsforschung gestützt, der auf einen gewichtigen Einfluss des Wachstumshormons und des von diesem gesteuerten insulin-ähnlichen Wachstumsfaktors IGF-1 auf das Altern hinweist (Übersicht: Tatar et al. 2003). Es scheint auch bei Primaten ein Zusammenhang zwischen der Zeitspanne bis zum Erreichen der Geschlechtsreife (Mensch ca. 14 Jahre, Schimpanse ca. 7 Jahre, Rhesusaffe ca. 4 Jahre), in welcher der Hauptanteil des Körperwachstums erfolgt, und der maximalen Lebensdauer zu bestehen (Mensch ca. 120 Jahre, Schimpanse ca. 60 Jahre, Rhesusaffe ca. 35 Jahre). Der Entwicklungsabschnitt bis zur Geschlechtsreife und wahrscheinlich, wenn auch weniger „strikt", die folgende Lebensspanne unterliegen bei Primaten einer genetischen Steuerung, wobei hauptsächlich eine Informationsübertragung über Hormone aus dem Gehirn (Hypothalamus) zur Hirnanhangsdrüse (Hypophyse) und schließlich zu peripheren Drüsen erfolgt, deren Hormone die Wachstums- und Differenzierungsprozesse steuern (Hormone und Wachstumsfaktoren von Geschlechtsdrüsen, Schilddrüse, Nebennierenrinde, Leber u. a.). Es muss jedoch erwähnt werden, dass auch epigenetische Faktoren (Ernährungsbedingungen, soziale Faktoren u. a.) einen modulierenden Einfluss auf die Entwicklungszeit bis zur Geschlechtsreife und auch generell auf die Lebensspanne haben. Die *durchschnittliche Lebenserwartung* hat sich in den letzten 100 Jahren durch Verringerung der Säuglingssterblichkeit, Eliminierung von Infektionskrankheiten, verbesserte Ernährung und Medizintechnologie in den sog. Industrieländern etwa verdoppelt (in Deutschland 2001: 80,6 Jahre für Frauen, 74,3 Jahre für Männer).

Die *maximale Lebensspanne* von derzeit etwa 120 Jahren wird nur von ganz wenigen Menschen erreicht. Sie sterben letztlich nicht an hohem Alter, sondern wie die anderen Menschen vorwiegend an alters-assoziierten Krankheiten (Herz-Kreislauf-Erkrankungen, Schlaganfall, Tumoren, Atemwegserkrankungen, Alzheimer-Krankheit, „Immunschwäche" u. a.). Auch Tiere können nur unter günstigen Labor- oder Zoobedingungen, aber nicht in freier Natur ein hohes bzw. das „Maximal-Alter" erreichen (Risiken: Krankheiten, Unfälle, Feinde, widrige Ernährungs- und Umweltbedingungen u. a.). Damit hängt zusammen, dass in der Evolution bei Primaten und anderen Tieren in freier Natur wahrscheinlich eine Selektion nicht auf hohes Alter, sondern vorwiegend auf optimales Überleben der Spezies hin stattgefunden hat (erfolgreiche Reproduktion und Aufzucht des Nachwuchses „bald" nach der Geschlechtsreife).

Deshalb postulieren die meisten Gerontologen, dass „bald nach der Geschlechtsreife", quasi nach Erreichen eines „Vitalitätsmaximums" (ca. zwischen dem 20. und 30. Lebensjahr) die Alternsphase mit der Einschränkung von Leistungsfähigkeiten beginnt. Diese Phase ließe sich dann folgendermaßen definieren: „Altern ist eine bei allen Menschen mit zunehmendem Lebensalter („bald nach der Geschlechtsreife") sich schleichend entwickelnde, progressiv verlaufende und nicht umkehrbare (irreversible) Verminderung der Leistungsfähigkeit von Geweben und Organen des Organismus (körperliche und geistige Einschränkungen). Ferner nimmt die Wahrscheinlichkeit kontinuierlich zu, an alters-assoziierten Krankheiten zu sterben."

Die Definition ist sehr kompliziert und unter wissenschaftlichen Gesichtspunkten nicht exakt und eindeutig. Dies hängt mit dem vagen Beginn, der Vielfalt der „Symptome", der schwierigen und oft fast unmöglichen *Abgrenzung zwischen physiologischen (nicht-krankhaften) und pathologischen (krankhaften) Vorgängen* und der bisher nicht geklärten Ursache des Alterns zusammen.

Als Beispiel für einen allmählichen Übergang von physiologischen in pathologische Prozesse sei der Elastizitätsverlust („Verhärtung") von Arterien im Arteriosklerosegeschehen als Zeichen der Alterung erwähnt, welcher schwer abzugrenzen ist von der pathologischen Atheromatose (Bildung von fettreichen Plaques), bei der es aufgrund einer Verengung bzw. Verstopfung der Arterien zu Schädigungen des Herzens (Herzinfarkt), des Gehirns (Schlaganfall) und anderer Organe (z. B. Niere) kommen kann. Der allmähliche Übergang von Physiologie in Pathologie ist auch bei der Entwicklung des Knochenabbaus (Osteoporose) oder auch bei allmählich auftretenden Störungen der Augenfunktion aufgrund einer Linsentrübung (Katarakt, „grauer Star") oder eines Anstiegs des Augeninnendruckes aufgrund von Behinderungen im Abfluss-System („Trabekelwerk") des Augenkammerwassers (Glaukom, „grüner Star") feststellbar. Auch die bei den meisten Menschen normalerweise altersbedingt auftretenden Störungen der Gedächtnis- und Erinnerungsfähigkeit zeigen oft einen fließenden Übergang zu kognitiven Einschränkungen in der Anfangsphase von neuro-degenerativen Erkrankungen (z. B. Alzheimer-Krankheit).

In der Tabellen 1 und 2 sind typische *Altersveränderungen von Organen* (Tab. 1) und des endokrinen Systems (Tab. 2) aufgeführt. Insgesamt gesehen nehmen die Funktionen der meisten Organe allmählich fortschreitend ab, was subjektiv z. B. am Nachlassen von *Muskelkraft*, Bewegungsaktivität und Ausdauerleistungen feststellbar ist.

Tabelle 1: Typische Organ-Veränderungen im Alter

Haut: Verminderung von Oberhaut-Zellen und Bindegewebe; reduzierte Regenerationsprozesse; verzögerte Wundheilung; Elastizitätsverlust; Faltenbildung; Altersflecken; verminderte Talg- und Schweiß-Produktion u. a. („Altershaut")

Muskulatur: Abnahme der Muskelfasern in Skelett- und Herzmuskulatur; verminderte Muskelkraft; verminderte Schlagrate des Herzens

Knochenschwund (Osteoporose)

Atrophische („rückbildende") Prozesse auch in Niere, Leber, Milz u. a.

Auge: Alterssichtigkeit (Elastizitätsverlust der Augenlinse); *grauer Star* (Katarakt, Trübung der Augenlinse), *grüner Star* (Glaukom, Abflussbehinderung des Kammerwassers verbunden mit Erhöhung des Augeninnendruckes)

Altersschwerhörigkeit (Abnahme der Sinnesepithelzellen im sog. Corti-Organ des Innenohres)

Tabelle 2: Funktionsänderungen von hormonbildenden Drüsen im Alternsgang

Verminderte Bildung von *Wachstumshormon*, dem insulinähnlichen Wachstumsfaktor (*IGF-1*), *Geschlechtshormonen*, *Dehydroepiandrosteron* (DHEA; gebildet als Vorstufe von Geschlechtshormonen in der Nebennierenrinde) u. a.

Altersdiabetes (verminderte Bildung von *Insulin*)

Altershypothyreose (Unterfunktion der Schilddrüse)

Thymus-Rückbildung (Es ist noch eine offene Frage, ob die sog. „Immunschwäche" mit erhöhter Anfälligkeit für Infektionskrankheiten im Alter dadurch verursacht wird.)

Verminderte Bildung von *Melatonin* (Bis zum Erwachsenenalter nimmt dessen Produktion in der Zirbeldrüse [Epiphyse] um ca. 80 % ab. Es ist an der Steuerung des zirkadianen Rhythmus beteiligt, aber wahrscheinlich ohne Einfluss auf den Alternsprozess.)

Bei der *Hautalterung* spielen neben endogenen Ursachen (Einfluss von Geschlechtshormonen, des Wachstumshormons, von Nebennierenrindenhormonen wie dem Cortisol) auch exogene Noxen (UV-Licht, Ozon, „Lichtalterung") eine Rolle, wobei die endogenen Ursachen überwiegen. Die im Alter häufig auftretenden Hauttumoren (Basaliome, Melanome u. a.) sind vorwiegend auf die mutagenen Effekte des UV-Lichtes zurückzuführen. Diese endogenen und exogenen Ursachen führen schließlich zum Bild der verdünnten (weniger Zellen und von diesen gebildete Interzellularsubstanzen, wie die für die „Wasserbindung" erforderliche Hyaluronsäure), weniger elastischen, faltigen und trockenen Altershaut (Tab. 1). Besonders nachteilig für den Gesamtorganismus ist die nachlassende Leistung des *Herz-Lungen-Systems* im Alter, die sowohl eine Folge einer verminderten Sauerstoffaufnahme der Lunge (z. B. verminderte Gasaustauschfläche zwischen Lungenbläschen und Blutkapillaren mit Tendenz zur „Blählunge" infolge von bakteriell, d. h. durch Luftkeime, bedingten Destruktionsprozessen insbesondere an den interalveolaren Septen) als auch einer im Alter reduzierten Leistungsfähigkeit des Herzens ist (Tab. 1). Während in „jungen" Jahren die Schlagrate („Puls") bei Leistungsanforderungen von ca. 60 auf ca. 200 Schläge erhöht werden kann, ist dies beim 70–90-Jährigen nur noch auf 100–120 Schläge möglich.

Die „normale" *Hirnalterung* ist vorwiegend durch Verluste von Synapsen („Schaltstellen") infolge eines „Abbaus" von Fortsätzen (Dendriten) der Nervenzellen und nicht durch ein Absterben (nur z. B. bei der Alzheimer-Krankheit) von Zellen gekennzeichnet. Ferner kommt es während des Alterns zu einem Verlust von sog. weißer Marksubstanz (Myelinscheiden der Nervenzellfortsätze).

Die Geriater charakterisieren das Altersgeschen mit den sog. *drei I's* (Instabilität, Immobilität, intellektueller Abbau), wobei die Instabilität (z. B. Gangunsicherheit, die zu

Sturzverletzungen führen kann) und Immobilität vorwiegend durch Muskelveränderungen (Tab. 1) und im Alter gehäuft auftretende krankhafte Veränderungen des Gelenksystems (Entzündungen, Arthrosen, Bandscheibenschäden u. a.) bewirkt wird. Abbauprozesse der Verschließmuskulatur von Harnblase und Darmausgang (Sphinkterapparat) können bei alten Menschen zu unangenehmen Problemen der Harn- oder Stuhl-*Inkontinenz* führen, welche im Extremfall ein Grund für eine Einweisung ins Pflegeheim sein können.

Ältere Menschen neigen zu einer höheren Anfälligkeit für bakterielle und virale Infekte und *Autoimmunkrankheiten* (z. B. Gelenkrheumatismus). Diese erhöhte Inzidenz infolge einer sog. Immunschwäche *(Immunseneszenz)* ist möglicherweise auf die Thymus-Rückbildung nach der Geschlechtsreife (Tab. 2) und einen dadurch verminderten Nachschub von Immunzellen zurückzuführen. Auch sollen spezifische Thymuspeptide (sog. Thymushormone) an der Reifung von Immunzellen (T-Lymphozyten) beteiligt sein. T-Lymphozyten haben auch ein beschränktes Vermehrungspotential. Möglicherweise können deshalb bei chronischen Krankheiten aufgrund einer „erschöpften" Erneuerung nicht genügend Zellen nachgebildet werden.

Tumoren sind vorwiegend Erkrankungen des höheren Alters. So treten etwa 70 Prozent der Krebserkrankungen beim Menschen nach dem 60. Lebensjahr auf. Dies ist hauptsächlich auf eine im Alternsgang zunehmende Veränderung („Schäden") der genetischen Substanz (desoxyribonucleic acid – DNA) durch Mutationen von „Kontrollgenen" der Zellproliferation zurückführen. Während normalerweise der Zellstoffwechsel und die Zellvermehrung durch chemische Botenstoffe (Hormone, Wachstumsfaktoren, Zytokine u. a.) gesteuert wird, entziehen sich Krebszellen dieser Kontrolle und vermehren sich quasi ungezügelt. So zeigen Krebszellen im Gegensatz zu Normalzellen auch bei In-vitro-Kultivierung (in „Gewebekultur") eine unbegrenzte Vermehrungsfähigkeit, während Normalzellen ein genetisch programmiertes, limitiertes Vermehrungspotential aufweisen. Diese begrenzte replikative Lebensspanne von Normalzellen in vitro (Übersicht: Hayflick 1996) wird durch eine bei jeder Zellteilung auftretende und damit bei Folgeteilungen fortschreitende Verkürzung der sog. *Telomeren-DNA* an den Enden der Chromosomen verursacht. Nach Erreichen einer kritischen „Kürze" wird eine weitere Teilung blockiert, und die Zellen sterben allmählich ab. Andererseits ist in Krebszellen ein Enzym („Telomerase") aktiv, das eine Verlängerung der verkürzten Enden katalysiert.

Veränderungen in sog. codierenden (Information tragenden) Regionen von Genen durch Mutation(en) führen zu Änderungen der *Expression von Genen*, d. h. der Umsetzung der genetischen Information in Genprodukte, wobei nach mehreren Schritten schließlich z. B. die Synthese von Enzymen, Hormonen, Wachstumsfaktoren u. a. beeinflusst werden kann. Es gibt auch zahlreiche Hinweise, dass Mutationen zu vererbbaren Krankheiten mit Symptomen einer vorzeitigen „Vergreisung" (sog. *Progerie*) führen können. Typisch dafür ist z. B. das *Werner-Syndrom*. Die Ursache dieser Krankheit (mit rezessivem Erbgang) liegt in vier Mutationen eines Gens, das Prozesse der DNA-Synthese und DNA-Reparatur steuert bzw. beeinflusst. Typische Phänomene dieser Krankheit sind: Minderwuchs (verminderte Bildung von Wachstumshormon und Geschlechtshormonen), Hautverdünnung, vorzeitiger Verlust und Ergrauen der Haare, Arteriosklerose, Osteoporose; überdurchschnittlich häufig finden sich Diabetes, grauer Star (Katarakt) und bestimmte Tumoren (Sarkome, Meningiome). Der Tod tritt vor dem 50. Lebensjahr ein.

Hinsichtlich einer *Zunahme von Mutationen im Alternsgang* seien Untersuchungen an isolierten Bindegewebszellen von Menschen unterschiedlichen Alterns erwähnt, bei welchen eine Zunahme von „Fehlern" in der DNA mit steigendem Alter festgestellt wurde. Auch bei Untersuchungen an nicht-proliferierenden, sog. post-mitotischen Zellen (Skelettmuskulatur und Gehirn) der Maus wiesen 1–2 Prozent der Gene bei normal gealterten Tieren – im Vergleich mit jungen – eine veränderte Genexpression auf. So wurden im Falle der Skelettmuskulatur 55 Gene (von 6347 untersuchten Genen) mit mehr als 2fach verminderter Genexpression festgestellt, zu denen z. B. Gene für die Synthese von Proteinen des Energiestoffwechsels und des Thyroidhormon-Rezeptors gehörten (Lee et al. 1999, 2000).

Ursache(n) für Alternsprozesse

Bereits 1956 hat Harman sog. Radikale als Verursacher des Alterns und auch von degenerativen Krankheiten postuliert („*Theorie der freien Radikale"*). Aber erst in den letzten Jahren ist diese Theorie stark in den Vordergrund getreten, was mit einer Fülle neuer Forschungsergebnisse zusammenhängt, die diese Theorie stützen. Dabei wird davon ausgegangen, dass vorwiegend im Zellstoffwechsel entstehende freie Radikale als Funktion der Zeit zelluläre Schädigungen insbesondere der mitochondrialen und Zellkern-DNA („Mutationen") verursachen, was zu veränderten Genaktivitäten (Genexpressionen) führt. Dabei können z. B. sog. Signalkaskaden betroffen sein, die die „Botschaft" von Hormonen oder Wachstumsfaktoren in Zellen übertragen. Es können auch Aktivierungen oder Hemmungen von Genen stattfinden, die die Zellproliferation oder das programmierte Absterben (Apoptose) von Zellen steuern.

Insgesamt können solche im Altersverlauf progressiv zunehmenden Veränderungen der Genexpression (bei mangelhafter Reparatur von DNA-Schäden) Funktionseinschränkungen von Zellen und einen Zellverlust in den Organen sowie letztlich pathologische (krankhafte) Prozesse bewirken.

Man muss sich diesen Verlauf etwa gegenläufig zum Tumorgeschehen vorstellen, wo als Folge von Mutationen eine Aktivierung von Proto-Onkogenen zu Onkogenen oder eine Inaktivierung von Tumorsuppressorgenen geschieht. Dadurch wird eine Veränderung der Expression von Genen induziert, die z. B. ein „Ausschalten" von Kontrollschaltern der Zellproliferation oder auch eine Resistenz gegen Apoptose-Induktion steuern. Letzteres wird z. B. durch Ausschalten des sog. p53-Gens infolge von Mutationen bewirkt.

Die DNA-Schäden entstehen vorwiegend als Folge endogener (z. B. freie Radikale) und auch exogener (Kanzerogene, UV-Licht, genotoxische Chemikalien u. a.) Ursachen.

Als Hauptverursacher des Alternsprozesses wird sog. *oxidativer Stress* in den Zellen verantwortlich gemacht. Dieser oxidative Stress entsteht, wenn die Balance zwischen der Bildung von sog. reaktiven („aggressiven") Sauerstoffverbindungen (sog. ROS, reactive oxygen species) und deren Inaktivierung durch „antioxidative" Mechanismen zugunsten einer Akkumulation dieser ROS verschoben ist. Ein Großteil der ROS sind freie Radikale, die nur ein (!) freies Elektron auf ihren äußeren „Elektronenschalen" (Orbitalen) tragen und deshalb „paarungserpicht" sind, um einen stabilen Zustand mit zwei Elektronen herzustellen. Zu den ROS gehören Superoxidanionradikale, Hydroxylradikale, Stickstoffmonoxidradikale, aber auch das nicht-radikalische Wasserstoffperoxid. Die Hauptmenge von ROS entsteht bei der Sauerstoff verbrauchenden Energiegewinnung in den Mitochondrien. Wie oben erwähnt, können die ROS Schäden an der DNA, aber auch an Proteinen und Lipiden (z. B. der Membranen) verursachen. Ferner können sie den Apoptose-Prozess und auch eine beschleunigte Verkürzung der Telomeren-DNA an den Chromosomenenden auslösen, was zu Einschränkungen des Regenerationspotentials von Geweben mit proliferativen Zellen (z. B. Haut) führen kann.

Der Ausdruck „oxidativer Stress" beinhaltet nicht unbedingt schädliche Wirkungen. So können ROS bei mildem oxidativem Stress („Eustress") positive Effekte im Sinne eines modulierenden Einflusses auf die Genexpression ausüben.

Das allmähliche Fortschreiten des Alternsprozesses wird durch mangelhafte *antioxidative Abwehrmechanismen* und eine unzureichende *Reparatur* von DNA-Schäden wesentlich mitbestimmt. Als Antioxidanssysteme wirken sowohl zellständige Enzyme (z. B. Superoxiddismutasen, Glutathionperoxidase, Katalase u. a.) als auch zahlreiche niedermolekulare, nicht-enzymatische, membran-lokalisierte (Vitamin E, Ubichinon/Ubichinol u. a.) und in der Gewebeflüssigkeit oder im Blut gelöste (Vitamin C, Glutathion u. a.) Verbindungen. Trotz der zahlreichen Antioxidanssysteme sollen durch oxidative Einwirkung beim Menschen pro Zelle und Tag ca. 10^4 und bei der Ratte ca. 10^5 DNA-Schäden entstehen (nach Bruce und Ames), die überwiegend durch DNA-Reparatur wieder entfernt werden. Für die DNA-Reparatur sind in den Zellen des Menschen mehrere Reparatursysteme zuständig. Das Reparaturvermögen von Zellen scheint im Lauf des Lebens nachzulassen, so dass sich Mutationen in Zellen von Geweben und Organen als Ursache des Alterns anhäufen.

Steuerung der Lebensspanne

Bei einfachen Organismen (Hefezellen, Fadenwürmer, Fruchtfliegen, Mäuse) sind in den letzten Jahren zahlreiche Gene identifiziert worden, deren Aktivität die Lebensspanne dieser Organismen reguliert oder zumindest beeinflusst (z. B. folgende Gene: age1, daf2, In R, SOD-1, p66[shc], sir2).

Diese Gene steuern vorwiegend die Wirkung („Signalübertagung") von *Hormonen* und *Wachstumsfaktoren* auf Wachstum und zellulären Stoffwechsel (Wachstumshormon, insulin-ähnlicher Wachstumsfaktor IGF-1, Insulin). Zum anderen steuern sie die *Reparatur* von DNA-Schäden oder auch die Widerstandsfähigkeit von Zellen gegenüber schädlichen Effekten von *Stressoren*, insbesondere oxidativem Stress.

Obwohl die gleichen oder ähnliche Gene auch im menschlichen Genom vorkommen, sind bisher weder eine Steuerzentrale des Alterns im Organismus noch selektive „Gerontogene" in den Zellen nachgewiesen worden. Es ist vielmehr davon auszugehen, dass der Alternsprozess in den Zellen der verschiedenen Organe und Gewebe vorwiegend von der genetisch regulierten Aktivität des Sauerstoff verbrauchenden und aggressive Sauerstoffverbindungen (ROS) produzierenden Energiestoffwechsels und andererseits von Mechanismen, die Genschäden vermeiden oder reparieren, reguliert wird.

So wird die genetisch kontrollierte Ausstattung der Zellen mit Reparatursystemen, deren Ausprägung möglicherweise während der Phase des größten Wachstums (bis „bald" nach der Geschlechtsreife) am wirkungsvollsten ist, letztlich für das Ausmaß der Beseitigung (prä-)mutagener DNA-Schäden erheblich verantwortlich sein. Wahrscheinlich kommt es zu einem dynamischen („labilen") Gleichgewicht zwischen mutagenen Einflüssen und Reparaturprozessen, das zu einer für das Zellgenom charakteristischen „Mutationsrate" führt. Es ist vorstellbar, dass die Effizienz dieses Systems mit zunehmendem Alter durch Schadensakkumulation in Mitleidenschaft gezogen wird, was z. B. durch Mutationen in den DNA-Reparaturgenen selbst oder z. B. durch Einflüsse des neuroendokrinen Systems auf Regelungsprozesse des Stoffwechsels (z. B. Einflüsse von Geschlechtshormonen, Schilddrüsenhormonen, IGF-1, Insulin u. a. auf die Aktivität des Energiestoffwechsels) geschehen kann.

Kalorien-reduzierte Ernährung

Die sicherste Methode, die maximale Lebensspanne von Organismen zu verlängern (Ratten, Mäuse, Spinnen, Fliegen, Hefezellen, wahrscheinlich auch Primaten) besteht in einer alle essenziellen Nährstoffe enthaltenden Nahrung, die in ihrem Energiegehalt („Kalorien") z. B. bei Mäusen um 20 bis maximal 40 Prozent (kritische Überlebensgrenze) reduziert ist gegenüber der gleichen Nahrung von ad libitum („nach Gutdünken") sich ernährenden Kontrolltieren. In Tabelle 3 ist ein Großteil der unter dieser „alterns-verzögernden" und die Lebensspanne verlängernden Ernährung nachweisbaren Befunde aufgeführt. Es sei hervorgehoben, dass die meisten Befunde (Roth et al. 2004) quasi das Gegenteil derjenigen Veränderungen sind, die im Vorhergehenden als typisch für den Verlauf des Alternsprozesses diskutiert wurden. Diese Resultate beziehen sich immer auf diejenigen, die bei gleich alten Kontrolltieren erhoben wurden. Es ist ersichtlich, dass DNA-Reparaturprozesse positiv beeinflusst werden. Die Ergebnisse unterstützen die Annahme, dass oxidativer Stress ein Verursacher von genetischen Schäden und wahrscheinlich des Alternsprozesses ist (weniger Oxidationschäden bei Kalorienrestriktion, Tab. 3). Die enge Vernetzung zwischen physiologischen und pathologischen Prozessen ist erkennbar an dem verzögerten Auftreten von „alterns-assoziierten" Krankheiten bei Kalorienrestriktion.

Bezüglich des Entstehens von Autoimmunkrankheiten im Alter sind die Ergebnisse über erhöhtes Verkommen von glykosilierten („verzuckerten") Proteinen bei den Kontrolltieren hervorzuheben. Solche Proteine können u. U. Antigen-Eigenschaften annehmen und Autoimmunprozesse verursachen.

Tabelle 3: Befunde bei Kalorien-reduzierter Ernährung ("Schmalkost", jedoch keine Fehlernährung)

30–40 % Reduktion der „Kalorienzufuhr" gegenüber ad libitum ernährten Tieren (Mäuse, Ratten und Rhesus-Affen)

Verminderter Blutspiegel von Glukose (glykosylierte Proteine), *Insulin*, dem insulin-ähnlichen Wachstumsfaktor *IGF-1*, *Trijodthyronin*, Interleukin-6 und -10

Erhöhter Blutspiegel von Dehydroepiandrosteronsulfat (DHEAS), *Melatonin*, γ-Interferon

Erhöhte DNA-Reparaturkapazität

Erhöhte Proliferationsaktivität von Bindegewebszellen

Erniedrigung des *Sauerstoffverbrauchs* und der *Körpertemperatur*

Weniger Oxidationsschäden (an DNA, Zellmembranen, Proteinen u. a.) in Gehirn, Herz, Skelettmuskel

Aktivierung des sog. *Sirt1-Gens* (Inhibition des Absterbens von Zellen durch *Apoptose*, Stimulation von Fettabbau) bei Mäusen und Ratten; noch nicht untersucht bei Affen

Verzögertes Auftreten von *Krankheiten im Alter* wie grauer Star, Diabetes, Krebs, Nierenversagen u. a.

Zunahme der mittleren und maximalen *Lebensspanne* (bei Nagetieren gesichert; wird noch untersucht bei Affen)

Auf einen möglichen Zusammenhang zwischen Geschlechtsreife und Altern weist das Resultat hin, dass die Spanne bis zur Geschlechtsreife bei kalorien-reduziert ernährten Rhesus-Affen signifikant verlängert ist (Roth et al. 2004).

Bisher wurden die meisten Befunde bei Kalorienrestriktion als Ergebnis eines „Hypometabolismus" (Erniedrigung des Sauerstoffverbrauchs und der Körpertemperatur) gedeutet. Deshalb ist besonders zu unterstreichen, dass auch Änderungen der Gen-Expression auftreten, wie dies an der *Aktivierung* des sog. *Sirt1-Gens* in den Zellen von murinen Tieren feststellbar ist. (Ergebnisse von Untersuchungen mit Affen liegen bisher nicht vor.)

Dieses Gen bzw. dessen Produkte steuern Prozesse der Apoptose (programmiertes Sterben von Zellen) und der Lipolyse (Abbau von sog. weißem Fett in Fettzellen) (Picard et al. 2004; Cohen et al. 2004).

Dies weist auf die Wichtigkeit dieses Gens für Prozesse des gesteuerten „Zelluntergangs" im Alternsgeschehen von Organen hin. Die Autoren (Cohen et al. 2004) postulieren, dass durch Kalorienrestriktion und das verzögerte Absterben von Zellen ein Überleben von für Organfunktionen wichtigen Zelltypen gesichert wird, die zudem über verstärkte Reparaturmechanismen verfügen sollen. Andererseits soll eine verminderte Fettakkumulation (bei verstärkter Lipolyse) zusammen mit dem erniedrigten Insulin-Spiegel bei Kalorienrestriktion zu „schlankeren" Organismen führen, die weniger von nachteiligen Effekten des Übergewichtes (Arteriosklerose, Diabetes u. a.) geplagt werden (Picard et al. 2004).

Literatur

Cohen, H. Y. / Miller, C. / Bitterman, K. J. / Wall, N. R. / Hekking, B. / Kessler, B. / Howitz, K. T. / Gorospe, M. / de Capo, R. / Sinclair, D. A.: Calorie restriction promotes mammalian cell survival by inducing SIRT1 deacetylase. In: Science 305 (2004), S. 390–392.

Harman, D.: Aging: a theory based on free radical and radiation chemistry. In: JGerontol 11 (1956), S. 298–300.

Hayflick, L.: Auf ewig jung? Ist unsere biologische Uhr beeinflussbar? Köln: VGS, 1996.

Lee, C. K / Klopp, R. G. / Weindruch, R. / Prolla, T. A.: Gene expression profile of aging and its retardation by caloric restriction. In: Science 285 (1999), S. 1390–1393.

Lee, C. K / Weindruch, R. / Prolla, T. A.: Gene expression profile of aging brain in mice. In: Nature Genetics 25 (2000), S. 294–297.

Muradian, K. / Schachtschabel, D. O.: The role of apoptosis in aging and age-related disease: update. ZGerontolGeriat 34 (2001), S. 441–446.

Picard, F. / Kurtev, M. / Chung, N. / Topark-Ngarm, A. / Senawong,

T. / de Oliveira, R. M. / Leid, M. / McBurney, M. W. / Guarente, L.: Sirt1 promotes fat mobilization in white adipocytes by repressing PPAR-γ. In: Nature 429 (2004), S. 771–776.

Reichelt, J. / Schachtschabel, D. O.: Energetic stress induces premature aging of diploid human fibroblasts (WI-38) in vitro. In: ArchGerontolGeriat 32 (2001), S. 219–231.

Roth, G. S. / Mattison, J. A. / Ottinger, M. A. / Chachich, M. E. / Lane, M. A. / Ingram, D. K.: Aging in Rhesus monkeys: relevance to human health interventions. In: Science 305 (2004), S. 1423–1426.

Schachtschabel, D. O.: Humanbiologie des Alterns. In: Kruse, A. / Martin, M. (Hrsg.): Enzyklopädie der Gerontologie. Alternsprozesse in multidisziplinärer Sicht. Bern: Huber, 2004, S. 167–181.

Tatar, M. / Bartke, A. / Antebi, A.: The endocrine regulation of aging by insulin-like signals. In: Science 299 (2003), S. 1346–1351.

Warner H. B.: The case for supporting basic research in gerontology. In: ZGerontolGeriat 34 (2001), S. 486–490.

Altern aus der Sicht der Humangenetik

Klaus Zerres

> *„I don't want to achieve immortality through my work.*
> *I want to achieve it through not dying"* Woody Allen

Die Humangenetik kennt keine verbindliche Definition des Altersbegriffs. Sie befasst sich jedoch seit geraumer Zeit mit der Erforschung genetisch bedingter Mechanismen des Alterns.

Dieser kurze Beitrag kann die Flut von Daten, die zu dieser Thematik existieren, auch nicht im Ansatz referieren. Er konzentriert sich daher vielmehr darauf, Zugangswege der humangenetischen Forschung zu Alternsvorgängen beispielhaft aufzuzeigen. Der Wunschtraum, ein für das Altern verantwortliches Gen zu identifizieren, zu verändern und uns sehr viel älter, vielleicht sogar unsterblich werden zu lassen, ist vielleicht einer der Gründe dafür, dass Ergebnisse der genetischen Alternsforschung auch von der Laienpresse mit großem Interesse verfolgt werden. Anders ist es doch wohl kaum zu erklären, dass z. B. die Identifizierung von Genen, die die Lebensspanne des Fadenwurms beeinflussen, auf so großes öffentliches Interesse gestoßen ist.

Es werden nachfolgend nur wenige Referenzen aufgelistet; für den interessierten Leser sei beispielhaft auf einige Übersichtsarbeiten mit einer großen Zahl weiterer Literaturangaben verwiesen (Finch und Tanzi 1997; Perls et al. 2002; Martin 2002).

Das Altern beginnt schon sehr früh

Es ist eine vor allem aus der Welt des Leistungssports bekannte und für viele offensichtlich traurige Erkenntnis, dass unsere körperliche Leistungsfähigkeit mit zunehmendem Alter kontinuierlich abnimmt. So nimmt meist bereits ab dem 20. Lebensjahr unsere Herzfunktion, der Stoffwechselumsatz, die Knochenmasse, die Muskelkraft und die Lungenkapazität kontinuierlich ab, während das Herzgewicht und der Blutdruck steigen. Alleine die Komplexität der beteiligten Vorgänge macht deutlich, dass es die *eine* Erbanlage, die unser Alter festlegt, natürlich nicht geben kann. Die genetische Alternsforschung gestaltet sich also außerordentlich kompliziert.

Unter den unzähligen, meist ähnlichen Definitionen von Altern (aging) soll eine beispielhaft genannt werden: „Aging describes a gradual deterioration in an organism's condition, resulting in increasing mortality and declining fertility" (Kirkwood). Aus dieser Sicht ist es überhaupt „nicht erwünscht", ein hohes Lebensalter zu erreichen. Nach Abschluss der Fortpflanzung und dem Großziehen der Kinder werden wir allenfalls noch als „Versicherung" für die Enkelkinder geduldet. Aus Sicht der Evolution kann unseren Nachkommen aber nicht daran gelegen sein, dass wir wertvolle Nahrungsressourcen verbrauchen. Ein hohes Lebensalter ist also nicht erwünscht, es schafft Probleme für unsere Nachkommen – eine Diskussion, die auf einem ganz anderen Hintergrund überaus aktuell ist (Gavrilov / Gavrilova 2002).

Theorien des Alterns

Die fachübergreifenden Erkenntnisse der Zellbiologie haben eine große Zahl von Theorien zu den Ursachen von Alternsvorgängen hervorgebracht, die sich jeweils gegenseitig

keineswegs ausschließen, sondern insgesamt eher ergänzen. Einzelne Theorien sollen nachfolgend genannt werden:

(1) die *Wear-and-tear-Theorie*: Sie vergleicht den mensch-
    lichen Körper mit einer Maschine, deren Bestandteile
    durch ständigen Gebrauch verschleißen.

(2) die *Autoimmun-Theorie*: Ein Organismus hat mit zu-
    nehmendem Alter die Tendenz, eigenes Gewebe abzu-
    stoßen.

(3) die *Freie-Radikale-Theorie*: Freie Radikale schädigen
    Zellen und beschleunigen das Altern.

(4) die *Theorie der somatischen Mutationen*: Mutationen
    erzeugen Fehlfunktionen, die zum Tode führen kön-
    nen. (Diese Theorie ist mit der zuletzt genannten eng
    verbunden.)

(5) die *Theorie des programmierten Zelltodes*: Jeder Orga-
    nismus ist für eine bestimmte Lebenszeit program-
    miert. Die Zahl der möglichen Zellteilungen ist be-
    schränkt (sog. „Hayflick limit").

Diese letzte Theorie basiert auf der Beobachtung, dass die
maximal mögliche Zahl der Zellteilungen bei verschiedenen Spezies jeweils sehr unterschiedlich ist. Mit dieser art-
spezifischen Obergrenze könnte die (seit langem bekannte)
sehr unterschiedliche Lebensdauer verschiedener Spezies
korrespondieren. So kann der Elefant weit über 100 Jahre
alt werden, Fuchs und Katze erreichen in der Regel jedoch
nicht das 15. Lebensjahr. (Zweifel sind jedoch angebracht,
ob dieses Phänomen tatsächlich die Lebensdauer begrenzt,
da die verschiedenen Spezies in natürlichen Lebensräumen
in der Vergangenheit ihre „maximale Lebensdauer" meist
weit unterschritten haben.) Diese Theorie hat in jüngster
Zeit dadurch gehörigen Auftrieb erhalten, dass mit dem
Nachweis der Telomerverkürzung ein Phänomen beobachtet wurde, das die Zellzykluszahl limitiert. Das „frühe"

Sterben des Klonschafs Dolly ist in diesem Zusammenhang eine bedeutende Beobachtung.

Genetik des Alterns

In der Vergangenheit konnten bei verschiedenen Spezies, wie z. B. Hefen, dem Fadenwurm, Drosophila, aber auch der Maus, Genorte bzw. Gene identifiziert werden, die die Lebensdauer der jeweiligen Spezies beeinflussen können. Die Aufklärung der Funktion dieser Gene könnte Einsichten in Mechanismen des Alterns vermitteln und ist daher von hohem wissenschaftlichem Interesse. So verursachen bestimmte Gene des Fadenwurms vor allem bei Nährstoffrestriktion den Eintritt in ein Ruhestadium und können damit die Lebensdauer dieser Organismen signifikant verlängern. Es ist interessant, dass Homologien zum menschlichen IGF-Rezeptor-Gencluster bestehen, das für das Wachstum des Menschen ebenfalls Bedeutung hat. Bei Drosophila führt das sog „methuselah"-Gen z. B. zu einer Überexpression der Superoxid-Dismutase, einem Enzym, das bei einer seltenen erblichen Form der Amyotrophen Lateralsklerose (ALS) durch Mutation in dem verantwortlichen Gen vermindert ist, was zu einer deutlichen Verkürzung der Lebenserwartung führt.

Es liegt nahe, dass die Identifizierung derartiger Gene Aufschlüsse über Alterungsprozesse liefert. Es zeigt sich, dass die Gene eine Rolle in äußerst komplizierten Stoffwechselvorgängen spielen. Weitere Gene warten auf ihre Identifizierung bzw. funktionelle Aufklärung. Hier werden in naher Zukunft wertvolle Erkenntnisse zu erwarten sein. Die Summe der bisher erhobenen Befunde spricht jedenfalls dafür, dass das Altern ein äußerst komplexer Vorgang ist, und wir stehen beim Identifizieren und Verstehen der beteiligten Faktoren sicher erst am Anfang.

Genetik der Lebenserwartung

Versicherer wissen schon lange, dass es auf eine hohe Lebenserwartung schließen lässt, wenn nahe Verwandte ebenfalls ein hohes Lebensalter erreicht haben. Systematische Studien z. B. in der isländischen Bevölkerung haben diesen Zusammenhang unlängst noch einmal wissenschaftlich untermauert. Cournil und Krikwood haben in einem Beitrag in *Trends in Genetics* diese Ergebnisse unter der Überschrift „If you would live long, choose your parents well" sehr griffig überschrieben (Cournil und Kirkwood 2001). Lebenserwartung ist eine multifaktoriell bedingte Eigenschaft. Hierbei kommt es zu einem Zusammenwirken meist einer Vielzahl verantwortlicher Erbanlagen (Polygenie) und im Einzelnen nicht bekannter exogener Faktoren. Die sog. Heritabilität, ein Maß für den genetisch bedingten Anteil der Varianz, beträgt 0,3, ein für ein multifaktoriell bedingtes Merkmal keineswegs ungewöhnlicher Wert. Aus diesem Grund wird im Allgemeinen der sog. prädiktive Wert eines einzigen genetischen Merkmals gering sein.

Das Gen, das die Lebenserwartung festlegt, zumindest jedoch wesentlich determiniert, existiert nicht. Die genetische Basis ist also, wie zu erwarten war, äußerst komplex, wie umfangreiche epidemiologische Studien aus Island nahe legen (Gudmundsson et al. 2000).

Seit langem sind jedoch Familien mit einer ungewöhnlich großen Zahl von Mitgliedern mit sehr hohem Lebensalter beobachtet worden. Die Analyse derartiger Familien könnte zur Identifizierung von Erbanlagen führen, die für eine lange Lebenserwartung verantwortlich sind oder aber vor bestimmten Erkrankungen schützen. In einer Sammlung von Familien mit einer starken Häufung von Personen, die älter als 90 Jahren wurden, konnte beispielsweise eine Region des Genoms identifiziert werden, in der sich ein Gen befinden muss, das die Lebenserwartung beeinflusst (Puca et al. 2001). Das Humane Genomprojekt erleichtert heute die Identifikation derartiger Gene, wofür verschiedene Strategien zur Verfügung stehen. Im sog. Kandidatengenansatz wird nach Genen gesucht, für die es Belege gibt, dass sie in Alterungsvorgänge involviert sein könnten. Hierzu würden sich z. B. Gene anbieten, die Homologien zu Genen anderer Spezies aufweisen, die mit Langlebigkeit assoziiert sind. Weitere Kandidaten sind z. B. Gene, die zelluläre Funktionen und Repair-Mechanismen aufrechterhalten.

Gene, die mit Krankheitsdispositionen und dadurch mit frühem Tod assoziiert sind, zählen ebenfalls zu den für die Frage der Lebenserwartung relevanten Genen. Ein Beispiel ist das sog. Apolipoprotein-Gen. Bestimmte Varianten (Allele) sind mit einem höheren Risiko für das Auftreten z. B. kardiovaskulärer Krankheiten und der Alzheimer-Demenz verbunden, wohingegen andere Allele dieses Risiko senken können (Schächter et al. 1994). In der Zwischenzeit sind allein für Herz-Kreislauf-Erkrankungen mehrere hundert beteiligte Gene bekannt. Es ist zu erwarten, dass durch zunehmende Identifikation weiterer „Risikogene" eine individuelle statistische Risikoaussage unter Berücksichtigung von Daten vieler derartiger Risikogene möglich werden könnte. Die prädiktive Kraft eines einzelnen, aber auch einer größeren Anzahl von Risikogenen ist jedoch immer begrenzt, wie wir aus Zwillingsstudien wissen. Umwelteinflüsse sind naturgemäß von überragender Bedeutung.

Krankheitsbilder, die mit vorzeitigem Altern einhergehen

Es existieren sehr seltene erbliche Krankheitsbilder, die durch vorzeitiges Altern gekennzeichnet sind. Zu nennen sind hier u. a. die äußerst seltene klassische Progerie und das Werner-Syndrom. Patienten mit Progerie sterben meist vor dem 15. Lebensjahr und sehen als Teenager wie Greise aus. Todesursache sind vor allem Herz-Kreislauf-Krankheiten. Es liegt auf der Hand, dass die Entschlüsselung der diesen Krankheiten zugrunde liegenden Gene eine Schlüsselrolle beim Verständnis von Alternsprozessen spielen kann. Kürzlich konnte die für die Progerie verantwortliche Erbanlage identifiziert werden. Es zeigte sich, dass Mutationen dieses Gens zu gänzlich unterschiedlichen Krankheitsbildern führen können. Das Verständnis der Pathogenese dieser Krankheitsbilder könnte auch einen Schlüssel für das Verständnis von Alterungsprozessen überhaupt liefern. Hier ist aber noch ein weiter Weg zu gehen.

Ausblick

Die dramatische Zunahme der Lebenserwartung innerhalb nur einer einzigen Generation zeigt, dass Erbanlagen, die sich naturgemäß in einer derart kurzen Zeitspanne in einer Bevölkerung nicht verändern können, die biologischen Vorgänge des Alterns und damit auch die Lebenserwartung letztlich nur begrenzt beeinflussen. Andererseits belegen umfassende Untersuchungen die Bedeutung genetischer Faktoren für das Altern und damit die Lebenserwartung. Die Identifizierung dieser Gene und die Aufklärung ihrer Funktion ist für das Verständnis von Alternsvorgängen von zentraler Bedeutung und steht deshalb im Focus der modernen Alternsforschung.

Literatur

Cournil A. / Krikwood T. B. L.: If you would live long, choose your parents well. In: Trends in Genetics 17 (2001), S. 233–235.

Finch C. E. / Tanzi R. E.: Genetics of aging. In: Science 278 (1997), S. 407–411.

Gavrilov L. A. / Gavrilova N. S.: Evolutionary theories of aging and longevity. In: The Scientific World Journal 2 (2002), S. 339–356.

Gudmundsson H. / Gudbjartsson D. F. / Kong A. / Gudbjartsson H. / Frigge M. / Gulcher J. R. / Stenfansson K.: Inheritance of human longevity in Iceland. In: EurJHumGenet 8 (2000), S. 743–749.

Martin G. M.: The biologic basis of aging: implications for medical genetics. In: Rimoin D. / Conner J. M. / Pyeritz R. E. / Korf B. R. (Hrsg.): In: Emery and Rimoin's principles and practice of Medical genetics. London 4. Aufl., S. 571–589.

Nemoto S. / Finkel T.: Aging and the mystery at Arles. In: Nature 429 (2004), S. 149–152.

Perls T. / Kunkel L. / Puca A.: The genetics of aging. In: Current Opinion in Genetics and Development 12 (2002), S. 362–369.

Puca A. A. / Daly M. J. / Brewster S. J. / Matise T. C. / Barrett J. / Shea-Drinkwater M. / Kang S. / Nicoli J. / Kunkel L. M. / Perls T.: A genome-wide scan for linkage to human exceptional longevity identifies a locus on chromosome 4. In: PNAS 98 (2001), S. 10505–10508.

Schächter F. / Faure-Delanef L. / Guenot F. / Rouger H. / Froguel P. / Lesueur-Ginot L. / Cohen D.: Genetic associations with human longevity at the *APOE* and *ACE* loci. In: NatGenet 6 (1994), S. 29–32.

Zur Definition des Altersbegriffs aus der Sicht der Medizin

Eggert Beleites

Einführung

Die Erkenntnis, dass er alt geworden ist, trifft den Menschen in der Regel völlig unvorbereitet. Auch unsere Gesellschaft hat sich nicht gerade frühzeitig und bislang schon gar nicht ausreichend mit ihrer so genannten Überalterung auseinandergesetzt.

Wenn nun nach der Biologie die Medizin aufgefordert wird, das Alter zu definieren, dann kann sie dies bestenfalls unter Verweis auf biologische Daten zum Alterungsprozess tun oder mit dem allgemeinen Hinweis darauf, dass Altsein etwas mit dem Befinden zu tun hat. Man ist so alt, wie man sich fühlt. Andere Definitionen sollte der Arzt tunlichst gar nicht erst versuchen. Allein schon deswegen, weil kalendarisches und individuelles biologisches Alter oftmals weit auseinanderdriften, haben sich die Ärzte in Deutschland immer wieder vehement und bislang mit Erfolg geweigert, für Diagnostik- und Therapieentscheidungen Altersbegrenzungen zu definieren bzw. anzuerkennen. In anderen Ländern sind festgeschriebene Altersgrenzen für medizinische Maßnahmen durchaus üblich. Es sei nur an die ökonomisch begründete Altersbegrenzung der Finanzierung von Hüftgelenken in England erinnert. Auch in Deutschland wurde ja unlängst von politischer Seite die Forderung erhoben, bestimmte medizinische Maßnahmen (hier wurde nun wiederum an die Hüftgelenke gedacht) ab einem noch zu definierenden Lebensalter aus der solidarischen Finanzierung herauszunehmen. Die Ärzteschaft lehnt solche Pläne entschieden ab, weil sie ihr weder zielführend noch gerecht erscheinen. Wir meinen aber auch, dass die Phänomene um das Altwerden und das Altsein gesamtgesellschaftlich gesehen noch immer völlig falsch eingeschätzt werden und dass es viele andere Wege gibt, wie positiv mit dem Alter verfahren werden kann.

Kaum beginnt in unseren Tagen ein uralter Menschheitstraum in Erfüllung zu gehen, nämlich der Traum, alt, ja sogar sehr alt werden zu können, gleich glaubt die Mehrheit unserer Bevölkerung, darüber klagen zu müssen, dass viel zu viele Menschen zu alt würden und dass das insgesamt zu kostspielig sei. Diese Neigung zum Jammern ist ein schreckliches Phänomen.

Statt traurig nach den Problemen zu suchen, die mit dem Altwerden zusammenhängen, sollten wir uns zunächst einmal über den beträchtlichen Gewinn, den uns das Altwerden bislang gebracht hat, aber auch noch bringen wird, richtig freuen. Altwerden zu können ist (und die alten Menschen selbst sind) in erster Linie ein Gewinn für die Gesellschaft. Auf einer Tagung der Konrad-Adenauer-Stiftung in Cadenabbia ist es naheliegend, dabei an Konrad Adenauer selbst zu erinnern, dessen hohes Alter für unser Land wahrhaftig ein Nutzen war.

Glücklich sollten wir uns auch wähnen, weil es gerade unserer Generation vergönnt ist, die Erfüllung dieses Menschheitstraumes erleben und mitgestalten zu dürfen.

Noch unsere unmittelbaren Vorfahren haben sich so viel „Altwerden" nicht einmal vorstellen können. Vor etwa 70 Jahren gab es im Deutschen Reich nur vier Menschen, die das 100. Lebensjahr überschritten hatten. Heute leben in der Bundesrepublik Deutschland mehr als 10.000 (!) Menschen, die über 100 Jahre alt sind. Rein aus Kapazitätsgründen kann unser Bundespräsident bei dieser großen Zahl wahrhaftig nicht mehr jedem persönlich zu seinem 100. Geburtstag gratulieren.

Vorwiegend dann, wenn die älteren Menschen im Laufe ihres langen Lebens spezielle Fähigkeiten und Kompetenzen erworben haben und gesundheitlich noch in der Lage sind, diese weiterzugeben, sind sie für die Gesellschaft ausgesprochen förderlich. Es gibt heutzutage viele alte und auch sehr alte Menschen, die für die Gesellschaft durch ihr Engagement sehr hilfreich sind oder jedenfalls sein könnten. Dass sie jüngeren Menschen teilweise sogar wesentlich überlegen sind, vergisst man – im Gegensatz zu manchen Gesellschaften der Dritten Welt – bei uns gar zu oft. Grundvoraussetzung für die meist ehrenamtliche Übernahme solcher sozialen Aufgaben (z. B. der Großelternfunktion) ist der Erhalt von Selbständigkeit: Sich dafür einzusetzen, ist eine Aufgabe aller gesellschaftlichen Kräfte.

Was haben nun Ärzte speziell mit dem Altern zu tun?

Es gehört in unseren Tagen auch zu den ärztlichen Aufgaben, Selbständigkeit (einschließlich der eigenen Lebensgewohnheiten des alten Menschen) so lange als nur irgend möglich nach dem Grundsatz „Rehabilitation vor Pflege" zu erhalten bzw. wiederherzustellen. Aus medizinischer Sicht wird für uns dabei immer deutlicher, dass alte Menschen nicht einfach verbrauchte Erwachsene sind. Sie sind ganz anders und bedürfen im Krankheitsfall einer speziellen Betreuung sowie auch einer speziellen Medizin. Denn bei der geriatrischen Betreuung geht es primär nicht um Gesundheit, sondern um ein „Sich-noch-lange-wohlfühlen-Können" und auch um ein „Sich-trotz-Krankheiten-Wohlfühlen". Gesundheit im Alter ist „körperliches, seelisch-geistiges und soziales Wohlbefinden". Es kommt also nicht darauf an, ob man laut Arzturteil oder Laborbefund gesund ist, sondern darauf, ob man sich gesund fühlt. Der so genannte „subjektive Gesundheitszustand" ist ganz entscheidend für die Lebensqualität im Alter. Hier schließt Gesundheit die Fähigkeit ein, sich mit etwaigen Belastungen, Einschränkungen, Behinderungen (im körperlichen, seelisch-geistigen und sozialen Bereich) auseinanderzusetzen und adäquat damit umzugehen. Auch das Verhalten des Arztes dem Patienten gegenüber bestimmt weitgehend das subjektive Gesundheitsgefühl. Dem Arzt-Patienten-Verhältnis kommt in der Geriatrie eine besondere, noch höherwertige Bedeutung zu als in vielen anderen Fachdisziplinen. Besonders im Alter korreliert der subjektive Gesundheitszustand viel stärker mit Langlebigkeit als der vom Arzt festgestellte „objektive" Gesundheitszustand. Der Arzt bzw. alle im Rahmen der Rehabilitation Tätigen sollten um diese Zusammenhänge wissen, denn sowohl ein Zuwenig als auch ein Zuviel an Information – dazu noch im ungünstigen Augenblick gegeben – kann je nach den individuellen Voraussetzungen und den momentanen situativen Gegebenheiten zu einer erheblichen Unsicherheit des Patienten und einer Fehleinschätzung des Gesundheitszustandes führen und damit das Empfinden entscheidend beeinflussen.

Für all diese Aufgaben brauchen wir mit hoher Sicherheit in Zukunft – auch wenn das selbst von manch ärztlicher Seite noch immer nicht verstanden wird – eine besondere ärztliche Spezialisierung: den Geriater, den es bis heute noch nicht als Facharzt gibt. Eine analoge Problematik und Diskussion gab es vor gut 100 Jahren. Damals wurde, mehr oder weniger von staatlicher Seite und gegen den massiven Widerstand vieler Ärzte, die Pädiatrie als eigene Spezialisierung eingeführt. Die Ärzte argumentierten und dachten, dass sie selbstverständlich kleine Patienten auch ohne Spezialisierung korrekt behandeln könnten. Heute bedarf es keiner Argumentation mehr für die Rechtfertigung der Pädiatrie, für die Geriatrie müssen wir uns jedoch noch stark machen. Auch wenn der Deutsche Ärztetag die Zusatzbezeichnung Geriatrie bereits vor 12 Jahren, also 1992, eingeführt hat, reicht das bei weitem nicht aus.

Altwerden ist sicher nicht in erster Linie ein Verdienst der individuellen ärztlichen Betreuung. Im Wesentlichen haben wohl die heute üblichen vernünftigen Wohn- und Essbedingungen und ein allgemein hoher Hygienestandard mit Ausrottung der großen Volksseuchen dazu geführt, dass so viele Menschen ein hohes Alter erreichen. Es geht aber nicht nur darum, dass wir alt werden, sondern vor allem darum, dass wir gesund alt werden können, und das hat nun wohl doch viel mit individueller ärztlicher Betreuung zu tun. Hier liegt eine wesentliche Aufgabe für die Medizin und die Ärzte von heute. Wenn auch mit der Zunahme der allgemeinen Lebenserwartung sowohl auf die Gesellschaft insgesamt als auch auf jeden Einzelnen eine ungeheure Verantwortung zukommt, so können Ärzte hierbei dennoch eine speziell helfende Rolle übernehmen. Es kann als eine vornehme, wenn nicht sogar die vornehmste Aufgabe des Arztes betrachtet werden, Menschen während ihres ganzen Lebens so zu begleiten, dass sie in der Jugend verantwortungsvoll mit ihrer Gesundheit umgehen, um möglichst gesund und unabhängig ein hohes Alter erreichen zu können. Die Ärzteschaft sollte diese vorsorgende Aufgabe geradezu als ihre soziale Verpflichtung ansehen. Vorrangiges Ziel einer aktiven, präventiv ausgerichteten gesundheitlichen Versorgung ist es, die Chance auf ein gesundes Altwerden schlechthin zu vergrößern. Altersbezogene Prävention beginnt schon in jungen Lebensjahren. Das Vorbeugen muss eingeübt werden. Wenn auch gesundes Altwerden als eine lebenslange Aufgabe anzusehen ist, so hat die Vorbereitung des gesunden Alterns vorwiegend im Kindesalter zu erfolgen. So merkwürdig es auch klingen mag, der Pädiater hat ganz wesentlichen Einfluss auf ein gesundes Altwerden. Da sich die Vorbereitung des Altwerdens von der Kindheit bis ins hohe Alter fortsetzt, bedarf es natürlich der Zusammenarbeit verschiedener medizinischer und nicht-medizinischer Fachberufe. Dem Hausarzt kommt dabei entsprechend seinen Kenntnissen über Lebenssituation, gesundheitliche Vorgeschichte und Risikofaktoren des Patienten eine koordinierende Betreuungsaufgabe zu.

Es besteht sicher ein Zusammenhang zwischen positivem Altersbild und Lebensqualität. Ich glaube, dass das von unserer Gesellschaft immer wieder unterschätzt wird. Jung, dynamisch, runzelfrei, beweglich und sportlich zu sein gilt als Ideal. Bedauerlicherweise tragen viele Ärzte allein durch ihre Bereitschaft, Schönheits- und Verjüngungsoperationen auf Wunsch durchzuführen oder mit einem so genannten Anti-Aging-Programm zu werben, wesentlich zu solch einem altersfeindlichen Bild bei. Auch da könnte ein Umdenken bzw. eine andere Definition, die die Schönheit im Alter wieder entdeckt, hilfreich sein.

Welche Probleme haben Ärzte mit dem Älterwerden unserer Bevölkerung?

1. Multimorbidität

Je älter ein Mensch wird, umso mehr wird er die so genannten Alterskrankheiten, die gewissermaßen als eine Art Abnutzung verstanden werden können, an seinem Körper wahrnehmen und sich damit arrangieren müssen. Es handelt sich dabei z. B. um einen Verlust der Sinnesschärfe, um Bewegungseinschränkungen, Schluckstörungen, Schmerzen, Gangunsicherheiten, emotionale Unsicherheiten, seelische Verstimmungen usw.

Das Risiko, einen Tumor zu bekommen, oder auch nur

die Furcht vor einem möglichen Tumorleiden nehmen mit zunehmendem Alter zu. Insgesamt kann man mit Sicherheit davon ausgehen, dass bei fortgeschrittenem Lebensalter sich auch Multimorbidität einstellt. Weil wir aber heute, selbst dann, wenn es sich um Mehrfachrisiken handelt, den Umgang mit krankheitsbedingten Einschränkungen zunehmend besser beherrschen, spielt für uns Ärzte die Multimorbidität im Sinn der Risikoabwägung z. B. bei Operationsplanungen nicht mehr eine so beherrschende Rolle, wie es noch vor wenigen Jahren der Fall war. Wir können durchaus auch Hochbetagte, also deutlich über 90-Jährige, mit gutem Erfolg operieren, selbst wenn sie mehrere chronische Leiden haben.

2. Indikationsproblematik

Infolge des zunehmenden Alters haben wir bei unseren hochbetagten Patienten auch wachsende Probleme mit unseren Entscheidungen zu diagnostischen und therapeutischen Maßnahmen. Speziell bei alten und sehr alten Patienten kann es ausgesprochen schwierig sein, vernünftig abzuwägen, wie groß einerseits der Benefit unserer Diagnostik und Therapie noch sein wird und wie viel Lebensqualität wir andererseits für den Rest des Lebens durch unsere Maßnahmen nehmen.

Besonders schwierig erscheinen mir Indikationsentscheidungen dann, wenn wir den Eindruck haben, dass aufgrund des hohen Alters nicht mehr viel Lebenszeit zur Verfügung steht. Dabei geht es mir zunächst einmal um Fragen der Lebensqualität und nicht etwa um ökonomische Probleme oder um Ressourcenknappheit.

Dazu drei jüngst erlebte Beispiele aus meiner Klinik:

a. Eine gering verwirrte, nur noch wenig mobil erscheinende 90-jährige Frau, die bezüglich ihrer Gesundheitsangelegenheiten von der Tochter zwar „gemanagt" wird, aber nicht in einem Betreuungsverhältnis lebt, weil sie selbst noch immer klare Entscheidungen treffen kann und offensichtlich auch will, hatte unsere Klinik aufgesucht, um sich an einem großen, wachsenden Tumor an der rechten Halsseite behandeln zu lassen. Sonst klagte sie kaum über irgendwelche Beschwerden. Wir diagnostizierten einen gut operabel erscheinenden Tonsillentumor rechts mit einer großen, die Arteria carotis interna partiell umwachsenden Halsmetastase, die nur unter Inkaufnahme von relativ großen Funktionseinbußen (Entfernung des Nervus hypoglossus, des Nervus glossopharyngeus, des Nervus vagus) zu entfernen war. Im Fall einer operativen Therapie musste mit erheblichen, dauerhaft anhaltenden postoperativen Schluckstörungen und einer operationsbedingten Aspirationsgefahr gerechnet werden. Diese zu erwartenden Probleme kann man durch Anlegen einer Magensonde (PEG) und eines Tracheostomas (Luftröhrenschnittes) relativ sicher, aber eben unter Einbuße von viel Lebensqualität beherrschen. Bei der Beratung der Patientin haben wir mit ihr gemeinsam versucht, abzuwägen, welche Behandlung für sie wohl das Beste sei. Eine wenn auch fragliche, so doch immerhin mögliche Verlängerung des Lebens durch einen umfangreichen operativen Eingriff mit daraus folgendem Verlust von viel Lebensqualität galt es gegen das Belassen des Tumors mit sicherem Wachstum und folgendem Tod am Tumor abzuwägen. Und das alles mit erheblichen Unsicherheiten auf ärztlicher Seite bei der Prognoseeinschätzung. Ökonomische Gesichtspunkte spielten bei unseren Überlegungen bislang noch keine Rolle, wenn wir auch wissen, dass selbst das in Zukunft nicht ausbleiben kann. Die Patientin hat uns, sicher auch weil sie aufgrund ihrer Zerebralsklerose nur noch sehr bedingt entscheidungsfähig war, freie Hand gelassen.

b. Eine 78-jährige Frau war infolge einer Hirnhautentzün-
dung gehörlos geworden. Sie wollte ein Cochleaimplant
eingesetzt bekommen. Solch ein Gerät kostet allein, ohne
Krankenhaus- und Operationskosten, immerhin 20.000 €
und bedarf nach der Operation noch einer oft langwierigen
Übungsbehandlung, die natürlich wiederum Kosten bedingt. Zudem kann man generell bei älteren Menschen
nicht voraussagen, ob sie mental in der Lage sein werden,
das Gerät überhaupt zu nutzen, und natürlich kann man
noch weniger voraussagen, wie lange das Gerät überhaupt
genutzt werden kann. Bei unserer Entscheidung wollte ich
mich einer Altersbegrenzung nicht unterordnen; weder das
kalendarische noch das biologische Alter sollte den Aus-
schlag geben. Und doch war ich in meiner Entscheidung
nicht frei. In der Tagespresse wollte ich weder positiv
noch negativ erwähnt werden. Deshalb habe ich im Internet nachgesucht, wie alt der älteste Patient bei einer Coch-
leaimplantoperation war. Ich ermittelte 84 Jahre. Daraufhin erfolgte die Operation – glücklicherweise mit relativ
gutem Erfolg. Bei diesem Fall waren Alter und Ökonomie
in unseren Köpfen durchaus schon sehr nahe beieinander.

c. Ich wurde zu einem 104-jährigen ehemaligen Univer-
sitätsprofessor gerufen, dem ich in diesem hohen Alter
sein erstes Hörgerät verordnen sollte. Er war noch aus Zeiten der DDR gesetzlich krankenversichert.
Mit 104 Jahren ist die Chance, mit einem Hörgerät noch
wesentlichen Erfolg zu erzielen, ausgesprochen gering,
schon weil aller Wahrscheinlichkeit nach zeitlich nur
noch wenig Raum für eine vernünftige Gewöhnungsphase
bleibt. Sollte ich nun auf Kosten der Solidargemeinschaft
ein entsprechendes Gerät verordnen oder mich aus ökonomischen Gründen dem Wunsch widersetzen? Hier wird
auch für mich, der ich eine Altersbegrenzung bei Gesund-
heitsfragen im Grunde kategorisch ablehne, allein aus öko-

nomischer Sicht eine Altersbegrenzung tatsächlich sinnvoll, nur möge sie niemals pauschal vorgeschrieben sein.

3. Die spezielle Ressourcenproblematik in der Transplantationschirurgie

Noch deutlicher wird die Ressourcenproblematik bei den aus natürlichen Gründen knapp bemessenen Transplantationsorganen, wenn außerdem noch ein fortgeschrittenes Alter hinzukommt. Alte Menschen eignen sich für die Transplantationseingriffe weder als Spender noch als Empfänger so gut wie junge Menschen. Uns allen ist aber auch bekannt, dass schlechthin viel zu wenig Organe zur Verfügung stehen, dass es deshalb Wartelisten gibt und dass öfter auch junge Menschen sterben, weil nicht rechtzeitig ein passendes Organ für sie zur Verfügung steht. Können oder wollen wir es uns da leisten, knappe Organe auch an alte – wie auch immer man das definieren mag – Patienten abzugeben?

Zur Minderung dieses ethischen Dilemmas ist das Programm „old for old" ins Leben gerufen worden, in dem alte Spender ihre alten Organe für alte Empfänger zur Verfügung stellen. Das heißt: Hier hat die Solidargemeinschaft bereits eine kalendarische Altersgrenze zu definieren versucht.

4. Besondere medizinische Probleme

Heutzutage gibt es immer mehr alte Menschen, die nicht mehr gut und schon gar nicht mehr allein essen können. Der Fütterungsprozess bindet viel Zeit und Pflegekräfte. Einfacher wird es, wenn man diesen Menschen eine Magensonde (PEG) legt und sie über diese ernährt. Auf solche Weise werden zwar Zeit und vor allem Arbeitskräfte gespart, aber es geht eben auch Zuwendung verloren.

Ich glaube, dass die Indikation zum Anlegen einer PEG viel zu großzügig gestellt wird. Hoffentlich nimmt das mit weiter ansteigendem Durchschnittsalter nicht noch mehr zu. Hier haben wir Ärzte wiederum eine wichtige Weichenstellerfunktion.

Eine ähnliche Problematik gibt es im Rahmen der Betreuung von altersdementen Patienten.

Schlussfolgerung

All diese Probleme sind aus ärztlicher Sicht nicht durch willkürliche Festsetzung einer Altersgrenze – sei sie kalendarisch oder auch biologisch definiert – zu lösen. Von politischer Seite gibt es zwar immer wieder einmal Vorstöße, eine Altersgrenze festzulegen, um dadurch Kosten zu reduzieren. Wir Ärzte wehren uns gegen solche Grenzziehungen, weil wir meinen, dass solche willkürlich gezogenen Grenzen die Individualität, auf die es in der ärztlichen Betreuung immer ankommt, zu wenig beachten können. Wir wollen zudem nicht diejenigen sein, die mögliche Hilfe aufgrund einer politisch vorgegebenen Altersdefinition vorenthalten müssen.

An dem ersten Beispiel mit dem Tumor bei der 90-jährigen Patienten ist hoffentlich deutlich geworden, wie schwer im Individualfall das Abwägen zwischen Lebenslänge und Lebensqualität sein kann, zumal beides gerade im höheren Lebensalter nur sehr ungewiss vorausbestimmt werden kann. In solchen Fällen werden weder Politiker noch sonstige gesellschaftliche Gruppen uns Ärzten mit irgendwelchen *Festlegungen* helfen können.

Welche Aufgaben ergeben sich aus dem Gesagten für die Ärzteschaft und die Gesellschaft?

Wir haben zunächst nicht dafür zu sorgen, dass mehr Menschen alt werden, sondern dafür, dass es mehr Menschen gelingt, gesund alt zu werden, und auch dafür, dass das Altsein mit seiner Multimorbidität erträglich gestaltet wird. Das kann geschehen durch:

1. Verbesserung der Aus-, Weiter- und Fortbildung für Ärzte. Langsame Besserung ist zwar in Sicht, noch immer fehlt es aber an Lehrstühlen für Geriatrie.

2. Erhöhung der Pflegekraftkapazität und Ausbau der altersgerechten Rehabilitation. Dabei sollte allen immer wieder bewusst sein, dass es sich hierbei um einen durchaus ernst zu nehmenden Wirtschaftszweig handelt, der viele Arbeitskräfte binden kann.

3. Verbesserung der Prävention mit besonderer Aufmerksamkeit auf kindliche und jugendliche Altersgruppen, z. B. Vermeidung von relevanten Risiken, Verzicht auf Drogen, Nikotin und Alkohol, gesunde Ernährung, körperliche Bewegung, Hygiene (Zahn- und Mundpflege eingeschlossen). Geistig aktivere Menschen, Personen mit einem höheren IQ, einem breiteren Interessenradius und einem weiter reichenden Zukunftsbezug wie auch mit einem größeren Ausmaß an Sozialkontakten erreichen ein höheres Lebensalter. Gesundes Altern fängt also im Kindergarten und mit der Erziehung an. Damit können spätere Ressourcen gespart werden.

4. Ferner: Die gerade im Gesundheitswesen neu entstehenden Organisationsformen – Medizinische Versorgungszentren (MVZ), Tageskliniken, Hausarztverbund, ambulante Pflegezentren, integrierte Versorgungen – sollten von Anbeginn an altengerecht entwickelt und aufgebaut werden. Gerade die Schnittstellen zwischen stationärer und ambulanter Versorgung werden für eine

vernünftige Betreuung im Alter eine Schlüsselstellung haben. Förderung der Interdisziplinarität hat dabei eine hohe Bedeutung.

5. Die Kindersicherung z. B. bei Arzneimittelflaschen, die oftmals geradezu einer „Altensicherung" gleichkommt, sollte sinnvoll umgeändert werden.

6. Die Palliativmedizin und die Hospizsituation sollte verbessert werden.

7. Es gilt, die Risikofaktoren für ein beschleunigtes Altern bzw. für Gesundheitsstörungen und Krankheiten im Alter aufzudecken und allgemeine Strategien für ein „erfolgreiches Altern" zu entwickeln. Daraus lassen sich dann adaptierte Empfehlungen für die individuelle Lebensführung ableiten.

Wir müssen jedoch versuchen, das Maximum an Behandlung und Pflege bei einem Minimum von Kosten zu erreichen. Auch ist zu beachten, dass allein durch die Erwerbstätigkeit von Frauen, die berufliche Mobilität der Kinder, die eine Wohnortnähe immer seltener gegeben sein lässt, und die zunehmende Scheidungsrate (für die Schwiegermutter wird man sorgen, für die Ex-Schwiegermutter sicher nicht) pflegende Angehörige fehlen werden. Die Zukunft wird schon allein durch die Zunahme der Betagten und Hochbetagten eine allgemeine Geriatrisierung vieler medizinischer Fächer mit sich bringen und die Geriatrie als Disziplin fordern und fördern.

Die erwartete Definition des Alters kann und will ich freilich nicht geben. Ich denke, das wird niemand können, ohne am wirklichen Leben vorbeizugehen.

Der soziologische Altersbegriff – gezeigt an der sozialen Bedingtheit von Gesundheit im späten Leben

Leopold Rosenmayr

Das Altern bringt, variierend nach Personen und Gruppen, sehr verschiedene Begrenzungen und Reduktionen mit sich. Es erfolgt ein Zusammenprall von Prozessen der bio-psychischen *Einengung* mit Möglichkeiten und teils auch der Realisierung von mental-psychischer *Erweiterung*.

Im Altern des Menschen ist ein Entwicklungsgewinn möglich, beruhend auf Prozessen eigener Art. Sie stammen aus einem gewissen kulturellen Potenzial und der sozialen Vorgabe von Herausforderungen. Zu den genetisch und biologisch bedingten *Abbau*-Prozessen kommen solche des *Aufbaus* hinzu und treten mit denen des Abbaus in Wettstreit.

Dieser Wettstreit ist ein Brennpunkt der Soziologie. Denn die Sozialwissenschaften befassen sich mit der historisch und kulturell sich wandelnden *Handlungsfähigkeit des Menschen unter sozialen Bedingungen*. Soziologie zeigt Entwicklungsmöglichkeiten, Befreiungs- und Gestaltungschancen, immer wieder mit dem Verweis auf vorhandene oder mögliche Strukturen von Ökologie, Sozietät und Kultur.

Die Soziologie bezieht immer auch *Entwicklungsprozesse* des Lernens, der Erfahrung und Gestaltung in sozialer und kultureller Hinsicht mit ein. Die soziologische Betrachtung sucht Macht und Grenzen der Beeinflussbarkeit des menschlichen Alters in jeweils einer bestimmten Kultur aufzuzeigen und dies einerseits mit Hilfe relativ großer Datenmengen, anderseits durch Netzwerkstudien (Dörfer, Betriebe, Vereine usw.) und durch Fallstudien.

Ich habe das historische Umfeld und den historischen Kontext einleitend betont. Denn: *Alles Gesellschaftliche ist geschichtlich.* Alle Ordnungen und Bewertungen des Alters konstituieren sich in der jeweiligen geschichtlich und gesellschaftlich notwendigen (oder so erachteten) *Systemerhaltung und -entwicklung* in einer Gesellschaft. Was ein System oder Subsystem jeweils zur materiellen und ideellen, also auch moralischen Gestaltung und Erhaltung benötigt und investieren will, entscheidet darüber, wie Alter angesehen, gewertet, eingeordnet, bestimmt wird.

Wenn man historisch und kulturell Alternsprozesse und Strukturen des Alterns vergleicht, finden wir sehr starke Unterschiede in der Bewertung des Alters sowie dessen *Ausgliederung* oder aber funktionale *Integration* in die gesamte Gesellschaft und deren Teilstrukturen.

Historische Variabilität des gesellschaftlichen Wertes und der Position des Alters

Wer sich in afrikanische Dörfer südlich der Sahara begibt, der findet (je abgelegener, desto mehr) strenge Altersordnungen bis hinein in die Reihenfolge beim festlichen Dorftanz. Je älter eine Person ist, desto höher ihr Status, desto weiter vorne in der Reihe tanzt sie. Die Seniorität ist ein soziales Vorrangs-Regelungsprinzip. Es gab in der Phase der Sesshaftwerdung kein besseres. Wer zuerst da war, war und blieb auch der Erste. Innere Konflikte und die Verteidigungsbereitschaft nach außen verlangten strenge Regelungen. Starb man, ging man zu den Ahnen, um allenfalls von dort wiederzukehren in einem Kind der Sippe.

In den sich differenzierenden Gesellschaften mit einer

Stadtkultur und der Herausbildung von Großreichen tritt die Macht der Alten zurück. Das war schon in Babylonien so. Die Alten blieben Berater, doch setzte die Irrelevanz des Alters für spezialisierte Funktionen ein. Wer Bewässerungskanäle vom Nil her plante, muss nicht unbedingt alt sein, auch der Leibarzt des Pharao nicht.

Die Experten *verschiedenen Alters* übernehmen Schlüsselstellen im ökonomischen, sozialen und kulturellen Leben. Es sind immer noch stark traditionell orientierte Gesellschaften mit schrittweisem sozialen Ausbau, aber sie holen ihre Erfahrung nicht unbedingt aus den Traditionen.

Waren schon durch die Renaissance Jugendlichkeit und Schönheit ästhetisch miteinander verschmolzen und zum Symbol einer entdeckenden Welt erklärt worden, wie die Gestalt des jungen David in Florenz es zeigt, so werden im Zeitalter der Nationenwerdung die jungen Krieger die gesellschaftlichen Helden.

Die permanente und optimale Erweiterung von Systemen durch Ausbildung von Kolonialreichen (und seit dem 18. Jh. der Nationen) erhält Vorrang vor Traditionen. Anerkennung und Status-Zubilligung erhalten die Alten vor allem in den Oberschicht-Familien. Im Handwerk und im Handel zählen bestimmte Erfahrungen und Kompetenzen der Älteren.

In der Moderne, also seit dem 17. Jh. in Europa, beginnt die wissenschaftliche, militärische und politische Expansion die Rolle des wichtigsten Ziels in den sozialen und politischen Systemen zu übernehmen. Dazu bedarf es vor allem der Menschen der ersten Lebenshälfte.

Die späte Moderne oder Postmoderne verschiebt die Expansion vom Militärisch-Politischen ins Ökonomische. Das Stichwort dafür lautet: Innovation. Sie soll zu Reichtum und dessen Mehrung führen. Wer kann, wendet sich dem Luxus zu. Dieser wird zum Maßstab der Rangordnung. Es geht um Zugang zu dem wachsenden (wenn auch in der

Weltgesellschaft sehr ungleich verteilten) Reichtum. Dieser Trend bestimmt (bei marginalen Gegenregungen) den Weltlauf – durch wissenschaftlich-technologische Entwicklung, Rüstung, Unterdrückung und Ausbeutung der „armen Welt". Immer Neues muss auf den Markt, so will es der Wettbewerb. Ist da die Hochschätzung von Jugendlichkeit verwunderlich!

Der Kampf um die Verlängerung des menschlichen Lebens ist selber auf Innovationsschübe, neues medizinisches Wissen und Kapitalakkumulation zurückzuführen. Der Reichtum, den wir akkumuliert haben, ist eine notwendige Bedingung dafür, dass wir länger leben können. Nur so sind wir im Stande, auch die Pensionen bereitzustellen und das Gesundheitssystem zu erhalten.

Innere und äußere Kosten des längeren Lebens

Das Hinausschieben der Hinfälligkeit im Alternsprozess muss bezahlt werden, ökonomisch und sozial. Der Kampf gegen die mit der Hochaltrigkeit stark zunehmende Multimorbidität wird durch den multipharmakologischen Einsatz geführt. Wer im 80. Lebensjahr auf Reisen geht, nimmt mit hoher Wahrscheinlichkeit nicht wie der 60-Jährige *ein* Medikament, sondern drei bis vier Medikamente auf die Reise mit – und vergisst eines zu Hause. Wenn dieser Reisende alles bedenkt, dann rüstet er sich in der Hochaltrigkeit mit allen möglichen Pharmaka aus. Sie müssen von der Gesellschaft mitfinanziert werden. Es gibt natürlich auch manche ältere Herren, die, besonders wenn sie auf Seniorenreisen gehen, das Viagra in ihr Reisenecessaire mit einpacken.

Auf die Multimorbidität gibt es die „multipharmakologische" Antwort, mit all den unbekannten Nebenwirkungen des Einnehmens mehrerer Medikamente. Das rasant zunehmende Angebot an Prothesen der verschiedenster Arten und Größen und die immer eindrucksvolleren Erfolge der Chirurgie lassen auch die Zahl der Eingriffe bei den über 80-Jährigen explodieren. Wir bestehen mit über 60 ja schon zum guten Teil aus Prothesen, und sie werden immer mehr, von den Zahnimplantaten über Bypässe und Schrittmacher bis zu den Endoprothesen im Bewegungsapparat, besonders häufig im Hüftgelenk. Wegen Einschränkungen und Schmerzen haben wir uns beim Hören, Sehen, Kauen, Gehen oder Bücken Prothesen und Pharmaka als Hilfen für die Erreichung von Zielen, großen und kleinen, gesucht. Je wohlhabender wir sind, desto schneller können wir sie uns einsetzen lassen.

Ich möchte an diesem Punkt einen Blick in die Tiefenpsychologie werfen. Wie sehen sich die Individuen in ihrem Angewiesensein auf die Pharmakologie und die Prothesen? Können sie sich als „restaurierte Menschen" verstehen? Die meisten vergessen sie, wenn die Prothesen „gut sitzen". Auf dem Flugplatz, bei der Sicherheitskontrolle, piepst das Messgerät auf, welches das Metall im Körper entdeckt. Man wird abgetastet und geht weiter.

Sigmund Freud hat deutlich gemacht, dass die Voraussetzung für jede Zielstrebigkeit und Lebensbewältigung eine *Idealbildung* ist. Auch mit Prothesen im Leib? Und mit Viagra, Fettabsaugung, Lifting? Voraussetzung für die erfolgreiche Integration von „künstlichen" Veränderungen ist eine Zuwendung zu sich selber, ein gewisser Narzissmus. Wir müssen uns also samt den Prothesen und Pharmaka körperlich und seelisch akzeptieren und uns so auf den Beziehungsmarkt bringen. Vielleicht stehen wir damit in einer historischen Phase, in welcher Selbstliebe und Selbstidentifizierung dazu beitragen können, eine neue Idealbildung im späten Leben zustande zu bringen. Die Prothesen und Pharmaka bringen uns keine Ideale und Ziele. Aber sie ermutigen durch Verbesserung von Voraussetzungen. Alle Ansätze für eine neue Lebensvorausschau und neue Lebenshaltungen verlangen *Selbstakzeptanz.*

Wird eine Änderung im Alter oder überhaupt eine Änderung der Persönlichkeit für das späte Leben nötig sein oder werden? Vermutlich ja, wenn wir genug Mut oder Zuwendung zur eigenen Zukunft im individuellen und sozialen Altern gewinnen wollen. Um diesen Mut zu haben, müssen wir uns *bejahen,* dann können wir uns etwas zu-mu-ten. Spricht man über das Altern, muss man über die Chancen der Lebensentwicklung, sozusagen über eine zweite theoretische Dimension nachdenken. Dabei kann es sich nur um eine des gesteuerten oder steuerbaren Neubeginns und der Erweiterung handeln.

Soziale Bedingtheit von Gesundheit 50 +

Lassen Sie mich die Konturen der „Lebensentwicklung" und ihrer das Alter beeinflussenden Macht aus einer neuen Untersuchung illustrieren, die Gerhard Majce und ich 2003–2004 gemeinsam mit dem Institut Fessel-GfK in Österreich durchgeführt haben, mit Hilfe einer Stichprobe N=1000. Welche sind die Hauptergebnisse? *Je mehr finanzielle Mittel, je mehr Bildung, je mehr Reflexionsfähigkeit, desto geringer ist die Multimorbidität 50 +.* Man kann mit Zahlen belegen, dass die soziale Schicht auch in einer stark sozial betonten Gesellschaft ein maßgeblicher Faktor für die Gesundheit im späten Leben ist. Das gilt nicht nur generell für 50 +, sondern je später im Leben, desto mehr.

Ein zweiter soziologischer Befund: Die soziale Integration, die Freundschaften, die Integration in einen Sportverein, die Aussprachemöglichkeiten in einem Bildungsgefüge oder in einer Lerngemeinschaft, die Chancen, in irgendeiner solchen Einheit mitzutun, sind engstens mit der Gesundheit vernetzt und mit der Aussicht, sich gesund zu er-

halten. Wir konnten diese Zusammenhänge in unserem österreichischen Sample von 1000 Personen 50 + sehr deutlich nachweisen. Wir hatten auch Möglichkeiten, Verbindungen zwischen Befunden subjektiver und klinischer
Gesundheit herzustellen.

Wer allein lebt, aber besonders wer sich *einsam* fühlt –
zwischen beiden Lebensbedingungen gibt es Zusammenhänge –, wer Kontakte nicht zu leben vermag oder nicht
wieder anzuknüpfen versteht, ist gesundheitlich wesentlich stärker beeinträchtigt. Isolierte Menschen haben
mehr Beschwerden, wie man mit Zahlen belegen kann. *Soziale Integration* – das ist eine Botschaft der Soziologie –
hat einen protektiven Wert für die Gesundheit im Alter.

Die Gesundheit ist zwar auch, aber doch vor allem nicht
nur eine Sache des Geldes. Die Gesundheit ist auch eine
Sache der sozialen Integration. Aber natürlich hängt es
auch von ökonomischen Mitteln ab, ob man sich diese
oder jene Fahrt mit Bus, Auto oder Flugzeug leisten kann,
um jemanden zu treffen. Geld ist dafür wichtig, dass man
da oder dort teilnehmen kann, um sich Chancen zur sozialen Integration zu verschaffen, wo es andere mit weniger
Ressourcen nicht vermögen.

Solche Forschungsergebnisse aus Repräsentativ-Untersuchungen der Soziologie sind für die Sozialpolitik wichtige Hinweise. Sie zeigen, dass die Steigerung von Chancen
der Integration und Kooperation und von wechselseitiger
Animation, z. B. in der Freiwilligenarbeit oder dem Seniorenstudium, auch ohne größere Geldmittel möglich ist.

Der Umfang des Freundeskreises hat mit psychischen
Selbsteinstufungen zu tun. Um es stichwortartig zu formulieren: Ich fühle mich weniger niedergeschlagen, ich fühle
mich weniger deprimiert, bin weniger angespannt, weniger
gereizt, wenn ich ausgedehnte freundschaftliche Kontakte
habe, bei all den Konflikten, die diese Kontakte auch mit
sich bringen. So zeigen es die empirischen Ergebnisse. Kon

flikte erweisen sich als ein sehr produktives Moment. Auseinandersetzungen schaffen auch Nähe statt kalter Distanz.

Es gibt in der Bundesrepublik Deutschland ein bemerkenswertes Beispiel, das staatlich geförderte EFI-Projekt, in dem Seniorentrainer und Seniorentrainerinnen in verschiedenen Bundesländern ausgebildet werden. Die Aktion umfasst jetzt schon tausende Menschen, wobei man mit einem Mischsystem aus öffentlichen Unterstützung, privater und Gruppeninitiative und Freiwilligenarbeit dazu beiträgt, dass „soziale Wiederbelebung" entsteht. Diese kann aber auch Neubelebung durch neue Entwicklungen der Persönlichkeit zur Folge haben. Das eine zieht das andere nach sich.

Selbststeuerung im späten Leben

Der Mensch – und auch der alte Mensch – hat bedeutende Potenziale der Selbststeuerung. Das ist eine zentrale Botschaft der Sozialwissenschaften für die Alternsforschung und die Politik. Dabei bietet Bildung ein enormes Potenzial für diese Selbststeuerung. Wie, so wäre zu fragen, kann das Bewusstsein der Selbststeuerung und der damit verbundenen Produktivität über die Eliten hinaus sozial verbreitert werden? Ich sehe darin eine große gesellschaftspolitische Aufgabe. Wenn, wie die Studien über Freizeit feststellen, die Bevölkerung über 60 in Österreich und Deutschland dreieinhalb Stunden täglich vor dem Fernseher verbringt – ist das dann eine Entwicklung, die in Richtung auf Eigenbestimmung durch Bildung führt? Oder in die Gegenrichtung?

Die neuen Altersgenerationen werden eine längere Schulbildung mitbringen. Die heute 60-Jährigen unterscheiden sich darin schon sehr deutlich von den 80-Jährigen. Wird die Verlängerung der Schulbildung und deren

Folgeeffekte die „neuen Alten" dazu befähigen, gesellschaftlich intensiver zu partizipieren? Werden die 68er, die Baby-Boomer, diejenigen sein, die – so wie sie es verstanden, die Politik umzukrempeln – auch ihr eigenes Alter anders, stärker selbstbestimmt und gesellschaftlich mitverantwortlich leben?

Haben wir die reale Möglichkeit, durch Erziehung, Politik, Medien so einzugreifen, dass es tatsächlich in Richtung auf viele konstruktive Freiheiten der Individuen bei gleichzeitiger gesellschaftlicher Mitverantwortung geht? Es ist eine Aufgabe der Sozialwissenschaften und der Soziologie im Besonderen, Hypothesen zu den Chancen der Aktivierung, der Selbstaktivierung, der Verfolgung von Zielen bei Menschen im späten Leben und der Steigerung der gesellschaftlichen Mitverantwortung der Älteren immer wieder neu zu entwickeln.

Dass auch den Älteren Chancen gesellschaftlichen Handelns offen stehen, beruht darauf, dass das Leben nicht nur hingenommen, sondern *geführt* werden kann. Das wäre ein Leben, welches der älteren Bevölkerung auch politisch einen Legitimitätszuwachs und eine Erhöhung ihrer Anerkennung als Gruppe brächte; damit wäre auch eine Steigerung ihres Einflusses in der Kultur zu erwarten.

In den Medien werden immer wieder einzelne herausgegriffene Beispiele vorgestellt, wer was mit 80, 90, 100 noch geleistet hat. Aber die eigentliche Aufwertung und Selbstaufwertung setzt eine soziale Breite von Handlungsfähigkeit sowie *Entschlossenheit in der Gestaltung der Persönlichkeit* voraus. Das beginnt mit einer gesteigerten Beachtung und Förderung des Körpers durch Bewegung und verantwortliche Ernährung. Es setzt sich fort in einer unaufdringlichen Erinnerungskultur und eben der aktiven Mitverantwortlichkeit. Dies könnte dann dazu führen, dass sich in unserer Gesellschaft eine neue Akzeptanz älterer Menschen und Hochbetagter Bahn bricht.

Der englische Historiker und Gerontologe Peter Leslett prägte den Satz: „Be your age." – „Sei so alt, wie du bist." Es gibt Gerontologen, die gegen den Jugendlichkeitswahn polemisieren und dagegen, dass sich die Alten jünger einschätzen, als sie dem Kalender nach sind. Ich bin da toleranter. Nach Studien aus verschiedenen europäischen Ländern schätzen sich ältere Menschen im Durchschnitt etwa 10 bis 15 Jahre jünger ein, als sie dem kalendarischen Alter nach sind. Es gibt nur ganz wenige Menschen 60 +, bei denen sich die Selbsteinschätzung des eigenen Alters dem kalendarischen annähert. Man hat das als Eitelkeit und auch als Verdrängung ausgelegt. Es liegt aber vielleicht in dieser subjektiven Altersunterschätzung auch ein Schuss Erwartung. Oder ist es ein noch unbefreiter Lebensmut, ein Potenzial für Initiativen, das Leben zu gestalten, das aus der Unterschätzung des eigenen Alters spricht? Wenn man mich fragt, ob auch ich den Rat geben würde: „Be your age!", würde ich lieber sagen: „Be your imagined age."

Zusammenfassung der Ergebnisse einer österreichischen Feldstudie 50 + aus den Jahren 2003/04[1]

61 Prozent der Menschen ab 50 in Österreich bezeichnen ihren Gesundheitszustand als „gut" oder „sehr gut", nur 8 Prozent stufen ihn als „schlecht" oder „sehr schlecht" ein. Natürlich nimmt der Anteil derer, die ihre Gesundheit negativ einstufen, mit dem Alter zu, von 5 Prozent bei den 50–59-Jährigen bis auf 23 Prozent bei den Menschen ab 80.

Frauen stufen ihre Gesundheit schlechter ein als Männer. In den jüngeren Altersgruppen ist diese Differenz nicht signifikant, unter den Ältesten allerdings sehr deutlich. Nur 12 Prozent der Männer, aber fast ein Viertel der Frauen im Alter über 75 bezeichnen ihren Gesundheitszustand als „schlecht" oder „sehr schlecht".

Die in der internationalen Literatur vielfach belegte Schichtabhängigkeit der Gesundheit wird auch durch die österreichische Studie bestätigt. Während in den obersten sozialen Schichten nur 2 Prozent ihre schlechte Gesundheit beklagen, sind es in der untersten Schicht fast zehnmal so viele.

Zwar nicht so ausgeprägt wie in früheren Studien, aber dennoch tendenziell beobachtbar ist innerhalb Österreichs eine regionale Abhängigkeit des Gesundheitsempfindens: Am häufigsten schätzen die Tiroler und Vorarlberger ihre Gesundheit gut ein, am seltensten die Niederösterreicher und Burgenländer. Bergsteigen, Skifahren und noch andere Sportarten sind dort besonders tief verwurzelt. Es sind aber auch die regionalen Vereine und die damit gegebenen Sozialformen als salutogen zu berücksichtigen.

Am häufigsten wird in der Bevölkerung 50 + über Rücken- und Kreuzschmerzen (36 Prozent) und Bandscheibenleiden (19 Prozent) geklagt sowie über Herz-Kreislauf-Erkrankungen (25 Prozent) und über Rheuma und Gicht (16 Prozent). Die Unterschiede zwischen Männern und Frauen sind mit Ausnahme der Osteoporose und der Beinleiden (in beiden Fällen zuungunsten der Frauen) gering. Gleichzeitig gilt aber auch, dass – wie schon beim subjektiven Gesundheitszustand – die Frauen im Selbstbericht häufiger als die Männer Krankheiten und Leiden angeben. Die hier angeführten vier häufigsten Krankheiten dominieren in derselben Reihenfolge bei beiden Geschlechtern. Jeweils 60 Prozent der Männer wie auch der Frauen nannten mindestens eine dieser Erkrankungen.

Mit wachsendem Alter erhöht sich auch der Anteil der Erkrankten; als besonders stark altersabhängig erweisen sich die *Herz- und Kreislaufkrankheiten,* die von 14 Prozent bei den 50–54-Jährigen auf 43 Prozent bei den Menschen über 80 ansteigen. Da es sich um selbstberichtete Erkrankungen handelt und nicht um ärztliche Diagnosen, kann man davon ausgehen, dass diese Anteile „objektiv" noch erheblich höher sind. Erwähnenswert mag sein, dass die besonders häufig auftretenden Erkrankungen *Bandscheibenleiden und andere Rücken- und Kreuzschmerzen* nahezu keine altersspezifische Variation in den Altersgruppen 50 + aufweisen. Es sind zivilisationsspezifische Früherkrankungen durch sitzende Lebensweise und Stress.

Die Sozialschicht spielt erwartungsgemäß auch bei den selbstberichteten Krankheiten eine differenzierende Rolle. Die stärksten Zusammenhänge sind bei Osteoporose und Rheuma/Gicht festzustellen, derart, dass sie in den unteren Schichten erheblich häufiger auftreten als in den Oberschichten.

Selbstberichtete Krankheiten weisen in Österreich ein eindeutiges West-Ost-Gefälle auf. So weisen bei den *Herz- und Kreislaufkrankheiten* Tirol und Vorarlberg mit 20 Prozent den besten, Wien mit 32 Prozent den schlechtesten Wert auf. Nur in zwei der insgesamt 17 vorgegebenen Krankheitskategorien dreht sich die Richtung um: bei den Depressionen und Angstzuständen sowie in der Kategorie „Gedächtnisschwund, Verkalkung, Alzheimer", wo Wien die niedrigsten und Tirol/Vorarlberg die höchsten Anteile aufweisen. Das mag an zu wenig intensiver Behandlung liegen, deren Ursachen erforscht werden müssten.

Die *Multimorbidität,* das gleichzeitige Vorhandensein mehrerer, in der Regel chronisch-degenerativer Krankheiten bzw. Leiden, nimmt mit dem Alter markant zu. Dieser Befund wird – übereinstimmend mit allen einschlägigen Untersuchungen – auch von unserer Studie bestätigt. Darüber hinaus weisen Frauen mit durchschnittlich 2,12 selbstberichteten Krankheiten einen signifikant höheren Wert als Männer mit 1,82 auf.

Bei der Multimorbidität lässt sich ein bedeutender Einfluss der Sozialschicht konstatieren: Der Anstieg von der niedrigsten zur höchsten Schicht ist drastisch, von durchschnittlich 1,37 Krankheiten in der höchsten Schicht auf 2,3 und 2,4 in den beiden untersten Schichten. Vor allem die Schulbildung, die eine zentrale Komponente der komplexen Variablen „Sozialschicht" darstellt, trägt zu diesem Muster bei. Die Wirkung der Schulbildung ist sogar noch etwas ausgeprägter als der Effekt des Einkommens. Aber trotzdem gilt: Je geringer das persönliche Nettoeinkommen, desto höher ist die Anzahl der Krankheiten.

In dieser Hinsicht ist in Österreich ein West-Ost-Gefälle festzustellen: Die niedrigste mittlere Anzahl an Erkrankungen und Leiden berichten die Vorarlberger und Tiroler (1,7), die höchste die Wiener sowie die Niederösterreicher und Burgenländer (2,2 bzw. 2,1).

Als besonders belastend werden von den Befragten die Bandscheibenleiden sowie Rheuma und Gicht – also bewegungseinschränkende und schmerzhafte Leiden – beschrieben. Es folgen Krebs, Beinleiden und Asthma/Bronchitis sowie Depressionen. Als am relativ wenigsten belastend empfindet man die Frauenleiden, Prostataerkrankungen sowie Leber- und Gallenleiden.

Erwartungsgemäß drückt Krankheit die Stimmung und damit auch die Haltung, mit der man sich mit der Welt, mit Problemen und Situationen auseinandersetzt. Je mehr Krankheiten man hat, je schlechter man die eigene Gesundheit einstuft, desto pessimistischer und defensiver ist die Grundhaltung und desto negativer ist das allgemeine Lebensgefühl geprägt.

Eine dritte Form unserer Messung des gesundheitlichen Zustandes war die Erhebung der Fähigkeit, die „Aktivitäten des täglichen Lebens" mit oder ohne Hilfe zu erledigen, also der „funktionalen Kapazitäten". Die so gemessene Gesundheit bestätigt die Ergebnisse auf der Basis der anderen Gesundheitsmessungen: Schwierigkeiten bei den Aktivitäten des täglichen Lebens treten mit zunehmendem Alter häufiger auf. Sie sind bei Frauen eher anzutreffen als bei

Männern und variieren in klarer Abhängigkeit von der Sozialschicht. Eine nachteiligere sozialökonomische Situation in den unteren Schichten drückt die Kompetenz in der Alltagsbewältigung.

Soziale Integration hat offenbar einen bedeutenden protektiven Wert für die Gesundheit im Alter. Die österreichische Studie 2003/2004 weist nach, dass die gesundheitliche Beeinträchtigung umso geringer ist, je mehr Personen der Freundes- bzw. Bekanntenkreis umfasst. So berichten 73 Prozent derjenigen, die einen großen Freundeskreis haben, von einem guten oder sehr guten Gesundheitszustand. Die Personen mit einem kleinen Freundeskreis schätzen sich nur mehr zu 56 Prozent so positiv ein. Bei Menschen 50 +, die keinen Freundeskreis haben, bewerten nur mehr 23 Prozent ihre Gesundheit als gut oder sehr gut.

Es ist bemerkenswert, dass die Größe des Freundeskreises starke Korrelationen mit den Selbsteinstufungen wie „Ich bin ruhig, ausgeglichen und gelassen", „Ich bin angespannt, gereizt und nervös" und „Ich bin niedergeschlagen, deprimiert und ohne Antrieb" aufweist. Die *Pflege von Kontakten* kann daher in vielen Hinsichten, sogar in gesundheitsbezogenen, als wichtige Haltung mit alternsprophylaktischer Relevanz gelten. Die *soziale Integration* erweist sich – über familiäre Bindungen hinaus – als salutogener Faktor ersten Ranges.

Drei Viertel der Menschen ab 50 reklamieren für sich eine gesundheitsbewusste Haltung, Frauen geben sich deutlich gesundheitsbewusster als Männer. Mit dem Alter steigt bei Männern wie bei Frauen der Anteil der Gesundheitsbewussten. Es lässt sich zeigen, dass dieser Effekt nicht auf die häufigere Morbidität der Älteren – also etwa auf ein durch Krankheit erzwungenes erhöhtes Gesundheitsbewusstsein – zurückzuführen ist. Ein Schichteinfluss ist erstaunlicherweise nur schwach gegeben. Insbesondere überrascht der geringe Zusammenhang mit der

Schulbildung. Zur Klärung solcher Zusammenhänge sind daher weitere Forschungen zu empfehlen.

Zu den wichtigsten Risikofaktoren, die vom Gesundheitsverhalten abhängig sind, zählt das Übergewicht. Folgt man der üblichen Kategorisierung, und spricht bei einem Body Mass Index (BMI) von 25 bis 30 von „Übergewicht" und ab 30 von „schwerem Übergewicht" bzw. „Fettleibigkeit", so sind in Österreich beinahe zwei Drittel (genau: 62 Prozent) der Menschen ab 50 als übergewichtig einzustufen, 17 Prozent sind sogar schwer übergewichtig.

Zumindest für Österreich gilt, dass es hinsichtlich des Anteils der Übergewichtigen keine relevanten Geschlechtsunterschiede gibt. Noch bemerkenswerter ist aber der Befund, dass weder die Schulbildung noch die Sozialschicht empirisch signifikant für eine Variation des Übergewichts verantwortlich zu sein scheinen. Auch die regionale Herkunft spielt in diesem Zusammenhang keine Rolle. Dieser Befund widerspricht damit der theoretischen Erwartung mancher Sozialwissenschaftler und -mediziner, dass sich durch das „Hineinwachsen" immer besser gebildeter Kohorten in die Generation der „Alten" das Gesundheitsverhalten unter dem Aspekt der Ernährung zunehmend verbessern werde. Selbstkontrolle als Faktor psychischer Hygiene mit erheblichem Einfluss auf salutogenes Verhalten in der Ernährung wird, was die Bedingungen ihres Zustandekommens betrifft, noch zu erforschen sein. Gesundheitspolitisch und gesundheitsökonomisch ist die Bedeutung kontrollierter Lebensführung kaum zu überschätzen.

Auch die Hoffnung, der zweite zentrale Risikofaktor, das Rauchen, werde allmählich durch ein vernünftigeres Gesundheitsverhalten reduziert, kann derzeit durch Daten nicht gestützt werden. Das Gegenteil ist der Fall.

Die Raucherquote nimmt ständig zu, ganz besonders bei den Frauen. Auch in Bezug auf das Rauchen können in unserer Studie keine Schulbildungseffekte festgestellt werden.

Deutlich macht sich dagegen das Alter im Zusammenhang mit dem Rauchen bemerkbar. Man ist umso eher Nichtraucher/in, je älter man ist. Bei den Frauen ist dies in erster Linie ein historischer Effekt: Früher war es weniger üblich, dass Frauen rauchten. Bei den Männern kommt der Alterseffekt viel stärker dadurch zustande, dass sie mit wachsendem Alter zunehmend das Rauchen aufgeben.

Als dritter Hauptrisikofaktor für die chronisch-degenerativen Erkrankungen des höheren Lebensalters wird in der einschlägigen Literatur der Bewegungsmangel genannt. Dieser ist erwartungsgemäß umso häufiger zu beobachten, je älter man ist. So kommen 48 Prozent der 50–59-Jährigen und 83 Prozent der Menschen ab 75 nie durch sportliche Bewegung ins Schwitzen.

Anders als beim Übergewicht und beim Rauchen spielt in Bezug auf die körperliche Betätigung die Schulbildung eine Rolle. Sowohl bei der Häufigkeit als auch im Hinblick auf die Intensität der Bewegung ist mit dem Schulbildungsniveau eine markante Zunahme zu konstatieren. Die Annahme, dass hier die in Kindheit und Jugend empfangenen Einwirkungen schulisch-institutioneller Art im späten Leben Einfluss bewahren, legt sich jedenfalls nahe. Dem Muster des Einflusses der Schulbildung entspricht auch die Schichtabhängigkeit der körperlichen Betätigung. Nur 30 Prozent der obersten Schicht, aber 75 Prozent der untersten Schicht sind körperlich inaktiv.

Während sich 24 Prozent der Menschen ab 50 als Zigarettenraucher und 40 Prozent als stark oder sehr stark übergewichtig (BMI größer als 27) zu erkennen gaben, war bei 10 Prozent eine Kumulation (also das gleichzeitige Auftreten) der beiden Risikofaktoren zu vermerken. Bei 6 Prozent war auch noch zusätzlich Bewegungsmangel gegeben.

Gesundheit und neue Lebensperspektiven

Welche Einsichten lassen sich aus unseren empirischen Daten zur Psychosomatik der Gesundheit im höheren Alter gewinnen? Erstens beeindruckt die starke allgemeine Sozialschichtabhängigkeit von Gesundheit, Lebensperspektiven, Lebensbeurteilungen und Grundchancen.

Ältere Menschen leben sehr deutlich schichtabhängig. Die jeweils verfügbaren ökonomischen und sozialen Ressourcen und die Bildung spielen für die Gesundheit der Individuen eine zentrale, wenn auch im Hinblick auf verschiedene Gesundheitsprobleme verschiedene Rolle.

Eine zweite Einsicht zeigt: Es gibt trotz dieser sozio-ökonomischen Bedingungen interne Faktoren, die eine gewisse Schichtunabhängigkeit zeigen und auf Zusammenhänge über die Bedingungen von Einkommen und Bildung hinaus hinweisen.

Wir müssen bei unseren sozialwissenschaftlichen und sozialmedizinischen Analysen und den Folgerungen für die Lebensformen darauf achten, inwieweit diese zerstörerisch oder blockierend wirken. Hierzu ist herauszuheben: Je einsamer Menschen sich fühlen, desto geringer ist ihre Zukunftszuversicht. Je einsamer sie sich beurteilen, desto negativer ist ihre Selbsteinschätzung, desto geringer ist auch die Beurteilung der eigenen Ausdauer. Sozialintegration hat einen bestimmenden Einfluss auf die Gesundheit.

Lebensführung „emanzipiert" sich teilweise von den sozialökonomischen Verhältnissen. Sie gewinnt dadurch politische Bedeutung. Aus Handlungsweisen von Individuen entstehen Typen gesellschaftlicher Lebensformen und sozialer wie kultureller Partizipation. Befunde über Informiertheit, Handlungsbereitschaft, Wachheit, Überwindung depressiver Haltungen, Selbstvertrauen, Zukunftssicht gewinnen an Erklärungsmacht und Interpretationskapazität für Gesundheit als „Kapazität".

Durch den ökonomisch-gesellschaftlichen Wandel eines halben Jahrhunderts konnte zu Beginn des 21. Jahrhunderts eine „Emanzipation" des Alters um sich greifen. Sie ist teilweise schon beobachtbar, teilweise noch utopisches Konstrukt. Jedenfalls entsteht mehr und mehr eine Eigenkraft individueller und gesellschaftlicher Gestaltung, die über die Bedingungen der sozialen Lebenslagen hinausgeht.

Fähigkeit zur Selbstbestimmung

In der Fähigkeit zur Selbstbestimmung liegt ein entscheidender Faktor für eine befriedigende Lebensführung im Alter. Hans Strotzka formulierte dies in seinem Werk *Fairness, Verantwortung und Phantasie* (Wien 1983) so, dass wir nicht leben können, „wenn wir der Irrationalität nicht einen gewissen Spielraum lassen". So verstehen wir auch besser, dass Gesundheit kein Ziel an sich, sondern ein Mittel ist, um Ziele und Zustände zu erreichen und um innerlich bejahte Wege gehen zu können. Gesundheit als Kapazität bereitet den Weg zur Erschließung der Spannkraft. Diese ermöglicht es, das späte Leben entscheidend selbst zu bestimmen. Eine Eigenkraft individueller und gesellschaftlicher Gestaltung bildet sich heraus und fördert ihrerseits Gesundheit als Kapazität.

Medizinische Forschung und Therapie und wohl auch die sich langsam durchsetzenden Werte und Erfahrungen tragen zu prophylaktischen und rehabilitativen Konzepten und Maßnahmen bei. Für die Generationen der Älteren und Alten wird nun eine größere Handlungsfähigkeit sichtbar. Die älteren und alten Menschen der Zukunft werden sich nicht mehr bloß auf das Gegensteuern nach Erkrankungen verlassen können.

Lebensentwicklung als der dem Altern gegenläufige Prozess dürfte nicht mehr als gehobene Form der „Resteverwertung" unter optimierenden Bedingungen aufgefasst werden. *Selbststeuerung* wird zu einer Fähigkeit, die für die Lebenszufriedenheit im Alter zentral ist. Wo der Einfluss auf die eigene Befindlichkeit vorwiegend als von anderen bzw. von *außen* kommend empfunden und beurteilt wird und die Selbstbestimmung gering ist, herrscht nach unseren Daten auch eine geringe Lebenszufriedenheit. Bei stärkerer Außenbestimmtheit wird die gesundheitliche Beeinträchtigung stärker gefühlt als bei der Selbstbestimmtheit.

Kooperative Gruppeneinflüsse müssten also darum bemüht sein, Aktivierung in der Form zu erreichen, dass bei den Betroffenen eine Verlagerung des Steuerungsbewusstseins nach innen erfolgt. Der „locus of control" muss im Subjekt verbleiben bzw. dort begründet werden, soll die Lebenszufriedenheit steigen oder wenigstens erhalten bleiben.

Die Person, die gruppenmäßig „integriert" wird, sollte das Gefühl entwickeln können, dass sie selber den Prozess der Integration mit bestimmt. Überall dort, wo älteren Personen mehr *Autonomie* zugebilligt wird, zeigt sich, dass sie aktiver über ihr Leben zu verfügen beginnen. Sie fühlen sich freier und gestalten ihr Leben, wenn auch mit Schwierigkeiten, so doch mit mehr Zuversicht. Weil sie sich unabhängiger fühlen, gewinnen sie an Selbstsicherheit und vermögen feinere Unterschiede für ihre Entscheidungen zu berücksichtigen. Das kommt der Gesunderhaltung zugute.

Bewältigen, „Coping", so wichtig es ist, kann als notwendige, aber keinesfalls als zureichende Bedingung gelten, um Sinngebung zu gewährleisten. Neuere theoretische Vorstellungen zum „Coping"-Begriff weisen nach Ursula Lehr ja auch in diese Richtung. „Sinn" und Selbstwirksamkeit sind eng verbunden. „Selbstwirksamkeit", Wirken des „locus of control" im Subjekt, vermag zu einem erhöhten Gefühl der Tätigkeit zu führen. Tätigkeit wiederum – besonders die sinnbewusste, nicht jedes „Hobby" – wird als Stützung des Selbstwertgefühls wirksam. Dadurch lässt sich eine von Reduzieren und Kompensieren verschiedene Linie finden, nämlich eine auf Sinngebung und selbstgewähltes Handeln zielende. Sie verweist über die Selbstgestaltung auf eine aufbauende psychisch-geistige Entwicklung. Die Gesunderhaltung im Sinne des Aufbauens von Kapazität ist Teil dieser Entwicklung. Aber Zielstellungen müssen zu Antriebskräften werden.

Sinnverständnis und Konzentration als Aufgaben des späten Lebens

Im Zusammenhang mit der von ihm als lebensnotwendig angesprochenen *Selektivität*, ohne die sich Selbstwirksamkeit nicht herausbilden kann, sprach der Philosoph Max Scheler vom Ziel eines „gehobenen Sammlungsniveaus". Lebensführung in der Spätphase der Existenz verlange erhöhte Konzentration, nicht bloß Reduktion von Tätigkeiten. Man verdiene das Alter nicht, indem man sich zurückziehe oder es nur als Wechsel zu einer strengeren und anspruchsvolleren Form von Leistung auffasse. „Der nicht jede Gelegenheit ergreift – damit beginnt der Mensch", so Elias Canetti zur Charakterisierung von Selektivität.

Bewusstsein sei intentional, schrieb Edmund Husserl. Daher könne es sich intensiv zielklärend und „ziel-innig" entwickeln. Bewusstsein wird von der „Hinwendung des achtenden Blickes auf das vordem Unbeachtete" gelenkt. Zum „cogito", dem Urprozess denkenden Erfassens, gehört nach Husserl ein ihm immanenter „wollender Blick auf". Intentionalität kann durch „Achtsamkeit" auch die Brüche und Einbrüche des Alterns, die entropieanalogen Kollapse überdauern. Allerdings muss dabei – wie Henri Bergson vom modernen Menschen forderte – um Bewusstseinsvertiefung gekämpft werden.

Eine Bereitschaft zu ständigem psychologischen „Herummodeln" an sich selbst müsse entstehen. Darin sieht der Philosoph Richard Rorty eine Vorbedingung für Entwicklungschancen im Leben. An sich herummodeln muss man wohl bis zum Schluss, will man nicht „veralten" oder unter das Diktat von Abbau und Reduktion, Ordnungsverlust und Dekompensation geraten.

Durch neue Forschungen konnten wir zeigen, dass hiezu auch das eigene Sinn-Verständnis erforderlich ist. In der *Selbstklärung* darüber, welche lebensfördernden Folgen eine bestimmte Zielsetzung haben kann, wird bereits Sinn gesucht. Sowohl bei niedriger als auch bei hoher Bildung hebt die *Selbstwirksamkeit* das Niveau der Zufriedenheit im Maße der eigenen Aktivität.

Bildung und das Gefühl, sich selber zu steuern, stellen Faktoren dar, die die Qualität des eigenen Handelns erhöhen. Wer ein geklärtes Steuerungsbewusstsein hat, so zeigen uns die Ergebnisse unserer empirischen Forschungen, wer „weiß, was er will" und danach auch handelt, dem ist auch die Gesundheitsvorsorge wichtig. Wem Vorsorge wichtig ist, der ist besser über die öffentlichen Dienstleistungen auf dem Gesundheitssektor informiert. Wer darüber mehr weiß, sucht auch noch zusätzlich nach Beratungen. Wir können geradezu von Kettengliedern eines umfassenden Zusammenhangs sprechen.

Um das Altern heute zu verstehen, ist es wichtig, nach der inneren Zustimmung der Einzelnen zu ihrem eigenen Tun zu fragen und schließlich durch Organisationsformen auf verschiedenen Ebenen, von Vereinen und Gemeinden aufsteigend zu regionalen, von den Ländern getragenen Initiativen, durch Angebote „Freiheiten zu gestalten".

In den letzten 30 Jahren ist die Individualisierung in der Lebensgestaltung enorm gewachsen, sie hat gesellschaftlich neue Freiheitsbereiche, aber auch Unsicherheiten und neue Risken mit sich gebracht. Umso mehr ist die hier in ihrer Wirksamkeit dargestellte Selbstklärung gefordert,

auch die Förderung eines Narzissmus, der Ideale hervorzuheben vermag. Ohne diese vermag keine Gesellschaft,
auch die postmoderne nicht, die dringend notwendigen
kulturellen Entwicklungen z. B. der Generationenintegra-
tion, der Selbstverantwortung usw. zu leisten. Sie ist ein
entscheidender Teil im Verstärken der Selbstwirksamkeit.
Und auf diesem Weg begünstigt sie auch die Stärkung
bzw. Neugewinnung von gesundheitsförderndem Verhalten.

Anmerkungen

[1] Der Text dieses Abschnittes ist eine Überarbeitung der Zusammenfassung des Forschungsberichtes an das österreichische Ministerium für Gesundheit und Frauen, geleitet von Frau Bundesminis-
ter Maria Rauch-Kallat. Der gesamte Forschungsbericht entstand
in Kooperation mit Prof. Dr. Gerhard Majce, Institut für Soziologie
der Universität Wien, der die Datenauswertung durchführte.

Definition des Altersbegriffs aus der Sicht der Medien

Michael Albus

Die Fakten

Das Alter boomt. Faktisch, wie man an sich und immer mehr anderen sehen kann. Thematisch, wenn man auch nur einen flüchtigen Blick auf die Medien wirft. Eine neue Prognose des Statistischen Bundesamtes zur Bevölkerungsentwicklung in Deutschland besagt: Vom Jahr 2013 an wird die Zahl der Bewohner Deutschlands von dann voraussichtlich rund 83 Millionen kontinuierlich zurückgehen und im Jahr 2050 schließlich mit 75 Millionen das Niveau von 1963 erreichen. Diese Entwicklung wird nach Ansicht des Amtes nicht nur durch die geringe Kinderzahl der Deutschen, sondern auch durch eine sich stabilisierende Zuwanderung begünstigt. In der Studie wird zwar ein positiver Zuwanderungssaldo von jährlich 200.000 Personen angenommen, der aber das für 2050 prognostizierte Geburtendefizit von 560.000 nicht ausgleichen kann. Die statistische Lebenserwartung der Männer wird bis 2050 auf 81,1 Jahre, die der Frauen auf 86,6 Jahre steigen. Deshalb werden die Hälfte der Bürger dann 48 Jahre oder älter und ein Drittel der Gesamtzahl über 60 Jahre alt sein. Die über 80-Jährigen werden 2050 zwölf Prozent der Bevölkerung stellen; heute sind es nur 3,9 Prozent.

Blickt man über den Tellerrand hinaus, sieht das so aus: Nach einer Prognose der Vereinten Nationen wird sich das durchschnittliche Alter der Weltbevölkerung beinahe verdoppeln, von 22 Jahren im Jahr 1975 auf 38 Jahre im Jahr 2050. In vielen Ländern wird das Durchschnittsalter bei 50 Jahren und mehr liegen. Paul Wallace, ehemaliger Herausgeber der britischen Zeitung *The Independent*, sagt dazu, ein wenig journalistisch formuliert: „Wir stehen vor einer demographischen Zeitenwende: Zum ersten Mal in der Menschheitsgeschichte gibt es mehr alte als junge Menschen. Ein Altersbeben wird im 21. Jahrhundert den Globus erschüttern und unseren Alltag schon bald radikal verändern."

Dieses Altersbeben hat natürlich auch die Medien erfasst, die ja nichts anderes sind als ein andauerndes und demaskierendes Selbstgespräch einer Gesellschaft. Und selbst dort, wo sich die Medien noch relativ seriös mit der faltenreichen Tatsache auseinandersetzen, spürt man eine untergründige Angst durchschimmern: Es ist die zum Teil schön verkleidete, aber deswegen nicht weniger nackte Angst vor dem Sterben und dem Tod. Sie wird am ehesten sichtbar in Titeln wie „Jung, schön und gut drauf" oder in „Die 10 besten Anti-Aging-Tipps von Männerärzten" oder „Schlafen sie sich doch einfach jünger!" oder „Wild und weise" oder „Alter lässt sich durch Training zurückdrehen!" oder „Schlaffis sterben früher, Fitte leben länger". Überall in diesen frohgemuten Titeln geistert die Angst vor dem unausweichlichen Ende umher wie ein Nachtgespenst. Sie macht auch vor Frank Schirrmachers „Methusalem-Komplex" nicht Halt.

In den Medien zeigt sich nichts anderes als die Furcht vor dem Tode und die daraus erwachsende Sehnsucht, ewig zu leben – und wenn das schon nicht geht, dann mindestens so lange wie möglich so viel wie möglich mitzubekommen vom schönen Leben. Rette sich, wer kann! Viele können nicht – und sind dann verzweifelt, verlieren die Contenance und neigen zu Kurzschlusshandlungen. Die Zahl der Selbstmorde im Alter korrespondiert in einer geradezu unheimlichen Weise mit der nach wie vor steigenden Zahl der Selbstmorde bei Kindern und Jugendlichen. – Darüber berichten die Medien dann auch – bis hin zu spektakulären Möglichkeiten und Techniken, dem unerträglichen Altersleben ein Ende zu machen. Man darf das nicht übersehen, was dazu in den Medien „läuft" – etwa unter dem Thema „humanes Sterben". Es ist die Kehrseite des Anti-Aging-Wahns.

Für die Medien sind die alten Menschen eine bevorzugte Zielgruppe, und sie werden es immer mehr. Man setzt auf ihre Sehnsucht, ein schönes und langes Leben zu haben. Man baut auf ihre Angst vor Sterben und Tod.

Am deutlichsten wird das in dem Teil der Medien, den wir gewollt oder ungewollt, mehr unbewusst als bewusst, nebenher, en passant mitkonsumieren: in der Werbung. Dort wird nicht nur sichtbar, welche kommerziellen Interessen die Werber haben, sondern auch welche Sehnsüchte nach der Meinung der Werbepsychologen (sie sind nicht die Schönsten, aber die Mächtigsten im Land) die Umworbenen haben – und wie man entsprechend die Kaufkraft zu lenken und das damit zusammenhängende Lebensgefühl zu heben gedenkt.

Schaut man sich die Werbespots einmal ganz genau und sorgfältig an und lässt man sich nicht einfach von ihnen überspülen, dann wird ein harter Kern sichtbar. In meiner Arbeit mit Studierenden an der Theologischen Fakultät der Universität Freiburg behandle ich seit einigen Jahren immer wieder das Thema: „Himmlische Bilder – Religiöse Inhalte der Fernsehwerbung". Es ist auffällig mit welcher geballten Macht alte, ja älteste religiöse Bilder zu Zwecken einer Werbung herangezogen werden, die gerade auch auf die Alten zielt. Und das in einer Gesellschaft, die von sich selber sagt und von der gesagt wird, sie sei säkular oder sie säkularisiere sich immer weiter. Das ist zumindest ein auffälliger Befund. Da hat sich etwas aus dem früheren Monopolkontext der Kirchen herausbewegt und führt nun ein relativ unkontrolliertes Eigenleben. Manche in den Kirchen merken das – und reagieren mit entsprechender ekklesialer Verzögerung darauf. In einem Werbeflyer der Katholischen Akademie in Bayern für eine Tagung mit dem Thema „60 plus – Die ‚neuen Alten' – hofiert, verkannt, verunsichert" im Januar 2004 liest sich das so:

Unter dem Schlagwort „60 plus" wird der so genannte „Graue Markt" zunehmend entdeckt, nicht nur von geschickten Werbestrategen, auch von weitsichtigen Kreisen der Wirtschaft ... In der Welt von Freizeit und Konsum sind längst die herkömmlichen Altersgrenzen verwischt: Mütter tragen mitunter die gleiche Mode wie die Töchter, und Väter fahren Mountainbikes ihrer Söhne. Die Ergebnisse der Altersforschung haben zudem mangelnde Leistungsfähigkeit Älterer als billiges Vorurteil entlarvt.

Allerdings sollte das suggerierte Bild vom freundlichen und strahlenden „Master-Consumer" deutlich korrigiert werden. Realismus im Blick auf die Chancen und Grenzen ist angesagt.

Nicht zuletzt gilt es genauso für die Kirchen: Auch die Senioren sind nicht mehr die alten; Fragen des Glaubens werden in einer früher kaum bekannten Radikalität gestellt.

Herausforderungen, die fundamentale Konstanten unserer Gesellschaft betreffen, wie auch das prägende Verständnis dessen, was denn der Mensch sei ...

Die Bewertung

„Was denn der Mensch sei", was er sein soll und sein könnte, das ist kaum einmal ein Thema der Medien. In den Medien schwankt der Begriff des Alters zwischen Jugendkult und Altersangst hin und her. Es werden inflationär Rezepte angeboten, wie man immerzu jung bleiben könne. Ein Rezept ist besser und wirkungsvoller als das andere. Und wo die Rezepte nicht mehr greifen, berichtet man zum Beispiel über schreckliche Altenheime, die immer mehr zu Pflegeheimen werden. Es mangelt nicht an Rezepten. Es mangelt in den Medien eher an einem Konzept oder an Konzepten. Man sagt dem Altern und dem Alter den Kampf an, weil Alter im Verständnis vieler Macherinnen und Macher in den Medien als etwas angesehen wird, was es eigentlich nicht geben dürfte; und das Ende des Alters, das Sterben und den Tod, schon einmal gar nicht. Ich formuliere diesen für mich erkennbaren Sachverhalt so drastisch, weil er nach meiner Einschätzung auch der gesellschaftlichen Grundstimmung entspricht, die ja die Medien in ihrem Regelkreis nicht nur schaffen und erzeugen, sondern die sie aufnehmen und verstärken. Somit ist für mich die vage und unsichere Altersdefinition der Medien im Grunde identisch mit dem Verständnis oder dem Unverständnis der Gesellschaft, in die hinein sie senden, schreiben und sprechen.

Diese Feststellung berührt natürlich viele besondere Bereiche innerhalb der Gesellschaft. Sie rührt zum Beispiel an das Selbstverständnis der Ärztinnen und Ärzte und des Pflegepersonals, sie rührt an das Selbstverständnis der Politikerinnen und Politiker, sie rührt auch an das Selbstverständnis der Seelsorgerinnen und Seelsorger. Sie handeln alle aus einem mehr oder – leider – weniger klaren Bewusstsein vom Alter des Menschen und damit von dem, worauf alles im menschlichen Leben hinausläuft: vom unausweichlichen Ende, von der Hinfälligkeit, der grundsätzlichen Gebrechlichkeit, der Unvollkommenheit, der existentiellen Einsamkeit.

Ich will im Blick auf das Handeln und Nichthandeln der Medien im Blick auf das Alter ganz klar Stellung beziehen:

Für mich verbirgt sich dahinter oder darunter im Letzten das Problem eines fensterlosen monadischen Daseins, anders gesagt: einer fehlenden religiösen Perspektive. Ich sage: religiös, nicht kirchlich. Letzteres wäre mir zu kurz gegriffen – nicht nur angesichts der kirchlichen Entwicklung in unserem Land und in Europa.

Diese Behauptung stelle ich auf. Sie ist streitbar, das weiß ich. Der notwendige Streit darüber könnte produktiv sein, wenn man ihn entschiedener – auch in den Medien – begänne und ihn nicht in den Bereich des Privaten abschöbe. Die Frage der religiösen Perspektive hat nicht nur persönliche, private Bedeutung gerade für das Alter, sie hat auch enorme gesellschaftliche, ja ich behaupte, sie hat auch politische Bedeutung.

Der verstorbene Kölner Kardinal Joseph Höffner, der ja auch ein bedeutender Sozialwissenschaftler war, hat in seinen theologischen und sozialwissenschaftlichen Arbeiten immer wieder auf diesen Sachverhalt hingewiesen.

Als ich mit ihm ein achtstündiges Fernsehgespräch in der Reihe „Zeugen des Jahrhunderts" im ZDF führen durfte, habe ich ihn selbstverständlich auch nach seiner Auffassung und seinem Verständnis vom Alter gefragt. Ein Satz von ihm hat sich mir fest in die Erinnerung eingeprägt. Er sagte:

„Es genügt nicht, unserem Leben mehr Jahre zu geben. Wir müssen den Jahren mehr Leben geben."

Alter – aus theologischer Sicht

Josef Schuster

„Man ist so alt, wie man sich fühlt." Hält man sich an diesen oft gehörten bzw. zitierten Satz, dann wird verständlich,
warum wir Schwierigkeiten haben, den Begriff „Alter" zu
definieren. „Die Begriffe ‚Alter' und ‚Altern' entziehen sich
einer umfassenden Definition"[1], so heißt es bündig in einem Lexikonartikel zum Thema. Natürlich gibt es die Möglichkeit, Alter nach chronologischer Zeitmessung etwa mit
60, 65 oder 70 Lebensjahren beginnen zu lassen. Einer Studie
der WHO zufolge wäre der alternde Mensch zwischen dem
50. und 60. Lebensjahr anzusetzen, der Ältere vom 61. bis
75. Lebensjahr, der Alte zwischen dem 76. und 90. Lebensjahr und der sehr Alte vom 91. Lebensjahr an aufwärts. Andere unterscheiden die „jungen Alten" von 60 bis 80 Jahren
von den „Hochbetagten" der 80-Jährigen und aufwärts.[2]

Es handelt sich dabei um so genannte stipulative Definitionen, die so, aber auch anders lauten können. Weitere Möglichkeiten, „Alter" zu definieren, bleiben damit offen. Auf
die unterschiedlichen Dimensionen des Alterns – biologisch,
psychisch und sozial – sei lediglich hingewiesen, um die
Komplexität der Wörter „Altern" und „Alter" anzuzeigen.

1. Das Alter im biblischen Verständnis

Um die nicht gerade zahlreichen Aussagen des Alten Testaments wic des Neuen Testaments zu Alter und Altern in
rechter Weise zu verstehen, muss von vornherein berücksichtigt werden, dass den Alten und dem Alter in biblischer

Zeit allgemein große Wertschätzung zuteil wurde.[3] Damit steht das positive Altersbild der Bibel in einem deutlichen Kontrast zu dem heute eher negativ gefärbten Bild des Alters, das vielfach mit Vorstellungen des Verlustes körperlicher und geistiger Kräfte, von Krankheit und Gebrechen, von Abschied und Einsamkeit einher geht. Die sozialen Verhältnisse in Gesellschaften mit einer patriarchalischen Sippenverfassung begünstigten das große Ansehen des Alters. Außerdem erreichten nur wenige ein hohes Alter, so dass hochbetagte Frauen und Männer eine Seltenheit waren. Die Alten galten als die ersten und vornehmlichen Träger und Vermittler der Traditionen von Religion, Kultur, Volksweisheit, Lebenserfahrung und handwerklichem Wissen.[4] Auch unter dieser Rücksicht nahmen sie eine herausragende Stellung ein. In unseren modernen Gesellschaften trifft das nicht mehr in gleichem Maße zu. Das sei eigens unterstrichen, um nicht der Gefahr eines ungerechten Moralisierens zu erliegen. Auf der anderen Seite aber kann die Sicht des Alters in der Bibel uns helfen, das vorherrschende zeitgenössische Bild des Alters zu ergänzen bzw. zu korrigieren, weil bestimmte Gesichtspunkte nicht mehr oder zu wenig berücksichtigt werden.

Im biblischen Verständnis gilt es als ein erstrebenswertes Ziel, ein hohes Alter zu erreichen. „Satt an Tagen" (Gen 24, 29), „in schönem, weißem Haar" (Gen 15, 15; Ri 8, 32) – das zählt als Erfüllung des Lebens. Beeindruckend sind daher auch die Zahlen, die im ersten Buch der Bibel (Gen 5) das „hohe Alter" der Urväter bezeichnen: zwischen 365 bei Henoch und 969 bei Metuschelach. Diese Zahlen sind symbolisch zu verstehen, was auch für die Altersangaben bei den Patriarchen Abraham (175), Isaak (180) und Jakob (147 Jahre) gilt.[5] Berechnungen zur durchschnittlichen Lebenserwartung der davidischen Könige geben eine Zahl von 44 Jahren an.[6] Bei den einfachen Leuten dürfte sie niedriger gewesen sein, da sie nicht die gleichen günstigen Lebensbedingungen wie die Könige hatten. 70 Jahre galten als hohes Alter, die 80-Jährigen als hochbetagt (vgl. Ps 90, 10).

Aufgrund der besonderen Stellung der Alten in der Gesellschaft – es bildete sich der Stand der Ältesten heraus – schuldete man ihnen Ehrfurcht (Lev 19, 32; Ijob 32, 4–7; Sir 32, 9); das gilt besonders den alten Eltern gegenüber, deren Entehrung und Misshandlung mit dem Tod bestraft wird (Ex 21, 15; Dtn 21, 18–21).

Die Wertschätzung der Alten hindert nicht daran, auch die Beschwerden des Alters realistisch zu beschreiben: das Erlöschen der Sehkraft (Gen 27, 1; 1 Sam 3, 2) und der Zeugungsfähigkeit (1 Kön 1, 1–4), das Versagen der Sinne und Glieder (Koh 11, 9–12, 7). Zuflucht nimmt der alte Mensch in seiner Not bei Gott, den er inständig bittet: „Auch wenn ich alt und grau bin, o Gott, verlass mich nicht, damit ich von deinem machtvollen Arm der Nachwelt künde, den kommenden Geschlechtern von deiner Stärke ..." (Ps 71, 18). Die Endlichkeit des Lebens und der Tod werden nicht ausgeblendet, vielmehr gilt: den eigenen Tod zu akzeptieren bedeutet das Leben anzunehmen und zu bejahen (vgl. u. a. Ps 90, 3.5f.12). Dabei wird der Tod nicht als ein punktuelles Ereignis am Lebensende verstanden, das dem Leben ein jähes Ende setzt, sondern als ein Geschehen, das ins Leben hereinragt und in diesem Sinne zum Leben gehört. Was die Hoffnung über den Tod hinaus betrifft, so versteht das Alte Testament den Tod als Ende und damit auch als Beziehungslosigkeit. Deshalb wird das Sterben als Unglück beklagt. Und der weisheitliche Trost, der Mensch lebe zumindest in der Erinnerung seiner Nachkommen weiter, vermag dem Tod als Ende nicht die ganze Härte zu nehmen.[7]

Im Neuen Testament spielt das Alter als eigenes Thema keine Rolle. Vier alte Leute – das Ehepaar Zacharias und Elisabeth sowie der Prophet Simeon und die Witwe Hanna – werden in der Kindheitsgeschichte des Lukas namentlich erwähnt. Ihre heilsgeschichtliche Bedeutung besteht in der besonderen Beziehung, die Zacharias und Elisabeth zu Johannes dem Täufer und Simeon und Hanna zu Jesus von Nazareth haben. Ihre Hymnen – das *Benedictus* des Zacharias und das *Nunc dimittis* des Simeon – nehmen in der Liturgie der Kirche (Laudes und Komplet) einen besonderen Rang ein: Die Alten bezeugen darin jeweils, dass in dem Kind Jesus der erwartete Messias Gottes zur Welt gekommen ist (vgl. Lk 1 und 2). Alte Menschen, in denen die Erwartung und Hoffnung Israels auf den verheißenen Messias Gestalt gewonnen hat, werden zu Zeugen des Neuen, des Anbruchs der Heilszeit im Messiaskind.

Den Alten gebührt Ehrfurcht in der Gemeinde (vgl. 1 Tim 5, 1f; 1 Petr 5, 5); sie sollen freilich auch ihrerseits Vorbilder sein (Tit 2, 2f). Auffallend ist, dass die Gemeindevorsteher den Namen „Älteste" (presbyteroi)[8] tragen.

2. Alter als Erfüllung des Lebens

Thomas Rentsch beschreibt die Aufgabe des Alterns als „Werden zu sich selbst"[9]. Dem entspricht eine Ethik des guten Lebens, eine eudaimonistische Moral, die ihre Wurzel wie ihre Blütezeit in der antiken und mittelalterlichen Ethik hatte. Sie nimmt ausdrücklich Bezug auf den konkreten Menschen, um Einsichten über Möglichkeiten eines glücklichen Lebens zu gewinnen. Alle Menschen wollen glücklich sein.[10] Allerdings ist Glück nicht als Spitze einer Lebenspyramide zu verstehen und kann deshalb nicht unmittelbar angestrebt werden. Glück ist vielmehr ein inklusives Ziel, das sich nicht neben, sondern in dem ereignet, was auch sonst unser Tun und Lassen ausmacht. Von hier aus ist es auch verständlich, dass das Glück bzw. das gute Leben viele Gestalten annehmen kann – bis hin zu altersspezifischen Erfüllungsgestalten des Lebens.

Im Folgenden greife ich auf einige konstitutive Merkmale menschlichen Lebens zurück, um zu verdeutlichen, welcher Art solche Erfüllungsgestalten im Alter sein können. Wir Menschen kommen nicht fertig zur Welt, sondern wir sind genötigt, unserem Leben eine bestimmte Gestalt zu geben. Das wird vor allem in jenen Phasen des Lebens deutlich, die zu einer Entscheidung in der Wahl des Lebensstandes, des Berufs, der Familiengründung etc. nötigen. Durch Entschiedenheit gewinnen wir eine unverwechselbare Identität, die freilich mit dem Wechsel der Lebensalter auch einem Wandel unserer Sichtweise der Welt unterliegt. Weil die verschiedenen Lebensalter ihre Einmaligkeit haben, können wir vorher nicht proben, wie wir die Kindheit, die Jugend, die Erwachsenenzeit und schließlich das Alter bestehen können. Rentsch zitiert Kierkegaard: „Verstehen kann man das Leben rückwärts, leben muss man es aber vorwärts."

Der Ernst des Lebens besteht nun darin, dass ein jeder sein Leben zu führen hat. In dieser Aufgabe kann er sich nicht von anderen vertreten lassen. So sehr wir auch konstitutiv auf Gemeinschaft hin angelegt sind und Kommunikation zu den Konstitutiva menschlichen Lebens gehört, gibt doch jeder dem Leben seine individuelle Gestalt. Das macht unsere Würde aus, ist aber zugleich auch Bürde, die ein jeder zu tragen hat. Christen erinnern sich in diesem Zusammenhang an das Wort Jesu, dass die Bürde, die wir als Christen zu tragen haben, leicht ist (vgl. Mt 11, 30). Sicher gibt es manches, was Menschen im Alter schwer, u. U. sehr schwer wird, aber die Bürde des Christseins sollte gerade nicht dazu gehören.

3. Alter und Zeit

Zeit ist nicht nur und nicht in erster Linie eine empirisch messbare Größe, sie ist vor allem eine Anschauungsform, die uns hilft, mit der Wirklichkeit unseres Lebens zurechtzukommen. Ihre Knappheit gibt unserem Tun und Lassen einen gewissen Ernst. Im Alter radikalisiert sich die Zeitlichkeit des menschlichen Lebens, denn im Alter wird uns noch deutlicher erfahrbar, dass Zeit unwiederholbar und unwiederbringlich ist.

Was Menschen bedrängt, sie unter Umständen in Stress versetzt, ist ihrem Bewusstsein in der Regel auch unmittelbar gegenwärtig. Wenn wir das Wort „Zeit" hören, denken wir – im Alltag wenigstens – daran, dass wir „keine oder zu wenig Zeit haben", oder auch an „verlorene oder gestohlene Zeit". Dass uns aber Zeit vor allem und in erster Linie gewährt ist, dass wir sie weder geschaffen haben noch ohne weiteres verlängern können, das kommt uns gewöhnlich erst in ruhigen Stunden in den Blick, die uns genügend Zeit lassen, über vermeintliche Selbstverständlichkeiten unseres Lebens nachzudenken.

In einer solchen Stunde der Muße kann uns dann auch aufgehen, dass Zeit zunächst und vor allem gewährte Zeit ist. Weder das Leben haben wir uns selber gegeben noch die uns zugemessene Lebenszeit. Beides wird uns umsonst gewährt. Zum verantwortlichen Umgang mit der Zeit gehört es daher, dafür dem zu danken, der uns mit unserem Leben auch unsere Zeit geschenkt hat.

Im Alter werden unter Umständen zwei Erfahrungen dominieren: die Erfahrung von der Last der Jahre und die von der Gnade der Zeit. Wenn in der Ökonomie die Knappheit von Ressourcen Indikator für deren Wert ist, dann sollte im Alter die Erfahrung, dass die eigene Lebenszeit an ihr Ende kommt, ihren Wert unterstreichen. Dankbarkeit für die gewährte Zeit gehört zu einem guten Leben und damit zum Glück unseres Lebens.

Auf einen anderen Aspekt sei hingewiesen: Zeit für mich zu haben, ist ein Geschenk. Zeit für andere zu haben, ist ein Zeichen der Liebe. Jesus von Nazareth hörte den Menschen sehr genau zu. Er ließ ihre Nöte an sich herankommen und wusste deshalb auch, wie es um sie stand und wo zu helfen war. Wir dürfen getrost sagen: Zeit zu haben, ist ein Gütezeichen des Umgangs Jesu mit den Menschen und ist darin Zeichen seiner Liebe zu ihnen. Für Christen hat dieser Umgang Jesu mit der Zeit Vorbildcharakter, denn schließlich sollen wir in unserem Tun an ihm Maß nehmen. Zeit für andere zu haben, ist sicher keine Forderung, die nur den alten Menschen gilt, aber sie gilt in besonderer Weise ihnen, denn sie haben in der Regel mehr Zeit als jene, die noch voll den Anforderungen von Beruf und Familie gerecht werden müssen.

„Für jemanden Zeit haben" heißt: sich seinen Anliegen nicht entziehen. In dieser Weise die Zeit mit jemandem zu teilen, kann niemals verlorene Zeit sein. Was in dieser Zeit geschieht, gehört nie nur zu dem Gewesenen, sondern bleibt als Vergangenes zugleich verwahrt.

Bereits die antike Philosophie verband mit der Tugend der Klugheit die Vorstellung, sie befähige zu einer entsprechenden Aufmerksamkeit für die jeweilige Situation, für das Gebot der Stunde. Mit dem Wort *kairos* bezeichnet die griechische Sprache den rechten Augenblick im Tun, die Treffsicherheit im Konkreten. Für Platon war der Kairos nicht nur der rechte Augenblick, sondern auch das rechte, erforderliche Maß. Und Aristoteles beschreibt den Kairos als das Gute, das zum rechten Zeitpunkt richtig durchgeführt wird.

Die Tugend der Klugheit, die nach dem Verständnis der Tradition das Wissen um das Prinzipielle mit den Dringlichkeiten der jeweiligen Situation zu vermitteln weiß, scheint mir auch für unsere Frage von besonderer Bedeutung zu sein. Denn gerade im Alter sollten sich mit der Erfahrenheit auch Menschenkenntnis einstellen. In bestimmten Augenblicken haben alte Menschen (allerdings nicht nur sie) nichts Kostbareres anzubieten als ihre Zeit.

4. Alter – Abschied und Zukunft

Im Alter nehmen die sozialen Kontakte gewöhnlich ab, die Begegnungen mit anderen Menschen werden weniger. Zur Kunst des Alterns gehört es, bestimmte Aufgaben in andere Hände zu übergeben und nicht noch bis zum letzten Atemzug alle Zügel in der Hand behalten zu wollen. Dieses Loslassen-Können fällt nicht leicht, doch ist es gut, wenn es nicht durch schwere Krankheit erzwungen wird, sondern mit Gelassenheit und dem Vertrauen geschieht, dass andere an dem begonnenen Werk weiterbauen können. Zur Weisheit des Alters gehört, sich in aller Nüchternheit der Endlichkeit nicht nur des Lebens überhaupt, sondern meines eigenen Lebens bewusst zu werden. Damit geht die Hoffnung einher, dass ich mit dem Ende meines Lebens nicht schlechthin zu Ende bin. Romano Guardini bemerkt zu diesem Ende: „Wer im Ernst vom Ewigen redet, meint nicht das Immer-Weiter, ob das nun ein biologisches oder ein kulturelles oder ein kosmisches sei. Das Immer-Weiter ist die schlechte Ewigkeit; nein, es ist die Steigerung der Vergänglichkeit bis ins Unerträgliche. Ewigkeit ist nicht ein quantitatives Mehr, und sei es unmessbar lang, sondern ein qualitativ Anderes, Freies, Unbedingtes. Das Ewige steht nicht in Beziehung zum Bios, sondern zur Person. Es hebt sie nicht im Immer-Weitergehen auf, sondern erfüllt sie mit absolutem Sinn."[11]

Thomas von Aquin knüpft an die Eudaimonia-Lehre der aristotelischen Ethik an und zeigt dabei zugleich ihre Grenze auf: Nicht einfach die Theoria, die Schau, ist die Erfüllung des Menschen, sondern die *visio beatifica*, die glückselige Schau Gottes. Sie ist reines Geschenk und unvorstellbares Glück für den Menschen.[12] Nach christlichem Glauben ist Gott die Erfüllung des Menschen. Und diese Zukunftsaussicht hilft, das Alter zu bestehen.

Anmerkungen

[1] *Stählin, Hannes B. / Sporken, Paul / Koch, Hans-Georg*: Art. Alter. In: Lexikon Medizin, Ethik, Recht. Freiburg u. a.: Herder, 1992, S. 29–47, 29.

[2] So z. B. *Maiwald, Guido*: Art. Altern. In: Europäische Enzyklopädie zu Philosophie und Wissenschaften, Bd. 1. Hamburg: Meiner, 1990, S. 93–96, 93.

[3] *Scharbert, Josef*: Das Alter und die Alten in der Bibel. In: Saeculum 30 (1979), S. 338–354. Eine gute Zusammenfassung bietet *Blasberg-Kuhnke, Martina*: Gerontologie und Praktische Theologie. Studien zur Neuorientierung der Altenpastoral. Düsseldorf: Patmos, 1985, S. 237–282; vgl. zum Überblick Art. Alter. In: LThK³ 1, S. 450–453; Art. Alter/Altern. In: Lexikon der Bioethik 1, S. 121–139; *Auer, Alfons*: Geglücktes Altern. Eine theologisch-ethische Ermutigung. Freiburg u. a.: Herder, 1996; *Breemen, Piet van*: Alt werden als geistlicher Weg. Würzburg: Echter, 2004.

[4] Vgl. u. a. Spr 16, 31; Sir 25, 4ff.

[5] Vgl. Gen 25, 7; 35, 28; 47, 28.

[6] *Wolff, Hans W.*: Anthropologie des Alten Testaments. München: Kaiser, ³1977, S. 177f.

[7] Vgl. u. a. 2 Sam 14, 7; Sir 44, 10–14.

[8] Vgl. u. a. Apg 2, 17; Joh 8, 9; Lk 15, 25.

[9] *Rentsch, Thomas*: Altern als Werden zu sich selbst. Philosophische Ethik der späten Lebenszeit. In: Borscheid, Peter (Hrsg.): Alter und Gesellschaft. Stuttgart: WVG, 1995, S. 53–62. Der Beitrag geht zurück auf eine ausführlichere frühere Version: *Ders.*: Philosophische Anthropologie und Ethik der späten Lebenszeit. In: Baltes, Paul B./Mittelstraß, Jürgen (Hrsg.): Zukunft des Alterns und gesellschaftliche Entwicklung (= Akademie der Wissenschaften zu Berlin – Forschungsbericht 5). Berlin/New York: de Gruyter, 1992, S. 283–304.

[10] Vgl. u. a. *Aristoteles*: Nikomachische Ethik I 1, 1094a1–1095a10.

[11] *Guardini, Romano*: Die Lebensalter. Ihre ethische und pädagogische Bedeutung. Mainz: Grünewald, 1986, S. 57f.

[12] Vgl. *Schockenhoff, Eberhard*: Bonum hominis. Die anthropologischen und theologischen Grundlagen der Tugendethik des Thomas von Aquin. Mainz: Grünewald, 1987, bes. S. 85–128.

Definition des Altersbegriffs aus der Sicht der Krankenkassen

Gert Nachtigal

In einer Augustnacht des Jahres 1962 stirbt ein Mann im Alter von 85 Jahren. Seine Frau findet am nächsten Morgen ein Gedicht, an dem er lange gearbeitet hat. Wenn ich Ihnen sage, dass sich dies ganz in der Nähe von Cadenabbia zugetragen hat, nämlich in Montagnola, dann wissen Sie, von wem die Rede ist. Es war Hermann Hesse, der Autor großer Werke wie *Der Steppenwolf*, *Siddhartha* oder *Das Glasperlenspiel*. Die Schaffenskraft dieses betagten Menschen reichte bis ganz zuletzt. Lag es nun an den Genen, dem Lebenswandel oder dem einzigartigen Klima im Tessin? Darauf gibt es vermutlich keine Antwort. Aber an Hesses Ende wird deutlich, welches Potenzial der Lebensabschnitt Alter haben kann, vom „Hausherrn" der Villa La Collina in Cadenabbia, dem großen Konrad Adenauer, ganz zu schweigen.

Alter ist nicht gleich Alter. Der Alterungsprozess ist so individuell wie der Mensch, der diesen Prozess durchlebt.

Wir haben schon sehr viel darüber gehört, wie man in den einzelnen Wissenschaftsdisziplinen und der Gesellschaft versucht, Alter zu definieren. Und dabei ist aus meiner Sicht sehr deutlich geworden, dass es nicht *die* klare, allgemeingültige und zuverlässige wissenschaftliche Definition gibt. Und auch die gesetzlichen Krankenkassen verfügen natürlich über keine spezielle Definition dessen, was unter Alter zu verstehen ist. Aus diesem Grund müssen wir uns dieser Thematik anders nähern und fragen, ob, und wenn ja, welche besonderen Merkmale ältere Versicherte aus Sicht der gesetzlichen Krankenkassen haben. Hierzu möchte ich gerne fünf Thesen vorstellen – und vielleicht gelingt es am Ende ja, daraus eine Art Begriffsbestimmung vorzunehmen.

Meine erste These lautet – und Hermann Hesse ist dafür ein anschauliches Beispiel:
Alter ist nicht gleichzusetzen mit Krankheit und Gebrechen.

Werden wir mit zunehmendem Alter immer kränker und gebrechlicher? Das wäre eine sehr beunruhigende Perspektive, ist aber leider noch immer eine weit verbreitete Vorstellung! Dabei hat die Altersforschung in einer Vielzahl von Untersuchungen überzeugend nachgewiesen, dass wir heute davon ausgehen können, dass das Altwerden nicht generell mit einem defizitären Lebensabschnitt gleichgesetzt werden darf. Morbidität, Funktionsverlust und Gebrechen sind keine naturgegebene Folge von langem Leben. Diese empirischen Erkenntnisse machen sich auch die Krankenkassen zu Eigen: Aus unserer Sicht ist der Preis der steigenden Lebenserwartung *nicht* zwangsläufig Krankheit und Pflegebedürftigkeit. Wir plädieren für eine *ganzheitliche* Betrachtung des Menschen im höheren Lebensalter, bei der das körperliche, psychische und soziale Wohlbefinden berücksichtigt wird.

Zwar ist nicht zu bestreiten, dass die Gesundheitsausgaben mit zunehmenden Alter steigen. Aber dafür ist die demographische Entwicklung nicht alleine verantwortlich. Vielmehr haben die höheren Gesundheitsausgaben ihre Ursachen auch im medizinischen Fortschritt, der dazu beigetragen hat, dass die Altersgrenzen des chirurgisch Machbaren in den letzten Jahren deutlich angestiegen sind.

Während beispielsweise 1989 in Deutschland 3673 Menschen am Herzen operiert wurden, die 70 Jahre und älter waren, stieg ihre Zahl im Jahr 2000 auf 35.848 an. Isolierte koronare Bypass-Operationen werden inzwischen auch bei über 90-Jährigen erfolgreich durchgeführt, und bei über 100-jährigen Patienten ist die Komplikationsrate durchaus in einem tolerablen Bereich.

Insgesamt gilt: Solange wir empirisch keine gegenteiligen Belege haben, bauen wir auf die so genannte „Komprimierungsthese". Der zufolge treten Krankheit und Funktionsverlust nur in einem relativ kurzen Zeitraum vor dem Tod auf.

Ich komme zu meiner zweiten These:
Ein Kernelement der GKV ist der solidarische Ausgleich zwischen Jung und Alt.

Die Debatte um „Generationengerechtigkeit" wird in jüngster Zeit von schrillen Tönen begleitet. Dabei wird oft emotional über die „Altenlast", den „Generationenkonflikt" oder die „gierige Generation" schwadroniert. Im Visier der Kritiker ist meist ein Grundpfeiler der gesetzlichen Krankenversicherung, nämlich die Solidarität zwischen der arbeitenden und der nicht mehr erwerbstätigen Generation, also zwischen jungen und alten Versicherten. Dieser „Generationenvertrag" hat trotz enormer gesellschaftlicher Veränderungen mehr als hundert Jahre standgehalten und steht unserer Meinung nach beim zweifellos notwendigen Umbau der Sozialsysteme *keinesfalls* zur Disposition. Selbst ein Übergang auf eine kapitalgedeckte Finanzierung der Krankenversicherung würde keine Lösung der demographischen Herausforderung sein. Würde man der älteren Generation allein die Finanzierung der Kosten ihrer Gesundheitsversorgung übertragen, so käme das der Abschaffung der GKV gleich. Damit wäre nichts gewonnen –

ganz im Gegenteil: die Zusammengehörigkeit der Generationen in einer Gesellschaft würde zerstört. Das kann kein vernünftiger Weg sein, weder in der Sozial- noch in der Gesundheitspolitik. Natürlich bedeutet dies nicht, dass Politik und Gesellschaft nicht über eine Neugewichtung der Belastungen nachdenken müssen – ganz im Gegenteil! Aber dabei muss gelten, dass ein solidarisches Finanzierungssystem so ausgestaltet sein muss, dass die gesamte Bevölkerung im Rahmen ihrer finanziellen Leistungsfähigkeit an der Finanzierung beteiligt wird.

Meine dritte These zielt auf die ethische Dimension und lautet:
Eine Altersrationierung von Leistungen der GKV ist ethisch nicht zu vertreten und ökonomisch verfehlt.

Das Horrorszenario der Kostenexplosion im Gesundheitswesen als Folge der alternden Gesellschaft gehört mittlerweile zum Standardrepertoire der „bad news" und wird nur zu häufig dafür benutzt, um Forderungen nach einer Rationierung medizinischer Leistungen zu stellen. Die Forderung, chirurgische und intensivmedizinische Behandlung vom Alter abhängig zu machen, ist rational nicht begründbar. Zum einen korrespondiert das Alter als isolierte „Variable" nicht mit der medizinischen Prognose, und zum anderen kann das Alter eines Patienten immer nur im Zusammenhang mit seiner Gesamtsituation diskutiert werden. Letztlich ist es ethisch und ökonomisch fragwürdig, weil zum Beispiel ein Ausschluss von bestimmten Operationen, nehmen wir beispielsweise das künstliche Hüftgelenk, für den Betroffenen dauerhafte Schmerzen und funktionelle Einbußen bedeuten kann. Unterbleibende Eingriffe führen nicht selten zu Folgeerkrankungen, deren Behandlung wesentlich mehr kostet als die Summe, die zunächst eingespart worden ist.

Nach unserer festen Überzeugung müssen alte Menschen auch weiterhin den gleichen Zugang zu Leistungen der GKV haben wie die jüngere Generation. Die Rationierung von Gesundheitsleistungen bei Erreichen einer bestimmten Altersgrenze wäre ein kompletter Irrweg zur Bewältigung der demographischen Herausforderungen unserer Gesellschaft. *Alter wäre dann in der Tat keine Chance mehr, sondern ein großes Risiko für chronisch Kranke und multimorbide Patienten!*

Statt über eine Rationierung im Gesundheitswesen nachzudenken, sollten die Strukturen und Prozesse der Gesundheitsversorgung optimiert werden, um damit die Wirtschaftlichkeit und Qualität der Versorgung zu verbessern. Gerade in der Versorgung von älteren Patienten liegen noch erhebliche Wirtschaftlichkeitsreserven.

These vier:
Die gesundheitliche Versorgung alter Menschen erfordert spezielle und effektive Versorgungsangebote.

Ist unser Gesundheitswesen auf eine Bevölkerung, die deutlich länger lebt, als das noch vor 20 oder 30 Jahren der Fall war, ausreichend vorbereitet? Viele Experten sind da sehr skeptisch. Sie meinen, dass Deutschland zwar programmatisch auf die Altersentwicklung vorbereitet, aber in der Praxis noch längst nicht auf ihre Herausforderungen eingestellt ist. Zu den epidemiologischen Fakten in einer alten Bevölkerung zählt eine hohe Prävalenz chronischer Erkrankungen. Charakteristisch sind Multimorbidität und psychische Störungen sowie komplexe Krankheitsprobleme. Es liegt auf der Hand, dass sich daraus differenzierte Anforderungen an das Ausmaß und die Art des Versorgungsbedarfs ergeben. Und eben hier haben die gesetzlichen Krankenkassen eine große Mitverantwortung: Sie müssen noch viel stärker neue, innovative und zielgruppengerechte Versorgungsformen entwickeln und implementieren. Aber die Politik muss uns auch die Möglichkeiten dafür einräumen.

Eine gute hausärztliche Versorgung ist neben den Disease-Management-Programmen und der Integration der Spezialversorgung für die Betreuung älterer Menschen von zentraler Bedeutung. Der Hausarzt spielt dabei eine besondere Rolle. Seine Betreuung muss indikations- und episodenübergreifend ausgerichtet sein. Die Koordination und Abstimmung der anfallenden fachärztlichen, klinischen und pflegerischen Leistungen muss in seinen Händen liegen. Diese Aufgaben bilden eine wesentliche Grundlage für Disease-Management-Programme und für eine erfolgreiche Integration der Versorgung.

Ich komme zu meiner fünften und letzten These:
Durch Prävention und Gesundheitsförderung ist ein gesundes Altern möglich.

Schaut man sich die Ergebnisse der Gerontologie an, so zeigt sich ganz deutlich, dass Prävention und Gesundheitsförderung auch für den alten Menschen zu einer Verbesserung von Gesundheit, Wohlbefinden und Lebensqualität führen können. Neben der genetischen Ausstattung und einer Reihe von anderen Faktoren sind Prävention und Gesundheitsförderung wesentliche Voraussetzungen für ein langes und vitales Leben. Allerdings dürfen auch ältere Menschen nicht aus der Eigenverantwortung für ihre Gesundheit entlassen werden. Auch sie müssen ihren Teil beitragen und mit ihrer Gesundheit pfleglich umgehen.

Zugegeben, die gesetzlichen Krankenkassen, aber auch die anderen Akteure im Gesundheitswesen haben ihre Präventions- und Gesundheitsförderungsangebote noch nicht – wie es erforderlich und notwendig wäre – auf die Gruppe der älteren Versicherten ausgerichtet. Hier gibt es erheblichen Nachholbedarf! Ich hoffe sehr, dass das zukünftige Präventionsgesetz Rahmenbedingungen setzt, die es ermöglichen, Prävention im und für das Alter zu einer zentralen gesellschaftlichen Aufgabe zu machen. Wenn wir es dabei gemeinsam schaffen, die Angebote qualitätsorientiert und effektiv auszugestalten, dann braucht niemand Angst vor dem Alter zu haben.

Fazit

Erstens: Alte Menschen sind für die gesetzlichen Krankenversicherung keine homogene Gruppe, die sich durch bestimmte Merkmale eingrenzen lässt.

Zweitens: Alte Menschen haben grundsätzlich den gleichen Anspruch auf präventive, diagnostische, therapeutische und rehabilitative Leistungen wie junge Menschen.

Drittens: Chronisch kranke ältere Menschen stellen besondere Anforderungen an die Versorgungsstrukturen.

Definition des Altersbegriffs aus sozialpolitischer Sicht

Herbert Landau

Vorbemerkung

Statistische und kalendarische Altersgrenzen gibt es im Recht in Hülle und Fülle. Denken Sie an § 1 BGB, der die Rechtsfähigkeit des Menschen bestimmt, bis zu § 35 SGB VI, der die allgemeine Altersgrenze in der Rentenversicherung beschreibt. Darum geht es hier aber nicht: Der Versuch, Definitionen zu formulieren, muss beachten, dass dies auf dem Hintergrund der politischen Diskussion über die Rationierung staatlicher und gesellschaftlicher Leistungen geschieht.

Definitionen führen zu Ein- und Ausgrenzungen. Ich will die Erwartungen an das Thema bewusst nicht erfüllen. Im Gegenteil: Ich will versuchen, darzulegen, dass eine Definition des Alters rechtlich, sozialpolitisch und ethisch ein fragwürdiges Unterfangen ist. Dazu drei Aspekte:

I. Der rechtliche Aspekt der Definitionsproblematik

Der Inhalt des Begriffs „Alter" ist zu unbestimmt, als dass man ihn gesetzlich festlegen sollte. Eine rechtlich verbindliche Definition dürfte angesichts der Vielfalt der hinter dem Begriff „Alter" stehenden Lebenssachverhalte schnell gegen den verfassungsrechtlichen Gleichheitssatz verstoßen, weil dann Gleiches *ungleich* und Ungleiches *gleich* behandelt würde.

Soweit *Rechtsnormen* auf das Alter Bezug nehmen, *verzichten* sie deshalb auch auf eine *Definition* und setzen ein vorrechtliches Begriffsverständnis beim Normadressaten voraus. So enthält der Entwurf des Vertrages über eine *Verfassung für Europa* in Art. II-85 das Recht „älterer Menschen" auf ein würdiges und unabhängiges Leben und auf Teilhabe am sozialen und kulturellen Leben. Die aufgrund von Art. 13 EG-Vertrag erlassene *Gleichbehandlungsrichtlinie 2000/78/EG* verbietet u. a. auch das Alter betreffende Diskriminierungen in der Erwerbsphase. Was unter „Alter" zu verstehen ist, definiert das Europarecht aber nicht.

Das *Grundgesetz* erwähnt den Begriff „Alter" weder im Grundrechtskatalog noch bei den Staatszielen; gleichwohl genießen alte Menschen ohne Abstriche den Schutz der Freiheits- und Gleichheitsgrundrechte und des Sozialstaatsgebots in Art. 20 Abs. 1 GG. Das für alte Menschen besonders wichtige *Betreuungsrecht* (§§ 1896ff. BGB) kennt ebenfalls *keine Definition* des Altersbegriffs. Ähnlich ist der Befund im *Sozialrecht*: Die *Altenhilfe* nach § 71 SGB XII etwa setzt ein bestimmtes Altersverständnis voraus, ohne dies selbst zu definieren.

Das kalendarische Alter spielt im Sozialrecht m. E. nur eine untergeordnete Rolle. Die *Zusage von Leistungen* ab einem bestimmten Alter gibt es bei der *Altersrente* nach dem SGB VI, Mehrbedarfszuschlägen nach dem SGB XII oder der bedarfsorientierten *Grundsicherung* ab dem 65. Lebensjahr. Überwiegend orientieren sich Sozialleistungen aber *nicht am kalendarischen Alter*, sondern an – auch altersbedingten – *Bedürfnissen*. So setzt die *Pflegeversicherung* nicht etwa die Erreichung eines bestimmten Lebensalters voraus, sondern orientiert sich an der Pflegebedürftigkeit.

II. Der gesellschaftliche bzw. sozialpolitische Aspekt der Definitionsproblematik

Das Fehlen einer ausdrücklichen sozialrechtlichen Definition von Alter und die Festlegung von *Bedürftigkeitskriterien* ist ein *Merkmal* unserer Sozialordnung, das *bewahrt* zu werden verdient. Jeder gesetzliche Definitionsversuch von „Alter" kann leicht bei einer *pauschalierenden Willkür* enden oder möglicherweise selbst zum *Anknüpfungspunkt* einer bereits erkennbaren *Entsolidarisierungsdebatte* werden (vgl. die Kontroverse zwischen Breyer und Hoppe in der *Zeitschrift für Rechtspolitik* 2003, S. 300). Eine Polarisierung und Polemisierung der inter-generativen sozialpolitischen Diskussion führt in raschen Schritten auf den Abgrund zu.

Dies gilt vor allem hinsichtlich der Überlegungen zur *Rationierung von Gesundheitsleistungen*. Altersbedingte Rationierungen im Gesundheitswesen muss unsere Gesellschaft primär *aus ethischen – aber auch aus verfassungsrechtlichen – Gründen* ablehnen. Zudem: Die gesellschaftlichen Machtverhältnisse werden angesichts der größer werdenden Wählergruppe der älteren Menschen Radikallösungen im Gesundheitswesen faktisch gar nicht zulassen.

Die in vielen sozialpolitischen und sozialrechtlichen Beiträgen konstatierte „implizite" Rationierung durch die Leistungserbringer ist aus *rechtsstaatlicher Sicht* fragwürdig.

III. Rechtliche und ethische Aspekte der Definitionsproblematik

Nicht nur „implizite", sondern auch „explizite", durch den Gesetzgeber vorgenommene und einseitig auf ältere Menschen bezogene Rationierungen sind ohne Wenn und Aber abzulehnen. Die mit der Ausgrenzung aus der Solidargemeinschaft verbundene Einstufung alter Menschen als „teuer und nutz- und wertlos" behandelt diese Menschen als Objekte. Dies ist unvereinbar mit Art. 1 Grundgesetz, wonach der Staat die unantastbare Würde jedes Einzelnen zu achten und zu schützen hat, gleichgültig, ob er Embryo oder Sterbender ist. Die Diskussion über altersbezogene Rationierung ist angesichts ihrer entsolidarisierenden Effekte nicht nur schädlich für den gesellschaftlichen Frieden. Es ist *ethisch auch nicht vertretbar*, die finanziellen Probleme der Sozialsysteme durch Ausgrenzung der Alten, der Schwachen und Kranken zu lösen. Explizite Rationierungen verstoßen schließlich gegen den Gleichheitssatz, da das Recht auf Leben und körperliche Unversehrtheit den Jungen nicht mehr als den Alten zusteht. Das „Alter" ist *kein geeigneter Differenzierungsgrund* für Ungleichbehandlungen.

IV. Lösungen

Für das angesichts des demographischen Wandels und des medizinischen Fortschritts bestehende Finanzierungsproblem der gesetzlichen Krankenversicherung gibt es mit der *Abkopplung von der Lohnentwicklung* Lösungsvorschläge. Die CDU will die kapitalgedeckte, einkommensunabhängige und damit demographiefestere *Gesundheitsprämie*.

Weitere Korrekturen und Effizienzbemühungen müssten diesen Kurswechsel begleiten. *Wirtschaftlichkeitsreserven* sind weiter zu aktivieren. Man schätzt die Rationalisierungsreserven durch ineffiziente Leistungserbringung auf einen zweistelligen Milliardenbetrag. Allerdings sind auch Rationalisierungsreserven irgendwann erschöpft. Deshalb wird man angesichts der Finanzmisere wohl auch weitere *allgemeine Rationierungen* von Gesundheitsleistungen und die Ausweitung privater Vorsorge diskutieren müssen. Aus dem Recht auf Leben und körperliche Unversehrtheit oder dem Sozialstaatsprinzip ergibt sich kein Anspruch auf Beibehaltung des derzeitigen Leistungskatalogs der GKV. Ich spreche ausdrücklich von *allgemeinen Rationierungen,* die nicht nur alte Menschen betreffen. Diese sind ethisch vertretbar, da auch die derzeit Jungen ihrerseits jedenfalls nichts zur Umkehrung des anhaltenden dramatischen Geburtenrückgangs und damit der Demographieentwicklung leisten.

V. Schluss

Ich fasse meine Anmerkungen zusammen: Um auf das Phänomen des demographischen Wandels zu reagieren, sind im Bereich der gesetzlichen Krankenversicherung noch längst nicht alle notwendigen und sinnvollen Schritte vollzogen. Auf die umgedrehte Alterspyramide darf nicht durch Ausgrenzung der Alten, sondern nur durch Integration und Partizipation reagiert werden. Gesellschaftliche Solidarität verbietet einseitige Be- und Überlastungen sowohl der jungen als auch der älteren Mitglieder der Gesellschaft.

Unter Solidaritätsaspekten muss aber über eine deutlich aktivere Rolle älterer, aber noch mobiler Menschen nachgedacht werden. Das betrifft alle gesellschaftlich relevanten Bereiche, insbesondere das Erwerbsleben, aber zum Beispiel auch ihre Rolle bei der Kinderbetreuung und in der Ehrenamtlichkeit. Das Potential älterer Menschen ist zu reichhaltig, um es nicht dem allgemeinen Nutzen noch besser zuzuführen.

Alter im Meinungsbild
Persönliche Einschätzungen der Teilnehmer des Symposiums

S. Willis, C. J. Krones, G. Steinau, V. Schumpelick

Zu Beginn des Symposiums wurde allen 61 Teilnehmern ein Fragebogen ausgehändigt, um ihre persönlichen Einschätzungen zu verschiedenen Teilaspekten des Alters anonym zu erfahren. Ziel dieser Fragebogenaktion war es herauszufinden, ob unter den Teilnehmern bezüglich einzelner Aspekte oder ganz konkreter Fragestellungen eher eine breite Übereinstimmung oder große Unterschiede der Einschätzungen und Wertungen unabhängig von Profession, Spezialgebiet oder eigenem Alter bestehen. Uns ist bewusst, dass es sich hierbei nur um das Meinungsbild einer ausgewählten Gruppe handelt, das daher keinen Anspruch auf Vollständigkeit und Repräsentativität erhebt. Dennoch glauben wir, dass diese ausgewählte Gruppe mit hoher Erfahrung in der Altersforschung in ihrem Meinungsbild von Relevanz ist. Die Fragen und Ergebnisse sind im Folgenden dargestellt, wobei aufgrund der oben aufgeführten Einschränkungen auf eine statistische Aufarbeitung verzichtet wurde.

1. Wie alt sind Sie?

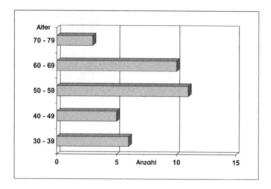

2. Wann beginnt das Alter nach Ihrem Verständnis?

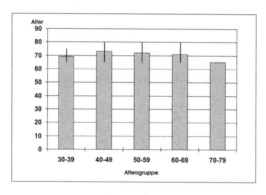

3. Wo besteht für Sie im Alter der größte gesellschaftliche Handlungsbedarf? Reihen Sie nach Wichtigkeit (5 sehr wichtig bis 1 weniger wichtig):
- Soziale Sicherung/Finanzielle Absicherung
- Gesundheit und Pflege
- Politische Repräsentanz
- Juristische Vertretung
- Familiäre Einbindung

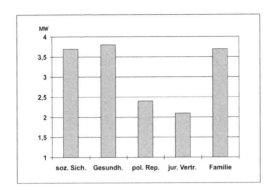

4. Was sind für Sie die wichtigsten Ziele der Alters-forschung? Reihen Sie nach Wichtigkeit (5 sehr wichtig bis 1 weniger wichtig):
– Lebenszeitverlängerung
– Krankheitsprävention
– Lebensqualitäts-
  verbesserung
– Verbesserung der sozialen Integration
– Soziale/finanzielle Absicherung

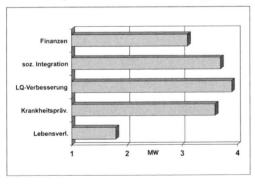

5. Wo liegen für Sie in unserer Gesellschaft die größten Risiken des Alters? Reihen Sie nach Wichtigkeit (5 sehr wichtig bis 1 weniger wichtig):
- Verarmung
- Krankheit
- Vereinsamung
- Verminderter gesellschaftlicher/politischer Einfluss
- Pflegebedürftigkeit

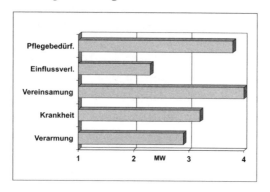

6. Was sind für Sie die größten Chancen des Alters?
Reihen Sie nach Wichtigkeit (5 sehr wichtig bis 1 weniger wichtig):
- Weisheit und Erfahrung
- Zeit für sich selbst/Selbstbesinnung
- Mehr Zeit für die Familie
- Genuss des Wohlstands
- Befreiung von gesellschaftlichen/arbeitstechnischen Fremdbestimmungen

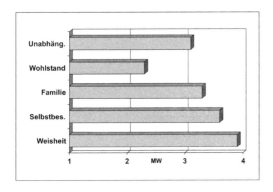

7. Was sind für Sie die größten Kompetenzen/Ressourcen des Alters?
Reihen Sie nach Wichtigkeit (5 sehr wichtig bis 1 weniger wichtig):
– Weisheit
– Erfahrung
– Soziale Kompetenz
– Ruhe des Alters
– Etablierte Existenz

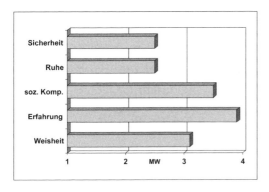

8. Wie könnte man nach Ihrer Meinung den demographischen Trend und seine Folgen am ehesten umkehren? Reihen Sie nach Wichtigkeit (5 sehr wichtig bis 1 weniger wichtig):

- Soziale und finanzielle Familienförderung
- Immigration
- Höhere Besteuerung Kinderloser
- Verlängerung der Lebensarbeitszeit
- Einschränkung der medizinischen Versorgung im Alter

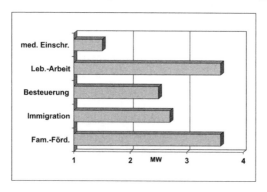

9. Worin sehen Sie mögliche gesellschaftliche Pflichten und Aufgaben des alten Menschen? (Maximal 2 Nennungen)

- Gesellschaftlicher Ausgleich
- Finanzielle Unterstützung der Familie
- Weitergabe von Wissen und Erfahrung
- Zurückstellung eigener Bedürfnisse zugunsten Jüngerer
- Keine Pflichten und Aufgaben, Lebensgenuss

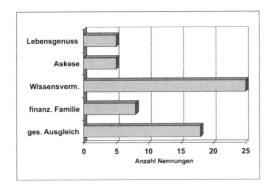

10. Halten Sie Altersgrenzen für sinnvoll?
- Auf dem allgemeinen Arbeitsmarkt?
- In der Politik?
- Beim Führen eines PKW?
- Bei der Vergabe von Krediten?
- Bei Lehrtätigkeiten?

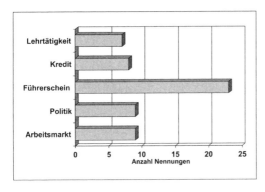

11. Nennen Sie das Alter, bei dem Sie, eine altersentsprechende körperliche und geistige Verfassung vorausgesetzt, die Beendigung der jeweiligen Berufstätigkeit für sinnvoll erachten?
- Busfahrer
- Pilot
- Schichtarbeiter am Fließband
- Bauarbeiter
- Chirurg
- Dirigent
- Politiker
- Richter
- Notar
- Vorstand eines Unternehmens
- Hochschullehrer
- Pfarrer

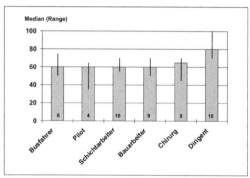

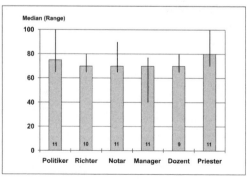

III. Demographische Entwicklung

Der demographische Wandel – eine Herausforderung für den Einzelnen und die Gesellschaft

Ursula Lehr

Unter dem Titel „Altern als Chance und Herausforderung" haben Lothar Späth und die Landesregierung am 14. und 15. November 1988 in das Neue Schloss nach Stuttgart zu einem Kongress in der Reihe ihrer *Zukunftskongresse* eingeladen. Es galt, die vielfältigen Aspekte, die dieser Thematik innewohnen, in einer Gesamtschau aufzugreifen, neu aufgetretene Fragestellungen auf einer breiten und fächerübergreifenden Basis öffentlich zu diskutieren und ein Bewusstsein für zukünftige Problemfelder zu wecken. – Blicken wir auf die seitdem vergangenen 16 Jahre zurück, ist dies gelungen – auch wenn die Probleme noch längst nicht gelöst sind.

Mehr als eintausend Teilnehmer aus dem In- und Ausland – Wissenschaftler zahlreicher Fachrichtungen, in der Seniorenarbeit hauptberuflich Tätige und ehrenamtliche Helfer sowie interessierte Laien – haben ihre Erkenntnisse und Erfahrungen ausgetauscht und weit in die Zukunft weisende Perspektiven gesellschaftlichen Wandels und politischer Handlungsfelder eröffnet. Konzeption und Inhalt dieses Kongresses haben Beachtung weit über die Landesgrenzen hinaus gefunden.

Die Sprache von uns Wissenschaftlern scheint zu nüchtern, um gehört zu werden. Da muss erst der eloquente Frank Schirrmacher kommen und mit seinem *Methusalem-Komplott* (ein Buch, das im Grunde genommen keine

146

neuen Erkenntnisse bringt und nur das ausführt, was Meinhard Miegel, Leopold Rosenmayr, François Höpflinger, wir und viele andere schon vor Jahren geschrieben haben) die Politiker aufrütteln. Er hat ja Recht, wenn er sagt: „Wir müssen unsere Lebensläufe anders konzipieren, sie an die viel längere Lebenserwartung anpassen – und nicht, wie bisher, gleichsam mit der Pferdekutsche des 19. Jahrhunderts im 21. Jahrhundert herumfahren ... Wir brauchen eine Kalenderreform unseres Lebens!" Und an anderer Stelle heißt es: „Indem wir das Altern umdefinieren, helfen wir unseren Kindern mehr als dadurch, dass wir ständig um die verpassten Geburten von 1984 weinen. Die hat es nicht gegeben. Und die damals nicht geboren worden sind ... werden auch niemals Kinder auf die Welt bringen."

Also, fangen wir an mit der „Kalenderreform unseres Lebens"! Lassen wir das Erwachsenenalter früher und das Seniorenalter später beginnen!

Doch zur Erinnerung zuerst einige Fakten zum demographischen Wandel.

1. Die zunehmende Lebenserwartung

Um 1900 betrug die durchschnittliche Lebenserwartung etwa 45 Jahre, heute hat bei uns ein neugeborener Junge eine Lebenserwartung von 75 Jahren, ein neugeborenes Mädchen von knapp 82 Jahren. Der 60-Jährige hat schon heute noch eine durchschnittliche weitere Lebenserwartung von etwa 25 Jahren. Das heißt: Wenn man heute in Rente geht, hat man noch mehr als ein Viertel seines Lebens vor sich – bei besserer Gesundheit und höherer Kompetenz, als dies vor Jahrzehnten der Fall war.

Wir werden älter und sind dabei gesünder als Generationen vor uns – warum sollen wir nicht länger arbeiten? Schon 1968 hatte der damalige Sozial- und Arbeitsminister

Hans Katzer zu einem Hearing zur „Flexibilität der Altersgrenze" eingeladen. Das Ergebnis: Wissenschaftler aller Fachrichtungen waren sich einig über eine mögliche Verlängerung der Lebensarbeitszeit, und die FAZ berichtete: „... Flexibilität kann ausnahmsweise auch bedeuten eine Flexibilität nach unten." – Und was wurde daraus? Aufgrund der wirtschaftlichen Situation hatte sich die Flexibilität plötzlich in einem Alter zwischen 65 und 63 Jahren eingependelt.

Aber wir haben nicht nur eine zunehmende Langlebigkeit, sondern auch eine verlängerte Jugendzeit. Man beginnt später mit der Berufstätigkeit, man heiratet später (wenn überhaupt, denn von den 40-Jährigen sind heute nur 37 Prozent verheiratet), man gehört in allen politischen Parteien bis zu einem Alter von 35 Jahren zu den Jugendorganisationen. Also: Bis 35 ist man „Jugend", ab 45 bereits „älterer Arbeitnehmer", ab 50 wird man als „zu alt" betrachtet für einen neuen Job, und ab 55 spricht einen die „Seniorenwirtschaft" an, zählt man zu den Senioren. „Vom BAFÖG in die Rente" – kann das ein Lebensziel sein? Wir sind eine „Gesellschaft ohne Lebensmitte"!

Herausforderung:
Wir brauchen eine Kalenderreform unseren Lebens! Wir müssen unsere Lebensläufe anders konzipieren: früherer Berufsbeginn (setzt entsprechende schulische Bildung voraus – und günstigere wirtschaftliche Situation) und späteres Berufsende (setzt berufsbegleitende Weiterbildung und eine gesundheitsfördernde Arbeitswelt voraus).

2. Eine alternde Welt

Der Anteil der über 60-Jährigen liegt heute in Deutschland über 25 Prozent wird 2050 über 38 Prozent liegen, in Spanien über 44 Prozent, in Italien über 42 Prozent und in Österreich bei etwa 41 Prozent, in der Schweiz bei etwa 39 Prozent. – Gehört also bald jeder zweite Bürger zu den Senioren?

Der Anteil der über 80-Jährigen wird sich in allen genannten Ländern verdrei- bis vervierfachen, derjenige der über 100-Jährigen steigt in Deutschland von heute etwa 10.000 auf über 44.000 im Jahre 2025 und auf über 117.000 im Jahre 2050 – bei dann reduzierter Gesamtbevölkerung.

Dass Altern nicht Abbau und Verlust von Fähigkeiten bedeuten muss, wissen wir; dass bei vielen Menschen mit zunehmendem Alter gewisse Einschränkungen im körperlichen Bereich gegeben sind, ist allerdings ebenso ein Faktum.

Herausforderung:
Wir müssen alles tun, um möglichst gesund und kompetent alt zu werden. Der Aspekt der Prävention muss weit mehr beachtet werden – schon von Jugend an (Schulsport, Interessenentwicklung, Ausbildung etc)!

Die Zunahme der Hochaltrigen verlangt den Ausbau verschiedener Hilfsdienste (u. a. auch Haushaltshilfen im Sinne der „Au-pair-Mädchen" ermöglichen) und eine Qualitätssicherung der Pflege.

Doch das Altern unseres Volkes ist auch durch den Geburtenrückgang bedingt. Die geringste Fertilitätsrate hat zwar zurzeit Spanien (1,22 Kinder), gefolgt von dem angeblich so kinderfreundlichen Italien (1,25), von Griechenland (1,30) und Österreich (1,32). In Deutschland haben wir einen Durchschnitt von 1,34 Kindern je Frau im gebärfähigen Alter. Vom Geburtsjahrgang 1950 blieben nur 11 Prozent der Frauen kinderlos, vom Jahrgang 1960 21 Prozent, für den Jahrgang 1965 rechnet man mit 33 Prozent – doch von den 40-jährigen Akademikerinnen sind es heute bereits 44 Prozent! Demnächst wird Deutschland bei PISA-Studien noch mehr Schlusslicht sein, denn die Intelligenz der Kinder korreliert nicht mit der Schulbildung des Vaters, sondern mit der der Mutter!

Die höchste Kinderzahl (1,89) haben Irland und Frankreich, wobei in Irland religiöse Gründe eine Rolle spielen dürften, in Frankreich die Vereinbarkeit von Beruf und Familie. Dass sich Kinder und Karriere bzw. Berufstätigkeit durchaus verbinden lassen zeigen andere europäische Länder (Island mit einer Frauenerwerbsquote von 82,3 Prozent, Norwegen, Dänemark und Schweden mit je 76 Prozent und höheren Geburtenraten als bei uns). Vergleichen wir die Quote der Fremdbetreuung der unter 3-Jährigen (Daycare-Center, Tagesmütter), so erreicht diese in Dänemark 64 Prozent, in den USA 54 Prozent – und in Deutschland lediglich 10 Prozent.

Die Gründe des Geburtenrückgangs sind vielseitig und liegen
- in den seit den 60er Jahren gegebenen besseren Möglichkeiten der Familienplanung (Stichwort „Pille");
- im Verlust des „instrumentellen" Faktors (Kind als Arbeitskraft, als persönliche Alterssicherung, als „Stammhalter" bzw. Namensträger);
- in der einseitigen öffentlichen Diskussion zum Stichwort „Kind als Kostenfaktor", bei der verschwiegen wird, dass Kinder auch Freude machen und eine enorme Bereicherung des Lebens sind; dass im Grunde genommen diejenigen „arm" sind, die keine Kinder haben – auch wenn sie sich jetzt vielleicht mehr leisten können;
- in der verlängerten Jugendzeit, in der manchmal bis in das vierte Lebensjahrzehnt hineinreichenden Berufsaus-

bildung und in dem immer weiter hinausgeschobenen Heiratsalter (auch mitbedingt durch die gesellschaftliche Akzeptanz enger partnerschaftlicher Beziehungen ohne Trauschein);

– in den immer häufigeren und immer länger dauernden Single-Haushalten und der damit verbundenen stärkeren Ausprägung eigener Individualität. – Während in der ersten Hälfte unseres Jahrhunderts die Frau bis zu ihrer Heirat im Elternhaus wohnte (und sie so zur Anpassung an die Lebensgewohnheiten anderer gezwungen war), danach sehr schnell Kinder bekam, die wiederum eine Anpassung verlangten, geht sie heute mit 18 oder 20 Jahren aus dem Haus und lebt selbständig, allein. In dieser Zeit mehrjährigen Alleinwohnens, in der oft ein ganz eigener, individueller Lebensstil kreiert wird und in dem sich auch Eigenheiten und Gewohnheiten herausbilden, kann bereits die Anpassung an einen Partner, erst recht aber an Kinder, sehr erschwert werden.

Herausforderung:
Das Ja zum Kind stärken (auch wenn dies nur sehr begrenzt dazu beitragen kann, die Alterung unserer Gesellschaft zu verhindern) durch
– *Vereinbarkeit von Familie und Beruf,*
– *Image-Wandel: eine berufstätige Mutter ist keine Rabenmutter,*
– *bessere Rahmenbedingungen für die berufstätige Frau,*
– *Betreuungsmöglichkeiten, Tagesmütter,*
– *qualifizierte Betreuung, nicht „Aufbewahrung",*
– *garantierte Halbtagsschule (von 8.00–13.00 Uhr),*
– *qualifizierte Ganztagsschule.*

3. Das veränderte Verhältnis zwischen den Generationen

Auf einen über 75-Jährigen kamen vor 100 Jahren noch 79 Personen, die jünger waren; heute kommen auf einen über 75-Jährigen nur noch ungefähr 12,4 Personen. Wenn unsere heutigen 30-Jährigen einmal 75 sind, werden ihnen nur 6,2 Personen gegenüberstehen, die jünger als 75 sind, 1,2 unter 20-Jährige; 1,6 20- bis 40-Jährige, 2 40- bis 60-Jährige und 1,4 60- bis 75-Jährige (siehe Abbildung).

Auf einen über 75-Jährigen kommen

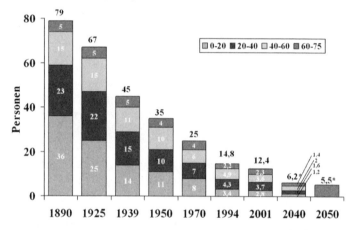

* Schätzung aufgrund der 9. kooridinierten Bevölkerungsvorausberechnung

Quelle: Statistisches Jahrbuch 2002

75-Jährige sind noch lange nicht pflegebedürftig, aber gewisse Einschränkungen (in der Sensorik: Sehen und Hören, der Mobilität, der Sensibilität etc.) sind oft gegeben. Umweltbedingungen können zusätzlich zur Einschränkung des Lebensraumes beitragen.

Herausforderung:
Wir brauchen eine altengerechte (= menschengerechte) Umwelt, auch unter dem Aspekt der Prävention, d. h. der Gewährung eines möglichst gesunden und kompetenten Älterwerdens bei lang erhaltener Selbständigkeit. – Stadtentwicklung, Wirtschaft und Industrie haben sich darauf einzustellen.

Wir haben auch strukturelle Unterschiede: Vom 3-Generationen-Haushalt zum 2- und 1-Generationenhaushalt bis hin zum 1-Personenhaushalt. 37 Prozent aller Haushalte sind 1-Personen-Haushalte, in Großstädten liegt die Zahl sogar über 50 Prozent. 5- und mehr-Personen-Haushalte liegen nicht einmal bei 5 Prozent! Das hat Auswirkungen sowohl auf die Kinderbetreuung als auch auf Hilfeleistungen für ältere Menschen.

Gleichzeitig haben wir eine Entwicklung von der 3- zur 4- und 5-Generationenfamilie, in der die einzelnen Generationen aber meist entfernt voneinander wohnen, die „multilokale Mehrgenerationenfamilie", die eine „Bohnenstangenfamilie" ist, d. h., weil es in ihr an Schwestern und Brüdern, Cousins und Cousinen, Onkeln und Tanten, Nichten und Neffen, Schwägerinnen und Schwäger etc. fehlt. – Da der Mensch aber auch Kontakt innerhalb der eigenen Generation braucht, muss er sich diesen außerhalb der Familie suchen. Im Schul- und Berufsalter ist dieser zwar leichter zu finden, aber auch Kinder (deswegen auch Kindergärten schon für Kleinstkinder) und Senioren brauchen Kontakt zu ihresgleichen.

Herausforderungen:
Mannigfache Hilfsdienste sind erforderlich. Daher gilt es vermehrt Hausmeister-Dienste zu schaffen, Nachbarschaftshilfen zu organisieren; Kontaktmöglichkeiten zu begünstigen und bürgerschaftliches Engagement zu fördern.

4. Vom 3-Generationen-Vertrag zum 5-Generationen-Vertrag

Der 3-Generationen-Vertrag ist schon heute zu einem 4- bzw. 5-Generationen-Vertrag geworden. Er wurde bekanntlich Ende des 19. Jahrhunderts ins Leben gerufen und besagt, dass diejenigen, die im Erwerbsleben stehen, durch ihre Steuern und Beiträge für jene aufzukommen haben, die noch nicht ins Erwerbsleben eingetreten sind, wie auch für jene, die bereits aus dem Arbeitsprozess ausgeschieden sind.

Damals lag das durchschnittliche Eintrittsalter in das Berufsleben zwischen 15 und 16 Jahren: Berufsschule gab es (leider) noch nicht, eine weiterführende Bildung oder gar ein Studium konnten sich nur wenige leisten – Frauen schon gar nicht. Das Schuleintrittsalter lag bei 5 Jahren und die Volksschulzeit betrug 8 Jahre. So hatte man bereits mit 15 Jahren sein erstes Geld verdient (wenn auch wenig) und seine Beiträge abgeführt, also auch in die Rentenkassen einbezahlt. – Die Altersgrenze für Berufstätige wurde unter Bismarck auf 70 Jahre festgelegt, ein Alter, das damals die meisten Menschen gar nicht erreichten (die durchschnittliche Lebenserwartung betrug um die Jahrhundertwende bei uns ganze 45 Jahre!). Erst 1916 wurde die Altersgrenze reduziert und auf 65 Jahre festgelegt. Das heißt also, dass die 15- bis 70-Jährigen für jene aufzukommen hatten, die noch nicht 15 und schon über 70 Jahre alt waren – und das waren um 1900 gerade mal 2 Prozent der Gesamtbevölkerung. Dieser Generationenvertrag funktionierte lange Zeit. „Die Rente ist sicher" – das konnte man damals und auch noch in der Mitte des letzten Jahrhunderts (Adenauer) sagen.

Doch wie sieht es heute aus? Wir haben ein durchschnittliches Berufs-Eingangsalter – allerdings nach Abschluss der Berufsschule – bei 25 Jahren. Das durchschnittliche Alter beim ersten Universitätsabschluss liegt bei 28 Jahren. Und das Berufsende liegt heute faktisch bei 58/59 Jahren, begünstigt durch Vorruhestand, Frühverrentung, Sozialpläne und Altersteilzeit. Tatsache ist, dass die Gruppe der im Erwerbsleben Stehenden – d. h. die 25- bis 58/59-Jährigen – für all diejenigen aufzukommen hat, die noch nicht im Berufsleben stehen (und das sind zuweilen zwei Generationen, da mancher 30-jährige Student sein Kind bereits im Kindergarten hat), und vor allem für die große Gruppe jener Menschen, die aus dem Berufsleben ausgeschieden sind. Und das sind nicht – wie noch vor 100 Jahren – 2 Prozent der Bevölkerung, sondern über 25 Prozent, und häufig ebenfalls 2 Generationen. Denn Mutter und Tochter, Vater und Sohn zugleich im Rentenalter, das ist heute keine Seltenheit mehr.

Dass dann die Generation der im Erwerbsleben Stehenden über zu hohe Abgaben stöhnt, ist verständlich. Die zunehmende Langlebigkeit muss berücksichtigt und der Einbau eines demographischen Faktors in die Rentenberechnung zur Notwendigkeit werden. Doch die Entwicklung vom 3- zum 5-Generationen-Vertrag ist nicht nur demographisch bedingt, sondern auch durch die wirtschaftliche und gesellschaftliche Situation mitbestimmt. Und vor allem: Auch hier fällt neben der zunehmenden Langlebigkeit auch die verlängerte Jugendzeit stark ins Gewicht.

Zunächst einmal ist hier zu bedenken, dass viele der heutigen Rentner – oft gegen ihren Wunsch – vorzeitig aus dem Berufsleben ausgestiegen sind, um den Jungen einen Arbeitsplatz zu sichern. Das ist auch gut so. Nur, dann dürfen diese Jungen nicht kommen und den Rentnern diese „Rentenlast" und „Alterslast" vorwerfen und über erhöhte Einzahlungen in die Rentenkassen klagen.

Außerdem ist zu bedenken, dass viele der heutigen Rentner ein 45-jähriges Berufsleben hinter sich haben – was die jungen Aufbegehrer nie erreichen werden. Viele der heutigen Rentner kannten noch die 60-Stunden-Woche, bestimmt aber die 48- und 45-Stunden-Woche. Der Samstag war für sie ein voller Arbeitstag – und der Urlaub betrug 12 Tage im Jahr, Samstage mit eingerechnet (ab 1957 dann 14 Tage im Jahr). Außerdem sollte man bedenken, dass die heutigen Rentner für ihre Berufsausbildung – und zwar auch für die Lehre – noch selbst zahlen mussten; an ein Azubi-Gehalt oder Bafög war nicht zu denken. Vielfach mussten sie auch noch ganz für die Berufsausbildung ihrer Kinder zahlen. Sie haben mehr Kinder großgezogen als die heutige jüngere Generation – und das in Kriegs- und Nachkriegszeiten, in denen es weder Erziehungsgeld bzw. Kindergeld noch Erziehungsurlaub gab. Weiterhin sollte wenigstens erwähnt werden, dass die Staatsausgaben im Bereich der Bildung, von denen ja hauptsächlich jüngere Generationen profitieren, enorm gestiegen sind. Das ist notwendig und unbedingt zu begrüßen, sollte aber bei einer Analyse der Chancen und Herausforderungen der Generationen nicht vergessen werden.

Die meisten der heute 60- bis 65-Jährigen (und auch viele noch ältere) sind durchaus arbeitsfähig, viele auch arbeitswillig – aber sie werden frühzeitig aus dem Arbeitsleben verabschiedet. In der Gruppe der 55- bis 64-Jährigen sind in Deutschland nur 43 Prozent der Männer und 15 Prozent der Frauen noch im Erwerbsleben; in der Schweiz hingegen 77 Prozent der Männer und 50 Prozent der Frauen, in Norwegen 72 Prozent der Männer und 59 Prozent der Frauen. Sicher sind unsere „älteren Arbeitnehmer" nicht unfähiger als die in anderen Ländern, aber dank gutgemeinter Schutz-Gesetze, die jedoch Bumerang-Charakter haben, kommen Ältere den Arbeitgeber, der sie dann nicht mehr kündigen kann, viel teurer. Also bemüht man sich, mittels Sozialplänen zuerst die „Älteren" sozialverträglich abzubauen, begründet das dann aber mit der angeblich nachlassenden Leistungsfähigkeit und der mangelnden Innovationsfähigkeit. Es gibt keine einzige Studie, welche eine nachlassende Innovationsfähigkeit mit zunehmendem Alter aufgezeigt hat. Im Gegenteil, es liegen viele Studien vor, welche die Kompetenzen gerade der Älteren herausstellen: Ältere zeigen häufig ein größeres berufliches Engagement als Jüngere, wissen über soziale Verknüpfungen besser Bescheid, haben einen größeren Überblick über die Gesamtsituation, sehen gleichzeitig Möglichkeiten und Grenzen und haben in bestimmten Bereichen ein „Expertenwissen" erworben, das man bei Jüngeren gar nicht erwarten kann. Freilich, wir brauchen die Dynamik und auch die Risikofreude der Jüngeren, wir brauchen aber auch die Übersicht, die Erfahrenheit und die Fähigkeit des Abwägens der Älteren. Wir brauchen ein Miteinander der Generationen und nicht ein Schüren des Generationenkonfliktes!

Herausforderungen:
Zunächst müssen wir unsere Lebensläufe anders konzipieren:
- *früherer Schulbeginn, frühes Erlernen einer Fremdsprache,*
- *Leistungsmotivation (und Stressbewältigung) durch Benotung steigern,*
- *Abitur nach 12 Schuljahren,*
- *frühere Familiengründung fördern,*
- *Studienzeit verkürzen,*
- *früherer Berufsbeginn (wie in anderen EU-Ländern),*
- *berufsbegleitende Weiterbildung,*
- *längere Lebensarbeitszeit (setzt allerdings entsprechende wirtschaftliche Situation voraus).*
Dann gilt es für eine Verbesserung der Arbeitsmarktsituation und eine Reduzierung der Arbeitslosenzahlen zu sorgen durch:
- *Erhöhung der Arbeitszeit, denn „Arbeit schafft Arbeit",*
- *berufsbegleitende Weiterbildung,*
- *„gesundheitsbewusste" Arbeitsplätze,*
- *größere Flexibilisierung (Altersgrenze flexibel, unbezahlter Urlaub),*

- *früheren Berufseinstieg und späteres Berufsende; Reduzierung des Urlaubs.*

Schließlich müssen diverse (Über-)Regulierungen neu überdacht werden, z. B.:

- *Lockerung des Kündigungsschutzes (zur Wiedereingliederung von Arbeitslosen),*
- *Aufgabe des Senioritätsprinzips (stattdessen Bezahlung nach Leistung),*
- *spezifische Vorschriften, die zu analysieren und zu überarbeiten bzw. zu streichen sind (z. B. die Vorschrift, dass die Betreuung mehrerer Kinder nur dann möglich sein soll, wenn auch ein Kinder-WC vorhanden ist),*
- *Schaffung von bezahlbaren Arbeitsplätzen für unqualifizierte Arbeitnehmer.*

5. Alter muss nicht Pflegebedürftigkeit bedeuten

Pflegebedürftigkeit ist kein notwendiges Altersschicksal. Wir werden älter, sind dabei aber gesünder als Generationen vor uns. Das Ausmaß der Pflegebedürftigkeit wird oft überschätzt.

Pflegebedürftigkeit schlägt erst in der Gruppe der 85-Jährigen und älteren zu Buche. Hier sind es etwa 35 Prozent der Bevölkerung.

Dennoch wird es in Zukunft Probleme in der Pflegeversicherung geben, da heute noch etwa 70 Prozent durch Angehörige (kostengünstiger) gepflegt werden, was demnächst nicht mehr möglich sein wird. Denn die Familienpflege hat ihre Grenzen; in absehbarer Zeit werden keine Angehörigen mehr da sein, die die Pflege übernehmen können. Die Gründe dafür sind:

1. Pflegebedürftigkeit tritt in einem höheren Alter auf (Multimorbidität),

2. Ehefrau/Partnerin ist dann auch älter und kann Pflege nicht mehr leisten,
3. keine Kinder vorhanden,
4. wenn Kinder, dann keine Geschwister, die sich die Pflege teilen können,
5. immer seltener wohnen Kinder am Wohnort der Eltern (Mobilität gefordert),
6. immer mehr Frauen sind berufstätig (weniger Töchterpotenzial als Pflegende),
7. zunehmende Scheidungsraten ohne Wiederverheiratung (keiner wird die Ex-Schwiegermutter pflegen).

Das heißt: Die ambulante und die stationäre Pflege müssen ausgebaut werden!

Eine zukunftsorientierte Politik muss sich aber auch stärker um Behinderte und Pflegebedürftige kümmern, sie muss die im Pflegegesetz verankerte Forderung „Rehabilitation vor Pflege" durchsetzen und die Präventionsmaßnahmen weit stärker fördern als bisher! – Sie muss endlich zur Kenntnis nehmen, dass Familienpflege in Zukunft ihre Grenzen hat und ein Ausbau der ambulanten Pflege wie auch der institutionellen Pflege (in den unterschiedlichsten Wohnformen) nötig sein wird.

Herausforderungen:
Wir müssen zunächst alles tun, um Pflegebedürftigkeit zu vermeiden. Dazu gehört u. a. der Ausbau der Prävention, der Ausbau der ambulanten und stationären Einrichtungen, eine Stärkung der Qualifikation in der Pflege, eine stärkere Berücksichtigung demenzieller Erkrankungen sowie eine Ausbildung innerhalb aller medizinischen Berufe und medizinischen Hilfsberufe in Gerontologie/Geriatrie.

Wir brauchen einen weiteren Ausbau der Altersforschung und keine Schließung erfolgreich arbeitender Institutionen wie das Deutsche Zentrum für Altersforschung!

*Wir brauchen ferner interdisziplinär ausgerichtete geron-
tologische Grundlagenforschung, die uns Wege aufzeigen
kann zu einem möglichst gesunden und kompetenten Älterwerden!*

Abschließende Bemerkung

Eine zukunftsorientierte Politik muss eine Politik nicht
nur *für*, sondern vor allem *mit* und zum Teil auch *von* alten
Menschen sein. Sie muss endlich ältere Menschen als eine
bedeutsame Zielgruppe politischen Handelns begreifen.
Unsere Gesellschaft ist alles andere als altenfreundlich.
Weit stärker als bisher hat die Politik in einer „Gesellschaft des langen Lebens" die Aufgabe, für eine altersgerechte Umwelt zu sorgen, um eine selbständige Lebensführung möglichst lange zu gewährleisten.

Eine zukunftsorientierte Politik muss zum anderen den
Beitrag älterer Menschen für unsere Gesellschaft erkennen,
würdigen und fördern. Sie muss vor allem Rahmenbedingungen schaffen, die es älteren Mitbürgerinnen und Mitbürgern erlauben, ihre Fähigkeiten einzusetzen – in Bezug
auf die Arbeitswelt, die Weiterbildung und auch in Bezug
auf das bürgerschaftliche Engagement (erste Ansätze sind
hier mit der Schaffung von Seniorenbüros bereits gegeben.)
Die Verantwortung älterer Menschen für sich selbst und
die Mitverantwortung Älterer für die Gesellschaft muss
deutlicher aufgezeigt und gefördert werden.

Eine zukunftsorientierte Politik muss zu einem veränderten, positiveren Altersbild beitragen, muss die Kräfte
und Stärken des Alters in der Öffentlichkeit viel deutlicher
thematisieren, muss erkennen, welche bedeutende Rolle
gerade ältere, erfahrene Menschen in der Gesellschaft (in
Wirtschaft und Politik – und da nicht nur als Wähler!) spielen können, sofern man nur ihre Kompetenzen erkennt

und anerkennt. Denn gerade auch die Politik muss ihren Beitrag leisten dazu; muss das immer noch negativ verzerrte Altersbild wieder zurechtrücken (was etwa damit beginnen könnte, im Wahlkampf nicht immer nur auf „Verjüngung" zu setzen und den „Generationenwechsel" zu propagieren). Nicht nur der Wirtschaft, sondern auch der Politik würde manchmal der „alte Bellheim" ganz gut tun!

Demographischer Wandel in Deutschland

Meinhard Miegel

Ich werde mich auf wenige Teilaspekte beschränken und diese mit Hilfe von zehn Schaubildern veranschaulichen.

Das erste Schaubild (rechts) zeigt die Bevölkerungsentwicklung in Deutschland von 600 bis 2100.

Deutlich zu erkennen sind die großen Seuchen und Hungersnöte im 14. Jahrhundert sowie die Folgen des 30-jährigen Krieges in der ersten Hälfte des 17. Jahrhunderts. Jenem Krieg fiel ein Drittel der Bevölkerung zum Opfer. Gut zu erkennen sind weiterhin die demographischen Folgen des Ersten und Zweiten Weltkrieges in der ersten Hälfte des 20. Jahrhunderts sowie der kurzzeitige sogenannte Babyboom in den 1960er Jahren.

Langfristig bedeutsamer als diese Unregelmäßigkeiten ist jedoch der extrem steile Bevölkerungszuwachs seit Beginn des 19. Jahrhunderts. Um 1800 lebten in Deutschland erst reichlich 20 Millionen Menschen, ein Jahrhundert später waren es bereits 50 Millionen. Dass ein solches Bevölkerungswachstum nicht von Dauer sein konnte, liegt auf der Hand. Mit dem ausgehenden 19. Jahrhundert bricht es dann auch. Allerdings wird dieser Bruch zunächst noch durch das demographische Echo – die Enkelgeneration ist zahlreicher als die Großelterngeneration, aber weniger zahlreich als die Generation der Eltern – sowie Millionen von Zuwanderern, vor allem seit den 1960er Jahren, kaschiert.

Schaubild 1: Entwicklung der Bevölkerung in Deutschland
600 bis 2100*

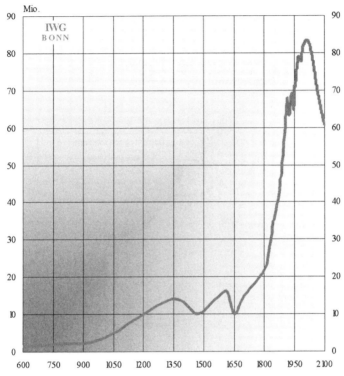

* ab 2003 Prognose des IWG BONN (Nettozuwanderung 200.000 p.a.)
Quelle: Statistisches Bundesamt, IWG BONN

Deutlicher wird der Bruch des demographischen Trends in
Schaubild 2.

Schaubild 2: Geburtenraten der Geburtsjahrgänge in Deutschland von 1860 bis 1963

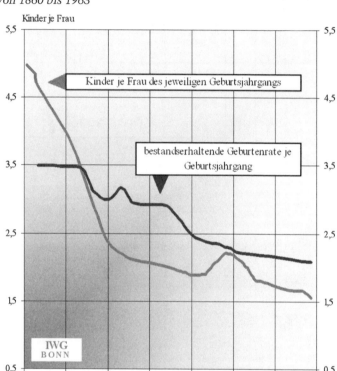

Quelle: Bundesinstitut für Bevölkerungsforschung, IWG BONN

Die obere Linie zeigt die jeweilige Geburtenrate, die zur Aufrechterhaltung des Bevölkerungsbestandes erforderlich gewesen wäre, die untere zeigt die tatsächliche Geburtenrate. Danach wurde der letzte Jahrgang, der sich in der Zahl seiner Kinder vollständig ersetzte, in Deutschland bereits 1880 geboren. Er hatte seine Kinder im Wesentlichen vor dem Ersten Weltkrieg. Eine nahezu bestandserhaltende Geburtenrate erreichten noch einmal diejenigen, die Mitte

164

der 30er Jahre geboren worden waren. Sie waren die Mütter und Väter der bereits erwähnten Babyboomer in den 1960er Jahren. Ferner zeigt dieses Schaubild, dass die Pille, das heißt moderne Antikonzeptiva, nur einen recht untergeordneten Einfluss auf die Bevölkerungsentwicklung hatte. Jedenfalls waren die Veränderungen im Geburtenverhalten um 1900 ungleich dramatischer als die pillenbedingten um 1970. Die Ursachen beider Trendänderungen sind vielfältig. Um 1900 dürfte der sprunghaft gestiegene Urbanisierungsgrad, um 1970 die rasche Zunahme attraktiver Lebensentwürfe jenseits von Elternschaft eine wichtige Rolle gespielt haben.

Doch wie dem auch sei. Festzuhalten bleibt, dass mittlerweile ganz Europa – regional unterschiedlich – auf diesen Pfad eingeschwenkt ist und mittelfristig – wiederum regional unterschiedlich – die Welt folgen wird. Die europäische Bevölkerung hat schon jetzt angefangen, zahlenmäßig zu schrumpfen. Die Weltbevölkerung wird sich in der zweiten Hälfte dieses Jahrhunderts in dieser Richtung bewegen.

Bei Schaubild 3 (Seite 166) fällt auf, dass der starke Geburtenrückgang nicht auf eine allgemeine Verhaltensänderung zurückzuführen ist. Vielmehr haben annähernd gleich viele Mütter der Geburtsjahrgänge 1945 bis 1970 zwei, drei, vier und mehr Kinder geboren. Vervierfacht hat sich hingegen der Anteil Kinderloser. Waren von den 1935 geborenen Frauen nur acht Prozent kinderlos, so war es von den 1970 Geborenen rund ein Drittel. Deutschland hat damit den größten Anteil Kinderloser in der Welt. Bei den übrigen Haushalten unterscheidet es sich hingegen nur mäßig von anderen Industrieländern.

Der höchste Anteil Kinderloser findet sich, wie Schaubild 4 (Seite 167) zeigt, mit reichlich 44 Prozent unter den Hochschulabsolventinnen. Von den Menschen ohne höhere berufliche Qualifikation hat demgegenüber nur ein Viertel keine Kinder.

Schaubild 3: *Endgültige Kinderzahl der 1935 bis 1970 geborenen Frauen* in Westdeutschland*

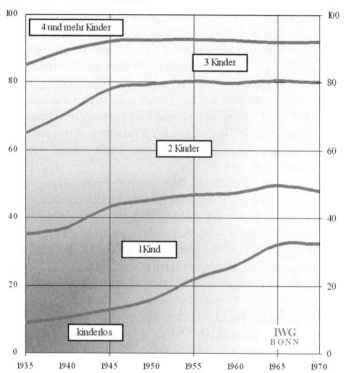

* endgültige Kinderzahl je Frau eines Jahrgangs in v.H.
Quelle: Birg/Flöthmann (1993), Europäische Kommission (2002)

Das führt zu der Frage: Kann und soll etwas gegen die Kinderlosigkeit in Deutschland unternommen werden? Die historischen und internationalen Erfahrungen mit bevölkerungspolitischen Maßnahmen sind nicht eindeutig. Sowohl unter Kaiser Wilhelm II. als auch unter den Nationalsozialisten und in der DDR wurde viel unternommen, um die Geburtenrate zu erhöhen. Zwar haben die verschie-

Schaubild 4: 35- bis 39-jährige Frauen* ohne Kinder nach
Berufsausbildung in Westdeutschland 2000

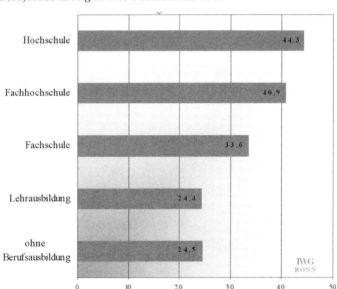

* Haushaltskonzept des Mikrozensus
Quelle: BMFSFJ (2003), Mikrozensus

denen Kampagnen Spuren in der Bevölkerungsentwicklung
hinterlassen. Aber zu deutlichen Trendänderungen haben
sie nicht geführt. Ähnliches gilt im internationalen Vergleich. Frankreich, auf das noch zurückzukommen sein
wird, und Schweden – um nur zwei Beispiele zu nennen –
haben durch politische Interventionen die Geburtenrate
positiv beeinflusst. Aber der Aufwand war hoch und der Erfolg keineswegs nachhaltig.

Das soll nicht heißen, dass die Vereinbarkeit von Beruf
und Familie nicht verbessert oder der bezahlte Erziehungsurlaub nicht verlängert werden sollten. Nur sollte niemand
von derlei Maßnahmen erwarten, dass sie Grundlegendes

167

Schaubild 5: Entwicklung der Geburtenraten* von Deutschen und Ausländern in Westdeutschland 1970 bis 1999

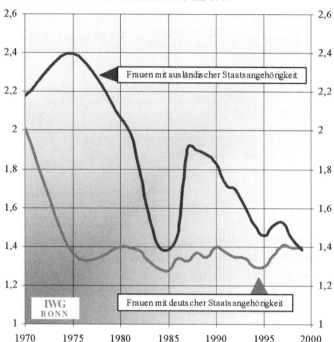

* Kinderzahl pro gebärfähiger Frau
Quelle: Statistisches Bundesamt

ändern könnten. Kinderlosigkeit ist in Deutschland oft ein durchaus gewollter Zustand, der auch im Nachhinein nicht als beklagenswert angesehen wird.

Und sollte etwas gegen die Kinderlosigkeit unternommen werden? Würde die Bevölkerungszahl Deutschlands um 30 Millionen abnehmen, wäre dieses Land noch immer so dicht besiedelt wie seine großen Nachbarn Frankreich und Polen. Eine zu geringe Bevölkerungsdichte ist also nicht zu befürchten. Problematisch ist die Abruptheit des

Schaubild 6: Geburtenraten* von Französinnen und Ausländerinnen in Frankreich 1989/90 und 1998/99

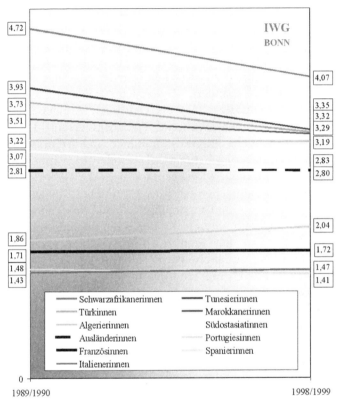

IWG
BONN

4,72	
	4,07
3,93	
3,73	3,35
3,51	3,32
	3,29
3,22	3,19
3,07	2,83
2,81	2,80
	2,04
1,86	
1,71	1,72
1,48	1,47
1,43	1,41

Schwarzafrikanerinnen — Tunesierinnen
Türkinnen — Marokkanerinnen
Algerierinnen — Südostasiatinnen
Ausländerinnen — Portugiesinnen
Französinnen — Spanierinnen
Italienerinnen

0

1989/1990   1998/1999

* Kinderzahl pro gebärfähiger Frau
Quelle: INSEE, PARIS

Bevölkerungsrückgangs und vor allem die dadurch bewirkte Veränderung der Altersstruktur. Deutschland müsste bei unveränderter Geburtenrate einen langen Tunnel passieren. Ihn zu durchwandern dauerte etwa 60 Jahre.

Die Schaubilder 5 (Seite 168) und 6 zeigen das unterschiedliche Geburtenverhalten von Ansässigen und Zuwanderern in Deutschland und Frankreich und erhellen gleichzeitig, warum Frankreich eine höhere Geburtenrate hat als Deutschland. In Deutschland weisen mit Ausnahme der Mitte der 70er Jahre nicht nur Deutsche, sondern auch Zuwanderer eine nicht bestandserhaltende Geburtenrate auf, auch wenn die der Zuwanderer lange Zeit höher war als die der Deutschen. Mittlerweile hat sich jedoch auch das geändert. Zuwanderer haben jetzt sogar eine noch niedrigere Rate als Deutsche. Anders ist die Lage in Frankreich. Während Französinnen im Durchschnitt eine nicht bestandserhaltende Geburtenrate von 1,7 Kindern haben, gebären die Zuwanderinnen im Durchschnitt 2,8 Kinder. In Deutschland liegt die Geburtenrate hingegen bei Deutschen bei rund 1,4 und bei Zuwanderinnen bei knapp 1,4. In Deutschland lebende Zuwanderer haben also nur halb so viele Kinder wie Zuwanderinnen in Frankreich. Das hat Frankreich inzwischen veranlasst, seine familienfreundliche Politik einzuschränken. Der unausgesprochene Grund: sie förderte vor allem den Kinderreichtum von Schwarzafrikanerinnen, Nigerianerinnen und Türkinnen. Der entscheidende Unterschied im Geburtenverhalten von Deutschen und Französinnen liegt im Anteil der Kinderlosen. Er beträgt in Frankreich – so wie früher in Deutschland – acht Prozent. Bei den Mehrkinderfamilien sind die Unterschiede hingegen gering.

Die Schaubilder 7 (Seite 171) und 8 (Seite 172) zeigen die Wirkungen, die Geburtenarmut bei gleichzeitiger Zunahme der Lebenserwartung auf den Altersaufbau der Bevölkerung hat. Dabei gibt Schaubild 7 einen Gesamtüberblick über 150 Jahre, während Schaubild 8 vor allem die Folgen der Langlebigkeit aufzeigt.

Schaubild 9 (Seite 173) zeigt die daraus folgenden Ergebnisse für das Verhältnis der unter 20-Jährigen und über 59-Jährigen zu den 20- bis 59-Jährigen. Das Schaubild spricht wohl für sich selbst.

Schaubild 7: Entwicklung der Altersstruktur in Deutschland 1900 bis 2050 (in Mio.)

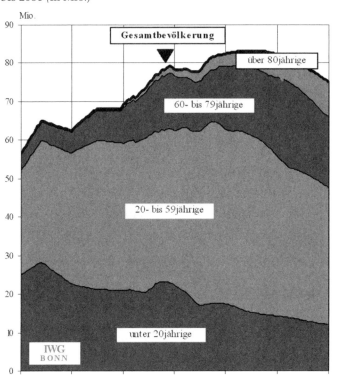

Quelle: Statistisches Bundesamt (10. Koordinierte Bevölkerungs-vorausberechnung mit jährlicher Nettozuwanderung von 200.000), IWG BONN

Das zehnte und letzte Schaubild (Seite 174) zeigt schließlich die Entwicklung des Anteils über 59-Jähriger im internationalen Vergleich. Danach eilt Japan allen anderen großen Ländern erheblich voraus. Die USA und China werden in 35 Jahren da stehen, wo die Deutschen sich

171

Schaubild 8: Hochbetagte in Deutschland 1900 bis 2050 (in Mio.)

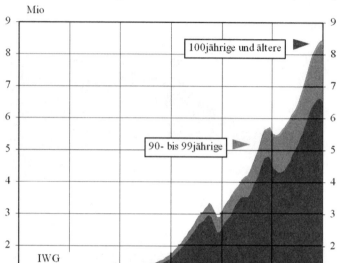

Quelle: Statistisches Bundesamt, Berechnungen des IWG BONN

heute befinden, und Indien wird um 2050 die Altersstruktur haben, die wir 1985 hatten.

*Schaubild 9: Soziallastquoten in Deutschland 1900 bis 2050
(auf 100 20- bis 59-Jährige kommen ...)*

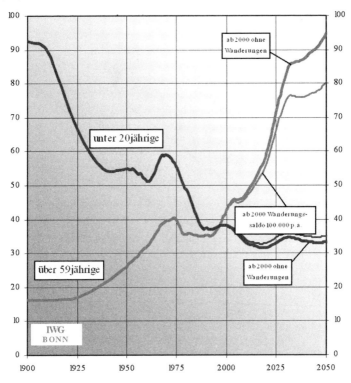

Quelle: Statistisches Bundesamt, Berechnungen des IWG BONN

Schaubild 10: Anteil der über 59-Jährigen in ausgewählten Ländern 1980 bis 2050 (in vH der Gesamtbevölkerung)

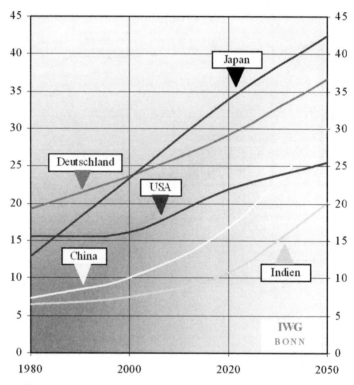

Quellen: Deutschland: Statistisches Bundesamt (10. Vorausberechnung); übrige: UN World Population Prospects

Der demographische Wandel – am Beispiel der Schweiz

François Höpflinger

> *„Eine Wissenschaft ist immer nur so gut,*
> *wie die Messinstrumente,*
> *mit denen ein Phänomen erfasst wird."*

Sozialhistorische Perspektive: Demographische Alterung als Prozess zivilisatorischen Fortschritts

Sozialgeschichtlich betrachtet ist ein Ausgangspunkt zentral: *In den letzten Jahrhunderten erlebte Europa einen grundlegenden demographischen Wechsel von einem brutalen zu einem humanen demographischen Regime.* Vereinfacht gibt es drei zentrale Anzeichen für eine brutale demographische Situation: eine hohe Säuglings- und Kindersterblichkeit; die Tatsache, dass Frauen weniger lang leben als Männer sowie ein geringer Anteil an älteren Menschen. Umgekehrt ist ein humanes demographisches Regime gekennzeichnet durch eine geringe Sterblichkeit von Säuglingen, Kindern und jungen Menschen, eine hohe Lebenserwartung – gerade auch von Frauen – und einen hohen und tendenziell steigenden Anteil älterer Menschen.

Vorindustrielle Gesellschaften sind mit wenigen Ausnahmen durch hohe Geburtenraten und hohe Sterberaten – aufgrund massiver Säuglingssterblichkeit und geringer Lebenserwartung – gekennzeichnet. Bis gegen Ende des 19. Jahrhunderts war auch die Schweiz diesem „brutalen demographischen Regime" unterworfen. Es wurden zwar viele Kinder geboren, aber sie starben oft frühzeitig. Ungenügende

Ernährung, schlechte Lebens- und Wohnbedingungen, aber auch ständig wiederkehrende Epidemien führten zu einer geringen Lebenserwartung. Nur vergleichsweise wenige Männer und Frauen erreichten ein höheres Alter. So wurden im 16. Jahrhundert in Genf nur 9 von 100 Geborenen 60 Jahre alt, und auch im 17. Jahrhundert – nach Ende der Pestbedrohung – konnten nur 15 von 100 Geborenen den 60. Geburtstag feiern. Wie in späteren Perioden war auch im 17. Jahrhundert die Wahrscheinlichkeit, alt zu werden, sozial ungleich verteilt. So erreichten im Genf des 17. Jahrhunderts von 100 Personen aus der Oberschicht (höhere Amtsträger, Groß- und mittleres Bürgertum) 31 das 60. Lebensjahr. Bei der Mittelschicht (Kleinbürgertum, Handwerker, qualifizierte Arbeiter) waren es noch 17, und bei der Unterschicht (unqualifizierte Arbeiter, Handlanger) erlebten nur 11 von 100 das 60. Lebensjahr (vgl. Perrenoud 1975). Ein höheres Alter zu erreichen, blieb bis ins 19. Jahrhundert weitgehend ein Privileg der wenigen Reichen, und der Anteil älterer Menschen in der Alten Eidgenossenschaft war entsprechend gering (vgl. Tabelle 1, Seite 178).

Eine allmählich verbesserte Nahrungsversorgung dank der Einführung neuer Futterpflanzen, der gezielten Zucht von Milchkühen und der Ausbreitung der Kartoffel sowie das Zurückdrängen von Hungersnöten dank besserer Vorratshaltung führten in einigen Regionen der Schweiz schon im 18. Jahrhundert zu einem Anstieg der Lebenserwartung. Aufgrund der allmählichen Erhöhung der Lebenserwartung verstärkte sich das demographische Gewicht der älteren Menschen in den Dörfern und Städten. Der Anteil der 60-jährigen und älteren Personen an der Gesamtbevölkerung stieg im späten 18. Jahrhundert in einigen relativ wohlhabenden Regionen der Schweiz teilweise schon auf 10 Prozent an. Diskutiert wurden im 18. Jahrhundert auch erstmals Fragen der Beeinflussbarkeit der Lebensdauer, und Ärzte begannen damit, Empfehlungen zur

Verlängerung des Lebens (wie gemäßigte Lebensführung, Hygiene, Einhaltung von Diäten) zu formulieren. Vor allem in der zweiten Hälfte des 18. Jahrhunderts entstand eine eigentliche Sozialmedizin vom Altern, wobei erstmals zwischen dem mittleren und dem hohen Lebensalter unterschieden wurde.

Im 19. Jahrhundert wurde die Land- und Viehwirtschaft in der Schweiz weiter modernisiert, und die Ausbreitung von Heimarbeit und Industrie erlaubte es auch landlosen Bevölkerungsgruppen, sich regelmäßiger zu ernähren. Gleichzeitig wurden gesundheitspolitische Kampagnen (z. B. Pockenimpfung) sowie neue Sauberkeits- und Hygienenormen durchgesetzt. Damit verbesserten sich die Chancen, ein höheres Lebensalter zu erreichen. Zu Beginn des 20. Jahrhunderts erreichten in der Schweiz schon 36 Prozent aller männlich Geborenen das 60. Lebensjahr, und bei den Frauen waren es sogar 54 Prozent.

Die steigende Lebenserwartung bis zur ersten Hälfte des 20. Jahrhunderts lässt sich vereinfacht formuliert primär auf das Zusammenspiel von verbesserter Lebenslage (insbesondere Ernährung), verstärkter sozialer Disziplinierung (Internalisierung von Sauberkeits- und Hygienenormen) und zentralstaatlichen Interventionen (bessere Wasserversorgung, Abwässerbeseitigung, Gesundheitskampagnen u. a.) zurückführen. (vgl. Höpflinger 1997: 154). Wirtschaftlicher Wohlstand, verstärkte soziale Absicherung und Ausbau der medizinischen Betreuung ließen im späteren 20. Jahrhundert die Lebenserwartung gerade auch älterer Frauen und Männer weiter ansteigen, wodurch Langlebigkeit sich allmählich als Norm zu verankern vermochte. Im Rahmen der Entwicklung zur Kleinfamilie sanken in der Schweiz seit Ende des 19. Jahrhunderts aber auch die Geburtenraten deutlich (Höpflinger 1986). Dadurch erhöhte sich das demographische Gewicht der älteren Menschen im 20. Jahrhundert weiter.

Tabelle 1: *Demographisches Gewicht der älteren Bevölkerung im Gebiet der Schweiz im historischen Zeitvergleich*

		Anteil der 60-jährigen und älteren Personen an der Bevölkerung
Römisches Reich (Grabinschriften):		
Gallien/Norditalien		5–7 %
Ausgrabungen/Skelettanalysen:		
Mittel- & Nordeuropa	1–520 nach Christi	3 %
	520–750 (Pestzeiten)	1–2 %
	750–1000	3 %
	1000–1348	3 %
	1348–1500 (Pestzeiten)	2 %
Testamente: Erblasser 60+ Jahre):		
Wallis	1350–1400	1 %
	1400–1500	3 %
Bevölkerungsanalysen:		
Stadt Genf	1561–1600	5 %
Dorf Mettmenstetten ZH	1634	5 %
Albisrieden/Zumikon ZH	1634	4 %
Stadt Zürich	1637	6 %
Kirchgem. Sulgen TG	1710	6 %
Dorf Wiesendangen ZH	1722	8 %
	1721	6 %
Ober- & Unterstammheim	1764	10 %
Stadt Bern	1764	10 %
Stadt Genf	1798	11 %
	1816	11 %
Stadt Luzern	1812	10 %
Schweiz. Eidgenossenschaft	1860	9 %
	1900	9 %
	1941	13 %
	1990	19 %
Szenario „Trend"	2020	27 %
	2050	31 %

Quelle: Höpflinger, Stuckelberger 1999

Mit zunehmender wirtschaftlicher Entwicklung und gesellschaftlicher Modernisierung der Schweiz ergab sich somit ein grundlegender Wandel von hohem Geburtenniveau und hohen Sterbeziffern (= große Verschwendung menschlichen Lebens) zu tiefen Geburten- und Sterbeziffern. Dies führte in den letzten Jahrzehnten zu einem bisher nie gekannten Anteil älterer Menschen an der Bevölkerung; eine Entwicklung, die sich aller Voraussicht nach fortsetzen wird. Entscheidend ist, dass sich durch diese Entwicklung die Chancen für ein langes, glückliches Leben enorm gesteigert haben. *Die zunehmende Zahl alter und betagter Menschen ist langfristig betrachtet eine positive Entwicklung unserer Gesellschaft.*

Demographischer Wandel im 20. Jahrhundert – eine zusammenfassende Darstellung

Statistisch betrachtet ist zumeist ein Geburtenrückgang ein zentraler Erklärungsfaktor demographischer Alterung. Neben der Geburtenentwicklung spielt in entwickelten Gesellschaften aber auch die Lebenserwartung älterer Menschen eine Rolle (demographische Alterung von oben). National und vor allem regional wird die Entwicklung der Altersverteilung zudem von Aus- und Einwanderungsprozessen beeinflusst, und eine Gemeinde kann durch eine Wegwanderung junger Menschen oder junger Familie eine sehr rasche demographische Alterung erfahren. Während auf nationaler Ebene eine demographische Alterung oft positive soziale und wirtschaftliche Entwicklungen widerspiegelt, kann demographische Alterung auf lokaler Ebene das Gegenteil (abnehmende wirtschaftliche Attraktivität) anzeigen.

Im folgenden soll die Entwicklung in der Schweiz – und der drei Komponenten (Geburtenrückgang, höhere Lebenserwartung, Migration) – im 20. Jahrhundert kurz zusammengefasst werden.

Neben Frankreich und Belgien gehört die Schweiz zu denjenigen Ländern, die weltweit als erste einen Geburtenrückgang erfahren haben: Schon Ende des 19. Jh. begann die eheliche Fruchtbarkeit zu sinken, verursacht durch die Durchdringung der Bevölkerung mit bürgerlichen Rationalitäts- und Planungsvorstellungen dank allgemeiner Schulpflicht. Der erste Geburtenrückgang erfolgte vorerst in den städtischen und protestantischen Gebieten, aber er griff rasch auch auf mehr ländliche Regionen über (vgl. Calot 1998, Höpflinger 1986). In den 1920er und 1930er Jahren gehörte die Schweiz europaweit zu den geburtenärmsten Ländern, und schon Ende der 1930er Jahren wurde das Schreckgespenst einer aussterbenden und überalterten Schweiz hervorgehoben. Es wurde prognostiziert, dass die Schweiz – damals gut 4,2 Mio. Menschen stark – bis im Jahre 2000 nur noch 2,8 Mio. Menschen umfassen würde. Tatsächlich lag die Bevölkerungszahl der Schweiz im Jahr 2000 bei 7,2 Mio. Personen. Schreckensszenarien einer unausweichlichen demographischen Alterung der Schweiz wurden in den 1930er Jahren gezielt eingesetzt, um die Einführung einer staatlichen Altersvorsorge zu bekämpfen, und tatsächlich gelang die Einführung einer eidgenössischen Alters- und Hinterlassenenversicherung (AHV) erst 1948. *Demographische Kampfbilder gegen ein Rentensystem sind in der Schweiz somit älter als das Rentensystem selbst.*

Schon vor Kriegsende, aber vor allem in den Nachkriegsjahren kam es zu einem deutlichen Anstieg der Geburtenhäufigkeit (Baby-Boom). Wichtig ist allerdings, dass der „Baby-Boom" in der Schweiz nicht eine Rückkehr zu kinderreichen Familien widerspiegelte, sondern den Durchbruch der bürgerlichen Ehe und Kleinfamilie. Die Nach-

180

kriegszeit war eine Zeit, als das bürgerliche Ehemodell – mit dem Ernährermodell – sich unangefochten durchsetzen konnte (und dank ausgeprägter sozialer Durchmischung setzte sich das Modell der bürgerlichen Familie auch in Arbeiterkreisen rasch durch). Demographisch wurde der „Baby-Boom" nicht durch einen höheren Anteil an kinderreichen Familien ausgelöst, sondern primär durch die Tatsache, dass mehr Frauen als früher überhaupt Kinder hatten. Und der Anteil an kinderlosen Frauen – in früheren Jahrzehnten beträchtlich – sank auf historische Tiefstwerte (von unter 10 Prozent).

Da die Schweiz als unzerstörtes Land vom Wiederaufbau Europas enorm profitierte, kam es zu einer raschen Wohlstandssteigerung, die es jungen Menschen erlaubte, früher zu heiraten. Das intereuropäisch hohe Lohnniveau der Schweiz erleichterte zudem den Durchbruch des Ernährermodells, und in den 1950er und 1960er Jahren gehörte die Schweiz zu den Ländern mit sinkenden Frauenerwerbsquoten. Da sich in dieser Zeit viele Mütter aus dem Arbeitsmarkt zurückzogen und die wirtschaftlich rasch expandierende Schweiz – aufgrund des Geburtendefizits der 1920er und 1930er Jahre – zu wenig Arbeitskräfte besaß, kam es in der Nachkriegszeit zu einer enormen Einwanderung junger Arbeitskräfte. Ohne ins Detail zu gehen, ermöglichte diese Immigration der Schweiz nicht nur eine starke wirtschaftliche Wohlstandsvermehrung, sondern sie führte auch sozial und kulturell zu einer verstärkten Öffnung (und ohne Einwanderung wäre die Schweiz heute wirtschaftlich und kulturell wahrscheinlich ein Ödland). Demographisch hat die Einwanderung zu einer vermehrten Bevölkerungszunahme geführt, und ohne Einwanderungsprozesse würde die Wohnbevölkerung der Schweiz heute nur 5,4 Mio. Menschen betragen (vgl. Bundesamt für Statistik 2001). Gleichzeitig trug und trägt die Einwanderung zu einer deutlichen demographischen Verjüngung der Bevölkerung bei, auch wenn zunehmend mehr Migranten der ersten Generation das Rentenalter erreichen. Bedeutsam ist somit die Tatsache, dass die Schweiz dank Einwanderung gegenwärtig eine relativ wirtschaftsgünstige Altersstruktur der Bevölkerung aufweist. *Einwanderung wird auch zukünftig eine wichtige Komponente der schweizerischen Bevölkerungsentwicklung bleiben, und sie kann zumindest partiell – aber eben nur partiell – die demographische Altersstruktur beeinflussen* (vgl. Münz, Ulrich 2001).

Ab Ende der 1960er kam es – wie in anderen europäischen Ländern – erneut zu einem rasanten Geburtenrückgang, kombiniert mit einer Abkehr von traditionellen Ehe- und Familienvorstellungen. Seit 1972 weist die Schweiz ein Geburtenniveau auf, das tiefer liegt als zur demographischen Reproduktion notwendig wäre. Ausgeprägte Familienplanung, späte Familiengründung und wenig Kinder sind, gekoppelt mit zunehmend mehr nichtehelichen Lebensgemeinschaften und erhöhten Scheidungsraten, zentrale Elemente des sogenannten post-modernen zweiten demographischen Übergangs; ein Prozess, der langfristig zu einer rückläufigen Bevölkerungszahl führen wird. Obwohl alle hochentwickelten Länder analoge demographische und familiale Entwicklungen erfahren haben, gibt es in zwei Bereichen bedeutsame intereuropäische Unterschiede: Die Schweiz gehört einerseits zu den Ländern, in denen der Trend zu später Familiengründung stark ausgeprägt ist. Andererseits erfährt die Schweiz – ähnlich wie Deutschland – eine rasche Zunahme der Kinderlosigkeit, namentlich bei gut ausgebildeten Frauen. Ein Erklärungsfaktor sind die weiterhin ausgeprägten beruflich-familialen Unvereinbarkeiten in Deutschland und der Schweiz. In jedem Fall haben Länder mit besseren familienpolitischen Rahmenbedingungen (Frankreich, Österreich) oder einer besseren Vereinbarkeit von Familie- und Berufsleben

(Skandinavien) einen geringeren Anstieg der Kinderlosigkeit gut ausgebildeter Frauen erfahren.

Die Geburtenentwicklung beeinflusst die demographische Zukunftsentwicklung sachgemäß in entscheidendem Maße. In den letzten Jahrzehnten ergab sich allerdings eine Verstärkung der demographischen Alterung von oben: In Ländern, in denen die durchschnittliche Lebenserwartung die 70 Jahre übersteigt, wirkt sich die weitere Erhöhung der Lebenserwartung älterer Menschen in bedeutsamer Weise aus. Und auffallend ist dabei, dass viele Szenarien die Zunahme der Lebenserwartung älterer Menschen bisher systematisch unterschätzt haben. Von der Situation im Jahre 1976 ausgehend projektierte das Eidgenössische Statistische Amt (1977) für das Jahr 2000 bei Männern eine durchschnittliche Lebenserwartung von 72,1 Jahren. Tatsächlich betrug sie im Jahr 2000 schon 76,9 Jahre;. In ähnlicher Weise wurde auch die Lebenserwartung der Frauen für 2000 unterschätzt. Gemäß Projektion aus dem Jahre 1977 sollte sie bis 2000 auf 78,8 Jahre ansteigen wogegen sie sich tatsächlich auf 82,6 Jahre belief.

Tabelle 2 (Seite 184) illustriert die bisher beobachtete und erwartete Entwicklung der Lebenserwartung von Männern und Frauen in der Schweiz. Der erste Teil zeigt eine Querschnittsbetrachtung der durchschnittlichen Lebenserwartung; ein häufiger Indikator der Lebenserwartung. Dieser Indikator führt jedoch im Vergleich zu einer kohortenbezogenen Betrachtung oft zu einer systematischen Unterschätzung der Zunahme der Lebenserwartung. Der zweite Teil basiert auf einer – methodisch besseren – Kohortenperspektive, die tatsächliche bzw. prognostizierte Überlebensordnung konkreter Geburtsjahrgänge widerspiegelt. Die Angaben illustrieren einerseits, wie stark sich die allgemeine Lebenserwartung erhöht hat, wobei in den letzten Jahrzehnten auch die Menschen im Rentenalter von einer erhöhten Lebenserwartung zu profitieren vermögen (ein Trend, der sich höchstwahrscheinlich fortsetzen wird).

Tabelle 2: Zur Entwicklung der Lebenserwartung in der Schweiz

A) Durchschnittliche Lebenserwartung in der Querschnittsbetrachtung

| | Durchschnittliche Lebenserwartung: | | | |
| | Männer | | Frauen | |
	bei Geburt	im Alter von 65 J.	bei Geburt	im Alter von 65 J.
1876/1880	40,6	9,6	43,2	9,8
1889/1900	45,7	9,9	48,5	10,1
1920/1921	54,5	10,4	57,5	11,2
1939/1944	62,7	11,6	67,0	13,1
1958/1963	68,7	12,9	74,1	15,2
1978/1983	72,4	14,4	79,1	18,3
1999/2000	76,9	16,9	82,6	20,7
2015*	79,0	17,4	84,4	21,5
2030*	80,3	17,9	85,6	22,2
2060*	82,5	18,9	87,5	23,1
2060**	85,5	20,9	90,0	25,2

*gemäß Szenario „Trend" (A-00–2000)
**gemäß Szenario „Positive Dynamik" (B-00–2000)

B) Überlebensordnung ausgewählter Geburtsjahrgänge (Kohortenbetrachtung)

	Von 1000 Geborenen erreichen das x-te Altersjahr:					
	Männer			Frauen		
	70	80	90	70	80	90
Geburtsjahrgang:						
– 1880	335	154	25	416	230	48
– 1890	394	191	36	496	299	84
– 1900	427	220	49	559	383	134
– 1910	506	288	74	652	486	206
– 1920	575	357	111*	730	570	277*
– 1930	654	437*	156*	794	646*	346*
– 1940	711*	503*	203*	837*	702*	403*
– 1950	749*	556*	248*	871*	746*	449*
– 1960	781*	602*	290*	893*	777*	483*
– 1970	814*	645*	330*	909*	799*	509*
– 1980	839*	679*	364*	921*	815*	528*

* Fortschreibung kohortenspezifischer Überlebensordnungen
Quelle: Bundesamt für Statistik 2002, 1998.

Andererseits wird deutlich, wie stark sich die Wahrscheinlichkeit erhöht hat, auch ein hohes Alter von 90 Jahren und mehr zu erreichen. Wurden von den 1880 geborenen Frauen nur 5 Prozent 90 Jahre und älter, waren dies bei den 1910 geborenen Frauen schon gut 21 Prozent, und der Trend zur Hochaltrigkeit wird sich aller Voraussicht nach noch verstärken.

Die Schweiz ist – analog anderen Ländern – damit immer stärker mit einer doppelten demographischen Alterung konfrontiert: Einerseits erhöht sich der Anteil älterer Menschen als Folge des Geburtenrückgangs, andererseits steigen Zahl und Anteil betagter Menschen auch aufgrund einer erhöhten Lebenserwartung älterer Menschen an. In den letzten Jahrzehnten erhöhten sich insbesondere Zahl und Anteil betagter Menschen (80 Jahre und älter) deutlich, und auch zukünftig ist mit einer rasch ansteigenden Zahl betagter und hochbetagter Menschen zu rechnen.

Detailstudien weisen für die Schweiz darauf hin, dass allerdings nicht allein die Lebenserwartung an sich, sondern auch die behinderungsfreie Lebenserwartung eine Ausdehnung erfahren hat. Zwischen 1981/82 und 1997/99 erhöhten sich die behinderungsfreien Lebensjahre bei Frauen um gut 5 Jahre, während sich die Lebensjahre mit Behinderungen um 2 Jahre reduzierten. Bei den Männern erhöhten sich die behinderungsfreien Lebensjahre in der gleichen Periode um mehr als 4 Jahre, wogegen sich die behinderten Lebensjahre um ein halbes Jahr reduzierten. Eine zumindest relative Kompression schwerer Morbidität zeigt sich auch bei der älteren Bevölkerung, und die durchschnittliche Lebenserwartung ohne Behinderungen ist auch für die 65-jährige Bevölkerung angestiegen (vgl. Höpflinger 2003).

Für die demographische Altersverteilung der schweizerischen Bevölkerung der nächsten Jahrzehnte ist insgesamt ein Punkt sehr bedeutsam: *Die demographische Alterung wird sich vor allem aufgrund des Alterns geburtenstarker Jahrgänge, die selbst wenig Kinder zur Welt brachten, beschleunigen.* Und nach dem Ableben der Baby-Boomer[1] wird die demographische Alterung wieder sinken.

Unter dem Gesichtspunkt des Alterns geburtenstarker Jahrgänge ergeben sich drei unterschiedliche Phasen einer beschleunigten demographischen Alterung:

In einer ersten Phase kommt es zu einer deutlichen demographischen Alterung der Erwerbsbevölkerung; in dem Sinn, dass ab 2010 mehr 45- bis 64-jährige Arbeitskräfte als unter 45-jährige Arbeitskräfte gezählt werden. Diese Entwicklung wird den Arbeitsmarkt vor zentrale Anpassungsprobleme stellen (z. B. Neuregelung des Generatio-

nenmix in Unternehmen, Weiterbildung älterer Arbeitskräfte, Regulierung des Übergangs in die nachberufliche
Lebensphase). In jedem Fall wird sich der Strukturwandel
der Wirtschaft in Zukunft weniger stark über einen Generationenwechsel (= Eintritt junger Erwachsener ins Berufsleben) vollziehen können. Vielmehr wird der wirtschaftliche Wandel vermehrt von den Erwerbstätigen mittleren
und höheren Alters getragen werden müssen.

In einer zweiten Phase kommt es sachgemäß zu einer Verstärkung der Rentnerbevölkerung, was speziell bei umlage-
finanzierten Rentensystemen Anpassungen erfordert. Es ist
allerdings anzuführen, dass die schweizerische Altersvorsorge aufgrund ihres Mehr-Säulen-Prinzips demographisch
ausgeglichener ist als das deutsche Altersvorsorgesystem
(selbst wenn die letzten Jahre die Risiken kapitalgedeckter
Vorsorgesysteme klarer verdeutlicht haben).

In einer dritten Phase, wenn die Überlebenden der geburtenstarken Jahrgänge ein hohes Alter erreichen, kommt
es zu einer verstärkten – auch gesundheitspolitisch relevanten – Zunahme an pflegebedürftigen Betagten. Die
Nachkriegsgenerationen dürften zwar länger behinde-
rungsfrei bleiben als frühere Generationen, wobei auch die
Frage interessant ist, wie die Nachkriegsgenerationen – die
verinnerlicht haben, lebenslang aktiv und jugendlich zu
sein – das Alter akzeptieren (oder vergeblich bekämpfen).

Demographische Modellrechnungen verdeutlichen, dass
selbst eine moderate Reduktion der Pflegebedürftigkeit –
etwa aufgrund geriatrisch präventiver Programme (vgl.
Schmocker, Oggier, Stuck 2000) – den demographischen Effekt auf den Anstieg der Zahl pflegebedürftiger älterer
Menschen wesentlich abzuschwächen vermag. Bei reduzierten Pflegebedürftigkeitsquoten erreicht die Zahl älterer
pflegebedürftiger Menschen erst im Jahr 2020 jene Zahl,
die bei unveränderten Quoten schon im Jahre 2010 zu beobachten wäre. Auch bei hirnorganischen Störungen (De-

menz) kann allein eine Verzögerung der Krankheit um 1 Jahr die Zahl demenzkranker älterer Menschen in bedeutsamer Weise reduzieren (vgl. Höpflinger, Hugentobler 2003). *Wie bei der Kapitalakkumulation können auch bei der Gesundheitsförderung im Alter – gemäß dem Prinzip der „Zinses-Zins-Rechnung" – schon kleine Fortschritte langfristig enorme Auswirkungen auf die Entwicklung der Pflegeaufwendungen aufweisen.*

Eine alternative Betrachtungsweise: ein dynamischer Indikator der demographischen Alterung

Es fällt auf, dass bei nahezu allen Studien und Publikationen zur demographischen Alterung immer nur ein chronologischer Altersbegriff verwendet wird. Zur Gruppe der Altersbevölkerung werden Frauen und Männer ab dem 60. oder dem 65. Altersjahr zugeordnet. Die Messgrößen demographischer Alterung basieren auf einer fixen gerontologischen Altersgrenze, und zwar auf einer Altersgrenze, die frühere sozialpolitische Regelungen des Rentenzugangs widerspiegelt. Der chronologisch bestimmte Messindikator demographischer Alterung wird bis heute nahezu unreflektiert verwendet, obwohl alle neueren gerontologischen Forschungsergebnisse in eindrücklicher Weise belegen, wie wenig aussagekräftig das chronologische Alter (= Alter in Kalenderjahren) ist.

Ein zentrales Ergebnis der modernen Altersforschung besteht darin, dass das chronologische Alter eine höchst komplexe Variable darstellt. Das (chronologische) Alter ist eine Messgröße, die in den meisten Fällen zwar recht einfach zu erfassen ist, die jedoch unter konzeptuellen Gesichtspunkten alles andere als eindeutig ist. Alter (gemessen an der Differenz zwischen Geburtsdatum und Beobachtungsdatum) widerspiegelt in jedem Fall mehrere zentrale Aspekte:

Erstens ist der Indikator „Alter" gleichbedeutend mit der *Zugehörigkeit zu einem Geburtsjahrgang bzw. einer Geburtskohorte,* und die Analyse von kohortenspezifischen Veränderungen in der wirtschaftlichen und sozialen Lage sowie im psychischen und gesundheitlichen Befinden älterer Menschen ist ein zentrales Element gerontologischer und sozio-demographischer Analysen. Idealerweise wird angestrebt, die spezifischen Einflüsse von Alter, Kohortenzugehörigkeit und zeitgeschichtlichen Faktoren (Periodeneffekte) zu trennen (vgl. Donaldson, Horn 1992; Höpflinger 2001).

Zweitens ist Alter gleichbedeutend mit *Lebensdauer.* Lebensdauer ist vor allem zentral, wo irreversible oder kumulative biographische und gesundheitliche Prozesse bedeutsam werden. Eine längere Lebensdauer ist beispielsweise mit vielfältigen sozialen und psychischen Erfahrungen verknüpft, die selbst wenn sie nicht irreversibel sind, zu Differenzen zwischen Altersgruppen führen können.

Drittens ist Alter mehr oder weniger eng mit *lebenszyklischen Situationen* verbunden. Lebenszyklische Übergänge und lebenskritische Ereignisse erfolgen häufig in einem bestimmten Altersabschnitt. Schul- und Berufsausbildung sowie Familiengründung konzentrieren sich beispielsweise im frühen Erwachsenenalter, wogegen Pensionierung und der Beginn der nachelterlichen Phase sachgemäß in späteren Lebensjahren aktuell werden. Ebenso betreffen Verwitwung oder Pflegebedürftigkeit heute primär Menschen höheren Lebensalters.

Viertens ist Alter immer auch ein Indikator für *„Überleben" (Survival).* Dies ist namentlich für höhere Altersgruppen relevant, und zwar insofern als die Überlebenswahrscheinlichkeit sozial sehr selektiv ist (reiche, gut ausgebildete Personen leben länger als arme, wenig qualifizierte Personen; Frauen leben im allgemeinen länger als Männer, usw.). Die soziale Selektivität des Überlebens führt im Extremfall dazu, dass Personen unterschiedlichen Alters eine je unterschiedliche interne Homogenität und eine je unterschiedliche soziale Zusammensetzung aufweisen. So verschieben sich mit steigendem Alter die Geschlechterproportionen systematisch in Richtung eines zunehmend höheren Frauenanteils. Auch innerhalb beider Geschlechter führt selektive Mortalität zu Veränderungen der sozialen Zusammensetzung.

Fünftens ist speziell bei Hochbetagten zu berücksichtigen, dass hohes Alter auch eine Nähe zum Tod bedeutet. Diverse Studien deuten darauf hin, dass etwa die höchsten Gesundheitskosten am Schluss des Lebens anfallen, relativ unabhängig vom Alter (vgl. Zweifel, Felder 1996).

Das chronologische Alter ist somit gerade in der Altersforschung keine eindeutige Variable. Die Relativierung des (chronologischen) Alters als erklärende Variable wird durch das Konzept des differentiellen Alterns zusätzlich verstärkt. Gerade in modernen Gesellschaften ist auffallend, wie stark sich gleichaltrige Frauen und Männer in ihrem psychischen und gesundheitlichen Befinden unterscheiden.

Die üblichen Messzahlen der demographischen Alterung basieren somit auf einer gerontologisch problematischen (chronologischen) Altersgrenze. Eine solche fixe Altersgrenze wird auch von Demographen zunehmend als zu statisch kritisiert, da sie eine Alterung der Bevölkerung suggeriert, welche zumindest teilweise fiktiv ist. Schon in den 1970er Jahren hat der amerikanische Forscher Norman Ryder (1975) einen dynamischen Indikator der demographischen Alterung vorgeschlagen. Anstatt die Grenze bei 65 Jahren festzulegen, geht er von einer dynamischen Altersgrenze aus. Er schlägt vor, die Grenze dort zu ziehen, wo die restliche Lebenserwartung weniger als 10 Jahre beträgt. Dieser Vorschlag, der modernen Vorstellungen von funktionalem Altern eher entspricht, ist in der Folge nur von wenigen Forschern übernommen worden, und er blieb in öffentlichen Diskussionen nahezu unbeachtet.

In der Schweiz stieg nach üblicher statischer Definition demographischer Alterung (alt = älter als 65 Jahre) der Anteil der älteren Menschen zwischen 1900 und 2000 von 6 Prozent auf 15 Prozent, was das Altern der Bevölkerung eindrücklich zu demonstrieren scheint. Eine dynamische Definition der demographischen Alterung, die nur jene Frauen und Männer zur Altersbevölkerung zählt, die eine restliche Lebenserwartung von weniger als 10 Jahre aufweisen, vermittelt ein anderes Bild: Gemäß diesem Indikator stieg der Anteil älterer Menschen zwischen 1900 und 2000 nur von 5 Prozent auf 7 Prozent (was weitaus weniger dramatisch erscheint) (vgl. Tabelle 3). Auch die zukünftige demographische Alterung wird gemäß dem dynamischen Indikator weniger stark ansteigen als gemäß der klassischen Altersdefinition.

Es wird deutlich, dass ein dynamischer Indikator der demographischen Alterung, der die verlängerte Lebenserwartung berücksichtigt, Vorstellungen einer sich rasch alternden Gesellschaft relativiert.

Tabelle 3: Demographische Alterung gemäß statischer und dynamischer Betrachtungsweise

	Klassische Altersdefinition: Alter = 65 Jahre und älter	Dynamische Altersdefinition*
%-Anteil „Alte":		
1900	6 %	5 %
1950	10 %	6 %
2000	15 %	7 %
2020	20 %	9 %

* Residuelle Lebenserwartung von weniger als 10 Jahren
Quelle: eigene Berechnungen.

Ein dynamischer Indikator demographischer Alterung entspricht zudem eher gerontologischen Vorstellungen, die eine Gleichsetzung von chronologischem Alter und individuellem Altern verwerfen. Zudem entspricht ein dynamischer Indikator stärker soziologischen Beobachtungen einer sozio-kulturellen Verjüngung neuer Generationen älterer Menschen, und generell mehren sich die Hinweise, dass heutige Generationen älterer Menschen vielfach ein „jüngeres Verhalten" aufweisen als frühere Generationen (vgl. Höpflinger 2004). Viele Aktivitäten, die früher primär jüngeren Erwachsenen zugetraut wurden, werden heute durchaus von älteren Menschen ausgeübt: Aktiv sein und Reisen werden auch für Leute im Rentenalter empfohlen. Dasselbe gilt für eine regelmäßige sportliche Betätigung, wobei sich immer mehr ältere Menschen getrauen, Leistungssport zu betreiben. Sich im Alter modisch kleiden, früher als unangebracht verpönt, gehört heute fast zur Norm, und der Anteil 50- bis 80-jähriger Menschen, die sich nach eigenen Angaben „unauffällig kleiden", sank in der Schweiz zwischen 1991 und 2000 von 63 % auf 49 % (vgl. Ernest Dichter 2000).

Eine statische Altersgrenze zur Messung demographischer Alterungsprozesse ist nur angebracht, wo es um umlagefinanzierte Rentensysteme mit fixen Altersgrenzen handelt. Bei kapitalgedeckten Rentensystemen, aber auch bezüglich des Zusammenhangs zwischen demographischer Alterung und der Zunahme der Gesundheits- und Pflegeaufwendungen erscheint ein dynamischer Indikator als besserer Indikator, da – wie gesundheitsökonomische Studien nachweisen – der Zusammenhang zwischen Alter und Gesundheitskosten wenig mit dem Kalenderalter zu tun hat, sondern auf das Zusammenwirken der mit dem Alter zunehmenden Sterberate und hohen, relativ altersunabhängigen Sterbekosten zurückgeht. Da die Zahl jener, die in den letzten Lebensjahren stehen, nur langsam zunimmt, dürften sich Horrorszenarien, die als Folge rein der demographischen Entwicklung eine Explosion der Gesundheitsausgaben prognostizieren, als falsch erweisen (vgl. Zweifel, Felder 1996).

Schlussbemerkungen – drei Regeln demographischer Interpretationen

Die gesellschaftstheoretische und vor allem die gesellschaftspolitische Aufarbeitung demographischer Fragestellungen leidet häufig an ihrer Einbettung in kultur- und strukturpessimistische Traditionen: Rasch wachsende Bevölkerung, aber auch der gegenteilige Prozess einer schrumpfender Bevölkerung wurden und werden vielfach von vornherein negativ beurteilt. Ein- oder Auswanderung werden beide gleichermaßen als grundsätzlich problematische Prozesse betrachtet. Sowohl hohe Sterblichkeit als auch Hochaltrigkeit sind Anlass für pessimistische Zukunftsbetrachtungen. Was auch immer demographisch geschieht, scheint gesellschaftspolitisch zu sozialen Problemen bzw. zum gesellschaftlichen Niedergang zu führen. Ein wesentlicher Teil der Diskussion demographischer Trends ist seit Jahrzehnten von kulturpessimistischen Vorstellungen durchdrungen. Am deutlichsten wird dies bei der Diskussion der demographischen Alterung, wo basierend auf einer chronologisch fixen Altersdefinition negative Zukunftsszenarien betont werden. Als ideal erscheint implizit oft nur eine stationäre Bevölkerung, das heißt eine Situation, wo sich demographisch nichts bewegt.

Eine indirekte Folge pessimistisch geprägter Vorstellungen ist häufig eine Überschätzung der direkten gesellschaftlichen Folgen demographischer Trends und die Vernachlässigung komplexer indirekter Wechselwirkungen zwischen demographischen und gesellschaftlichen Wandlungsprozessen. Bei einer differenzierten Analyse und Diskussion der Beziehungen zwischen demographischen Trends und gesellschaftlichem Wandel sollte faktisch immer von drei allgemeinen Regeln ausgegangen werden:

1) Bei den Beziehungen zwischen demographischen Veränderungen und gesellschaftlichen, wirtschaftlichen und kulturellen Veränderungen handelt es sich immer um langfristig angelegte Wechselwirkungen.

2) Demographische Größen haben zumeist nur in Kombination und Interaktion mit gesellschaftlichen Rahmenbedingungen einen Einfluss auf soziale, wirtschaftliche und kulturelle Faktoren. Es ist primär von interaktiven Effekten auszugehen.

3) Die kurz-, mittel- und langfristigen Folgen demographischer Veränderungen auf gesellschaftliche Strukturen sind unterschiedlich, und sie weisen möglicherweise gegensätzliche Vorzeichen auf. Dasselbe gilt auch für die Folgen gesellschaftlicher Faktoren auf demographische Trends.

Anmerkung

[1] In der Schweiz gab es historisch zwei Geburtenspitzen, und entsprechend zwei unterschiedliche ‚Baby-Booms': Der erste Geburtenanstieg erfolgte in der Schweiz – im Unterschied zu kriegsversehrten Ländern – schon 1943. 1943–1950 lagen die Geburtenraten bei 2,4 und mehr. 1951–1956 waren die Geburtenraten leicht niedriger, um 1957 bis 1966 wieder 2,4 bis 2,6 zu erreichen. Damit waren einerseits die Jahrgänge 1943–1950 besonders geburtenstark (Kriegs- und Nachkriegs-Baby-Boomer), aber dies gilt auch für die Jahrgänge 1957–1966 (Wohlstands-Baby-Boomer).

Literatur

Bundesamt für Statistik: Kohortensterbetafeln für die Schweiz. Geburtsjahrgänge 1880–1980. Bern 1998.

Bundesamt für Statistik: Einwanderung in die Schweiz. Demographische Situation und Auswirkungen. Neuchâtel: BFS, 2001.

Bundesamt für Statistik: Szenarien zur Bevölkerungsentwicklung der Schweiz 2000–2060. Vollständiger Szenariensatz. Neuchâtel: BFS, 2002.

Calot, Gérard: Deux siècles d'histoire démographique suisse. Bern: BFS, 1998 (mit CD-Rom).

Donaldson, Gary / Horn, John L.: Age, Cohort, and Time Developmental Muddles: Easy in Practice, Hard in Theory. In: Experimental Aging Research 18 (1992) 4, S. 213–222.

Eidgenössisches Statistisches Amt: Bevölkerungsprojektionen für die Schweiz 1976–2006. Bern: ESTA, 1977.

Ernest Dichter SA, Institut für Motiv- und Marktforschung: Senioren 2000. Eine neue Generation auf dem Weg zur Selbstverwirklichung. Zürich: Ernest Dichter SA, 2000.

Höpflinger, François: Bevölkerungswandel in der Schweiz. Zur Entwicklung von Heiraten, Geburten, Wanderungen und Sterblichkeit. Grüsch: Rüegger, 1986.

Höpflinger, François: Bevölkerungssoziologie. Eine Einführung in bevölkerungssoziologische Ansätze und demographische Prozesse. Weinheim: Juventa, 1997.

Höpflinger, François: Alter, Kohorte und Periode. Grundsätze und Problematik einer Kohortenanalyse (www.mypage.bluewin.ch/ hoepf/fhtop/ fhmethod1e.html) (Okt. 2001).

Höpflinger, François: Gesunde und autonome Lebensjahre. Zur Entwicklung der behinderungsfreien Lebenserwartung. In: Pasqualina Perrig-Chiello / François Höpflinger (Hrsg.): Gesundheitsbiographien. Variationen und Hintergründe. Bern: Huber, 2003, S. 59–74.

Höpflinger, François: Traditionelles und neues Wohnen im Alter. Zürich: Seismo, 2004.

Höpflinger, François / Hugentobler, Valérie: Pflegebedürftigkeit in der Schweiz. Prognosen und Szenarien für das 21. Jahrhundert. Bern: Huber, 2003 (^{2}2004).

Höpflinger, François / Stuckelberger, Astrid: Demographische Alterung und individuelles Altern. Zürich: Seismo, 1999 (^{2}2000).

Münz, Rainer / Ulrich, Ralf: Alterung und Wanderung: Alternative Projektionen der Bevölkerungsentwicklung der Schweiz. Zürich: Avenir-Suisse, 2001.

Perrenoud, Alfred: L'inégalité sociale devant la mort à Genève au XVII siècle. In: Population 30 (1975), S. 221–243.

Ryder, Norman B.: Notes on Stationary Populations, In: Population Index 41 (1975), S. 3–28.

Schmocker, Heidi / Oggier, Willy / Stuck, Andreas (Hrsg.): Gesundheitsförderung im Alter durch präventive Hausbesuche. Muri: Schweizerische Gesellschaft für Gesundheitspolitik, 2000.

Zweifel, Peter / Felder, Stefan (Hrsg.): Eine ökonomische Analyse des Alterungsprozesses. Bern: Haupt, 1996.

Demographische Entwicklung in Österreich und Gesundheitsplanung

Michaela Moritz

Die demographische Entwicklung in Österreich zeigt die in Europa üblichen Kennzeichen:

Lebenserwartung

Derzeit liegt die durchschnittliche Lebenserwartung für einen heute geborenen Jungen bei 76 Jahren und für ein Mädchen bei 82 Jahren. Ein heute 60-jähriger Mann kann durchschnittlich mit weiteren 20 Jahren und eine Frau mit weiteren 24 Lebensjahren rechnen. Die Lebenserwartung steigt alle fünf Jahre um ein weiteres Jahr.

Österreich liegt bei der Lebenserwartung in der Europäischen Union hinter Schweden, Italien und Frankreich gemeinsam mit Spanien an vierter Stelle.

Bevölkerungsentwicklung

Die langfristige Entwicklung bis 2050 (Abbildung 1) zeigt eine in etwa gleiche Bevölkerungszahl von ca. 8,1 Mio. 2001 und 2050, dazwischen gibt es einen leichten Anstieg auf ca. 8,3 Mio. bis 2030. Der Anteil der unter 15-Jährigen sinkt von 16,8 Prozent 2001 auf 12,2 Prozent 2050, die Arbeitsbevölkerung sinkt von 62 auf 51,8 Prozent und die über 60-Jährigen steigen von 21,2 auf 36 Prozent.

Tabelle 1: Entwicklung der Lebenserwartung 1961–2001 in Österreich

Lebenserwartung					
	1961	1971	1981	1991	2001
Männer					
Im Alter von 0 Jahren (bei der Geburt)	66,47	66,64	69,28	72,41	75,91
Im Alter von 15 Jahren	54,74	54,28	55,69	58,26	61,51
Im Alter von 60 Jahren	15,53	15,20	16,36	18,03	20,42
Frauen					
Im Alter von 0 Jahren (bei der Geburt)	72,84	73,67	76,41	79,05	81,68
Im Alter von 15 Jahren	60,52	60,77	62,51	64,77	67,14
Im Alter von 60 Jahren	18,99	18,99	20,40	22,21	24,25

Quelle: Statistik Austria

Tabelle 2: Einwohner nach Altersgruppen 2001 und 2031 in Österreich

	absolut		*in %*	
	2001	*2031*	*2001*	*2031*
Unter 15	1.353.512	1.104.837	16,8	13,1
15 bis 64	5.437.933	5.197.681	67,7	61,8
65 bis 74	659.985	1.123.890	8,2	13,4
75 bis 84	441.754	691.137	5,5	8,2
85 und älter	141.622	298.433	1,8	3,5
Insgesamt	8.034.806	8.415.978	100,0	100,0

Abbildung 1: Einwohner in Österreich nach breiten Altersgruppen 2001–2050

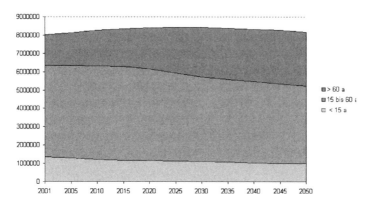

Abbildung 2: Einwohner Österreichs nach ausgewählten Altersgruppen 2001–2031 indiziert

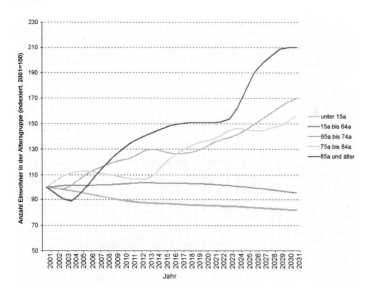

In der mittelfristigen Spanne bis 2030 ist die verhältnismäßig geringe Abnahme der unter 15-Jährigen, der Rückgang der erwerbsfähigen Bevölkerung und die Zunahme des Anteils der alten und hochaltrigen Bevölkerung zu erkennen (Abbildung 2, Tabelle 2).

Das Konzept der starren Altersgrenzen (Bevölkerung über 60, über 65 Jahre), mit denen über Jahrzehnte hinweg die Gruppe „ältere Menschen" gleich definiert wurde bzw. noch wird, steht zunehmend unter Kritik[1]. Der demographische Versuch von Ryder, das Konzept statischer Altersgrenzen zu durchbrechen, zeigt für Österreich Abbildung 3.

„Alter" begann in Österreich für einen Mann im späten 19. Jahrhundert im Durchschnitt bei 65, für eine Frau bei 66 Jahren. Heute liegen diese Schwellenwerte bei 74 Jahren für Männer und bei 78 Jahren für Frauen. Bei dem in den Prognosen (mittlerer Variante) unterstellten Sterblichkeitsrückgang steigen die entsprechenden Werte bis zum Jahr 2050 für beide Geschlechter um weitere vier Jahre (Männer: 78 Jahre; Frauen: 82 Jahre).

Die „Dynamisierung" der Altersgrenze hat erhebliche Konsequenzen für die demographische Analyse des Alterungsprozesses (Abbildung 3). Denn auf diese Weise lässt sich zeigen: In Österreich ist der so definierte Anteil „älterer" Menschen aufgrund der gestiegenen Lebenserwartung mit derzeit rund 6 Prozent keineswegs höher als vor 100 Jahren. Im gleichen Zeitraum erhöhte sich der Anteil der Bevölkerung über 65 Jahre von 5 Prozent auf 15 Prozent. Blickt man in die Zukunft, so wird Österreich allerdings in jedem Fall demographisch altern. Denn im Jahr 2050 werden mit über 12 Prozent doppelt so viele Menschen wie heute jenen Altersgruppen angehören, deren fernere Lebenserwartung weniger als 10 Jahre beträgt. Der Anteil der über 65-jährigen Bevölkerung wird bis dahin bereits auf 28 Prozent gestiegen sein. Allerdings entkommt man auch hier der grundsätzlichen Problematik historischer

Abbildung 3: Demographisches Altern im Vergleich zwischen „starrem" und „dynamischem" Indikator: Österreich 1869 bis 1998, Prognosen bis 2050 (mittlere Variante)

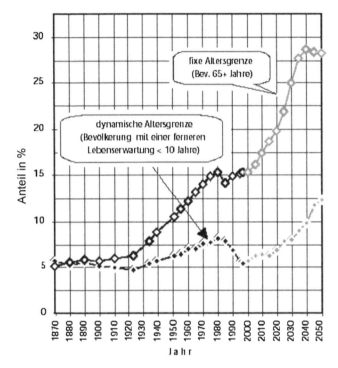

Quellen: Bericht zur Lebenssituation älterer Menschen; eigene Berechnungen auf Basis der Sterbetafeln der österr. Bevölkerung, der Daten der Volkszählungen und der Bevölkerungsfortschreibung sowie der Bevölkerungsvorausschätzung 1998–2050 (mittlere Variante) des ÖSTAT

Langzeitvergleiche nicht völlig. Denn die durchschnittliche Zahl gesundheitlich belasteter Lebensjahre in der letzten Phase des Lebens wird sich in Zukunft möglicherweise ebenfalls verringern.

Expansion versus Kompression der Morbidität

Die höhere Lebenserwartung älterer Menschen ist nur bis zu einem gewissen Grad ein Indikator für die Verbesserung der gesundheitlichen Situation im Alter. Die Diskussion geht nun darum, ob es sich dabei auch um eine längere Erhaltung eines guten Gesundheitszustandes oder um ein Hinausschieben des Todeszeitpunktes bei chronisch kranken und entsprechend beeinträchtigten Menschen handelt.

Die optimistische Sichtweise der Kompression der Krankheiten ortet die Beeinträchtigungen und Behinderungen erst in hohem Alter in massiver Form. Die pessimistische Sichtweise sieht in der Verlängerung der Lebensdauer eher ein „Hinausschieben" des Todeszeitpunktes bei chronisch kranken und funktional beeinträchtigten alten Menschen, also eine Expansion der Morbidität.

In Österreich zeigt sich anhand von subjektiven Einschätzungen – andere Daten stehen nicht zur Verfügung[2] –, die als guter Indikator für Lebensqualität und Lebenserwartung eingeschätzt werden, dass von 1978–1998 der Anteil der älteren Menschen, die ihren Gesundheitszustand als „schlecht" oder „sehr schlecht" einschätzen, deutlich geringer wurde.

„Es zeigt sich, dass in den vergangenen zwanzig Jahren (1978 bis 1998) der Anteil jener älteren Menschen, die ihren Gesundheitszustand als ‚schlecht' oder ‚sehr schlecht' einschätzen, deutlich geringer wurde. Dies trifft für die ‚jungen' Alten ebenso zu wie für die Hochbetagten und gilt für Männer und Frauen in gleicher Weise (Abbildung 4). So beurteilten 1978 rund 17 Prozent der 65- bis 69-jährigen Männer und 18 Prozent der gleichaltrigen Frauen ihren Gesundheitszustand mit ‚schlecht' oder ‚sehr schlecht'. Bis 1998 hatte sich dieser Wert bei Männern und Frauen mehr als halbiert (auf 8 Prozent). Unter den 80- bis 84-Jährigen empfanden laut Mikrozensus 1998 lediglich 16 Pro-

*Abbildung 4: Anteil der Personen in Österreich, die ihren Ge-
sundheitszustand mit „schlecht" oder „sehr schlecht" beurteilen;
ältere Menschen in privaten Haushalten 1978, 1983, 1991 und 1998*

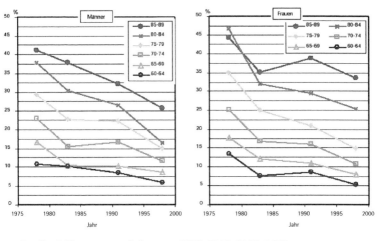

Quelle: Mikrozensuserhebungen 1978, 1983, 1991, 1998;
eigene Berechnungen

zent der Männer und 25 Prozent der Frauen ihren Gesundheitszustand als schlecht. Zwanzig Jahre vorher war diese
negative Beurteilung der eigenen Gesundheit noch doppelt
so häufig zu finden. Selbst bei den Hochbetagten 85- bis
89-Jährigen kam es zu einer Verbesserung des subjektiv
empfundenen Gesundheitszustands, vor allem bei Männern."[3]

Es erhöhte sich also nicht nur die Lebenserwartung älterer Menschen in den letzten Jahrzehnten (Tabelle 1), sondern auch der subjektiv empfundene Gesundheitszustand.
Zumindest diese Ergebnisse unterstützen die These von
der Kompression der Morbidität.

Planungen für die demographische Entwicklung

Der Österreichische Krankenanstalten- und Großgeräteplan 2003 (ÖKAP/GGP 2003)[4], der noch bis Ende 2005 Gültigkeit hat, weist in der Planung der Akutkrankenanstalten eine deutliche Berücksichtigung auch der demographischen Entwicklung auf: Der Abbau von ca. 1.800 Betten innerhalb der internen Medizin soll dem Aufbau von 2.100 Betten für Akutgeriatrie/Remobilisation bis Ende 2005, bzw. 3.500 Betten bis 2010 zugute kommen. Dazu kommt der zusätzliche Aufbau von 800 neurologischen Betten mit einer Reihe von Stroke-Units. Ebenso ist der Aufbau von Strukturen für Palliativmedizin und der Ausbau der Orthopädie vorgesehen. Der Abbau von ca. 700 gynäkologisch-geburtshilflichen Betten und von über 400 Kinder- und Jugendheilkundebetten hängt selbstverständlich ebenfalls mit der demographischen Entwicklung zusammen.

Da das österreichische Versorgungssystem eine strikte Trennung hinsichtlich Verantwortung, Organisation und Finanzierung des stationären Akutversorgungsbereichs und des Pflegebereichs vorsieht, hat es bisher auch keine gemeinsame Betrachtung der Versorgung und keine integrierte Planung gegeben.

Im stationären Akutbereich werden die Planungen einvernehmlich zwischen Bund und Ländern vereinbart. Die Finanzierung erfolgt durch Sozialversicherung, Länder und Bund, über Fallpauschalen in länderweise unterschiedlicher Ausprägung und über eine geringe Selbstbeteiligung.

Dienste und Einrichtungen der Alten- und Langzeitbetreuung finanzieren sich durch Eigenbeteiligung (bis zu 80 Prozent des Nettoeinkommens, 13. und 14. Monatsbezug müssen den Klienten verbleiben), Pflegegeld, Vermögen und Sozialhilfe unterschiedlich je Bundesland.

Die Verantwortung für Rehabilitation liegt bei den Sozialversicherungsträgern, sie haben ausreichende Rehabilitationskapazitäten für alle Indikationen zur Verfügung zu stellen (hier vor allem z. B. orthopädische Rehabilitation, Neurorehabilitation). Die Planung in diesem Bereich erfolgt durch die Sozialversicherung. Aktuelles Ziel ist der Ausbau der ambulanten Rehabilitation.

Integrativer Planungsansatz – der Österreichische Strukturplan Gesundheit 2005 (ÖSG 2005)[5]

Deutlich formuliert die Vereinbarung gemäß Artikel 15a Bundesverfassungsgesetz über die Organisation und Finanzierung des Gesundheitswesens 2005–2008 die Vorgabe einer integrativen Sicht: Sie fordert bereits in der Präambel „eine integrierte, aufeinander abgestimmte Planung und Steuerung aller Bereiche im Gesundheitswesen" und eine Verbesserung „des Nahtstellenmanagements zwischen den Gesundheitsversorgungseinrichtungen".

Planung wird in der gesamten Vereinbarung nur mehr als „integrative Planung" verstanden. Im Artikel 4 wird der „Österreichische Strukturplan Gesundheit" als Grundlage für die integrative Planung vorgesehen, die bis 31.12.2005 einvernehmlich festzulegen und verbindlich zu machen ist.

Die Konzeption des ÖSG 2005

Der Entwurf zum ÖSG 2005 ist als Leistungsangebotsplan mit Planungshorizont 2010 konzipiert. Er ist ein regionaler Rahmenplan für Versorgungsregionen und Versorgungszonen. Er setzt bereits an einer integrativen regionalen Versorgungsplanung an, obwohl er im Moment noch nicht alle ihre Anforderungen erfüllen kann.

Vom bisherigen ÖKAP/GGP unterscheidet er sich vor allem in folgenden Punkten:

205

- Die bisherige Darstellung von einzelnen Krankenanstalten wird umgestellt auf die Darstellung von 32 Versorgungsregionen und vier Versorgungszonen.
- Richtwerte zur Anzahl stationärer Fälle im Jahr 2010 pro MHG (Medizinische Einzelleistungs-/Hauptdiagnosengruppe) pro Versorgungsregion oder Versorgungszone mit einem Toleranzbereich von jeweils +/– 25 % vom Bundesdurchschnitt ersetzen die bisherigen Bettenobergrenzen. Es gibt ca. 450 MHG.
- Festlegung von Strukturqualitätskriterien für einzelne MHG. Vorgaben zu jährlichen Mindestfrequenzen pro Leistungserbringer oder Standort sowie zur Erreichbarkeit pro MHG, wo dies wichtige Kriterien sind.
- Darstellung der Versorgungsdichte in den Bereichen ambulante ärztliche Versorgung, Rehabilitation, Alten- und Langzeitversorgung momentan jeweils im Ist-Stand, sowie von Kriterien des Schnittstellenmanagements.

Kein Großgeräteplan mehr

Medizinisch-technische Großgeräte werden nicht mehr pro Standort geplant. Die Planungsaussagen beschränken sich auf allgemeine Planungsgrundlagen und gerätetechnische Beschreibungen. Vorgaben, für welche MHG ein Großgerät erforderlich ist, sind enthalten.

Geltung des ÖSG

Die Festlegungen des ÖSG sollen für gemeinnützige Krankenanstalten ebenso wie für Unfallkrankenhäuser und Sanatorien Geltung erlangen.

Evaluation und Weiterführung

Die Methoden zur Bedarfsschätzung und die Strukturqualitätskriterien wurden mit am ÖBIG eingerichteten ärztlichen Expertengremien erarbeitet. Bund, Länder und Sozialversicherung wurden laufend über die Arbeitsweise und Zwischenergebnisse informiert.

Selbstverständlich müssen Zielvorstellungen und Strukturqualitätskriterien ständig überprüft und gegebenenfalls korrigiert werden.

Die Planungsaussagen müssen in den komplementären Versorgungsbereichen teilweise noch ergänzt und hinsichtlich ihrer tatsächlichen Umsetzung insgesamt laufend überprüft werden.

Das bedeutet, laufende Evaluation, Revision und Weiterentwicklung sind im Sinne einer integrativen Planung absolut notwendig.

Sektorenübergreifende Sichtweise

Vorläufig sind Richtlinien zu Strukturqualitätskriterien fast nur für den akutstationären Bereich definiert. Da der ÖSG im Sinne einer integrativen Versorgungsplanung für alle Ebenen und Teilbereiche der Gesundheitsversorgung weiterentwickelt werden soll, wie dies auch die 15a-Vereinbarung vorgibt, müssen Schritt für Schritt auch Strukturqualitätskriterien für Versorgungsbereiche außerhalb der Akutkrankenanstalten in den ÖSG 2005 integriert werden.

Dies betrifft vor allem Qualitätsstandards
– für die ambulante ärztliche Versorgung,
– für die stationäre und die ambulante Rehabilitation
– und für die Alten- und Pflegeheime.
Kriterien für das Nahtstellenmanagement zwischen den einzelnen Ebenen, Bereichen und Einrichtungen sind ebenfalls vorgesehen und sollen noch im Jahr 2005 ergänzt werden.

Integrierte Versorgungsplanung

Die Vereinbarung gemäß Artikel 15a BVG sieht, wie bereits erwähnt, die Entwicklung in Richtung einer integrativen regionalen Versorgungsplanung vor. Eine solche Planung umfasst grundsätzlich alle Ebenen und Teilbereiche der Gesundheitsversorgung und deren Beziehungen untereinander. Die Planungen sollen regional aufeinander abgestimmt sein und auch die Schnittstellen sollen berücksichtigt werden.

Eine solche integrierte Planung soll ferner ein Beitrag dazu sein, das Versorgungsangebot gesamthaft und systemisch der demographischen Entwicklung anzupassen.

Abbildung 5: Elemente eines integrativen Versorgungssystems und Nahstellenmanagement

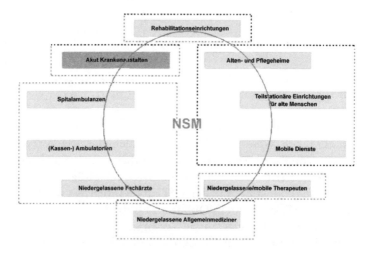

Anmerkungen

[1] *Bundesministerim für soziale Sicherheit und Generationen:* Bericht zur Lebenssituation älterer Menschen. Wien 2003, S. 41.

[2] *Bundesministerium für soziale Sicherheit und Generationen:* Bericht zur Lebenssituation älterer Menschen. Wien 2003, S. 308.

[3] *Bundesministerium für soziale Sicherheit und Generationen:* Bericht zur Lebenssituation älterer Menschen. Wien 2003, S. 307.

[4] *ÖBIG im Auftrag des Strukturfonds:* ÖKAP/GGP 2003 (Österreichischer Krankenanstalten- und Großgeräteplan 2003). Wien 2003.

[5] ÖSG 2005 (Österreichischer Strukturplan Gesundheit 2005). Wien 2004 (unveröffentlichter Entwurf).

Anmerkungen zur amerikanischen Demographie-Debatte

Elisabeth Niejahr

Die Arbeit an einem Buchprojekt zum demographischen Wandel sowie ein Stipendium des German Marshall Fund brachten mich im Frühjahr 2003 für vier Wochen in verschiedene Regionen der Vereinigten Staaten. Ich wollte bei Think Tanks und in Selbsthilfegruppen, in Ministerien, Marketing-Abteilungen und in den Rentner-Kolonien von Florida und Arizona recherchieren, ob die Deutschen etwas von der amerikanischen Demographie-Diskussion lernen können.

Allzu viel versprach ich mir nicht davon – schließlich ist auf den ersten Blick die Bevölkerungsentwicklung der Vereinigten Staaten recht günstig. Zwar altert die Bevölkerung ähnlich wie hierzulande, aber die Geburtenraten sind günstiger, hinzu kommen die Effekte der Zuwanderung. Warum sollte da allzu viel unternommen werden?

Ich kehrte eines Besseren belehrt nach Deutschland zurück. Die Themen Demographie, die Alten und das Alter sind Gegenstand intensivster öffentlicher Debatten, verschiedener Bestseller und spielten auch im amerikanischen Wahlkampf eine große Rolle. Vor allem die Generation der Babyboomer, die kurz nach dem Ende des Zweiten Weltkriegs geboren wurde und zu deren prominentesten Vertretern Bill und Hillary Clinton, Stephen Spielberg oder Meryl Streep gehören, hat das Thema auf die Agenda gesetzt. Es ist die Generation, die demnächst in Rente geht – und sich plötzlich gegen den Jugendwahn in den Medien sträubt, über Altersdiskriminierung im Berufsleben klagt und die sich Sorgen macht um die soziale Sicherung der kommenden Jahrzehnte.

Aus der Fülle möglicher Themen greife ich hier vier heraus, die mir interessant für die hiesige Debatte erscheinen.

1. Warum es ausgerechnet im Land des Jugendwahns mitunter leichter ist, alt zu werden

In den Vereinigten Staaten heißt es, Babyboomer seien die Leute, die erst ihren Eltern auf die Nerven gingen und demnächst eine Plage für ihre Kinder werden. Demnächst – das ist der Zeitraum, in dem diese Generation allmählich in Rente geht. Nach den offiziellen Statistiken der amerikanischen Regierung wird es bis zum Jahr 2035 ungefähr 70 Millionen Menschen in den USA geben, die älter als 65 sind. Das sind etwa dreißig Prozent mehr als heute, ein wenig mehr als die Einwohnerzahl der alten Bundesrepublik.

Man könnte auf die Idee kommen, dass die Vereinigten Staaten kein guter Ort zum Altwerden sind. Es ist das Land von Jugendkultur und Jugendwahn, aus Amerika kommen Anti-Aging-Kuren, der Faltenkiller Botox und viele Neuheiten der Schönheitschirurgie. Doch die jüngeren Alten aus der Generation der Clintons haben ihren deutschen Altersgenossen zweierlei voraus. Erstens: die Masse, in der sie auftreten. Die Babyboomer sind die mit großem Abstand stärkste Generation der amerikanischen Geschichte. Diese Masse, verbunden mit dem relativ großen Wohlstand dieser Generation, hat sich längst stärker als in Deutschland auf die Welt der Werbung, der Medien und des Konsums ausgewirkt. Die Produktmanager, die Modellagenturen, die Zeitungsmacher und die Drehbuchschreiber haben die finanzkräftige Zielgruppe schon etwas länger im Blick. So ist zwar einerseits der Jugendkult sehr ausgeprägt, aber gleichzeitig findet längst eine Gegenbewegung statt: Auf den großen Litfasssäulen in New York plakatierte die Textilkette GAP Modells mit grauen Haaren und Falten, lange bevor Vergleichbares in Deutschland zu sehen war. Auflagenstarke Magazine veröffentlichen Titelgeschichten über die Tücken der Menopause. Und im Blockbuster *Was das Herz begehrt*, einem der großen Kinoerfolge des Jahres 2004, lässt ein von Jack Nicholson gespielter alternder Playboy seine attraktiven jungen Freundinnen am Ende zugunsten einer gleichaltrigen, von Diane Keaton gespielten Drehbuchautorin hinter sich. Die Babyboomer erobern sich ihr Terrain zurück.

Der zweite große Vorteil der amerikanischen Jahrgänge zwischen Mitte fünfzig und Mitte sechzig manifestiert sich in dem Etikett „Babyboomer". An diesen Begriff sind die geburtenstarken Jahrgänge gewöhnt. Er wurde schon verwendet, als die betroffene Altersgruppe Plateausohlen erprobte und in Woodstock feierte. Die gemeinsame Identität wurde durch die gesellschaftlichen Aufbrüche der Siebziger geprägt – selbst bei denen, die dagegen waren. Man schämt sich nicht dafür, „Babyboomer" zu sein – und das macht es leichter, gemeinsame Interessen zu artikulieren.

In Deutschland fehlt genau diese gemeinsame Identität. Trotz aller öffentlichen Debatten – das Thema „Alter" ist immer noch ein Tabuthema, insofern jedenfalls, als sich selten jemand persönlich angesprochen fühlt. Man kennt das: Nach dem Alter von anderen fragt man nicht, beim eigenen Alter wird gern geschummelt. Alt sind immer nur die anderen. Jeder will alt werden, niemand will alt sein.

So gibt es in Deutschland zwar eine große Gruppe, die momentan ihr Lebensgefühl und auch ihr öffentliches Auftreten (Wie kurz dürfen die Röcke von 60-Jährigen sein? Ist es peinlich oder dynamisch, wenn eine 55-Jährige mit ihrer Tochter in die Disco geht?) neu justiert. Doch hierzulande begann der Geburtenboom erst später, die „68er" sind nicht die geburtenstarken Jahrgänge, und zudem steht das Etikett nicht nur für eine Altersgruppe, sondern auch für ein politisches Profil. Also hantieren die Werber unbeholfen mit Begriffen wie „Best Agers", „Master Consumers", „Whoopies" (Well Off Old People) sowie „Kukidents". Begriffe wie „Alte" und „Senioren" werden zu Recht für abschreckend gehalten, Ersatz gibt es noch nicht. Wer nennt sich schon gerne „Kukident"? Es fehlt eine gemeinsame Identität. Auch daran liegt es, dass in Deutschland die Alten immer nur die anderen sind.

2. „Eldercare" – Anregungen für die deutsche Pflegediskussion

Unsere Vorstellungen davon, wie alte Menschen ihre letzten Monate und Wochen verbringen sollen, stammen aus der Zeit von Großfamilien mit vielen Gesichtern und Enkeln, die am gleichen Ort leben. Noch werden mehr als 80 Prozent aller Pflegebedürftigen zu Hause betreut, in steigendem Umfang von professionellen Pflegekräften, aber oft werden sie auch von weiblichen Angehörigen zwischen 45 und 70 versorgt. Bei älteren Männern kümmert sich meist die Ehefrau, bei alten Frauen die nicht berufstätige Tochter oder Schwiegertochter.

Die nächste Generation von Pflegebedürftigen braucht vermutlich andere Modelle. Immer mehr erwachsene Kinder leben nicht am gleichen Ort wie ihre Eltern. Immer mehr Töchter und Schwiegertöchter haben Jobs, die nicht ohne weiteres aufwendige Pflege von Angehörigen möglich machen. Ihnen ist auch kaum damit geholfen, dass die Pflegeversicherung etwas mehr zahlt als bisher. Eine Managerin mit Sechzig-Stunden-Woche, die ihren Vater pflegen will, braucht nicht in erster Linie Geld, sondern einen kooperativen Arbeitgeber.

Hier lässt sich viel von den Vereinigten Staaten lernen. Die meisten renommierten Großkonzerne, etwa IBM oder Hewlett-Packard bieten Auszeiten für „eldercare" an. Der Autokonzern Ford oder der Telekommunikationsriese AT & T organisieren für Mitarbeiter mit pflegebedürftigen Angehörigen eine kostenlose Beratung durch Fachleute. Unterstützung bei Pflegeproblemen gilt als Maßnahme, um qualifizierte Mitarbeiter zu binden. In den Vereinigten Staaten ist das Problembewusstsein unter anderem deswegen größer, weil die räumlichen Entfernungen zwischen Eltern und Kindern häufig größer sind: Wer mit Kindern im Schulalter an der Westküste lebt und sich um hilfebedürftige Eltern an der Ostküste kümmern muss, ist schnell in einer heiklen Situation. In den Vereinigten Staaten ist, auch wegen der doppelten finanziellen Belastung, oft die Rede von der „Sandwich-Generation".

3. Gesünder altern – zu den Adressaten der US-Babyboomer

Der medizinische Fortschritt wird vermutlich dafür sorgen, dass wir deutlich länger als unsere Vorfahren leben. Aber niemand weiß, ob uns das glücklich macht. Altersforscher meinen deshalb gelegentlich, es sei wichtiger, den Jahren mehr Leben zu geben, als dem Leben mehr Jahre. „Die meisten von uns werden lange leben, aber die Hälfte wird es hassen", warnt deshalb Ken Dychtwald, der eine Beratungsfirma mit dem Titel „Age Wave" leitet und sich häufig in der amerikanischen Altersdebatte zu Wort meldet.

Wie qualvoll unsere letzten Jahre werden, hängt tatsächlich entscheidend vom medizinischen Fortschritt der kommenden Jahre ab. Falls wirksame Mittel gegen Alzheimer oder gegen Krebs gefunden werden, ändert das Schicksale von Millionen. Für die Lebensqualität der Alten von morgen ist die Forschung der großen Pharmakonzerne mindestens so wichtig wie die nächste Rentenreform.

In den Vereinigten Staaten konzentriert sich die Altersdebatte generell stärker auf das Gesundheitswesen als in Deutschland. Lobbyisten wie Dychtwald fordern unter anderem mehr Geriatrie-Kenntnisse in der Ärzteschaft: Fachwissen über Altersleiden und die Besonderheiten hochaltriger Patienten müsse fester Bestandteil der Medizinerausbildung sein. Sie drängen aber auch Pharmakonzerne und staatliche Forschungseinrichtungen, mehr Ressourcen auf den Kampf gegen die Alzheimer-Krankheit zu konzentrieren.

Druck auf Konzerne auszuüben, hat in den Vereinigten Staaten eine andere Tradition als hierzulande. Die Verbraucherorganisationen sind einflussreicher als in Deutschland, was teilweise an der Schwäche anderer Großorganisationen wie der Gewerkschaften liegt. Aber auch die Größe des Landes spielt eine Rolle. In den Vereinigten Staaten sitzen mehr multinationale Unternehmen als in jedem anderen Land der Welt, und die amerikanische Verbraucherlobby kann hier leichter Druck entfalten als anderswo.

Der Grundansatz – und auch die Haltung gegenüber staatlichen Forschungseinrichtungen – könnte auch für die deutsche Debatte lehrreich sein. Wir denken meist an Renten und Pensionen, wenn von Konflikten der Generationen die Rede ist. Dychtwald argumentiert, dass es sehr unterschiedliche Interessen von Jungen, Alten und Mittelalten auch bei der Ausrichtung der medizinischen Forschung gibt: Zu viel Geld fließe in die Linderung der Leiden von heute und zu wenig in Langzeit-Programme gegen die Volksseuchen von morgen. Für die Politik sei das bequemer, für die auf Quartalsergebnisse ausgerichteten Konzerne ebenfalls.

4. Warum sich die US-Außenpolitiker so für Demographie interessieren – und was das für Deutschland bedeutet

Die Diskussion über den demographischen Wandel hat die Deutschen mit großer Wucht und mit großer Verspätung erfasst. Das ist auch eine Spätfolge des nationalsozialistischen Rassenwahns – denn wer eine nationale „Bevölkerungspolitik" fordert, muss bis heute genau darauf achten, welche Worte er wählt.

In kaum einem Bereich wirkt das NS-Erbe so nachhaltig wie in der Außenpolitik. Demographie und Internationales – dieser Zusammenhang kommt in der öffentlichen Debatte kaum vor. Das ist in den Vereinigten Staaten völlig anders – und schon deshalb wird es nötig sein, dass auch die deutschen ihr Blickfeld erweitern. Deutsche Politiker denken meist an Renten, an Frühpensionäre, an Zuwanderung und an Familienpolitik, wenn von Demographie die Rede ist. Amerikaner sprechen über die Finanzierbarkeit des Gesundheitssystems, über Alzheimer, über Einwanderer und eben über geostrategische Fragen.

Das liegt an der Größe des Landes und seiner Rolle als Weltmacht, aber auch daran, dass die Altersversorgung der Amerikaner eine globale Angelegenheit ist. Die großen Pensionsfonds investieren ihr Geld überall auf der Welt. So kommt es, dass amerikanische Sozialexperten sich für die Stabilität der chinesischen Ökonomie interessieren und für internationale Beziehungen, während amerikanische Diplomaten sich ihrerseits mit der Alterung in Russland oder den sozialen Sicherungssystemen in Asien beschäftigen.

Längst ist der Zusammenhang von Demographie und Außenpolitik in den Vereinigten Staaten kein Expertenthema mehr. Über den sogenannten „youth bulge", den besonders hohen Anteil junger Männer in der arabischen Welt, wird in Talkshows und an Stammtischen palavert.

Der islamische Fundamentalismus, so heißt es oft, werde durch die hohe Zahl junger Männer ohne Perspektiven befördert. Im Wahlkampf des Jahres 2004 argumentierten beide Bewerber, George Bush und John Kerry, mit der Bevölkerungsstruktur arabischer Länder, wenn es um die Folgen des Irak-Krieges ging.

Der Blick auf das alternde Europa fällt entsprechend negativ aus. In verschiedenen amerikanischen Think Tanks wird in Strategiepapieren vor der demographisch bedingten Schwächung der europäischen Verbündeten gewarnt. „Sinkende Geburtenraten in Verbindung mit einer steigenden Nachfrage nach jungen Arbeitskräften bedeuten zwangsläufig kleinere Armeen", schreibt zum Beispiel der langjährige Vorsitzende des renommierten Council of Foreign Affairs. Andere Strategen haben ihre Prognose unter der Überschrift „Guns or Wheelchairs" zusammengefasst: Gewehre oder Rollstühle. Alternde Gesellschaften müssten viel mehr Geld für soziale Dienstleistungen ausgeben heißt es, da bleibe zwangläufig nicht genug für das Militär.

In Deutschland wird eher darüber debattiert, ob hohe Pensions- und Rentenzahlungen in den demographisch schwierigen Jahren ab 2015 zu Lasten von Bildung und Forschung gehen könnten. Kritiker rechnen oft Zukunftsinvestitionen und Rentenzahlungen gegeneinander auf. Aber natürlich können höhere Ausgaben für das Alter auch die Verteidigungsetats kleiner werden lassen.

Die Deutschen werden sich mit den Sorgen der Amerikaner befassen müssen. Sie können ihren Verbündeten dabei eines entgegenhalten: Die Staatsausgaben der Zukunft hängen nicht allein von den Kosten für Renten und Gesundheitsversorgung ab. Entscheidend sind vor allem auch Wachstum, Produktivität und Innovationskraft der künftigen Gesellschaften. Freilich spielt für diese die demographische Entwicklung auch eine wesentliche Rolle. Aber wichtiger als die Frage, ob die europäischen Industrieländer altern, ist die Frage, wie sie altern: Mit qualifizierten älteren Arbeitnehmern oder ohne sie, mit sanierten Sozialsystemen oder ohne sie, mit einer Bildungspolitik, die alle vorhandenen Ressourcen nutzt, oder ohne eine solche, und mit oder ohne Zuwanderung. Diese Entscheidungen stehen noch aus. Die Europäer sollten sich klarmachen, dass es vor allem an ihnen selbst liegt, in welche Richtung die Entwicklung gehen soll. Insofern könnten die amerikanischen Horrorszenarien sogar Positives bewirken – nämlich dass sich die Deutschen, auch die Außenpolitiker, früher auf den demographischen Wandel einstellen, als dies in den USA geschehen ist.

IV. Medizin im Alter

Innere Medizin im Alter

Wilhelm Berges

„Altern ist eine naturhafte Veränderung des Lebendigen, die durch Verluste und Einschränkungen gekennzeichnet ist", definiert der Soziologe Leopold Rosenmayr (1995, S. 21). Von diesen naturhaften Veränderungen aus braucht es nur geringe Progressionen bis hin zu den Symptomen, Syndromen und Erkrankungen, die das Alter so wesentlich bestimmen können. Der alte Mensch wird durch Krankheit und das Nachlassen seiner Körperfunktionen täglich an seinen Körper erinnert. Dies führt bei vielen zu einer bedeutsamen Störung des Selbstwertgefühls. Ein erschütterndes Dokument hierfür ist ein Autograph des großen Dichters Grillparzer. Mit zittrigen Händen hat er im Alter die Zeilen geschrieben: „Ich war ein Dichter, nun bin ich keiner, der Kopf auf meinen Schultern ist nicht mehr meiner" (zitiert nach: Ringel 1993, S. 196).

Wir müssen Gefahren und „Unbill" des Alters kennen, denn – wie immer – nur dem, was wir kennen, können wir sinnvoll begegnen. Mit dem Altern ist es wie mit dem Sterben: Beides muss zu einem Thema unseres Lebens werden, um es in guter Weise zu bewältigen. Ein Mensch kann ebenso wenig in Würde sterben, wenn er ein Leben lang Gedanken über den Tod nicht zugelassen hat, wie er auch nicht gelassen oder gar mit Freude altern kann, wenn er im Alter nur die sich ausbildenden Defizite, nicht aber auch Zugewinn und Kompetenzen sehen würde. Viele Menschen wünschen sich ein langes, gesundes Leben, beendet durch einen plötzlichen Tod – gleichsam mitten aus dem Leben heraus, ohne zuvor die Regressionen des Alters erfahren bzw. erlitten zu haben. Doch das „Wachsen" und das „Zehren", das „braun und graue Haar" (Matthias Claudius) gehören zum Leben und auch die Erfahrung, davon Abschied nehmen zu müssen. Sie kann das Alter prägen mit Gefühlen der Dankbarkeit, der innigeren Beziehung zu den Menschen und den Dingen, aber auch mit Empfindungen von Vanitas und Traurigkeit: „Das Leben: während wir für seine Wahrheit halten, was doch nur farb'ger Abglanz ist, da ist es davon über Tiefen und Höhen: ‚Husch husch, piff paff, trara ...'" (Peter Wapnewski).

Für die Mehrzahl der Menschen wird zutreffen, dass Beschwernisse und Krankheiten im Alter dem Sterben vorausgehen. Diese gilt es im Folgenden darzustellen, wobei keine wissenschaftlich-medizinische Abhandlung von Alterskrankheiten in Kurzfassung beabsichtigt ist; vielmehr sollen eher allgemeine Aspekte von Gefahren im Alter und Gefährdungen durch therapeutische Interventionen sowie Überlegungen zu risikoreichen Eingriffen erörtert werden. Gedanken zur Prävention schließen sich an, da wir auf unsere spätere geistige und körperliche Befindlichkeit durch unsere Lebensgestaltung wesentlich Einfluss nehmen können.

1. Geriatrische Syndrome

Kasuistiken

1. Eine 85-jährige Patientin wird mit Verdacht auf Schlaganfall als Notfall in die Klinik eingewiesen. Sie ist nicht ansprechbar, zeigt jedoch keine umschriebenen Lähmungen und kein seitenverschiedenes Reflexverhalten. Haut und Schleimhäute sind trocken. Die Haut lässt sich in Falten abheben, sie fühlt sich warm an. Über der rechten Lunge hört man feinblasige, klingende Rasselgeräusche.

Die Blutwerte weisen eine so genannte Hämokonzentration, eine Retention harnpflichtiger Substanzen sowie Entzündungszeichen auf. Unter Infusionstherapie wird die Patientin rasch wieder ansprechbar. Schließlich ist sie voll orientiert. Das Röntgenbild bestätigt die Diagnose „rechtsseitige Lungenentzündung". Unter antibiotischer Therapie und fortlaufender Flüssigkeitsgabe normalisieren sich die Entzündungszeichen und die so genannten Nierenwerte.

Zusammenfassende Diagnose: fieberhafte Lungenentzündung mit Austrocknung (infolge Flüssigkeitsverlusts und fehlender Flüssigkeitsaufnahme) und hochgradiger Bewusstseinsstörung.

2. Ein 78-jähriger Patient wird in der Nacht in Begleitung eines Nachbarn notfallmäßig in die Klinik gebracht. Er hat erhebliche Schmerzen im linken Oberschenkel. Der Nachbar sei durch ein lautes Geräusch in der über ihm liegenden Wohnung auf ihn aufmerksam geworden. Nach etwa zehn Minuten habe er ein lautes Stöhnen gehört und die Feuerwehr benachrichtigt. Der Patient hat eine Kopfplatzwunde sowie eine Fehlstellung des linken Beins als Folge eines Oberschenkelhalsbruchs, wie sich bald zeigt. Er habe wegen seines erhöhten Blutdrucks ein neues entwässerndes Medikament eingenommen und in der Nacht noch einmal zur Toilette gemusst. Dabei sei es ihm plötzlich übel geworden, danach könne er sich bis zum Eintreffen der Feuerwehr an nichts mehr erinnern. Bei der Untersuchung wird ein Blutdruck von 105 zu 85 und eine Herzfrequenz von 96 pro Minute gemessen. Nach Ausschluss verschiedener Ursachen von Synkopen, u. a. rhythmogener Synkope, wird die Verdachtsdiagnose einer orthostatischen Synkope gestellt. Der Patient soll in Zukunft das entwässernde Medikament morgens einnehmen und bei nächtlichem Toilettengang die Körperlage schonend ändern (etwa zunächst auf der Bettkante sitzen).

Die beiden typischen Kasuistiken zeigen, dass die so genannten geriatrischen Syndrome oft in mehrfacher Weise miteinander verbunden sind (Tab. 1, Abb. 1). Grundsätzlich gilt, dass der Organismus des alten Menschen häufig in einem labilen Gleichgewicht ist, das durch verschiedene Einflüsse, auch durch Medikamente, gestört werden kann. Vor allem besteht die Gefahr einer Exsikkose, einer Austrocknung, zumal alte Menschen aufgrund ihres verminderten Durstgefühls zu wenig trinken. Wenn es zusätzlich im Rahmen eines fieberhaften Infektes bzw. einer Durchfallerkrankung zu einem Flüssigkeitsverlust kommt, können sich schnell die bedrohlichen Symptome eines Flüssigkeitsmangels ausbilden (Tab. 2). In diesem Zusammenhang sind auch entwässernde Medikamente, die wegen einer Herzinsuffizienz bzw. eines Hypertonus verordnet werden, von großer Bedeutung. Insgesamt kann die Exsikkose zu psychischer Entgleisung sowie zu Schwindel und Synkopen führen, die Gangstörungen und Stürze verursachen können. Die jährliche Sturzquote bei über 80-Jährigen liegt über 50 Prozent. Frakturen können die Folge sein, die nicht selten zu rehabilitativ nur schwer zu überwindender Immobilität führen.

Tab. 1: Geriatrische Syndrome

– Exsikkose und Elektrolytentgleisungen
– Schwindel und Synkopen
– Gangstörungen und Stürze
– Schlafstörungen
– akute Verwirrtheitszustände
– Kommunikationsstörungen
– chronischer Schmerz
– Immobilisation
– Dekubitus
– iatrogene Störungen
– Malnutrition
– Harninkontinenz
– Stuhlinkontinenz

Abb. 1: Ungünstige Einflüsse der medikamentösen Therapie (M=Medikamente)

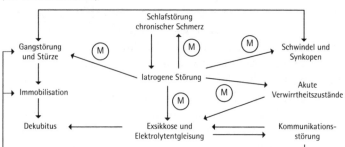

Tab. 2: Symptome eines Flüssigkeitsmangels

- allgemeine Schwäche/Lethargie
- Übelkeit
- Verwirrtheit
- Schwindel, Gangunsicherheit, Stürze
- Kreislaufversagen
- trockene Schleimhäute/Infekte

Die durch eine Exsikkose verursachte Übelkeit verstärkt die Appetitlosigkeit, was wiederum eine weitere Einschränkung der Flüssigkeits- und Nahrungsaufnahme zur Folge hat. Ohnehin weisen alte Menschen häufig Zeichen einer schlechten Ernährung („Malnutrition") auf, weil Einsamkeit, aber auch ein schlechter Zahnstatus oder eine unzureichende Prothese zu einseitiger Ernährung bzw. zu einer Einschränkung der Nahrungsaufnahme führen. Zusammen mit degenerativen Skelettveränderungen (Arthrose, Osteoporose) tragen Malnutrition und die somit verminderte Muskelkraft zu einer Einschränkung der Beweglichkeit und zur Instabilität bei, wieder mit der Folge vermehrter Stürze und Traumata.

Neben den entwässernden Medikamenten kommt den Antidepressiva, den Sedativa und Analgetika eine besondere Bedeutung für die Gangunsicherheit des alten Men-

schen zu (Tab. 3). Analgetika, die neben anderen Nebenwirkungen (siehe unten) auch einen sedierenden Effekt haben,
werden im Alter häufig wegen chronischer Schmerzen verordnet. Zusammen mit den ebenfalls häufig eingenommenen Tranquillantien und Antidepressiva können sie die
Gehsicherheit deutlich einschränken.

Tab. 3: Bewusstlosigkeit bzw. Sturz durch Medikamente
- entwässernde Medikamente
- blutdrucksenkende Medikamente
- Antidepressiva
- beruhigende Medikamente
- Analgetika

Beinahe der „Normalfall" ist, dass alte Menschen allabend-
lich Schlafmedikamente einnehmen. Im Zusammenhang
mit nächtlichem Wasserlassen – etwa aufgrund von Herzinsuffizienz, Prostataerkrankungen oder entwässernden
Medikamenten – kann es dann wieder zu Gangunsicherheiten, zu einem Stolpern an der Teppichkante, zu Stürzen
sowie zu Kreislaufregulationsstörungen kommen. Einen
alten Menschen auf diese Zusammenhänge hinzuweisen
und dem Schlafmittelkonsum entgegenzuwirken, hat deshalb auch eine wichtige präventive Bedeutung. Ausreichende Bewegung tagsüber und der Verzicht auf einen langen Mittagsschlaf fördern nächtliches Schlafen ohne
Sedativa. Ohnehin braucht der alte Mensch weniger Schlaf.
Franz Werfel hat diese kostbare „Zeitvermehrung" im Alter in seinem „Kalendarium des Schlafes" dargestellt:
   „Der Knabe schläft die Nächte durch und Tage, ihm ist
die Zeit wie Wiesengras nichts wert ...
   Der Mann voll Wichtigtuns im Reich der Plage mit Un-
geduld acht Stunden Schlaf verzehrt,
   der Greis zuletzt, nach flüchtger Ruhelage, erhebt sich
sanft und sonderbar entschwert. Des Lebens Absturz wird

unmerklich so gelindert, Gott mehrt die Zeit, je mehr die Zeit sich mindert."

2. Medikamente und Medikamenten-Nebenwirkungen

Die Mehrzahl der über 60-Jährigen nimmt im Durchschnitt drei Medikamente ein und verbraucht damit mehr als 50 Prozent aller Arzneimittel. Der Grund für diese Mehrfacheinnahme ist die so genannte Polymorbidität des alten Menschen. Sicher ist es auch dem pharmakologischen Fortschritt zu verdanken, dass die krankheitsbezogene Mortalität gesunken und die Lebenserwartung gestiegen ist. So hat sich die Sterblichkeit des akuten Herzinfarktes in den zurückliegenden 20 Jahren – nicht zuletzt durch medikamentöse Interventionen – deutlich reduzieren lassen. Nach der akuten Erkrankung haben sich vier Substanzen zur Prophylaxe von Folgeproblemen als hilfreich erwiesen: Acetylsalicylsäure, Betablocker, ACE- und Cholesterin-Synthesehemmer. Wenn noch eine Blutzuckererkrankung und Bluthochdruck vorliegen, kommen weitere Medikamente hinzu. Mit steigender Zahl der Tabletten nimmt aber die Einnahmezuverlässigkeit des Patienten, die „Compliance", deutlich ab, wie Untersuchungen zuverlässig belegen. Ferner ist nicht immer ausreichend erforscht, wie die einzelnen Substanzgruppen interferieren. Ein besonderes Problem ist überdies, dass Medikamentenstudien in der Regel bei jüngeren Patienten und mit umschriebenen Krankheitsbildern durchgeführt werden: Die meisten Studienpläne enthalten zahlreiche Ausschlusskriterien für die Patientenaufnahme, insbesondere zählen hierzu Alter und Mehrfacherkrankungen. Aus Gründen der klaren Stratifizierung in Medikamentenstudien ist dieses Vorgehen sicher gerechtfertigt; es birgt jedoch eine erhebliche Unsicherheit bezüglich der Übertragbarkeit von Untersuchungsergebnissen auf den alten und mehrfach kranken Menschen. So können eine veränderte Verstoffwechselung von Medikamenten sowie eine verminderte Organdurchblutung etwa der Leber oder Niere den Medikamentenspiegel beeinflussen und Nebenwirkungen verstärken. Als Beispiel sei die Gefahr der Digitalis-Akkumulation bei Nierenfunktionseinschränkung mit der Folge von Herzrhythmusstörungen genannt. Problematisch ist es, wenn Co-Medikamente unbemerkt eine Nierenfunktionsstörung verursachen und die Therapie dadurch „gegiftet" wird. Ein Beispiel hierfür ist die viel zu häufig durchgeführte Therapie von Knochen- und Gelenkschmerzen mit so genannten nichtsteroidalen Antirheumatika (NSAR), die über eine Verminderung der Nierendurchblutung eine Nierenfunktionseinschränkung herbeiführen und damit die Elimination von Medikamenten verzögern können.

Abgesehen von dieser Problematik stellen die NSAR diejenige Substanzgruppe, die für die größte Zahl medikamentös bedingter Todesfälle verantwortlich ist. In den USA, wo die Medikamente rezeptfrei zu kaufen sind, verursachen sie jährlich etwa 17 500 Todesfälle als Folge schwerer Magen-Darm-Blutungen bzw. von Perforationen des Magen-Darm-Traktes. In Deutschland sind es immerhin noch etwa 1000 Todesfälle. Vorwiegend sind alte Menschen betroffen, die wegen der schon erwähnten Osteopathien Medikamente dieser Substanzgruppe einnehmen. Sie könnten bei den meisten Patienten durch einfache schmerzlindernde Substanzen wie Paracetamol ersetzt werden, insbesondere dann, wenn nur degenerativ, jedoch nicht entzündlich bedingte Beschwerden vorliegen (Tab. 4). Zusammenfassend ergeben sich für die medikamentöse Therapie im Alter folgende Konsequenzen:

Bei neu auftretenden Symptomen und Befunden sollte frühzeitig ein möglicher Zusammenhang mit einem neu verordneten Medikament bedacht bzw. an eine Medikamenten-Nebenwirkung gedacht werden. Der Arzt muss die Nebenwirkungen und Wechselwirkungen der verordneten Medikamente gut kennen. Deshalb sollte er sich auf wenige und ihm gut vertraute Medikamente beschränken und mit dem Einsatz so genannter Innovationen zurückhaltend sein. Im Verlauf der Therapie ist immer zu überprüfen, ob Medikamente abgesetzt werden können bzw. ob die Dosis angepasst werden muss. Dies gilt besonders für Blutdruck regulierende und Wasser ausschwemmende Medikamente. Medikamentenpläne müssen zu Gunsten der Einnahmezuverlässigkeit so einfach wie möglich gestaltet sein.

Tab. 4: Medikamentennebenwirkungen im Alter

- Blutdruckabfall
- Verwirrtheitszustände
- Schwindel
- Verschlechterung der Nierenfunktion
- Herzrhythmusstörungen
- Blutungen
- Übelkeit, Gewichtsverlust
- Unterzuckerung

NSAR-Epidemiologie

Deutschland   1000–2000 Todesfälle pro Jahr
USA   13 Millionen Menschen nehmen NSAR ein
              davon 1,3 % mit GIT-Komplikationen
              → ca. 16.800 Todesfälle

3. Erkrankungen im Alter

Die epidemiologisch wichtigsten Erkrankungen im Alter sind in Tabelle 5 zusammengefasst. Es handelt sich vorwiegend um chronische Erkrankungen, die die Lebensqualität und die Lebenserwartung des Patienten wesentlich beeinflussen. Auch für operative Eingriffe stellen besonders die chronischen kardiovaskulären und pulmonalen Erkran-

kungen wichtige Risikofaktoren dar, die die Indikationsstellung zur Operation und den postoperativen Verlauf wesentlich bestimmen.

Tab. 5: Erkrankungen und Risikofaktoren im Alter

– kardiovaskuläre Erkrankungen
  ernährungsabhängige Erkrankungen
– psychiatrische Erkrankungen
  (Demenz, Depression)
– Erkrankungen des Bewegungsapparates
– Tumorerkrankungen

3.1 Kardiovaskuläre und pulmonale Erkrankungen

Die kardiovaskulären Erkrankungen sind meistens Folge von
chronischen Durchblutungsstörungen, die sich im Laufe
einer längeren Zeit bei einem gegebenen Risikoprofil entwickelt haben. Hierzu zählen Übergewicht, Hochdruck, stark
erhöhte Blutfettwerte, Diabetes mellitus sowie Nikotin-
abusus, der auch für die Mehrzahl der chronischen Lungen-
erkrankungen – „chronisch obstruktive Lungenerkrankung" –
verantwortlich ist. Mehr als 50 Prozent der Erwachsenen sind
übergewichtig und mehr als 20 Prozent fettleibig (BMI >
$30 kg/m^2$ Körperoberfläche). Bewegungsmangel unterstützt
die Ausbildung der Fettleibigkeit, wie auch Fettleibigkeit die
Beweglichkeit vermindert. Dies hat negative Auswirkungen
auf die Kreislauffunktion: etwa in Form eines inadäquaten
Anstiegs des Pulses bei Belastungen, eines Anstiegs des Blutdrucks, einer Verminderung des Herzschlagvolumens. Stoff-
wechselstörungen wie Diabetes mellitus vom Typ II sowie
Blutfetterhöhung, die Hypercholesterinämie, tragen zusammen mit einem Hypertonus zur Ausbildung der Arteriosklerose und damit zur Koronarsklerose bei.

Die Koronarsklerose ist neben dem Bluthochdruck die
wichtigste Ursache der Herzinsuffizienz, der eingeschränk-

ten Fähigkeit des Herzmuskels, ein der Belastung entsprechendes Schlagvolumen zu fördern. Die jährliche Letalität bei chronischer Herzinsuffizienz liegt bei 20 bis 30 Prozent (Lüderitz). Bei einer akuten Dekompensation des Herzens kommt es zur Ausbildung eines Lungenödems mit schwerster Atemnot und schließlich Herzversagen, wenn die Notfalltherapie nicht gelingt oder zu spät erfolgt.

Die Unterversorgung des Herzmuskels mit Sauerstoff bei Koronarsklerose führt zu rezidivierenden Herzschmerzen, d. h. Angina-pectoris-Anfällen bis hin zum akuten Herzinfarkt mit seinen vielfältigen Komplikationsmöglichkeiten, wie Herzversagen und lebensbedrohlichen Herzrhythmusstörungen.

Die Therapie der kardiovaskulären Erkrankungen im Alter unterscheidet sich nicht von der beim jüngeren Menschen. Dies trifft auch für den Einsatz interventioneller Verfahren wie Herzkatheterdiagnostik und Erweiterung umschriebener Gefäßengen (PTCA) zu. Auch herzchirurgische Eingriffe können im hohen Alter mit niedriger Sterblichkeit durchgeführt werden, wie Untersuchungen bei 90-Jährigen zeigen (Bacchetta et al., Florath et al.). 81 Prozent der über 90-Jährigen waren im Mittel noch 2,5 Jahre nach dem kardio-chirurgischen Eingriff am Leben. Der einzige statistische Risikofaktor war ein notfallmäßig vorgenommener Eingriff.

Ein besonders im Alter auftretender und bedrohlicher Herzklappenfehler ist die Aortenklappenstenose, die zu rezidivierender Bewusstlosigkeit mit schweren Stürzen und Sturzfolgen sowie zu akutem Herzversagen führen kann. Der Aortenklappenersatz kann dann eine wesentliche Hilfe für den Patienten sein. Allerdings gilt es, die Indikation sehr sorgfältig zu prüfen, das heißt, die Bedeutung begleitender Erkrankungen, die zu einem komplikationsträchtigen postoperativen Verlauf führen würden, abzuwägen und besonders den Lebenswillen des Patienten mit in die Überlegungen einzubeziehen.

3.2 Tumorerkrankungen

Mehr als 50 Prozent aller Tumorerkrankungen treten nach dem 65. Lebensjahr auf (Tab. 6). In den großen Chemotherapiestudien sind alte Patienten hingegen unterrepräsentiert (Hutchins et al.). Nur 25 Prozent von 16 396 in Studien eingebrachten Patienten waren in einer retrospektiven Analyse älter als 65 Jahre. Eine neuere, umfangreiche Studie zur adjuvanten Chemotherapie beim Kolon-Karzinom zeigte jetzt jedoch, dass die Inzidenz von toxischen Effekten bei Patienten über 70 Jahren nicht höher war als bei jüngeren Patienten (Sargent et al.). Dennoch hat die mit dem Alter zunehmende Komorbidität offenbar einen Einfluss auf die Toxizität der Chemotherapie und auf die nicht tumorverursachte Letalität (Muss).

Tab. 6: Anteil der häufigsten Malignome bei über 65-Jährigen (%)

Tumor	Männer %	Frauen %
Lunge	63	61
Kolon	73	78
Rektum	65	71
Harnblase	70	74
Magen	68	75
Pankreas	68	77
Mamma	–	50
Ovarien	–	49
Prostata	84	–

Quelle: U. Yancik, R. Cancer 1994, zit. nach V. Heinemann

Deshalb gilt für die Indikation zur Chemotherapie ebenso wie zu einem operativen Eingriff eine sorgfältige Abwägung der Risiken und Prognose des Patienten. Ein tumorkranker Patient ohne wesentliche Begleiterkrankungen kann in gleicher Weise wie ein jüngerer Patient behandelt werden (Wedding et al.). Es steht jedoch zu befürchten, dass die immer kostenaufwendigere Chemotherapie zu einer Selektion von Patienten führt, bei der hohes Alter ein negatives Kriterium darstellt.

4. Prävention

Viele der Erkrankungen, die im Alter zu gesundheitlichen Einschränkungen führen, sind langfristig verursacht durch einen Lebensstil, der von falscher Ernährung und wenig körperlicher Bewegung geprägt ist. Die falsche Ernährung besteht im Wesentlichen aus: zu viel, zu süß, zu fett, zu wenig Obst und Gemüse. Die so induzierte Fettleibigkeit schränkt die Beweglichkeit ein, wie auch der Bewegungsmangel seinerseits die Ausbildung der Adipositas fördert. Durch eine Änderung des Lebensstils lässt sich eine wesentliche Prävention von kardiovaskulären Erkrankungen und Erkrankungen des Stoffwechsels herbeiführen. So kann beim Diabetes mellitus Typ II allein eine deutliche Gewichtsreduktion dazu führen, dass die Einnahme von oralen Antidiabetika bzw. die Applikation von Insulin reduziert oder abgesetzt werden kann. Auch auf den Bluthochdruck hat die Gewichtsreduktion im Hinblick auf Medikamenteneinsparung bzw. Dosisreduktion einen günstigen Einfluss.

Nicht kurzfristige radikale Maßnahmen zur Gewichtsreduktion sind sinnvoll, sondern eine langfristige Ernährungsumstellung, die eher zu einem langsamen, dafür aber nachhaltigen Gewichtsverlust führt. Die fleisch- und fettarme Kost, die reichlich Obst, Salat und Gemüse enthalten sollte, hat nach umfangreichen epidemiologischen Untersuchungen auch einen positiven Einfluss auf die Häufigkeit von Tumoren (Kluge et al.). Natürlich zählen zu diesen gesundheitsfördernden Maßnahmen auch die Alkohol- und

Nikotinkarenz; deshalb muss gerade der Arzt, der die „End-strecke" eines langjährigen falschen Lebensstils – die viel-fältigen Erkrankungen im Alter – kennt, sich nicht nur als Therapeut, sondern auch als Gesundheitserzieher verste-hen. Regelmäßige Bewegung, integriert in den Alltag, sollte zu den natürlichen Verhaltensweisen gehören. Nicht ge-meint ist damit die gelegentlich demonstrative Sportlich-keit alter Menschen („Turne bis zur Urne" oder „Lebens-abend im Fitnessstudio"), die vielleicht eine unbewusste Reaktion auf eine jugendfixierte Zeit ist. Gemeint ist auch nicht das ständige Anrennen gegen die eigene physiologi-sche Lebenskurve, vielleicht gar bis zur Erschöpfung: Die Melodie der Quelle ist eine andere als die des breit dahinflie-ßenden und sich langsam ins Meer ergießenden Flusses.

Alle diese therapeutischen und präventiven Maßnah-men können nur einen begrenzten – wenn auch wichtigen – Beitrag zur Bewältigung der Beschwernis im Alter leisten. An erster Stelle muss stehen, sich aufs Alter hin eine Le-benskunst zu erwerben, die Nietzsche als die „große Ge-sundheit" bezeichnet und die sich auch in der „Diätetik" der Philosophen und Theologen vergangener Jahrhunderte ausdrückt (Bergdolt). „Diese höhere Gesundheit bedeutet Kraft zu menschlichem Leben, zu sinnvoller Entfaltung der persönlichen Bedürfnisse und Lebensentwürfe, auch in der Krankheit, vor allem auch im Alter mit seinen Verlus-ten, Leiden und Gebresten" (F. Nager). Es ist eine innere Haltung, die im Laufe des Lebens erworben und bei sich einstellenden Erkrankungen mühsam erkämpft werden muss. Auch wir Ärzte müssen diese innere Haltung besit-zen, denn nur dann können wir glaubwürdig auf unsere Pa-tienten Einfluss nehmen. Wir alle – Ärzte und Patienten – dürfen uns nicht den Blick für das Wesentliche in unserem Leben durch den täglichen medialen Unsinn verstellen las-sen. Das verbleibende Schöne zu sehen, die Kostbarkeit des Lebens auch unter widrigen Umständen im Alter zu begreifen: dies kann nur gelingen, wenn wir uns zur „Lebensaufmerksamkeit" erzogen haben (F. Nager). Was heißt Lebensaufmerksamkeit im Alter? Die Verse Fontanes geben die schönste Antwort: „Doch wie tief herabgestimmt auch das Wünschen Abschied nimmt, immer klingt es noch daneben: Ja, das möcht ich noch erleben."

Literatur

Rosenmayr, L.: Die Kräfte des Alters. Wien 1995.

Ringel, E.: Das Alter wagen. Wien 1993.

Wapnewski, P.: Die Jagd und ihr Schein. Interpretation von „Der weiße Hirsch" von Ludwig Uhland. In: FAZ Nr. 255 vom 6.11.2004.

Nikolaus, T.: Geriatrische Syndrome. In: Internist 41 (2000), S. 504–507.

Lüderitz, B.: Kardiovaskuläre Funktionen und Funktionsstörungen im hohen Lebensalter. In: Internist 41 (2000), S. 508–514.

Bacchetta, M. C. / Ko, W. / Girardi, C. N. / Mack, C. A. / Krieger, K. H. / Isom, W. / Lee, L. Y.: Outcomes of cardiac surgery in nonagenarians: a 10–year experience. In: AnnThoracSurg 75 (2003), S. 1215–1220.

Florath, J. / Rosendahl, U. P. / Mortasawi, A. / Bauer, S. F. / Dalladaku, F. / Ennker, J. C.: Current determinants of operative mortality in 1400 patients requiring aortic valve replacement. In: AnnThoracSurg 76 (2003), S. 75–83.

Yancik, R. / Ries, L. A.: Cancer in older persons. In: Cancer 74 (1994), S. 1995–2003.

Hutchins, L. F. / Unger, J. M. / Crowley, J. J. / Coltman, C. A. / Albain, K. S.: Underrepresentation of patients 65 years of age or older in Cancer-treatment-trials. In: NEJM 341 (1999), S. 2061–2067.

Sargent, D. J. / Goldberg, R. M. / Jacobson, S. D. / Macdonald, J. S. / Labianca, R. / Haller, D. G. / Shepherd, L. E. / Seitz, J. F. / Francini, G.: A pooled analysis of adjuvant chemotherapy for resected colon cancer in elderly patients. In: NEJM 345 (2001), S. 1091–1097.

Muss, H. B.: Older age: not a barrier to cancer treatment. In: NEJM, 345 (2001), S. 1128–1129.

Wedding, U. / Höffken, K.: Internistisch-onkologische Therapie des geriatrischen Tumorpatienten. In: Onkologe 8 (2002), S. 114–127.

Kluge, S. / Boeing, H.: Beitrag der Ernährung zur Primärprävention in der Onkologie. In: Onkologe, 10 (2004), S. 139–147.

Bergdolt, K.: Leib und Seele. Eine Kulturgeschichte des gesunden Lebens. München 1999.

Nager, F.: Gelingendes Alter. In: Praxis 92 (2003), S. 1876–1882.

Chirurgie im Alter

Volker Schumpelick, Stefan Willis

Innerhalb eines Jahrhunderts hat sich die Lebenserwartung der deutschen Bevölkerung verdoppelt, schon heute ist jeder Dritte definitionsgemäß alt, und in 50 Jahren werden 50 Prozent der Bevölkerung mehr als 60-jährig sein. Diese demographische Entwicklung bedeutet für die Zukunft eine Herausforderung nicht nur auf rentenpolitischem, soziologischem oder ökonomischem Gebiet, sondern auch für die Medizin und speziell für die Chirurgie, insofern als die Therapie von Patienten im höheren Lebensalter eine zunehmende Rolle spielen wird. Neben Erkrankungen der Herz-Kreislauf- und Atmungsorgane ist es vor allem die Therapie von Verletzungen und von malignen Tumoren, die beim alten Menschen den Chirurgen erforderlich machen. Sieht man von der Kinderchirurgie und von der akuten Traumatologie ab, so wird zukünftig das Gros der Patienten der operativen Medizin bedürfen und die Chirurgie, ob wir es wollen oder nicht, mehr und mehr zur Alterschirurgie werden.

Exemplarisch sei in diesem Zusammenhang auf den geradezu exponentiellen Anstieg der Frakturhäufigkeit im Alter hingewiesen. Aufgrund des schlechteren Sehvermögens, verlangsamter Reflexe und auch aufgrund von Herz-Kreislauf-Erkrankungen nimmt die Sturzrate im Alter deutlich zu. Bei der gleichzeitigen physiologischen Minderung des Mineralsalzgehalts des Knochens ergeben sich häufig komplizierte Frakturen mit deutlich schlechterer Heilungstendenz als bei jungen Verletzten. Hieraus erklärt sich die Zunahme prothetischer Operationen z. B.

Abb. 1: Operative Eingriffe an der Chirurgischen Klinik der RWTH Aachen 2002/2003 (n = 3245)

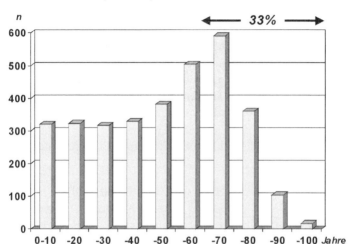

des Hüftgelenks – ein Trend, der in Zukunft weiter zunehmen wird. Eine Analyse der operativen Eingriffe der Jahre 2002 und 2003 an unserer Klinik zeigt, dass bereits jetzt 33 Prozent aller Eingriffe bei über 60-Jährigen durchgeführt werden (Abb. 1). Im Jahr 2050 werden die über 65-Jährigen fast zwei Drittel der Bevölkerung ausmachen und die über 75-Jährigen mehr Krankenhausfälle darstellen als Populationen jüngeren Alters.

Neben der Anzahl spielt natürlich auch die Art der chirurgischen Eingriffe eine wesentliche Rolle in der Alterschirurgie. Die Aufschlüsselung der an unserer Klinik in den Jahren 2002 und 2003 durchgeführten viszeralchirurgischen Wahleingriffe zeigt, dass bei Patienten jenseits des 60. Lebensjahres die schweren Operationen mit Abstand überwiegen, während Operationen im mittleren Lebensabschnitt am häufigsten mittelschwer und in der Kindheit

237

meist leicht sind. Da sich in den letzten Jahren die Opera-
tionstechniken, die Anästhesie und auch die intensivthera-
peutischen Möglichkeiten ständig verbessert haben, findet
sich in der Literatur weitgehend übereinstimmend die Einschätzung, dass das Alter allein kein Hinderungsgrund für
eine Operation ist und auch große Eingriffe sicher durchzuführen sind, weshalb die Indikation für ausgedehntere
Eingriffe inzwischen auf das achte und neunte Lebensjahrzehnt ausgedehnt wird.

Tab. 1: Morbidität und Mortalität großer Operationen im Alter

	Mortalität		Morbidität	
	< 80 Jahre	> 80 Jahre	< 80 Jahre	> 80 Jahre
Aortenaneu-rysma Kazmers 1988	4,1 %	8,3 %	45 %	48 %
Speiseröhren-resektion Adam 1996	10 %	16 %	36 %	38 %
Magenresektion Blair 2001	6 %	0 %	37 %	25 %
Gallenblasen-entfernung Paganini 2002	0 %	1,3 %	12 %	14 %
	< 70 Jahre	> 70 Jahre	< 70 Jahre	> 70 Jahre
Bauchspeichel-drüsenresektion Senninger 1999	4 %	4 %	35 %	18 %
Leberresektion Fong 1995	4 %	4 %	40 %	42 %
Dickdarm-resektion Friess 2003	7 %	3 %	35 %	47 %

Es gibt inzwischen eine Reihe gut dokumentierter retrospektiver Daten, welche den sicheren und effektiven Einsatz größerer Operationen auch bei Patienten im hohen Alter belegen: Große retrospektive Kohortenstudien weisen dies für den abdominalen Aortenersatz bei Aneurysma, für Ösophagus-, Magen-, Pankreas-, Leber- und Dickdarmresektionen bei nur gering erhöhter oder gleich bleibender Morbidität nach (Tabelle 1).

Eine teilweise erhöhte perioperative Sterblichkeit war in Multivariaten-Analysen nicht auf das Alter allein, sondern auf gleichzeitig vorhandene andere Risikofaktoren zurückzuführen. Dies belegt die Analyse unserer Patienten, in der sich ein deutlicher Zusammenhang zwischen dem Lebensalter und der Häufigkeit von Risikofaktoren nachweisen lässt (Abb. 2).

Dass die Ergebnisse von Operationen erheblich von präexistenten Komorbiditäten zum Zeitpunkt der Operation

Abb. 2: Risikofaktoren und Alter (Chirurgische Klinik der RWTH Aachen, n = 3245)

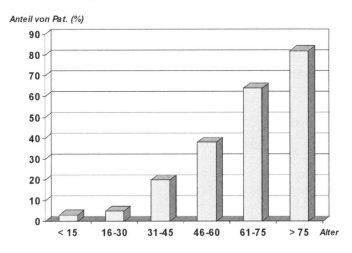

und nicht ausschließlich vom Alter beeinflusst werden, konnte anhand der Daten von 1026 konsekutiven Patienten, die zum Zeitpunkt der Operation älter als 65 Jahre waren, an unserer Klinik nachgewiesen werden. Nur 25 Prozent der Patienten wiesen keine Vorerkrankungen auf. Als Begleiterkrankungen dominierten kardiovaskuläre Erkrankungen mit 46 Prozent. Es folgten Hypertonie mit 29 Prozent, pulmonale Erkrankungen mit 19 Prozent und die Blutzuckererkrankung mit 16 Prozent. Im Durchschnitt wiesen die 65- bis 69-Jährigen 1,1 Risikofaktoren, die 70- bis 74-Jährigen 1,34 Risikofaktoren, die 75- bis 79-Jährigen 1,52 und die über 80-Jährigen 1,41 Begleiterkrankungen auf.

Bei Patienten ohne Risikofaktoren war die Sterblichkeit am geringsten, während sie bei solchen mit vier oder mehr Begleiterkrankungen deutlich höher lag (Abb. 3). Das kalendarische Alter eines Patienten hat einen deutlich geringeren Einfluss auf den postoperativen Verlauf und das Auftreten von Komplikationen als das biologische Alter, d. h. die Anzahl der Begleiterkrankungen. Dementsprechend sind bei der Indikationsstellung zu einer Operation die Erfassung der Risikofaktoren und eine darauf abgestimmte optimale Vorbereitung der Patienten unumgänglich.

Wenn man bedenkt, dass bei älteren Menschen häufig ein fortgeschrittenes Krankheitsstadium bzw. mehrere Komorbiditäten vorhanden sind, so liegt es auf der Hand, dass das Ziel der Behandlung sich immer häufiger in Richtung Palliation verschiebt, deren Ziel in allererster Linie die Lebensqualität ist. Daher muss das oberste Ziel der Alterschirurgie ein komplikationsfreier Verlauf sein, ohne den dieses Ziel nur schwerlich erreicht werden kann. Gute Ergebnisse in der Alterschirurgie sind allerdings nicht ohne entsprechenden Einsatz und Aufwand möglich. Aufgrund der kritischeren Risikokonstellation benötigen Patienten im höheren Alter eine längere Vorbereitungszeit vor der Operation, eine intensive Zuwendung und Beob-

Abb. 3: Alterschirurgie – Operationssterblichkeit (chirurgische Klinik der RWTH Aachen, n = 1026 Patienten > 65 Jahre)

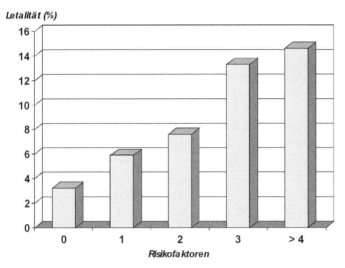

achtung unmittelbar nach der Operation sowie mehr Zeit zur Rekonvaleszenz. Dies verursacht immense Kosten auf dem Krankenhaussektor, wobei die Kosten der poststationären Rehabilitation sowie der notwendigen vermehrten Pflege noch nicht mit eingeschlossen sind.

Ferner muss der betriebswirtschaftliche Aspekt der Behandlung hochbetagter Patienten unter dem derzeit gültigen Fallpauschalenentgeld-System kritisch angesprochen werden. Das DRG-System kann die behandlungsbedürftigen Zusatzerkrankungen von Patienten im höheren Lebensalter nur bedingt durch die Einstufung in eine höhere Erlösgruppe vornehmen. Die durch die regelhafte Multimorbidität verursachten Zusatzaufwendungen, insbesondere die der Intensivüberwachung und -pflege, erzielen unter DRG-Bedingungen derzeit keine aufwandsadäquaten Erlöse. Wenn es in Deutschland weiterhin eine Chirurgie

ohne Altersgrenzen geben soll, dann müssen die dazu notwendigen Ressourcen erst noch zur Verfügung gestellt werden. Unter rein ökonomischen Aspekten können daher die
Möglichkeiten in der chirurgischen Versorgung älterer
Menschen durchaus als Belastung betrachtet werden, unter
medizinischen Aspekten hat der alte Mensch das gleiche
Recht auf eine optimale Behandlung wie der jüngere, unabhängig von den anfallenden Kosten.

Fazit: Fernab aller gesundheitspolitischen und moralisch-
ethischen Aspekte kann festgestellt werden, dass aufgrund
der demographischen Entwicklung die Alterschirurgie exponentiell zunehmen wird. Bereits heute stellt sie einen
wesentlichen Teil der chirurgisch-operativen Tätigkeit dar
und die Ergebnisse belegen, dass auch große Operationen
bei alten Patienten mit ähnlichem Risiko wie bei jüngeren
Patienten durchgeführt werden können. Entscheidend für
die Indikationsstellung sind die Risikofaktoren des jeweiligen Patienten, nicht sein nominelles Alter. Gegenwärtig
hat ein 90-Jähriger eine Lebenserwartung von 5 Jahren,
ein 80-Jähriger von 8 Jahren und ein 70-Jähriger von 15 Jahren. Dies lässt ermessen, dass das Alter allein kein Ent-
scheidungskriterium bei der Wahl der Therapie sein darf.

Alter als Herausforderung aus psychiatrischer Sicht
Zwischen Selbstbestimmung und Hilfsbedürftigkeit

Hanfried Helmchen

Lassen Sie mich mit einer Frage beginnen: Welches Bild tritt Ihnen vor Augen, wenn Sie an das Alter denken, wenn Sie sich alte Menschen vorstellen? Ist es der lebenszugewandte, selbständige und unabhängige 80-jährige Bewohner eines Seniorenstifts oder ist es ein körperlich hinfälliger, über vielfältige körperliche Beschwerden klagender Mensch in einem Zimmer, das nach Urin riecht, oder ein Mensch, der apathisch dasitzt oder der sein Gedächtnis verloren hat und dauernd nachfragt oder sich in seiner Unruhe verirrt, so dass er ständiger Gegenwart anderer Menschen bedarf? Ist es also ein Grauer Panther oder ist es ein Mensch mit einer Alzheimer-Demenz?

Sicher gibt es solche Menschen im Alter. Aber sie sind seltener als jene, die zwischen diesen beiden Polen völliger Selbständigkeit und völliger Hilflosigkeit leben. Der Berliner Entwicklungspsychologe Paul Baltes charakterisierte diese Janusköpfigkeit des Alters als „Hoffnung mit Trauerflor" und zitierte für die Hoffnung den 90-jährigen Cellisten Pablo Casals, der auf die Frage, warum er denn noch so viel übe, antwortete: „Damit ich besser werde", während der 87-jährige Philosoph Norberto Bobbio mit den Worten: „Wer das Alter preist, hat ihm noch nicht ins Gesicht gesehen" wohl eher die Trauer meinte (Baltes 1999, Bobbio 1998).

Diese *Janusköpfigkeit* des Alters fordert den alten Menschen heraus, das rechte Maß zwischen Selbstbestimmtheit und Akzeptanz einer durch das Alter und insbesondere durch Alterskrankheiten bedingten Hilfsbedürftigkeit zu finden (Gethmann et al. 2004). In diesem anthropologischen Kontext ist die Medizin herausgefordert, Selbständigkeit gegen Krankheit zu erhalten und krankheitsbedingte Hilfsbedürftigkeit zu minimieren.

Hintergrund

Als Ausgangspunkt erscheint ein Aspekt des demographischen Wandels besonders wichtig: die Lebenserwartung hat sich in den letzten 100 Jahren fast verdoppelt, während das Rentenalter de facto von über 70 Jahren auf unter 60 Jahre gesunken ist, d. h. die Menschen sterben glücklicherweise nicht mehr „in den Sielen", sondern haben nach dem Arbeitsalter noch einen Ruhestand von 20 bis 30 Jahren vor sich. Das betrifft immer mehr Menschen, da die Alten immer älter werden: Der Anteil der über 80-Jährigen wird bis zum Jahre 2050 auf ein Drittel der über 65-Jährigen wachsen (Helmchen/Kanowski 2001). Dieser Wandel der Altersstruktur hat weitreichende Folgen, von denen hier nur einige beispielhaft genannt werden sollen:

1. Die Menschen zwischen 60 und 80 Jahren sind eine große und relativ schnell wachsende Gruppe eher aktiver und mobiler Bürger (und übrigens auch Konsumenten). Diese „*jungen Alten*" entsprechen damit nicht mehr dem Bilde des früher so apostrophierten dritten und bisher letzten Lebensabschnittes, dem Senium römischer Zeit. Vielmehr schließt sich dieses Senium nun für die „alten Alten" erst jenseits des 80. Lebensjahres als „viertes Lebensalter" an jenen *neuen dritten Lebensabschnitt* zwischen immer früherer Berentung und immer später beginnender Hilfsbedürftig-

keit an. So ergab sich in der Berliner Altersstudie, einer repräsentativen Felduntersuchung von 70- bis 100-jährigen Menschen, dass außerhäuslich-produktive Tätigkeiten erst jenseits des 85. Lebensjahres fast völlig zum Erliegen kommen (Mayer et al. 1999).

2. Dieser Wandel ist aber in der *öffentlichen Meinung* noch nicht richtig angekommen, wenn er etwa als „Über"-alterung bezeichnet und somit unterstellt wird, dass die Verlängerung der Lebenserwartung und die dadurch bedingte Zunahme älterer Menschen jenseits der Norm liege, also ein Zuviel sei. Solche negativen Einstellungsstereotype gegenüber dem Alter kommen in sehr verschiedenen Formen zum Ausdruck, z. B. auch darin, dass Demenz im Alter nicht als zu erforschende und zu behandelnde Krankheit, sondern als zum Alter gehörige und nur durch Pflege zu erleichternde Lebensform zu verstehen sei. Noch stärker gilt dies wohl für die Mehrheit depressiver Störungen, die gar nicht als solche erkannt werden, zumal wenn sie eher leicht ausgeprägt sind und alterstypische Gründe wie Verlusterlebnisse eine traurige Verstimmung oder körperliche Behinderungen eine resignative Herabgestimmtheit verständlich zu machen scheinen und als altersgemäß erscheinen lassen.

3. Die Zunahme der Lebensspanne führt dazu, dass der Tod in die Ferne des kalendarischen Alters rückt (und zudem in Institutionen verschwindet) und nicht mehr unmittelbar zur alltäglichen Erfahrungswelt jüngerer Menschen gehört; das macht die Auseinandersetzung um Sterben und Tod schwierig und lässt die Alten an der Solidarität der Gesellschaft zweifeln. Andererseits leben immer mehr Menschen sehr unterschiedlichen Alters mit- oder nebeneinander, so dass schon heute *4-Generationen-Familien* keine Seltenheit mehr sind. Was aber bedeutet das für das Verhältnis zwischen jungen und alten Menschen, für die wechselseitige Verständigung und Achtung, für die Weiter-

gabe von Erfahrungen, wenn nun immer mehr Menschen
mit sehr unterschiedlichen Erfahrungen aus ganz verschiedenen Epochen – und das bei immer schnellerem Wandel
der Welt – aufeinander treffen?

Diese eben skizzierte Entwicklung hat den Blick wieder
stärker auf das Älter*werden* und das Alt*sein*, auf Altern als
Entwicklungs*prozess* und Alter als Seins*form*, kurz: auf
das Altern und das Alter gelenkt. In der Gesellschaft entwickelt sich ein neues Gesundheitsbewusstsein und die
Vorstellung eines aktiven Alterns, wie es schon vor 200
Jahren der Berliner Arzt Hufeland in seinem damals berühmten Buch *Makrobiotik oder die Kunst, sein Leben zu
verlängern* beschrieben hat und wie es heute in Vorstellungen vom erfolgreichen Altern wieder an Bedeutung gewinnt. Ein scheinbar einfacher Grundgedanke ist, dass die
Verfolgung von Interessen und tätiger Gebrauch innerer
wie äußerer Ressourcen nach dem Motto „use it or loose
it" (was man nicht nutzt, verliert man) das Altern verzögert. Damit wird auch die *Qualität* des Altwerdens
wichtiger als die *Dauer* des Lebens schlechthin. Zunehmende Berichte und auch Erfahrungen von Hinfälligkeit
und Hilfsbedürftigkeit sehr alter Menschen verstärken Vorstellungen, wie sie einerseits in dem Motto der amerikanischen Gesellschaft für Gerontologie zum Ausdruck kommen: „Weniger dem Leben Jahre, sondern vielmehr den
Jahren Leben hinzuzufügen" („add life to years, not years
to life"). Solch Idealbild eines aktiven Alterns liegt andererseits vermutlich aber auch wachsender Zustimmung zur
aktiven Beendigung eines durch Krankheit und Hilflosigkeit gezeichneten Alterns zu Grunde, das als nicht mehr
lebenswert und als unvereinbar mit der Würde des Menschen angesehen wird. Die darin liegenden Gefährdungen
sind durch die holländische Euthanasie-Diskussion und
-Praxis sehr deutlich geworden (Helmchen/Vollmann 1999,
Lauter/Meyer 1990).

Das Alter fordert also die Gesellschaft heraus, die vorherrschende Idee vom Alter, etwa von der Machbarkeit anhaltender Jugendlichkeit oder aber von seinem Sinn in der zunehmenden Erfahrung der Endlichkeit des Lebens, ebenso zu reflektieren wie den Umgang mit den Einschränkungen des Alters, die mit der Nähe zum Tode zunehmen. Aus der Sicht der Medizin ist die Herausforderung nicht das Alter per se, sondern das mit dem Alter wachsende Zerbröseln des biologischen Grundes. Denn heute erreichen viel mehr Menschen als früher ein aktives Alter in Selbständigkeit, aber auch ein (noch höheres) Alter, das durch allmähliches Nachlassen der körperlichen wie seelischen Kräfte und zunehmende Abhängigkeit von körperlicher Hinfälligkeit bis hin zum steigenden Risiko des Ausbruchs *altersassoziierter Erkrankungen* gekennzeichnet ist. Dazu gehören in erster Linie Muskel- und Gelenkerkrankungen, Krebserkrankungen, Herz-Kreislauf-Erkrankungen und vor allem neurodegenerative Erkrankungen wie die Parkinson'sche Erkrankung und Demenzen vom Alzheimer-Typ – aber auch die den sozialen Kontakt häufig behindernde Schwerhörigkeit oder Inkontinenz. Meist treten diese Krankheiten auch nicht allein, sondern in vielfachen Kombinationen auf, also als *Multimorbidität*. Sie behindern viele alte Menschen und machen sie schließlich hilfs- und pflegebedürftig. Evident ist dies bei Gehunfähigkeit infolge von sturzbedingten Brüchen osteoporotischer Knochen oder auch bei schmerzhaften Gelenkveränderungen (Arthrose), bei auszehrenden Krebserkrankungen, bei Lähmungen nach Schlaganfall oder bei motorischer Erstarrung infolge der Parkinson'schen Krankheit. Weniger deutlich ist die Hilfsbedürftigkeit bei psychischen Störungen, insbesondere Depressionen und Demenzen. So wurde die Einrichtung der Pflegeversicherung 1995 nicht zuletzt mit der starken Zunahme der Altersdemenzen begründet; gerade diese Kranken sind aber bisher von der Leistungspflicht noch weitgehend ausgeschlossen.[1] Dabei ist die Demenz eine der wichtigsten Ursachen der Pflegebedürftigkeit alter Menschen.

Hilfsbedürftigkeit durch Demenz und Depression

Da Demenz und auch Depression den Menschen in seinem Personsein und seiner Selbstbestimmtheit zentral treffen, möchte ich mich nun vorwiegend auf Demenzen und Depressionen als den beiden weitaus häufigsten psychiatrischen Erkrankungen des hohen Alters konzentrieren (Helmchen/Reischies 2005).

Demenzen, deren bekannteste jene vom Alzheimer-Typ ist, sind in mehrfacher Hinsicht paradigmatisch für Verlust von Autonomie und Bedarf an Hilfe im Alter, denn

1. sind sie eindeutig *altersassoziiert*: ihre Häufigkeit verdoppelt sich etwa alle 5 Jahre, d. h. ihre Prävalenz steigt von ca. 2–3 Prozent bei 70-Jährigen über 10–15 Prozent bei 80-Jährigen auf etwa 50 Prozent der 90-Jährigen steil an und bedingt dadurch einen Anteil von mehr als 5 Prozent aller über 65-Jährigen mit einer mittel- oder schwer ausgeprägten, also meist pflegebedürftigen Demenz (Bickel 1999);

2. beginnen Demenzen meist *schleichend*, und somit ist ihre Abgrenzung gegenüber dem gutartigen Nachlassen der kognitiven Leistungsfähigkeit nicht sicher möglich, weshalb ihre Früherkennung schwierig ist. Speziell Einschränkungen der Lernfähigkeit und des episodischen Gedächtnisses für individuell bedeutsame Lebensereignisse scheinen zwar Vorläufer dementieller Erkrankungen zu sein, aber ihre Auswirkungen auf die Selbstbestimmbarkeit sind noch unklar;

3. verlaufen Altersdemenzen *chronisch* und progredient bis zum Tode ca. 6–10 Jahre nach Diagnosestellung, also über viele Jahre;

4. führen Demenzen in den Spätstadien zu völliger Hilflosigkeit und *Pflegebedürftigkeit* unter dem prototypi-
schen Bilde des „senilen Alten".

Während somit Demenzen das Paradigma des Verlustes
von Selbstbestimmtheit und der Hilfs- und Pflegebedürftigkeit im Alter sind, ist der Einfluss von *Depressionen* auf
diese Aspekte des Lebens im Alter sublimer. Depressionen
sind mit 10–25 Prozent zwar nicht häufiger als in jünge-
rem Alter, wohl aber die häufigste psychische Störung
auch im Alter und zeigen einige Besonderheiten, indem sie

1. überwiegend nur leicht ausgeprägt erscheinen und
dementsprechend entweder nicht erkannt oder aber als al-
tersentsprechend angesehen bzw. im Verhältnis zu körperlichen Krankheiten *nicht ernst genommen* und somit auch
nicht behandelt werden, gleichwohl die Lebensqualität
mindern, den Verlauf körperlicher Krankheiten komplizie-
ren und Kosten verursachen (Helmchen 2001). Misst man
die Hilfsbedürftigkeit etwa anhand der Einschränkung von
basalen Tätigkeiten des täglichen Lebens mittels sogenann-
ter „activity of daily living (ADL)"-Skalen, dann ist oft nicht
zu entscheiden, inwieweit z. B. eine reduzierte Mobilität
Ausdruck körperlicher Schwäche oder depressiven An-
triebsmangels ist (Helmchen/Linden 1993);

2. stehen Altersdepressionen in einer noch nicht gut ver-
standenen Wechselwirkung mit den häufigen *körperlichen
Krankheiten* und Behinderungen; so ist z. B. noch ungeklärt, ob depressive alte Menschen den mit durchschnittlich 8 Medikamenten pro Tag höchsten Arzneimittelver-
brauch haben, weil sie besonders viele somatische
Erkrankungen haben oder weil ihr Klage- und Hilfesuch-
verhalten den Arzt zu erhöhter Medikation veranlasst (Linden et al. 1998);

3. sind depressive Verstimmungen bei der Beurteilung
von *Todeswünschen* alter Menschen zu berücksichtigen,
was angesichts der neuen Euthanasie-Diskussion nicht

nur allgemein von Bedeutung ist, sondern speziell die Selbstbestimmtheit des eigenen Todes in Frage stellt; in der Berliner Altersstudie hatten von 14,7 Prozent der 516 intensiv untersuchten Studienteilnehmer, die das Leben als nicht mehr lebenswert ansahen, zwei Drittel eine Depression, 90 Prozent von den 5,4 Prozent, die zu sterben wünschten, und alle von dem 1 Prozent, die akute Suizidgedanken angaben (Linden/Barnow 1997).

Verminderung von Hilfsbedürftigkeit und Verstärkung von Selbstbestimmtheit

Schwere des Leidens von Kranken wie auch Angehörigen sowie Häufigkeit und Kosten allein dieser beiden psychischen Krankheiten fordern behandelnde ebenso wie forschende Ärzte heraus, die dadurch bedingte Hilfs- und Pflegebedürftigkeit zu vermindern und das Selbstbestimmungsvermögen zu verbessern. Ziel des *Forschers* ist dabei, aus der Erkenntnis der ursächlichen Prozesse dieser Erkrankungen Ansatzpunkte für Behandlungen zu entwickeln (Masters/Beyreuther 1998). Ziel des *behandelnden Arztes* ist in vielen Fällen nicht primär Gesundheit oder Normalität, sondern ein möglichst großes Maß an Selbständigkeit und Wohlbefinden des kranken alten Menschen.

Symptomdämpfung durch Arzneimittel

Auch wenn die Verminderung oder Beseitigung von Krankheitssymptomen nicht schon identisch mit einer Abnahme der Hilfsbedürftigkeit oder gar mit einer Verstärkung oder Wiedergewinnung der Fähigkeit zur Selbstbestimmung ist, so kann eine symptomatische Behandlung doch dazu beitragen, zumindest indirekt, indem der Zugang zum Alterskranken und damit die Pflege erleichtert wird und der Kranke so wieder mehr zu sich kommen kann. Schon jetzt verfügt die Psychiatrie über Arzneimittel, mit denen quälende oder störende Symptome psychischer Erkrankungen gezielt abgeschwächt oder beseitigt werden können. Dies gilt weniger für die bisher noch kaum beeinflussbaren kognitiven Leistungsstörungen als vielmehr für *Verhaltens*störungen, die vor allem für Angehörige wie für Betreuer von Demenzkranken häufig größere Probleme aufwerfen. Es handelt sich dabei um Antriebsverlust bei depressiven Verstimmungen, um organische Wesensveränderung, Wahn und Halluzinationen, und vor allem um psychomotorische Unruhe, Umtriebigkeit, Umkehr des Schlaf-Wach-Rhythmus, aggressive Verhaltensweisen bis hin zu „Schreiattacken". Diese Symptome führen oft zum Zusammenbruch der ambulanten Betreuung in der Familie oder der Betreuungsmöglichkeiten in Pflegeheimen – und damit zur Klinikeinweisung. Der Einsatz von Tranquilizern, Neuroleptika und Antidepressiva ist oft unvermeidlich, wird aber immer wieder kritisiert wegen der Gefahr der Verschlechterung der demenzbedingten kognitiven Störungen und damit auch der Selbstbestimmbarkeit. Vor allem aber wird solche Medikation mit dem Vorwurf verbunden, dass sie lediglich zur Ruhigstellung ängstlicher oder verwirrter alter Menschen eingesetzt wird. Dieser Vorwurf ist für viele Pflegende unerträglich, weil er verdeckt, dass zu wenig oder gerontopsychiatrisch nur unzureichend qualifiziertes Pflegepersonal vorhanden ist und die Gesellschaft nicht bereit oder in der Lage ist, die gegenüber einer Arzneimittelbehandlung allemal höheren Personalkosten für eine verbesserte und intensivere Betreuung aufzubringen.

Klinische Studien mit dem Ziel der Entwicklung neuer, für diesen Indikationsbereich besser geeigneter Psychopharmaka oder auch nur der Optimierung des Nutzen-Risiko-Verhältnisses von bereits vorhandenen Arzneimitteln, werden in Deutschland nur selten durchgeführt. Ein weiterer, in Deutschland besonders defizitär ausgeprägter Bereich ist die Pharmakoökonomie. Zwar wird in allen Kostendiskussionen immer wieder die Höhe der Arzneimittelkosten für die Behandlung der alten Bevölkerung beklagt, aber Studien, die die Kosteneffizienz zwischen medikamentöser Behandlung und alternativen Betreuungs- und Behandlungsverfahren oder auch mit Nichtbehandlung vergleichen, fehlen fast völlig. Gleiches gilt für pharmaökonomische Studien zur Überprüfung verbreiteter, aber vermutlich falscher Annahmen.[2]

Insgesamt liegt der Wert einer psychotropen Medikation in erster Linie in der Milderung subjektiven Leidens und Erleichterung der Pflege. Es ist aber auch festzuhalten, dass schon mit den heutigen Antidementiva und optimaler Behandlung somatischer Begleitkrankheiten, insbesondere Senkung hohen Blutdruckes, Einschränkung oder Verlust der Autonomie bei Demenz zwar nicht verhindert, aber immerhin wahrscheinlich verzögert werden kann, und dass mit einer antidepressiven Medikation eine Depression beseitigt und die volle Selbstverfügbarkeit wieder erreicht werden kann.

Nichtmedikamentöse Interventionen

Arzneimittel sollen jedoch – wie auch sonst in der Psychiatrie – nur im Rahmen eines Gesamtbehandlungsplanes eingesetzt werden. Darin spielen vor allem spezifizierte rehabilitative, soziale und pflegerische Maßnahmen eine wichtige Rolle. Solche nichtpharmakologischen Behandlungen umfassen zahlreiche Verfahren, deren Wirksamkeit jedoch nur in wenigen Fällen klinisch geprüft wurde. Bei neuropsychologisch orientierten Rehabilitationsverfahren werden große Anstrengungen unternommen, ihre Effekte über den Trainingszeitraum hinaus zu generalisieren und alltagsspezifisch wirksam zu machen. Allerdings ist die

Wirksamkeit interner und externer Gedächtnisstützen und Mnemotechniken und erst recht der Übungseffekt von Problemlösungen noch sehr begrenzt und das Training von Teilsystemen des Gedächtnisses steckt noch in den Kinderschuhen. Eine von Romero vorgeschlagene Selbst-Erhaltungs-Therapie (SET) basiert ebenfalls auf einem neuropsychologisch fundierten Rehabilitationskonzept, das die Kontinuität personaler Erfahrung und erlebnisreicher Lebensformen und damit Selbstgefühl und Selbstkompetenz – auch unter den Bedingungen der Alzheimer Demenz – zu bewahren sucht. Das am Institut für Psychogerontologie der Universität Erlangen-Nürnberg seit 1991 realisierte Projekt „Bedingungen der Erhaltung und Förderung von Selbständigkeit im höheren Lebensalter (SIMA)" hat zu einer Reihe interessanter Längsschnittergebnisse geführt. So konnte gezeigt werden, dass ein kombiniertes Gedächtnis- und Psychomotoriktraining hochsignifikante und vor allem längerfristige Effekte nicht nur bei Gesunden, sondern auch bei Probanden erbrachte, deren Ausgangswerte kognitiver Leistungsfähigkeit im Grenzbereich zur Demenz lagen (Oswald et al. 1996).

Mit einigen Stichworten zur Stärkung von Selbständigkeit psychisch kranker alter Menschen möchte ich schließen:

1. Gerontologisch-gerontopsychiatrische *Präventions- und Rehabilitationsforschung* existiert kaum, systematische Untersuchungen zur institutionellen Versorgung älterer Menschen in Heimen fehlen weitgehend. Ansätze für Interventionen könnten sich jedoch daraus ergeben, dass Inanspruchnahme von medizinischer und pflegerischer Hilfe von einer ganzen Reihe von Bedingungen abhängt, die mehr oder weniger beeinflussbar sind. Insbesondere Abhängigkeit bzw. Hilfsbedürftigkeit ist keineswegs nur eine unausweichliche Folge des biologischen Alterns, sondern spiegelt auch den Zustand des unmittelbaren mikro-sozialen Systems wider. Margret Baltes et al. haben die Interaktionen

von Altenheimbewohnern mit Pflegepersonen eingehend beobachtet und gefunden, dass Abhängigkeit von Pflegepersonen auch gelernt und kompensatorisch eingesetzt wird, um nicht zuletzt darüber sozialen Kontakt zu erhalten oder zu optimieren (Baltes et al. 1991, Baltes 1999).

2. Es bleibt zu prüfen, ob und inwieweit Konzepte für erfolgreiches Altern auch bei psychisch kranken alten Menschen von Bedeutung sein können, z. B. das *Modell der „selektiven Optimierung mit Kompensation: SOK"* (Baltes/ Baltes 1990, Baltes 1999). Dieses Konzept versucht zum einen, ein befriedigendes Altern trotz zunehmender Vulnerabilität und Funktionseinschränkung durch *Anpassung des Selbst* zu erklären; in der Berliner Altersstudie waren viele Menschen trotz schwerwiegender körperlicher oder sozialer Beeinträchtigungen nicht depressiv und äußerten Wohlbefinden, so dass auf ein erhebliches Anpassungspotential (resilience) geschlossen wurde (Staudinger et al. 1999). Die aus der Berliner Altersstudie stammende Abbildung zeigt eine Punktwolke, die sich über das Alter von 70 bis 100 Jahren ziemlich gleich verteilt, d. h. die Häufigkeit von Men-

Abb. 1: Der Zusammenhang zwischen Alter und Alterszufriedenheit in der BASE-Stichprobe (70–103 Jahre)

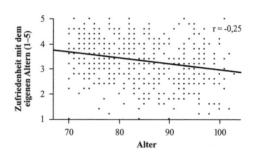

Quelle: K. U. Mayer/P. B. Baltes (Hrsg.): Die Berliner Altersstudie. Berlin 1996

schen mit mehr oder weniger deutlichem Wohlbefinden, dessen zunehmende Ausprägung die linke Skala von unten nach oben zeigt, ändert sich trotz der steilen Zunahme von Krankheiten über die Altersspanne nicht wesentlich. Daraus wurde auf ein erhebliches Anpassungspotential (resilience) geschlossen. Protektive und damit therapeutisch zu unterstützende Faktoren dieses Anpassungspotentials könnten sein (Smith et al. 1999):

– die *Langsamkeit und Kontinuität* der Entwicklung von Defiziten, z. B. von sensorischen und motorischen Behinderungen; sie gibt den so Behinderten die Möglichkeit, sich auf die nicht-kritische, oft zunächst kaum merkliche Beeinträchtigung einzustellen und gegebenenfalls kompensatorische Hilfen zu entwickeln oder anzunehmen;

– das Erlebnis der *Unumgänglichkeit bzw. Unkontrollierbarkeit* solcher Defizite; es mag dazu führen, sich damit abzufinden bzw. Defizite als zum Alter gehöriges Schicksal zu akzeptieren – also ein negatives Altersstereotyp mit positiver Wirkung auf sich selbst anzuwenden; nicht etwa – wie Améry das 1969 in seiner Schrift über das Altern als Revolte und Resignation verstanden hat – ein Aufbegehren im Sinne des „das bin nicht mehr ich", sondern aktive Akzeptanz im Sinne von „ich werde alt, so ist das halt – und versuche das Beste daraus zu machen".

– eine Senkung der *Ansprüche und Änderung von Vergleichszielen*; sie mag beispielsweise dazu führen, sich weniger im Vergleich zu Jüngeren, sondern eher im Vergleich zu Gleichaltrigen einzuschätzen und zu dem Ergebnis zu kommen, dass es einem vergleichsweise doch noch recht gut gehe.

Dementsprechend wäre zu prüfen, inwieweit Depressionen im Alter bevorzugt bei Menschen mit Störung solcher „selbstregulativen Ausgleichsprozesse" auftreten, welche

Faktoren dieses Anpassungspotential vermindern und wie eine zu geringe Anpassungsfähigkeit verbessert werden kann.

Zum anderen geht das SOK-Konzept von der Annahme aus, dass

- durch zunehmende aktive Selbstbeschränkung (also „Selektion") auf im Laufe des Lebens erworbene spezielle Kompetenzen bzw. Vermeidung von anstrengenden körperlichen oder sozialen Situationen,
- durch „Optimierung" noch vorhandener Fähigkeiten, z. B. durch Training
- und unter Zuhilfenahme von sozialen, technischen oder medizinischen Substituten (also mittels *„Kompensation"*) erfolgreiches Altern zu ermöglichen bzw. auch entsprechenden Interventionen zugänglich zu machen ist. Paul Baltes veranschaulichte diese 3 postulierten Prozesse des SOK-Konzeptes durch 3 Gründe, die der Pianist Rubinstein auf die Frage nannte, warum er als 80-Jähriger immer noch so hervorragend konzertieren könne: Erstens spiele er weniger Stücke als früher (Selektion), zweitens übe er diese aber häufiger als früher (Optimierung), und drittens, um sein langsamer gewordenes Spiel abzufangen, verstärke er die Kontraste zwischen schnellen und langsamen Passagen (Kompensation). Genau in diesem Sinne, so Paul Baltes, ist erfolgreiches Altern oft das Resultat einer kreativen und gesellschaftlich gestützten Kombination von Selektion, Optimierung und Kompensation. Eine Umsetzung solcher Modelle in präventive und rehabilitative Verfahren bei psychischen Erkrankungen alter Menschen steht jedoch noch aus und kennzeichnet damit insgesamt den unbefriedigenden Forschungsstand.

3. Eine bekannte interventionsorientierte Theorie des guten Alterns besagt, dass die Vermeidung oder Beseitigung der mit dem Alter zunehmenden Akkumulation krankheitsbedingter Störungen und Behinderungen – die der Autor dieser Theorie, James Fries, auch als Kompres-

sion der Morbidität bezeichnete – dazu führen soll, dass der Mensch bis zu seinem genetisch programmierten Ende gesundheitlich relativ unbeeinträchtigt bleibt, dass also die Kurve seiner Lebensfähigkeit sich nicht allmählich nach unten neigt, sondern bis kurz vor dem Tod (terminal drop) weitgehend horizontal verläuft oder – wie man auch sagt – rectangularisiert wird (Fries 1984). Auch wenn dies Utopie bleiben sollte, wofür gewichtige Gründe sprechen, wäre es vielleicht eher erreichbar, wenigstens die Fähigkeit alter Menschen zur Selbstbestimmung trotz krankheitsbedingter Störungen, Leiden und Behinderungen bis zum tödlichen terminal drop aufrecht zu erhalten. Dazu würde schließlich auch gehören, sich frühzeitig mit dem möglichen Verlust der Selbstbestimmbarkeit, wie er bei der Demenz voraussehbar ist, auseinander zu setzen und im Vorgriff darauf zu einem früheren Zeitpunkt einige Entscheidungen zu treffen. Für eine solche zukunftsorientierte Wahrung der Autonomie sind rechtliche Instrumente wie Patientenverfügungen und Vorsorgevollmachten entwickelt worden. Damit kann der Mensch seinen Willen für die Zeit möglicher Einwilligungsunfähigkeit vorab bestimmen, vor allem aber im Gespräch mit Menschen seines Vertrauens die eigenen Gedanken klären, damit auch den Nächsten mit den eigenen Gedanken vertraut machen und ihn für die Wahrnehmung seines Willens im Falle des Verlustes seiner Selbstbestimmbarkeit bevollmächtigen. Zwar wird bisher von diesen Möglichkeiten selten Gebrauch gemacht. Auch bezweifeln Ärzte die Verbindlichkeit solcher Festlegungen in gesunden Tagen für selbst noch nicht erlebte Zustände, und Philosophen sehen die Identität der Persönlichkeit bei wesensveränderten Demenzkranken und damit die Voraussetzung der Gültigkeit solcher Verfügungen in Frage gestellt. Gleichwohl könnte die dadurch initiierte Auseinandersetzung mit der zunehmenden Einschränkung der eigenen Möglichkeiten, auch der eigenen Selbstbestimmbarkeit, zu einer *Kultur des Alt-werdens* gehören (Helmchen et al. 2005).

Ausblick

Obwohl also in Deutschland schon jetzt mehr als ein Fünf-tel der Menschen mehr als ein Viertel ihres Lebens im soge-nannten Alter – oder anders ausgedrückt: nach Beendigung des Arbeitslebens – verbringen, reicht unser Wissen nicht aus, um die Möglichkeiten eines guten Lebens in dieser für viele Menschen langen Lebenszeit entscheidend zu verbes-sern. Die Ausschöpfung der Möglichkeiten dieses neuen 3. Lebensalters, also der Potentiale eines in etwa gesunden Rentners zwischen 60 und 80 Jahren, sowie der kultur-gebundene Ersatz zunehmender Funktionseinschränkun-gen des dadurch von Hilfe abhängig werdenden höchstalt-rigen Menschen jenseits des 85. Lebensjahres im nun so genannten 4. Lebensalter, sind vor uns stehende Aufgaben, zu deren Lösung wir mehr Wissen und auch Verständnis an-thropologischer Grundpositionen der conditio humana be-nötigen und dann auch in die Praxis umsetzen sollten.

Das Alter ist besser als sein Ruf, aber schlechter als es sein könnte. Denn wir haben schon viele Hinweise auf Möglich-keiten, mittels kultureller, sozialer und technischer Leistun-gen die Begrenzungen zu kompensieren, die die wachsende Dysfunktionalität, das Zerbröseln des biologischen Grundes des alternden Menschen mit sich bringt. Denken wir nur an die Kompensation des Sehverlustes durch die Brille, des Zahnverlustes durch die dritten Zähne, des Hüftgelenkver-lustes durch ein Keramikgelenk, des Hörverlustes durch im-plantierte Mikrocomputer. Das Wissen darum, welche auch seelisch-geistigen Potentiale des alten Menschen in wel-chem Umfang in welcher Weise realisiert werden können, muss jedoch durch erfahrungsgebundene Forschung noch erweitert oder überhaupt erst gewonnen sowie durch entsprechend ausgebildete und motivierte Menschen handlungsbestimmend in die Praxis umgesetzt werden.

Anmerkungen

[1] Z. B. gleichen Demenzkranke, deren kognitive Behinderung nicht erkannt wird, hinsichtlich Hilfsbedarf und Pflegestufen in allen Beurteilungsparametern des Medizinischen Dienstes der Krankenkassen (MDK) den körperlich Behinderten, während Demenzkranke mit erkannter kognitiver Störung (MMSE < 22) in höhere Pflegestufen gelangen. Erkannt wird die kognitive Störung jedoch nur bei gut der Hälfte von in Privathaushalten lebenden Probanden mit kognitiver Einschränkung, die vom MDK für Leistungen aus der Pflegeversicherung begutachtet werden (Zintl-Wiegand/Krumm 2003).

[2] So zeigt eine auf Krankenhausentlassungsdaten der AOK gestützte Arbeit von Brockmann (2002), dass die medizinischen Kosten im letzten Lebensjahr tatsächlich einen großen Teil der gesamten Krankheitskosten ausmachten. Aber diese Kosten waren für gleiche Krankheiten bei Kranken im fortgeschrittenen Alter geringer als bei jüngeren Patienten. Auch erhielten ältere Patienten und insbesondere Frauen vergleichsweise weniger kostenträchtige Behandlungen. Die Daten wurden als Hinweis auf eine informelle Rationierung medizinischer Leistungen nach Alter und Geschlecht interpretiert.

Literatur

Améry, J.: Über das Altern. Revolte und Resignation. Stuttgart: Klett-Cotta, 1969.

Baltes, M. M. / Baltes, P. B.: Successful aging: Perspectives from the behavioral sciences. New York: Cambridge University Press, 1990.

Baltes, M. M. / Wahl, H. W. / Reichert, M.: Successful aging in institutions? In: AnnRevGerontGeriatr 11 (1991), S. 311–337.

Baltes, P. B.: Alter und Altern als unvollendete Architektur der Humanontogenese. In: ZGerontolGeriat 32 (1999), S. 433–448.

Bickel, H.: Deskriptive Epidemiologie der Demenzen. In: Psychiatrie der Gegenwart. Bd 4: Psychische Störungen bei somatischen Krankheiten (Hrsg.: Helmchen, H / Henn, F. A. / Lauter,

H. / Sartorius, N.). Berlin/Heidelberg/New York: Springer, 1999, S. 33–52.

Bobbio, N.: Vom Alter – De senectute. Berlin: Wagenbach, 1998.

Brockmann, H.: Why is less money spent on health care for the elderly than for the rest of the population? Health care rationing in German hospitals. In: SocSciMed 55 (2002) 4, S. 593–608.

Fries, J. F.: The compression of morbidity: Miscellaneous comments about a theme. In: The Gerontologist 24 (1984), S. 354–359.

Gethmann, C. F. / Gerok, W. / Helmchen, H. / Henke, K. D. / Mittelstraß, J. / Schmidt-Assmann E. / Stock, G. / Taupitz, J. / Thiele, F.: Gesundheit nach Maß? Eine transdisziplinäre Studie zu den Grundlagen eines dauerhaften Gesundheitssystems. Berlin: Akademie Verlag, 2004.

Helmchen, H. / Linden, M.: The differentiation between depression and dementia in the very old. In: Ageing and Society 13 (1993), S. 589–617.

Helmchen, H. / Vollmann, J.: Ethische Fragen in der Psychiatrie. In: Psychiatrie der Gegenwart. Bd. 2: Allgemeine Psychiatrie (Hrsg.: Helmchen, H. / Henn, F. A. / Lauter, H. / Sartorius, N.). Berlin/Heidelberg/New York: Springer, 1999, S. 521–577.

Helmchen, H. / Kanowski, S.: Gerontopsychiatrie in Deutschland. Gegenwärtige Entwicklung und zukünftige Anforderungen. In: Gerontopsychiatrie und Alterspsychotherapie in Deutschland. Expertisen zum Dritten Altenbericht der Bundesregierung (2001). Bd 4.

Helmchen, H.: Unterschwellige psychische Störungen. In: Nervenarzt 72 (2001), S. 181–189.

Helmchen, H. / Reischies, F. M.: Psychopathologie des Alter(n)s. In: Filipp, S. H. / Staudinger, U. (Hrsg): Enzyklopädie der Psychologie C, V, Bd. 6. Entwicklungspsychologie des mittleren und älteren Erwachsenenalters. Göttingen: Hogrefe, 2005, S. 251–296.

Helmchen, H. / Kanowski, S. / Lauter, H. / Neumann, E. M.: Ethik in der Altersmedizin. Stuttgart: Kohlhammer, 2005.

Hufeland, C. W.: Makrobiotik oder die Kunst das menschliche Leben zu verlängern. Berlin: Wittich, [3]1805) ([1]1797: Die Kunst das menschliche Leben zu verlängern. Jena: Akademische Buchhandlung).

Lauter, H. / Meyer, J. E.: Die neue Euthanasie-Diskussion vom psychiatrischen Standpunkt. In: FortschrNeurolPsychiatr 60 (1992) 11, S. 441–448.

Linden, M. / Barnow, S.: The Wish to Die in Very Old Persons Near the End of Life: A Psychiatric Problem? Results From the Berlin Aging Study. In: International Psychogeriatrics 9 (1997), S. 291–307.

Linden, M. / Kurtz, G. / Baltes, M. M. / Geiselmann, B. / Lang, F. R. / Reischies, F. M. / Helmchen, H.: Depression bei Hochbetagten. Ergebnisse der Berliner Altersstudie. In: Nervenarzt 69 (1998), S. 27–37.

Masters, C. L. / Beyreuther, K.: Science, medicine, and the future: Alzheimer's disease. In: British Medical Journal 316 (1998), S. 446–448.

Mayer, K. U. / Baltes, P. B. / Baltes, M. M. / Borchelt, M. / Delius, J. / Helmchen, H. / Linden, M. / Smith, J. / Staudinger, U. M. / Steinhagen-Thiessen, E. / Wagner, M.: Knowledge on Age and ageing: results from the Berlin Aging Study. In: The Berlin Study Aging Study. Aging from 70 to 100 (Hrsg.: Baltes, P. B. / Mayer, K. U.). Cambridge/New York: Cambridge University Press, 1999, S. 475–519.

Oswald, W. D. / Rupprecht, R. / Gunzelmann, T. / Tritt, K.: The SIMA-project: effects of 1 year cognitive and psychomotor training on cognitive abilities of the elderly. In: BehavBrainRes 78 (1996) 1, S. 67–72.

Smith, J. / Fleeson, W. / Geiselmann, B. / Settersten, Jr R. A. / Kunzmann, U.: Sources of Well-Being in Very Old Age. In: The Berlin Aging Study. Aging from 70 to 100 (Hrsg.: Baltes P. B. / Mayer K. U.). Cambridge/New York: Cambridge University Press, 1999, S. 450–474.

Staudinger, U. M. / Freund, A. M. / Linden, M. / Maas, I.: Self, Personality, and Life Regulation: Facets of Psychological Resilience in Old Age. In: The Berlin Aging Study. Aging from 70 to 100 (Hrsg.: Baltes, P. B. / Mayer, K. U.). Cambridge/New York: Cambridge University Press, 1999, S. 302–328.

Zintl-Wiegand, A. / Krumm, B.: Werden Demenzkranke bei der Feststellung der Pflegebedürftigkeit nach dem Pflegeversicherungsgesetz benachteiligt? Die Erfassung von kognitiver Einschränkung im Pflegegutachten (MDK) und mit standardisierten Instrumenten. In: Nervenarzt 74 (2003) 7, S. 571–580.

Demenzforschung: Die Biologie der Alzheimer-Krankheit

Norbert Arnold

Herausforderungen

Das Schicksal der Patientin Auguste D., deren Krankheitsbild der deutsche Neurologe Alois Alzheimer (1864–1915)
im Jahr 1906 beschrieb, schien damals eine seltene Ausnahme zu sein. Dies hat sich in den vergangenen 100 Jahren radikal gewandelt: Rund eine Million Menschen leiden
heute in Deutschland an der gleichen Krankheit wie Auguste D. – an „Alzheimer". Jedes Jahr kommen 120.000
neue Fälle hinzu. Die Rate der Neuerkrankungen steigt
jährlich um ca. 20.000. Für das Jahr 2050 wird mit zweiein-
halb bis drei Millionen Alzheimer-Patienten gerechnet.[1]
Auguste D. hat mittlerweile viele Leidensgenossen. Der
Morbus Alzheimer ist die häufigste Demenz.

Hinter dem Begriff „Demenz" stehen mehr als 50 verschiedene Erkrankungen. Allen gemeinsam ist das Nachlassen höherer Geistesfunktionen, wie Denkvermögen, Ur-
teilsfähigkeit, Gedächtnis, Sprache, Wahrnehmung und
Orientierung. Die Alzheimer-Krankheit macht 50 bis 60
Prozent aller Demenzen aus. Sie gehört zur Gruppe der so
genannten „neurodegenerativen Demenzen", genauso wie
die selteneren Frontotemporale Demenz (FTD, Morbus
Pick) und die Lewy-Körperchen-Demenz (LBD, Lewy Bo-
dies Demenz). Diese Formen der Demenz entstehen durch
Defekte in Nervenzellen und damit einhergehend durch
Gewebeschädigungen des Gehirns. Die so genannten „vas-

kuläre Demenzen" (VAD) entstehen dagegen durch Gefäß-
schäden, durch die die Durchblutung von Gehirnarealen –
und dadurch die Leistungsfähigkeit der betroffenen Bereiche – vermindert wird. Eine dritte Gruppe von Demenzen entsteht als Folge anderer Erkrankungen, wie Infektionen oder Vergiftungen.

Im Gegensatz zu vaskulären Demenzen, die in vielen
Fällen erfolgreich therapiert werden können, steht für die
Alzheimer-Demenz keine sichere Therapie zur Verfügung.
Bisher gelingt es nur, durch verschiedene medikamentöse
und nicht-medikamentöse Therapieformen den Krankheitsverlauf um etwa ein Jahr zu verlangsamen. Eine Heilung ist nicht möglich. Im Hinblick auf die wachsende
Zahl Erkrankter und die geringen Therapiemöglichkeiten
der Medizin muss die Demenzforschung mit Nachdruck
vorangetrieben werden.[2]

Altern und Demenz

Von Demenzen betroffen sind fast ausschließlich Ältere.
Während die Neuerkrankungsrate von unter 55-Jährigen
bei nur 0,01 Prozent liegt, steigt sie bei älteren Menschen
rapide und kontinuierlich an und liegt bei über 90-Jährigen
bei über zehn Prozent. Der Anteil von Alzheimer-Patienten in den Altersgruppen von über 65-Jährigen verdoppelt
sich jeweils im Abstand von fünf Lebensjahren. Insgesamt
nimmt die Wahrscheinlichkeit, an einer Demenz zu erkranken, mit steigendem Lebensalter exponentiell zu.
Wahrscheinlich erkrankt jeder Mensch an einer Demenz –
unter der Voraussetzung, dass er lange genug lebt.

Alzheimer-Demenz hat für die Betroffenen tief greifende
Veränderungen zur Folge. Sie führt zum Verlust kognitiver
Fähigkeiten bis hin zur vollständigen Auslöschung persönli-
chen Wissens. Sie ist mit körperlichen Gebrechen verbun-

den, insbesondere mit abnehmender Mobilität und Wahrnehmungsfähigkeit. Außerdem ändert sich das soziale Verhalten dementer Menschen, ihre Emotionen und ihr „Wesen" insgesamt, so dass sie sich selbst nahe stehenden Personen oftmals entfremden. Mit fortschreitender Alzheimer-Demenz geht ein Verlust an Autonomie einher. Ein selbstbestimmtes Leben wird zunehmend nicht mehr möglich.[3] Im Verlaufe der Erkrankung – die durchschnittliche Krankheitsdauer liegt bei sechs bis zehn Jahren – verschlechtert sich der Zustand und führt schließlich zum Tod.

Demente Menschen benötigen eine intensive Betreuung und Pflege. Sie wird größtenteils von Familienangehörigen übernommen, nur 40 Prozent der Menschen mit mittelschweren und schweren Demenzen sind in Langzeitpflegeheimen untergebracht. Auch für die Angehörigen, die diese Aufgabe übernehmen, ist Demenz eine schwere Belastung. „Hilfe zur Hilfe", etwa in Form von ambulanten Pflegediensten oder Tageskliniken, kann eine wirksame Entlastung bieten. In späten Stadien der Demenz ist eine Pflege zu Hause oft nicht mehr möglich, so dass eine Einweisung in ein Pflegeheim unumgänglich wird. In Deutschland gibt es rund 8.500 Altenheime mit 717.000 Bewohnern. 50 bis 60 Prozent der Heimbewohner leiden unter einer Demenzerkrankung. Rund 75 Prozent sind schwerpflegebedürftig.

Alzheimer ist eine teure Krankheit. Pro Patient und Jahr fallen durchschnittlich Kosten in Höhe von ca. 44.000 Euro an.

Das Leid der Patienten, für die keine wirkliche Heilung möglich ist, die Belastung für das soziale Umfeld des Kranken und auch die hohen Kosten sind wichtige Gründe, die Erforschung des Morbus Alzheimer voranzutreiben. Auch wenn bisher entscheidende Durchbrüche in der Forschung noch nicht zu verzeichnen sind, gibt es Fortschritte, die Anlass für Optimismus geben. Seit Alois Alzheimer gibt es eine kontinuierliche Weiterentwicklung der Alzheimer-Forschung und einen steten Zuwachs an Erkenntnissen.

Neurodegenerative Prozesse und ihre molekular-biologischen Grundlagen

Zwischen dem normalen Nachlassen der Leistungsfähig-keit des Gehirns im Alter und einer Demenz mit Krank-heitswert gibt es fließende Übergänge. Die Diagnose ist schwierig und oft nicht eindeutig. Erst postmortal lässt sich eine Alzheimer-Demenz anhand der morphologischen Veränderungen im Gehirn eindeutig diagnostizieren. Eine frühzeitige und eindeutige Diagnose ist jedoch eine wich-tige Vorbedingung für eine wirksame Behandlung. Die Di-agnosemöglichkeiten für Alzheimer und andere Demenzen zu verbessern, stellt daher ein wichtiges Forschungsziel dar. Neben psychologischen Tests wird mit Nachdruck ver-sucht, Laborverfahren zu entwickeln, mit denen – durch den Nachweis von Marker-Proteinen im Blut oder Liquor – eine Alzheimer-Demenz schnell und eindeutig nachgewie-sen werden kann.

Die Gehirne von Alzheimer-Patienten weisen typische Veränderungen auf. Besonders im parietalen, temporalen und entorhinalen Kortex und im Hippokampus treten Atro-phien und Neuronenverluste auf, die letztlich zu den Alz-heimer-typischen Symptomen führen. Jährlich verlieren die Patienten fünf Prozent ihrer gesamten Gehirnmasse; im Hippocampus gehen sogar rund 10 Prozent verloren.[4] Post-mortal durch Gewebeschnitte und zunehmend auch beim lebenden Patienten durch moderne bildgebende Verfahren wie SPECT (single photon emission computertomographie), PET (Positronenemissionscomputertomographie) und MRT (Magnetresonanztomographie) lassen sich immer besser diese neurodegenerative Veränderungen erkennen.

Auf zellulärer Ebene lassen sich im Gehirn von Alzhei-mer-Patienten charakteristische – extra- und intrazellu-läre – Ablagerungen nachweisen. Besonders auffällig sind die amyloide Plaques, die aus Proteinfragmenten „Aβ" (amyloid beta protein) bestehen, einem Abbauprodukt ei-nes größeren Vorläuferproteins „APP" (beta-amyloid peptid precursor protein), das als Membranprotein in Nervenzel-len zu finden ist. Die Plaques wirken auf Neuronen toxisch und führen zu deren Absterben.

Auch innerhalb der Neurone lassen sich bei Alzheimer-Patienten Proteinablagerungen nachweisen, nämlich cha-rakteristische fibrilläre Strukturen in den Axonen der Ner-venzellen, die aus dem Protein „Tau" gebildet werden. Tau ist unter normalen Bedingungen ein Mikrotubuli-assoziier-tes Protein, das in den Axonen am Stofftransport beteiligt ist.[5] Die normale Form des Tau unterscheidet sich von der pathogenen Form durch eine stärkere Phosphorylierung. Insbesondere das „Pospho-Tau-199" (mit einer Phosphory-lierung an der Aminosäure 199) scheint für Alzheimer spe-zifisch zu sein und scheint sich auch als Indikator für die Alzheimer-Diagnostik zu bewähren.

Sowohl die amyloiden Plaques aus Aβ als auch die fibril-lären Tau-Ablagerungen behindern vermutlich die norma-len interzelluären Kommunikationsprozesse, den Stoff-wechsel sowie Reparaturmechanismen.

Aβ wird als Hauptursache für das Krankheitsbild der Alzheimer-Demenz diskutiert.[6] Mitte der 1980er Jahre wurde die Aminosäure-Sequenz des 4 KD großen Aβ, das als Hauptbestandteil der amyloiden Plaqaues indentifiziert wurde, veröffentlicht.[7] Das Gen für das Vorläuferprotein APP konnte auf Chromosom 21 identifiziert und charakte-risiert werden.[8] Im APP-Gen wurden Mutationen identifi-ziert, die offensichtlich für den Ausbruch der Alzheimer-Krankheit verantwortlich sein können. Bei 5 Prozent der Alzheimer-Erkrankungen sind sie die Krankheitsursache.

Sind diese Mutationen im APP-Gen vorhanden, dann kann mit Sicherheit von einer Manifestation der Erkrankung ausgegangen werden. Durch genetische Analysen wurden weitere Gene identifiziert, die zu einem erhöhten Erkrankungsrisiko beitragen können.

Mittlerweile sind mehr als 16 Mutationen im APP-Gen, 140 Mutationen im Gen für Presenilin 1 (Chromosom 14) und 10 Mutationen im Gen für Presenilin 2 (Chromosom 1) identifiziert worden, die mit Alzheimer-Demenz in einem ursächlichen Zusammenhang stehen.[9] Auch in weiteren Genen, u. a. im Gen für APO E auf Chromosom 19, konnten Mutationen identifiziert werden, durch die das Erkrankungsrisiko erhöht wird.[10]

Die zentrale Rolle der amyloiden Plaques für den Ausbruch der Alzheimer-Krankheit konnte sowohl im Tiermodell als auch in Zellkultur-Experimenten erhärtet werden. Offensichtlich entsteht ein Ungleichgewicht zwischen der Bildung und dem Abbau des Aβ, so dass es zur Plaque-Bildung kommt und gleichzeitig auf molekularer und zellulärer Ebene ein Prozess angestoßen wird, der zu allen übrigen Symptomen der Alzheimer-Krankheit führt. Genetische, molekularbiologische, biochemische und neuropathologische Befunden untermauern diese Annahme.[11]

Zur verstärkten Bildung von amyloiden Plaques kommt es offensichtlich durch eine fehlerhaftes „Processing" des APP, aus dem nicht normale Aβ-Proteinfragmente („Aβ40") hervorgehen, sondern eine besondere Form („Aβ42"). Das fehlerhafte enzymatische Schneiden des APP wird durch so genannte Sekretasen verursacht. Der größte Teil des APP wird normalerweise in einem ersten Schritt durch eine alpha-Sekretase und eines der entstehenden Bruchstücke in einem zweiten Schritt durch die gamma-Sekretase gespalten. Alternativ kann APP aber auch zunächst durch eine beta-Sekretase und dann durch die gamma-Sekretase gespalten werden; Aβ ist das Produkt dieses alternativen Weges.

Ist das Aβ-Peptid entstanden, wird es für den Transport an ein Rezeptor-Protein „LRP" (lipoprotein receptor-related protein) gebunden. Für den Aβ-Transport in Lysosomen, speziellen Zellorganellen, in denen Aβ normalerweise abgebaut wird, oder durch die Blut-Hirn-Schranke, in dessen späterem Verlauf dann ebenfalls ein Abbau von Aβ erfolgt, übernimmt LRP eine Schlüsselrolle. Defekte im LRP-Gen können daher ebenfalls das Risiko erhöhen, an Alzheimer zu erkranken.

Am Abbau von Aβ sind verschiedene Proteasen beteiligt, unter anderem Neprilysin, Plasminogen und das IDE (insulin-degrading enzym). Insbesondere für das IDE konnte man nachweisen, dass es auf die Aβ-Konzentration im Gehirn einen großen Einfluss hat.

Die Wirkung der Aβ-Plaques auf die Neuronen, ihre Toxizität, ist bisher nicht in allen Einzelheiten verstanden. Wie aus Tierversuchen und aus Experimenten mit Zellkulturen deutlich wird, entfaltet Aβ nur in einer oligomerisierten Form, aber nicht als Monomer eine zellschädigende Wirkung. Der genaue Mechanismus, wie Aβ zur Apoptose von Neuronen führt, ist nicht bekannt, es gibt jedoch Hinweise, dass das oligomerisierte Aβ wie ein Ionenkanal in den Zellmembranen der Neuronen wirkt und dadurch den programmierten Zelltod einleitet. Hinweise auf Wechselwirkungen mit Mitochondrien-Proteinen und mit Metall-Ionen deuten daraufhin, dass die Induktion der Apoptose durch Aβ jedoch sehr viel komplizierter sein könnte und Prozesse umfasst, die bisher noch unverstanden sind.

Amyloide Plaques aktivieren auch Mikroglia-Zellen, Immunabwehrzellen des Gehirns, und setzen daher Immunreaktionen und entzündliche Prozesse in Gang. Die Rolle der Cytokine und ihre Bedeutung für die Krankheitsentstehung im Kontext der übrigen molekularen und zellulären Prozesse ist noch nicht geklärt.

Amyloide Plaques aus Aβ finden sich nicht nur im Gehirn von Alzheimer-Patienten, sondern auch bei Patienten mit Down Syndrom (Trisomie 21). Nachdem das APP-Gen auf Chromosom 21 lokalisiert werden konnte, erhärtete sich der Verdacht, dass Alzheimer und Down Syndrom eventuell auf die gleichen Gen-Produkte zurückzuführen sind.

Proteinablagerungen scheinen über die Alzheimer-Demenz hinaus ein zentrales Merkmal auch für viele andere neurodegenerative Erkrankungen zu sein. Bei Morbus Parkinson und der Lewy-Körperchen-Demenz findet man Ablagerungen aus Alpha-Synuklein, bei der Frototemporalen Demenz Ablagerungen aus dem Tau-Protein und Ubiquitin; auch bei der Chorea Huntington und bei der Creutzfeld-Jacob-Krankheit spielen Proteinablagerungen eine zentrale Rolle bei der Krankheitsentstehung.

Neuronale Entwicklung – Neurodegeneration

Viele der Proteine, die bei der Entstehung von Alzheimer beteiligt sind, haben eine zentrale Funktion für die neuronale Entwicklung.[12]

Bei der neuronalen Entwicklung bilden sich corticale Neurone im Inneren des Gehirns und wandern dann auf festgelegten Bahnen entlang von Glia-Zellen nach außen. Als Signalmolekül, das die Wanderung steuert, dient ein Protein mit der Bezeichnung „Reelin". Dabei bindet Reelin an Rezeptorprotein-Komplexe der wandernden Neurone, Cadherine (CNR), ApoE-Rezeptor 2 (ApoER2) und VLDL-Rezeptor (VLDLR). Durch diese Bindung wird ein intrazelluläres Protein „Dab" durch die Tyrosin-Kinase CDK5 phosphoryliert. Diese Phosphorylierung bewirkt, dass das Neuron am Zielort im Gehirn die Wanderung einstellt und sich ausdifferenziert.

Die Tyrosin-Kinase CDK5, die bei diesem Vorgang eine zentrale Rolle spielt, scheint durch eine fehlerhafte Aktivierung mitverantwortlich für die Entstehung von Alzheimer zu sein. In betroffenen Gehirnen ist nämlich eine Untereinheit p35/p25 nachweisbar, die durch eine Überaktivierung der Kinase-Aktivität zur Phosphorylierung des Tau-Proteins führen könnte, das sich dann in dieser Form zu den für die Alzheimer-Krankheit typischen intrazellulären fibrillären Strukturen ablagert.

Auch das APP, aus dem bei Alzheimer die plaquebildenden Peptide entstehen, ist ein Membranprotein in Nervenzellen mit Rezeptorfunktion, das auch mit den Dab-Proteinen interagieren kann. Von anderen Membranproteinen, wie z. B. den so genannten Notch-Proteinen, weiß man, dass sie ähnlich wie APP durch Sekretasen prozessiert werden und dass die intrazellulär entstehenden Peptide wichtige Signalfunktionen übernehmen, nämlich indem sie sich mit einem bestimmten DNA-bindenden Protein verbinden und dann in den Zellkern wandern, wo sie als Transkriptionsfaktor an der Genregulierung mitwirken. Es gibt Hinweise, dass ähnlich wie das Notch-Protein auch das APP ein wichtiger Bestandteil intrazellulärer Regulationsmechanismen ist. Es wird vermutet, dass durch eine fehlerhafte Sekretase nicht nur extrazellulär Peptide entstehen, die die für Alzheimer typischen Plaques bilden, sondern dass außerdem, vielleicht sogar als der wichtigere krankheitsauslösende Mechanismus, intrazellulär eine fehlerhafte Singalübermittlung stattfindet. Unter anderem könnte die Hyperphosphorylierung des Tau-Proteins und in der Folge die interzellulären fibrillären Ablagerungen dadurch verursacht werden.

Durch diese komplizierten molekularen Mechanismen, die zunehmend identifiziert werden, beginnt man die Zusammenhänge zwischen den beiden für Alzheimer typischen Kennzeichen, nämlich der amyloiden Plaques aus Aβ-Proteinfragmenten außerhalb der Neuronen und der Bildung der fibrillären Tau-Ablagerungen innerhalb der

Neuronen zu verstehen. Beide Phänomene sind trotz ihrer „makroskopischen" Verschiedenheit offensichtlich auf molekularer Ebene eng miteinander verknüpft.

Die Analyse dieser komplexen Zusammenhänge auf zellulärer und molekularer Ebene führt zu einem neuen Verständnis der Erkrankung und langfristig hoffentlich auch zu neuen Ansatzpunkten für therapeutische Maßnahmen.

Therapieorientierte Forschung

Obwohl die Krankheitsursachen der Alzheimer-Demenz noch lange nicht in ihren Zusammenhängen vollständig verstanden sind, wird aufgrund der vorhandenen Kenntnisse schon jetzt nach Möglichkeiten gesucht, für die Alzheimer-Krankheit neue Therapieformen zu entwickeln. Folgende wichtige Ansätze einer therapieorientierten Forschung werden verfolgt:[13]

– Nichtsteroidale Antirheumatika (NSAR), wie Acetylsalicylsäure und Ibuprofen, können nach einigen Studien zu urteilen, das Demenzrisiko vermindern, indem sie die Bildung der amyloiden Plaques verhindern. Der Wirkmechanismus ist bisher unbekannt, die entzündungshemmende Wirkung der NSAR spielt dabei offensichtlich keine Rolle.

– Ein viel versprechender Ansatz versucht mit Antikörpern die Proteinablagerung im Gehirn von Alzheimer-Patienten abzubauen. Mit einer solchen „Impfung gegen Alzheimer" mit Plaque-Proteinen konnte erfolgreich die Antikörperbildung gegen die amyloiden Plaques induziert und dadurch der Krankheitsverlauf gemildert werden. Bei ersten klinischen Tests wurden jedoch bei manchen Probanden schwerwiegende Nebenwirkungen festgestellt. Deshalb wird jetzt anstelle einer aktiven auch eine passive Immunisierung getestet.

– In einem weiteren Ansatz wird die Möglichkeit verfolgt, die gamma-Sekretase, die bei der Bildung des Aβ aus dem APP-Vorläuferprotein eine entscheidende Rolle spielt, gezielt zu hemmen. Allerdings haben Sekretasen andere wichtige zelluläre Funktionen. Sekretase-Inhibitoren führen daher zu erheblichen Nebenwirkungen. Ziel der Forschung muss eine APP-Selektivität sein.

– Für eine Reduktion des Aβ-Levels im Gehirn könnten eventuell auch Proteasen wie IDE, Neprilysin und Plasmin eingesetzt werden.

– Für die Bildung der amyloiden Plaques ist Zink und Kupfer notwendig. Mit dem Einsatz von Chelatoren, die diese Metalle binden, soll versucht werden, die Bildung unlöslicher Plaques zu reduzieren. Als ein Kandidat für einen geeigneten Chelator wird das Antibiotikum Clioquinol getestet.

– Bei Alzheimer-Demenz wird – zumindest in der Anfangsphase – das so genannte cholinerge System besonders stark in Mitleidenschaft gezogen, so dass es offensichtlich zu einem Mangel an Acetylcholin, einem wichtigen Neurotransmitter, im Gehirn von Alzheimer-Patienten kommt. Eine gezielte Hemmung der Acetylcholinesterase, einem Enzym, das den Neurotransmitter abbaut, soll die Verfügbarkeit von Acetylcholin erhöhen und damit die Symptome der Alzheimer-Demenz lindern. Als Wirkstoffe stehen Donepezil, Rivastigmin und Galantamin zur Verfügung. In ersten Studien deuten sich eine Verlangsamung der Krankheit und damit ein „Zeitgewinn" für die Patienten zwischen sechs Monaten und bis zu zwei Jahren an.

– Eine ähnliche Strategie wird mit dem NMDA-Rezeptorantagonist Memantin verfolgt: L-Glutamat ist neben Acetylcholin ein weiterer wichtiger Neurotransmitter. Im Falle einer Alzheimer-Erkrankung kommt es zu einer Überaktivierung des Glutamat-Systems und dadurch zu Zellschädigungen. Mit Memantin wird versucht, eine solche Überaktivierung zu verhindern.

- Schließlich gibt es bereits heute Versuchsansätze, die eine Regeneration der geschädigten Hirnareale zum Ziel haben. Dazu setzt man den Wachstumsfaktor NGF (Nerve Growth Factor) ein, um die Regeneration von Neuronen zu stimulieren.

Alternde Gesellschaft und Demenzforschung

Demenzen sind keine neuartigen Erkrankungen unserer Zeit. In Einzelfällen wurden sie bereits seit dem Altertum beschrieben. Mit deutlich zunehmender Lebenserwartung der Menschen ab der zweiten Hälfte des 19. Jahrhunderts werden sie jedoch zu einer Krankheit, von der sehr viele Menschen betroffen werden. In der heutigen modernen Gesellschaft, die im Hinblick auf den demographischen Wandel als „alternde Gesellschaft" bezeichnet werden kann, werden Demenzen zur Volkskrankheit.

Die zunehmende Lebenserwartung kann als ein Erfolg des medizinischen Fortschritts gewertet werden. Die mit der längeren Lebensspanne verbundenen gesundheitlichen Probleme werden jedoch eine andauernde Herausforderung für den medizinischen Fortschritt bleiben.

Alt werden wollen alle, alt sein dagegen niemand. Besonders jene Erkrankungen, die mit dem Altern verbunden sind und die ein selbstbestimmtes Leben in dramatischer Weise einschränken und schließlich unmöglich machen, wie es bei der Alzheimer-Krankheit der Fall ist, lassen vielen das Alt-Sein als unerträgliche Last erscheinen. Hier hat die Medizin eine wichtige Aufgabe, den Menschen zu helfen. Jeder, der aus eigener Anschauung das Leid alter dementer Patienten kennt, wird dies bestätigen.

Damit Medizin ihren Auftrag erfüllen kann, muss biologisch-medizinische Forschung – als wichtigste Quelle neuer Optionen für Diagnostik und Therapie – gestärkt werden. Dies gilt besonders in einer „alternden Gesellschaft", in der sich die „Grenzen der Gesundheit" verschieben: Viele ältere Menschen leben mit gesundheitlichen Beschwerden, die körperliche und geistige Leistungsfähigkeit lässt nach und chronische Erkrankungen werden fast zum Normalfall. Vor diesem Hintergrund muss der Gesundheitsforschung – und insbesondere der Demenzforschung – ein hoher Stellenwert zugemessen werden.

Anmerkungen

[1] Umfassende Informationsquelle im Internet zur Alzheimer-Krankheit: www.deutsche-alzheimer.de. Ferner: www.alzheimer.de.

[2] Als Einführung und Überblick in die Demenzforschung vgl. *Bundesministerium für Bildung und Forschung:* Der Kampf gegen das Vergessen. Demenzforschung im Fokus. Berlin/Bonn 2004. Vgl. auch: www.kompetenznetz-demenz.de/94.html.

[3] Zur zentralen Bedeutung des Gehirns für die Personalität des Menschen vgl. *Roth, Patrick:* Fühlen, Denken, Handeln. Frankfurt a. M. 2003. Zum Stand der Hirnforschung vgl. *Albright, Thomas D. / Jessel, Thomas H. / Kandel, Eric R. / Posner, Michael I.:* Neural Science. A Century of Progress and the Mysteries that Remain. In: Cell 100 (2002), S. 1–55.

[4] *Thompson, P. M. / Hayaski, K. M. / de Zubicaray, G. / Janke, A. L. / Rose, S. E. / Semple, J. / Hong, M. S. / Herman, D. / Gravano, D. / Dittmer, S. / Dodrell, D. M. / Toja, A. W.:* Dynamics of Gray Matter Loss in Alzheimer's Disease. In: Journal of Neuroscience 23 (2003) 3, S. 994–1005. Eindrucksvolle Darstellung des dramatischen Neuronenverlusts in: http://www.loni.ucla.edu/~thompson/MEDIA/AD/PressRelease.html.

[5] *Mandelkow, E. / Mandelkow E.-M.:* Kinesin motors and disease. In: TrendsCellBio 12 (2002), S. 585–591.

[6] *Tanzi, Rudolph E. / Bertram, Lars:* Twenty Years of the Alzheimer's Disease Amyloid Hypothesis. A Genetic Perspective. In: Cell 120 (2005), S. 545–555.

[7] *Glenner, G. G. / Wong, C. W.:* Alzheimer's disease and Down's

syndrome: sharing of a unique cerebrovascular amyloid fribril protein. In: BiochemBiophysResCommun 122 (1984), S. 1131–1135; *Masters, C. L. / Slimms, G. / Weinman, N. A. / Multhaupt, G. / McDonald, B. L. / Beyreuther, K.:* Amyloid plaque core protein in Alzheimer disease and Down syndrome. In: PNAS, 82 (1985), S. 4245–4249.

[8] *Goldgaber, D. / Lerman, M. I. / McBride, O. W. / Saffiotti, U. / Gajdusek, D. C.:* Characterization and chromosomal localization of cDNA encoding brain amyloid of Alzheimer's disease. In: Science 235 (1987), S. 877–880; *Kang, J. / Lemaire, H. G. / Unterbeck, A. / Salbaum, J. M. / Masters, C. L. / Grzeschik, K. H. / Multhaupt, G. / Beyreuther, K. / Müller-Hill, B.:* The precursor of Alzheimer's disease amyloid Aβ protein resembles a cell-surface receptor. In: Nature 325 (1987), S. 733–736.

[9] www.molgen.ua.ac.be/ADMutations/

[10] www.alzgene.org.

[11] *Hard, J. / Selkoe, D. J.:* The amyloid hypothesis of Alzheimer's disease: progress and problems on the road of therapeutics. In: Science 297 (2002), S. 353–356.

[12] *Bothwell, Mark / Giniger, Edward:* Alzheimer's Disease: Neurodevelopement Converges with Neurodegeneration. In: Cell 102 (2000), S. 271–273.

[13] *Bundesministerium für Bildung und Forschung:* Der Kampf gegen das Vergessen. Demenzforschung im Fokus. Bonn/Berlin 2004.

Arzneimitteltherapie für das Alter

Walter Köbele

Herausforderung und Chance, gesund alt zu werden

Arzneimitteltherapien sind heute in komplexe sozioöko-
nomische Zusammenhänge eingebunden. Sie bewegen
sich im Spannungsverhältnis zwischen dem individuellen
Wohl des Patienten und den ökonomischen Rahmenbedingungen der Gesellschaft. Diese Spannung nimmt derzeit
zu. Die Gesundheitspolitik ist immer weniger in der Lage,
optimale Voraussetzungen für „das vollständige physische,
psychische und soziale Wohlbefinden" der Menschen zu
schaffen, wie Gesundheit laut Weltgesundheitsorganisa-
tion (WHO) definiert wird. Davon ist auch die medikamentöse Versorgung von älteren Patienten betroffen.

Unser Gesundheitssystem gerät zunehmend in Zielkon-
flikte zwischen dem Behandlungsbedarf und dessen Finanzierbarkeit. Es ist damit zu rechnen, dass sich die Situation
in Folge des demographischen Wandels noch weiter ver-
schärfen wird. Innovative Arzneimittel könnten hier zu einer Lösung beitragen. Es besteht jedoch die Gefahr – und
einzelne Entscheidungen wie die Nichtanerkennung des
therapeutischen Fortschritts zeigen dies bereits – , dass der
medizinische und pharmakologische Fortschritt durch die
zunehmende Fokusierung auf kurzsichtige Einsparungen
und Einsparungspotentiale überlagert wird.

Der Verzicht auf eine umfassende medizinische Versorgung und Betreuung von älteren Patienten müsste für alle
gesundheitspolitischen Gruppen, sowohl aus ethischen,
aber auch aus mittel- und langfristigen ökonomischen

Gründen inakzeptabel sein. Deshalb müssen wir uns heute gemeinsam die Frage stellen, wie wir das Problem effizient bewältigen können. Die verschärften Rahmenbedingungen dürfen nicht dazu führen, dass die Behandlung rein nach fiskalischen Gesichtspunkten ausgerichtet wird. Medizinisch-therapeutische Entscheidungen müssen auch in Zukunft den Vorrang vor wirtschaftlichem Denken behalten.

Das Alter verändert nicht die Gesundheitsziele

Schauen wir uns die Veränderung der Altersstruktur etwas genauer an. Die Lebenserwartung in Europa hat sich seit 1960 um acht Jahre erhöht. Die durchschnittliche Lebenserwartung in Deutschland beträgt zurzeit 78 Jahre. Diese Entwicklung ist vor allem auf den ökonomischen Wohlstand, die flächendeckende Gesundheitsversorgung und insbesondere medikamentöse und andere therapeutische Innovationen zurückzuführen. Dies kann nicht hoch genug bewertet werden.

Immer mehr Bundesbürger kommen in den Genuss, ein langes und erfülltes Leben zu führen. Angesichts der Seuchen, Hungersnöte, Kriege und Naturkatastrophen, die früher unser Land heimgesucht haben und heute noch den Alltag in vielen anderen Regionen der Welt bestimmen, stellt eine hohe Lebenserwartung mit adäquater Lebensqualität einen unverzichtbaren gesellschaftlichen Grundwert und einen enormen Fortschritt in der Menschheitsgeschichte dar. Daran müssen wir auch weiterhin festhalten. Das Leben zu retten und das Leben lebenswert zu erhalten, bleibt deshalb als primäre Zielsetzung der innovativen Arzneimittelforschung und -therapie auch angesichts des demographischen Wandels bestehen.

Die Befolgung dieser Zielsetzung im Rahmen der bestehenden sozialen Sicherungssysteme bringt allerdings Probleme mit sich, die nicht nur die Gesundheitsversorgung, sondern auch die gesamte Leistungsfähigkeit der Gesellschaft herausfordern. Im Zuge der hohen Lebenserwartung bei verhältnismäßig geringer Geburtenrate werden im Jahre 2030 rund 40 Prozent der deutschen Bevölkerung älter als 60 Jahre sein. Damit steigt die Gefahr, den Wert der Gesundheit den ökonomischen Rahmenbedingungen anzupassen, anstatt die Rahmenbedingungen auf das Ziel der Gesundheit auszurichten. Wie können wir dieser Gefahr begegnen?

Es gibt keine Patentlösung. Dennoch lassen sich dafür zwei Grundsätze formulieren. Der erste betrifft das Denken der Entscheidungsträger. Der zweite zielt auf den informierten Patienten.

Albert Einstein hat einmal gesagt, dass Probleme nicht durch dieselbe Denkweise gelöst werden können, durch die sie entstanden sind. Wir sollten diesen Grundsatz auch im Hinblick auf die Gesundheitspolitik befolgen. Alle Beteiligten sind aufgefordert, gemeinsam nach neuen Wegen zu suchen. Entscheidend ist dabei, den Fortschritt und die Qualität in der Medizin voranzutreiben und den informierten Patienten in den Mittelpunkt zu stellen.

Der mündige Patient

In der Ottawa-Erklärung der WHO aus dem Jahr 1988 heißt es: „Die selbstständige, selbstverantwortliche und persönlich sinnerfüllte Lebensgestaltung ist als ein wesentliches Merkmal der Gesundheit im Alter anzusehen." Das bedeutet, dass die Mündigkeit des Patienten ein Attribut der Altersgesundheit darstellt. Der frühere Denkfehler bestand in der stillschweigenden Annahme, dass sich eine optimale Gesundheitsversorgung der Bevölkerung auch ohne aktive Mitwirkung der Betroffenen herstellen ließe. Langsam fängt das System an, diesen Fehler zu korrigieren.

Kann ein Staat seine Bürger zur Mündigkeit erziehen? Im sozioökonomischen Bereich gibt es dafür eine Reihe von positiven Beispielen. Über Aufklärungskampagnen und materielle Anreize lernen die Menschen in Deutschland gerade, dass sie nicht nur für ihren Lebensunterhalt, sondern auch zum großen Teil für ihre Altersversorgung selbst sorgen müssen. Auf ähnliche Weise könnten sie dazu motiviert werden, nicht nur im Alter mehr Verantwortung für ihre Gesundheit zu übernehmen.

Der mündige Patient zeichnet sich durch eine Reihe von Eigenschaften aus. Er entwickelt eine realistische Einschätzung seines Gesundheitszustands, indem er regelmäßig Risiko-Tests macht und sich Vorsorgeuntersuchungen unterzieht. Er folgt den therapeutischen Empfehlungen von Ärzten und informiert sich über wirksame Behandlungsverfahren. Vor allem aber versucht er, gesund zu leben und sich aktiv um sein Wohlbefinden zu kümmern. Dabei darf er jedoch einen wesentlichen Aspekt nicht aus dem Auge verlieren.

Gesundheit ist kein statischer Zustand, sondern ein dynamischer Prozess. Kaum jemand kann über eine lange Zeitperiode auf ein völliges physisches, psychisches und soziales Wohlbefinden vertrauen. Mit fortschreitendem Alter nehmen die Beschwerden naturgemäß zu. Wer von der ewigen Jugend träumt, verlangt das Unmögliche.

Keine Verklärung des Alters

Auch der mündige Patient kann nichts an den Naturgesetzen des Lebens ändern. Die Realität des Alters darf nicht verklärt werden. Der alternde Mensch ist zunehmend den organischen, psychologischen und sozialen Dysfunktionsprozessen ausgesetzt. Im somatischen Bereich lässt sich das anhand von erhöhten Blutdruck- und Cholesterinwerten, verminderter Glukosetoleranz, abnehmender Muskelsubstanz oder sinkendem Mineralgehalt des Skeletts beobachten. Gleichzeitig nimmt der Patient selbst wahr, dass sein Hörvermögen, seine Sehkraft oder seine Vitalkapazität im Laufe der Jahre nachlassen. Gleiches gilt für den geistigen Bereich. Langsamere Informationsverarbeitung, vermindertes Kurzzeitgedächtnis, schwindende Lernfähigkeit und reduzierte psychische Widerstandsfähigkeit bei Belastungen sind deutliche Hinweise auf den stattfindenden Alterungsprozess.

Das soziale Altern zeigt sich vor allem in der Veränderung der Teilnahme am Leben. Durch das Ausscheiden aus der Erwerbstätigkeit werden berufliche Kontakte in der Regel stark verringert. Im privaten Bereich nimmt der Beitrag bei intergenerationellen Verpflichtungen mit wachsender Anfälligkeit und Immobilität ab. Eine betagte Person vereinsamt leicht und fühlt sich dadurch subjektiv krank.

Die Selbstverantwortung des Patienten bis ins hohe Alter kann dennoch das Gesundheitssystem maßgeblich entlasten. Sie muss aber in jüngeren Jahren erlernt und beherzigt werden. Je früher Krankheiten diagnostiziert und therapiert werden, umso eher lassen sich Spätkomplikationen und Folgeschäden vermeiden. Bleiben Prävention und rechtzeitige Therapie aus, kommt es in der Regel zu gravierenden Folgeerscheinungen, aber auch zu erheblichen Kosten für das Gesamtsystem.

Die Krankheiten des Alters

Die Arzneimitteltherapie im Alter ist naturgemäß besonders intensiv. Nach Angaben des Arzneiverordnungsreports von 2003 entfällt die Hälfte der verordneten Medikamente auf über 60-Jährige. Diese Altersgruppe repräsentiert aber nur ein Viertel der deutschen Bevölkerung. Ein Grund dafür ist, dass viele ältere Patienten aufgrund von Multimorbidität auf die Einnahme mehrerer Arzneimittel angewiesen sind.

Aus dem Gesundheitsbericht 2004 der Deutschen Seniorenliga geht hervor, dass 63 Prozent der Menschen ab 55 Jahren täglich verschreibungspflichtige Medikamente einnehmen. Dieser Medikamentenverbrauch an sich ist noch kein Indiz dafür, dass sich ältere Patienten gut behandelt fühlen. 36 Prozent der Befragten sind nach einer Umfrage der Deutschen Seniorenliga der Meinung, dass die Menschen in ihrer Altersgruppe nicht in ausreichendem Maße vorbeugend zur Vermeidung von Krankheiten behandelt werden. Diese subjektive Einschätzung lässt auf eine unzureichende Gesundheitsaufklärung und Defizite in der Behandlung schließen.

Die Berliner Altersstudie zeigt, dass die Hyperlipidämie (erhöhte Blutfettwerte) die häufigste Krankheit bei älteren Menschen ist. Sie kommt bei 79 Prozent der über 70-Jährigen vor. Mit Abstand folgen Nervenleiden (72 Prozent), Zerebralsklerose (66 Prozent), Herzinsuffizienz sowie Osteoarthrose (61 Prozent), Bluthochdruck (59 Prozent) und Rückenleiden (55 Prozent). Erstaunlicherweise rangiert Diabetes mellitus Typ-2 (Alterszucker) mit 22 Prozent eher in den hinteren Regionen.

Herz-Kreislauf-Erkrankungen und Schlaganfall stellen die häufigsten Todesursachen dar. Ihre besondere Gefahr liegt aber darin, dass sie enorme Folgeschäden verursachen. Der Bundesgesundheits-Survey von 1998 schätzt, dass zum damaligen Zeitpunkt 945.000 bzw. 1.450.000 der in Deutschland behandelten Patienten mindestens einen Schlaganfall bzw. Herzinfarkt überlebt haben. Bei diesem Personenkreis ist der Bedarf an medizinischer Betreuung sehr hoch. Nach einem Schlaganfall beträgt diese Phase mindestens fünf Jahre. Nur ein Drittel der Betroffenen erreicht wieder die volle berufliche und soziale Rehabilitation. Rund 30 Prozent bleiben dagegen invalide und damit auf dauerhafte Pflege angewiesen.

Die Risikofaktoren für Herz-Kreislauf-Erkrankungen sind sehr gut erforscht. Dazu gehören neben Rauchen, Übergewicht, Stress, Diabetes, Alter und Geschlecht vor allem hoher Blutdruck und erhöhte Cholesterinwerte. Gerade die beiden letztgenannten Risikofaktoren lassen sich durch eine effektive und evidenz-basierte Arzneimitteltherapie erheblich reduzieren. Große Studien zeigen: Hochwirksame Blutdruckmedikation senkt das Risiko des Herzinfarkts um 20 bis 25 Prozent. Die Zahl der Schlaganfälle kann um 35 bis 40 Prozent vermindert werden und die Fälle mit Herzinsuffizienz sogar um 50 Prozent. Ähnlich erfolgreich sind die modernen Cholesterinsenker (Statine). Sie verringern das Risiko von Schlaganfällen um 20 Prozent, von koronaren Ereignissen gar um 60 Prozent.

Wachsende Gefahr der Pflegebedürftigkeit

Die Zahl der Pflegebedürftigen wird in Zukunft weiter zunehmen. Laut einem Gutachten des DIW Berlin soll die Zahl der Pflegefälle in Deutschland von 1,93 Mio. (1999) auf 2,94 Mio. in 2020 steigen. Bis 2050 wird ein Anstieg auf über 4,5 Mio. erwartet.

Die Pflegebedürftigkeit entsteht als eine unmittelbare Folge von Alterungsprozessen und Krankheiten. Laut einer repräsentativen Erhebung ist das Risiko, pflegebedürftig zu werden, von der Art der Erkrankung und dem Alter der Betroffenen abhängig. Aus der Abbildung 1 geht hervor, dass ab dem 80. Lebensjahr das Risiko erheblich zunimmt. Als Hauptverursacher gelten neben den Hirngefäßkrankheiten die Erkrankungen von Gelenken, Blutgefäßen, Herzen und Stoffwechselprozessen.

Abb. 1: Anteile Hilfe- und Pflegebedürftiger unter älteren Menschen mit diesen Krankheiten

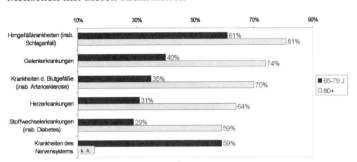

Die Gefahr der Non-compliance

Die bisherigen Zahlen haben deutlich gemacht, wie wichtig die Arzneimitteltherapie im Alter ist. Doch häufig wird die Wirksamkeit von Medikamenten durch den Betroffenen selbst beeinträchtigt. Mangelnde Therapietreue (Compliance) ist eine typische Erscheinung des multimorbiden Alterspatienten. Sie zeigt sich unter anderem in eigenwilliger Behandlungsunterbrechung, Einnahme nicht verordneter Medikamente, Dosierungsfehlern sowie in falschem Zeitpunkt und falscher Zweckbestimmung der Medikation. Mit steigender Anzahl der indizierten Arzneimittel steigt die Gefahr der Non-compliance. Davon sind vor allem kranke Menschen betroffen, die in ihrer Selbstverantwortung und Selbständigkeit – wie im Falle von Alzheimer – eingeschränkt sind.

Die Therapietreue spielt bei älteren Patienten eine bedeutende Rolle. Die Abbildung 2 zeigt die damit verbundenen Anforderungen.

Das Ergebnis einer Analyse von 76 Studien zur Therapietreue hat gezeigt, dass die Compliance mit zunehmender Einnahmehäufigkeit von Medikamenten stark ab-

283

Abb. 2: Arzneimitteltherapie bei älteren Patienten

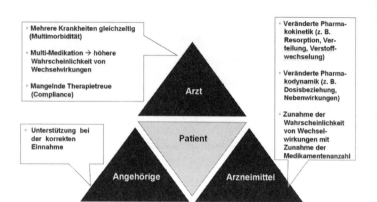

nimmt. Die getreue Einnahme, die durch Vereinfachung der Dosierung gefördert werden kann, begünstigt damit den Behandlungserfolg. Unverständlicherweise werden Leistungen der forschenden Arzneimittelhersteller bei der nachhaltigen Compliance-Verbesserung durch Politik und Selbstverwaltung nicht honoriert.

Die Vision, gesund zu sterben

Gesundheit ist ein kostbares Gut. Trotzdem dürfen Gesundheitsleistungen auch bei älteren Patienten nicht verschwendet werden. Angesichts der sich verschärfenden Rahmenbedingungen sind Behandlungsempfehlungen notwendig, die frühzeitige Prävention belohnen, für eine rechtzeitige sowie effektive medikamentöse Therapie sorgen sowie die Entwicklung innovativer Arzneimittel fördern. Ob wir das Problem der Altersgesundheit zufriedenstellend bewältigen können, wird aber zu einem großen Teil von mündigen Patienten abhängen.

Von Ernst van Aaken, „Laufdoktor" und Erfinder des Waldnieler Dauerlauftrainings, stammt der Satz: „Im hohen Alter gesund zu sterben, das liegt wahrscheinlich viel mehr in unserer Hand, als viele von uns wahrhaben möchten." Auch wenn dieses Statement eine starke Vereinfachung darstellt, hat er damit eine Vision und für das einzelne Individuum einen sehnlichen Wunsch formuliert, der für viele Menschen von heute, junge wie ältere, zu einem Lebensmotto werden könnte. Gleichzeitig wird uns damit verdeutlicht, dass die Realisierung dieser Vision zu einem guten Teil in unserer Eigenverantwortung und Lebensgestaltung liegt. Wir sollten alle Anstrengungen unternehmen, um diese Vision wahr werden zu lassen. Die nachfolgenden Generationen werden uns dafür danken.

Medikamentenkonsum bei älteren chirurgischen Patienten

Gerhard Steinau

Um den regelmäßigen Medikamentenkonsum bei älteren chirurgischen Patienten erfassen zu können, haben wir in einer prospektiv unselektionierten Studie zwischen dem 01.04. und 31.08.2004 alle Patienten, die zum Zeitpunkt der stationären Aufnahme 60 Jahre und älter waren in dieser Studie untersucht. Insgesamt handelte es sich um 170 Männer (61,8 Prozent) und 105 Frauen (38,2 Prozent). Die Altersverteilung innerhalb der 5-Jahreszeiträume ist in Tabelle 1 wiedergegeben. In dem gleichen Zeitraum haben wir eine Kontrollgruppe mit 33 Patienten in die Studie eingebracht, die zwischen 20 und 40 Jahren alt waren.

Tab. 1: Altersverteilung der Patienten in Fünfjahreszeiträumen

60–64J	n=63	=22,9 %
65–69J	74	26,9 %
70–74J	56	20,4 %
75–79J	40	14,5 %
80–84J	26	9,5 %
85–89J	14	5,1 %
90–94J	2	0,7 %

Die unterschiedlichen Medikamentengruppen, die regelmäßig von unseren Patienten eingenommen wurden, sind in Tabelle 2 wiedergegeben worden. Die Medikamentengruppen sind gemäß der Einteilung der „Roten Liste" übernommen worden.

Tab. 2: Insgesamt eingenommene Medikamentengruppen (Einteilung nach „Roter Liste")

Medikamentengruppen

Analgetika	Antikoagulantia	Kardiaka
ASS 100	Antiphlogistika	Koronarmittel
Antirheumatika	Antitussiva/Expektorantien	Nitrate
Antiallergika	Beta-Blocker	Laxantien
Antianämika	Antiasthmatika	Lipidsenker
Antiarrhythmika	Cholinergika	Magen-Darm-Mittel
Antiinfektiva	Cortikoide	Mineralstoffe
Antidementiva	Diuretika	Osteoporosemittel
Antidiabetika	Durchblutungsförderung	Psychopharmaka
Antiepileptika	Gichtmittel	Schilddrüsenpräparate
Antihämorrhagika	Sedativa	Sexualhormone
Antihypertonika	Hypophysenhormone	Urologika
Antihypotonika	Immunmodulatoren	

Keine regelmäßige Medikamenteneinnahme konnten wir bei insgesamt 20,5 Prozent aller Patienten nachweisen. Bei den 20- bis 40-jährigen Männern nahmen 73 Prozent keine Medikamente regelmäßig ein, bei den Frauen waren es lediglich 45 Prozent; dies ließ sich mit der Einnahme von Antikonzeptiva erklären. In der Gruppe zwischen 60 und 64 Jahren und 65 bis 69 Jahren nahmen durchschnittlich 21 Prozent keine Medikamente ein. Dies sank in der Gruppe zwischen 70 und 74 Jahre auf 9 Prozent, stieg leicht wieder an bei 75 bis 79 Jahren auf 13 Prozent und sank im Alter zwischen 80 bis 84

Jahre auf 4 Prozent ab. In der Gruppe der 85- bis 89-Jährigen betrug die Anzahl der Patienten, die keine regelmäßige Medikamenteneinnahme angaben, 13 Prozent.

Tab. 3: Einnahme von Schmerzmitteln in den Altersgruppen (Angaben in %)

Regelmäßige Schmerzmitteleinnahme (insgesamt 25 %):

20–40	60–64	65–69	70–74	75–79	80–84	85–89	90–94 Jahre
30,3 %	17,4 %	21,6 %	26,7 %	27,5 %	38,5 %	28,5 %	0 %
Männer (26,5 %)							
20–40	60–64	65–69	70–74	75–79	80–84	85–89	90–94 Jahre
33,3 %	20,9 %	21,4 %	23,3 %	33,3 %	38,8 %	33,3 %	0 %
Frauen (22,7 %)							
20–40	60–64	65–69	70–74	75–79	80–84	85–89	90–94 Jahre
27,7 %	10 %	21,8 %	30,7 %	15,3 %	37,5 %	20 %	0 %

Wir untersuchten des Weiteren die regelmäßige Schmerzmitteleinnahme, siehe Tabelle 3. Eine regelmäßige Schmerzmitteleinnahme wurde bei insgesamt 25 Prozent aller Probanden verzeichnet. Dies ist auf die Besonderheiten des chirurgischen Krankengutes zurückzuführen, da die Patienten wegen der aufgetretenen Schmerzen zur Aufnahme kamen. Insgesamt konnte eine langsame und stetige Zunahme des Medikamentenkonsums bei regelmäßiger Schmerzmitteleinnahme mit steigendem Alter korreliert werden. Desgleichen war eine häufige Einnahme von Herzmedikamenten festzustellen (Tab. 4), wobei insgesamt 53 Prozent aller Patienten eine regelmäßige Einnahme angaben. Auch hier bestand mit zunehmenden Alter ein hohes Niveau, welches in der Gruppe zwischen 60 und 64 Jahren bei 49 Prozent beginnt und in der Gruppe 80 bis 84 Jahren auf 80 Prozent ansteigt. Die Gruppe der 90- bis 94-Jährigen sind der Vollständigkeit halber angegeben worden. Da es sich aber lediglich um zwei Patienten handelt, wird nicht besonders hierauf eingegangen.

Tab. 4: Verteilung der Herzmedikation auf die einzelnen Altersgruppen

Regelmäßige Herzmedikation (Betablocker, Ca-Antagonist, etc.) (insgesamt 53 %):

20–40	60–64	65–69	70–74	75–79	80–84	85–89	90–94 Jahre
6,1 %	49,2 %	54,1 %	64,3 %	60 %	80,8 %	43 %	100 %
Männer (50,9 %)							
20–40	60–64	65–69	70–74	75–79	80–84	85–89	90–94 Jahre
0 %	41,9 %	47,7 %	63,3 %	63 %	83,3 %	33,3 %	100 %
Frauen (56,1 %))							
20–40	60–64	65–69	70–74	75–79	80–84	85–89	90–94 Jahre
11,1 %	65 %	62,5 %	65,4 %	53,8 %	75 %	60 %	100 %

Eine regelmäßige Psychopharmakaeinnahme erfolgte bei 16,9 Prozent aller Patienten, wobei ein kontinuierlicher Anstieg ab dem Alter 80 und älter nachgewiesen werden konnte (Tab. 5). Die Häufigkeit der Nennung aller Medikamente pro Altersabschnitt zeigte eine kontinuierliche Zunahme mit steigendem Lebensalter, wobei sowohl bei den Männern als auch bei den Frauen eine konstante Zunahme zu verzeichnen war (Tab. 6). Unterteilt nach Medikamentengruppen wurden Herzmedikamente von 53 Prozent, Magen-Darm-Mittel bei 40,6 Prozent, Analgetika bei 25 Prozent, Antihypertensiva bei 24,7 Prozent, Diuretika bei 22,7 Prozent und Psychopharmaka bei 16,9 Prozent aller Patienten regelmäßig eingenommen.

Tab. 5: Verteilung der Psychopharmaka auf die einzelnen Altersgruppen

Regelmäßige Psychopharmakaeinnahme (insgesamt 16,9 %):

20–40	60–64	65–69	70–74	75–79	80–84	85–89	90–94 Jahre
9 %	12,6 %	9,4 %	21,4 %	15 %	34,6 %	42,8 %	50 %

Männer (14,6 %)

20–40	60–64	65–69	70–74	75–79	80–84	85–89	90–94 Jahre
0 %	14 %	7 %	20 %	14,8 %	16,6 %	44,4 %	100 %

Frauen (20,3 %)

20–40	60–64	65–69	70–74	75–79	80–84	85–89	90–94 Jahre
16,6 %	10 %	12,5 %	23 %	15,3 %	75 %	40 %	0 %

Tab. 6: Anzahl eingenommener Medikamentengruppen pro Altersgruppe

Häufigkeitsnennung pro Altersabschnitt alle Medikamente:

20–40	60–64	65–69	70–74	75–79	80–84	85–89	90–94 Jahre
1,6	2,6	3,3	4,1	5,3	5,3	4,8	6,5

Männer

20–40	60–64	65–69	70–74	75–79	80–84	85–89	90–94 Jahre
1,25	2,67	3,45	3,28	5,5	4,6	5,5	7

Frauen

20–40	60–64	65–69	70–74	75–79	80–84	85–89	90–94 Jahre
2,3	2,6	3,18	3,61	4,77	6,8	3,8	5

In unserer Studie konnten wir nachweisen, dass 80 Prozent aller Patienten regelmäßig Medikamente einnahmen und von den eingenommenen Medikamenten 46 Prozent sich auf lediglich fünf Medikamentengruppen verteilte, der Rest auf die übrigen 34 Gruppen. Ein fast linearer Anstieg der Menge an Arzneimitteln mit zunehmendem Alter war zu verzeichnen.

Literatur

Helmchen, H. / Baltes, M. M. / Geiselmann, B. / Kanowski, S. / Linden, M. / Reischies, F. M. / Wagner, M. / Wilms H. U.: Psychiatric Illness in Old Age. In: The Berlin Aging Study. Aging from 70 to 100 (Hrsg.: Baltes P. B. / Mayer K. U.). Cambridge/ New York: Cambridge University Press, 1999, S. 167–198.

Alter, Altern und körperliche Aktivität

Herbert Löllgen

Einführung

Die aktuelle politische und sozialpolitische Diskussion dreht sich eindrucksvoll um das Alter und die Alterung der Bevölkerung. Der demographische Faktor ist in aller Munde: Die Zunahme älterer Menschen mit der Umkehr der Alterspyramide bestimmt die Planungen der sozialen Sicherungssysteme. Rund 20 Millionen Deutsche werden im Jahre 2004 über 60 Jahre alt sein. Die Lebenserwartung nimmt zu. Ältere Menschen sind in der Regel biologisch jünger als in früheren Zeiten[1], viele sind bis ins höhere Alter in vielerlei Hinsicht aktiv, von Fernreisen bis hin zu kulturellen, sozialen und sportlichen Aktivitäten. Voraussetzung hierfür sind die geistige und körperliche Fitness.

Beeinflussung des Alterns

Maßnahmen zur Verzögerung des Altersprozesses und zum Erhalt der Fitness sind derzeit Thema verschiedener medizinischer und pseudomedizinischer Verfahren. Letztere werden auch unter dem Begriff „Anti-Aging" zusammengefasst. Natürlich kann man das chronologische Altern („Aging") nicht aufhalten, wohl aber kann der physiologische Altersvorgang, die funktionelle Alterung, verlangsamt werden.[2] Bei der Verzögerung der biologischen Alterung haben aber bisher alle Pillen, Hormone, Sauerstoffgaben und orthomolekulare Verfahren versagt, diese können die funktionelle Alterung nicht aufhalten. Der Wunsch, statt aktiver Bewegung oder manchmal auch anstrengender, schweißtreibender Aktivitäten, nur eine Pille zu schlucken, um gesund zu bleiben und alt zu werden, ist für viele ein Traum. Die in der Diskussion befindliche „Polypill" wird diesen Wunsch verstärken. In der Tat ist es verlockend, am Morgen eine Tablette für ein langes Leben zu schlucken, dafür aber seinen Lebensstil mit begleitenden Risikofaktoren, wie Übergewicht, Nikotin, Fehlernährung und Bewegungsmangel, beizubehalten.

Definitionen: Körperliche Aktivität, Fitness

Unter körperlicher Aktivität versteht man alle muskulären Aktivitäten, die zu einer nachweisbaren Steigerung des Energieumsatzes führen. Sport ist hingegen eine muskuläre Beanspruchung mit Wettkampfcharakter oder mit dem Ziel einer persönlichen guten Leistung.

Bewegung ist eine muskuläre Beanspruchung mit geringer Steigerung des Energieumsatzes.

Unter Fitness versteht man in diesem Zusammenhang die geistigen und körperlichen Voraussetzungen eines Menschen, um den Anforderungen des täglichen Lebens gewachsen zu sein.[3]

In diesem Zusammenhang wird der Ausdruck körperliche Aktivität oder regelmäßige Bewegung (anstelle von Sport) bei älteren Menschen eindeutig bevorzugt, da diese den Begriff „Sport" eher mit Wettkampf, Sportausrüstung und Leistungssport verbinden und so abgeschreckt werden. Hingegen wird man ältere Menschen leichter und erfolgreicher zu regelmäßiger Bewegung und körperlicher Aktivität motivieren können. Zugleich weist der Begriff „Aktivität" auch auf geistige und soziale Betätigung des älteren Menschen hin.

293

Altern und körperliche Aktivität

Bestandsaufnahme: Bewegungsmangel
Eine aktuelle Umfrage[4] ergab, dass 45 Prozent aller befragten Deutschen körperlich inaktiv sind, 32 Prozent sind kaum, und nur 13 Prozent regelmäßig aktiv. Diese 13 Prozent erreichen die Empfehlungen der Deutschen Gesellschaft für Sportmedizin und Prävention (DGSP), die als ausreichend für eine Prävention angesehen werden. *Als Minimum eines wirksamen Trainings gelten mehr als 30 Minuten körperliche Aktivität mindestens 3-mal pro Woche.*

Herz-Kreislauferkrankungen stellen mit 41,3 Prozent (Männer) bzw. 51,5 Prozent (Frauen) die häufigste Todesursache in Deutschland dar. Bewegungsmangel oder fehlende körperliche Aktivität liegen in über 80 Prozent aller Menschen über 30 Jahren vor. Diese Angaben sind vergleichbar für die europäischen Länder.[5]

Körperliche Inaktivität gilt seit über zehn Jahren als etablierter Risikofaktor (American Heart Association, WHO, Deutsche Gesellschaft für Sportmedizin und Prävention). Der Wirkungsnachweis einer Prävention verschiedener Krankheiten durch körperliche Aktivität beruht einerseits auf Studien zu Immobilisation und Bewegungsmangel, andererseits auf trainingsphysiologischen Untersuchungen zur positiven Wirkung körperlicher Aktivität auf den Organismus. Epidemiologische Längsschnittstudien zur Prävention durch körperliche Aktivität erfolgten in den letzten 14 Jahren stets als prospektive Kohortenstudien. Doppel-blinde oder randomisierte Studien zu dieser Frage sind naturgemäß nicht möglich.

Studien zum Bewegungsmangel
Bedeutsame Studien hierzu wurden von Saltin et al.,[6] später von Hollmann et al.[7] und neuerdings von McGuire et al.[8] durchgeführt. Sie alle kommen zu dem Ergebnis, dass

eine Phase von Bettruhe über 2–4 Wochen zu einer nachhaltigen Beeinträchtigung der Leistungsfähigkeit führt. Ebenso wird die Kreislaufregulation erheblich gestört, verschiedene Stoffwechselveränderungen führen zu Funktionsstörungen, wie Anstieg der Blutzuckerwerte und mehr. Um den Trainingsverlust einer Ruhephase von etwa 4 Wochen (z. B. krankheitsbedingt) wieder aufzuholen, benötigt man in der Regel 2–3 Monate.

Aus der Klinik ist ebenfalls bekannt, dass Bettruhe, leider immer noch der überwiegende, meist aber falsche Patientenzustand im Krankenhaus, vermehrt zu Lungenentzündung, und weiteren Infektionen, führt, zu Kreislaufstörungen, Thrombosen, Lungenembolien und Stoffwechselveränderungen (latente Zuckerkrankheit). Zweifelsohne gilt Bettruhe auch im Krankenhaus als bedeutsamer Risikofaktor, wie die erfolgreiche postoperative frühe Mobilisation belegt. Diese Tatsachen werden im Krankenhaus noch immer zu selten beachtet, meist ignoriert.

Bewegungsmangel macht krank, führt zur Leistungsminderung, begünstigt Stürze, fördert die soziale Ausgrenzung und mindert die Lebensqualität.

Körperliche Aktivität, Mortalität und Morbidität

Eine Übersicht über die Publikationen von rund 30 prospektiven Kohortenstudien der Jahre 1990–2001 zeigt, dass die Sterblichkeit (Mortalität) und kardiale Mortalität sowie die Erkrankungshäufigkeit bei den Personen, die regelmäßig körperlich aktiv sind, um 35 Prozent gesenkt werden kann.[9] Betrachtet man davon die Studien (n= 15), bei denen auch Personen über 65 Jahren in die Analyse einbezogen wurden, so ergeben sich vergleichbare Zahlen wie für das Gesamtkollektiv: das Mortalitätsrisiko wird ebenfalls um 36 Prozent gesenkt. Somit hat körperliche Aktivität bei älteren Menschen die gleiche Wirkung auf Mortalität und Morbidität wie bei jüngeren.

Auswirkungen des Trainings

Regelmäßige körperliche Aktivität hat vielfältige Auswirkungen auf den Organismus. Erste Anpassungen erfolgen stets in der *arbeitenden Muskulatur.* Muskelbioptisch lassen sich morphologische (z. B. Faserzusammensetzung) oder biochemische (Enzyme und Substrate) Veränderungen in der Muskelzelle nachweisen. An zweiter Stelle beobachtet man Anpassungen des *Herz-Kreislaufsystems* mit einer Abnahme der Herzfrequenz und einer Zunahme der Herzfrequenzvariabilität als Hinweis auf die vagotone Lage. Es kommt zu einer verbesserten peripheren Ausschöpfung auf gleicher Belastungsstufe, zur Erhöhung der aerob-anaeroben Schwelle und einer Zunahme der maximalen Sauerstoffaufnahme und Größen der Lungenfunktion. Die funktionale Alterung der Lunge wird verlangsamt. Bei Bluthochdruck wird der arterielle Blutdruck gesenkt, Blutfettwerte und andere Stoffwechselgrößen werden günstig beeinflusst, gerinnungsfördernde Faktoren werden gehemmt und gerinnungshemmende begünstigt. Das Blut wird „dünnflüssiger". Das CRP, ein Eiweiß mit Entzündungscharakter, heute ein kardiovaskulärer Risikoindikator, nimmt nachweislich ab.[10]

Aus Trainingsstudien ist bekannt, dass auch bei älteren Menschen (über 65 Jahre) vergleichbare Funktionsverbesserungen erzielt werden können wie bei jüngeren: Steigerung der Leistungsfähigkeit und der Funktion von Herz und Lunge, sowie Veränderungen der Blutflusseigenschaften und Knochendichte.[11] Die oft gefürchtete Osteoporose, der Knochenschwund, kann nachhaltig durch regelmäßiges Gehen, Wandern und Laufen beeinflusst oder behandelt werden. Ferner stabilisiert sich die psycho-vegetative Situation bei älteren Menschen durch ein regelmäßiges dosiertes Training. Die häufig beobachtete Neigung zu Depressionen wird gemildert. Das Training in der Gruppe hat zusätzlich positive Auswirkungen und somit positive soziale Aspekte: „*Alter schützt vor Training nicht.*"

Neuromuskuläres Training

Wie neuere Übersichten gezeigt haben, können ältere Menschen auch erfolgreich und ohne größere Gefährdung ein Kraft- und neuromuskuläres Training absolvieren. Hierdurch gelingt es, die Sturzneigung mit den fatalen Folgen einer Schenkelhalsfraktur deutlich zu reduzieren. Die so trainierten Menschen fallen seltener, bewegen sich sicherer und schneller. Voraussetzung für ein solches Training ist eine fachkundige Anleitung im Verein oder Fitness-Studio (Qualitätssiegel).

Körperliche Aktivität wirkt auch im Alter, verbessert die Leistungsfähigkeit im täglichen Leben, erhält länger die Selbstbestimmung, ermöglicht ein besseres Leben durch höhere Lebensqualität, setzt eine kompetente (sport)ärztliche Beratung voraus.

Dosis-Wirkungs-Beziehung

Verschiedene Untersuchungen[12] konnten eine klare Dosis-Wirkungs-Beziehung für die körperliche Aktivität aufzeigen. Wer länger und schneller geht (z. B. Walking), senkt sein Krankheitsrisiko auch im Alter. Beispielhaft hierfür sind die Ergebnisse der „Honolulu Heart Study" an Menschen über 65 Jahren: Wer mehr als 8–9 Meilen pro Tag wandert, hat das geringste Mortalitätsrisiko.

Leicht- bis mittelgradige Belastungen haben einen günstigen, vorbeugenden Effekt, besonders hohe Trainingsintensitäten bringen meist keinen zusätzlichen Effekt. Bemerkenswert ist, dass kürzere tägliche Bewegungseinheiten (z. B. mehrfaches Treppensteigen) sich zu einer positiven Gesamtwirkung aufsummieren. Bewegung und körperliche Aktivität im Alltag haben eine protektive oder präventive Wirkung.

Leistungsfähigkeit und zukünftige Mortalität
In 13 Studien wurden die körperliche Leistungsfähigkeit mittels Ergometrie bestimmt und die Probanden im Längsschnitt beobachtet. Personen, die „fit" waren und körperlich aktiv blieben, hatten eine geringere Sterblichkeit als solche mit geringer „Fitness" und fehlendem Training.[13] Wer sein Training abbrach, verschlechterte seine Prognose, wer erneut ein Training aufnahm, verbesserte sie. Die These, körperlich Aktive stellten eine positive Auslese dar, wird durch *Zwillingsstudien* widerlegt. *Nur der Zwilling,* der regelmäßig körperlich aktiv ist, zeigt die geringere Morbidität und Mortalität. Unabhängig davon besteht eine genetische Komponente für das Auftreten kardiovaskulärer Erkrankungen; diese wird bei ca. 30 Prozent angesetzt.

Nutzen versus Risiko
Häufig wird der körperlichen Aktivität ein Risiko zugeschrieben. Kosten-Nutzen-Analysen wie auch Risiko-Nutzen-Analysen zeigen aber, dass ein Trainingsprogramm auch für Ältere mit einem geringen Risiko verbunden ist, wenn eine sorgfältige sportärztliche Voruntersuchung und der Beginn des körperlichen Trainings unter sachkundiger Anleitung erfolgt. Entsprechende Angebote von den örtlichen Vereinen liegen in praktisch jeder Stadt vor.

Das berühmte Churchill-Zitat zum Thema Sport wird in diesem Zusammenhang gerne zitiert. Man übersieht aber, dass Churchill ein hervorragender Sportler war (Schwimmer, Tennisspieler und Polo-Spieler). Einen Kameraden hat er in Indien vor dem Ertrinkungstod aus dem Meer gerettet.

Praktische Trainingsempfehlungen
Mit mittlerem Trainings- und Übungsumfang werden ausreichende Trainingeffekte erzielt und präventiv wirksame Reize gesetzt. Optimal sind Trainingseinheiten von 30–45

Minuten 3- bis 4-mal pro Woche mit einer Trainingsintensität von etwa 40–70 Prozent der maximalen Leistungsfähigkeit (DGSP-Empfehlung). Regelmäßige Belastungen im Alltag, auch längere Spaziergänge oder Wanderungen mit schnellem Tempo, sind eine sinnvolle und wirksame Ergänzung zum Training. Moderne Herzfrequenzmessgeräte unterstützen die Trainingssteuerung und helfen, Über- oder Unterbelastungen zu vermeiden. Neben dem Ausdauertraining (ca. 70 Prozent des gesamten Trainingsumfangs) sind Kraft- und Beweglichkeitstraining (s. o., 30 Prozent Umfang), vor allem im Alter, eine wichtige Ergänzung.

Zusätzlich wird zu einem altersangepassten Trainingsprogramm geraten. Die von Älteren bevorzugten Sportarten, wie Schwimmen, Wandern, Kegeln, Gymnastik und der Seniorensport, werden empfohlen. Diese Sportarten sollten ebenfalls 3- bis 4-mal pro Woche oder häufiger durchgeführt werden, um einen Trainingseffekt zu erzielen.[14] Hilfe und Anleitung findet man in Sportvereinen mit dem Gütesiegel (Sport pro Gesundheit, DSB und DGSP) sowie in qualifizierten Fitnessstudios. Hilfen finden sich auch in: *10 Goldene Regeln zum Sporttreiben* und im Merkblatt: *Bewegung und Sport: Anfangen ja aber wie?* (www.dgsp.de).

Trainingsempfehlung: 3- (bis 4-)mal pro Woche 30–45 Minuten Ausdauerbelastung und Krafttraining mit rund 60 Prozent der Maximalleistung. Regelmäßige Bewegungseinheiten im täglichen Leben.

Lebensstil und praktische Empfehlungen

Nur wer regelmäßig körperlich aktiv ist, kann auch im Alter aktiv seinen Interessen, Aufgaben und sozialen Kontakten nachgehen. Nur der körperlich aktive ältere Mensch erhält seine Lebensqualität und behält seine Selbstbestimmung über einen möglichst langen Zeitraum. Aus diesem Grund wird älteren Menschen zu regelmäßiger, möglichst täglicher

Bewegung und körperlicher Aktivität geraten. „Sport" ist nicht das Ziel, da mit Sport meist die Laufbahn, die Turnhalle oder der Wettkampf verbunden wird. Das Rezept wird im Alter hingegen auf regelmäßige Bewegung ausgestellt.

Bewegung umfasst alle körperlichen Aktivitäten des täglichen Lebens, wie Treppensteigen, zu Fuß Erledigungen machen, den Hund ausführen oder auch bei längeren Besorgungen auf Auto, Bus oder Bahn zu verzichten. Haushalt und Gartenarbeit gehören zum Bewegungsprogramm des älteren Menschen. Wichtig erscheint, dass diese Aktivitäten weniger als Last denn als Lust, also als Anreiz zu einer „Trainingseinheit" angesehen werden. Jede Bewegung macht fit, auch kleinere Übungseinheiten während des Tages summieren sich zu einer Gesamtsumme an Aktivität. Häufig am Tage eine Treppe über zwei Etagen zu steigen, ist der Anfang zum Training. Alltagsbelastungen sollen bewusst als Trainingsreiz verstanden werden und weniger als mühsame Bewegungen.

Körperliche Aktivität und Alter
Ziel ist nicht unbedingt die Lebensverlängerung, wohl aber die verbesserte Lebensqualität, die längere Selbstbestimmung und Unabhängigkeit, weniger Pflege und Krankenhausaufenthalte.

Zu den neueren, gesicherten Erkenntnissen gehört, dass körperliche Aktivität die geistige „Fitness" fördert. Die neurokognitiven Funktionen werden durch ein regelmäßiges körperliches Training verbessert. Teilnahme an Freizeitaktivitäten (6 kognitive und 11 körperliche Aktivitäten) senken nachweislich das Demenzrisiko.[15]

Entscheidend bei den Empfehlungen und Aufforderungen zu körperlicher Aktivität im Alter ist, dass der ältere Mensch selber, nur durch eigenes aktives Tun, durch *eigene Aktivität*, manchmal auch durch Änderung des Lebensstils, dazu beitragen kann, seine Gesundheit und Leistungsfähigkeit zu erhalten. Diese aktive Haltung ist der passiven „Pillenschluckhaltung" eindeutig überlegen. Motivation und aktive Mitarbeit sind somit die Voraussetzung.

Regelmäßige Bewegung und körperliche Aktivität bei Kranken
Die aufgeführten Übungs- und Trainingsempfehlungen gelten mittlerweile auch für kranke Menschen. Es ist heute ebenso evidenz-basiert belegt, dass bei Herzinsuffizienz oder chronisch obstruktiver Atemwegserkrankung regelmäßiges Üben und Trainieren unter fachkundiger Anleitung zu einer deutlichen Funktionsverbesserung führt. Inaktivität verschlechtert bei diesen und anderen Krankheiten das Befinden und fördert weitere Begleitkrankheiten, wie Thrombose oder Pneumonie. Vor allem aber führt Inaktivität zu einer Dekonditionierung, also einem Funktionsverlust der Muskulatur. Dies verstärkt die Neigung dieser Patienten zu weiterem Bewegungsmangel – ein Circulus vitiosus.

Bei Herzmuskelschwäche unterschiedlicher Genese und chronischer Bronchitis gehört körperliches Training inzwischen zur Basistherapie. Hier müssen nicht nur Patienten, sondern auch Ärzte umlernen. Viele Ärzte, leider auch in der Klinik, empfehlen (immer noch) bei den verschiedensten Krankheiten körperliche Schonung oder raten von jeglicher körperlichen Aktivität ab. Inaktivität ist auch bei Stoffwechselleiden oder degenerativen Gelenkerkrankungen geradezu kontraindiziert und nimmt den Patienten sehr viel von ihrer Lebensqualität. Krankengymnastik und dosiertes Training sind mitunter wirksamer als viele Medikamente.[16]

Körperliche Aktivität und Vorbeugen gegen andere Krankheiten
Nur kurz erwähnt werden soll, dass regelmäßige körperliche Aktivität auch anderen Erkrankungen vorbeugt, so dem Schlaganfall und dem Bluthochdruck, der Osteoporose

sowie verschiedenen Krebsformen (Brustkrebs, Darmkrebs und Prostatakrebs) und der chronischen Lungenkrankheit.

Fazit

Die sportmedizinischen Erkenntnisse, seit über 92 Jahren (!) durch Sportärzte erarbeitet, haben ganz wesentlich dazu beigetragen, körperliche Aktivität als elementaren Bestandteil unseres täglichen Lebens zu etablieren.[17] Leider ist diese Feststellung immer noch nicht Allgemeingut. So ist etwa im *Forum Prävention des Gesundheitsministeriums* kein Sportarzt vertreten; es fehlt hier die sportmedizinische Kompetenz.

Risikoabschätzungen verschiedener nationaler und internationaler Gremien betonen zu sehr die Bedeutung des Fettstoffwechsels und die Rolle der medikamentösen Blutfettsenker.[18] Die positiven Auswirkungen körperlicher Aktivität bezogen auf Mortalität und Morbidität, auch im Alter, sind vergleichbar den teuren Medikamenten[19], jedoch deutlich preisgünstiger.

Bei den Empfehlungen zu Bewegung, körperlicher Aktivität und Sport ist nicht so sehr der ältere Leistungssportler das Ziel, sondern der Mensch, der auch mit 75 oder 85 Jahren noch in der Lage ist, sich selbst zu versorgen und selbständig leben zu können. Sportorganisationen und Vereine haben hier die große Aufgabe, gesundheitsorientierte Sportangebote älteren Menschen anzubieten.

Durch körperliche Aktivität kann das Leben verlängert werden.[20] Wichtiger aber ist es, Selbständigkeit und Lebensqualität im Alter durch Übung, Training, Bewegung und Aktivität in jeglicher Hinsicht zu erhalten. Täglich ein Spaziergang zwischen 30 und 60 Minuten wäre bereits ausreichend. *Aber ... wer verspricht nicht: Morgen fange ich bestimmt damit an?*

Anmerkungen

[1] *Jeschke, D. / Zeilberger, K. H.:* Altern und körperliche Aktivität. In: DtschÄrzteblatt 101 (2003), S. A-789–790. *Lubitz, J. / Cai, L. / Kramarow, E. / Lentzner, H.:* Health, life expectancy, and health care spending among the elderly. In: NewEnglJMed 349 (2003), S. 1048–1055.

[2] *Löllgen, H. / Pleines, J:* Estimation of cardiopulmonary function by means of the age equivalent. In: Acta gerontologica 9 (1979), S. 519–525. *Löllgen, H.:* Primärprävention kardialer Erkrankungen. In: Dtsch Ärzteblatt 1000 (2003), S. A-987–996. *Löllgen, H. / Löllgen, D.:* Körperliche Aktivität und Primärprävention. In: DtschMedWschr 129 (2004), S. 1055–1056.

[3] *Hollmann, W. / Hettinger, Th.:* Sportmedizin. Stuttgart [4]2000.

[4] *Mensink, G. B. M.:* Körperliches Aktivitätsverhalten in Deutschland. In: Samitz, G. / Mensink, G. B. M. (Hrsg.): Körperliche Aktivität in Prävention und Therapie. Marseille/München 2002

[5] Ebd.

[6] *Saltin, B. / Blomquist, G. / Mitchell, J. H.:* Response to exercise after bed rest and after training. In: Circulation 37/38 (1968) (suppl. VII), S. VII-1–78.

[7] *Hollmann, W. / Hettinger, Th.:* Sportmedizin. Stuttgart [4]2000.

[8] *McGuire, D. K. / Levine, B. D. / Williamson, J. W. / Blomquist, G. / Saltin, B.:* A 30–year follow-up of the Dallas bed-rest study: effect of age on cardiovascular adaptiation to exercise training. In: Circulation 104 (2001), S. 1358–1366.

[9] *Löllgen, H.:* Primärprävention kardialer Erkrankungen. In: Dtsch Ärzteblatt 1000 (2003), S. A-987–996.

[10] Vgl. (1) *Dickhuth, H. H. / Löllgen, H.:* Trainingsberatung für Sporttreibende. In: DtschÄrztebl 93 (1996), S. A-1998–2992. *Hollmann, W. / Hettinger, Th.:* Sportmedizin. Stuttgart [4]2000. *Jeschke, D. / Zeilberger, K. H.:* Altern und körperliche Aktivität. In: DtschÄrzteblatt 101 (2003), S. A-789–790. *Löllgen, H. / Pleines, J:* Estimation of cardiopulmonary function by means of the age equivalent. In: Acta gerontologica 9 (1979), S. 519–525. *Löllgen, H.:* Primärprävention kardialer Erkrankungen. In: Dtsch Ärzteblatt 1000 (2003), S. A-987–996.) *Löllgen, H. / Löllgen, D.:* Körperliche Aktivität und Primärprävention. In: DtschMedWschr 129 (2004), S. 1055–1056.

[11] *Jeschke, D. / Zeilberger, K. H.:* Altern und körperliche Aktivität. In: DtschÄrzteblatt 101 (2003), S. A-789–790.

[12] *Löllgen, H.:* Primärprävention kardialer Erkrankungen. In: Dtsch Ärzteblatt 1000 (2003), S. A-987–996.

[13] Ebd.

[14] *Dickhuth, H. H. / Löllgen, H.:* Trainingsberatung für Sporttreibende. In: DtschÄrztebl 93 (1996), S. A-1998–2992.

[15] Hinweise in *Löllgen, H.:* Primärprävention kardialer Erkrankungen. In: Dtsch Ärzteblatt 1000 (2003), S. A-987–996. *Löllgen, H. / Löllgen, D.:* Körperliche Aktivität und Primärprävention. In: DtschMedWschr 129 (2004), S. 1055–1056.

[16] *Löllgen, H. / Löllgen, D.:* Körperliche Aktivität und Primärprävention. In: DtschMedWschr 129 (2004), S. 1055–1056.

[17] *Hollmann, W. / Hettinger, Th.:* Sportmedizin. Stuttgart [4]2000.

[18] *Naghavi, M. et al.:* From vulnerable plaque to vulnerable patient. In: Circulation 108 (2003), S. 1772–1778.

[19] *Löllgen, H.:* Primärprävention kardialer Erkrankungen. In: Dtsch Ärzteblatt 1000 (2003), S. A-987–996.

[20] *Hollmann, W. / Hettinger, Th.:* Sportmedizin. Stuttgart [4]2000. *Löllgen, H. / Pleines, J:* Estimation of cardiopulmonary function by means of the age equivalent. In: Acta gerontologica 9 (1979), S. 519–525.

V. Fallbeispiele aus der klinischen Praxis

Carsten Johannes Krones, Stefan Willis

Fall 1

Auf das Dach eines brennenden Hotelhochhauses haben sich vor den Flammen drei Menschen gerettet, die durch das Aufsteigen des Brandes nun zunehmend gefährdet sind. Sie zeigen die Zeichen einer beginnenden Rauchvergiftung und müssen dringend geborgen werden. In dieser Situation steht nur ein kleiner Rettungshubschrauber zur Verfügung, der jeweils nur einen Patienten aufnehmen und notärztlich betreuen kann. Andere Rettungsmöglichkeiten stehen nicht zur Verfügung. Wegen der Zunahme des Brandes ist davon auszugehen, dass insgesamt maximal zwei, wahrscheinlich aber nur ein Anflug möglich ist. In dieser Situation steht der Notarzt vor der Entscheidung der Triage zwischen den drei Eingeschlossenen. Sie konnten anhand des vorliegenden Gästeverzeichnisses des Hotels identifiziert werden. Demnach handelt es sich bei den drei Personen um einen 22-jährigen ledigen Bundeswehrsoldaten mit zweijähriger Alkoholanamnese, einen 48-jährigen Diplom-Ingenieur, Familienvater mit vier Kindern und um einen 76-jährigen, rüstigen pensionierten Zahnarzt, Witwer, zweifacher Vater und sechsfacher Großvater. Der Notarzt sieht sich außerstande, vor Ort alleine zu entscheiden, welche der drei Personen er zuerst und ggf. als einzige erretten soll. Aus diesem Grunde fordert er vom Einsatzleiter eine Reihung der Personen zur Durchführung der Rettungsmaßnahme.

Frage zur Diskussion: In welcher Reihenfolge sollen die Gäste gerettet werden?

Höfling

Zu Fall 1 möchte ich eine Sachverhaltskonkretisierung vornehmen und drei kurze Anmerkungen machen:

Zunächst: Ich verstehe den Sachverhalt so, dass keiner der drei Eingeschlossenen allein wegen seines körperlichen Zustandes eine geringere Chance hat, eine Rettungsaktion zu überstehen. Wenn diese Prämisse stimmt, kann man *nicht* von einer klassischen Triage im katastrophenmedizinischen Sinne sprechen: Alle drei haben die gleiche Überlebenswahrscheinlichkeit.

Nunmehr drei Anmerkungen:

(1) Tragische Entscheidungssituationen beschäftigen Philosophie, Rechtsphilosophie und Rechtsdogmatik seit mehr als 2000 Jahren. Ein „Urbeispiel" einer solchen Situation, in der einer Person nur die Wahl zwischen Verhaltensalternativen bleibt, die gleichermaßen gut und schlecht sind, ist das sog. Brett des Karneades, an das sich zwei Schiffbrüchige klammern, das aber nur einen zu tragen vermag. Diese dem griechischen Philosophen Karneades von Kyrene (der 219–129 v. Chr. lebte und die von Platon gegründete Athener Akademie leitete) zugeschriebene Konstruktion ist vielfach variiert und analysiert worden und wird in der Strafrechtsdogmatik bis heute scharfsinnig und kontrovers diskutiert.[1]

(2) Das will und kann ich nicht nachzeichnen. Für unseren Fall aber kann man vereinfachend zusammenfassen: Es handelt sich – strafrechtlich betrachtet – um einen Fall der sog. rechtfertigenden Pflichtenkollision[2] (im engeren Sinne), in der zwei oder mehr koinzidierende Pflichten (hier: Rettungspflichten) in einer konkreten Situation in einem solchen Verhältnis zueinander stehen, dass die Erfüllung einer der Pflichten zugleich die Nichterfüllung einer der anderen Pflichten bedeutet. Da aber die Rechtsordnung ein gänzliches Untätigbleiben des Pflichtenadressaten im

Interesse des Schutzes der betroffenen Rechtsgüter (hier: Leben) nicht hinnehmen kann,[3] der „Retter" also im normativen Sinne handeln *soll*, verlangt sie von ihm lediglich eine Auswahl unter den möglichen Handlungsalternativen. Insoweit wirkt die beliebige Befolgung einer Pflicht als Rechtfertigungsgrund (so die h. M.) für die Nichterfüllung der anderen Pflichten.

(3) Von einer derartigen echten, materiellen Handlungspflichtenkollision kann man aber nur sprechen, wenn die zusammentreffenden Pflichten wirklich gleichrangig sind. Für das Rechtsgut „Leben" ist dies nicht nur strafrechtlich weitgehend anerkannt, sondern vor allem auch verfassungsrechtlich vorgegeben. Hier treffen sich gleichsam die Würdegarantie des Art. 1 Abs. 1 GG und der allgemeine Gleichheitssatz des Art. 3 Abs. 1 GG: Eine Gewährleistungsebene der Menschenwürdenorm ist die elementare Basisgleichheit aller. Und andererseits: Art. 3 Abs. 1 GG garantiert Statusgleichheit im Sinne eines gleichen Anspruchs eines jeden auf existentielle Dazugehörigkeit zur Solidargemeinschaft des Staates.[4]

Daraus folgt: Der Einsatzleiter kann (und sollte aus Praktikabilitätserwägungen) dem Notarzt die freie Entscheidung überlassen. Er darf jedenfalls nicht eine bestimmte Person von vornherein selektieren, um so die Konstellation der Pflichtenkollision „aufzuheben". Erst recht ist es ausgeschlossen, durch generalisierende Regelungen Lösungsmuster zu formulieren.

Anmerkungen
[1] Vgl. dazu etwa *Aichele, Alexander:* Was ist und wozu taugt das Brett des Carneades? In: Jahrbuch für Recht und Ethik 11 (2003), S. 241.
[2] Dazu kritisch *Gropp, Walter:* Die „Pflichtenkollision": Weder eine Kollision von Pflichten noch Pflichten in Kollision. In: Festschrift Hirsch 1999, S. 207f.
[3] Das ist allerdings durchaus nicht völlig unstrittig.

⁴ Dazu *Kirchhof, Paul:* Der allgemeine Gleichheitssatz. In: Isensee / Kirchhof (Hrsg.): Handbuch des Staatsrechts. Bd. 5. 1992, § 124 Rn. 199.

Landau

Lösung: Der Notarzt muss im vorliegenden Fall selbst entscheiden, welche Person er rettet. Die Rechtsordnung kennt keine Reihenfolge der zu rettenden Gäste.

Begründung: Strafrechtlich erfüllt das Verhalten des Notarztes den Tatbestand eines Tötungsdelikts durch Unterlassen aufgrund Garantenstellung, wenn infolge der Entscheidung des Arztes zwei Personen sterben müssen. Außerhalb von Notarzt- und Bereitschaftsdienst ist der Straftatbestand der unterlassenen Hilfeleistung nach § 323 c StGB einschlägig.

Der Notarzt verwirklicht zwar den Tatbestand der genannten Delikte, er handelt aber nicht rechtswidrig, wenn er nur eine Person rettet. Hier liegt ein Fall der außergesetzlichen, als Rechtsinstitut unbestrittenen „rechtfertigenden Pflichtenkollision" vor. Darunter versteht man den Widerstreit zweier (oder mehrerer) Handlungspflichten, von denen nur eine erfüllt werden kann.

Zwar gibt es in der juristischen Literatur Auffassungen, die meinen, bei der Kollision gleichwertiger Handlungspflichten verhalte sich der Pflichtige unabhängig davon rechtswidrig, ob er die eine oder andere Pflicht erfülle. Dies ist aber nicht richtig, da die Einstufung als rechtswidrig immer voraussetzt, dass wenigstens die theoretische Alternative eines rechtmäßigen Verhaltens bestanden hat.

Weil menschliches Leben nicht gegeneinander abgewogen werden kann, wird dem Notarzt weder von der

Rechtsordnung noch von seinem Einsatzleiter eine verbindliche Reihenfolge der zu rettenden Patienten vorgegeben.

Die Würde des Menschen und sein Recht auf Leben und
körperliche Unversehrtheit bleibt durch unbeeinflussbare
persönliche Merkmale wie Jugend oder Alter, Gesundheit
oder Krankheit, gesellschaftliche Stellung und Wertschätzung etc. unberührt. Keinesfalls ist es so, dass der 48-jäh-
rige Vater von vier Kindern dem ledigen und alkoholkran-
ken Soldaten vorgezogen werden müsste. Genauso wenig
ist jener von Rechts wegen vor dem pensionierten Zahnarzt zu retten.

Die Rechtsordnung verlangt noch nicht einmal, dass die
Entscheidung auf „moralisch billigenswerten Motiven" beruht.

Dabei soll es bleiben!

Literatur: Roxin: Strafrecht – Allgemeiner Teil, Band 1, 2. Auflage,
München 1994, § 16 D; *Schönke / Schröder-Lenckner:* Kommentar zum Strafgesetzbuch, 25. Auflage, Vorbem. § 32f., Rdz. 71f.

Schuster

Die Auffassung, dass Alter qua Alter ein Grund sei, medizinische Leistungen vorzuenthalten, widerspricht in
Deutschland ärztlichem Standesethos wie auch ärztlichem
Recht. Aufgrund des Alters allein darf niemandem eine
medizinische Leistung vorenthalten werden. Dafür gibt es
gewichtige ethische Argumente, die in Ethos wie Recht ihren Niederschlag gefunden haben. Das Lebensrecht ist un-
teilbar.

Aus ethischer Sicht stellt die Frage, ob das Alter ein *medizinisches Kriterium* für die Beschränkung bzw. den Verzicht auf bestimmte medizinische Maßnahmen sein kann,

310

kein besonderes Problem dar. Denn zunächst muss die Medizin aus ihrer Sicht Gründe benennen, die für eine etwaige Beschränkung der medizinischen Behandlung sprechen.

Zum Fall 1

In einer solchen Situation besteht die erste moralische Pflicht darin, so viele Menschen zu retten, wie möglich, in diesem Falle also maximal zwei. *Ultra posse nemo tenetur*, d. h. niemand ist moralisch verpflichtet, Leistungen zu vollbringen, die über sein Können in einer gegebenen Situation hinausgehen. Der Notarzt kann in der geschilderten Situation nicht nach medizinischen Gesichtspunkten entscheiden, da die drei Personen sich in der gleichen lebensbedrohenden Lage befinden. Mit anderen Worten: Eine Triage im medizinischen Sinne liegt nicht vor. Es kann folglich nur eine Entscheidung getroffen werden, die andere moralisch relevante Gesichtspunkte berücksichtigt. Unter der Rücksicht der Prinzipien der Menschenwürde wie des Lebensrechts gibt es keine Unterschiede zwischen den drei sich in höchster Gefahr befindenden Personen; insofern bieten beide Prinzipien in diesem Fall auch kein hinreichendes Kriterium zur Entscheidung.

Die „Qual der Wahl" besteht in diesem Fall zwischen dem Bundeswehrsoldaten und dem Zahnarzt. Denn der 48-jährige Diplom-Ingenieur wäre nach Kriterien der Gerechtigkeit als Erster zu retten, da er als Vater von vier Kindern für eine große Familie Verantwortung trägt (vgl. das Beispiel von Maximilian Kolbe, der allerdings freiwillig anstelle eines Familienvaters in den Hungerbunker ging und dort starb). Das ist weder beim Bundeswehrsoldaten noch beim Zahnarzt der Fall, denn dessen Kinder und Enkelkinder scheinen versorgt zu sein. Die Tatsache, dass beim Soldaten eine zweijährige Alkoholanamnese vorliegt, sowie der Hinweis, dass der Zahnarzt mit seinen 76 Jahren noch rüstig ist, sind in dieser Situation keine moralisch relevanten Sachverhalte, denn es geht weder um eine moralische Bewertung der Person noch um die außermoralische Frage der Bewertung persönlicher Fitness. Ich neige dazu – ich drücke mich bewusst vorsichtig aus –, in diesem Falle dem jungen Soldaten den Vorzug zu geben, da er nach menschlichem Ermessen das Leben noch vor sich hat, während der Zahnarzt bereits 76 Jahre alt ist. Sollte jemand in der gegebenen Situation eine Losentscheidung vorziehen, würde dies m. E. die Delegation der Entscheidung an den Zufall bedeuten.

Erlinger

Die Stellungnahme „Aus der Sicht des Journalisten" stellt insofern ein Problem dar, als der Journalist ja möglichst umfassend und neutral informieren und bewerten sollte und deshalb eigentlich alle anderen Aspekte mit aufnehmen müsste. Um hier einen eigenständigen, sich unterscheidenden Diskussionsbeitrag zu leisten, will ich deshalb versuchen, die spezielle Position der Massenmedien sowie deren mögliche Reaktionen und Einordnungen zu skizzieren.

Zum Fall zunächst eine andere Geschichte. In diesem Sommer ereignete sich in einem Autobahntunnel in München ein folgenschwerer Unfall, bei dem zwei Menschen ums Leben kamen und vier zum Teil schwerst verletzt wurden. Im Lokalteil der Süddeutschen Zeitung erschien zu diesem Unfall ein größerer Bericht mit einer Computergrafik und einem Experteninterview zum richtigen Verhalten bei einem Unfall im Tunnel. Überschrieben war der Artikel mit: „Schwangere stirbt bei Unfall im Allacher Tunnel". Erst die Unterüberschrift verrät das wahre Ausmaß: „Lastwagen fährt auf das Ende eines Staus auf – zwei

Tote und vier Schwerverletzte in der Nacht zum Freitag".
Und im Text dann, dass das eine Opfer ein 21-Jähriger
war, der den Unfall wahrscheinlich verursacht hat, das andere die 23-jährige Schwangere.

Was kann man also aus dieser Überschriftengestaltung
erkennen? Nun ist die Süddeutsche nicht als reißerisches
Boulevardblatt bekannt, eine bewusste Manipulation des
Inhalts in Richtung größtmöglichen Publikumserfolgs
sollte man daher ausschließen können. Es sollte wohl das
größte Unglück genannt werden. Die Zahl (Tod von Mutter
und Kind) kann es nicht gewesen sein, denn ein Toter
wurde stattdessen unterschlagen. Auch nicht das Alter,
denn der 21-Jährige war jünger. Ich glaube, dahinter steckt
die zerstörte Hoffnung. Die Schwangere ist der Inbegriff
von Erwartung und Hoffnung (so auch die alten Bezeich-
nungen für Schwangere). Diese wurden zerstört. Andererseits ist die Wahl der Überschrift schon auch auf das Publi-
kumsinteresse gerichtet. Vielleicht könnte man dann
daraus sogar eine Art gesellschaftlichen Konsens in dieser
Richtung ableiten. Insofern wäre es falsch, diesen Aus-
wahlgesichtspunkt nur kritisch zu sehen.

Versucht man nun, diese Erkenntnisse oder Vermutun-
gen auf den Fall anzuwenden, so wird wohl das mediale
Entsetzen beim Familienvater das größte sein. Die Überschrift würde lauten: „Familienvater verbrannt" oder gar
„Vierfacher Vater verbrannt". Von weiteren Schlagzeilen,
wie etwa „Sie machte das Feuer zu Waisen" und dazu ein
Foto mit vier Kindern, einmal ganz abgesehen. Bei dem
48-Jährigen ist das Schicksal einer ganzen Familie betroffen, bei dem Soldaten nur er selbst. Bei dem 76-Jährigen
wird zwar auch eine Familie betroffen, aber nicht in existentieller Hinsicht. Aus medialer Sicht wäre der Tod des
48-jährigen Familienvaters das größte Unglück.

Krones

Zur ärztlichen Beurteilung von Fall I sollte man zunächst verschiedene Begriffsdefinitionen vorausschicken. Gefragt ist im konkreten Fall eine medizinische Triage. Folgt man der Definition des Dudens, so handelt es sich hierbei im eigentlichen Sinne um ein „Auslesen".[1] Folgt man der etwas genaueren Beschreibung des Standardwerks der klinischen Wörterbücher, dem Pschyrembel[2], dann handelt es sich bei der medizinischen Triage um eine Zuordnung zu Gruppen bzw. ein Einteilen z. B. von Verletzten unter z. B. Kriegs- oder Katastrophenbedingungen bei nicht hinreichend gewährleisteter medizinischer Versorgung nach zunehmender Verletzungsschwere. Ziel ist dabei, verfügbare Behandlungskapazitäten den Patienten bevorzugt zukommen zu lassen, deren Überlebenschancen durch die Behandlung am wahrscheinlichsten verbessert werden kann. Unter diesen sehr nüchternen Vorbedingungen lässt sich die Frage der Reihung der Person relativ eindeutig beantworten. Auch mit seiner Alkoholanamnese wird der 22-jährige, ledige Bundeswehrsoldat im Vergleich zum 48-jährigen Familienvater und dem 76-jährigen rüstigen Witwer aufgrund seiner biologischen Ressourcen sowie seiner Jugend mit an Sicherheit grenzender Wahrscheinlichkeit die größten Überlebenschancen besitzen. Beurteilt man den Fall allein nach diesen Kriterien, so sollte medizinisch der Bundeswehrsoldat als erster gerettet werden. Tatsächlich ist aus verschiedenen Gründen aber eine einfache medizinische Triage in einem solchen Fall in der Praxis kaum durchführbar. Stellt man sich den tatsächlichen Ablauf vor – Hubschraubernaflug, Landung auf engem Raum unter großem Stress, Rauchentwicklung, dauerhafter Lärm durch die Rotorblätter, Löschversuche am Hotel –, so ist durchaus vorstellbar, dass der Eingeschlossene, welcher am ehesten den Hubschrauber erreicht, diesen auch dann betritt und wohl kaum zum Wiederverlassen aufgefordert werden kann. Gleiches gilt wohl für den Fall, dass der Hubschrauber eine Leiter zum Hochhaus herunter lässt. Gerettet wird in praxi wahrscheinlich dann wieder der, der vorne steht. Dies entlastet den Arzt zumindest insofern, als dass er persönlich nicht in die Reihung eingreift, bleibt jedoch vom Rettungsaspekt eine unverändert unbefriedigende Lösung.

Anmerkungen

[1] Vgl. dazu Das große Fremdwörterbuch. Herkunft und Bedeutung der Fremdwörter. Mannheim/Leipzig/Wien/Zürich: Dudenverlag, 2003.
[2] Vgl. dazu Pschyrembel. Klinisches Wörterbuch. 259. Auflage. Berlin/New York: de Gruyter, 2002.

Fall 2

Ein 89-jähriger pensionierter Amtsarzt hat sich zeitlebens durch Nahrungsbeschränkung und Sport fit gehalten. Er hat trotz koronarer Herzerkrankung vor zehn Jahren noch das goldene Sportabzeichen gemacht und spielt jetzt noch jede Woche zweimal 9–18 Löcher Golf. Dies wird zunehmend schwierig, da er beidseitig einen schweren Hüftgelenksverschleiß entwickelt hat, der das Gehen außerordentlich schmerzhaft gestaltet. In dieser Situation bittet er einen befreundeten Kollegen um seinen Rat, ob er sich operieren lassen soll. Der Kollege klärt ihn darüber auf, dass die Operation aufgrund des Stents in den Koronararterien, der blutgerinnungshemmenden Medikation mit Marcumar und der chronisch obstruktiven Emphysembronchitis riskant ist. Das Risiko der Mortalität und Morbidität sei auf mindestens das Dreifache gesteigert, weshalb er ihm eher von der Operation abrate. Er empfiehlt stattdessen, einen Elektro-Golfwagen zu benutzen. Für das tägliche Leben sei die Gehfähigkeit ausreichend. Zwei konsultierte Ärzte unterschiedlicher endoprothetischer Kliniken raten dagegen zur Operation, um die Lebensqualität zu erhalten oder gar zu verbessern. Das Risiko der Operation müsse er eben tragen – „wer nicht wagt, der nicht gewinnt" – 89 sei doch kein Alter, man habe auch schon 100-Jährige operiert. Schließlich habe jeder nur ein Leben, aus dem man das Maximale herausholen müsse. Ob er denn im Lehnstuhl enden wolle? Die darüber hinaus befragte Krankenkasse signalisiert dem Amtsarzt, dass sie bereit sei, alle Kosten zu tragen, und ihm keine Empfehlung geben könne. In dieser Situation weiß er nicht, wie er sich entscheiden soll.

Fragen zur Diskussion: Inwieweit darf der Amtsarzt der Allgemeinheit gehörende Ressourcen für die Optimierung

seines persönlichen Wohlbefindens und seiner Sportfähigkeit am Ende des Lebens in Anspruch nehmen? Ist eine
Kosten-Nutzen-Abwägung in diesem Fall ethisch gerechtfertigt?

Höfling

Auf die Problemkonstellation des zweiten Falles will ich
aus zwei unterschiedlichen Perspektiven eingehen:

(1) Zunächst: Nach geltendem Recht sehe ich keinen
durchgreifenden Einwand, die Ressourcen für die gewünschte Operation zu verweigern. Das sieht ja auch die
Krankenkasse so. Zwar scheint mir der Sachverhalt nicht
eindeutig, wenn einerseits „nur" von Lebensqualität die
Rede ist, andererseits aber schon das „Gehen außerordentlich schmerzhaft" ist. Dies wird man aber im Ergebnis als
Indikation für die Operation ansehen müssen. Im Übrigen
lassen die verschiedenen „Aufklärungsgespräche", die geschildert werden, gewisse Zweifel an der Seriosität der
ärztlichen Information („das Maximale herausholen") und
damit wohl auch an einer wirklich reflektierten Entschei-
dungsbasis aufkommen.

(2) Die uns gestellten „Fragen zur Diskussion" zielen
aber über den individuellen Fall hinaus auf eine prinzipielle Problemebene: Darf oder soll man medizinische
Leistungen unter Rückgriff auf das Alterskriterium ratio-
nieren? Spätestens seit D. Callahans fulminanter Studie
Setting Limits ist dies ja eine medizinethisch viel dis-
kutierte, politisch aber eher verschwiegene Frage. Hierauf
kann ich selbstverständlich in diesem Rahmen keine er-
schöpfende Antwort geben. Gleichwohl will ich einige
Aspekte nennen:

(a) Altersgrenzziehungen sind nicht per se unzulässige
Altersdiskriminierungen. Das Kriterium des Alters ist nur

eingeschränkt vergleichbar mit persönlichen Eigenschaften wie Geschlecht, Religion, Volksgruppenzugehörigkeit. Das wird deutlich, wenn man sich die bevorzugte Zuteilung von medizinischen Leistungen an Jüngere in einer temporalen Perspektive betrachtet. Zu einem bestimmten Zeitpunkt werden dann zwar Personen ungleich behandelt (z. B. der 55-Jährige bekommt noch eine Prothese, der 70-Jährige nicht mehr). Aber diese synchrone Ungleichbehandlung hebt sich über die Zeit hin auf; auch der 70-Jährige war einmal 55 und hatte die gleiche Chance. Junge werden einmal alt, Alte waren einmal jung. Insofern spricht man von einer diachronen Gleichbehandlung.

(b) Dennoch reicht ein solches intertemporales und intrapersonales Nutzen-Kalkül nicht. Der grundrechtsgeprägte Sozialstaat des Grundgesetzes verlangt mehr: Solidarität, individuellen Würde- und Integritätsschutz, interpersonelle Gleichbehandlung. Im Übrigen würde eine bloß intertemporale Betrachtung den medizinischen Fortschritt nicht hinreichend berücksichtigen und zu einer Benachteilung von Frauen gegenüber Männern führen.

(c) Aus meiner Sicht ist deshalb das Alter ein grundsätzlich *„verdächtiges" Kriterium*. Ungleichbehandlungen nach seiner Maßgabe unterliegen einem besonders hohen Rechtfertigungsdruck, auch wenn sie unter Berücksichtigung der elementaren Statusgleichheit nicht ausgeschlossen sind.

(d) Auch die Organisationsform und Ausgestaltung des Krankenversicherungssystems wäre in diesem Zusammenhang zu berücksichtigen. In einem System von Pflichtmitgliedschaft und Zwangsbeitrag kann man jedenfalls nicht abrupt jemandem, der 40 Jahre eingezahlt hat, gerade in einem Lebensabschnitt Hilfe und finanzielle Unterstützung verweigern, in dem er ihrer quantitativ und qualitativ besonders bedarf.

Landau

Lösung: Auch der 89-jährige Amtsarzt hat einen Rechtsanspruch auf die medizinisch notwendigen Leistungen. Bei jeder krankenversicherungsrechtlichen Leistung ist eine Kosten-Nutzen-Analyse durchzuführen. Diese ist von medizinischen Gesichtspunkten bestimmt.

Begründung: Vorab ist zu bemerken, dass kein Arzt außer in Notfällen und abgesehen von willkürlichen Entscheidungen zu einer Krankenbehandlung gezwungen werden kann. Dies gilt natürlich insbesondere dann, wenn er bedeutende gesundheitliche Risiken bei Durchführung der Krankenbehandlung erkennt und davon abrät. Auch für den Arzt gilt der Grundsatz der Vertragsfreiheit. Andererseits kann der Arzt auch bei einem erhöhten Operationsrisiko die vom Patienten gewünschte Behandlung durchführen, wenn er den Patienten ordnungsgemäß aufklärt und dieser in Kenntnis der Risiken auf der Behandlung besteht.

Dies vorausgeschickt, darf der Amtsarzt in Fall 2 die von der Krankenkasse zugesagte Hüftgelenksoperation ohne weiteres in Anspruch nehmen, wenn er die dargestellten Risiken nicht scheut.

Soweit der Amtsarzt gesetzlich versichert ist, hat er nach § 27 Abs. 1 SGB V einen Rechtsanspruch auf Krankenbehandlung, wenn sie notwendig ist, um eine Krankheit zu erkennen, zu heilen, ihre Verschlimmerung zu verhüten oder Krankheitsbeschwerden zu lindern. Es handelt sich also nicht im Sinne der Fragestellung um eine unberechtigte Inanspruchnahme von „der Allgemeinheit gehörenden Ressourcen".

Auf die Motive des Patienten (Optimierung des persönlichen Wohlbefindens und der Sportfähigkeit) kommt es sozialversicherungsrechtlich nicht an.

Zur zweiten Frage zu Fall 2 stelle ich fest, dass eine Kosten-Nutzen-Abwägung nicht nur ethisch gerechtfertigt, sondern in § 12 Abs. 1 SGB V (Wirtschaftlichkeitsgebot) sogar sozialversicherungsrechtlich vorgeschrieben ist.

Nach § 12 Abs. 1 SGB VI müssen die Leistungen ausreichend, zweckmäßig und wirtschaftlich sein; sie dürfen das Maß des Notwendigen nicht überschreiten.

Das Wirtschaftlichkeitsgebot ist von der *Rationierung* – etwa durch Altersgrenzen etc. – zu unterscheiden.

Aus rechtsstaatlicher Sicht sind mehr oder weniger willkürliche Rationierungsentscheidungen durch die Leistungserbringer ohne Rechtsgrundlage unzulässig. Gesetzliche Leistungsausgrenzungen aufgrund des Alters verletzen dagegen die Betroffenen in ihrer Menschenwürde, verstoßen gegen den Gleichheitssatz, entzweien aufgrund ihrer entsolidarisierenden Effekte die Gesellschaft und sind ethisch nicht vertretbar.

Literatur: Hauck / Haines, Sozialgesetzbuch SGB V, Gesetzliche Krankenversicherung, Kommentar, Band 1 (§ 12 „Wirtschaftlichkeitsgebot").

Schuster

Dem Amtsarzt sollte geraten werden, von einer Operation abzusehen, denn er geht aufgrund seiner gesundheitlichen Situation ein Risiko ein, das nicht in einer angemessenen Relation zur eingeschränkten Gehfähigkeit steht, die es ihm offensichtlich noch erlaubt, den alltäglichen Dingen nachzugehen. Außerdem gibt es die Möglichkeit, mit Hilfe eines Golfwagens dem geliebten Hobby zu frönen. Bei diesem 89-Jährigen dürfte es also genügend gewichtige medizinische Gründe geben, die eine Operation als problematisch erscheinen lassen. Unter dieser Rücksicht ist auch eine Kosten-Nutzen-Abwägung erlaubt, weil nicht das Alter qua Alter der einzige Grund ist, von einer Operation abzuraten.

Erlinger

Die Kosten-Nutzen-Abwägung in der Medizin ist ein heißes Eisen in den Medien. Als der JU-Vorsitzende Philipp Missfelder im Sommer 2003 in einem Interview sagte, er halte nichts davon „wenn 85-Jährige noch künstliche Hüftgelenke auf Kosten der Solidargemeinschaft bekommen", war die Entrüstung bei nahezu allen Politikern und eben auch in den Medien groß. „Die Forderung des Jungpolitikers Philipp Missfelder (CDU) nach einer altersabhängigen Rationierung medizinischer Leistungen kam den Medien gerade recht, um das Sommerloch zu füllen." So beurteilt wörtlich die Bundesärztekammer in ihrer Publikation BÄK-Intern die Tätigkeit der Medien auf diesem Gebiet. Auch wenn es einzelne Stimmen gab, die die Äußerung als Diskussionsbeitrag begrüßten, war die Ablehnung in den Medien fast einhellig.

Daneben löst das Thema Alter und Rationierung im Gesundheitswesen in den Medien – und übrigens auch bei allen Gesprächen mit Medizinern – nachgerade den unbedingten Reflex aus, auf Altersgrenzen für Dialysen in Großbritannien zu verweisen. Interessanterweise wird dieser Aspekt weder verifiziert (ob es überhaupt noch zutrifft), noch hinterfragt, noch in Diskussionen bewertet. Er dient je nach Situation als abschreckendes Beispiel, Horrorvision für die Zukunft, Alternative oder schlicht als Advocatus-diaboli-Position.

Davon unabhängig ist aber die konkrete Frage, inwiefern eine medizinische Maßnahme, die nicht für die allgemeine Lebensfähigkeit, sondern für besondere Wünsche notwendig ist, „solidarpflichtig" ist. Wäre hier nicht eine Parallele zur Reisemedizin zu ziehen, die relativ unumstritten zur privaten Lebensgestaltung gerechnet und regelhaft als „IGELeistung" abgerechnet wird? Wenn die medizinisch notwendige Thromboseprophylaxe bei einem Risikopatienten vor einer Fernreise privat zu bezahlen ist, warum dann nicht der Hüftgelenkersatz vor einer Golfrunde?

Krones

Die medizinische Beurteilung des Falls Nr. 2 erscheint vordergründig leicht. Die Therapie oder Nicht-Therapie des pensionierten Amtsarztes, d. h. der endoprothetische Ersatz der Hüfte oder der Umstieg auf den Elektrogolfwagen, entspricht in seiner endgültigen Beurteilung einer individuellen Absprache zwischen dem Patienten und seinem Operateur. Dabei ist es primär nicht die Aufgabe des Arztes gesellschaftspolitisch oder ökonomisch zu urteilen. Abgewogen werden stattdessen medizinischer Aufwand und medizinischer Nutzen, d. h. das Risiko des Eingriffs gegen den Benefit des Patienten. Setzt man einen Erfolg der Operation voraus, so ist ein medizinischer Nutzen des Eingriffs sicher unstrittig. Die in Kauf zu nehmenden Risiken hängen damit einerseits von den Vorerkrankungen des Patienten und andererseits von den Befähigungen sowie dem Selbstverständnis des Therapeuten ab. So dabei nicht gegen medizinische Standards verstoßen wird, steht dem Eingriff von ärztlicher Seite nichts entgegen. Die Operation ist in diesem hohen Alter dann in freier Anlehnung z. B. an Tumortherapien als individueller Heilversuch im Rahmen der ärztlichen Therapiefreiheit zu sehen. Dabei handelt es sich grundsätzlich um eine Einzelfallbehandlung, welche durchaus von Standardtherapien abweichen darf. Wenn auch die juristische Sachlage in solchen Fällen kompliziert erscheint – es konkurrieren das Selbstbestimmungsrecht

des Patienten, die ärztliche Therapiefreiheit, das Sozialrecht, das ärztliche Standardrecht und das Arzthaftungs-
recht –, so bewegt sich der Operateur nicht im „medizin-
freien" Raum, denn Indikation und Erfolgschance sind
gegeben. Wesentlich sollte dabei aber auch die Aufklärung
des Patienten sein, der über die Rahmenbedingungen des
Heilversuchs bzw. der Operation detailliert informiert und
damit einverstanden sein muss.

Fall 3

Ein rüstiger, gesunder ehemaliger Architekt, dreifacher Vater und sechsfacher Großvater, ehemaliger Marathonläufer und Extrembergsteiger, wünscht sich zu seinem 90. Geburtstag einen Bungee-Sprung. Das anbietende Sprungunternehmen ist bereit, ihn unter Vorlage eines ärztlichen Attests springen zu lassen. Sein Hausarzt und seine Kinder lehnen den Sprung wegen des altersbedingt deutlich erhöhten Verletzungs- und Schlaganfallrisikos aufgrund der extremen Beschleunigung ab. Nach längerem Suchen findet er einen Sportmediziner, der ihm prinzipiell die Sprungfähigkeit attestiert.

*Fragen zur Diskussion:*Darf der rüstige Architekt die Gesellschaft und sein Umfeld mit den Risiken und eventuellen Folgen seines Extremsports belasten (Kosten, evtl. Pflegebedürftigkeit)? Kann man Freizeitaktivitäten im Alter verbieten?

Höfling

Ich will beginnen mit einem persönlichen Bekenntnis: Ich spiele Fußball; als ich nun vor vier Monaten, kurz vor meinem 50. Geburtstag bei einem Sturz das Schlüsselbein brach, war der familiäre wie außerfamiliäre Kommentar nahezu einhellig: Hör auf, spiel Golf.

Auch unser rüstiger Architekt bekommt ungebetene Ratschläge: Wir beide – er wegen seines hohen Alters, ich wegen meines relativen Alters in Kombination mit der Gefährlichkeit des Fußballsports – müssen uns fragen lassen, ob das noch ein verantwortungsvolles – soll heißen: ressourcenreflexives – Verhalten sei.

Aus der Perspektive des geltenden Rechts ist Fall 3 vergleichsweise schnell und kurz kommentiert. Das Recht der gesetzlichen Krankenversicherung wird geprägt durch das sog. Finalprinzip.[1] Die Leistungsgewährung erfolgt grundsätzlich ohne Rücksicht auf die Frage nach der Krankheitsursache. Die Ausnahmeregelung des § 52 SGB V bestätigt diese Regel: Danach kann die Krankenkasse einen Versicherten, der sich „eine Krankheit vorsätzlich oder bei einem von (ihm) begangenen Verbrechen oder vorsätzlichen Vergehen zugezogen" hat, diesen an den Kosten der Leistungen in angemessener Höhe beteiligen und das Krankengeld ganz oder teilweise für die Dauer dieser Krankheit versagen bzw. zurückfordern. Hier wird zwar der Aspekt der „Eigenverantwortung" berücksichtigt, aber doch nur in ganz exzeptionellen Konstellationen: vorsätzliche Selbstschädigung und kriminelles Verhalten. Ersteres setzt nach einhelliger Auffassung voraus, dass der Betroffene gerade die Krankheit herbeiführen will. Das aber ist bei unserem Architekten sicherlich nicht der Fall. Er hofft vielmehr auf einen aufregenden, glücklich verlaufenden 90. Geburtstag. Ein Leistungsausschluss kommt somit nicht in Betracht.

De lege ferenda aber wird schon lange diskutiert, ob nicht Gesundheitsschäden aufgrund einer entsprechenden Lebensführung zu weitergehenden Leistungsbeschränkungen führen sollen. Diskutabel erscheint mir in der Tat eine Erweiterung des Leistungsbeschränkungstatbestandes auf leichtfertiges Freizeit- bzw. Sportverhalten – nicht auf Genussmittelkonsum![2] –, wobei allerdings das Alter nur als *ein* denkbares Indiz für die „Unverhältnismäßigkeit" des Verhaltens herangezogen werden kann. Auch der 38-jährige Bandscheibengeschädigte sollte sich den Bungee-Sprung gut überlegen. Wer sich vor dem Hintergrund einer entsprechenden Leistungsbeschränkung der gesetzlichen Krankenversicherung dennoch auf „Übermaß-Risiken"

einlassen möchte, könnte sich nach einer privaten Zusatz-
versicherung umsehen, die dann durch entsprechende Prä-
miengestaltung durchaus disziplinierend wirken kann.[3]

Anmerkungen
[1] Vgl. nur *Muckel, Stefan:* Sozialrecht. 2003, S. 117f.
[2] Hier stellt sich neben den Abgrenzungsproblemen auch die Frage,
ob ein entsprechendes Verhalten nicht seinerseits Ausdruck von
Krankheit ist.
[3] Im Übrigen ist auch zu berücksichtigen, dass ein großer Teil der
Freizeitsportler über ihre Sportvereine unfallversichert sind.

Landau

Lösung: Die gesetzliche Krankenversicherung kennt auch
bei älteren Versicherten *grundsätzlich* keinen Leistungsausschluss für die Folgen von Extremsport. Sozialpolitisch
und aus ethischer Sicht sind Leistungsbeschränkungen
oder auch -ausschlüsse – sieht man von den praktischen
Schwierigkeiten der Nachweisbarkeit vorzuwerfenden Verhaltens ab – gut vertretbar. Sie sollten durch Gesetzgebung
und Rechtsprechung maßvoll erweitert werden.

Begründung:

I. Sportverletzungen
Nach dem geltenden Sozialversicherungsrecht können gesetzlich vorgesehene Leistungen bei Verletzungen durch
bestimmte Sportarten nicht verweigert werden. Die zentrale Vorschrift ist de lege lata § 52 SGB V. Danach kann
die Krankenkasse die Versicherten an den Kosten der Leistungen in angemessener Höhe beteiligen, wenn diese sich
u. a. eine Krankheit vorsätzlich zugezogen haben. Dafür
reicht es, dass der Patient mit der Krankheit als mögliche

Folge seines Verhaltens gerechnet und diese billigend in Kauf genommen oder sich mit ihr abgefunden hat (dolus eventualis). Das kann auch bei Extremsportarten der Fall sein. Dem 90-jährigen Architekten kann man bedingten Vorsatz (dolus eventualis) möglicherweise unterstellen, auch wenn er nach längerem Suchen einen Sportmediziner gefunden hat, der ihm prinzipiell die „Sprungfähigkeit" attestiert. Die gegenteilige Ansicht des Hausarztes kann zu seiner Vorstellung geführt haben, eine „Krankheit i. w. S." könne die Folge sein. Dies würde für die kognitive Seite des dolus eventualis möglicherweise ausreichen. All dies ist aber Tatfrage.

Aus ethischer Sicht lassen sich Leistungsausschlüsse oder Selbstbehalte bei Eigenschädigung auch aufgrund bewusster Fahrlässigkeit (luxuria) ohne weiteres vertreten.

Sozialpolitisch und unter dem Gesichtspunkt der Kostenreduzierung ist dagegen fraglich, ob man die Folgen bestimmter Sportarten von vornherein aus dem Leistungskatalog der GKV ausschließen sollte.

Hierzu nenne ich drei Aspekte:

(1) Es gibt viel riskantere Lebensweisen als Bungeejumping oder Fallschirmfliegen. Rauchen, Trinken, fettes Essen und wenig Bewegung ziehen volkswirtschaftlich höhere Kosten nach sich als Extremsportarten. Bei diesen Zivilisationskrankheiten würde man möglicherweise bewusste Fahrlässigkeit nachweisen können, angesichts des Wissensstandes über die Folgen des Rauchens möglicherweise sogar dolus eventualis.

(2) Die meisten Sportverletzungen aufgrund bewusster Fahrlässigkeit dürften sich im Breitensport ereignen und Solidargemeinschaft und Volkswirtschaft erheblich belasten (Fußball, Skifahren u. a.). Die Folgen der im Extremsport zugezogenen Verletzungen dürften im Vergleich dazu nicht sehr ins Gewicht fallen.

(3) Sport ist generell das wichtigste Präventionsmittel, je-

der diesbezügliche Leistungsausschluss ist immer ein zweischneidiges Schwert. Vor allem ist die Differenzierung zwischen (noch) gesundheitsförderndem und (schon) unverantwortlich gefährdendem Sport schwer möglich, wenn auch leistbar.

II. Freizeitaktivitäten

Die zweite Frage ist klar mit Nein zu beantworten: Freizeitaktivitäten kann man im Alter nicht verbieten. Ein solcher Eingriff in das allgemeine Freiheitsgrundrecht ist nicht zu rechtfertigen, da sich ein Bezug zwischen einem bestimmten Alter und einer bestimmten Sportart nicht generell herstellen lässt.

Literatur: Rompf: Selbstverschulden im Krankenversicherungsrecht, SGb 1997, 105; *Hauck / Haines:* Sozialgesetzbuch SGB V, Gesetzliche Krankenversicherung, Kommentar, Band 1 (§ 52 „Leistungsbeschränkung bei Selbstverschulden").

Schuster

In der Ethik unterscheidet man zwischen Pflichten gegenüber anderen und Pflichten gegenüber der eigenen Person. In diesem Falle sind gleich beide Klassen von Pflichten relevant: Pflichten gegenüber der Allgemeinheit, insofern ein Bungee-Sprung in diesem hohen Alter ein großes gesundheitliches Risiko darstellt, das ohne Not wegen der möglichen Kosten für die Solidargemeinschaft nicht zu rechtfertigen ist. Aufgrund welcher Kriterien der Sportmediziner dem Amtsarzt Sprungfähigkeit attestieren kann, wird nicht angegeben, dürfte aber aus medizinischer Sicht problematisch sein. Es gibt aber in diesem Fall auch die Pflicht gegenüber sich selbst, sich nämlich nicht unnötig einem solchen Risiko auszusetzen und die eigene Gesundheit aufs Spiel zu setzen. Wer Risiken dieser Art in hohem Alter dennoch auf sich nehmen möchte, der sollte dafür auch selber voll einstehen. Hier ist die Alltagsweisheit einschlägig: „Wem nicht zu raten ist, dem ist auch nicht zu helfen."

Erlinger

Eine saubere Analyse des Falles muss mehrere Ebenen oder aufeinander folgende Fragen beantworten. 1.) Kann man einem Menschen mit Hinblick auf eine eigene gesundheitliche Gefährdung eine Tätigkeit verbieten? 2.) Ist das allgemein möglich und darf man bestimmte Personengruppen ausschließen, während man es anderen erlaubt? 3.) Darf das Alter hier ausschlaggebend sein? 4.) Welche Rolle spielt der Arzt, der die Sprungfähigkeit attestiert? Was ist dieses Attest der „Sprungfähigkeit"?

1.) Gesellschaftlich ist eine derartige Einschränkung der Freiheit nicht zu erkennen. Man muss hier nicht nur das Rauchen und Trinken anführen, auch alle Extremsportarten sowie die immer noch praktizierte studentische Mensur seien hier genannt. Motorradfahren ist eine allgemein akzeptierte Fortbewegungsart und Freizeitbeschäftigung. Auflagen zur Gefahrenreduktion sind dagegen üblich (Anschnall-, Helmtragepflicht). In Bezug auf die Verweigerung einer lebensrettenden Operation hat der BGH in einem Grundsatzurteil (BGHSt 11, 111) jedem Menschen das Recht zuerkannt, sich unvernünftig zu verhalten und festgestellt, dass man „menschlich wie sittlich achtenswerte Gründe" für ein derartig unvernünftiges Verhalten haben kann.

2.) Das Ausschließen bestimmter Personengruppen ist bei uns eigentlich nur im Hinblick auf die Schwangerschaft bekannt. Hierbei handelt es sich jedoch nicht um die Frage der eigenen Gefährdung, sondern um die des Kindes. Und selbst dies betrifft vor allem die berufliche Tätigkeit, während bei Alkohol und Nikotin lediglich an die Vernunft der Schwangeren appelliert wird.

3.) Altersgrenzen im Hinblick auf vor allem gesundheitliche Selbstgefährdung kennt man nur für Jugendliche. Ein „Altersschutzgesetz", das alten Menschen bestimmte, sie besonders gefährdende Verhaltensweisen verbietet, existiert nicht und wäre wohl auch schwer durchsetzbar. Dieses Alterschutzgesetz müsste, da der alte Körper von anderen Noxen gefährdet wird als der junge, nicht Alkohol und Nikotin untersagen, sondern eben Sportarten etc. Allerdings ist es schwer vorstellbar, dass etwa Skischuhe im Geschäft nur mehr gegen Ausweisvorlage an unter 80- oder 70-Jährige abgegeben werden dürften.

4.) Was kann der Arzt attestieren? Im Endeffekt doch nur, dass aufgrund des körperlichen Zustandes des Betroffenen nicht mit einer Gefährdung zu rechnen ist. Dabei ist interessant, dass dabei eigentlich höchstens die gegenüber der Durchschnittsbevölkerung erhöhte Gefährdung beurteilt werden kann. Jeder Mensch ist beim Skifahren hinsichtlich Knochenbrüchen oder Gelenkverletzungen gefährdet. Eine Skifähigkeit wäre daher nicht zu attestieren. Ebenso selbstverständlich ist ein 50-jähriger Knochen stärker gefährdet als ein 25-jähriger. Ist der 50-Jährige dann noch medizinisch gesehen skifähig?

Krones

Die medizinische Beurteilung des 90-jährigen Bungee-Springers ist eindeutig. Beim Bungee-Sprung steht weniger ein sportlicher Aspekt als das Erleben einer Extremsituation und die damit verbundene emotionale Aufladung im Vordergrund. In der Beurteilung medizinischer Belastungen und Risiken sind dabei neben der Stresssituation aber auch die beim Sprung auftretenden Beschleunigungen zu be-

rücksichtigen. In Kürze: Verlässt ein Springer die Plattform, befindet er sich zunächst im freien Fall. Die dabei erreichte Geschwindigkeit hängt von Sprunghöhe und Seil-
länge ab. Im Scheitelpunkt wird durch das Anspannen des
Seiles der Fall gebremst und die Beschleunigungswerte erreichen ihr negatives Maximum, bevor der Körper wieder
nach oben beschleunigt wird. Physikalisch entspricht diese
Bewegungsform einer Oszillation, welche sich nach ca.
6–7 Schwingungen und einer Zeit von 50–60 Sekunden in
Ruhelage einstellt. Neben der vertikalen Komponente
kommt es zusätzlich zu horizontalen Auslenkungen. Der
Maximalwert aller Beschleunigungskomponenten tritt in
vertikaler Richtung fußwärts auf, d. h. also beim ersten
Abbremsen durch das Seil. Der Mittelwert für dieses Maximum beträgt ca. 3,3 g.[1] Aber auch in der Horizontalebene
treten beträchtliche Beschleunigungen auf, die sowohl in
der Sagittal- als auch in der Frontalrichtung Werte von 2,1
bis 2,7 g erreichen.

Die Auswirkungen dieser Beschleunigungsformen auf
Organismus und Physiologie sind mannigfaltig und lassen
den Unfallaspekt in den Hintergrund treten. Im Herz-Kreis-
lauf-System lassen sich durchweg stressbedingte Herzfre-
quenzerhöhungen ableiten. Diese können beim Unerfahre-
nen je nach psychischer Anspannung Frequenzen bis
160–180 Schlägen pro Minute erreichen. Blutdruckschwan-
kungen im ähnlichen Ausmaß können unterstellt werden.
In Stoffwechselmessungen fällt vor allem die individuell
sehr unterschiedlich starke Ausschüttung der Stresshor-
mone Adrenalin und Neuadrenalin auf.[2] Beide Hormone erreichen je nach nervlicher Anspannung Werte, die sonst nur
in extremen Gefahrenmomenten auftreten. Schließlich sind
verschiedene Organschädigungen beschrieben. Durch die
extreme Erhöhung des hydrostatischen Drucks während
des Anspannen des Seils auf dem Scheitelpunkt der Sprung-
bewegung kann es zu Einblutungen in den Augapfel kom-

men. Folge sind in der Regel ein Visusverlust bzw. eine Visuseinschränkung. Die Zeit bis zur Rückbildung der Symptome kann dabei Tage bis Monate dauern, aber auch Dauerschäden wurden bereits beschrieben.[3] Im Gehirn kann als Folge der massiven Druckerhöhung im Brustkorb ein Rückstau von Kopf- und Halsvenen auftreten. Hier sind neben Einblutungen der Augenschleimhäute und der Gesichtshaut auch kurzzeitige Verwirrtheitszustände beschrieben.[4] Und schließlich können an der Wirbelsäule neben Kompressionsbrüchen Schleudertraumata, Facettenblockierungen, aber auch Bandscheibenschädigungen auftreten. Der Halsbereich ist dabei zusätzlich durch das Umschlingen des Seiles gefährdet.[5]

Gegenüber diesen Risiken des üblichen Sprungverlaufs sind tödliche Unfälle oder ernsthafte Verletzungen sehr viel seltener. Ein amerikanischer Versicherungsbericht aus dem Jahre 1987 gibt bei über 1 Million Sprünge lediglich 5 Todesfälle und nur 80 ernsthafte Verletzungen an.

Zusammenfassend handelt es ich beim Bungee-Springen also um eine spektakuläre, aber unfalltechnisch relativ sichere Belastungsform. Schwere Verletzungen sind nicht auszuschließen, aber eher selten. Dagegen liegen die physiologischen Belastungen durch Beschleunigung und Abbremsen in einem Bereich, der ganz erhebliche Folge- und Dauerschäden hinterlassen kann. Aus diesen Gründen ist der Sprungwunsch des 90-jährigen Geburtstagskindes medizinisch eindeutig abzulehnen.

Anmerkungen
[1] Vgl. *Fromme A. / Linnenbecker S. / Stallkamp F. / et al.*: Beschleunigungswerte und körperliche Belastung beim Bungee-Springen. In: Dickhut / Küsswetter (Hrsg.): 35. Deutscher Sportärztekongress, Wehr. Tübingen 1997.

[2] Vgl. *Zimmermann U. / Löw T. / Wildt L.*: Stress hormones and bungee-jumping. In: Lancet 340 (1992), S. 428.

[3] Vgl. *Innocenti E. / Bell T. A. G.*: Ocular injury resulting from bungee-cord jumping. In: Eye 8 (1994), S. 710.

[4] Vgl. *Amgwerd, M. G.*: Akute venöse Stase in der Kopfregion durch Bungy-Jumping. In: Unfallchirurg 98 (1995), S. 4.

[5] Vgl. *Hite P. R. / Greene K. A. / Lewe D. I. / et al.*: Injuries resulting from bungee-cord jumping. In: Ann Emerg Med 22 (1993), S. 1060.

Nachtrag zur Diskussion: Ein ähnlicher Fall hat sich 1990 in San Francisco tatsächlich zugetragen. Ein 100-jähriger Mann führte gegen den ausdrücklichen Willen seines Umfelds einen Bungee-Sprung durch und überlebte.

Fall 4

Einer 86 Jahre alten ehemaligen Gymnasiallehrerin wird nach der operativen Entfernung eines Dickdarmtumors eine adjuvante Begleittherapie empfohlen. Die Operation verlief unkompliziert, und der Tumor konnte komplett entfernt werden. Die Begleittherapie soll die Chancen einer dauerhaften Heilung verbessern und ein Wiederauftreten des Tumors verhindern. Der Nutzen einer solchen Therapie ist nach gegenwärtigem Stand der Wissenschaft auch bei Patienten in fortgeschrittenem Alter anerkannt. Die behandelnden Krankenhausärzte empfehlen hierfür die Durchführung einer etablierten Standardchemotherapie. Die Patientin wünscht stattdessen nach Konsultation des Internets die Anwendung einer neuen, durch wissenschaftliche Ergebnisse abgesicherten Therapie mit Angiogenesehemmern, die eine statistisch höhere Lebenserwartung von fünf Monaten verspricht. Der Hausarzt der Patientin rät davon ab, unter Verweis auf das hohe Lebensalter und angesichts der fünffach höheren Therapiekosten.

Frage zur Diskussion: Darf die Patientin diese teure Therapie verlangen?

Höfling

Auch Fall 4 will wohl das Alter als ein denkbares Element einer *Kosten-Nutzen-Abwägung* thematisieren, wirft allerdings noch weitere Fragen auf.

(1) Zunächst: Der Hausarzt hat jedenfalls keine Abwägungskompetenz in dieser Frage.

(2) Sodann: Ganz unabhängig vom Alter der Patienten stellt sich die Frage, ob die von den behandelnden Kranken-

hausärzten empfohlene Standardchemotherapie nicht ausreichend ist und das medizinisch notwendige Maß bezeichnet.

(3) Nehmen wir einmal an, die neue Therapie sei (noch) nicht in den Leistungskatalog der gesetzlichen Krankenversicherung aufgenommen (insoweit scheint mir der Sachverhalt etwas unklar) und die Patientin hätte sich nicht – was heute aber zunehmend der Fall ist – über das Internet informiert: Müsste der Arzt über diese Alternative aufklären? Gerade die Frage der sog. wirtschaftlichen Aufklärungspflicht im weiteren Sinne wird im Moment kontrovers diskutiert.[1]

Anmerkungen
[1] Vgl. dazu *Schelling, Philip:* Die Pflicht des Arztes zur wirtschaftlichen Aufklärung im Lichte zunehmender ökonomischer Zwänge im Gesundheitswesen. In: MedR 2004, 422f.

Landau

Lösung: Soweit die Therapie mit Angiogenesehemmern von den zuständigen Gremien im Rahmen der vertragsbzw. krankenhausärztlichen Versorgung anerkannt ist, kann sie der Patientin nicht im Hinblick auf ihr fortgeschrittenes Alter verwehrt werden.

Begründung: Nach § 2 Abs. 1 SGB V stellen die Krankenkassen den Versicherten die im SGB V genannten Leistungen unter Beachtung des Wirtschaftlichkeitsgebots zur Verfügung. Qualität und Wirksamkeit der Leistungen haben dem allgemein anerkannten Stand der medizinischen Kenntnis zu entsprechen und den medizinischen Fortschritt zu berücksichtigen.

Soweit eine Therapieform von den zuständigen Ausschüssen anerkannt ist, hat grundsätzlich jeder Versicherte bei medizinischer Indikation Anspruch auf diese Leistung. Dabei wird zwar das auf Art. 2 Abs. 2 GG beruhende Selbstbestimmungsrecht der Versicherten bei der Therapiewahl zulässig durch das Wirtschaftlichkeitsgebot begrenzt.

Durch das Wirtschaftlichkeitsgebot werden aber nur solche Leistungen ausgegrenzt, auf die ohne wesentliche Einbuße für eine bedarfsgerechte Versorgung verzichtet werden kann. Bei der anzustellenden Kosten-Nutzen-Analyse spielt das Lebensalter des Patienten lediglich unter medizinischen Gesichtspunkten eine Rolle. Anerkannte Verfahren und Therapien können alten Menschen jedoch nicht unter Kostengesichtspunkten verweigert werden.

Dagegen haben Patienten – jung oder alt – keinen Anspruch darauf, dass jede Therapie, mag sie auch wissenschaftlich abgesichert und im Einzelfall sogar wirksamer sein, als abrechnungsfähige Leistung von der Krankenversicherung übernommen wird. Das Sozialstaatsprinzip begründet entsprechende Verpflichtungen des Gesetzgebers nur insoweit, als er die Mindestvoraussetzungen für ein menschenwürdiges Dasein zu schaffen hat.

Zusammenfassend gesagt: Die teurere Therapie könnte – für junge und alte Menschen – aus wirtschaftlichen Gründen aus dem Leistungskatalog der Krankenversicherung ausgeschieden werden. Das Alter hingegen ist weder im Einzelfall noch generell ein zulässiges Aussonderungskriterium.

Literatur: Hauck / Haines: Sozialgesetzbuch SGB V, Gesetzliche Krankenversicherung, Kommentar, Band 1 (§ 2 „Leistungen", Rnr. 34f., 69f.).

Schuster

Die Kostenfrage ist in diesem Fall ein moralisch relevanter
Gesichtspunkt. Wenn es eine bewährte Begleittherapie
nach einem solchen Eingriff gibt, dann sollte sie angewandt
werden. Die Solidargemeinschaft mit fünffach höheren
Kosten für eine neue Therapie zu belasten, ist angesichts
der Kostenexplosion im Gesundheitswesen kaum zu rechtfertigen. Die Prognose einer fünfmonatigen Verlängerung
der Lebenserwartung bei Anwendung von Angiogenesehemmern ist eine statistische Größe, die gegenüber der
Kostenfrage eine untergeordnete Bedeutung hat. Der Sachverhalt würde sich anders darstellen, wenn die prognostizierte Lebenserwartung um Jahre höher anzusetzen wäre.
Die Patientin darf die Therapie mit Angiogenesehemmern
dann verlangen, wenn sie bereit ist, die zusätzlichen Kosten zu übernehmen.

Erlinger

Unter Journalisten gibt es die Geschichte, dass eine wissenschaftliche Untersuchung versucht habe, die wirk-
samste denkbare Schlagzeile zu entwickeln. Sie soll gelau-
tet haben: „Deutscher Schäferhund leckt Inge Meysel
Brustkrebs weg!"
   Hintergrund dieser Untersuchung waren die Themen,
welche den potentiellen Zeitungskäufer und -leser am
stärksten ansprechen und die in der Mega-Überschrift konzentriert wurden: Nationalgefühl („Deutscher"), Tierliebe
(„Schäferhund") Celebrities („Inge Meysel", die „Mutter
der Nation"), Krankheit („Brustkrebs"), Positives (die Heilung) und Medizin, vor allem aber neue oder alternative
Medizin („leckt weg").
   Für die Medien, zumindest für die absolut auf den Ver-

kauf oder den Publikumsgeschmack ausgerichteten, ist daher die Frage, ob die neue adjuvante Therapie mit Angiogenesehemmern durchgeführt werden soll, wohl relativ einfach zu beantworten: Ja. Die neue Medizin stellt einen Wunsch der Bevölkerung, ablesbar an der Ausrichtung der Schlagzeilen, dar.

Kosten-Nutzen-Abwägungen sind, wie bereits dargestellt, der medialen Diskussion eher suspekt, wenn nicht sogar fremd.

Krones

Medizinische Gründe, die teure, aber wissenschaftlich abgesicherte Therapie mit Anigogenese-Hemmern bei der 86 Jahre alten Dame nicht zu beginnen, lassen sich aus dem vorliegenden Fall nicht ableiten. Die hier wie in allen medizinischen Entscheidungen notwendige Nutzen-Kosten-Abwägung bezieht sich für den Arzt wiederum nicht auf einen pekuniären oder volkswirtschaftlichen Aspekt, sondern beurteilt stattdessen Therapieaufwand und damit die Patientenbelastung und den Therapieerfolg. Unter diesem Aspekt steht der Einnahme des neuen Medikaments nicht nur nichts entgegen, sondern die offensichtlich wissenschaftlich überlegene Therapie scheint die Methode der Wahl zu sein. Fasst man die Bedeutung des Arztes – und hier insbesondere des Hausarztes, welcher die Patientin längerfristig begleitet und betreut – allerdings weiter, nämlich auch gesellschaftspolitisch auf, dann wird auch wie in den vorhergehenden Fällen die Frage durchaus komplexer. Definiert sich der behandelnde Arzt nämlich umfassender als nur als medizinischer Therapeut, spielen Lebensalter und Therapiekosten wieder eine tragende Rolle.

Fall 5

Eine 1912 geborene Patientin wird 1997 wegen Herzschmerzen und zunehmender Unterschenkelödeme stationär aufgenommen. Seit mehreren Jahren ist bei ihr eine hochgradige Aortenklappenstenose, d. h. eine hochgradige
Verengung der arteriellen Ausflussbahn des Herzens, bekannt. Diese führt bereits bei geringer Belastung zu erhebli-
cher Luftnot und Schwindelattacken, trotz einer noch guten
Pumpfunktion des Herzens. Trotz der schwerwiegenden Erkrankung und der erheblichen Symptomatik ist die Patientin geistig sehr rege und in einem guten Allgemeinzustand.

Die zu erwartende Prognose der Patientin ist im Spon-
tanverlauf sehr schlecht, etwa 50 Prozent der Patienten
mit symptomatischer Aortenklappenstenose versterben innerhalb von fünf Jahren. Die Therapie der Wahl besteht
deshalb im Aortenklappenersatz. Aufgrund gleichzeitig bestehender, altersbedingter Verengungen der Herzkranzge-
fäße und Rhythmusstörungen sind bei der Patientin zusätzlich eine Bypass-Operation und die Implantation eines
Herzschrittmachers erforderlich. Die durchschnittliche
Operationsletalität beträgt etwa 5 Prozent. Daten für sehr
alte Patienten liegen nicht vor, das Risiko dürfte aber
3–5mal so hoch sein. Die Fünfjahresüberlebensrate nach
erfolgreicher Operation beträgt im Durchschnitt etwa
80 Prozent.

Frage zur Diskussion: Soll eine so aufwendige, kostenintensive und risikoreiche Therapie durchgeführt werden,
wenn die statistische Lebenserwartung der Patientin allein
aufgrund ihres Alters nur noch weniger als fünf Jahre beträgt?

Höfling

Ex post betrachtet war die „aufwendige, kostenintensive und risikoreiche Therapie" wohl die richtige Wahl – jedenfalls aus Sicht der Patientin (und der Seniorenresidenz).

Doch abgesehen davon: Wie sollte eigentlich in einer solchen Konstellation eine „Kosten-Nutzen-Kalkulation" aussehen? Gerade die Herzchirurgie der über 80-Jährigen zeigt immer wieder, dass durch gute Reintegration in das häusliche und familiäre Umfeld aufwendige Betreuungsmaßnahmen reduziert werden können bzw. entfallen.[1] In solchen Fällen „lohnt" sich die Intervention auch für das Gesundheitssystem.

Anmerkung
[1] Zu einer anderen Konstellation vgl. auch Fall und Kommentare in: EthikMed 2004, S. 48f.

Landau

Lösung: Ist der Aortenklappenersatz, die Bypass-Operation und die Implantation des Herzschrittmachers aus medizinischer Sicht trotz des erhöhten Operationsrisikos indiziert, hat die 85-jährige Patientin – wie jeder andere auch – einen Rechtsanspruch auf Durchführung der lebenserhaltenden und -verlängernden Operation.

Begründung: Nach dem geltenden Sozialversicherungsrecht hat die 85-jährige Patientin als in der gesetzlichen Krankenversicherung Versicherte einen uneingeschränkten Anspruch auf die medizinisch notwendige Behandlung. Die Abwägung der medizinischen Risiken ist Aufgabe des beratenden Arztes.

Anschließend ist es Sache der ordnungsgemäß aufgeklärten Patientin, über die Durchführung der Operation zu entscheiden.

Jede Entscheidung der Kostenträger – bei jungen oder alten Menschen – über medizinische Behandlungen steht unter dem Wirtschaftlichkeitsgebot des § 12 Abs. 1 SGB V. Zwischen dem Leistungsaufwand (Kosten) und dem diagnostischen sowie therapeutischen Nutzen (Wirkung) muss (nach Art und Umfang der Leistung) eine sinnvolle Beziehung bestehen.

Das gilt auch bei alten Patienten. Doch darf sich die Abwägung nicht an der statistischen Lebenserwartung orientieren, da die Statistik nichts über den gesundheitlichen Zustand des einzelnen Menschen aussagt. In die Kosten-Nutzen-Analyse muss dagegen einfließen, wie viel zusätzliche Lebenserwartung durch eine Operation erreicht werden kann. In Fall 5 spricht viel dafür, dass die Patientin ohne Operation innerhalb der nächsten fünf Jahre verstirbt.

Dagegen gibt es eine deutlich höhere Wahrscheinlichkeit, dass sie bei Durchführung der Operation den Fünfjahreszeitraum überlebt. Bei dieser Konstellation würde auch eine Kosten-Nutzen-Analyse bezüglich der 85-jährigen Patientin eine Operation rechtfertigen.

Es wäre verfassungsrechtlich unzulässig und ethisch unvertretbar, dieses Ergebnis durch Rechtsänderungen in Richtung eines Leistungsausschlusses für ältere Patienten mit geringer statistischer Lebenserwartung zu verändern. Alter und statistische Lebenserwartung sind keine von den Versicherten zu beeinflussende Faktoren.

Sie dürfen deshalb unter Geltung der Menschenwürdegarantie und des Gleichheitssatzes nicht zum Anknüpfungstatbestand für Leistungsausschlüsse in der Solidargemeinschaft gemacht werden.

Literatur: Hauck / Haines: Sozialgesetzbuch SGB V, Gesetzliche Krankenversicherung, Kommentar, Band 1 (§ 12 „Wirtschaftlichkeitsgebot").

Schuster

Die relativ hohe statistische Lebenserwartung von fünf Jahren bei 80 Prozent der Patienten rechtfertigt den Kostenaufwand. Im Unterschied zu Fall 4 wird hier die prognostizierte Lebenserwartung durch die operativen Maßnahmen um ein Mehrfaches erhöht.

Erlinger

Hier scheint es notwendig, zwei Bereiche zu unterscheiden: Die Frage der Nutzen-Risiko-Relation und davon getrennt die Frage der Kosten-Nutzen-Relation.

Die *Nutzen-Risiko-Relation* ist zunächst aus medizinischen Gesichtspunkten zu beurteilen. Wenn dafür Daten fehlen, ist sie natürlich nur schwer zu führen. Zu beachten ist hierbei aber wieder, dass die Frage der Überlebenszeit von der Frage der Lebensqualität in dieser Zeit zu trennen ist. Diese Fragen werden verschiedene Menschen völlig unterschiedlich beurteilen. Während mancher ein hohes Operationsrisiko gerne eingeht, wenn er eine Chance hat, die Lebensqualität dadurch zu steigern, werden andere das scheuen. Die Entscheidung – ob vernünftig oder unvernünftig – muss hier aber wieder jedem Menschen selbst überlassen bleiben.

Die Diskussion um *Kosten-Nutzen-Relationen* zeichnet sich – nicht nur in der Medizin – durch einen weitgehenden Verzicht auf Fakten aus. In der öffentlichen Diskussion wird das Thema ausgeklammert oder in pauschalen Feststellungen abgehandelt. Man hat das Gefühl, es wird als unanständig empfunden, Gesundheit und Kosten im Einzelfall zusammenzubringen. Eine derartige Diskussion wäre aber notwendig und förderlich, weil wir uns im Bereich einer Mangelverwaltung befinden. Es wäre nur ehrlich, zuzugeben, dass derartige Überlegungen anzustellen sind, und Konsequenzen auf sachlicher Ebene zu ziehen, die schließlich gerechter wären. Gerechter vor allem auch, weil die Entscheidung dann weniger von der persönlichen Überzeugung und Meinung des jeweils behandelnden Arztes abhängig ist.

Krones

Die schlechte Spontanprognose mit einer Sterberate von ca. 50 Prozent innerhalb der ersten fünf Jahre, die grundsätzlich geringe Operationsletalität von 5 Prozent und die guten Fünfjahresüberlebensraten von ca. 80 Prozent sprechen eindeutig für die Durchführung der Operation. Das für das Alter der Patientin lediglich hoch geschätzte Operationsrisiko bleibt dagegen ein weicher Parameter. Aus anders gelagerten Fällen weiß man, dass Behandlungsrisiken durchaus nicht linear mit dem chronologischen Alter steigen. Anders ausgedrückt ist der Verzicht auf aggressive Therapien nur unter Verweis auf das Alter ein oftmals falsch verstandener Schutz, welcher sich wissenschaftlich häufig nicht belegen lässt, sondern nur Ausdruck eines Datenmangels ist.

Medizinisch ist der Fall damit geklärt. Doch auch hier stellt sich die Frage nach den Ressourcen des Systems, und dann kann die Beurteilung durchaus anders ausfallen. Erneut lässt sich der Spagat zwischen medizinischer Entscheidung und wirtschaftlicher Tragfähigkeit erkennen, den Ärzte im alltäglichen Geschäft häufig durchführen müssen. Dem Mediziner wird hierbei von der Gesellschaft eine Budgetverantwortung aufgelastet, die er rein von seinem medizinischen Hintergrund kaum tragen kann.

Nachtrag zur Diskussion: Nach eingehender Diskussion wurde die Entscheidung zur Operation getroffen. Bereits einen Monat nach der Operation war die Patientin wieder mobil und konnte sich weitgehend unbehindert bewegen. Die folgenden Jahre verbrachte sie in sehr gutem geistigem und körperlichem Zustand. 88-jährig war sie bei einer Plakataktion der Stadt als vitale, gut aussehende Werbeträgerin für eine Seniorenresidenz zu sehen. Im Jahr 2003 kam es unter der erforderlichen medikamentösen Gerinnungshemmung zu gravierenden Blutungen aus dem Darm, die mittels Blutübertragungen überwunden werden konnten. Im März 2004 verstarb die Patientin im Alter von 92 Jahren friedlich in ihrem Heim.

VI. Soziale Aspekte des Alters

Soziologie des Alters

Gertrud M. Backes

„Eine soziologische Theorie des Alters und des Alterns ist
[...] eine intellektuelle Aufgabe, die sich jeweils neu stellt.
Keine andere Wissenschaft muss so wie die Soziologie
diese Vorstellung vom Ganzen und seiner Veränderbarkeit
im Blick behalten – bei aller Verpflichtung zum Detail"
(Rosenmayr/Rosenmayr 1978, S. 13). Was hier mit Blick
auf „die sich wandelnde Gestalt des geschichtlichen Menschen" begründet wird, gilt erst recht mit Blick auf die sich
wandelnde Gestalt der Gesellschaft und des Menschen im
Lebenslauf – und folglich des Wechselverhältnisses zwischen beiden.

Alter(n) – Last oder Ressource für die Gesellschaft?

Hinter den heute üblichen Diskussionsansätzen zum
Thema Alter(n) sind zwei dominierende Grundlinien erkennbar: zum einen die Belastungs- und Kostenperspektive,
zum anderen die Ressourcen- und Chancenperspektive. Selten stehen die beiden in einem ausgewogenen Verhältnis. In
zahlreichen Beiträgen zur demographischen Entwicklung,
zu Alter und Familie, zur Pflegebedürftigkeit oder zu anderen sozialpolitischen Themen finden sich immer wieder
einseitige Hinweise auf das befürchtete negative Szenario,
das mit dem Alter(n) und seiner Entwicklung in Zusammenhang gebracht wird. Entsprechend weit verbreitet ist
auf der anderen Seite die Kritik an der Negativsicht des Al-
ter(n)s und der Vernachlässigung der positiven Seite: der

Entwicklungsmöglichkeiten. Diese Kritik kommt seit den 1960er Jahren vor allem von der Gerontologie und zieht sich als roter Faden durch etliche politisch initiierte Analysen im Zusammenhang mit „demographischem Wandel und alternder Gesellschaft" (vgl. die Altenberichte der Bundesregierung und die Berichte der Enquete-Kommission Demographischer Wandel 1994, 2002). Hier besteht allerdings wiederum die Gefahr, die positiven Seiten des Alter(n)s einseitig zu betonen. Häufig wird mit Blick auf Ressourcen und Potentiale des Alters ein „Alterskapital" (in Anlehnung an den Putnam'schen Begriff des sozialen Kapitals) für die Gesellschaft beschrieben, ohne dass man sich mit dessen Voraussetzungen – also der Frage, unter welchen Bedingungen diese Potentiale bei welchen Gruppen zum Tragen kommen können – immer hinreichend auseinandersetzt. Es besteht die Gefahr, dass suggeriert wird, die Hinwendung zu den Ressourcen des Alters könne bereits die Probleme lösen, die die Gesellschaft derzeit mit dem Alter hat. Beide „Richtungen" vertreten freilich immerhin, gewollt oder ungewollt, die Interessen älterer und alter Menschen gegen den gesellschaftlichen Zugriff. Beide tragen so – unbeabsichtigt – zumindest zur Bestätigung und Verfestigung einer gesonderten Gruppe „älterer und alter Menschen" bei. Damit wird die gesellschaftliche Konstruktion „Alter" bestätigt, und dies sogar – entsprechend der öffentlichen Diskussion – in zweierlei Ausprägungen: im Sinne von „Entwicklungspotential" und von „sozial problematisch". Und indem gerontologische Positionen sich implizit oder explizit zu Interessenvertretern des Alters, z. T. auch gegen die Gesellschaft, entwickeln, entsteht eine Vorstufe dessen, was heute als Kontroverse zwischen Jung und Alt, als Interessengegensatz beschrieben wird (vgl. Backes 1997, S. 32–111). Offensichtlich spiegelt die Wissenschaft die widersprüchliche und eher polarisierende Betrachtungsweise in Öffentlichkeit, Politik und Praxis ebenso wider wie – zumindest indirekt – das vorherrschende Verhältnis von Alter(n) und Gesellschaft, während eine ideologiekritische und mithin auch eine soziologische Perspektive Not tun. Strategien wie Polarisierung oder Konzentration auf die Sichtweise von „Alterslast" vs. „Alterskapital" tragen hingegen zu einer ideologischen Verschleierung des Zusammenhangs von Gesellschaft und Alter(n) bei.

Thesen und Fragen zur Diskussion aus der Sicht der Soziologie

„Alternde Gesellschaft" und steigende Lebenserwartung bei gleichzeitiger Ausdehnung der Lebensphase Alter „in beide Richtungen" (die Menschen werden immer älter, und die Alten werden immer jünger) bilden eine – historisch neue und einzigartige – soziale Herausforderung und damit auch Chance für die Gesellschaft und die Individuen aller Altersstufen, für die notwendige Herausbildung neuer Bezüge von Alter(n) und Gesellschaft sowie neuer Formen der Arbeitsteilung und der sozialen Sicherung. Das Alter(n) lässt sich heute als in der Entwicklung zwischen alten und neuen Formen der Vergesellschaftung befindlich beschreiben. Das bedeutet auch: Die Gesellschaft befindet sich mitten in einem Übergangsprozess der Einbindung des Lebensalters bzw. der Lebensphasen in ihre verschiedenen Funktionsbereiche (also Teilsysteme wie Erwerbsarbeit, sonstige Arbeitsformen, Familie, Sozialstaat, Konsumsphäre usw.). Ökonomie, Politik und Kultur vollziehen den Wandel zu einer so genannten Alter(n)sgesellschaft.

Dabei stehen Fragen an wie z. B. die folgenden: Wird es sich um eine stärker am Modell der Bürgergesellschaft ausgerichtete Gesellschaftsform handeln? Werden sich die Lebensaltersgrenzen eher auflösen, oder wird ihre Bedeutung zunehmen? Wird die Gesellschaft für Menschen aller Lebensalter durchlässiger oder geschlossener? Wie wird sich die Arbeitsteilung zwischen den Angehörigen verschiedener Lebensalter (und innerhalb dieser) entwickeln? Wie werden sich die jeweils spezifischen Chancen für die Angehörigen der verschiedenen Lebensalter entwickeln? Oder werden – in einer Gesellschaft, in der die Relevanz des Alter(n)s eher abnimmt – andere Kriterien für die Bildung einer Sozialstruktur bedeutsamer?

Deutlich werden – neben den oben kurz angesprochenen – folgende *Thesen*: Das Alter(n) ist eine Herausforderung und Chance nicht nur individuell und im Kontext sozialer Netze wie etwa der Familie, sondern auf allen gesellschaftlichen Ebenen. Es kann als Herausforderung und Chance im Sinne einer weitreichenden gesellschaftlichen und individuellen Entwicklungsaufgabe genutzt werden.

Die Soziologie des Alter(n)s fragt – entsprechend ihrem Gegenstandsbereich – nach den Bedingungen, den Ausprägungen und Formen sowie den Folgen, aber auch nach den Hindernissen und Barrieren, den sozial strukturierten Zugängen und Möglichkeiten der Teilhabe an und der Entwicklung und Ausschöpfung dieser Chance. Zum besseren Verständnis dazu im Folgenden zumindest eine knappe Skizze.

1. *Die Entwicklung westlicher moderner Gesellschaften wird in den letzten Jahrzehnten entscheidend durch grundlegende Veränderungen der demographischen Verhältnisse und der Strukturen des Alters und Alterns geprägt.* Dabei handelt es sich zum einen um die starke *quantitative* Zunahme älterer Bevölkerungsgruppen im Vergleich zu jüngeren. Gleichzeitig ist ein *qualitativer* Strukturwandel des Alters und Alterns zu konstatieren. Die Hauptkennzeichen des *Altersstrukturwandels* nennt Tews (1990, s. auch Naegele/Tews 1993) kurz und prägnant: „Verjüngung, Entberuflichung, Feminisierung, Hoch-

altrigkeit und Singularisierung des Alters". Immer mehr Menschen sind gezwungen, ihre Erwerbstätigkeit bereits im 6. Lebensjahrzehnt zu beenden bzw. nehmen (freiwillig) vorzeitige Möglichkeiten des Ruhestandes wahr. Gesellschaftlich bleibt jedoch das Ende der Erwerbsarbeit mit dem Eintritt in die Lebensphase Alter im Sinne von „später Freiheit" (Rosenmayr) und weitgehendem Rückzug aus gesellschaftlichen Bezügen gleichgesetzt. Außerdem ist das höhere Alter durch einen größeren Anteil von Frauen gekennzeichnet, die meist allein leben. Damit einher gehen spezifische soziale Probleme insbesondere des hohen Alters, etwa im Hinblick auf die Pflegebedürftigkeit, die Armut alter Frauen und eine entsprechende Wohn- und Versorgungssituation. Die Hauptkennzeichen des *Alter(n)sstrukturwandels* – des Strukturwandels im Lebens-(ver)lauf – lassen sich beschreiben mit den Begriffen Verlängerung der Jugend, insbesondere der Ausbildungzeit und der Zeit ohne eigenständige Existenzsicherung, außerdem Diskontinuität, häufigere Unterbrechung und Verkürzung der Erwerbsphase, Zunahme sozialer Unsicherheit und von Risiken im Lebenslauf sowie Zunahme der Diskontinuität und des Wechsels familialer und sonstiger sozialer Vernetzungsformen.

2. *Alle drei Entwicklungen – das demographische Altern der Gesellschaft, der Strukturwandel des Alters und der Strukturwandel des Alterns – sind eingebunden in übergreifende soziale Wandlungsprozesse (etwa auf dem Arbeitsmarkt, in der Sozialpolitik) und ergeben insgesamt eine brisante Herausforderung für die gesellschaftliche Entwicklung:* Bisherige Systeme der Einbindung der verschiedenen Alter(n)sgruppen in die Gesellschaft werden damit zunehmend fraglich und legitimationsbedürftig. Wie ist die Arbeitsteilung zwischen den Generationen und Kohorten zu organisieren, ohne dass gesellschaftlich als relevant erachtete Kriterien der sozialen Gerechtigkeit gravie-

rend verletzt werden, wenn einerseits immer mehr „junge"
Alte materiell relativ gut ausgestattet keinerlei gesellschaftlicher Verpflichtungen mehr unterliegen, während
andererseits immer mehr „ältere" Junge ohne existenz-
sichernde Erwerbsarbeit oder auch nur mit entsprechenden
Perspektiven dastehen, wenn im mittleren Lebensalter Er-
werbspflichten, Kindererziehung und ggf. zusätzlich Pflege
und Betreuung alter Menschen gleichzeitig geleistet werden müssen?

3. Diesen Entwicklungen des Alter(n)sstrukturwandels
werden von der Öffentlichkeit, von Politik und Wissenschaft *unterschiedliche gesellschaftliche Auswirkungen
zugeschrieben.* Die Einschätzungen schwanken zwischen
Beruhigung bzw. fehlender Resonanz einerseits und extremen Krisenszenarien andererseits. Gemeinsam ist fast
allen Formen der Thematisierung zwischen „demographischem Wandel" und „demographischer Revolution" (Pifer/
Bronte) ein punktueller, unsystematischer und verengter
Zugang zu der Frage, wie der *Zusammenhang von Alter,
Altern und Gesellschaftsentwicklung* und damit *alte und
neue Vergesellschaftungsweisen des Alter(n)s* zu fassen
sind. So werden Alter(n)sstrukturwandel und demographische Entwicklung in der öffentlichen und zum Teil auch
in der wissenschaftlichen Diskussion als Ursachen ökonomischer, (sozial-)politischer und sogar normativer Probleme der Gesellschaft beschrieben. Dabei handelt es sich
jedoch um eine verkürzende und verzerrende Perspektive.

4. Alter(n)sstrukturwandel und demographische Entwicklung sind eingebunden in einen vielschichtigen sozialen Wandel im Sinne der Modernisierung, innerhalb dessen
sie erst ihre spezifische Bedeutung und Wirkung erlangen.
So sind die Kennzeichen des Altersstrukturwandels bereits
das *Ergebnis struktureller Veränderungen,* z. B. der Pro-
duktionsweisen, des Arbeitsmarktes, der medizinischen
Entwicklung und der Lebensweisen. Ihre Entwicklung

und Bewältigung hängt z. B. eng zusammen mit dem Struktur- und Funktionswandel von Familie und Sozialpolitik: Obwohl Familie und Sozialpolitik als Vergesellschaftungsinstitutionen – insbesondere im Sinne von sozialer Integration, Versorgung sowie Normvermittlung und damit Gesellschaftsstabilisierung – weiterhin „funktionieren", haben sich ihre Rahmenbedingungen und Funktionsweisen ebenso wie die an sie gerichteten Anforderungen nicht nur vonseiten des Alters grundlegend verändert: Sie bewegen sich auf ihre Grenzen zu bzw. haben diese zum Teil bereits erreicht.

5. Insgesamt hat das Zusammenwirken von sozialen Wandlungsprozessen der Gesellschaft, der Lebens- und Arbeitsverhältnisse, der Formen des Zusammenlebens und der Versorgung, insbesondere der Familie und der Sozialpolitik sowie des Strukturwandels des Alter(n)s dazu beigetragen, dass sich die *Vergesellschaftung des Alter(n)s – die Ein- bzw. Anbindung des Alter(n)s in und an die Gesellschaft – als Aufgabe neu stellt.*

6. Bislang konnten in diesem Prozess des gesellschaftlichen Umbruchs wirksame Umgangsweisen damit noch nicht in ausreichendem Maße und angemessener Form entwickelt werden. Dadurch stehen wir heute vor der Situation *einer im Hinblick auf die Lebenslage älterer und alter wie jüngerer Menschen unzureichenden und der gesellschaftlichen Entwicklung nicht mehr angemessenen Vergesellschaftung des Alter(n)s.* Kann und sollte unsere Gesellschaft es sich weiterhin „leisten", ältere und alte Menschen ausschließlich auf die viel gerühmte „späte Freiheit" zu verweisen, ihnen damit anerkannte Möglichkeiten der gesellschaftlichen Einbindung und Beteiligung vorzuenthalten und nicht zuletzt auch dadurch ihre Lebenslage zu gefährden? Kann sie es sich auf Dauer leisten, auf die Möglichkeiten der Nutzung der Ressourcen älterer und alter Menschen als Beitrag zum Gemeinwesen in der

heutigen Weise fast gänzlich zu verzichten und damit Folgeprobleme aufseiten des Alters und im Verhältnis der Altersgruppen und Generationen zu erzeugen? Und, last but not least, (wie) kann Gesellschaft es sich leisten, diese grundsätzlichen Fragen zu thematisieren und zu lösen, ohne dadurch neue Konflikte und Probleme, etwa der Gestaltung des Sozialstaates, mit entstehen zu lassen?

Das freiwillige bzw. ehrenamtliche Engagement – beispielhaft für die Entwicklung neuer Vergesellschaftungsweisen des Alters und Alterns?

Ehrenamtliches bzw. freiwilliges Engagement im Alter ist nach wie vor – oder besser: mehr denn je, wenngleich eher aus gesellschaftlicher Perspektive denn aus der der ehrenamtlich Tätigen – von einer schier unglaublichen Fülle ideologieverdächtiger Prädispositionen, latenter oder gar manifester Glücksverheißungen, subtiler oder unverbrämter moralischer Implikationen besetzt, vor allem der Verpflichtung: zwischen jungen und alten Alten, Gesunden und Kranken, der älteren und der jüngeren Generation. So wird in einer kleiner Broschüre einer Krankenkasse unter den „Fünf Regeln zum Glücklichwerden" unter anderem auch ehrenamtliches Engagement genannt: „Ernähren Sie sich gesund und engagieren Sie sich ehrenamtlich." Diese Forderung kommt den verbreiteten und populären Lehrsätzen einer aktivierenden Gerontologie durchaus nahe, wenn diese davon ausgeht, dass „erfolgreiches Altern" mit Engagement und Aktivbleiben einhergehe. Was also sollte ältere Menschen, nach Ausscheiden aus der Erwerbsarbeit und Nachlassen von Pflichten in der Hausarbeit, davon abhalten (!), sich ehrenamtlich bzw. freiwillig zu engagieren? Die im Grunde nicht steigenden Zahlen zum ehrenamtlichem bzw. freiwilligen Engagement in dieser Altersgruppe (zu methodischen Schwierigkeiten der Erfassung in diesem Feld vgl. Künemund 2004, S. 19 ff.), auch die zum gewünschten, aber noch nicht realisierten, werfen ein spezifisches Licht auf diese Frage und lassen weiterfragen: Weshalb engagieren sich nicht mehr ältere Menschen?

Möglichkeiten und *Illusionen* hinsichtlich dieser *Arbeitsform nach der Arbeit* scheinen sich vielschichtiger und komplizierter, *widersprüchlicher* und *ambivalenter* zu gestalten, als es eine eher vordergründige Deskription von Motivation, Zielen, Arbeitsbedingungen und Folgen oder gar eine Betrachtung mit appellativem Charakter erfassen kann.

Im Zusammenhang mit Alter(n) werden beide Formen, freiwillige und ehrenamtliche Arbeit, in Deutschland seit Jahren unter *zwei Perspektiven* diskutiert. Sie gelten erstens als gesellschaftlich zu nutzende *Ressource*, die einen wesentlichen Beitrag zur Bearbeitung ansonsten vernachlässigter oder von der Versorgung her prekärer gesellschaftlicher Aufgabenbereiche leisten kann und soll. Hierzu gehört etwa die Kompensation unzureichender Betreuungsmöglichkeiten kranker, hilfe- und insbesondere pflegebedürftiger alter und hochbetagter Menschen. Analog zu dem häufig zitierten Titel *Frauen – die heimliche Ressource der Sozialpolitik? Plädoyer für andere Formen der Solidarität* (Beck-Gernsheim 1991) ließen sich in dieser Lesart ältere Menschen als „zu entwickelnde Ressource der Sozialpolitik im Zuge der Entwicklung einer anderen Form der Solidarität" bezeichnen.

Zweitens gelten freiwillige und ehrenamtliche Arbeit als *sinnvolle Handlungsperspektive* für ältere und alte Frauen und Männer jenseits der Erwerbsarbeit und/oder diesseits von Hausarbeit. Hier geht es vor allem um als sinnvoll erlebte Möglichkeiten der Beschäftigung im Alter, die (auch hier – wie aus gesellschaftlicher Sicht, allerdings mit anderem Bezug – im Sinne einer *Ressource*) vor allem dazu dienen können, soziale Netze neu zu knüpfen und zu pflegen und somit einen Beitrag zu Gesundheit und sozialer Integration in dieser Lebensphase zu leisten. Unter dieser Perspektive geht es um die Frage des „*sozialen Kapitals*" der älteren Menschen, und zwar ausdrücklich in der Bourdieu'schen Lesart, nicht in der in diesem Themenfeld eher üblichen von Putnam (1993). Nach Bourdieu (1983, S. 190f.) ist „das Sozialkapital [...] die Gesamtheit der aktuellen und potentiellen Ressourcen, die mit dem Besitz eines dauerhaften Netzes von mehr oder weniger institutionalisierten *Beziehungen* gegenseitigen Kennens oder Anerkennens verbunden sind; oder anders ausgedrückt, es handelt sich dabei um Ressourcen, die auf der *Zugehörigkeit zu einer Gruppe* beruhen." Und wie aus der Gerontologie bekannt ist: „Kultur-, Freizeit-, politische, soziale und andere Assoziationen bringen auf *mikrosozialer* Ebene Vergemeinschaftung und geben dem Individuum Gestaltungsmöglichkeiten. Neben physischen Aktivitäten gelten Kontakte zu außerfamiliären Gruppen zu den wichtigsten Prädiktoren erfolgreichen Alterns (Musik, Herzog et al. 1999, Willigen 2000)" (Kolland 2002, S. 79).

In der Putnam'schen Lesart sozialen Kapitals hingegen geht es eher um das, was sich meist in der Diskussion um das Ehrenamt und die Freiwilligenarbeit Älterer in den Vordergrund stellt, nämlich die Frage der Bereitstellung kollektiven, auf Gemeinschaft und gesellschaftliche Verantwortung gerichteten Handelns, also um die Frage des Entstehens freiwilliger Kooperation in Gesellschaften mit hohem sozialem Kapital. Und damit meint Putnam: „features of social life – networks, norms, and trust – that enable participants to act together more effectively to pursue shared objectives. [...] Social capital, in short, refers to social connections and the attendant norms and trust" (1995a, S. 664f.; vgl. ders. 1995b; vgl. auch die entsprechende Diskussion um „Bürgergesellschaft", vgl. Enquete-

Kommission „Zukunft des Bürgerschaftlichen Engagements" 2002).

Freiwilliger Arbeit wird somit in *zweifacher Hinsicht, aus der Sicht individueller wie gesellschaftlicher Erfordernisse, eine sozial integrative Funktion* – oder: eine Vergesellschaftungs-, häufig vermittelt über eine Vergemeinschaftungsfunktion – zugeschrieben. Dabei steht die *erstgenannte Perspektive* – Ehrenamt als öffentlich nutzbare Ressource – in der Tradition der *Laisierungsdebatte der 1970er Jahre*: Hier ging es in der alten Bundesrepublik um die qualitativen, später dann auch um die quantitativen Grenzen der Professionalisierung, um deren negative Auswirkungen auf Betroffene und um die Selbsthilfe stärkenden, qualitativ ergänzenden und erweiternden Kompetenzen von Laien in der sozialen Arbeit (vgl. Bäcker 1979; Backes 1985, 1987). Im Gedanken des bürgerschaftlichen Engagements finden diese Ansätze heute z. T. ihre Weiterführung. Die *zweite Perspektive* ist eher neueren Datums und auch in der Diskussion um die Grenzen des Sozialstaats seit spätestens Ende der 1980er Jahre verankert. Hier geht es allerdings eher um die Selbsthilfe der älteren und alten Menschen durch Nutzung ihres „sozialen Kapitals" (Bourdieu) für sich.

Da es auch gesellschaftlich und damit sozialpolitisch nicht ohne „Nutzen" bleiben kann, wenn Ältere sich selbst helfen, liegt eine Verbindung beider Perspektiven nahe. Es erklärt auch das häufig zu beobachtende Verschwimmen der Grenzen zwischen ihnen, und dies wiederum kann gesellschaftlich „nützlich" im oben zitierten Bourdieu'schen Sinne einer Verschleierung der realen Konturen sein. Ergänzt und (wie zufällig?) flankiert wird dies durch die Anbindung an die öffentliche und gerontologische Diskussion um das „aktive" Alter(n) und um die Notwendigkeit der „Selbsthilfe" auch im Alter, insbesondere bei den so genannten „jungen Alten" („Strukturwandel des Al-

ters", vgl. Tews 1990). Kolland (2002, S. 79) fasst diese Ver-
quickung der Perspektiven treffend zusammen: „Auf
makrosozialer Ebene gilt ehrenamtliche Tätigkeit als Ressource, die einen wesentlichen gesellschaftlichen und
volkswirtschaftlichen Beitrag leistet. Der Grundgedanke
ist, dass die Älteren zu Mitproduzenten und Mitgestaltern
ihrer Lebenskultur werden (Tews 1995; Backes 2000). Kritisch ist hier allerdings anzumerken, dass Alter zum Teil
reduziert wird auf eine unentgeltliche, instrumentalisier-
bare Nützlichkeit. Die Erhaltung von Kompetenzen und
die persönliche Erfüllung tritt zurück gegenüber dem gesellschaftlichen Interesse an einer ‚Nutzung des Humankapitals'" (Kolland 2002, S. 79).

Diese Überlegungen – insbesondere auch hinsichtlich
der von Kolland (2002) kritisch angesprochenen „Nutzung
des Humankapitals" – haben nicht zuletzt im Zuge der demographischen Entwicklung hin zu einer „alternden Gesellschaft" Konjunktur. Betont wird dabei ebenfalls die
Notwendigkeit und inhaltliche Sinnhaftigkeit einer Ergänzung und Erweiterung professioneller sozialer Arbeit durch
Laienarbeit. Relativ neueren Datums ist die Betrachtung
der „Vorteile" (etwa im Sinne des Bourdieu'schen Sozial-
kapitalbegriffs), die eine solche Tätigkeit für die sie Aus-
übenden haben kann. Eine so genannte „egoistische" Motivation ist nicht mehr tabuisiert, sondern integraler
Bestandteil dieses gesellschaftlichen Engagements. Die
Grenzen einer Verallgemeinerung der Partizipation im Alter werden dabei häufig vernachlässigt. Nicht selten gewinnt man/frau in dieser Diskussion den pauschalen Eindruck, gesellschaftlich aktive ältere und alte Menschen
seien gleichermaßen gut für Gesellschaft, Politik, Soziales,
Nachbarschaft und die einzelnen Aktiven selbst. Zu wenig
differenziert wird dabei nach Typen des Engagements und
nach individuellen, institutionellen und schließlich gesellschaftlichen Möglichkeiten, Grenzen und Illusionen hin-

sichtlich der freiwilligen und ehrenamtlichen Arbeit im Alter (vgl. Backes 1993, 1987).

Zu wenig diskutiert werden dabei vor allem die *Sozialstruktur des Ehrenamtes und die entsprechend sozial ungleichen Zugangs- und Teilhabechancen* sowie die auch damit zusammenhängenden Widersprüche und Ambivalenzen des Ehrenamtes. So stellen Frauen in vielen Bereichen freiwilliger und auch ehrenamtlicher sozialer Arbeit die weitaus größte Gruppe, während Männer sich eher in politischen Ehrenämtern – Vorständen, Beiräten etc. – und im Bereich instrumenteller Tätigkeitsfelder wie in Handwerks- oder Expertendiensten finden.

Gleichzeitig stellt sich immer wieder die *Frage, weshalb sich dann nicht mehr ältere und alte Menschen ehrenamtlich engagieren,* weshalb Ehrenamt oder Freiwilligenarbeit nicht zum selbstverständlichen Bestandteil des Lebens zumindest im aktiven oder jungen Alter geworden ist und sich weiterhin ein Großteil der älteren und alten Menschen ausschließlich im familialen und privaten Umfeld und in so genannten Freizeitbeschäftigungen engagiert. Die Frage liegt nahe, ob sie nicht vielmehr hier ihr „wahres" im Sinne eines für sie selbst wirksamen und lohnenswerten „sozialen Kapitals" (Bourdieu) weiterentwickeln, einsetzen und es Erträge bringen lassen.

Ein Blick auf die Position innerhalb der Arbeitsverhältnisse und – damit zusammenhängend – auf die Sozialstruktur im Ehrenamt und in der Freiwilligenarbeit zum einen und auf deren widersprüchliche und ambivalente Bedeutungen zum anderen kann m. E. hierbei Aufschluss geben – wobei die Position und Sozialstruktur einerseits sowie Widersprüche bzw. Ambivalenzen andererseits in der Bedeutung miteinander verwoben sind. Mir geht es – unter Berücksichtigung zentraler Befunde zu freiwilliger unbezahlter Arbeit oder Ehrenamt im Alter in Deutschland –

primär um die Betrachtung der Position dieser Tätigkeitsformen im Kontext anderer Arbeitsverhältnisse, um deren
Sozialstruktur wie um die mit ehrenamtlichem bzw. freiwilligem Engagement einhergehenden Widersprüche und
Ambivalenzen vor allem aus der Sicht der Akteurinnen
und Akteure. Letzteres ließe sich weitergehend auch aus
der Sicht der Zielgruppen und der eventuellen Träger sowie
im Hinblick auf die Qualität der Arbeit behandeln, was den
Rahmen dieses Beitrags allerdings übersteigen würde.

Hieraus ergibt sich – mit Blick auf die Praxis – auch die
Frage: *Unter welchen Bedingungen und inwiefern stellt
diese Tätigkeit eine sinnvolle Perspektive im Alter und
für das Alter dar?* Relevante Fragestellungen zur Engagementförderung und -gestaltung lassen sich hieraus ableiten. Auf der Basis der hier vorgestellten analytischen Perspektive (Arbeitsverhältnis, Sozialstruktur, Widersprüche
und Ambivalenzen) könnte man etwa der Frage nach einer
aus gesellschaftlicher Sicht sinnvollen Nutzung und auch
der nach Risiken und Nachteilen der heute explizit geför-
derten Ressource älterer und alter Menschen für das Gemeinwesen nachgehen: Unter welchen Bedingungen,
Chancen und Risiken seitens des Individuums wie der Gesellschaft können ältere und alte Menschen als Ressource
der Sozialpolitik dienen, ohne dass beide Seiten in Widerspruch geraten?

Beobachtungen in der Praxis legen ebenso wie die Forschung (vgl. exemplarisch Schmachtenberg 1980; Backes
1981; Braun/Claussen 1996; Kohli/Künemund 1997; Braun/
Bischoff 1999) folgende *Thesen* nahe:

1. Freiwilliges und ehrenamtliches Engagement ist kein
sinnvoll einzusetzendes Potential, *keine* Sinn- und Beschäf-
tigungsperspektive für *alle* Frauen und Männer jenseits der
Erwerbs- und/oder Familienarbeit. Denn: Der Zugang dazu
wie auch die Möglichkeiten, hieraus selbst positive Effekte
für die eigene Lebenslage zu beziehen, sind sozialstrukturell

(nach Geschlecht, Sozialstatus, Region etc.) ungleich verteilt. Dieses „soziale Kapital" (Bourdieu) steht nicht allen gleichermaßen zur Verfügung, und sein Einsatz vermehrt es auch nicht in allen Fällen gleichermaßen.

2. Unter *günstigen Bedingungen* (der Lebenslage, der Engagementgestaltung) kann freiwilliges und ehrenamtliches Engagement einen *Beitrag zur Verbesserung der Lebenslage* älterer und alter Menschen, zu ihrer sozialen Integration, Gesundheitsförderung, Sinnfindung usw. leisten. Allerdings ist dies überwiegend bei denjenigen der Fall, die darüber hinaus bereits über hinreichend Ressourcen und Potentiale verfügen und auf das Ehrenamt bzw. die Freiwilligenarbeit entsprechend wenig angewiesen sind.

3. Um ein Ehrenamt aus der Sicht älterer und alter Menschen als dessen Akteure ertragreich zur Entfaltung kommen zu lassen, ist es erforderlich, dass *lebensphasen- und lebenslageangemessene Entwicklungs- und Gestaltungsspielräume* des freiwilligen und ehrenamtlichen Engagements insgesamt gefördert werden – bezogen also auf verschiedene soziale Lagen, Ethnien, das Geschlecht usw. –, einschließlich entsprechender biographischer Möglichkeiten der Entwicklung und Gestaltung von „Sozialkapital" (Bourdieu).

4. Letzteres geht einher mit einer *veränderten Arbeitsteilung im Lebensverlauf, zwischen den Geschlechtern und den sozialen Klassen*, die freiwilliges und ehrenamtliches Engagement bereits in vorangehenden Lebensphasen und in verschiedenen wie auch ungleichen Lebenslagen zum Bestandteil des Alltags werden lässt, so dass es sich allein nicht auf die Phase jenseits der anderen Arbeitsverhältnisse konzentriert, und auch das nur für diejenigen, die es sich leisten können (und konnten).

Zusammenfassung und Ausblick

Insgesamt lässt sich hinsichtlich der Projekte und Initiativen zur Neugestaltung des Alters bilanzieren: Es existieren etliche Ansätze, eine veränderte gesellschaftliche Einbindung des Alters im Bereich von Bildung und Beschäftigung zu entwickeln und zu erproben. *Verallgemeinerbare Alternativen* zur bisherigen Vergesellschaftung des Alters stellen sie jedoch *nicht* dar. Sie sind bislang eher als deren Ergänzung und Erweiterung für ganz bestimmte Gruppen älterer Menschen zu sehen. Sie sind Indikatoren dafür, dass die Notwendigkeit einer neuen gesellschaftlichen Gestaltung des Alterns zwar gesehen wird, man bei deren Entwicklung jedoch bislang zu sehr an Bekanntem und Vertrautem ansetzt: an der Entwicklung von Bildungs- und freiwilligen Beschäftigungsbereichen, die der „späten Freiheit" Struktur und Inhalt geben sollen. So sind Seniorenbüros wie auch Seniorengenossenschaften in der Tradition von ehrenamtlichem Engagement, Nachbarschaftshilfe und Austauschbeziehungen gegenseitiger Hilfe im Alter zu sehen.

Sie verändern jedoch *nicht grundsätzlich* die gleichzeitig erzwungene und privilegierte Stellung älterer und alter Menschen am Rande, die von der in unserer Gesellschaft nach wie vor dominierenden Erwerbsarbeit befreit sind. Sie verändern *nicht* die Arbeitsteilung zwischen den Generationen oder auch nur zwischen den Geschlechtern und sozialen Klassen im Alter. Denn hier leisten nach wie vor Frauen den Großteil der unsichtbaren, nicht einmal durch öffentliche „Ehre" und entsprechende soziale Einbindung anerkannten, unbezahlten und oft belastenden familialen Betreuungs- und Pflegearbeit. Außerdem sind Angehörige benachteiligter sozialer Schichten nach wie vor weniger in der Lage, an Bildungsaktivitäten und Seniorenbüros oder ähnlichen außerhäuslichen Aktivitäten im Alter teilzuhaben.

Außerdem ist die Gesellschaft nach wie vor weit entfernt von einer angemessenen Vergesellschaftung des *Alterns*, wie sie durch den demographischen und den Alters-
strukturwandel erzwungen wird: Diese verweisen z. B. auf
eine veränderte Einteilung bzw. Verteilung der Arbeitszeit
zwischen den Generationen. Sie verweisen außerdem auf
eine Auflösung der nach wie vor dominierenden Dreiteilung des – vor allem männlichen – Lebenslaufs und auf die
Gleichzeitigkeit von familialen wie außerfamilialen (etwa
erwerbsbezogenen) Tätigkeiten und Belastungen im weiblichen Lebenslauf. Die bislang entwickelten und erprobten
neuen Beschäftigungsformen im Alter konzentrieren sich
auf diese späte Lebensphase, berühren damit aber die institutionellen Regelungen bzw. Vergesellschaftungsweisen
anderer Lebensphasen im Grundsatz nicht.

Die zur Zeit im Umbruch befindliche gesellschaftliche
Gestaltung des *Alters* und des *Alterns* kann als – noch
nicht gelöste – weitreichende Herausforderung und Chance
für die Gesellschaftsentwicklung wie für die individuelle
Lebenslaufgestaltung verstanden werden.

– Die Gesellschaft ist als Ganzes betroffen und muss sich
  insgesamt, nicht nur in Teilbereichen, als Reaktion auf
  die mit dem „Altern der Gesellschaft" verbundenen Anforderungen verändern.

– Die für eine Lösung dieser Aufgabe, der lebenslauf- und
  gesellschaftsverträglichen Einbindung des Alters, erforderlichen Instrumente und Institutionen müssen erst
  noch entwickelt werden. Und das ist aufgrund der Komplexität der Bedingungen, Formen und Folgen sowie der
  Bearbeitungserfordernisse ausgesprochen schwierig.

– Die Frage ist, ob soziale Kontrolle und Integration des
  Alters in einer der bisherigen Form ähnlichen Weise
  überhaupt weiterhin möglich und erwünscht sein kann.
  Die wachsende Vielfalt und Buntheit der Lebensweisen
  im Alter steht dem ebenso entgegen wie die nach wie

vor bedeutsame soziale Unterschiedlichkeit und Ungleichheit im Lebenslauf und folglich auch im Alter. Eine *Lösung* der derzeitigen Herausforderungen des Alter(n)s im Sinne einer Entwicklung der damit einhergehenden Chancen kann an der Entwicklung bislang grundlegender gesellschaftlicher Strukturen und Verhältnisse ansetzen, insbesondere im Hinblick auf die *Arbeitsteilung zwischen den Generationen und Geschlechtern im Lebensverlauf.* Dabei kann die Rolle der Politik insbesondere darin bestehen, den Zusammenhang zwischen den Vergesellschaftungsweisen in den verschiedenen Lebensphasen nachvollziehbar zu machen, neue Ansätze der Einbindung und sozialen Integration zu fördern und dadurch vorzubereiten sowie deren Entwicklung zu qualifizieren und zu begleiten.

Literatur

Backes, Gertrud M.: Forschungsbericht: Ehrenamtliche Arbeit in der Nachbarschaftshilfe in einem Landkreis. Köln: Institut für Sozialforschung und Gesellschaftspolitik (unveröffentlichtes Manunskript), 1981.

Backes, Gertrud M.: Ehrenamtlicher Dienst in der Sozialpolitik: Folgen für die Frauen. In: WSI-Mitteilungen 7 (1985), S. 386–393.

Backes, Gertrud M.: Frauen und soziales Ehrenamt. Augsburg 1987.

Backes, Gertrud M.: Zur Bedeutung des sozialen Ehrenamtes für ältere und alte Frauen. In: Zeitschrift für Gerontologie 26 (1993) 5, S. 349–354.

Backes, Gertrud M.: Alter(n) als „gesellschaftliches Problem"? Zur Vergesellschaftung des Alter(n)s im Kontext der Modernisierung. Opladen 1997.

Backes, Gertrud M.: Ehrenamtliches Engagement. In: Wahl, Hans-Werner / Tesch-Römer, Clemens (Hrsg.): Angewandte Gerontologie in Schlüsselbegriffen. Stuttgart 2000, S. 195–202.

Backes, Gertrud M. / Clemens, Wolfgang: Lebensphase Alter. Eine Einführung in die sozialwissenschaftliche Alternsforschung. Weinheim/München 1998.

Bäcker, Gerhard: Entprofessionalisierung und Laisierung sozialer Dienste: richtungsweisende Perspektive oder konservativer Rückzug? In: WSI-Mitteilungen 10 (1979), S. 526–537.

Beck-Gernsheim, Elisabeth: Frauen – die heimliche Ressource der Sozialpolitik? Plädoyer für andere Formen der Solidarität. In: WSI-Mitteilungen 44 (1991), S. 58–66.

Bourdieu, Pierre: Ökonomisches Kapital, kulturelles Kapital, soziales Kapital. In: Kreckel, Reinhard (Hrsg.): Soziale Ungleichheiten (Soziale Welt, Sonderband 2). Göttingen 1983, S. 183–198.

Braun, Joachim / Bischoff, Stefan: Bürgerschaftliches Engagement älterer Menschen: Motive und Aktivitäten. Engagementförderung in Kommunen: Paradigmenwechsel in der offenen Altenarbeit. Stuttgart 1999.

Braun, Joachim / Claussen, Frauke: Freiwilliges Engagement im Alter. Nutzer und Leistungen der Seniorenbüros. Stuttgart 1996.

Bundesministerium für Familie und Senioren (Hrsg.): Erster Altenbericht: Die Lebenssituation älterer Menschen in Deutschland. Bonn 1993.

Bundesministerium für Familie, Senioren, Frauen und Jugend (Hrsg.): Zweiter Altenbericht: Wohnen im Alter. Bonn 1998.

Bundesministerium für Familie, Senioren, Frauen und Jugend (Hrsg.): Dritter Altenbericht: Alter und Gesellschaft. Bonn 2001.

Bundesministerium für Familie, Senioren, Frauen und Jugend (Hrsg.): Vierter Altenbericht: Risiken, Lebensqualität und Versorgung Hochaltriger unter besonderer Berücksichtigung demenzieller Erkrankungen. Bonn 2002.

Enquete-Kommission „Zukunft des Bürgerschaftlichen Engagements" des Deutschen Bundestages: Bericht Bürgerschaftliches Engagement: auf dem Weg in eine zukunftsfähige Bürgergesellschaft. Opladen 2002.

Knopf, Detlef / Schäffter, Ortfried / Schmidt, Roland: Produktivität des Alters. Berlin 1990.

Kohli, Martin / Künemund, Harald: Nachberufliche Tätigkeitsfelder. Konzepte, Forschungslage, Empirie. Stuttgart 1997.

Klages, Helmut / Gensicke, Thomas: Wertewandel und bürgerschaftliches Engagement an der Schwelle zum 21. Jahrhundert. Speyer 1999.

Kolland, Franz: Ehrenamtliche Tätigkeit der jungen Alten. In: Karl, Fred / Zank, Susanne (Hrsg.): Zum Profil der Gerontologie. In: Kasseler Gerontologische Schriften 30 (2002), S. 79–87.

Künemund, Harald: „Produktive" Tätigkeiten in der zweiten Lebenshälfte. In: Kohli, Martin / Künemund, Harald (Hrsg.): Die zweite Lebenshälfte: Gesellschaftliche Lage und Partizipation. Ergebnisse des Alters-Surveys. Bd. I. Berlin 1998, S. 325–374.

Künemund, Harald: Partizipation und Engagement älterer Menschen. Unveröffentlichtes Manunskript. Berlin 2004.

Naegele, Gerhard / Tews, Hans Peter (Hrsg.): Lebenslagen im Strukturwandel des Alters. Opladen 1993.

Putnam, Robert D.: Making Democracy Work. Civic Traditions in Modern Italy. Princeton 1993.

Putnam, Robert D.: Tuning In, Tuning Out. The Strange Disappearance of Social Capital in America. In: Political Science and Politics 28 (1995) 4, S. 664–683 (= 1995a).

Putnam, Robert D.: Bowling Alone. America's Declining Social Capital. In: Journal of Democracy 6 (1995) 1, S. 65–78 (= 1995b).

Rosenmayr, Leopold / Rosenmayr, Hilde (unter Mitarbeit von Anton Amann / Josef Hörl / Gerhard Majce) (Hrsg.): Der alte Mensch in der Gesellschaft. Reinbek 1978.

Schmachtenberg, Wolfram: Modelle ehrenamtlicher Mitarbeit in der Altenhilfe. Stuttgart u. a. 1980.

Schmitz-Scherzer, Reinhard / Backes, Gertrud M. / Friedrich, Ingrid / Karl, Fred / Kruse, Andreas: Ressourcen älterer und alter Menschen. Stuttgart 1994.

Tews, Hans Peter: Neue und alte Aspekte des Strukturwandels des Alters. In: WSI-Mitteilungen 43 (1990), S. 478–491.

Tews, Hans Peter: Neue und alte Aspekte des Strukturwandels des Alters. In: Naegele, Gerhard / Tews, Hans Peter (Hrsg.): Lebenslagen im Strukturwandel des Alters. Opladen 1993, S. 15–42.

Tews, Hans Peter: Altersbilder. Über Wandel und Beeinflussung von Vorstellungen vom und Einstellungen zum Alter. Köln ²1995.

Generationsbeziehungen – Diskurskonzepte und Realbeziehungen

Gerd Göckenjan

Generationsbeziehungen sind für die Soziologie ein klassisches Thema. Zu erinnern ist an Karl Mannheim, der in den 1920er Jahren unter dem Terminus „Generationenlagerung" herausgearbeitet hat, wie historische Ereignisse und Erfahrungen sich bei etwa Gleichaltrigen zu sozialisationsbedingten Gemeinsamkeiten verdichten: Personenkreise, die außer einem beieinander liegenden Geburtsdatum wenig verbindet, teilen gewisse Erfahrungen, die eine je nach Umständen realere oder abstraktere, oft intensive, aber gelegentlich auch retrospektiv „nachgeholte" Gemeinsamkeit schaffen. Das Alter – bzw. der Eintritt in Lebensphasen, für die gesellschaftliche Altersgrenzen gelten – konstituiert ähnliche realere oder abstraktere Gemeinsamkeiten von Personen, die ansonsten wenig gemeinsam haben.

Dieses Zusammenspiel von Gemeinsamkeiten und Unterschieden, auch von Diskurskonzepten und Realbeziehungen in Sachbeständen der alternden Gesellschaft möchte ich im Folgenden betrachten, denn unter dieser Überschrift interessieren uns die Generationenbeziehungen hier. Die Betrachtung dieser Gegenstände leidet aus soziologischer Sicht durch mehrfache Unübersichtlichkeit. Ich möchte einige Punkte hervorheben und mit der Rede über das Alter beginnen, durch die Gemeinsamkeiten tatsächlich herausgearbeitet oder auch nur nahe gelegt werden.

Zunächst kann über das höhere und hohe Alter nicht

ohne den Ton der Klage und den Gestus der Anklage gesprochen werden. Das ist alleine aber noch nicht sonderlich eindrucksvoll. Die *Altersklage* ist ein sehr alter Topos. Hier spiegelt sich die Tatsache, dass das Altern mit Verlusterfahrungen einhergeht – selbstverständlich nicht für jede Person im gleichen Umfang und erst recht nicht zur gleichen Zeit. Aber im höchsten Alter und in der Nähe des Todes sind Verlusterfahrungen gewiss. Diese Altersklage ist regelmäßig ein Stellvertreterdiskurs, der historisch durch die mittlere Generation geführt worden ist. Die mittlere Generation hatte ihren sozialen Status gegen die Jungen wie gegen die Alten zu sichern und vermischte diese Klage mit ihren historisch spezifischen Interessen. Dieser Diskurs wird heute von gerontologisch interessierten Professionen geführt und steht, wie auf dem Markt der Meinungen und der Ressourcenmobilisierung nicht anders vorstellbar, unter dem Diktum eines *Skandalisierungsgebots*. Selbst dass professionelle Altersfürsprecher sich meist ungern als solche bezeichnen lassen, muss hier nicht als größeres Problem angesehen werden; aber wir haben eben eine unübersichtliche, verschobene Diskursaufstellung.

Des Weiteren leidet die Debatte über Sachbestände der alternden Gesellschaft darunter, dass ihr notwendigerweise generalisierende Konzepte „des Alters" zugrunde liegen, die nur wenig soziale Wirklichkeit ausdrücken können, aber häufig genug für die soziale Wirklichkeit gehalten werden. Diskurskonzepte und Realbeziehungen verschwimmen. Auch das verstärkt die Unübersichtlichkeit der Debatte. Aus soziologischer Sicht erscheint es notwendig, sich Folgendes zu vergegenwärtigen: *Alter ist ein Konstrukt, eine rhetorische Figur*, mit durchaus selektiver, unsicherer Wirklichkeit. An sich, so sollte man meinen, stellt dieser Sachverhalt kein Problem dar. Immerhin täuscht sich auch bei der Rede über die Liebe oder die Gesundheit niemand über den Charakter der Gegenstände.

Ich möchte die Situation an einem Beispiel darstellen. Irgendwo las ich, die heutigen Senioren seien kein grauer Block mehr, sondern eher ein bunter Haufen. Diese Aussage wurde mit vielen Einzeleindrücken und klugen Bemerkungen präsentiert, an denen wenig auszusetzen war. Die Generalisierungen allerdings sind falsch. Ein Blick in die Geschichte des Alters würde zeigen, dass Alte – was ist gemeint, Personen über 55, 60 oder 65? – historisch nie ein grauer Block waren. Und zwar deswegen nicht, weil frühere Gesellschaften nicht entlang wohlfahrtsstaatlicher Altersgrenzen organisiert waren. Das chronologische und das soziale Alter korrespondierte in der jeweiligen Einzelbiographie nicht. Umgekehrt sind genau deshalb die heutigen Senioren eben kein „Haufen", sondern tatsächlich ein „Block", wenn auch vielleicht ein bunter. Denn sie unterliegen der sozialen Alterszuschreibung, d. h. den Regeln, die durch die wohlfahrtsstaatlichen Transferzahlungen gegeben sind – was immer sie sonst noch sind oder tun. Durch *Rentenbezug* treten unsere Senioren in eine abstrakte Beziehung mit denen, die die Rente finanzieren, ebenfalls ein „Block", der Block der Rentenbeitragszahler. Das Verhältnis dieser Blöcke wird üblicherweise als Vertragsbeziehung zwischen Generationen dargestellt, kann aber auch als Kampfaufstellung zwischen diesen thematisiert werden.

Zwei Anmerkungen hierzu. Zum einen: An solchen Abstraktionen ist nicht viel auszusetzen, wenn denn klar ist, wo man sich befindet. Denn es ist fraglos verwirrend, dass wir eine Blockbildung des Alters und eine Vielfalt der Lebensformen im Alter zur gleichen Zeit haben. Zum anderen ist diese Blockbildung des Alters neuen Datums, sie ist soziale Wirklichkeit erst seit der so genannten Großen Rentenreform von 1957. Und diese Blockbildung ist nicht an den Himmel genagelt. Sie kann, im Rückblick der folgenden Generationen, durchaus zu einer kurzlebigen

Form der Alterssicherung werden und mit anderen Formen der konventionellen Arbeitsgesellschaft untergehen, wenn die Umstände danach sind.

Begriffe wie „das Alter", „die Alten" funktionieren bzw. dienen also als *Alltagsorientierung*. Diese ist möglich aufgrund von Alltagskenntnissen und Vorannahmen, ohne dass man dabei viel über die Lebenswirklichkeit alter Leute wüsste oder wissen müsste. „Alt" ist einfach Teil der alltagsweltlichen Alt-Jung-Codierung, die ein Basiskonzept der symbolischen Vermessung jeder Gesellschaft darstellt. Die Redewendung „alt aussehen" zum Beispiel, die für Situationen mit Fehlleistungen oder Überforderungen benutzt wird, sollte nicht als sublime Altersdiskriminierung angesprochen werden; es handelt sich vielmehr um einen Reflex sozialer Verortung. Gesellschaft funktioniert nicht ohne diese *Navigationshilfen*. Für neuere Konzepte des Alters, die das Bild des Alters differenzieren, gilt, wenn sie eine gewisse Verbreitung erlangen, das Gleiche: Sie dienen ebenfalls zur Orientierung im sozialen Raum. Man denke etwa an das Konzept des „Rentners" bzw. des „Ruhestandes" in den 1960er Jahren, an das Konzept der „Senioren" in den 1970er Jahren und dann, zugespitzter, das Konzept des „Neuen Alters" in den 1980er Jahren. Seither hat kein neues Konzept größere Verbreitung gefunden. Alle die genannten Konzepte aber haben Orientierungsfunktionen für soziale Teilbereiche behalten. Andererseits sind natürlich deswegen nicht alle „Alten" seit den 1980er Jahren zu „aktiven Senioren", zu Mallorca-Flüchtlingen, zu Personen mit reichem Sexualleben usw. geworden, bloß weil dergleichen mit der Figur der „Neuen Alten" in Zeiten von Viagra unterstellt wird. Auch die Sexualisierung des Alters, bekanntlich keine neue Erfindung, muss nicht als (wenig) sublime Altersdiskriminierung angesehen werden. Es handelt sich zunächst einfach nur um eine von relativ vielen Altersdeutungen, die einen Orientierungswert haben werden – ohne jede Übernahmeverpflichtung für die Angesprochenen.

Die Gesellschaft braucht negative wie positive Altersbilder als Navigationshilfen. Das ist keineswegs neu. Das Besondere der Situation, wie sie spätestens seit der Erfindung der „Neuen Alten" deutlich geworden ist, ist die relative Unverbindlichkeit der zirkulierenden Altersbilder. Ganz offenbar gibt es heute keinen gesellschaftlich irgendwie verbindlichen Erwartungscode im Hinblick auf das Alter. Das zeigt sich an der Sexualisierung des Alters sehr schön, denn im alten Diskurs – alt im Sinne von „vor der Erfindung der Neuen Alten" – war das unanständig, des Alters unwürdig, was danach als vorbildlich thematisiert wurde.

In einem Satz zusammengefasst: Altersdiskurse, die Reden über das Alter, stellen nicht nur (naturgemäß) allgemeine Gemeinsamkeiten heraus, sondern überdies wie auch immer geartete Scheingemeinsamkeiten, die positive oder negative Deutungen des Lebens im höheren oder höchsten Alter sein können, die aber heute keine gesellschaftliche Verbindlichkeit beanspruchen können.

Ich komme jetzt zu den *Generationenbeziehungen*. Sie können auf der Ebene sozialrechtlicher Blockbildung thematisiert werden wie bereits angesprochen, oder auf der Ebene familialer Realbeziehungen. Montaigne hat 1580 beispielsweise angemerkt, dass man frühzeitig bedenken möge, ob man von seinen Kindern geliebt oder gehasst werden will. Der Gegenwartsdiskurs über das Alter vermittelt den Eindruck, dass die Alten ganz offenbar alles getan haben müssen, dass sie jetzt – und das schon seit etlichen Jahren – erbittert gehasst werden. Sie werden so gehasst, dass sich ein anderer Teil der Diskutanten, ebenfalls schon seit Jahren, darin verzehrt, das Alter in Schutz zu nehmen und auf die verkannten und potentiell guten Seiten zu ver-

weisen, und sich bemüht, die Chancen, die Aktivitäts-
potentiale, die Bedeutung des gut gestimmten Alters her-
vorzukehren. Aber auch dieser Teil der Redner scheint das
Alter keineswegs zu lieben jedenfalls läuft diese Sicht immer auf „Beihilfeforderungen" hinaus: Forderungen nach
Freiräumen, nach Dienstleistungen und weiteren Ressourcen für die Alten. Man könnte den Eindruck gewinnen,
diese Redner gössen mit Absicht neues Öl ins Feuer des
Hasses – falls denn der Hass daraus resultiert, dass die Alten ein zu großes Stück des gesellschaftlichen Reichtums
für sich beanspruchen, dass sie immer mehr werden und
nicht absehbar ist, ob irgendetwas für die Jungen übrig bleiben wird.

Die schlichten Alltagserfahrungen sagen uns, dass es
ganz offensichtlich keinen aktuellen Grund für derlei Hys-
terien gibt. Die soziologische Generationenforschung bestätigt uns dies: Das Verhältnis zwischen den familialen
Generationen ist sehr viel besser, als es in den Katastrophenszenarien unterstellt wird. Der direkte Transfer von
Geld, Hilfeleistungen und emotionaler Zuwendung ist in-
takt wie eh und je. Eltern unterstützen ihre Kinder, auch
wenn sie erwachsen sind – wenn es denn möglich ist: in
der Ausbildung, bei großen finanzielle Belastungen wie
etwa beim Autokauf oder Hausbau, sie unterstützen sie
bei der Versorgung der Enkel und nach Ehescheidungen.
Noch die Transferleistungen der ältesten Generation sind
bedeutend. Hier erscheint uns alles eher konventionell:
Wenn viel zur Verfügung steht, gibt es hohe Transfers, wer
mehr braucht, bekommt mehr, wenn Unternehmungen
mit Familienzielen übereinstimmen, ist die Unterstüt-
zungsbereitschaft hoch. Denn ganz offenbar gibt es sie
noch, die „familialen Aufträge" (Ecarius), die „Familienprojekte" (Pitrou), die die *Familie als Tradierungszusam-
menhang* konstituieren: Familie ist trotz aller Unkenrufe
weiterhin anzusehen „als Ort der Konstruktion von Plänen

und Normen, welche den persönlichen ‚Flugbahnen' Sinn geben" (Pirou, in: Lüscher 1993, S. 77).

Wenn die historische Familienforschung Recht hat, dann sind die inneren Bindungen zwischen den Generationen und das emotionale Engagement für die Kinder im Laufe der Geschichte nicht etwa immer lockerer und unverbindlicher, sondern dichter geworden. Es gibt gute Gründe, das auch für die Gegenwart anzunehmen. Wie die Daten der Generationenforscher zeigen, sind die affektiven Bindungen und die Kontakthäufigkeit zwischen Eltern und ihren erwachsenen, nicht mehr im gemeinsamen Haushalt lebenden Kindern dicht. Sogar die Wohnentfernung zwischen den Generationen ist regelmäßig gering: Etwa 80 Prozent der jeweiligen Haushalte sind maximal eine Stunde voneinander entfernt. Mobilitätserfordernisse scheinen also kein Gegenargument zu stabilen direkten Generationenbeziehungen zu sein. Die These von der Auflösung von Familienstrukturen ist eine Zuspitzung demographischer Erscheinungen, die offenbar sehr viel vorsichtiger zu interpretieren sind.

Andererseits sind Unterstützungsleistungen offenbar nur in direkten Generationenbeziehungen verlässlich. So sind z. B. die Chancen, außerhalb der direkten Generationenbeziehungen, also aufgrund entfernterer Familienbeziehungen, Zuwendungen zu bekommen, sehr viel schlechter. Ähnlich verhält es sich mit nicht monetären Hilfe- und Pflegeleistungen. Hierfür sind die affektiven Beziehungen zwischen den Verwandten in direkter Linie am zuverlässigsten. Alle Generationenforscher verweisen darauf, dass die Bereitschaft von Kindern, Verantwortung für ihre alten Eltern zu übernehmen, weiterhin groß ist – trotz aller Berufstätigkeit der Frauen und der geringen Koresidenz der Generationen. So werden für pflegebedürftige Eltern vielfältige Versorgungsarrangements gefunden, um den Übergang in Pflegeheime zu vermeiden, denn diese werden von beiden Generationen abgelehnt bzw. als letzter Ausweg angesehen. Auch in dieser Hinsicht nimmt offenbar die Bereitschaft der Kinder ab, emotionale Leistungen außerhalb der direkten Generationsbeziehungen zu erbringen. Das betrifft z. B. die Bereitschaft von Schwiegertöchtern, die Eltern des Partners zu versorgen.

Allerdings erinnern Generationenforscher – auch hier ganz entsprechend den Alltagserfahrungen – daran, dass direkte, familiale Generationenbeziehungen nicht konflikt- und enttäuschungsfrei sind und dennoch überwiegend solidarisch sein können. In Generationenbeziehungen seien Konflikte und Solidaritätsleistungen kein Gegensatz (Szydlik, in: Kohli/Szydlik). Jedenfalls sei ein wie auch immer vorgestellter Generationenkampf keine Gefahr für Familienbeziehungen. Die Gefahr liege vielmehr im Beziehungsabbruch aufgrund forcierter Konflikte. Vor dem Hintergrund der ewigen These vom Untergang der Familie mag es schon verblüffen, wenn Marc Szydlik aufgrund seiner so vorteilhaften Daten glaubt, davor warnen zu müssen, die familialen Generationenbeziehungen zu idealisieren. Eher trifft dann wohl Kurt Lüschers Vorschlag, unsere Alltagserfahrung – *Generationsbeziehungen als Ambivalenzbeziehung* – zu konzeptualisieren.

Damit bestätigen Generationenforscher, dass sich affektive, zuwendende Investitionen in direkte Generationenbeziehungen in der Regel auszahlen, ganz im Sinne Montaignes. Wenn die aktuellen Trends zur Entinstitutionalisierung der Familienbeziehungen – also eine geringe Bereitschaft zur Eheschließung, eine steigende Scheidungsrate, die Erziehung von Kindern außerhalb von Ehebeziehungen und daraus folgend die Vielfalt der Formen des informellen Zusammenlebens – anhalten sollten, dann mögen tatsächlich die emotionalen Bindungen zwischen Eltern und Kindern weiterhin immer bedeutungsvoller werden.

Ich glaube allerdings nicht, dass in solchen dichten emo-

tionalen Beziehungen *Chancen für das Alter* liegen. Das
höhere Alter, als letzte Lebensphase, bedeutet regelmäßig
ein Leben unter erschwerten Bedingungen. Alles andere erscheint mir als unberechtigter, advokatorischer Optimismus. Aber dichte emotionale Beziehungen mögen ein gemeinsames Leben unter den erschwerten sozialen und
institutionellen Bedingungen erleichtern, die wir aufgrund
der demographischen Entwicklung wohl zu erwarten haben. Solange es familiale Beziehungen zu den Folgegenera-
tionen gibt, gibt es ein gemeinsames Kontinuitätsinteresse
der zur gleichen Zeit Lebenden, von dem die Katastrophenszenarien des wie präzise auch immer ausformulierten
Kampfes der Generationen notwendigerweise absehen.

Ich möchte noch auf zwei Fragen eingehen, die oben schon
angelegt sind: Warum liegen der Altersdiskurs und die Empirie der familialen Generationenbeziehungen so weit auseinander? Und: Sagt der Altersdiskurs überhaupt etwas zu
den familialen Generationenbeziehungen?
    Zunächst würden natürlich viele Ungereimtheiten ver-
mieden, wenn die Autoren von Alters-Krisenszenarien
nicht immer Familiengenerationen und Kohorten, also Geburtsjahrgänge, vermischten. Natürlich haben die Babyboomer, die Generation Golf oder wie sonst man Genera-
tionsbildungen im Sinne Karl Mannheims bezeichnen
möchte, keine gemeinsamen Beziehungen zu den Kriegs-
und Nachkriegsgenerationen, außer über die Institutionen
des Sozialstaates. Auf diese „Blockbildung" habe ich hingewiesen, in den Debatten über Generationenbeziehungen
ist diese aber immer wieder hervorgehoben worden.
    Allerdings geht es in den Katastrophenszenarien ja ge-
nau um diese abstrakten Beziehungen, nämlich um For-
meln der Reichtumsverteilung, um Schemata der sozialen
Sicherheit und der Gesundheitsversorgung; es geht eben
nicht um Familienbeziehungen. Die Katastrophen passie-

ren nur unter der Voraussetzung, dass es irgendwann keine Familienbeziehungen, keine Familienprojekte, keine geteilten Kontinuitätsinteressen mehr geben könnte. Man muss also nicht unbedingt die Darstellungen von einem „Krieg der Generationen" oder einem „Methusalem-Komplott" als mehr oder weniger gehobenen Unsinn auffassen. Es handelt sich dabei um rhetorisch eingefrorene Gegenwartsbilder, die in eine Zukunft hochgerechnet sind. Derartiges ist immer wieder formuliert worden: in den 1920er und 1930er Jahren – und seit den 1950er Jahren immer wieder. Wenn solche Vergreisungs- und Altenlasten-Szenarien auf größere Resonanz stoßen, dann nicht nur aufgrund einer Lust am Spektakel; sie drücken ganz offensichtlich auch verbreitete Ängste aus.

Zum Status des Altersdiskurses lässt sich tatsächlich sagen, dass sein Hauptmotiv seit jeher die *richtige Ordnung der Generationen* ist. Dabei sind Familiengenerationen, aber auch Kohortenbeziehungen gemeint, denn hohes Alter war bis um 1900 zugleich die wichtigste gesellschaftliche Autoritätsinszenierung. Die rhetorische Wendung eines Kampfs oder Kriegs der Generationen ist überhaupt erst danach vorstellbar: eben wenn Alter keine wichtigen gesellschaftlichen Werte mehr repräsentiert. Und es ist historisch sehr gut nachvollziehbar, dass die Alten, sobald damit gesellschaftlich subventionierte, rentenfinanzierte Populationen gemeint sind, also seit den 1950er Jahren, als eine gefährliche Klasse diskutiert werden: Hier sind die Alten nicht mehr nur müde, nutzlos und müssen mitgeschleppt werden, hier sind sie zugleich gefährlich, weil sie gegen die gesellschaftliche Ordnung verstoßen. Rentner seien für die soziale Integration gefährlich, schreibt z. B. der damals hoch angesehene Soziologe Helmut Schelsky 1960, weil sie keinerlei weiteren normativen Verpflichtungen unterlägen als einem abstrakten Konsumentenideal, und dieses sei immer „bedürfnisexpansiv".

Die Alten als „innenpolitischer Gefahren- und Unruhe-
herd" (Klose 1955, zitiert in: Göckenjan 2000, S. 375) sind
seit den 1950er Jahren ein dominantes Thema. Nicht nur
ihre potentielle politische Übermacht, auch ihre Geneigt-
heit zu krimineller Energie wurde in den 1950er Jahren
befürchtet – und jetzt wieder einmal in England entdeckt:
Klauen als Ergänzung zur Rente sei eine häufig erwogene
Strategie, heißt es (*Die Zeit*, 16.9.2004, S. 29). In den 1960er
Jahren wurde befürchtet, dass die Alten, wie alt gewordene
Hippies, künftig an den Straßenecken herumlungern und
Steine auf vorbeifahrende Autos werfen würden. Und
Frank Schirrmacher erfindet die Internet-Greise, die sich
an der Gesellschaft rächen, indem sie am Zusammenbruch
der Weltkommunikation arbeiten.

Die armen, verlassenen, stigmatisierten Alten und die
politisch gefährlichen, kriminellen Alten sind seit den
1950er Jahren eine feste Größe der Altersdiskurse. Diese
Altentypologien funktionieren, wie gesagt, nur unter der
Voraussetzung, dass es keine Generationenbeziehungen
mehr gibt. Diese Typologien entwickeln allerdings eine
Mitleids- und Drohkulisse, der ganz konventionell die
Funktion aufgegeben wird, Einfluss auf die direkten familialen Generationenbeziehungen zu nehmen. Diese Texte
gebärden sich immer wie *Einübungen in vermeidbare Zu-
künfte*. Vermutlich sind aber derlei abstoßende Zukunfts-
entwürfe genauso wenig konstruktiv wie reine Affirmati-
onsdiskurse, in denen aktive Senioren gefeiert werden
oder ein Alter als Chance imaginiert wird. Wenn die Hoch-
rechnungen der Demographen Wirklichkeit werden, wird
es die Alten in der uns heute bekannten Blockbildung
nicht mehr geben, das jedenfalls kann ohne großes Risiko
gesagt werden. Bis dahin wird weiterhin noch ein bisschen
Kampf der Generationen bzw. Altersfürsprache inszeniert.

Neulich hat sogar eine Wochenzeitung proklamiert,
dass das Ende des Jugendwahns angebrochen sei, die Alten

seien zurück. Das ist nun wirklich gutwilliger Unfug und bildet die Probleme der alternden Gesellschaft überhaupt nicht ab. Denn tatsächlich gibt es keine Formel, mit denen sich die sehr berechtigten Ängste einer alternden Gesellschaft beruhigen lassen. Aber vielleicht ist die gesuchte Formel eine alte, die Montaignes Sicht ein wenig variiert. Etwa: Es müsste vorteilhafter sein, in konkrete Familienbeziehungen zu investieren als in abstrakte Generationenbeziehungen (und in fiktionale Altersdiskurse).

Literatur

Bengtson, Vern L. / Schütze, Yvonne: Altern und Generationsbeziehungen: Aussichten für das kommende Jahrhundert. In: Baltes, Paul B. / Mittelstraß, Jürgen (Hrsg.): Zukunft des Alterns und gesellschaftliche Entwicklung. – Berlin/New York 1992.

Ecarius, Jutta: Familienerziehung im historischen Wandel. Opladen 2002.

Göckenjan, Gerd: Das Alter würdigen. Altersbilder und Bedeutungswandel des Alters. Frankfurt a. M. 2000.

Göckenjan, Gerd: Alter – Ruhestand – Generationsvertrag? In: Aus Politik und Zeitgeschichte, B 17/1993.

Kohli, Martin / Szydlik, Marc: Generationen in Familie und Gesellschaft. Opladen 2000.

Lüscher, Kurt / Liegle, Ludwig: Generationenbeziehungen in Familie und Gesellschaft. Konstanz 2003.

Lüscher, Kurt / Schultheis, Franz (Hrsg.): Generationsbeziehungen in „postmodernen Gesellschaften". Konstanz 1993.

Schirrmacher, Frank: Das Methusalem-Komplott. München 2004.

Erwerbsarbeit und Tätigkeiten im Alter

Wolfgang Clemens

1. Einführung

Der Begriff „Alter" wird inzwischen unbestimmter und vielschichtiger verwendet denn je. Er wird in sehr unterschiedlichen Zusammenhängen benutzt und beinhaltet eine Vielzahl gesellschaftlicher und kultureller Deutungen. Im engeren Sinne meint Alter die letzte Phase oder Stufe im Lebenslauf, die Lebensphase nach der Erwerbsarbeit, den sog. „Ruhestand". Dem Begriff „Alter" werden nach den Normen der „Leistungsgesellschaft" zentrale Bedeutungen im Sinne einer Abgrenzung oder als Gegenteil von „Jugend" zugeschrieben: Alter als Phase der eingeschränkten und sich weiter reduzierenden Leistungsfähigkeit, des nicht mehr Mithaltenkönnens, des Ausrangiertwerdens, aber auch als Phase des Zurückblickens, des verdienten Lebensabends und der „späten Freiheit" (Rosenmayr) (vgl. Backes/Clemens 2003, S. 13).

Über Erwerbsarbeit und Tätigkeiten im Alter zu sprechen, wirkt deshalb auf den ersten Blick befremdlich. Ein zweiter Blick zeigt allerdings, dass es arbeitsbezogene Aktivitäten im Renten- oder Pensionsalter im gewissen Umfang schon immer gegeben hat und dass sie heute mehr denn je als „produktives Alter" von der Gerontologie und der Politik gefördert und gefordert werden. Als Hintergrund dieser Perspektiven sind Entwicklungen auszumachen, die mit dem demographischen Wandel und mit Veränderungen in den Strukturen der „Lebensphase Alter" zusammenhängen. Die „Alterung der Gesellschaft" hat zu einem stetig wachsenden Anteil älterer Menschen geführt. Die Lebenserwartung steigt, und die nicht mehr Erwerbstätigen weisen einen im Durchschnitt immer besseren Gesundheitszustand auf. Andererseits haben Probleme des Arbeitsmarktes seit den 1970er Jahren zu einem sinkenden Eintrittsalter in den Ruhestand geführt, so dass es – trotz Festschreibung der allgemeinen Renten- und Pensionsgrenze bei 65 Jahren durch die Rentenreform 1990 – heute bei ca. 60 Jahren liegt. Dieses Paradox führt einerseits zur Frage, welche gesellschaftliche Rolle die wachsende Zahl relativ gesunder Rentner einnehmen soll, andererseits aber auch zur Propagierung eines „aktiven Alters" und zu steigendem Interesse an nachberuflichen Tätigkeiten.

Mit der beruflichen Frühausgliederung – aber vor allem bei Arbeitslosigkeit im späten Erwerbsleben ohne Chancen auf eine Rückkehr in den Beruf – können sich Rollenprobleme bei Personen ergeben, die nicht mehr erwerbstätig sind und noch nicht die gesellschaftlich anerkannte Rolle eines „Rentners" oder „Pensionärs" aufweisen. Erst nach einer offiziellen Verabschiedung aus dem Erwerbsleben, die bei einzelnen Regelungen – wie der „Altersteilzeit" – auch vor dem 65. Lebensjahr erfolgt, kann mit dem Eintritt in die „Lebensphase Alter" die „späte Freiheit" einsetzen. Die „späte Freiheit" signalisiert dabei die gewachsene Selbstbestimmung einer eigenständigen Altersphase, die erst durch die finanzielle Absicherung und völlige Abkehr von verpflichtender Erwerbsarbeit erreicht werden konnte. Der Ruhestand als eigenständige Lebensphase hat sich inhaltlich von der Erwerbsphase emanzipiert. Sie erfordert den Entwurf neuer biographischer Projekte, da sich die Frage nach der Beteiligung am sozialen Leben in veränderter Form stellt (Kohli 2000, S. 367).

Der Austritt aus dem Erwerbsleben bedeutet für die Betroffenen häufig eine „Vergesellschaftungslücke". Die soziale Integration erfolgt nicht mehr über die Erwerbsarbeit und beschränkt sich auf eine Vergesellschaftung über Familie, soziale Netze, Freizeit und Konsum. „Vergesellschaftung" ist als Prozess zu verstehen, in dem Menschen durch gesellschaftliche Strukturen und Programme zum Handeln angeregt, herausgefordert und damit „engagiert" werden (Kohli u. a. 1993, S. 35). Zur Schließung der Vergesellschaftungslücke im Ruhestand gewinnen nachberufliche – vor allem erwerbsarbeitsnahe – Tätigkeitsformen an Bedeutung. Gesellschaftliche Partizipation und Engagement im Alter sind dabei nicht nur für die Älteren selbst wichtig, sondern wirken sich in der Regel auch auf deren Angehörige, Freunde und Nachbarn, für intermediäre Organisationen und letztlich auch auf der Ebene von Wirtschaft und Gesellschaft positiv aus (Künemund 2001, S. 32). Die Diskussion um die „Erwerbsarbeit der Zukunft" (z. B. Giarini/Liedtke 1998) verweist auf die Bedeutung eines Ausbaus nichtmonetarisierter Tätigkeiten für die gesamte Gesellschaft und stellt so einen Bezug zu Fragen „neuer Ehrenamtlichkeit", „bürgerschaftlichen Engagements" oder von „Bürgerarbeit" – auch für die Altersphase – her (vgl. Hacket/Mutz 2002).

In der Diskussion um Arbeit im Ruhestand muss auch nach den Rahmenbedingungen für nachberufliche Tätigkeiten, nach förderlichen und hemmenden Faktoren sowie situativen und langfristig (biographisch) wirkenden Motivstrukturen gefragt werden. Hierzu lassen sich (mit Kohli u. a. 1993, S. 40ff.) unterschieden:

– die Wirkung von lebenszeitlichen Erfahrungen und Handlungskompetenzen, die sich z. B. auf der Basis von Arbeitserfahrungen in dem Bestreben nach biographischer Kontinuität bzw. Diskontinuität äußern und identitätsstiftend sowie biographisch antizipativ wirken und die weitere Lebensplanung steuern, und

– die aktuellen Bedingungen sozialer Interaktion, die zeitliche Strukturierung des Alltags und die Erfahrung gesellschaftlicher Veränderungen, die in entsprechenden Tätigkeitsfeldern institutionalisiert sind.

Hier wird davon ausgegangen, dass sich Motivstrukturen im Hinblick auf Aktivitäten und Tätigkeiten im Ruhestand weitgehend aus den jeweils individuellen Erfahrungen als älterer Arbeitnehmer bzw. ältere Arbeitnehmerin im mittleren Lebensalter erklären lassen. Ebenso bedeutsam dürften die Umständen sein, unter denen das Erwerbsleben verlassen wurde (bzw. werden musste). Diese Erfahrungen werden durch persönliche Interessen und Orientierungen sowie die Muster der Lebenslage „gebrochen" oder modifiziert und wirken generell als Wunsch zur biographischen Kontinuität oder im Sinne von Suspension in die mehr oder weniger „aktive" Lebensphase Alter hinein.

Erwerbstätigkeit und Arbeitslosigkeit im mittleren und höheren Erwachsenenalter haben eine hohe Relevanz für das Erleben des Alters und die Wahrnehmung von Potentialen und Barrieren eines mitverantwortlichen Lebens (vgl. Schmitt 2001) und bilden so den Hintergrund für die oben gestellten Fragen. Im mittleren Erwachsenenalter treten biographische Festlegungen verstärkt hervor, und das bisher Erreichte bzw. Nichterreichte wird vor dem Hintergrund sich allmählich eingrenzender beruflicher, familialer und physischer Optionen in ihrer Bedeutung – auch für die weitere Entwicklung – sichtbar (Perrig-Chiello/Höpflinger 2001, S. 101).

In diesem Beitrag soll zunächst auf die Bedeutung von Erwerbsarbeit und erwerbsnahen Tätigkeiten im Ruhestand bzw. Alter eingegangen werden (Abschnitt 2), um dann mittels empirischer Ergebnisse Formen und Umfang von Tätigkeiten und Erwerbsarbeit im Alter zu skizzieren (Abschnitt 3). Des Weiteren soll der Wirkung nachberuflicher Tätigkeiten auf eine gesellschaftliche Integration älterer und alter Menschen nachgegangen werden, indem Dimensionen der Vergesellschaftung dargestellt werden (Abschnitt 4). Danach wird die Frage nach dem Zusammenhang zwischen biographischen Erfahrungen im Erwerbsleben und den Arbeitsaktivitäten in Alter und Ruhestand zu diskutieren sein (Abschnitt 5), um abschließend ein kurzes Fazit zu ziehen (Abschnitt 6).

2. Zur Bedeutung von Erwerbsarbeit und Tätigkeiten in Ruhestand und Alter

Neben der materiellen Existenzgrundlage bietet die Erwerbsarbeit den meisten Menschen im erwerbsfähigen Alter den institutionellen, räumlichen und zeitlichen Rahmen für soziale Beziehungen, die außerhalb privater oder sonstiger öffentlicher Bezüge entstehen. Durch den Übergang in den Ruhestand verlieren die meisten älteren Menschen mit dem Arbeitsplatz die zentrale Vermittlungsebene für ihre gesellschaftliche Integration. Der in der modernen – um Erwerbsarbeit zentrierten – Gesellschaft entstandene sozialrechtlich und finanziell abgesicherte Ruhestand wirft wegen einer weitgehenden Entberuflichung des Alters die Frage auf, welche Formen der Vergesellschaftung stattdessen für die Lebensphase Alter jenseits von Familie und Freizeit relevant sind oder sein können.

Arbeit im Alter ist kein neues Phänomen. Vor Einführung der Rentenversicherung wurde so lange gearbeitet, wie die Gesundheit und Leistungsfähigkeit es möglich machten (vgl. Ehmer 1990), auch wenn es bei geringerer Lebenserwartung nur wenige betraf. Auch im Zeitalter der sozialen Absicherung der Altersphase hat es immer Arbeit und Tätigkeiten im Ruhestand gegeben – nicht zuletzt zur Kompensation geringer Renteneinkünfte vor allem von Frauen. Aber erst seit den 1980er Jahren werden solche Arbeits- und Tätigkeitsformen, die zur Integration älterer

Menschen in die Gesellschaft beitragen, öffentlich deutlicher wahrgenommen und gesellschaftspolitisch gefördert (vgl. Backes 1997). Diese Aufmerksamkeit resultiert aus der steigenden Zahl der Rentner und Pensionäre wie auch aus der sinkenden Erwerbsbeteiligung älterer Menschen seit Mitte der 1970er Jahre.

Erwerbsarbeit und Tätigkeiten im Ruhestand sind nur im Zusammenhang mit den Erfahrungen während der Erwerbsphase angemessen zu analysieren. Bezugspunkte sind hier die Rolle und Bedeutung, die ältere Beschäftigte seit den 1970er Jahren auf dem deutschen Arbeitsmarkt einnehmen. So wird die Erwerbssituation älterer Arbeitnehmer in den letzten Jahrzehnten vor allem durch einen Trend zur vorzeitigen Verrentung geprägt (vgl. Clemens 1997, 2001). Steigende Arbeitslosigkeit und Arbeitsmarktprobleme haben zu verstärkter beruflicher Ausgliederung über unterschiedliche Pfade und zu einer sinkenden Erwerbsbeteiligung der über 55-jährigen Arbeitnehmer und Arbeitnehmerinnen geführt und das durchschnittliche Berufsaustrittsalter deutlich gesenkt. Kohli (2000, S. 367) bezeichnet es als Paradoxie, dass der Ruhestand zunehmend früher anfängt, obwohl die Lebenszeit sich verlängert. Parallel zu dieser Entwicklung werden allerdings ältere Arbeitskräfte – wenn auch in geringerem Umfang – über die Rentengrenze hinaus entweder weiterbeschäftigt oder nach einer Ruhephase wieder erwerbsförmig eingestellt (vgl. z. B. Wachtler, Wagner 1997). Allerdings werden Arbeitszeiten und Arbeitsformen dabei deutlich flexibler gestaltet.

Neben Erwerbsarbeit sind weitere Tätigkeitsformen im Ruhestand oder „nachberufliche Tätigkeitsfelder" (Kohli/Künemund 1996, 2001) von sozialwissenschaftlichem Interesse: „Der Begriff der ‚Tätigkeitsformen' umfasst in modernen Arbeitsgesellschaften zentrale erwerbsförmige Arbeit, aber auch andere Aktivitäten, darunter gerade solche, die im Ruhestand größere Bedeutung gewinnen" (Kohli u. a.

1993, S. 37). Für die Lebenslage im Alter sind Erwerbsarbeit und weitere Tätigkeiten unter mehreren Aspekten relevant: Einerseits geht es um die konkrete Ausgestaltung der Lebenssituation im Ruhestand. Der Übergang in die nachberufliche Phase bedeutet als Statuspassage eine biographische Zäsur, die eine Anpassungsleistung erfordert. Andererseits stellt sich aus biographischer Sicht die Frage, wie lebensgeschichtliche Erfahrungen in die nachberufliche Phase hineinwirken und die Einstellung zur Erwerbsarbeit bzw. zu anderen Tätigkeitsformen im Alter beeinflussen. Aktuell zeitbezogene Einflüsse wirken ebenso auf die Lebens- und Arbeitsgestaltung im Ruhestand wie Aspekte biographischer Erfahrungen und erzeugen Kontinuität bzw. Diskontinuität.

Allgemein können für Arbeit und Tätigkeiten im Ruhestand verschiedenartige Bestimmungsgründe wirksam werden (vgl. Backes/Clemens 2003, S. 209):

- *materielle* Gründe, so das Motiv, die mit dem Renteneintritt verbundenen finanziellen Einbußen zu kompensieren, indem man z. B. als Selbständiger weiterarbeitet;
- *gesellschaftliche* Aspekte, etwa das Anliegen, die mit dem Rollenverlust durch verlorene Erwerbsarbeit geschrumpfte gesellschaftliche Bedeutung und Nützlichkeit wieder zu erweitern;
- *soziale* Gründe, z. B. die Absicht, außerfamiliäre Sozialbeziehungen zu erhalten bzw. auszuweiten;
- *physische* Aspekte, etwa die Anliegen, körperlich beweglich zu bleiben und Fähigkeiten sowie Fertigkeiten zu nutzen oder zu entwickeln.

Tätigkeiten im Alter haben aber auch eine psychische bzw. psychosoziale Relevanz für alternde Menschen. Sie wirken sich sowohl auf die Identitätsbildung oder -erhaltung als auch auf die Kompetenzentwicklung bzw. -bewahrung aus. Sie ermöglichen Aktivitäten, die einem vorzeitigen geistigen und körperlichen Abbau entgegenwirken und – in der Diktion der Gerontopsychologie – zu einem „produktiven Altern" beitragen (vgl. z. B. Baltes/Montada 1996). Deshalb stellen entsprechende Arbeitsmöglichkeiten und Tätigkeiten für viele Ältere eine bedeutende Motivation zur sozialen Integration dar.

Im Ruhestand gelten – wenn auch in veränderter Weise – maßgeblich drei Formen der Vergesellschaftung mit eigener Prägungskraft: Familie und Verwandtschaft, soziale Netzwerke außerhalb der Familie in Nachbarschaft oder Freundeskreis sowie soziale Beziehungen, die über Freizeit und Konsum vermittelt sind. Im Prozess des Übergangs in den Ruhestand kommt es in der Regel zu notwendigen Umorientierungen, die Amann (1990, S. 181) als „Balance-Arbeit" zwischen unterschiedlichen Handlungsbereichen bezeichnet. Mögliche Formen der sozialen Integration entstehen unter anderem durch „intermediäre Institutionen", die zwischen Individuum und Gesellschaft vermitteln: Vereine und Verbände, Parteien, soziale Bewegungen und Kirchen (vgl. Kohli 1992, S. 233). Nachberufliche Tätigkeitsfelder beziehen sich auf fast alle Vergesellschaftungsformen, die in der Lebensphase Alter existieren.

Zu nachberuflichen Tätigkeitsfeldern mit sozialintegrativer Funktion werden gerechnet (vgl. Kohli/Künemund 1996, S. 2):

- nachberufliche Erwerbsarbeit, Kombination von Arbeit und Ruhestand bzw. Rente;
- „ehrenamtliche" bzw. unbezahlte Arbeit;
- Aktivitäten im Rahmen sozialer Netzwerke;
- familiale Dienstleistungen zwischen (Ehe-)Partnern und zwischen den Generationen;
- Selbsthilfegruppen, selbstorganisierte politische Interessenvertretung und institutionalisierte Hobby-Kulturen.

Im Folgenden soll der Fokus vor allem auf die erstgenannten Formen von Arbeit in Ruhestand und Alter gerichtet werden: auf nachberufliche Erwerbsarbeit und ehrenamtliche Arbeit als „bürgerschaftliches Engagement", da letztere in der Regel durch „erwerbsnahe Tätigkeiten" erbracht wird.

3. Formen und Umfang von Tätigkeiten und Erwerbsarbeit im Alter

Es liegen inzwischen eine Reihe empirischer Ergebnisse zu Tätigkeitsformen und zum Umfang von Erwerbsarbeit im Ruhestand vor. In einer repräsentativ-vergleichenden Befragung der älteren Bevölkerung verschiedener Länder (Kohli/Künemund 1996, S. 43) wurden im Jahr 1991 u. a. für die Bundesrepublik Deutschland Tätigkeiten von Menschen ab 65 Jahren in folgenden Bereichen untersucht: Erwerbsarbeit, freiwillige bzw. ehrenamtliche Tätigkeit, Betreuung von Kindern und Betreuung und Pflege von Kranken und Behinderten. Dabei zeigte sich der allgemeine Trend, dass alle Tätigkeiten mit zunehmendem Alter seltener ausgeübt wurden und der Rückgang am stärksten bei der Erwerbsarbeit, am schwächsten bei der Betreuung Pflegebedürftiger und bei freiwilligem Engagement zu beobachten war. 35,8 Prozent aller 65-jährigen und älteren Befragten gaben an, mindestens in einem Bereich tätig zu sein, 10 Prozent in mindestens zwei und 2,1 Prozent in drei Bereichen. Im Alter von 65 bis 69 Jahren sind noch 47,2 Prozent in mindestens einem und 14,8 Prozent in mindestens zwei Bereichen tätig, nach dem 85. Lebensjahr entsprechend nur noch 20 Prozent bzw. 6,1 Prozent (vgl. Kohli/Künemund 1996, S. 50).

Ehrenamtliche Tätigkeiten in Vereinen und Verbänden werden nach Ergebnissen des Alters-Survey von 55- bis 69-Jährigen zu 11,1 Prozent (Männer 15,5 Prozent, Frauen

6,7 Prozent), von 70- bis 85-Jährigen zu 5,2 Prozent (Männer 7,7 Prozent, Frauen 3,8 Prozent) ausgeführt, wobei die Beteiligung mit zunehmendem Alter stark zurückgeht (Künemund 2001, S. 187). Dabei zeigt sich in den neuen Bundesländern ein deutlich geringeres ehrenamtliches Engagement, und die Differenz zwischen Männern und Frauen nimmt über die Altersgruppen zu. Allgemein reduzieren sich mit steigendem Alter die Möglichkeiten zu nachberuflichen Tätigkeiten, da die Angebote seltener werden und die Gesundheit nachlässt. Bei einer vorhandenen technischen oder professionalen Ausbildung erhöht sich die Wahrscheinlichkeit nachberuflicher Aktivitäten. Alleinlebende zeigen ein geringeres Aktivitätsniveau, Frauen sind insgesamt weniger aktiv als Männer.

Wesentlich höhere Quoten ehrenamtlichen Engagements weist eine repräsentative Erhebung im Rahmen des „Freiwilligensurvey" nach (vgl. v. Rosenblatt/Picot 1999). Von den 60- bis 70-Jährigen ist ca. jeder Dritte in irgendeiner Weise ehrenamtlich tätig. Diese Altersgruppe unterscheidet sich damit nicht vom Bevölkerungsdurchschnitt, während die Gesamtgruppe der Senioren über 60 Jahre mit 26 Prozent einen unterdurchschnittlichen Anteil aufweist (darunter 9 Prozent Hochaktive, bei denen der Zeitaufwand mehr als 5 Stunden pro Woche beträgt; v. Rosenblatt/Picot 1999, S. 22). Über alle Altersgruppen finden sich auch in dieser Studie Unterschiede nach Region (West 35 Prozent, Ost 28 Prozent) und Geschlecht (Männer 38 Prozent, Frauen 30 Prozent). Die vergleichsweise hohen Quoten erklären die Autoren der Studie mit ihrem methodischen Konzept, das tatsächlich ausgeübte ehrenamtliche Aktivitäten und Freiwilligenarbeit möglichst vollständig erfasse (v. Rosenblatt, Picot 1999, S. 19).

Die Weiterführung bzw. Aufnahme einer *Erwerbsarbeit im Ruhestand* lässt sich quantitativ anhand der Sozial- und Arbeitsstatistik schwer ermitteln. Daten zu den Erwerbspersonen im Alter von über 64 Jahren finden sich in den Ergebnissen des Mikrozensus (vgl. Statistisches Bundesamt 2001). Danach betrug die Erwerbsquote der 65-Jährigen und Älteren im Jahr 2000 insgesamt 2,6 Prozent, für Männer 4,3 Prozent und für Frauen 1,6 Prozent. Im früheren Bundesgebiet lag der Anteil deutlich höher (insgesamt 2,9 Prozent) als in den neuen Ländern (1,1 Prozent), obwohl früher in der DDR die Erwerbsarbeit über die Rentengrenze hinaus eine wichtige betriebliche und persönliche Bedeutung hatte. Hinter diesen Durchschnittsergebnissen verbergen sich (naturgemäß) deutliche Unterschiede nach Altersgruppen: So weisen die 65- bis 70-jährigen Männer in den alten Bundesländern eine Erwerbsquote von 8,9 Prozent, die gleichaltrigen Frauen von 3,9 Prozent auf, während in den neuen Ländern die Quoten 3,8 Prozent bzw. 1,4 Prozent betragen. Selbst in der Gruppe der 70- bis 75-Jährigen findet sich im Westen noch eine durchschnittliche Erwerbsquote von 3,0 Prozent (Männer 4,3 Prozent, Frauen 1,9 Prozent). Im Osten dagegen werden nur noch 0,9 Prozent dieser Altersgruppe als Erwerbspersonen gezählt.

Nach den Ergebnissen der „Berliner Altersstudie" wurde in der Altersgruppe der 70- bis 85-Jährigen ein Umfang von 4 Prozent an Alterserwerbstätigkeit in Voll- und Teilzeittätigkeiten festgestellt (Wagner u. a. 1996, S. 285). Aufgrund der Meldepflicht für geringfügige Beschäftigungsverhältnisse waren im Jahr 1994 21,6 Prozent aller über 65-jährigen Erwerbstätigen auf Geringfügigkeitsbasis sozialversicherungsfrei beschäftigt, und zwar mit 27,7 Prozent deutlich mehr Frauen als Männer (18,2 Prozent) (vgl. Wachtler/Wagner 1997, S. 19). Beschäftigt sind erwerbstätige Rentner und Rentnerinnen in Betrieben der Branchen Verkehr/Nachrichten, Kredit/Versicherungen, Landwirtschaft, Dienstleistung, Handel und produzierendes Gewerbe.

Nach einer repräsentativen Untersuchung des Prognos-Instituts (Baur u. a. 1996, S. 30ff.) beschäftigen 38 Prozent der privaten, gemeinwirtschaftlichen und öffentlichen Arbeitgeber Rentner, ca. 20 Prozent „ab und zu" und ca. 10 Prozent „regelmäßig". Das quantitative Ausmaß der Rentnerbeschäftigung ist allerdings gering: In rund 90 Prozent aller Betriebe werden keine oder nur ein bis zwei Rentner beschäftigt, die regelmäßig oder ab und zu mitarbeiten. Nur in ca. 10 Prozent aller Betriebe arbeiten drei oder mehr Rentner mit. Unter den Festbeschäftigten erreichen die Rentner in allen Betrieben einen Anteil von knapp 0,4 Prozent, wobei Rentnerbeschäftigung in größeren Betrieben etwas häufiger vorkommt als in kleinen. Eine spezifische Verteilung nach Wirtschaftszweigen ist nicht erkennbar. Eine häufigere Beschäftigung von Rentnern findet sich in Betrieben, die einen höheren Anteil über 55-Jähriger an der Stammbelegschaft aufweisen.

Der Anteil der Männer an allen beschäftigten Rentnern liegt bei 75 Prozent, ihr Anteil ist im verarbeitenden Gewerbe mit 82 Prozent überproportional hoch (Dienstleistungen: 65 Prozent). Gründe für die Mitarbeit von Rentnern sind mit jeweils ca. 35 Prozent Krankheitsvertretungen und Mithilfe bei saisonalen Spitzen, seltener werden unregelmäßige Sonderaufgaben und Boten- bzw. Telefondienste ausgeführt. Rentner sind zu ca. 45 Prozent mit Hilfs- und Aushilfstätigkeiten, zu 40 Prozent mit Facharbeitertätigkeiten, zu 12 Prozent in höheren Fachtätigkeiten und zu 4 Prozent auf der Ebene Geschäftsleitung/Verwaltungsrat beschäftigt. Sie waren zu 62 Prozent bereits vor der Rente in demselben Betrieb tätig.

Nach der Untersuchung von Wachtler und Wagner (1997) wird Erwerbsarbeit im „Ruhestand" in einer Reihe von Branchen mit einem breiten Spektrum von Tätigkeiten geleistet – von ungelernten Aushilfstätigkeiten bis hin zu hoch qualifizierten Arbeiten mit besonderer Spezialisie-

rung. Die in der Ausbildung wie auch im Erwerbsleben gewonnenen Qualifikationen, Kenntnisse und Fähigkeiten
werden in der Ruhestandstätigkeit genutzt. Sind die erwerbstätigen Rentner weiter bei früheren Arbeitgebern beschäftigt, führen sie entweder dieselben Tätigkeiten wie
vor der Verrentung oder damit im Zusammenhang stehende
aus. Auch bei einem betrieblichen Wechsel nach der Verrentung wird auf erlerntes und bewährtes Wissen zurückgegrif-
fen. Berufliche Neuanfänger sind dagegen selten. In der Motivation sind erwerbstätige Rentner und Rentnerinnen, die
ihren Beruf nach der Verrentung zunächst aufgegeben hatten und erst später wieder eingestiegen sind („Neueinsteiger"), von denen zu unterscheiden, die beim früheren Arbeitgeber – evtl. zu anderen Konditionen – weitergearbeitet
haben („Weiterbeschäftigte").

„Neueinsteiger" hatten überwiegend die Erwerbstätigkeit wegen akuter gesundheitlicher Probleme vorzeitig aufgegeben. Nach einer Pause mit gesundheitlicher Erholung
wurden sie wieder erwerbstätig. Die Betreffenden sind in
der Regel finanziell gut abgesichert, brauchen aber möglicherweise „die Bestätigung durch den Beruf, um sich und
der Umwelt zu beweisen, dass sie trotz Krankheit noch
nicht ‚zum alten Eisen' zählen" (Wachtler/Wagner 1997,
S. 85). In einzelnen Fällen ist aber auch das geringe Einkommen im Ruhestand Anlass für einen erneuten beruflichen Einstieg. Die Hauptmotive der Befragten sind allerdings selten materieller, sondern eher sozialer Art: Eine
bedeutsame Rolle beim Neueinstieg spielt die Absicht, soziale Beziehungen zu erhalten oder zu aktivieren. Zudem
wird eine als sinnvoll interpretierbare Beschäftigung als
wichtige Triebfeder des Handelns genannt, außerdem das
Gefühl, gebraucht zu werden. Wichtig ist auch die Möglichkeit, ohne die früheren Zwänge eher nach den eigenen
Vorstellungen zu arbeiten. Ein besonderes Merkmal nachberuflicher Erwerbstätigkeit ist die Möglichkeit, die zeitli-

chen Zwänge regulärer Erwerbstätigkeit abzuschütteln, denn es kann in der Regel im geringeren zeitlichen Umfang als früher oder flexibler nach eigenen Bedürfnissen gearbeitet werden (Wachtler/Wagner 1997, S. 90).

Die „Weiterbeschäftigten" arbeiten in der Kontinuität langjährig gewachsener Beziehungen zu den Firmenleitungen und den Kollegen bzw. Kolleginnen. In Abhängigkeit von der vorhergehenden Erwerbsbiographie und dem erreichten beruflichen Status variieren die möglichen Formen der Weiterbeschäftigung stark. So sind bei niedrig qualifizierter Tätigkeit auch finanzielle Einbußen mit der Weiterarbeit verbunden. Für weibliche Beschäftigte spielt die fortgeführte Erwerbstätigkeit zur Aufstockung der niedrigen Altersrente eine wichtige Rolle. Sie wird auch zur Abwendung psychischer Erkrankungen, z. B. von Depressionen, weiter betrieben und als „Beschäftigungstherapie" verstanden (Wachtler/Wagner 1997, S. 92). Männliche Beschäftigte betonen häufiger die soziale Verantwortung gegenüber ihrem Betrieb und bewerten die finanziellen Aspekte des Beschäftigungsverhältnisses geringer. Für fast alle Befragten ist die soziale Seite der weitergeführten Erwerbsarbeit zentral. Eine gewisse Ausnahme bilden nur die über die Rentengrenze hinaus tätigen Selbständigen, da sie primär strukturelle oder firmenbedingte Zwänge und Motive für die Weiterarbeit angeben.

Insgesamt betrachtet wird der nachberuflichen Tätigkeit eine weitgehend andere Bedeutung zugemessen als der früheren regulären Berufsarbeit. Da sie in der Regel vom Zwang der Existenzsicherung entlastet ist, können andere – und vorher zum Teil vermisste – Aspekte von Erwerbstätigkeit in den Vordergrund rücken, wie Autonomie, Selbstbestimmung, Kontakte und Kommunikation, Anerkennung und Zeitsouveränität. Insofern wird die nachberufliche Tätigkeit als Bereicherung der Lebenslage erfahren, indem Handlungs- und Dispositionsspielräume wachsen, die früher

nicht bestanden und im „arbeitslosen" Ruhestand nicht rea-
lisierbar gewesen wären. Dabei besteht auch eine hohe Akzeptanz gegenüber ungesicherten Beschäftigungsverhältnis-
sen. Zentral ist auch für ältere Menschen die psycho-soziale
Funktion von Arbeit und die mit ihr verbundene Anerkennung, die Identität konstituiert und sozial integrativ wirkt.

4. Dimensionen gesellschaftlicher Integration durch nach-berufliche Tätigkeiten

Die Frage nach den Vergesellschaftungsleistungen einzelner
Tätigkeitsformen im Ruhestand stellt sich zunächst hinsichtlich der aktuellen Auswirkungen für die Lebenslage
der entsprechend Engagierten, aber auch für eine Unterschei-
dung kurzfristig-lebenspraktisch und langfristig-biogra-
phisch wirkender Motivlagen. Institutionalisierte Formen
nachberuflicher Tätigkeit lassen sich so deutlicher von solchen im primären Bereich von Familie und Nachbarschaft
differenzieren. Institutionalisierte Tätigkeitsformen sind –
im Gegensatz zu privaten – von Ansprüchen, Vorgaben und
Regelungen der beteiligten Institutionen abhängig, ob es
sich nun um Betriebe oder um Non-profit-Organisationen
handelt, die ehrenamtliche Arbeit ermöglichen. Wichtig
werden dabei institutionell bereitgestellte Möglichkeits-
strukturen ebenso wie strukturelle Hindernisse und Risiken
von Älteren, die sowohl aufseiten der Organisation als auch
aufseiten der weiter tätigen Älteren vorhanden sein können.
    Da vor allem institutionenbezogene Tätigkeitsformen äl-
terer Menschen bedeutsam sind, sollen im Folgenden verstärkt die im Lebenslauf entwickelten Handlungsstrukturen
und -spielräume Älterer betrachtet werden. Diese stellen eine
Verbindung zwischen dem mittleren und dem höheren
Lebensalter her und werden für die Lebenslage im Alter hand-
lungsrelevant. Nach Kohli u. a. (1993, S. 39ff.) lassen sich fol-

gende Dimensionen der Vergesellschaftung durch nachberufliche Tätigkeitsformen sinnvoll unterscheiden:

a. Biographische Kontinuität
Biographie als sozialweltliches Orientierungsmuster darf nicht auf die subjektive Reaktion auf gesellschaftsstrukturelle Bedingungen im Lebenslauf reduziert werden, sondern muss allgemeine Dimensionen der Konstitution von Alltagswelt – wie Erfahrung, Handlung und Struktur – mit einbeziehen. Biographische Kontinuität bis in die Altersphase scheint zunächst den Grundlagen der gesellschaftlichen Altersschichtung entgegenzustehen, da (erwerbsförmige) Tätigkeiten im Ruhestand den normalbiographischen Vorstellungen widersprechen: „Die aktiven Älteren handeln mit fortschreitendem Alter zunehmend gegen die normalbiographischen Erwartungen, d. h. gegen den kulturellen Code des ‚Ruhestandes‘" (Kohli u. a. 1993, S. 40). Dagegen haben schon früh einige sozialgerontologische Konzepte (wie die Aktivitätsthese, Kontinuitätsthese etc.; vgl. Backes, Clemens 2003) die Bedeutung von Kontinuität in unterschiedlichen Handlungsfeldern für alternde Menschen betont.

Eine biographische Perspektive ermöglicht es, die Fortsetzung von Tätigkeiten über das Ende des offiziellen Erwerbslebens hinaus in ihrer prozessualen und ressourcenbezogenen Dynamik zu betrachten und die Kontinuität bzw. Diskontinuität zwischen dem mittleren Erwerbsleben und der Ruhestandssituation einschätzbar zu machen. Wichtige Dimensionen dieser Perspektive beziehen sich auf die Entwicklung von Orientierungen bzw. Neuorientierungen sowie von Handlungs- und Entscheidungsspielräumen.

b. Soziale Interaktionen
Tätigkeiten im institutionellen Kontext binden Ältere in geregelte Interaktionszusammenhänge ein. Kohli u. a. (1993, S. 40) unterscheiden dabei Interaktionen, „die auf

gemeinsame arbeitsteilige Problembewältigung gerichtet sind und entsprechende Erfahrungen von Kooperation oder Konflikt erzeugen, als auch solche, die diffusen und expressiven Charakter haben". Hier stellen sich die gleichen Anforderungen, die bereits ältere Arbeitnehmer in altersheterogenen Arbeitsfeldern der Betriebe bei arbeitsteiligen Kooperationsstrukturen vorfinden (z. B. bei „Gruppenarbeit", vgl. Clemens 2001, S. 138ff.). Unterschiede sind im Hinblick auf Möglichkeiten kontinuierlichen Verhaltens oder auf Anforderungen im Sinne der Umstellung bzw. Neuorientierung zu erwarten.

c. Erfahrungen mit gesellschaftlichen Veränderungen
Die im Zusammenhang mit Erwerbsarbeit gemachten sozialen Erfahrungen beziehen sich auf Leistungsanforderungen und den Handlungsdruck relevanter praktischer Probleme. Eine starke gesellschaftliche und technologische Dynamik führt zu raschem Veralten von Wissen und zu Anpassungserfordernissen, die Berufstätige im späten Erwerbsleben wie auch im Ruhestand häufig überfordern. Handlungsfelder betreffen technologische Neuerungen (wie IuK-Technologien), aber auch organisatorische, politische und kulturelle Veränderungen. Wer sich bereits als älterer Arbeitnehmer auf „lebenslanges Lernen" einstellen konnte, wird auch bei Tätigkeiten im Ruhestand neue Anforderungen als Ausweitung der eigenen Handlungskompetenzen begreifen. Institutionalisierte Tätigkeiten im Ruhestand konfrontieren oftmals mit notwendig werdenden Veränderungen.

d. Identität
Eine berufliche Identität bildet die wesentliche Grundlage für die Kontinuität des Selbsterlebens und soziale Selbstverortung von Individuen in der „Arbeitsgesellschaft". Sie stellt die Frage nach den wesentlichen Aspekten der Tätigkeit, die sowohl die Selbstidentifikation als auch die Identi-

fizierung durch andere Personen bestimmen. Positiven Aspekten einer Tätigkeit (wie dem Leisten nützlicher Arbeit, Anerkennung, Herausforderung, Verfügen über spezialisiertes Wissen, Kompetenzentwicklung) stehen negative gegenüber (wie Zwang zu nutzloser Arbeit, Mangel an Anerkennung und Möglichkeiten zur Kompetenzentfaltung) (Kohli u. a. 1993, S. 41). Eine im Erwerbsleben entwickelte berufliche Identität kann zum Maßstab für Ansprüche an institutionalisierte Tätigkeiten im Ruhestand werden, oder umgekehrt kann mit Ruhestandstätigkeiten der Versuch verbunden sein, Defizite von früher auszugleichen.

e. Erfahrungen persönlicher Veränderungen

Die Erfahrung gesellschaftlicher Veränderungen kann von der Wahrnehmung individueller, persönlicher Veränderungen begleitet werden. Diese stellen eine wichtige Dimension für nachberufliche Tätigkeiten dar, weil sie die Möglichkeiten und Grenzen gewünschter Aktivitäten im Ruhestand determinieren und eventuell Diskontinuität und Neuorientierung erzwingen. Merkmale dieser Erfahrungen betreffen die Entwicklung der psycho-physischen Konstitution älterer Arbeitnehmerinnen und Arbeitnehmer aufgrund von Arbeitsbelastungen ebenso wie unterschiedliche Ausformungen des Übergangs in den Ruhestand (freiwillig bzw. erzwungen) (vgl. dazu Clemens 2001). Allgemein wird in der Forschung zwar davon ausgegangen, dass diese Statuspassage nur geringe negative Effekte auf die körperliche und psychische Gesundheit sowie das Wohlbefinden zeitigt (vgl. Kohli u. a. 1993, S. 20). Analysen für Problemgruppen (z. B. bei vorzeitiger Erwerbsunfähigkeit) weisen aber durchaus deutliche gesundheitliche Einbußen bei den Betroffenen nach (vgl. Clemens 1997). Eine entsprechend mit dem Übergang in den (vorzeitigen) Ruhestand verbundene Diskontinuität kann zur Bedrohung der bisherigen Lebenskonstruktion und arbeitsbezogenen Identität werden.

Sie kann aber auch eine Chance sein, wenn andere erwerbsnahe Tätigkeiten im Ruhestand unter Berücksichtigung der
wieder verbesserten (oder sich wieder bessernden) psycho-
physischen Konstitution bei Entlastung von früheren Zwän-
gen möglich werden.

f. Zeitliche Strukturierung des Alltags
Institutionalisierte Tätigkeitsformen erfüllen ähnliche
Funktionen zur Strukturierung von Tages-, Wochen- und
Jahreszeiten wie die Arbeit in der Erwerbsphase. Der Unterschied besteht in der eher selbstbestimmten zeitlichen Organisation der eigenen Tätigkeiten, auch wenn Kompro-
misse zwischen erwerbsförmigen und ehrenamtlichen
Tätigkeiten eingegangen werden müssen, so wie es die jeweiligen Institutionen ermöglichen. Trotz möglicher Reduzierung und Flexibilisierung der Arbeitszeit im Ruhestand
bleibt die strukturierende Wirkung außerfamilialer Tätigkeitsformen gewährleistet. Zu starke Restriktionen können, da weitgehende Wahlfreiheit und meist kein finanziel-
ler Druck bestehen, zur Aufgabe der Tätigkeit führen.

g. Biographische Antizipation und Planung
Institutionalisierte Tätigkeitsformen im Alter schaffen
durch weitreichende zeitliche Horizonte eine biographische Antizipation und lebenszeitliche Planung und damit
die Basis für Investitionen in die Zukunft. Zeitliche Perspektiven lassen sich sicherlich nach dem jeweils konkreten Alter der aktiven Älteren und der noch antizipierten
weiteren Lebensspanne differenzieren. Kohli u. a. (1993, S.
42) unterscheiden drei Typen von Lebenszeit- bzw. Zu-
kunftsorientierung: „Zukunft als Ressource (d. h. als Möglichkeit zur Verwirklichung von Handlungszielen), Zukunft als Aufgabe (d. h. als Zeit, die zur sinnvollen
Nutzung aufgegeben ist) und Zukunft als Dauer (d. h. die
Zeit, die man irgendwie durchleben muss)." Für eine Ver-

gesellschaftung durch außerfamiliale Tätigkeitsformen ist es von großer Bedeutung, wenn durch diese eine Dauerorientierung aufgeschoben oder gar in eine Ressourcen- oder Aufgabenorientierung verwandelt werden kann.

h. Einkommen, Konsum- und Partizipationschancen
Weitere wichtige Dimensionen der Vergesellschaftung durch institutionalisierte Tätigkeitsformen im Ruhestand betreffen die Auswirkungen auf bestimmte Handlungsspielräume: Ein mögliches höheres Einkommen im Ruhestand erweitert den Versorgungs- und Einkommensspielraum und erhöht die Wirtschaftskraft von „Senioren" ebenso wie die Spielräume im intergenerationalen Tausch. Damit verbunden sind eine mögliche Erweiterung der Kontakt- und Kooperationsspielräume durch tätigkeitsspezifische Interaktionen und eine Ausdehnung des Dispositionsspielraums zur Mitentscheidung im Bereich der gewählten Aktivitäten.

5. Von Erfahrungen in der Erwerbsarbeit zu Tätigkeiten in Ruhestand und Alter

Mit der zentralen Perspektive einer biographischen Kontinuität bzw. Diskontinuität wird der Bogen gespannt: von den Erfahrungen der Erwerbsarbeit ab dem mittleren Lebensalter – d. h. als ältere Arbeitnehmer – über die Bedingungen des Ausstiegs aus dem Erwerbsleben bis hin zur Lage im (vorzeitigen) Ruhestand und den dort praktizierten nachberuflichen Tätigkeitsformen. Eine entsprechende Sichtweise stellt die Frage, ob und in welcher Form Zusammenhänge und Kontinuität zwischen den Erfahrungen in der früheren und den Motivstrukturen der späteren Lebensphasen bestehen. Dass Gründe für nachberufliche Tätigkeiten – vor allem in institutionalisierter Form – neben aktuellen Veranlassungen (z. B. als finanzielle Notwendigkeit) in früheren beruflichen Erfahrungen zu suchen sind, scheint nach entsprechenden empirischen Ergebnissen klar zu sein. Unklarheit besteht über die Form des Zusammenhangs und die wirksam werdenden Bedingungen.

Die Erwerbssituation älterer Arbeitnehmerinnen und Arbeitnehmer ist seit mehr als 20 Jahren durch Arbeitsmarkt- und betriebliche Probleme, durch partielle gesundheitliche und qualifikatorische Einbußen sowie durch ein hohes Maß an Frühverrentungen geprägt (vgl. Clemens 2001). Merkmale dieser Entwicklung waren eine z. T. hohe physische und psychische Arbeitsbelastung, Langzeitarbeitslosigkeit oder die Entwertung beruflicher Qualifikation bei raschem technologischen Wandel und geringem Weiterbildungspotenzial. Hinzu kamen oftmals gesundheitliche Probleme bis hin zur vorzeitigen Verrentung wegen Erwerbsunfähigkeit.

Für einen größeren Teil der älteren Arbeitnehmer ziehen diese Umstände einen Widerspruch zwischen ihren Vorstellungen und Ansprüchen an berufliches Handeln und den in der betrieblichen Praxis erfahrenen Bedingungen und Anforderungen an ihre Erwerbstätigkeit nach sich. Dies kann zu einer Krise der beruflichen Identität und zur Abkehr von einer intrinsischen Motivation, mithin zur Distanzierung von der eigenen Tätigkeit und zu einer instrumentellen Einstellung führen. Entsprechend ungünstige Erwerbsbedingungen im späteren Berufsleben führen zur Entfremdung von der beruflichen Identität und zu einer zwiespältigen Haltung zu erwerbsförmigen Tätigkeiten im Ruhestand. Biographisch nicht antizipierte und restriktiv wirkende Erfahrungen in der Phase später Erwerbstätigkeit zerstören die Kontinuität in der Lebens- und Arbeitssphäre und erfordern eine Neuorientierung im (vorzeitigen) Ruhestand. Damit werden zwar nachberufliche Tätigkeiten nicht per se verunmöglicht, sie bedürfen aber entschiedener einer neu zu schaffenden Begründung und Motivierung, die zur Bewältigung der erfahrenen Diskontinuität dienen kann.

Die Form des Übergangs in den Ruhestand und die dabei erforderliche Anpassungsleistung wirkt sich ebenfalls fördernd oder hemmend auf die Motivation zu nachberuflichen Tätigkeiten aus. Eine erzwungene Beendigung des Erwerbslebens – durch Erwerbsunfähigkeit, Arbeitslosigkeit oder ungünstige, aufgrund von Druck angenommene Sozialpläne oder Betriebsvereinbarungen – schafft ebenfalls Distanz zur eigenen Arbeitsleistung und lässt das Erwerbsleben als „unvollendetes Projekt" zurück. Der unter starken Belastungen vollzogene und als unfreiwillig erfahrene Ausstieg aus dem Erwerbsleben erfordert einerseits Copingstrategien mit verstärkten Anpassungsleistungen, die erst später oder in manchen Fällen gar nicht zu einer neuen Homöostase führen. Andererseits können die Erfahrungen mit den Bedingungen der Erwerbsarbeit so negativ besetzt sein, dass neue Arrangements – wenn auch unter veränderten Bedingungen – im Ruhestand vermieden werden.

So lassen sich m. E. auch die in den letzten zwei Jahrzehnten beobachteten Entwicklungen – ein Strukturwandels des Ehrenamtes und auch ein Wandel der Motivationen für ehrenamtliche Arbeit – mit den Erfahrungen im Bereich der Erwerbsarbeit erklären. Der Hinweis auf einen allgemeinen „gesellschaftlichen Wertewandel" (Hacket/Mutz 2002, S. 39) greift zu kurz. Die neben dem klassischen Ehrenamt entstandenen Formen in eher selbstbestimmter Organisation (z. B. als „bürgerschaftliches Engagement") sind auch als Absage an bzw. Kompensation von Erfahrungen mit Erwerbsarbeit zu werten, die zunehmend fremdbestimmt, also nach nicht beeinflussbaren Vorgaben, ausgeführt werden muss (bzw. musste). Hier kann für nachberufliche Tätigkeitsformen von dem Versuch einer „Kompensation" ausgegangen werden, die für „psychische Wiedergutmachung" (Habermas) sorgt, oder zumindest von „Suspension" als Versuch der Sinnerfüllung über Ehrenämter, in denen verantwortliches, die eigene Kreativität und Fähigkeiten zur Geltung bringendes berufsähnliches Handeln ermöglicht wird. Entsprechend gestaltet sich der Wandel der Motive für ehrenamtliche Arbeit in der nachberuflichen Phase.

Die Herausarbeitung der Dimensionen der Vergesellschaftung durch nachberufliche Tätigkeiten stützt die prozessuale Sichtweise, die die Verbindung zwischen dem mittleren und dem höheren Lebensalter betont. Die Möglichkeiten zur *biographischen Kontinuität* sind also weitgehend von den beruflichen Erfahrungen, aber auch von individuellen Merkmalen geprägt: vom Gesundheitszustand, der familiären bzw. Partnerkonstellation oder konkurrierenden Interessen, z. B. hinsichtlich der Freizeit. Tätigkeiten im Ruhestand ermöglichen *soziale Interaktionen*, wobei Kontinuitätsgesichtspunkte oder auch suspensives Verhalten (Neugestaltung) gleichermaßen eine Rolle spielen können. *Die Erfahrung gesellschaftlicher Veränderungen* kann Herausforderungen an die eigene Entwicklung (Weiterbildung, neue Perspektiven) erschließen, aber auch zum Rückzug auf nachberufliche Tätigkeitsfelder beitragen, die die in beruflichen Feldern erlebten Leistungsanforderungen und den Handlungsdruck ausschließen. Eine *berufliche Identität* bietet die Folie für die Bewertung von institutionalisierten oder anderen Tätigkeiten im Ruhestand. Sie kann hinsichtlich der positiven Ausprägungen zum Maßstab werden für Ansprüche an nachberufliche Tätigkeiten. Sie kann aber auch zu dem Versuch führen, die mit der früheren Tätigkeit verbundenen negativen Ausprägungen in der Ruhestandtätigkeit zu suspendieren und Defizite von früher auszugleichen.

Die *Erfahrung persönlicher Veränderungen* – in der psycho-physischen Leistungsfähigkeit und Gesundheit oder auch in sozialen Netzwerken – kann als Voraussetzung für stärker selbstbestimmte Formen nachberuflicher Tätigkeit

wirksam werden. Diese sind z. B. in den mit dem Strukturwandel des Ehrenamtes häufiger präferierten informellen
Strukturen des Engagements zu finden, die ein höheres
Maß an Beweglichkeit und Gestaltungsmöglichkeiten bieten (Hacket/Mutz 2002, S. 42). Eine zeitliche Strukturierung des Alltags leisten Tätigkeiten im Ruhestand auch in
Abhängigkeit von persönlichen Erfahrungen und Präferenzen in je spezifischer Weise: Besteht ein Bedürfnis nach
Kontinuität, wird ein Fortsetzungsverhalten mit entsprechenden Zeitstrukturen angestrebt. Bei Neuorientierung
der Alltagszeit im Ruhestand werden eher zeitlich reduzierte Aufgaben gewählt, deren Strukturierungsvorgaben
mit anderen Zeitgebern koordiniert werden müssen. Eine
biographische Antizipation und Planung zeigt sich vor allem bei Personen, die eine biographische Kontinuität – besonders in den Zielen – durch einen aktiven Ruhestand
wahren und auf der Basis einer beruflichen Identität eine
Kontinuität des Selbsterlebens und eine soziale Selbstverortung sichern wollen.

Wie lassen sich die skizzierten – eher theoretisch formulierten – Zusammenhänge zwischen späterem Erwerbsund nachberuflichem aktiven Leben empirisch fassen?
Quantitative Analysen vermitteln – selbst als Längsschnitt – kaum einen angemessenen Zugang zur Dynamik
dieses prozessualen und ressourcenbezogenen Geschehens,
einen Zugang also, der es erlaubt, die Kontinuität bzw. Diskontinuität zwischen mittlerem Erwerbsleben und der Ruhestandssituation einschätzbar zu machen und die Voraussetzungen für nachberufliche Tätigkeiten zu definieren.
Einen weiterhin brauchbaren methodischen Weg stellen offene biographische Interviews mit älteren Menschen dar,
die nachberufliche Tätigkeiten ausüben – wobei die unterschiedlichen Felder institutionalisierter und eher privater
oder wenig geregelter Formen vergleichend analysiert werden müssen. Ein entsprechender Untersuchungsansatz hat

auch von manifesten geschlechtsspezifischen Differenzen
auszugehen, da sich männliche und weibliche Lebensläufe
und berufliche Biographien weiterhin charakteristisch unterscheiden (vgl. Backes 1993).

6. Ein kurzes Fazit

Arbeit im Ruhestand und nachberufliche Tätigkeiten gewinnen durch ihre sozial integrative Wirkung für ältere
Menschen in einer „alternden Gesellschaft" zunehmend
an Bedeutung. Sie stellen auch einen Versuch dar, zwischen dem systemischen und dem lebensweltlichen Bereich (Habermas) zu vermitteln. Daher muss eine aktivie-
rende Gesellschafts- und Sozialpolitik entsprechende
Bestrebungen und Aktivitäten von Menschen im „Ruhestand" unterstützen und Rahmenbedingungen verbessern,
wie es in Modellprojekten (z. B. „Seniorenbüros") bereits
ansatzweise geschehen ist. Nachberufliche Tätigkeiten haben nicht nur individuelle Bedeutung für die Älteren
selbst, sondern auch Auswirkungen für deren Angehörige,
Freunde und Nachbarn sowie für intermediäre Organisationen. Schließlich werden damit auch Werte geschaffen, die
wirtschaftliche und gesellschaftliche Bedeutung gewinnen.
　　Eine Förderung entsprechender Tätigkeiten setzt eine
differenzierte empirische Analyse der fördernden und hemmenden Voraussetzungen voraus, wobei eine biographische Perspektive unabdingbar ist. Dabei wird sich zeigen,
dass nicht erst im (vorzeitigen) Ruhestand oder im Alter,
sondern bereits ab dem mittleren Lebensalter für fördernde
Lebens- und vor allem Arbeitsverhältnisse gesorgt werden
muss. Nur so wird für die meisten Menschen ein aktives,
gesellschaftlich integriertes Leben im Alter erreichbar.

Literatur

Amann, Anton: In den biographischen Brüchen der Pensionierung oder der lange Atem der Erwerbsarbeit. In: Hoff, Ernst-H. (Hrsg.): Die doppelte Sozialisation Erwachsener. München: DJI, 1990, S. 177–204.

Backes, Gertrud M.: Frauen zwischen „alten" und „neuen" Alter(n)srisiken. In: Naegele, Gerhard / Tews, Hans Peter (Hrsg.): Lebenslagen im Strukturwandel des Alters. Opladen: Westdeutscher Verlag, 1993. S. 170–187.

Backes, Gertrud M.: Alter(n) als gesellschaftliches Problem? Zur Vergesellschaftung des Alter(n)s im Kontext der Modernisierung. Opladen: Westdeutscher Verlag, 1997. – 397 S.

Backes, Gertrud M. / Clemens, Wolfgang: Lebensphase Alter. Eine Einführung in die sozialwissenschaftliche Alternsforschung. Weinheim/München: Juventa, ²2003. – 368 S.

Baltes, Margret M. / Montada, Leo (Hrsg.) (1996): Produktives Leben im Alter. Frankfurt a. M./New York: Campus. – 408 S.

Baur, Rita / Czock, Heidrun / Scheuerl, Angelika / Schirowski, Ulrich (1996): Gerontologische Untersuchung zur motivationalen und institutionellen Förderung nachberuflicher Tätigkeitsfelder. Stuttgart/Berlin/Köln: Kohlhammer. – 178 S.

Clemens, Wolfgang: Frauen zwischen Arbeit und Rente. Lebenslagen in später Erwerbstätigkeit und frühem Ruhestand. Opladen: Westdeutscher Verlag, 1997.

Clemens, Wolfgang: Ältere Arbeitnehmer im sozialen Wandel. Von der verschmähten zur gefragten Humanressource? Opladen: Leske + Budrich, 2001. – 208 S.

Ehmer, Josef: Sozialgeschichte des Alters. Frankfurt a. M.: Suhrkamp, 1997. – 247 S.

Giarini, Orio / Liedtke, Patrick M.: Wie wir arbeiten werden. Der neue Bericht an den Club of Rome. Hamburg: Hoffmann und Campe, 1998. – 287 S.

Hacket, Anne / Mutz, Gerd: Empirische Befunde zum bürgerschaftlichen Engagement. In: Aus Politik und Zeitgeschichte B 9/2002, S. 39–46.

Kohli, Martin: Altern in soziologischer Perspektive. In: Baltes, Paul B. / Mittelstraß, Jürgen (Hrsg.): Zukunft des Alterns und gesellschaftliche Entwicklung. Berlin/New York: de Gruyter, 1992. – S. 231–259.

Kohli, Martin: Arbeit im Lebenslauf: Alte und neue Paradoxien. In: Kocka, Jürgen / Offe, Claus (Hrsg.): Geschichte und Zukunft der Arbeit. Frankfurt a. M./New York: Campus, 2000. – S. 362–382.

Kohli, Martin / Künemund, Harald: Nachberufliche Tätigkeitsfelder. Konzepte, Forschungslage, Empirie. Stuttgart/Berlin/Köln: Kohlhammer, 1996. – 142 S.

Kohli, Martin / Künemund, Harald: Partizipation und Engagement älterer Menschen. Bestandsaufnahme und Zukunftsperspektiven. In: Deutsches Zentrum für Altersfragen (Hrsg.): Lebenslagen, soziale Ressourcen und gesellschaftliche Integration im Alter. Opladen: Leske + Budrich, 2001. – S. 117–234.

Kohli, Martin / Freter, Hans-Jürgen / Langehennig, Manfred / Roth, Silke / Simoneit, Gerhard / Tregel, Stephan: Engagement im Ruhestand. Rentner zwischen Erwerb, Ehrenamt und Hobby. Opladen: Leske + Budrich, 1993. – 303 S.

Künemund, Harald: Gesellschaftliche Partizipation und Engagement in der zweiten Lebenshälfte. Empirische Befunde zu Tätigkeitsformen im Alter und Prognosen ihrer zukünftigen Entwicklung. Berlin: Weißensee, 2001. – 192 S.

Perrig-Chiello, Pasqualina / Höpflinger, François: Zwischen den Generationen. Frauen und Männer im mittleren Lebensalter. Zürich: Seismo, 2001. – 220 S.

Rosenbladt, Bernhard von / Picot, Sibylle: Freiwilligenarbeit, ehrenamtliche Tätigkeit und bürgerschaftliches Engagement. Repräsentative Erhebung 1999. München: Infratest Burke Sozialforschung, 1999. – 184 S.

Schmitt, Eric: Zur Bedeutung von Erwerbstätigkeit und Arbeitslosigkeit im mittleren und höheren Erwachsenenalter für das subjektive Alterserleben und die Wahrnehmung von Potentialen und Barrieren eines mitverantwortlichen Lebens. In: Zeitschrift für Gerontologie und Geriatrie 34 (2001) 3, S. 218–231.

Statistisches Bundesamt: Ergebnisse des Mikrozensus 2000: Bevölkerung. Bonn, 2001.

Wachtler, Günther / Wagner, Petra Sabine: Arbeit im Ruhestand. Betriebliche Strategien und persönliche Motive zur Erwerbsarbeit im Alter. Opladen: Leske + Budrich, 1997. – 165 S.

Wagner, Gerd / Motel, Andreas / Spieß, Katharina / Wagner, Mi-

chael: Wirtschaftliche Lage und wirtschaftliches Handeln alter Menschen. In: Mayer, Karl Ulrich / Baltes, Paul B. (Hrsg.): Die Berliner Altersstudie. Berlin: Akademie, 1996. – S. 277–299.

Altersdiskriminierung in Deutschland

Ute Borchers-Siebrecht

I.

Unter den vielfältigen Formen, in denen Diskriminierung in Deutschland in Erscheinung tritt, ist die Altersdiskriminierung in Politik und öffentlicher Meinung das vernachlässigte Stiefkind. Während die Diskriminierungen aufgrund von Rasse, ethnischer Herkunft, Geschlecht, sexueller Ausrichtung, Religion, Weltanschauung sowie körperlicher und geistiger Behinderung hohe Aufmerksamkeit genießen, wurde die Diskriminierung aufgrund des Alters lange Zeit ignoriert, obwohl sie einem auf Schritt und Tritt begegnet. In den letzten Wahlkämpfen z. B. spielte das Thema „Altersdiskriminierung" keine Rolle, was nicht nur um der Sache willen befremden musste, sondern auch deshalb, weil die Senioren, in der Regel Opfer von Altersdiskriminierung, mittlerweile das größte Wählerpotential darstellen.

Inzwischen hat jedoch eine gewisse Sensibilisierung eingesetzt, die erfreulich zu nennen ist. Dies ist umso bemerkenswerter, als die Senioren keine Lobby besitzen, noch weniger ein Netzwerk, wie es beispielsweise der Frauenbewegung so viel Erfolg gebracht hat.

Dabei verkenne ich nicht, dass die Nichtregierungsorganisationen (NRO oder NGOs für *non-governmental organisations*) das Thema aufgegriffen haben und mit der ihnen eigenen Zielstrebigkeit und Methodik voranbringen. Allerdings erscheint hier die Altersdiskriminierung nicht als ein Politikfeld für sich, sondern – ähnlich wie eingangs erwähnt – als Teilphänomen der übergreifenden Problematik der Diskriminierung, die ihre Brennpunkte im Rassismus, in der Diskriminierung von Ethnien und in der Diskriminierung wegen des Geschlechts hat.

Die Gefahr der Überzeichnung und Übertreibung ist in den Aktionen dieser Gruppen angelegt. Demgegenüber trete ich für eine Versachlichung ein, die sich von Klischees freihält. Einer Lösung der Problematik ist nicht damit gedient, dass man den Krieg der Generationen beschwört und damit das solidarische Handeln bereits im Ansatz erstickt, obgleich es für ein erfolgreiches Wirken auf Dauer (also für die berühmte „Nachhaltigkeit") unerlässlich ist. Ebenso verfehlt ist es übrigens, die Thematik zur alleinigen Sache der Senioren selbst zu erklären. Es handelt sich um eine *gesamtgesellschaftliche* Aufgabe. „Jung für Alt" ist deshalb die Maxime, die hier Gültigkeit beansprucht und der auch ich mich verschrieben habe. Das bedeutet, dass Altersdiskriminierung alle angeht und zusammen mit den Jüngeren in einem von ihnen mitgestalteten Dialog angegangen werden muss, wie das auch die Senioren-Union in der CDU anstrebt. Als beachtliche, nachahmenswerte Initiative möchte ich in diesem Zusammenhang auch das Büro gegen Altersdiskriminierung in Köln erwähnen.

II.

Fragt man nun, welche Fortschritte im Kampf gegen die Altersdiskriminierung erzielt worden sind, so ist auf der normativen Ebene in erster Linie die Förderung durch die EU zu nennen. Es ist von enormer Wichtigkeit, dass in den grundlegenden Dokumenten der EU die Diskriminierung wegen Alters in einer Reihe mit der Diskriminierung aufgrund von Geschlecht, Rasse, ethnischer Herkunft, aufgrund der Religion oder der Weltanschauung, einer Behinderung oder der sexuellen Orientierung erwähnt wird.

Ein Meilenstein auf dem Wege dorthin war der Vertrag von Amsterdam. Nachdem dieser 1997 in Kraft getreten war, wurde ein neuer Artikel – Artikel 13 – in den EU-Vertrag aufgenommen, der der Gemeinschaft die Befugnis verlieh, gegen Diskriminierung wegen eines neuen, umfassenden Spektrums von Gründen vorzugehen. Diese Gründe betrafen neben der Rasse, der ethnischen Herkunft, der Religion oder Weltanschauung, neben der gesundheitlichen Behinderung und der sexuellen Orientierung auch das *Alter*. Der Rat erhielt die Befugnis, auf Vorschlag der Kommission und nach Anhörung des Europäischen Parlaments einstimmig geeignete Vorkehrungen zu treffen, um Diskriminierung wegen des Alters zu bekämpfen. Seither gehört die Bekämpfung der Diskriminierung wegen des Alters zu den grundlegenden Zielen der Union.

In Bezug auf Beschäftigung und Beruf wurde dieses Ziel durch die Richtlinie 2000/78 EG des Rates vom 27. November 2000 verwirklicht. Hier findet sich auch eine Definition des Begriffs Diskriminierung, wobei zwischen *unmittelbarer* und *mittelbarer* Diskriminierung unterschieden wird. Eine unmittelbare Diskriminierung liegt vor, wenn eine Person wegen ihres Alters eine weniger günstige Behandlung als eine andere Person erfährt, eine mittelbare, wenn dem Anschein nach neutrale Vorschriften, Kriterien oder Verfahren Personen eines bestimmten Alters gegenüber anderen Personen in besonderer Weise benachteiligen können. Schließlich wird auch der Begriff *unerwünschte Verhaltensweisen* verwendet für Belästigungen, Einschüchterungen, Anfeindungen, Erniedrigungen, Entwürdigungen oder Beleidigungen, durch die ein Umfeld geschaffen wird, das die Würde der betreffenden Person verletzt.

Der nächste Schritt war die Aufnahme des Diskriminierungsverbots in die EU-Grundrechte-Charta.

Artikel 20 der Charta hatte den allgemeinen Grundsatz der Gleichheit vor dem Recht niedergelegt, und Artikel 21 der Charta hatte den Grundsatz des Diskriminierungsverbots zum Gegenstand. Diese Charta – einschließlich des Diskriminierungsverbots – wurde in den Entwurf der Europäischen Verfassung übernommen. Man kann daher feststellen, dass die Europäische Verfassungsurkunde im Rahmen des Diskriminierungsverbots ausdrücklich Altersdiskriminierung verbietet und sich klar und deutlich zum Kampf gegen diese bekennt.

Von der Grundrechte-Charta gelangte das Verbot der Diskriminierung auch aufgrund des Alters in die Europäische Verfassungsurkunde, und zwar als Artikel II-21. Es ist also Bestandteil der EU-Verfassung, wie sie der Rat beschlossen hat. Am 29. Oktober 2004 wurde der Vertragstext bei einer feierlichen Zeremonie in Rom von den 25 EU-Staaten unterzeichnet und anschließend den Mitgliedstaaten zur Ratifizierung vorgelegt.

So viel zur normativen EU-Ebene.

Richtigerweise steht die EU jedoch auf dem Standpunkt, dass die Verabschiedung von Rechtsvorschriften lediglich einen Teil der Aktivitäten zur Bekämpfung von Diskriminierung darstellt. Deshalb werden sie durch das „Aktionsprogramm der Gemeinschaft zur Bekämpfung von Diskriminierungen" unterstützt, das die Aufgabe hat, die Norm im Alltag umzusetzen. Das Programm hat folgende Ziele:

– die Förderung eines besseren Verständnisses der Diskriminierungsproblematik durch die Verbesserung des Wissens darüber sowie durch die Bewertung der Wirksamkeit von Politik und Praxis;

– die Entwicklung der Fähigkeit, wirksam Diskriminierungen zu verhüten und gegen sie vorzugehen, insbesondere durch die Verstärkung der Aktionsmöglichkeiten der Organisationen und die Förderung des Austauschs von Informationen und bewährten Verfahren sowie der Zusammenarbeit in einem europaweiten Netzwerk, un-

ter Berücksichtigung der Besonderheiten der verschiedenen Formen der Diskriminierung;
- die Förderung und Verbreitung der grundlegenden Werte und Verfahren für die Bekämpfung von Diskriminierungen, auch durch Sensibilisierungsmaßnahmen.

Erwähnen möchte ich auch, dass von der Kommission am 28. Mai 2004 ein Grünbuch vorgelegt worden ist, das keinen Zweifel daran lässt, wie ernst das Diskriminierungsverbot auf europäischer Ebene genommen wird. Beispielsweise sind beträchtliche Mittel für die Basisfinanzierung der Europäischen Plattform für Senioren (AGE) zu dem Zweck bereitgestellt worden, AGE die Bekämpfung von Altersdiskriminierung zu ermöglichen.

III.

Außer Frage steht selbstverständlich, dass die wirksame Durchsetzung von Antidiskriminierungsvorschriften auch bei der Altersdiskriminierung davon abhängt, dass sich die Mitgliedstaaten und deren Behörden engagieren. Wie nun sieht es damit bei uns aus?

Hier muss man feststellen, dass die Entwicklung in Deutschland hinter der europäischen zurückgeblieben ist.

Das Grundgesetz verliert kein Wort über die Altersdiskriminierung. Artikel 3 GG, der Gleichheitssatz, zählt zwar in Absatz 3 eine Reihe von Merkmalen auf, bei denen eine Diskriminierung verboten ist. Das Alter befindet sich jedoch nicht darunter. Mir scheint, es ist dringend notwendig, Art. 3 Abs. 3 GG der EU-Grundrechte-Charta anzugleichen und das Alter den Merkmalen hinzuzufügen, bei denen Diskriminierung nicht statthaft ist. Das gilt auch für die Länderverfassungen. Diese Ergänzung ist mehr als bloße Kosmetik, nämlich die fällige innerstaatliche Bestätigung der durch die EU geschaffenen Rechtslage.

Mittlerweile ist die Frist zur Umsetzung der genannten Antidiskriminierungsrichtlinie verstrichen. Die Europäische Kommission hat deshalb Klage beim Europäischen Gerichtshof gegen die Bundesrepublik Deutschland erhoben. Dieser Schritt hat bewirkt, dass die Bundesregierung ihre Arbeit am Antidiskriminierungsgesetz beschleunigt hat. In Kürze wird der Entwurf eines solchen Gesetzes vorgelegt werden, das alle Diskriminierungsmerkmale aufnehmen soll, also auch das Alter. Um die Regelungen im Einzelnen wird sicher eine lebhafte Diskussion entbrennen, insbesondere wegen der geplanten Eingriffe in die Vertragsfreiheit. Auch die Frage der Praktikabilität der einzelnen Regelungen wird Gegenstand eingehender Erörterungen werden.

Darüber hinaus erscheint die Entwicklung eines Aktionsprogramms auf innerstaatlicher Ebene als notwendig, das das Antidiskriminierungsgebot mit Leben erfüllt. So wie die Diskriminierung nach Rasse und Geschlecht verboten ist, so muss auch die Diskriminierung wegen des Alters geächtet werden. Dass damit nicht etwa vernünftige Regelungen, die z. B. auf die Leistungsfähigkeit abheben, beseitigt werden sollen, ergibt sich daraus, dass man sich vor Übertreibungen und Radikalisierungen hüten muss. Wenn z. B. gefordert wird, die Lebensarbeitszeit zu verlängern, so sollte das nur unter Beachtung der Leistungsfähigkeit und Gesundheit und keineswegs gegen den Willen des Betroffenen geschehen. Unterscheiden ohne zu diskriminieren, das ist die Aufgabe, die sich hier stellt.

Nicht länger erträglich ist die Hinnahme eines Zustandes, der die Älteren zu permanenten Verlierern am Arbeitsmarkt macht. Dass auch im internationalen Vergleich die Gruppe der älteren Arbeitnehmer besonders benachteiligt ist, hat auch die im Sommer vorgestellte Studie *Benchmarking Deutschland: Arbeitsmarkt und Beschäftigung 2004* der Bertelsmann-Stiftung ergeben. Besonders dramatisch – das kann gar nicht genug hervorgehoben werden – ist die

Lage von Arbeitnehmern im Alter von 55 bis 64 Jahren. Im Jahre 2002 ist jeder Zehnte dieser Gruppe arbeitslos gewesen. In den USA, in Großbritannien und der Schweiz lag die Quote zwischen zwei und vier Prozent.

Die Ergebnisse der Studie belegen, dass die eingeleiteten Reformen auf dem Arbeitsmarkt sowie in der Sozial- und Steuerpolitik bislang kaum zum Abbau bestehender Strukturdefizite beitragen. Auch bei der Erwerbsbeteiligung der Älteren schneidet Deutschland der Studie zufolge schlecht ab: Nur 43 Prozent der genannten Altersgruppe bieten ihre Arbeitskraft überhaupt noch an. Hier besteht dringender Handlungsbedarf.

Wenn jetzt angestrebt wird, das Recht des öffentlichen Dienstes flexibler zu gestalten, so ist ein Ansatzpunkt gegeben, das Problem der Altersgrenzen in dem eben skizzierten Sinn zu überdenken.

Ein weiterer Hinweis ist unumgänglich. Die Akteure der Politik in den Parteien und Parlamenten müssen selbstkritisch prüfen, ob sie nicht selbst zur Altersdiskriminierung beitragen. Denn die weitgehende Ausschaltung von Älteren aus der praktischen Politik, also aus den Parlamenten, den leitenden Gremien der Parteien und aus der kommunalen Willensbildung, ist m. E. sehr bedauerlich. Das Liebeswerben um die Jugend ist gut und schön, darf aber nicht zur Diskriminierung tüchtiger Politiker führen, die das Ansehen und die Fähigkeiten besitzen, die den Jungen noch fehlen. Hier sollte mehr darauf geachtet werden, wem die Wähler vertrauen.

IV.

Besonderer Aufmerksamkeit bedarf schließlich das kulturell-humane Element des Themas, das im Bewusstsein der Älteren eine große Rolle spielt. Leider wird gerade dieser Aspekt oft unterschätzt, obwohl mindestens die verbale

Diskriminierung der Älteren zum gesellschaftlichen Alltag auch in Deutschland gehört. Es handelt sich dabei um Belästigungen, Erniedrigungen, Entwürdigungen, kurz: um jene Formen von Diskriminierung, von denen ich im Zusammenhang mit der EG-Richtlinie 2000/78 gesprochen habe – um den Mangel an Respekt gegenüber Älteren, von fehlendem Takt und fehlender Höflichkeit, um die Abwertung ihrer Lebensleistung, um die zwischenmenschlichen Beziehungen, um die Missachtung, die den Älteren zugefügt wird. Das ist sozusagen die alltägliche Diskriminierung, unter der die Älteren – zumeist schweigend – leiden; ihre Bitterkeit bleibt den Jüngeren meistens verborgen. Oft ahnen sie gar nicht, was sie den Älteren in ihrer Kaltschnäuzigkeit antun. Die Folge dieses Benehmens ist, dass bei den Älteren die Selbstachtung sinkt, dass die Menschen, die so viel geleistet haben, die das geschaffen haben, was wir alle genießen, dass sich diese Menschen als wertlos vorkommen, als in Isolierung und in Vergessenheit getrieben fühlen. Ich glaube nicht, dass in diesem Punkt schon eine wirklich ausreichende, über das eingangs Erwähnte hinausgehende Sensibilisierung erreicht ist. Die Egozentrik, die Ich-Bezogenheit, die unsere Gesellschaft beherrscht, verlangt erhöhte Anstrengungen, um die Menschen, die guten Willens sind (und das dürften trotz allem die meisten sein), in Bezug auf die Altersdiskriminierung zu sensibilisieren. Darin sehe ich einen echten Schwerpunkt aller konkreten Bemühungen zur Bekämpfung der Altersdiskriminierung.

V.

Es wäre schön, wenn von Cadenabbia Anstöße zu einer deutlichen Auseinandersetzung mit der Altersdiskriminierung ausgehen könnten. Denn Altersdiskriminierung ist ein Politikum. Es ist an der Zeit, dem Rechnung zu tragen.

Frauen und Alter

Marianne Koch

Eine 50-jährige Frau galt früher als alt. Heute, daran besteht kein Zweifel, befindet sie sich in ihren besten Jahren: Die Kinder sind aus dem Haus, sie ist zurück im Beruf, oft in einem interessanten und anregenden, in dem sie viele soziale Kontakte hat, manchmal auch Ärger, macht nichts, Hauptsache aktiv und anerkannt. Ihre Ehe, wenn sie denn eine eingegangen ist, und wenn diese so lange gehalten hat, ist sicher weniger stürmisch und sexbetont als früher, dafür freundschaftlicher und mehr von gegenseitigem Verständnis getragen. Und wenn es Probleme gibt, weiß sie, dass sie die irgendwie lösen oder durchstehen kann.

Die monatliche Regel hat aufgehört – na und? Darauf kommt es schließlich nicht an. Kinder wollte man ohnehin keine mehr, und das Gefühl, eine vollwertige Frau zu sein, ist auf diese körperliche Funktion nicht angewiesen, oder?

So könnte es aussehen, das Leben einer 50-, einer 60-Jährigen. Tut es natürlich nicht.

In Wirklichkeit bedeutet das Älterwerden für eine Frau in unserem Kulturkreis zunächst einmal eine einzige Katastrophe.

Für eine Frau gibt es diese große Diskrepanz zwischen dem gefühlten Alter und dem Altsein, zu dem sie unsere Gesellschaft verurteilt. Eine Frau von – sagen wir – 50 oder 60 fühlt sich heute natürlich nicht mehr jung, aber sicher noch nicht alt. Sie erlebt aber, dass sie längst zum alten Eisen gezählt wird und dass sie ihr persönliches Bild von sich selbst gegenüber ihrer Umgebung und der Gesellschaft nicht durchsetzen kann. Und darunter leidet sie.

414

„Das Streben nach Jugend hat uns blind gemacht für die Möglichkeiten des Alters", sagt Betty Friedan. Und so haben viele ältere Menschen, vor allem auch Frauen, das Gefühl, in einer feindlichen Welt zu leben.

Das beginnt, wenn sie in der Früh die Zeitung lesen. Wann immer dort demographischen Daten auftauchen, kommt unweigerlich die Formulierung von der „überalterten Gesellschaft". Diesen Begriff würde ich übrigens als das Unwort des Jahres oder des Jahrzehnts vorschlagen. Ich weiß, „überalterte Gesellschaft" ist ein technischer Terminus, der besagt, dass es bei uns schon jetzt, erst recht aber in Zukunft mehr Menschen über 60 als unter 20 gibt und geben wird. Sprache aber ist verräterisch. Wenn man dem Wort *überaltert* nachhört, dann wird einem klar, dass darin noch eine andere Botschaft enthalten ist. Sie lautet: Eine höhere Lebenserwartung und ein gesegnetes Alter sind im Grunde *unnormal, unsozial* und, überspitzt ausgedrückt, *unverschämt.* Man sagt älteren Menschen damit: *Es ist nicht in Ordnung, dass du noch da bist. Also denk an die Statistik und verschwinde möglichst bald!* Genau so wird das nämlich, bewusst oder unbewusst, von vielen empfunden, und dies umso mehr, als es ja genau hineinpasst in das Muster der Kränkungen, denen sie ohnehin täglich ausgesetzt sind.

John Kenneth Galbraith hat in seinem witzigen Essay *Growing old gracefully* im *New England Journal of Medicine* eine andere sprachliche Brutalität aufgezeigt, die es den älteren Menschen so richtig heimzahlt, dass sie „noch" gesund und aktiv sind: Er nennt es das „Still-Syndrom", also das „Noch-immer-Syndrom": *Oh – you are still interested in politics? Wie – Sie schreiben noch immer Artikel für die Süddeutsche? Und Sie arbeiten immer noch in Ihrem Garten?* Galbraith fügt dann lakonisch hinzu: „Den vorhersehbaren Verfall unserer körperlichen und möglicherweise auch der geistigen Kräfte haben wir zu akzeptieren, aber muss es denn sein, dass man uns täglich daran erinnert?"

Zum Beispiel auf dem Arbeitsmarkt. Der Kampf um den Arbeitsplatz, auch wenn es nur um einen Platz an der Karstadt-Kasse geht, ist zermürbend. Und wehe, man verliert. Mit 50, inzwischen mancherorts sogar schon mit 45 gilt eine Frau als „nicht mehr vermittelbar". Ganz offiziell. Was das für eine gesunde, hoch motivierte, berufserfahrene Person bedeuten kann, die sich gerade erst aus dem Stress der Mehrfachbelastung durch Kinder, Ehemann, womöglich Eltern einerseits und Arbeitsplatz andererseits befreien konnte und jetzt so richtig loslegen möchte in ihrem Beruf – das lässt sich nur erahnen.

Keine Arbeit, keine Würde. Aus dem Job geboxt zu werden, obwohl man erst in der Mitte des Lebens steht, ist ein K.-o.-Schlag gegen das Selbstwertgefühl.

Das wird auch nicht gerade wieder aufgefangen, wenn sich die ältere Frau im Spiegel betrachtet. Unsere heutigen ästhetischen Kriterien orientieren sich nun einmal an den 18- bis 30-Jährigen. Jung bleiben, während man älter wird, gilt seit jeher als Menschheitstraum, und die Idee vom magischen Jungbrunnen geisterte schon im Mittelalter umher. Dennoch ist die damalige Sehnsucht nach Verjüngung nichts gegen den heutigen Zwang zur Jugendlichkeit, der einem geradezu nahe legt, sich zu quälen, zu kasteien, sich unter Messer, Schleifmaschinen und Fettabsauger zu legen, um irgendwie optisch mithalten zu können mit denen, die den 35. Geburtstag noch vor sich haben.

Wollen wir wirklich alle den hochgezurrten und ausgestopften Busen? Und Botox unter die wohlverdienten Zornesfalten? – Ja. Wollen wir. – Und warum?

Weil aufgepumpte Busen und leer gebügelte Gesichter uns täglich tausendmal über Fotos, Plakatwände, Zeitungsanzeigen und im Fernsehen als ideal, sexy, Erfolg verheißend in die Köpfe gehämmert werden. Weil wir längst die

Botschaft der Werbeindustrie verinnerlicht haben, dass nur die Frau, die jung und knackig ist, eine Chance auf Liebe und Erfolg hat.

Was für ein Unsinn, werden Sie sagen.

Klar ist das Unsinn, aber wehren Sie sich mal gegen den Unsinn! Obwohl wir natürlich alle wissen, dass so genanntes gutes Aussehen nicht automatisch etwas mit sexueller Attraktion zu tun hat und dass die schönsten Frauen mitnichten die erotischsten sind. Dennoch wächst mit der Zahl der Falten nun einmal die Unsicherheit, und mit dem Busen sinkt unweigerlich das Selbstbewusstsein. Mit anderen Worten: Wir bräuchten dringend eine neue Ästhetik für ältere Menschen.

Nun gibt es ja eine Menge Leute, ich gehöre übrigens auch zu ihnen, die mit dem ganzen Verschönerungsquatsch nichts zu tun haben wollen. Und die beschlossen haben, das in all den Jahren von Gedanken, Freude, Leid und der Zeit geformte Gesicht so zu akzeptieren, wie es eben ist. Viele von ihnen führen ein so interessantes, erfülltes Leben, dass sie gar keine Zeit haben, sich über jedes neue Fältchen aufzuregen.

Außerdem hat uns die Wissenschaft inzwischen bewiesen, dass da ein ganz neuer, interessanter Lebensabschnitt auf uns wartet, den wir mit Inhalten füllen müssen. Und dass die gestiegene Lebenserwartung eben nicht bedeutet, dass wir statt wie früher fünf jetzt 25 Jahre lang klapperig, womöglich dement und hilfsbedürftig sein werden, sobald wir den 60. Geburtstag hinter uns haben. Im Gegenteil. Die Chance, dass wir fit und aktiv bleiben und erst in den letzten 12 bis 18 Monaten vor unserem Tod die wirkliche Last des Alters spüren werden, ist erfreulich groß. Sie hängt selbstverständlich von unseren Genen ab, aber auch von unserem Lebensstil und davon, ob wir uns rechtzeitig dazu entschließen, Vorkehrungen zu treffen und uns die schlimmsten Sünden wider unsere Knochen und Gelenke, unsere Blutgefäße und unsere Hirnzellen abzugewöhnen. Und damit sind wir beim schon mehrfach angesprochenen „erfolgreichen Altern".

Was könnte „erfolgreich altern" heute für Frauen bedeuten?

1. Gesund bleiben. Was man dafür tun kann, von der Ernährung über regelmäßige körperliche Aktivität bis hin zu Blutdruckeinstellung und anderen Vorsorgemaßnahmen, brauche ich hier nicht zu erklären, das steht in jeder Illustrierten.

2. Sich keine so genannten Anti-Aging-Mittel aufschwatzen lassen. Die Menopause ist kein Unglück, obwohl es immer noch Ärzte gibt, die den Frauen das einreden wollen. Auf der ganzen Welt hat man inzwischen begriffen, was umfangreiche internationale Studien gezeigt haben, nämlich dass die Einnahme der früher so hoch gepriesenen Östrogene mehr Schaden als Nutzen bringt, vor allem, dass sie Brustkrebs, Thrombosen und Schlaganfälle fördert. Nur in Deutschland wollen das die Frauenärzte nicht wahrhaben.

3. Sich der Sexualität bewusst bleiben. In diesem Punkt brauchen wir uns keine großen Sorgen zu machen. In einer Untersuchung amerikanischer Universitäten, deren Ergebnisse sich in etwa auf die hiesigen Verhältnisse übertragen lassen dürften, haben 60 Prozent der 60- bis 74-jährigen Paare, 30 Prozent der 75- bis 85-Jährigen und immer noch 10 Prozent der über 85-Jährigen sich als sexuell aktiv bezeichnet, egal, wie diese Sexualität aussieht. Das war vor acht Jahren. Heute dürften die Zahlen noch höher sein. Leopold Rosenmayr hat ja in seinem Buch *Altern im Lebenslauf* sehr genau auf die Chancen hingewiesen; und dass Sexualität im Alternsprozess „beeinflussbar und gestaltbar ist". Einiges wurde seit der Einführung von Viagra sicher noch einfacher. Aber es steht fest, dass die heute 70- und 80-Jährigen ohnehin eine Vitalität wie früher die 20

oder 25 Jahre Jüngeren besitzen und eben auch auf diesem
Gebiet ausleben. Für Frauen, meinen Psychologen, gilt es
dabei, sich nicht zu sehr in das „Mutti-Syndrom" drängen
zu lassen und trotz der Aufgaben als Familienmanagerin,
oft auch als Pflegerin der Eltern, noch Partnerin zu bleiben.

4. „Erfolgreich altern" heißt, soziale Kompetenz zu haben. Frauen sind besonders gefährdet, sich im Alter, vor allem nach persönlichen Verlusten, zu sehr zurückzuziehen.
Ihr ärgster Feind wird dann die Einsamkeit. Einsam kann
ich nicht sprechen. Einsam kann ich nicht mehr richtig
denken. Die Gedanken, die mir bleiben, haben keine Resonanz, drehen sich im Kreis wie auf der Schiene einer Spiel-
zeugeisenbahn, ohne Anfang, ohne Ende. Wenn ich einsam
bin, vergrößern sich banale Probleme bis ins Bedrohliche.
Lawrence Whalley, der britische Hirnforscher, formuliert
das in seinem Buch *The Aging Brain*: „Aus Maulwurfs-
hügeln werden Berge, aus Fremden potenzielle Feinde,
kleine Gedächtnisfehler erscheinen einem als sichere Zeichen für eine beginnende Demenz." Um dem Alleinsein zu
entgehen, brauche ich ein Netz von Kontakten zu anderen
Menschen, zur Familie, zu Freunden, möglichst auch zu
jungen Leuten. Und ich muss wissen, dass ich mir dieses
Netz rechtzeitig spannen muss, nämlich dann, wenn
meine Sozialkontakte noch zahlreich sind.

5. Wir sollten versuchen, jung zu bleiben. Aber in einem
anderen Sinn, als das die Anti-Aging-Gurus und die Schön-
heitschirurgen meinen. Jung sein heißt, beweglich sein,
geistig und körperlich. Beweglich aber bleiben wir nur,
wenn wir mutig sind und bereit, auch weiterhin zu lernen,
neue Pläne zu verfolgen, uns in neuen Situationen zu bewähren. Wir sollten in einer Welt leben, die uns anregt
und die uns fordert. Wir sollten versuchen, noch mehr wir
selbst zu werden und frei zu werden als Gestalter unseres
weiteren Lebens. Das allerdings gilt auch für Männer.

Stärkung der familiären Solidarität im Alter – Reform des Betreuungsrechts

Herbert Landau

I.

Eine Reform des Betreuungsrechts ist m. E. dringend geboten. Die Rechtspraxis hat sich von wichtigen Prinzipien des Grundgesetzes immer mehr gelöst. Die Verfassung gibt uns aber die Parameter für das Betreuungsrecht selbst vor: auf der einen Seite die Privatautonomie, auf der anderen Seite der besondere Schutz von Ehe und Familie.

Die Privatautonomie ist durch die allgemeine Handlungsfreiheit nach Artikel 2 des Grundgesetzes verfassungsrechtlich vorgegeben. Zentrale Inhalte sind die Selbstbestimmung des Einzelnen im Rechtsleben und das Prinzip einer staatsfreien Regelung der rechtlichen Innenbeziehungen der Gesellschaft.

Artikel 6 des Grundgesetzes begründet besondere Schutzpflichten des Staates gegenüber Ehe und Familie. Das Bundesverfassungsgericht hat stets die Familienautonomie betont und hervorgehoben, dass die Familienmitglieder berechtigt sind, ihre Gemeinschaft nach innen in familiärer Verantwortlichkeit und Rücksicht frei zu gestalten (vgl. Beschluss vom 18.9.1989, 2 BvR 1169/89, BVerfGE 80, 81, 92).

Auf die genannten Grundprinzipien sollte deshalb auch das Betreuungsrecht zurückgeführt werden. Die Entwicklung der vergangenen Jahre weist aber in eine gegenläufige Richtung.

Der Staat hat sich in immer mehr Bereiche hinein-
gedrängt, die traditionell im staatsfreien Raum der Familie
geregelt wurden. Immer mehr private Bereiche wurden
„verrechtlicht" und der staatlichen Bürokratie unterworfen. Das Ergebnis dieser Politik „fürsorglicher" Regelungs-
wut und gut gemeinter Bevormundung ist ein doppelt
negatives: Zum einen wird die familiäre Solidarität geschwächt und dem Bürger Möglichkeit und Motivation zu
eigenverantwortlichem Handeln genommen. Zum anderen
wird der Staat dauerhaft überfordert.

II.

Ein hervorragendes Beispiel für diesen unheilvollen Mechanismus liefert das Betreuungsrecht. Sachlich geht es
bei der gesetzlichen Betreuung darum, dass derjenige, der
krankheitsbedingt seine Angelegenheiten ganz oder teilweise nicht mehr besorgen kann, einen Betreuer erhält.
Neben psychisch Kranken und geistig Behinderten betrifft
dies vor allem alte Menschen, insbesondere Demente. Die
allermeisten dieser Betreuungen (ca. 65 Prozent) werden
durch Familienangehörige geführt. Das zeigt, dass das Fundament der Familiensolidarität noch vorhanden ist, gesunde Wurzeln, die wieder mehr Zweige treiben können.

Jedoch auch in diesen Fällen mischt sich der Staat in die
Familie ein. Denn auch dann, wenn der Angehörige, der bereit ist, die Betreuung zu übernehmen, von vornherein feststeht, muss dennoch immer ein aufwändiges gerichtliches
Verfahren stattfinden, mit einer Anhörung durch den Richter, der Einholung eines medizinischen Gutachtens, der
Bestellung eines Verfahrenspflegers etc. Im Verlauf der Betreuung bestehen Berichtspflichten gegenüber dem Gericht
und fühlen sich die Betreuer oftmals obrigkeitsstaatlich
überwacht und gegängelt.

Hinzu kommt, dass das umständliche Verfahren Geld

verschlingt, welches, solange er leistungsfähig ist, der Betroffene selbst zu zahlen hat, andernfalls der Steuerzahler. (Allein die aus der Staatskasse in Hessen aufgebrachten Kosten in Betreuungssachen sind von 7,3 Mio. € im Jahre 1996 auf 31,2 Mio. € im Jahre 2003, also um 427 Prozent gestiegen. Die jährliche Steigerungsrate seit dem 1. Betreuungsrechtsänderungsgesetz 1999 beträgt im Durchschnitt ca. 10 Prozent).

Um es noch einmal zu sagen: All dies gilt auch dann, wenn – wie es häufig vorkommt – das Ergebnis des Verfahrens von vornherein feststeht, weil die Betreuungsbedürftigkeit offensichtlich ist und ein Angehöriger als Betreuer bereitsteht.

Statt für diesen einfachen Fall eine einfache Lösung bereitzuhalten, werden Betroffene wie Betreuer demotiviert und diese wie der Staat erheblich finanziell belastet.

III.

Die Justizminister der Bundesländer haben über den Bundesrat einen Gesetzentwurf zur Reform des Betreuungsrechts eingebracht. Dieser setzt darauf, die Prinzipien des Grundgesetzes, nämlich Privatautonomie und den Schutz von Ehe und Familie, auch im Betreuungsrecht wieder zur Geltung zu bringen.

Dies geschieht zunächst durch eine Stärkung des – bereits bestehenden – Rechtsinstituts der Vorsorgevollmacht. Durch eine solche Vollmacht bestimmt der Vollmachtgeber im Rahmen seiner freien Gestaltungsmacht einen Bevollmächtigten, der – wie sonst ein gesetzlicher Betreuer – seine Angelegenheiten wahrnimmt, wenn er selbst hierzu nicht mehr in der Lage ist. Das Ziel ist, möglichst viele Menschen zur Erteilung einer Vorsorgevollmacht zu motivieren und so ein staatliches Betreuungsverfahren überflüssig zu machen.

Dies stärkt die Privatautonomie und drängt die staatliche Einmischung in persönliche Angelegenheiten zurück. Da in aller Regel Familienangehörige bevollmächtigt werden, wird so auch der familiäre Zusammenhalt gestärkt.

Allerdings werden auch in Zukunft nicht alle Menschen von sich aus aktiv werden und eine Vorsorgevollmacht ausstellen. Hier gilt es verstärkt aufzuklären, vielleicht auch Anreizsysteme zu schaffen.

Der Bundesratsentwurf zur Reform des Betreuungsrechts geht daher noch einen entscheidenden Schritt weiter: Er sieht für bestimmte Bereiche eine gesetzliche Vertretungsbefugnis von Ehegatten und nahen Angehörigen vor.

Im Einzelnen ist u. a. Folgendes vorgesehen:

In der Gesundheitssorge wird ein gesetzliches Vertretungsrecht für Ehegatten sowie zwischen Kindern und Eltern eingeführt. Dies betrifft insbesondere alle Erklärungen im Zusammenhang mit einer ärztlichen Behandlung einschließlich von Entscheidungen im Krankenhaus und am Lebensende.

Hiermit werden die autonome Gestaltungsmacht innerhalb der Familie nach Artikel 6 des Grundgesetzes und die überwiegende Meinung in der Bevölkerung abgebildet. Denn die bisherige Rechtslage ist folgende: Bei wichtigen Entscheidungen über einen Patienten, der sich selbst nicht mehr äußern kann, dürfen auch nächste Angehörige, wie Ehepartner oder Kinder, nicht mehr als andere „mitreden", und zwar bei der objektiven Ermittlung des mutmaßlichen Patientenwillens. Anderes gilt auch für Ehepartner und Kinder nur, wenn sie durch ein staatliches Betreuungsverfahren zum rechtlichen Betreuer bestellt sind. Die meisten Menschen wissen dies gar nicht. Werden sie vom Arzt über die Rechtslage aufgeklärt, reagieren sie oft mit Zorn und Unverständnis.

Die geplante Gesetzesänderung ist daher überfällig. Mit ihr zieht sich der Staat aus diesem Intimbereich der Bürger zurück, soweit seine Einmischung nicht nötig ist. Das aufwändige und teure Betreuungsverfahren entfällt. Die familiäre Solidarität, insbesondere im Alter, wird gestärkt und natürlich auch gefordert. Allerdings wird niemand verpflichtet, die Vertretungsbefugnis auch in Anspruch zu nehmen: Immer wenn es irgendwelche Schwierigkeiten gibt – insbesondere natürlich wenn der Betroffene dies wünscht oder zuvor verfügt hat – oder wenn kein Angehöriger zur Verfügung steht, findet wie bisher ein staatliches Betreuungsverfahren statt.

Zusätzlich zu dieser Vertretungsmacht im Gesundheitsbereich ist – allerdings nur zwischen Ehegatten – eine Vertretungsbefugnis in bestimmten Vermögensangelegenheiten des täglichen Lebens vorgesehen.

Ziel dieser Regelung ist es, den Betroffenen und ihren Familien die Belastungen eines gerichtlichen Betreuungsverfahrens zu ersparen – vor allem in Fällen von nur vorübergehender Betreuungsbedürftigkeit (z. B. nach einem Schlaganfall bis zur erfolgten Rehabilitation) oder aber am Lebensende, wenn der Betroffene etwa noch für einige Wochen ins Krankenhaus kommt. Selbstverständlich ist diese gesetzliche Vertretungsmacht eng begrenzt, sowohl hinsichtlich der Art der Vertretungsberechtigung als auch des Vertretungsumfangs (vgl. § 1358 Abs. 2, 3 des Entwurfs eines Gesetzes zur Änderung des Betreuungsrechts, BT-Drucksache 15/2494).

IV.

Nachdem der Bundesrat die vorgestellten – und weitere – Änderungen des Betreuungsrechts im Dezember 2003 einstimmig beschlossen hat, liegen sie nun dem Bundestag zur Entscheidung vor. In der mittlerweile entbrannten Dis-

424

kussion sind die Vorschläge sehr umstritten. Die Vorwürfe gegen den Entwurf lauten unter anderem:

Die vorgesehene gesetzliche Vertretungsmacht „basiere auf einem Gesellschaftsbild, das die gesellschaftliche Realität und die Vorstellungen der Bevölkerung nicht widerspiegele" (Stellungnahme der örtlichen Betreuungsstellen in Nordrhein-Westfalen),

und sie beruhe auf einem nicht mehr zeitgemäßen Verständnis von Gesellschaft (Bundesverband der Berufsbetreuer/innen e. V.) und Familie (Bundesverband der Berufsbetreuer/innen e. V. Deutscher Caritasverband).

Wie dargelegt, ist das Gegenteil der Fall. Der Gesetzentwurf ist ausgesprochen modern. Er verwirklicht in konsequenter Weise das grundgesetzlich vorgegebene Prinzip der Subsidiarität der staatlichen Einmischung in die Gestaltung der Lebensverhältnisse des Einzelnen, insbesondere innerhalb der Familie. Der Entwurf schafft den Freiraum für familiäre Entscheidungen, fordert und fördert ein Zusammenhalten der Generationen.

Der Staat wird finanziell entlastet und aus den intimen Verhältnissen der Bürger herausgehalten, wo seine Einmischung nicht notwendig ist. Die Rückbesinnung auf Grundlagen unseres Rechtssystems – Privatautonomie und Schutz von Ehe und Familie – schafft die Voraussetzungen für die Modernisierung unseres Betreuungsrechts.

Alter und Seelsorge – theologische, ethische und seelsorgerliche Aspekte

Ulrich Eibach

I. Einführung

1. Fallbeispiel: Immer häufiger äußern alte Menschen in der Seelsorge Ängste darüber, dass sie nicht mehr mit einer menschenwürdigen Pflege rechnen könnten. Frau S., 79 Jahre, rüstig, geistig sehr rege, Autofahrerin, Privatpatientin, seit zwölf Jahren Witwe, kinderlos, ist mit Verdacht auf einen Lungentumor in die Klinik eingeliefert worden. Ich besuche sie vor der Operation. Bald sagt sie: „Also, Herr Pfarrer, eigentlich sollte man das gar nicht mehr operieren. Ich meine, die sind doch heute froh über jeden Alten, der stirbt und nichts mehr kostet. Wir fallen den Jungen doch nur zur Last." Ich frage: „Meinen Sie, dass die öffentliche Diskussion der letzten Zeit diese Schlüsse zulässt?" Sie: „Wollen Sie das etwa bestreiten?!" Dann fährt sie fort und berichtet, dass sie zweimal pro Woche eine 85-jährige Frau im Pflegeheim besucht. „Die ist im Vergleich zu vielen anderen körperlich und geistig noch gut dran. Sie bekommt sonst keinen Besuch, wie die meisten anderen auch. Wenn ich sie nicht mit dem Rollstuhl in den Garten fahren würde, käme sie nie an die frische Luft. Da sage ich Ihnen, so will ich eigentlich nicht leben. Mich wird keiner mehr besuchen." Ich: „Sie meinen, das sei auch ein Grund, nicht so alt zu werden wie ihre Bekannte, lieber rechtzeitig zu sterben?!" Sie: „Wollten Sie denn so leben?"

In der Altersforschung hat man – zu Recht – das *Defizitmodell* des Alterns durch das *Kompetenzmodell* ersetzt, das nicht den Verlust von Fähigkeiten, sondern die bleibenden Möglichkeiten von alten Menschen in den Mittelpunkt der Betrachtung des Alters stellt. Es kann aber kaum geleugnet werden, dass durch die stetig steigende Lebenserwartung die Zahl der Menschen stetig zunimmt, deren körperliche und/oder seelisch-geistige Lebenskraft nur noch abnimmt und die irgendwann im Prozess des Alterns mehr oder weniger ständig auf die Hilfe anderer angewiesen sind. Die Bewohner von Pflegeheimen sind ein Beweis dafür. Der Mensch stirbt nicht in Gesundheit, sondern an Krankheiten und/oder der stetigen Abnahme der Lebenskraft im Alter. Spätestens dann wird deutlich, dass Menschen nicht nur mit ihren Fähigkeiten, sondern auch in ihrer Hilfsbedürftigkeit ernst zu nehmen sind, wenn auch nicht auf diese festgelegt werden dürfen. Auch bei Seelsorgern besteht die Gefahr, dass sie sich nur denen zuwenden, bei denen wenigstens noch kreative geistige Prozesse vorhanden und mit denen eine entsprechende Kommunikation noch möglich ist. Demente, schwer depressive, verbitterte Menschen klammert man gerne aus, auch wenn die Seelsorge in letzter Zeit gelernt hat, wie wichtig für diese Menschen die nonverbale Kommunikation ist, der Gebrauch von Ritualen, das Erzählen von Vertrautem, das Sprechen von in der Kindheit und Jugend erlernten und oft auch verinnerlichten Gebeten, religiösen Texten, das Singen von Liedern und dergleichen mehr.

II. Welches Menschenbild soll die Seelsorge bei betagten Menschen und ihre Pflege leiten?

In der Seelsorge, in der Pflege und ganz allgemein im Umgang mit betagten und pflegebedürftigen Menschen ist es wichtig, dass man sich von einem Menschenbild leiten lässt, das sich nicht primär an der *Persönlichkeit* orientiert – an dem also, wozu der Mensch durch die Natur, durch andere Menschen und sein eigenes Handeln wird: Die Persönlichkeit ist eine empirische Größe, die mehr oder weniger entwickelt und durch Krankheit, Alterungsprozesse usw. auch „abgebaut" sein kann. Es kommt vielmehr darauf an, dass hinter der mehr oder weniger gestörten *Persönlichkeit* die von Gott geliebte *Person* mit ihrer unverlierbaren, bis zum Tode bleibenden Berufung zur *Gottebenbildlichkeit* gesehen wird, dass man also über das, was mit dem empirischen Auge an vorhandenen oder fehlenden Fähigkeiten wahrnehmbar ist, hinaussieht, denn die Gottebenbildlichkeit ist keine empirische Qualität. Sie gründet allein in Gottes Handeln am und für den Menschen, darin, dass Gott den Menschen zu seinem Partner geschaffen, ihn dazu bestimmt hat, Verantwortung für sein und das Leben anderer und für die Schöpfung überhaupt zu tragen, und – nicht zuletzt – darin, dass er ihn zu ewiger Gemeinschaft mit sich bestimmt hat. Diese irdische Bestimmung und die ewige Verheißung werden nicht dadurch hinfällig, dass der Mensch ihnen nicht entspricht oder aufgrund von Krankheit nicht mehr entsprechen kann. Alles Menschenleben ist und bleibt in diesem irdischen Leben nur Gottebenbild im *Fragment* – es wird in ihm nie mit der zugesagten endgültigen Gottebenbildlichkeit in der vollkommenen Gemeinschaft mit Gott identisch. Die Gottebenbildlichkeit ist also eine sich allein Gott verdankende, dem faktischen Leben transzendente Würde. Diese Würde ist schon jetzt über jeden Menschen von Gott ausgesagt und kommt daher unverlierbar allem Menschenleben von seinem Beginn bis zu seinem Ende zu.

Nach dieser christlichen Sicht kann auch die empirisch feststellbare *Autonomie* nicht primärer Inhalt der Menschenwürde sein. Gerade bei den hilfebedürftigen Menschen wird deutlich, dass nicht die *Autonomie*, sondern das Leben in und aus mitmenschlichen Beziehungen und damit auch das *Angewiesensein auf andere* das ganze Menschenleben hindurch – nicht nur beim Säugling, Kind, behinderten, kranken und pflegebedürftigen Menschen – die grundlegende, das Leben erst ermöglichende Bedingung des Menschseins ist: Ohne sie kann Leben nicht werden und erst recht nicht gelingen. Nicht die Autonomie, sondern das Leben in Beziehungen, die von der *Liebe* bestimmt sind, ist das grundlegende „Lebensmittel". Erst von der Liebe bestimmte Beziehungen ermöglichen das *Selbstsein* (Subjektsein), stiften, schenken Leben, und nur in ihnen wird die Würde des Menschen wirklich geachtet. Wenn der irdische – insbesondere der kaum noch oder nicht mehr über eine empirische Autonomie verfügende, der hilfsbedürftige – Mensch mit den „Augen der Liebe Gottes" angeschaut wird und entsprechend geachtet und behandelt wird, dann fällt etwas vom „Glanz" der durch die Liebe Gottes dereinst vollendeten Gottebenbildlichkeit schon jetzt durch das Handeln der liebenden Menschen auf das Leben der hilfs- und pflegebedürftigen Menschen. Wenn die *Nächstenliebe* den Umgang mit diesen Menschen leitet, dann vermittelt sie, auch wenn das empirisch nicht sichtbar wird, *Wert* im Sinne von *Würde*, indem sie sich dem hilfsbedürftigen Menschen zuwendet und ihm das gibt, was er zu einem menschenwürdigen Leben braucht, sich aber selbst nicht mehr geben kann.

Geht man davon aus, dass Leben nur möglich ist in einem „Sein-in-Beziehungen", so darf das *Angewiesensein auf andere*, auf die Hilfe anderer nicht von vornherein negativ gefasst werden – wenigstens so lange nicht, wie der pflegebedürftige Mensch nicht gemäß dem „Alles-oder-Nichts-Prinzip" unnötigerweise entmündigt und der Herrschaft anderer unterworfen, sondern als Subjekt auch in seinen verbleibenden Fähigkeiten geachtet und entsprechend behandelt wird. Die Achtung der *Selbstständigkeit* des Menschen ist immer eine notwendige Bedingung einer menschenwürdigen Behandlung. Dennoch ist das *Angewiesensein* die grundlegende Dimension des Menschseins, dem das „*Für-Sein*" der anderen entsprechen muss, wenn Leben gelingen soll. Insbesondere an den Grenzen des Lebens kann es auch zu einem völlig asymmetrischen „Auf-den-anderen-angewiesen-Sein" werden, dem ein „Für-den-anderen-da-Sein" entsprechen muss, wenn die Würde des hilfsbedürftigen Menschen geachtet und sein Leben menschenwürdig sein und bleiben soll. Auch der völlige Verlust der Autonomie und die völlige Hilfsbedürftigkeit berauben den Menschen nicht seiner Würde, denn es gibt kein menschenunwürdiges Leben, wohl aber eine menschenunwürdige Behandlung von Menschen und gegebenenfalls auch Lebensumstände, die der unverlierbaren Würde des Menschen widersprechen und die möglichst zu ändern sind. Es kommt also nicht in erster Linie darauf an, dass man *Persönlichkeitswerte* wie die Autonomie als eigene und empirische Qualitäten vorweisen kann, sondern darauf, dass die *Würde* allen Menschenlebens als eine unverlierbare Größe selbst dann geachtet wird, wenn sie dem „empirischen" Auge unter einer vielleicht zerrütteten Persönlichkeit verborgen ist. So gesehen ist die Herausforderung, vor die uns der Abbau der Persönlichkeit im Alter stellt, nicht die, auf alle nur erdenklichen Weisen aufzuzeigen, dass solche Menschen doch auch noch über „autonome" Fähigkeiten verfügen, sondern vielmehr, dieses fragmentarische und unheilbare Leben geborgen sein zu lassen – in den das Leben ermöglichenden Beziehungen der Liebe, die ihm alle möglichen Hilfen zukommen lassen, die sein Geschick erleichtern. Aufgabe der Seelsorge ist es nicht zuletzt, Menschen den Glauben und das Gefühl zu vermitteln, dass sie von Gott und den Menschen bejaht sind, sodass sie sich auch mit ihrer Abhängigkeit und Hilfsbedürftigkeit annehmen können; dass ihr Angewiesensein auf andere Menschen sie nicht entwürdigt, sondern dass dies vielmehr ein meist unvermeidbarer Teil des Lebens ist.

III. Einige sozialethische Aspekte

Ein Menschenbild, das nur auf eine Reifung und Wandlung blickt, nicht aber auf den Abbau der Lebenskräfte im Alter, und das nur den bis zum Tod selbstständigen, körperlich aktiven und geistig regen Menschen kennen will, steht in Gefahr, als Gegenbild die Vorstellung vom „menschenunwürdigen" und „lebensunwerten" Leben, weil in seinen Lebenskräften abgebauten Menschen, aus sich herauszusetzen. Ein solches Menschenbild stellt eine Gefahr für die Schwächsten der Gesellschaft dar. Dies ist insbesondere der Fall, wenn man die Menschenwürde nach Art. 1 Abs. 1 des Grundgesetzes primär in einer empirischen Entscheidungs- und Handlungsautonomie gegeben ansieht. Dies könnte fatale Folgen haben, nicht nur für die pflegebedürftigen Menschen, sondern auch für diejenigen, auf deren Pflege sie unabdingbar angewiesen sind: Für ihre Motivation, ihr Ethos ist es entscheidend, dass in der Gesellschaft Klarheit darüber herrscht, worin die Würde und der Lebenswert der von ihnen gepflegten Menschen besteht, und dass deren Leben nicht „minderwertig", ihre Tätigkeit keine gesellschaftlich kontraproduktive Tätigkeit ist. Die Humanität, die „moralische Gesundheit" einer Gesellschaft zeigt sich weniger darin, ob wir mit medizinischen und sonstigen Methoden dem Leben Jahre hinzufügen, als vielmehr in erster Linie darin, ob die Gesellschaft bereit ist, die Bedingungen dafür zu schaffen und zu erhalten, dass die gewonnenen Lebensjahre auch in „menschenwürdigen" Umständen gelebt werden können – also insbesondere darin, wie sie mit den unheilbar kranken Menschen umgeht, die in ihrem Leben unabdingbar auf die Hilfe anderer angewiesen sind, und ob sie denen, die sie pflegen, eine der Schwere dieser Arbeit angemessene ideelle und finanzielle Wertschätzung entgegenbringt. Denn sonst sind die hilfsbedürftigen Menschen vor einem menschenunwürdigen Umgang nicht wirklich zu schützen. Dabei ist zu bedenken, dass zu einer menschenwürdigen Betreuung nicht nur die sachgerechte medizinische Behandlung und Pflege gehört, sondern nicht zuletzt auch die mitmenschliche Zuwendung. Die mit zunehmenden Alter stetig steigenden und erfolgreichen Suizide machen vor allem darauf aufmerksam, dass die Vereinsamung das Grundproblem der in ihrer Lebenskraft sehr eingeschränkten alten Menschen ist – und aufgrund der demographischen Entwicklung in Zukunft immer mehr sein wird.

2. Fallbeispiel: Frau F., 82 Jahre, Witwe, eine Tochter, zwei Söhne, alle mehr als 200 km entfernt wohnend, kann nach einem Krankenhausaufenthalt nicht mehr allein in ihre Wohnung zurück. Der Sozialdienst leitet eine Heimunterbringung in die Wege. Weinend erzählt Frau F. mir davon. Ich frage, ob ihre Kinder sie nicht aufnehmen können. Sie: „Das kann ich denen nicht zumuten, die sind ja alle berufstätig. Das werden die auch nicht wollen." Ich frage: „Wenn man drei Kinder großgezogen hat, da denkt man in Ihrem Alter doch vielleicht auch, dass man einmal bei seinen Kindern das Alter verbringen und vielleicht auch gepflegt werden kann." Ihr kommen die Tränen: „Das habe ich natürlich gehofft, aber das kann man heute ja schon nicht mehr aussprechen. Meine Mutter habe ich über zwei Jahre bei mir gepflegt, aber heute ... Es ist ja alles anders." Ich: „Es fällt Ihnen schwer, sich diese Enttäuschung einzugestehen!?"

Noch werden etwa 70 Prozent der pflegebedürftigen Menschen zu Hause gepflegt, ganz überwiegend von Familienangehörigen. Der Prozentsatz nimmt jedoch stetig ab. Die heute über 75-Jährigen haben innerhalb einer Generation die zunehmende Auflösung des ältesten und bis dahin einzigen funktionierenden Sozialsystems – der Mehrgenerationenfamilie – und ihrer unmittelbaren, die Generationen übergreifenden Fürsorge füreinander erlebt. Dies bleibt bei den Betroffenen nicht ohne seelische Erschütterung und tiefe Enttäuschung und kann darüber hinaus – bei einer wachsenden Zahl pflegebedürftiger alter Menschen, bei einer schnell abnehmenden Zahl derjenigen Angehörigen und jüngerer Menschen überhaupt, die sie pflegen, und bei einer entsprechend wachsenden sozialökonomischen Belastung – auch zu einer Bedrohung des Rechts auf menschenwürdige Betreuung und Pflege führen. Die Angst davor ist einer der Hauptgründe für die Zustimmung zur „aktiven Euthanasie". In diesem Zusammenhang sollte an das Gebot der *Elternehrung* im Dekalog erinnert werden, das im Alten Testament auch als Gebot der Ehrung (Exodus 20, 12) alter Menschen überhaupt ausgelegt wird und das unmittelbar vor dem Tötungsverbot steht. Sachlich besteht zwischen beiden Geboten ein innerer Zusammenhang; die Missachtung des Gebots der Eltern- und Altenehrung verweist letztlich auch auf das Tötungsverbot. Denn das Volk Israel war, wie andere Nomadenvölker auch, mit den Schwierigkeiten vertraut, die kranke und altersschwache Menschen für ihr nomadisches Wanderleben darstellten – für sie konnte sich die Aussetzung und Tötung dieser Menschen als überlebensnotwendig erweisen. Das Gebot „Du sollst Vater und Mutter ehren!" trägt als einziges eine Verheißung bei sich: „… auf dass du lange lebst im Lande, das dir der Herr dein Gott gibt!" Dieser Zusatz ist vor dem nomadischen Hintergrund am ehesten so zu verstehen: Stoße deine Eltern nicht aus, damit deine Kinder an dir nicht auch so handeln.

Was aber ist, wenn immer mehr Menschen überhaupt keine Kinder haben, die – wenn schon nicht die Pflege, so doch wenigstens – für sie eine Anwaltschaft wahrnehmen und einen gewissen Schutz bieten? Bereits heute gibt es in Heimen wie auch in Familien zahlreiche die Würde von pflegebedürftigen Menschen verletzende Behandlungen, die verschiedene Ursachen haben, aber nicht selten auf eine Überforderung der Pflegenden zurückzuführen sind. Pflegebedürftige Menschen, die ihre berechtigten Interessen, Bedürfnisse und Rechte in einer Institution oder auch in der Familie oft überhaupt nicht geltend machen und noch weniger durchsetzen können, sind notwendig auf die Fürsorge und *Anwaltschaft* anderer angewiesen. Auch in dieser Hinsicht hat der Ansatz bei der Autonomie des Menschen eindeutig seine Grenzen. Wenn aber die Beachtung der Menschenwürde und Menschenrechte an der Autonomie – der Fähigkeit, Rechte selbst geltend zu machen – ihre Grenze hat, dann ist es um deren Beachtung bei vielen betagten und pflegebedürftigen Menschen schlecht bestellt. Ihr Schutz muss vielmehr bei der Verpflichtung der Anbieter medizinischer, pflegerischer, institutioneller und anderer Leistungen zur unbedingten Einhaltung der Menschenrechte ansetzen, unabhängig davon, ob die betreffenden hilfsbedürftigen Menschen ihre Einhaltung für sich einfordern oder nicht. Die Seelsorge in Heimen hat nicht zuletzt auch die Aufgabe, in dieser Hinsicht eine Anwaltschaft für die Heimbewohner wahrzunehmen.

IV. Seelsorge als „Rekonstruktion der Lebensgeschichte"

Die Seelsorge bei betagten Menschen muss notwendig auch das Lebensende, also das Leben vom Tod her, in den Blick nehmen. Der Herbst des Lebens ist auch die Zeit der Ernte und der Herausforderung, sich Rechenschaft zu geben über das gelebte Leben. Seelsorge bei alten Menschen ist daher nicht zuletzt so etwas wie Hilfe zur „Rekonstruktion der Lebensbiographie" vor dem Horizont des christlichen Glaubens, also auch Hilfe, das gelebte Leben anzuschauen mit seinen Sonnen-, Schatten- und Nachtseiten.

Die heute über 70 Jahre alten Menschen haben teils zwei Kriege, wenigstens aber einen Weltkrieg und überwiegend viele Traumatisierungen erlebt. Die jüngere Generation, also ihre Kinder, sind nicht selten als Kriegswaisen groß geworden und von Kriegerwitwen allein erzogen worden; viele Frauen sind allein geblieben, deren Männer gefallen waren. Die Folgen des Fehlens von Vätern in den Familien sind bisher fast ebenso wenig erforscht wie die Traumatisierungen vor, während und nach der Kriegszeit. Insbesondere in schweren gesundheitlichen und sonstigen Krisen und beim nahen Lebensende drängen die belastenden Erlebnisse immer wieder ins Bewusstsein und spielen in der Seelsorge eine bedeutsame Rolle. Dabei zeigt sich, wie wenig sie verarbeitet sind.

3. Fallbeispiel: Frau D., 74 Jahre, hat auf ihrem Tisch im Krankenzimmer ein Bild ihres Mannes und dann noch das einer Frau mit einem etwa 5 Jahre alten Jungen stehen. Es ist insbesondere bei älteren Menschen immer wichtig zu schauen, welche Bilder sie sich aufstellen. Sie können einen Einstieg in die Lebensgeschichte vermitteln. Ich frage Frau D.: „Ist das Ihre Tochter mit Ihrem Enkel?" Sie antwortet, schon sichtlich bewegt: „Nein, es ist mein Patenkind mit ihrem Sohn." Ich: „Sie haben keine Kinder?" Sie wird noch bewegter, dann sagt sie: „Herr Pfarrer, ich habe da eine Frage an Sie als Seelsorger. Jesus sagt ja, man soll seine Feinde lieben und ihnen Gutes tun und sieben mal siebzig mal vergeben. Wie ist das gemeint? Das kann ich mir nicht vorstellen." Ich: „Sie denken da an konkrete Erlebnisse aus Ihrem Leben?" Dann bricht es aus ihr heraus. Sie erzählt, dass sie 1945 als 15-jähriges Mädchen von Russen mehrmals brutal vergewaltigt wurde und dann nach Sibirien in ein Arbeitslager kam und nach zwei Jahren entlassen wurde. „Wissen Sie, deshalb konnte ich keine Kinder mehr bekommen!" Ich: „Diesen Menschen zu vergeben – das kann niemand von Ihnen erwarten, auch Gott nicht." Sie: „Ich denke manchmal, wenn ich es könnte, dann käme ich besser darüber hinweg."

4. Fallbeispiel: Herr B., 84 Jahre, hat eine Operation hinter sich. Er ist kriegsversehrt, der Unterschenkel ist amputiert. Er berichtet von seinen schrecklichen Erlebnissen im Lazarett in Ostpreußen, ist dabei sichtlich erregt. Auf meine Frage, ob er darüber schon öfters mit anderen gesprochen habe, antwortet er: „Nie." Ich: „Auch nicht mit Ihrer Frau?" Er: „Nein." Nachdem er sich wieder gefangen hat und ich bewusst die traumatisierenden Erlebnisse nicht näher angesprochen habe, sagt er. „Da gibt es noch Schlimmeres!" Ich: „Möchten Sie darüber sprechen?" Er: „Ich weiß nicht." Ich: „Aber es bedrückt Sie. Vielleicht ist es gut, es aussprechen." Dann erzählt er, dass er an Erschießungen von Zivilisten wegen angeblicher Unterstützung von Widerstandskämpfern teilgenommen habe. „Wir wurden gezwungen. Ich werde damit nicht fertig." Ich: „Auch darüber haben Sie bisher nicht gesprochen." Dann er, sehr plötzlich und unter Tränen: „Herr Pfarrer, hören wir auf, ich halte das nicht aus!" Ich sage: „Das ist wichtig, dass Sie das selbst so spüren und sagen." Er, nach einer gewissen Zeit: „Vielleicht geht es beim nächsten Besuch." Doch bei diesem Besuch vermeidet er das Thema.

Angesichts schwerer Krankheit und des Lebensendes meldet sich Verdrängtes, Vergessenes und Verschwiegenes oft wieder auf der Ebene des Bewusstseins und drängt darauf, zunächst einmal erinnert und ausgesprochen, dann aber vielleicht auch bearbeitet zu werden. Aber viele Traumatisierungen sind so schwer, dass es mit großen Problemen

verbunden ist, sie unmittelbar aufzugreifen und im seelsor-
gerlichen Gespräch explizit zu bearbeiten. Dazu gehören
insbesondere schwere sexuelle und sonstige Misshandlun-
gen, aber auch das Töten im Krieg, insbesondere das Töten
möglicherweise Unschuldiger. Die Schuldthematik, sowohl in der Perspektive des Schuldigwerdens anderer an
mir als auch meines Schuldigwerdens an anderen, spielt,
schaut man näher hin, eine nicht zu unterschätzende Rolle; sie kann unter Verbitterung und Depression verborgen
sein, aber gerade in neuen Gesundheits- und Lebenskrisen
im höheren Lebensalter wieder aufbrechen.

Der Seelsorger hat sicher auch die Aufgabe, Menschen
zu ermutigen und ihnen zu helfen, sich über ihr Leben in
seinen guten wie in seinen dunkeln Seiten Rechenschaft
zu geben und auch die verdrängten Seiten ins Licht des Bewusstseins zu holen. Doch sollte er sich dabei nicht dem
Druck aussetzen, einem Menschen unbedingt dazu verhelfen zu müssen, sein Leben so durchzuarbeiten, dass er es
„vollendet" – zu einer Ganzheit abrundet, in der er es
auch in allen seinen Schatten- und Nachtseiten durchgear-
beitet hat, und er sich nicht nur mit seinem schweren Leben versöhnen, sondern auch noch seinen Feinden vergeben kann. Viele Erlebnisse sind zu schwer, als dass der
Mensch sie tragen und bewusst durcharbeiten kann. Das
gilt sicher nicht nur für die schweren Kriegserlebnisse, sondern auch für schwere Enttäuschungen und Verletzungen
in Ehen, durch Eltern, Kinder, Freunde oder Fremde, aber
auch für die Enttäuschung über die geraubte Jugend durch
Kriegsdienst und Gefangenschaft. Der Mensch bleibt auch
in dieser Hinsicht *Fragment*, ist nicht Herr und Vollender
seines eigenen Lebens, der es aus und durch sich selbst
zur Vollendung bringen muss. Er bleibt auf die Gnade, die
Barmherzigkeit und die Liebe Gottes und der Menschen
angewiesen. Er muss sich nicht unbedingt selbst durch-
sichtig werden, sich nicht letztgültig beurteilen, weder so,

dass er sich nur in seinem „Gutsein", noch so, dass er sich nur von seinen Schatten- und Nachtseiten her darstellt.

Wenn Menschen ihr Leben im hohen Alter nicht bejahen, sich mit ihrem Geschick nicht versöhnen können, wenn die Enttäuschung überwiegt, sie in Verbitterung dahinleben und keine Worte des Lebensdanks über ihre Lippen kommen, dann fordert das den Seelsorger auch heraus, das Leben derart verbitterter Menschen auch für den Lebensdank zu öffnen – weniger durch rationale Argumentationen über den Sinn des Lebens als durch das Erzählen der Lebensgeschichte und dabei: das Entdecken von Erlebnissen des Lebens, die zum Lebensdank Anlass geben; und durch das Erzählen von Geschichten anderer Menschen, die das Leben für einen weiteren Lebenshorizont öffnen. Dazu gehört insbesondere das Angebot, die eigene Lebensgeschichte mit all ihren Freuden und Tiefen in den Horizont der ewigen Verheißung Gottes für das Leben des Menschen einzuordnen, sodass der Mensch sein fragmentarisches Leben auch in die Hand Gottes loslassen und es seiner gnädigen Beurteilung überlassen kann. Versöhnung mit dem eigenen Leben ist nicht machbar: Sie ist ein Geschenk, das aus der Erkenntnis kommt, dass der Mensch nicht Herr seines eigenen Lebens ist und sein muss, dass er es nicht selbst vollenden muss, sondern dass vielmehr – mit *Søren Kierkegaard* gegen das Menschenbild des deutschen Idealismus gesprochen – Gottes, und wir sollten auch hinzufügen: des Nächsten, zu bedürfen, des Menschen, der immer auf Liebe angewiesen ist, „höchste Vollkommenheit" ist.

Kreativität im Alter als Grundlage mitverantwortlicher Lebensführung

Andreas Kruse

1. Zum Begriff der Kreativität

Als Begründer der modernen Kreativitätsforschung wird üblicherweise Guilford angesehen. Ihm kommt nicht nur das Verdienst zu, in einer 1950 vor der American Psychological Association gegebenen „Presidential Address" (Guilford 1950) für den ungedeckten Bedarf an kreativen Personen in der US-amerikanischen Wissenschaft und Wirtschaft sensibilisiert zu haben, was zusammen mit dem Sputnik-Schock von 1957 gemeinhin als Ausgangspunkt der modernen Kreativitätsforschung bezeichnet wird. Auch die in Guilfords Arbeitskreis nach seinem „Structure of Intellect"-Modell (1967) entwickelten Tests zum divergenten Denken haben die spätere Kreativitätsforschung nachhaltig geprägt. Aus der genannten Rede Guilfords stammt die folgende Definition:

„Kreativität ist der Prozess der flüssigen, flexiblen, ursprünglichen Erzeugung von Konzepten zur Lösung von neuartigen Problemen."

Im Unterschied zum konvergenten Denken, das durch logische Schlussfolgerungen zu einer einzigen oder besten Lösung gelangt (wobei das Ergebnis mehr oder weniger vollständig durch die vorhandene Information determiniert ist), liefert das divergente Denken nach Guilford (1959)

mehrere alternative Lösungen, die jeweils den gegebenen Anforderungen entsprechen. Dabei gelten die Anzahl der generierten Lösungen und deren Qualität als Maß für die Ausprägung des divergenten Denkens. Mit der Verwendung der Guilford-Tests zum divergenten Denken treten sechs Aspekte von kreativem Denken in den Vordergrund:
(1.) Problemsensitivität,
(2.) Flüssigkeit in der Produktion von Lösungsansätzen,
(3.) Flexibilität von Denkschemata, Bezugssystemen etc.,
(4.) Redefinition von Objekten und Funktionen,
(5.) Elaboration im Sinne von Realisierbarkeit und Praktikabilität,
(6.) Originalität
(vgl. Amelang/Bartussek 2001).

Da ein neues Produkt nur dann ein „kreatives Produkt" darstellt, wenn es „von einer Gruppe zu irgendeinem Zeitpunkt als brauchbar oder befriedigend angesehen werden kann" (Stein 1973), und Leistungen nur dann als kreativ gelten, wenn sie dazu beitragen, „ein Problem zu lösen, einen Zustand zu verbessern oder ein vorhandenes Ziel zu vollenden" (McKinnon 1962), liegt es nahe, ein Mindestmaß an Intelligenz als eine Voraussetzung von Kreativität anzusehen. Entsprechend wird häufig die Gültigkeit eines bereits auf Guilford (1967) zurückgehenden Schwellenmodells unterstellt, demzufolge hohe Intelligenz zwar keine hinreichende, aber eine notwendige Voraussetzung für hohe Kreativität ist. In gemeinsamen Faktorenanalysen von Kreativitäts- und Intelligenztests mit Maßen für Motivation, Temperament, Interessen und weiteren Selbsteinschätzungsmerkmalen konstituieren Kreativität und Intelligenz zwar eine gemeinsame Dimension allgemeiner intellektueller Leistungsfähigkeit; daraus darf jedoch nicht geschlossen werden, dass sich interindividuelle Unterschiede in der Kreativität durch Unterschiede in „klassischen" Dimensionen intellektueller Leistungsfähigkeit wie Gedächtnis, Verarbeitungskapazität oder Bearbeitungsgeschwindigkeit erklären lassen. Tatsächlich findet sich in gemeinsamen Faktorenanalysen von Intelligenz- und Kreativitätsmaßen konsistent eine Dimension „Einfallsreichtum", auf der Kreativitätstests deutlich höhere Ladungen aufweisen als Intelligenztests. Diese Dimension lässt sich mit einem Zitat von David Hume (1711–1776) aus „A treatise of human nature" verdeutlichen: „For my part, when I enter most intimately into what I call myself, I always stumble on some particular perception or other, of heat or cold, light or shade, love or hatred, pain or pleasure" (1978, S. 252).

Die vorliegenden Untersuchungen zum Zusammenhang zwischen Kreativität und Intelligenz lassen sich dahingehend zusammenfassen, dass die Höhe des Zusammenhangs stark mit den verwendeten Verfahren und den herangezogenen Stichproben variiert. Nach Wallach und Kogan (1965) tragen Zeitdruck und Testcharakter im Vergleich zu spielerischen Situationen zur Feststellung höherer Zusammenhänge zwischen Kreativität und Intelligenz bei. Amelang und Bartussek (2001) verweisen hier auf die Bedeutung von Alter, Geschlecht, familiärem Status sowie Sozial- und Persönlichkeitsmerkmalen. Die Bedeutung der Persönlichkeit sei im Folgenden am Beispiel eines Zitats von John Dewey (1859–1952) über die Suche nach Gewissheit verdeutlicht: „Ein wissenschaftlicher Geist würde nichts mehr bedauern als eine Situation, in der es keine Probleme mehr gäbe. Viele Denker werden vielleicht glauben, dass jede Lösung einen wirklichen Verlust bedeutet" (Dewey 1967).

Als zentrale Ressourcen für Kreativität werden insbesondere genannt:
1. synthetisches/dialektisches Denken und komplexes Problemlösen,
2. hoch organisierte, leicht abrufbare Wissenssysteme,

3. Toleranz gegenüber Vieldeutigkeit und Risikobereitschaft,
4. Offenheit für neue Erfahrungen,
5. zielorientierte Motivation,
6. eine anregende und fordernde sozialkulturelle Umwelt.

Legt man ein Zwei-Komponenten-Modell der Intelligenz (Baltes 1999; Horn/Cattell 1966) zugrunde, dann zeigt sich, dass Kreativität stärker mit der kristallinen (erfahrungsgebundenen) als mit der fluiden (flüssigen) Intelligenz korreliert (Crawford/Nirmal 1976; Macioszek 1982).

2. *„Stärken" und „Schwächen" des Alters:*
Die Entwicklung der Intelligenz

Unter den Vertretern einer modernen Psychologie der Lebensspanne besteht heute Konsens, dass sich Entwicklung im Lebenslauf nicht als eine an das chronologische Alter gebundene Sequenz von Wachstums- und Abbauprozessen (etwa im Sinne einer „Lebenstreppe") beschreiben lässt. Vielmehr ist bei der Analyse des Alternsprozesses die *Gleichzeitigkeit* von „Stärken" und „Schwächen" oder „Gewinnen" und „Verlusten" zu berücksichtigen. Zudem ist die Frage nach der *Plastizität* von Entwicklungsprozessen – im Sinne der Möglichkeit, positive Veränderungen durch geeignete Maßnahmen der Prävention, Intervention und Rehabilitation herbeizuführen oder zu beeinflussen – zentral. Die frühere These, das Altern sei im Kern als ein kontinuierlicher Rückgang an Anpassungsfähigkeit zu beschreiben, wurde zugunsten einer *„doppelgesichtigen Forschungsperspektive"* (Baltes et al. 1996) aufgegeben, die Altern im Sinne von Stärken und Schwächen versteht und nach den (biologischen, physiologischen, psychologischen und sozialkulturellen) Grundlagen dieser Stärken und Schwächen fragt. Für diese Forschungsperspektive ist zudem die Frage nach dem Ausmaß und den Grenzen der Plastizität von Entwicklung im Alter charakteristisch.

Dieses veränderte Verständnis lebenslanger Entwicklung lässt sich am Beispiel des gegenwärtig dominanten Verständnisses *lebenslanger Intelligenzentwicklung* verdeutlichen. Hier wird ein Zwei-Komponenten-Modell zugrunde gelegt, das zwischen kristalliner und fluider Intelligenz bzw. kognitiver Pragmatik und kognitiver Mechanik differenziert (Baltes 1999; Lindenberger 2000). Dabei bezieht sich der Begriff der *kristallinen Intelligenz* oder *kognitiven Pragmatik* auf die Fähigkeit, vertraute kognitive Probleme zu lösen. In dieser Intelligenzkomponente spiegeln sich die vom Individuum rezipierten und organisierten Wissensinhalte und Wissenssysteme wider, die für jene Gesellschaft und Kultur charakteristisch sind, in der es lebt. Die kristalline Intelligenz ist ein Indikator für das Ausmaß, in dem sich ein Individuum Verhaltensweisen und Strategien angeeignet hat, die in der jeweiligen Gesellschaft als intelligentes Verhalten betrachtet werden, also der inhaltlichen Ausgestaltung des Denkens und Wissens (Kruse/Rudinger 1997). Der Begriff der fluiden Intelligenz bezieht sich dagegen auf solche Fähigkeiten, die sich relativ unabhängig von systematischen Akkulturationseinflüssen entwickeln. Mit dem Begriff der *fluiden Intelligenz* oder *kognitiven Mechanik* sind kognitive Basisoperationen angesprochen, die vor allem für die Bewältigung neuartiger kognitiver Probleme notwendig sind. Die beiden Komponenten unterscheiden sich hinsichtlich ihres Verlaufs im mittleren und höheren Erwachsenenalter: Während die Leistungsfähigkeit in der kristallinen (erfahrungsgebundenen) Intelligenz über weite Abschnitte des Erwachsenenalters *erhalten* bleibt oder sogar *weiter zunimmt, geht* die Leistungsfähigkeit in der fluiden Intelligenz (kognitive Basisoperationen) *zurück.*

3. Erfahrungswissen als zentrale Komponente der kristallinen Intelligenz oder der kognitiven Pragmatik

Das bereichsspezifische Erfahrungswissen, das Menschen im Lebenslauf ausbilden und von dem unsere Gesellschaft in hohem Maße profitiert oder profitieren könnte, wenn sie es nutzen würde, sei an zwei Beispielen veranschaulicht – dem *beruflichen Wissen* und dem *Lebenswissen*.

Potenzielle *berufliche Stärken* älterer Mitarbeiterinnen und Mitarbeiter werden vor allem im bereichsspezifischen Fakten- und Strategienwissen sowie in der Identifikation mit Betrieb und Berufstätigkeit gesehen. Dieses Wissen kann zunächst dazu dienen, Einbußen in geschwindigkeitsbezogenen Funktionen zu kompensieren – an dieser Stelle sei nur eine Studie von Salthouse (1984) genannt, in der nachgewiesen werden konnte, dass ältere Sekretärinnen im Vergleich zu jüngeren eine signifikant schlechtere Leistung hinsichtlich der Anschläge je definierter Zeiteinheit erbringen, dass aber ihre Gesamtleistung – ebenfalls in einem definierten Zeitabschnitt – die gleiche Güte aufweist wie die der jüngeren Sekretärinnen. Dieses Ergebnis wird auf den besseren Überblick der älteren Sekretärinnen über weitere Manuskriptteile zurückgeführt, mithin auf Expertise, die im Laufe der Berufstätigkeit ausgebildet wurde.

Das im Laufe der Berufstätigkeit ausgebildete Fakten- und Strategiewissen kann weiterhin dazu dienen, spezifische Aufgaben innerhalb eines Unternehmens wahrzunehmen. Bereits Ende der 80er Jahre wurden in den USA, vereinzelt auch in Deutschland, Vorschläge unterbreitet, leitende Mitarbeiterinnen und Mitarbeiter, die bereits in Rente sind, für die Ausübung spezifischer Aufgaben in den Betrieb zurückzuholen. Als Grundlage für diese Unternehmensstrategie wurde das breite Spektrum beruflicher Erfahrung genannt, die dazu qualifizieren, beratend bei der Neuorganisation von Arbeitsabläufen, der Verbesserung der innerbetrieblichen Kommunikation und der Einarbeitung von jungen Mitarbeiterinnen und Mitarbeitern tätig zu sein.

In einer mittlerweile als „klassisch" zu bezeichnenden Untersuchung von Klemp und McClelland (1986) zur beruflichen Expertise älterer Manager, die sehr gute Bilanzen erzielt hatten und die von den Unternehmen als besonders erfolgreich eingeschätzt worden waren, wurden folgende beruflichen Kompetenzen ermittelt, die sich auch im Sinne von Fakten- und Strategiewissen in Bezug auf berufliche Anforderungen interpretieren lassen.

1. Planung, kausales Denken (Beispiel: Entwicklung von Strategien zum effektiven Umgang mit neuen beruflichen Anforderungen sowie zur Personalentwicklung).
2. Synthetisches und konzeptuelles Denken (Beispiel: Identifikation der wichtigen Merkmale eines Arbeitsablaufes).
3. Aktive Informationssuche zum besseren Verständnis möglicher Probleme bei einzelnen Arbeitsabläufen und möglicher Ursachen dieser Probleme.
4. Bedürfnis nach Einflussnahme.
5. Direkte Einflussnahme (Beispiel: problem- und ergebnisorientierte Gespräche mit Mitarbeiterinnen und Mitarbeitern).
6. Kooperations- und Teamfähigkeit (Beispiel: Delegation von Aufgaben und Entscheidungen an Mitarbeiterinnen und Mitarbeiter sowie systematisches Abrufen der erzielten Ergebnisse).
7. Symbolische Einflussnahme durch Vorbildfunktion.
8. Selbstvertrauen und hohe berufliche Motivation.

Angesichts dieser beruflichen Stärken älterer Arbeitnehmerinnen und Arbeitnehmer ist es überraschend, dass in der Bundesrepublik Deutschland im Jahre 2004 lediglich 39 Prozent der 55- bis 64-jährigen Menschen erwerbstätig waren. Im Vergleich dazu seien Schweden und die Schweiz genannt, wo im Jahre 2004 69 bzw. 67 Prozent der 55 bis 64-jährigen Menschen erwerbstätig waren.

Die geringe Repräsentanz 55-jähriger und älterer Menschen in der Arbeitswelt kann – dies zeigen schon die Ergebnisse der Studie von Klemp/McClelland – nicht mit mangelnder beruflicher Leistungsfähigkeit in dieser Altersgruppe erklärt werden. Und ganz allgemein lässt sich feststellen: *Altersunterschiede in den beruflichen Leistungen sind sehr gering.* Dieses in zahlreichen Studien ermittelte Ergebnis ist damit zu erklären, dass die im Erwerbsleben entwickelten Wissenssysteme und Handlungsstrategien vielfach Einbußen in Funktionen ausgleichen helfen, in denen zum Teil schon ab dem vierten Lebensjahrzehnt, zum Teil ab dem fünften oder sechsten Lebensjahrzehnt Alterungsprozesse erkennbar sind: Zu nennen sind die Verarbeitungsgeschwindigkeit, die Umstellungsfähigkeit und die Psychomotorik sowie das Arbeitsgedächtnis. Einige Beispiele für die kompensatorische Funktion der Wissenssysteme und Handlungsstrategien seien an dieser Stelle genannt (vgl. zum Beispiel Kruse/Packebusch): Hoch entwickelte und leicht abrufbare Wissenssysteme des Menschen sind auch im Sinne von *Vorwissen* zu interpretieren. Dieses Vorwissen kann Abrufstrukturen bereitstellen, durch die Einbußen im *Arbeitsgedächtnis* teilweise ausgeglichen werden. Der Prozess des Vorausdenkens, der in hohem Maße von der Kapazität des Arbeitsgedächtnisses beeinflusst ist, wird durch reichhaltiges („elaboriertes") Vorwissen, vor allem durch wissensabhängige Abrufstrukturen, in seiner Effizienz unterstützt. Wissens- und handlungsbasierte Erfahrungen führen bei komplexen Tätigkeiten zu einem Leistungszuwachs. Bei komplexen Arbeitstätigkeiten werden die besten Leistungen vielfach erst im höheren Alter erreicht, da hier eine längere Lernzeit zum Aufbau von Erfahrung und Expertise führen kann; bei sehr einfachen Tätigkeiten lässt sich der Einfluss von Erfahrung hingegen nicht nachweisen. Positive Effekte des Alters ließen sich auch auf der Ebene der Führungstätigkeiten nachweisen: In einer Studie wurden Managerqualitäten mithilfe von Entscheidungsfindungstests untersucht. Ältere Manager waren zwar langsamer, sie bezogen jedoch mehr Information ein und waren umsichtiger, flexibler, selbstkritischer.

4. Weisheitsforschung

In Arbeiten zur *Weisheitsforschung* wird das Konzept des Erfahrungswissens auf den Bereich des *Lebenswissens* übertragen. Dabei werden fünf grundlegende Merkmale des Lebenswissens unterschieden (vgl. Staudinger/Baltes 1996; Staudinger/Dittmann-Kohli 1994): 1. Faktenwissen über das Leben, 2. Strategienwissen über das Leben, 3. Wissen über die zeitlichen und lebensweltlichen Kontexte, in die die Lebensprobleme eingebettet sind; 4. Wissen um die Relativität von Werten und Zielen, 5. die Fähigkeit, mit Unsicherheiten und Ungewissheiten des Lebens umzugehen.

Es konnte gezeigt werden, dass diese Merkmale des Lebenswissens ein hohes Maß an Stabilität im Alter aufweisen, *zum Teil sogar mit dem Alter zunehmen*. Entscheidend für die Entwicklung des Lebenswissens (oder der Weisheit) im Alter ist das Ausmaß an Reflexion über grundlegende Fragen des Lebens im Lebenslauf: In dem Maße, in dem sich Menschen kognitiv wie emotional mit grundlegenden Fragen des Lebens auseinandergesetzt haben, tragen sie zur Entwicklung eines reichhaltigen Wissenssystems über das Leben sowie zum kompetenten Umgang mit praktischen Lebensanforderungen bei (vgl. auch Kruse 1995).

In ähnlicher Weise argumentiert bereits der Philosoph Ernst Bloch im einleitenden Kapitel seiner Schrift „Das Prinzip Hoffnung" (1972), in dem er die verschiedenen Lebensalter charakterisiert und dabei auch ausführlich auf das hohe Alter eingeht. Er hebt hervor, dass Weisheit im Alter nicht grundsätzlich gegeben sei (diese Ansicht würde nichts anderes bedeuten, als ein positives Stereotyp des Alters zu vertreten), sondern dass deren Entwicklung an zwei Bedingungen geknüpft sei: zum einen an den kritisch reflektierenden Umgang mit Erfahrungen, die im Laufe des Lebens gewonnen wurden; zum anderen an die Bereitschaft der Gesellschaft, das Wissen älterer Menschen abzurufen. Damit stellt Ernst Bloch das Thema Weisheit nicht nur in einen *individuellen Kontext* (Entwicklungsprozesse in der Biografie), sondern in gleicher Weise in einen *gesellschaftlichen Kontext*: in den der Anerkennung und Nutzung des Wissens Älterer durch die Gesellschaft.

Können ältere Menschen ihre Erfahrungen in die Gesellschaft einbringen? Können sie diese nutzen? Mit dieser Frage eröffnet Ernst Bloch eine interessante Perspektive, die sich wie folgt charakterisieren lässt: *Wir wissen nur das, was wir auch wirklich anwenden können* – bezogen auf das Alter: Nur jenes im Lebenslauf erworbene Wissen hat wirklich Bestand und kann als Grundlage für Weisheit dienen, welches im Alltag – sei es in den sozialen Netzwerken, sei es in der Gesellschaft – kommuniziert und eingesetzt werden kann. Die Aussage, dass wir nur das wissen, was angewendet werden kann, finden wir übrigens zum ersten Mal niedergelegt im *Speculum Perfectionis* (c. 46) des Franz von Assisi (1181–1226), wo es heißt: „Tantum homo habet de scientia quantum operatur."

In unseren eigenen Forschungen ordnen wir dem Lebenswissen große Bedeutung für den Umgang des Menschen mit *Grenzsituationen* zu, so zum Beispiel mit schwerer Krankheit, mit dem Verlust eines nahe stehenden

Menschen, mit der eigenen Endlichkeit (zum Beispiel Kruse 2002; 2004). Auch in diesen Untersuchungen treffen wir auf Menschen, die zum einen ein reiches Lebenswissen und – gerade auch im Hinblick auf den Umgang mit Grenzsituationen – differenzierte Lebensstrategien zeigen und die zum anderen in der Lage sind, mit den Unsicherheiten, die ihre aktuelle Situation bedingt, konstruktiv umzugehen – zum Beispiel in der Hinsicht, dass die Lebenszeit sehr bewusst genutzt und verantwortungsvoll gestaltet wird. Die biografische Exploration dieser Menschen zeigt, dass sie schon früher vielfach mit Grenzsituationen – eigenen oder solchen nahe stehender Menschen – konfrontiert waren und dass es ihnen gelungen ist, in solchen Grenzsituationen ihr Lebenswissen zu vertiefen. Hier fühlen wir uns erinnert an die grundlegenden Aussagen des Heidelberger Philosophen und Psychiaters Karl Jaspers, der in seinem zweibändigen Werk „Philosophie" (1973) ausführlich auf die Frage eingeht, inwieweit die Auseinandersetzung mit Grenzsituationen zur Vertiefung unseres Lebenswissens führen kann. Hier ist nun zu lesen: „Auf Grenzsituationen reagieren wir nicht sinnvoll durch Plan und Berechnung, um sie zu überwinden, sondern durch eine ganz andere Aktivität, das Werden der in uns möglichen Existenz; wir werden wir selbst, indem wir in die Grenzsituationen offenen Auges eintreten" (Jaspers 1973, S. 204).

Das in der Auseinandersetzung mit Grenzsituationen ausgebildete Lebenswissen kommt in dem von dem altgriechischen Philosophen Herodot gewählten Sprachbild des „Kreislaufs der Menschendinge" zum Ausdruck, mit dem ausgesagt werden soll, dass nicht immer dieselben Menschen „im Glück" sind, oder anders ausgedrückt, dass Menschen sich der Tatsache bewusst werden müssen, dass sie auch in Grenzen leben, die früher oder später subjektiv erfahrbar werden. Die entsprechende Novelle, in der dieses Sprachbild verwendet wird, sei hier kurz angeführt.

In der letzten Szene der *Kroisosnovelle* steht der zu Anfang glückliche, am Ende ins Unglück gestürzte, hochbetagte Lyderkönig Kroisos dem jungen Perserkönig Kyros gegenüber. Auf Verlangen des Kyros äußert sich Kroisos zu dem bevorstehenden Feldzug der Perser gegen die Massageten, in dem deren König Kyros den Tod finden wird. Dem strategischen Rat stellt Kroisos eine menschliche Lehre voran: „Mein Leid, so unerfreulich es war, ist mir zur Lehre geworden. Wenn du meinst, unsterblich zu sein und über ein ebensolches Heer zu gebieten, so wäre es sinnlos, dass ich dir riete. Wenn du dir aber bewusst bist, selbst ein Mensch zu sein und über andere ebensolche Menschen zu gebieten, so lass dir dieses als Erstes sagen: Es gibt einen Kreislauf der Menschendinge, der lässt mit seinem Umlauf nicht zu, dass immer dieselben im Glück sind."

Diese Novelle ist als eine Auseinandersetzung mit dem in der griechischen Philosophie beschriebenen Prinzip „Leiden sind Lehren" (*pathemata mathemata*) zu verstehen – Herodot lässt den Kroisos sagen: „Meine Leiden, so unerfreulich sie waren, sind mir zu Lehren geworden." Dionysios von Halikernassos greift die Aussage des Herodot auf, führt sie aber zugleich weiter: „Meine Leiden werden zu Lehren werden für die anderen."

Der Philosoph Hans-Georg Gadamer (2003) stellt in einer Arbeit über den Schmerz, die er wenige Monate vor seinem Tod verfasst hat, die These auf, dass der Schmerz für den Menschen insofern ein Chance darstellen könne, als er den Menschen vermehrt daran erinnere, in welchen Bereichen des Lebens er früher Gefühle des Glücks erfahren habe und auch heute potenziell erfahren könne. Der Mensch, so betont Gadamer, neige in Situationen vollständig erhaltener Gesundheit dazu, Glück und Sinn stiftende Momente zu vergessen. Die Erfahrung des Schmerzes könne ihn in besonderer Weise dazu drängen, sich dieser zu erinnern und sich vermehrt jenen Lebensbereichen zu-

zuwenden, in denen Glück und Sinn erfahren wurden. Somit komme dem Schmerz auch eine mögliche Erinnerungsfunktion zu.

5. Die Verwirklichung kreativer Potentiale im Alter

Ausgehend von Hannah Arendts (1960) Differenzierung menschlicher Grundtätigkeiten lässt sich Kreativität als eine Form des Handelns beschreiben. Der von ihr herausgestellte Aspekt der „Gebürtlichkeit" – das Potential des Menschen, in Kommunikation mit anderen Neues zu schaffen – ist für die Kreativität in besonderem Maße kennzeichnend, beruht doch Kreativität auf einer kommunizierbaren Originalität, die sowohl auf einen Überblick über die prinzipiell verfügbaren Optionen als auch auf eine fundierte Entscheidung für eine im konkreten Fall *gerade nicht* nahe liegende, eher untypische, selten gewählte Option zurückgeht. Kreativität kann sich auf sehr unterschiedliche Akte und Produkte beziehen und sich in sehr unterschiedlichen Bereichen entwickeln: Menschen können Kreativität im Umgang mit Dilemmata, die mit zwischenmenschlichen Beziehungen zu tun haben, ebenso entfalten wie in künstlerisch-gestaltenden oder technologischen Bereichen. Unabhängig davon bewähren sich kreative Lösungen häufig in breiteren sozialen und kulturellen Kontexten, sodass Personen durch die Entfaltung von Kreativität auch zum sozialen und kulturellen Wandel und damit zur weiteren Entwicklung der Gesellschaft beitragen.

Ausgehend von dem skizzierten Verständnis von Kreativität stellt Rosenmayr (2002) die Frage, ob und in welchen Feldern speziell für ältere Menschen Möglichkeiten zur Verwirklichung kreativer Potentiale bestehen. Inwieweit liegt es nahe, dass ältere Handwerker, Therapeuten, Wissenschaftler oder Künstler über in hohem Maße elaborierte

Wissenssysteme und ein Urteilsvermögen verfügen, das jenes jüngerer Menschen übersteigt? Rosenmayr argumentiert hier, dass für jüngere Menschen ein deutlich höherer Druck besteht, sich an berufliche Anforderungen anzupassen und sich auf den „Mainstream" ihres Fachgebietes zu konzentrieren. Das Risiko einer Originalität, deren Vermarktungsmöglichkeiten ungewiss sind, könne zumindest am Anfang der beruflichen Karriere nicht eingegangen werden. Kreativität in späteren Lebensabschnitten bedeute vor allem eine Reduktion von Komplexität, und gerade hier sei Lebenserfahrung in besonderem Maße nützlich. Ähnlich wie für Hans Joas (1992) ist auch für Rosenmayr (2002) eine „integrierte Kreativität" eng mit dem Empfinden von Verantwortung und Selbstkontrolle verbunden: Ein adäquater Umgang mit den eigenen Ängsten wird – nicht nur im Alter – als wesentliche Voraussetzung von Offenheit für Kreativität angesehen.

Das Interesse an kreativen Potentialen älterer Menschen hat in den letzten Jahren spürbar zugenommen. In diesem Zusammenhang haben sich auch neue theoretische Ansätze entwickelt, die davon ausgehen, dass Alternsprozesse prinzipiell auch die Entwicklung von Kreativität begünstigen können. Im Folgenden seien stellvertretend zwei Zitate wiedergegeben:

> „Making a mark as a creative genius is not a one-shot affair. Rather, it requires the commitment of a lifetime. Creative behavior has a career-course" (Simonton 1998).

> „The key ingredient to genius is productivity – large in volume, extraordinary in longevity, unpredictable in content" (Albert 1975).

Untersuchungen der Kreativität älterer Menschen dürfen sich nicht auf die Frage beschränken, inwieweit ältere Menschen zu kreativen Leistungen, wie sie von jüngeren

Menschen erbracht werden, in der Lage sind. Vielmehr ist zu berücksichtigen, dass sich Kreativität im Alter auch in qualitativ anderer Weise darstellt als Kreativität in früheren Lebensabschnitten, etwa in dem Sinne, dass sich kreative Leistungen Älterer durch ein Mehr an Elaboration auszeichnen: „Young creativity is spontaneous, intense, and hot from the fire. Older creators sculpt their products with more intermediate processing" (Arieti, 1998). Sternberg spricht in diesem Zusammenhang von „old age style of creativity". Eine solchermaßen altersspezifische Kreativität zeichne sich durch vier Merkmale aus:

1. subjective experience,
2. unity and harmony,
3. integration of ideas,
4. emphasis on aging.

6. Mitverantwortliche Lebensführung im Alter

Über die *individuellen Potentiale* des Alters geben zahlreiche empirische Studien aus dem Forschungsbereich der Psychologie Auskunft. Entscheidend für die Ausbildung der Potentiale sind dabei die Entwicklungsbedingungen wie auch die verwirklichten Entwicklungsschritte im Lebenslauf. Anders ausgedrückt: Nicht das Alter per se führt zu bestimmten Potentialen (dies anzunehmen wäre nichts anderes als ein positives Alterssterotyp), sondern die *reflektierte Auseinandersetzung mit Entwicklungsanforderungen im Lebenslauf* – wobei zu beachten ist, dass die Entwicklungsbedingungen des Menschen (wie Bildungsangebote, berufliche Erfahrungen, soziale Integration und finanzielle Ressourcen) einen Einfluss auf diesen Prozess der Auseinandersetzung haben. Wenn der reflektierte Umgang mit Entwicklungsanforderungen stattgefunden hat, dann verfügen Menschen im Alter über Potentiale, die sich aus psychologischer Perspektive wie folgt charakterisieren lassen: hoch entwickelte, bereichsspezifische *Wissenssysteme* (zum Beispiel Expertenwissen zum ehemals ausgeübten Beruf oder auf außerberuflichen Interessengebieten, Wissen zu grundlegenden Fragen des Lebens), effektive *Handlungsstrategien* zur Bewältigung von Anforderungen in diesen spezifischen Bereichen, ein *Überblick* über diese spezifischen Bereiche, die Fähigkeiten im Bereich der *Kommunikation* mit anderen Menschen sowie *Offenheit für neue Anforderungen und Verpflichtungen.* Ein weiteres Potential, das hier wenigstens kurz erwähnt werden soll, ist die *Ressource Zeit.*

Schon dieser kurze Überblick über die Potentiale zeigt, dass ein Großteil der älteren Generation über jene Ressourcen verfügt, die notwendig sind, um auch nach Ausscheiden aus dem Beruf ein gesellschaftlich mitverantwortliches Leben zu führen. Wir finden in der älteren Generation ein bemerkenswertes Maß an Engagement für Familienangehörige derselben Generation oder nachfolgender Generationen wie auch an bürgerschaftlichem Engagement in der Nachbarschaft, in der Kommune sowie in Vereinen und Verbänden – viele davon würden ohne dieses große Engagement ihrer älteren Mitglieder möglicherweise gar nicht mehr existieren oder zumindest nicht mehr so effektiv arbeiten, wie dies heute noch der Fall ist.

Eine große gesellschaftliche wie kulturelle Herausforderung ist – nicht zuletzt vor dem Hintergrund des demographischen Wandels – darin zu sehen, dass wir *ältere Menschen viel stärker als mitverantwortlich handelnde Staatsbürgerinnen und Staatsbürger ansprechen,* dass wir also das Alter auch in seiner großen gesellschaftlichen Bedeutung thematisieren. Dies heißt auch: Die gesellschaftlichen Altersbilder müssen sich in der Hinsicht wandeln, dass mit Alter eben nicht nur Belastungen assoziiert werden, sondern auch das *Potential zu gesellschaftlicher Pro-*

duktivität und Kreativität (vgl. Bundesregierung 2004;
Kruse 2005).

In anderen Gesellschaften, etwa in Dänemark, Finnland,
Norwegen, Schweden oder Japan, ist es zum Teil schon
sehr viel besser gelungen, ein *Altersbild* zu kommunizieren, welches nicht nur die Schwächen und Risiken, sondern auch die Stärken und Ressourcen dieser Lebensphase
betont (Schmitt 2004). Zudem bekommen in diesen Gesellschaften ältere Menschen – entweder innerhalb der Arbeitswelt oder im Bereich des bürgerschaftlichen Engagements – zum Teil bereits *neue soziale Rollen* zu
übertragen, die von den Älteren selbst wie auch von der
Gesellschaft als „Sinn stiftend" und „produktiv" gedeutet
werden.

Wir haben in einer Studie zu den Spätfolgen der Lagerhaft und der Emigration von jüdischen Mitbürgern in der
Zeit des „Dritten Reiches" eine bemerkenswerte Form des
mitverantwortlichen Lebens gefunden, die hier kurz angesprochen werden soll (Kruse/Schmitt 2000; Schmitt et al.
1999): Bei einem Teil der von uns ausführlich interviewten
Überlebenden des Holocaust, die zum Teil 90 Jahre oder
noch älter waren, konnten wir die sehr stark ausgeprägte
Tendenz beobachten, mit jungen Menschen, zum Beispiel
im Schulunterricht, in einen intensiven Dialog zu treten,
um diese dafür zu sensibilisieren, dass jeder Mensch ein
hohes Maß an persönlicher Verantwortung für die Bewah-
rung der Demokratie sowie für die Vermeidung von Fa-
schismus, Diktatur und Antisemitismus besitzt. Wie uns
jene Überlebenden des Holocaust berichteten, sahen sie in
dieser Form des *gesellschaftlich mitverantwortlichen Lebens* zum einen eine bedeutende Hilfe bei der psychischen
Verarbeitung der im Alter wieder stärker werdenden Erinnerungen an das persönliche Schicksal in der Lagerhaft
oder Emigration. Zum anderen erblickten sie in ihrem Engagement ganz generell ein *Sinn stiftendes Element*. Und

schließlich interpretierten sie das hohe Interesse der jungen Generation an ihren Erfahrungen und Erlebnissen als ein Zeichen dafür, dass sie noch im höchsten Alter einen *bedeutsamen Beitrag zum Gelingen der Gesellschaft, zur Verwirklichung von Humanitätsidealen* leisten können. Es sei erwähnt, dass nicht wenige dieser hoch engagierten Menschen an zahlreichen Krankheiten litten; doch war dies nur eine Seite ihres Alters. Die andere Seite war: hohe seelische, geistige und sozialkommunikative Kompetenz.

In der mitverantwortlichen Lebensführung älterer Menschen ist auch ein wichtiger Beitrag zur Verwirklichung des Prinzips der *Subsidiarität* zu sehen, wie dieses vor allem von Oswald von Nell-Breuning (1977) in die christliche Soziallehre eingeführt wurde. Nicht nur Selbstständigkeit und Selbstverantwortung, sondern auch Mitverantwortung – im Sinne des Engagements für andere Menschen wie auch für unsere Gesellschaft – bildet eine Grundlage der Subsidiarität.

Literatur

Albert, R. S.: Toward a behavioral definition of genius. In: American Psychologist 30 (1975), S. 140–151.

Amelang, M. / Bartussek, D.: Differenzielle Psychologie und Persönlichkeitsforschung. Stuttgart: Kohlhammer, 2001.

Arendt, H.: Vita activa oder vom tätigen Leben. Stuttgart: Kohlhammer, 1960.

Arieti, S.: Creativity. The magic synthesis. New York: Basic Books, 1976.

Baltes, P. B.: Alter und Altern als unvollendete Architektur der Humanontogenese. In: Zeitschrift für Gerontologie und Geriatrie 32 (1999), S. 443–448.

Baltes, P. B.: Extending longevity: Dignity gain or dignity drain? In: Max Planck Research 3 (2003), S. 15–19.

Baltes, P. B. / Baltes, M. M.: Gerontologie. Begriff, Herausforderung und Brennpunkte. In: Baltes, P. B. / Mittelstraß, J. / Staudinger, U. M. (Hrsg.): Alter und Altern: Ein interdisziplinärer Studientext zur Gerontologie. Berlin: de Gruyter, 1994, S. 1–34.

Baltes, P. B. / Mayer, K.-U. / Helmchen, H. / Steinhagen-Thiessen, E.: Die Berliner Altersstudie: Überblick und Einführung. In: Mayer, K.-U. / Baltes, P. B. (Hrsg.): Die Berliner Altersstudie. Berlin: Akademie, 1996.

Birren, J. E. / Bengtson, V. (Hrsg.): Emergent theories of aging. New York: Springer, 1988.

Bloch, Ernst: Das Prinzip Hoffnung. Frankfurt a. M.: Suhrkamp, 1972.

Bundesregierung: Fortschrittsbericht 2004 für die Bundesrepublik Deutschland. Berlin: Bundespresseamt, 2004.

Busse, E. W. / Maddox, G. L.: The Duke Longitudinal Studies of Normal Aging 1955–1980. New York: Springer, 1986.

Crawford, C. E. / Nirmal, B.: A multivariate study of measures of creativity, achievement motivation, and intelligence in secondary school students. In: Canadian Journal of Behavioral Science 8 (1967), S. 189–201.

Dewey, J.: Art as Experience. In: *Ders.:* The collected works (Hrsg.: Boydston, J. A.). Carbondale: Southern Illinois University Press, 1967.

Gadamer, Hans-Georg: Schmerz: Einschätzungen aus medizinischer, philosophischer und therapeutischer Sicht. Heidelberg: Winter, 2003.

Gerhardt, U.: „Und dass ich Rente kriege". Zur Dynamik des gesellschaftlichen Alterns. In: Kruse, A. (Hrsg.): Psychosoziale Gerontologie. Bd. I: Grundlagen. Göttingen: Hogrefe, 1998, S. 253–275.

Guilford, J. P.: Creativity. In: American Psychologist 5 (1950), S. 444–454.

Guilford, J. P.: The structure of intellect. In: Psychological Bulletin 53 (1959), S. 267–293.

Guilford, J. P.: The nature of human intelligence. New York: McGraw Hill, 1967.

Horn, J. L. / Cattell, R. B.: Refinement and test of the theory of fluid and crystallized ability intelligence. In: Journal of Educational Psychology 57 (1966), S. 253–270.

Hume, D.: A Treatise of Human Nature. (Hrsg.: Selby-Bigge, L. A.). Oxford: Clarendon Press, 1978.

Jaspers, K.: Philosophie. Heidelberg: Springer, 1973.

Joas, H.: Kreativität des Handelns. Frankfurt a. M.: Suhrkamp, 1992.

Klemp, G. O. / McClelland, D. C.: What characterizes intelligent functioning among senior managers? In: Sternberg, R. J. / Wagner, R. K. (Hrsg.): Practical intelligence in an everyday world. New York: Cambridge University Press, 1986, S. 31–50.

Kohli, M.: Institutionalisierung des Lebenslaufs. In: Kölner Zeitschrift für Soziologie und Sozialpsychologie 43 (1985), S. 1–37.

Kruse, A.: Entwicklungspotentialität im Alter. Eine lebenslauf- und situationsorientierte Sicht psychischer Entwicklung. In: Borscheid, P. (Hrsg.): Alter und Gesellschaft. Stuttgart: Akademische Verlagsgesellschaft, 1995, S. 90–123.

Kruse, A.: Produktives Leben im Alter. Der Umgang mit Verlusten und der Endlichkeit des Lebens. In: Oerter, R. / Montada, L. (Hrsg.): Entwicklungspsychologie. Weinheim: Beltz, 2002, S. 983–995.

Kruse, A.: Selbstverantwortung im Prozess des Sterbens. In: Kruse, A. / Martin, M. (Hrsg.): Enzyklopädie der Gerontologie. Bern: Huber, 2004, S. 328–339.

Kruse, A.: Alter und Gesellschaft. Vortrag vor dem Vorstand der Sozialdemokratischen Partei Deutschlands, Weimar. http://spd.de/servlet/PB/menu/1043657/index.html [10. Januar 2005]

Kruse, A. / Rudinger, G.: Lernen und Leistung im Erwachsenenalter. In: Weinert, F. E. / Mandl, H. (Hrsg.): Psychologie der Erwachsenenbildung. Göttingen: Hogrefe, 1997, S. 45–85.

Kruse, A. / Schmitt, E.: Wir haben uns als Deutsche gefühlt. Darmstadt: Steinkopff, 2000.

Kruse, A. / Schmitt, E.: Gesundheit und Krankheit im hohen Alter. In: Hurrelmann, K. / Kolip, P. (Hrsg.): Geschlecht, Gesundheit und Krankheit Bern: Huber, 2002, S. 206–224 (= 2002a).

Kruse, A. / Schmitt, E.: Entwicklung der Persönlichkeit im Lebenslauf. Die Analyse von Entwicklung aus einer aufgaben-, konflikt- und daseinsthematischen Perspektive. In: Jüttemann, G. / H. Thomae (Hrsg.): Persönlichkeit und Entwicklung. Weinheim: Beltz, 2002, S. 122–156 (= 2002b).

Kruse, A. / Packebusch, L.: Alter(n)sgerechte Arbeitsgestaltung. In: Zimolong, B. (Hrsg.): Enyzklopädie der Psychologie: Ingenieurpsychologie. Göttingen: Hogrefe 2005.

Kruse, A. / Schmitt, E.: Differenzielle Psychologie des Alterns. In:

Pawlik, K. (Hrsg.): Enzyklopädie der Psychologie. Göttingen: Hogrefe 2005.

Lehr, U.: Psychologie des Alterns. Heidelberg: Quelle & Meyer, 2003.

Leisering, L.: Sozialstaat und demographischer Wandel. Frankfurt: Campus, 1992.

Lindenberger, U.: Intellektuelle Entwicklung über die Lebensspanne. Überblick und ausgewählte Forschungsbrennpunkte. In: Psychologische Rundschau 51 (2000), S. 135–145.

Macioszek, G.: Multivariate Untersuchung zur Beziehung zwischen Intelligenz, Kreativität und Persönlichkeit. In: Pawlik, K. (Hrsg.): Multivariate Persönlichkeitsforschung. Bern: Huber, 1982, S. 174–200.

McClearn, G. E. / Vogler, G. P.: The genetics of behavioral aging. In: Birren, J. E. / Schaie, K. W. (Hrsg.): Handbook of the psychology of aging. San Diego: Academic Press, 2001, S. 109–134.

McKinnon, D. W.: The personality correlates of creativity: a study of American architects. In: Nielsen, G. S. (Hrsg.): Personality research: Proceedings of the XIV International Congress of Applied Psychology. Bd. 2. Kopenhagen: Munkstaard, 1962, S. 11–39.

Naegele, G.: Lebenslagen älterer Menschen. In: Kruse, A. (Hrsg.): Psychosoziale Gerontologie. Bd. I: Grundlagen. Göttingen: Hogrefe, 1998, S. 106–130.

Nell-Breuning, O. v.: Soziallehre der Kirche. Freiburg: Herder, 1977.

Rentsch, Th. / Birkenstock, E.: Ethische Herausforderungen des Alters. In: Kruse, A. / Martin, M. (Hrsg.): Enzyklopädie der Gerontologie. Bern: Huber, 2004, S. 613–626.

Riley, M. W. / Kahn, R. L. / Foner, A. (Hrsg.): Age and structural lag. New York: Wiley, 1994.

Rosenmayr, L.: Productivity and creativity in later life. In: Pohlmann, S. (Hrsg.): Facing an ageing world: recommendations and perspectives. Regensburg: Transfer, 2002, S. 119–126.

Rosenmayr, L.: Zur Philosophie des Alterns. In: Kruse, A. / Martin, M. (Hrsg.): Enzyklopädie der Gerontologie. Bern: Huber, 2004, S. 13–28.

Salthouse, T. A.: Effects of age and skill in typing. In: Journal of Experimental Psychology 113 (1984), S. 345–371.

Schmitt, E.: Altersbild: Begriff, Befunde und politische Implikationen. In: Kruse, A. / Martin, M. (Hrsg.): Enzyklopädie der Gerontologie. Bern: Huber, 2004, S. 135–148.

Schmitt, E. / Kruse, A. / Re, S.: Auseinandersetzung mit belastenden Erinnerungen bei Überlebenden des Holocaust. In: Zeitschrift für Psychosomatische Medizin und Psychotherapie 4 (1999) 5, S. 279–297.

Simonton, D. K.: Career paths and creative lives: A theoretical perspective on late life potential. In: Adams-Price, C. E. (Hrsg.): Creativity and successful aging. Theoretical and empirical approaches. New York: Springer, 1998, S. 3–20.

Sinnot, J. D. / Shifren, K.: Gender and aging: Gender differences and gender roles. In: Birren, J. E. / Schaie, K. W. (Hrsg.): Handbook of the psychology of aging. San Diego: Academic Press, 2001, S. 454–476.

Staudinger, U. / Dittmann-Kohli, F.: Lebenserfahrung und Lebenssinn. In: Baltes, P. B. / Mittelstraß, J. (Hrsg.): Zukunft des Alters und gesellschaftliche Entwicklung. Berlin: de Gruyter, 1992, S. 408–436.

Staudinger, U. / Baltes, P. B.: Weisheit als Gegenstand psychologischer Forschung. In: Psychologische Rundschau 47 (1996), S. 57–77.

Stein, M. I.: Kreativität und Kultur. In: Ulmann, G. (Hrsg.): Kreativitätsforschung. Köln: Kiepenheuer & Witsch, 1973, S. 65–75.

Thomae, H.: Gerontologische Längsschnittstudien: Ziele – Möglichkeiten – Grenzen. In: Lehr, U. / Thomae, H. (Hrsg.): Formen seelischen Alterns. Stuttgart: Enke, 1987, S. 1–6.

Vinters, H. V.: Aging and the human nervous system. In: Birren, J. E. / Schaie, K.W. (Hrsg.): Handbook of the psychology of aging. San Diego: Academic Press, 2001, S. 135–160.

Wallach, M. A. / Kogan, N.: Modes of thinking in young children. New York: Holt, Rinehart & Winston, 1965.

Weber, M.: Die „Objektivität" sozialwissenschaftlicher und sozialpolitischer Erkenntnis. In: *Ders.:* Gesammelte Schriften zur Wissenschaftslehre (Hrsg.: Winckelmann, J.). Tübingen: Mohr, 1904.

Sexualität und Körperlichkeit im Alter

Ulrike Brandenburg

Trotz einer Überfülle von Sexualität in den Medien und damit in der Öffentlichkeit ist private Sexualität nach wie vor ein Tabu – und das umso mehr, je älter die Betroffenen sind. Sexualität und alte Menschen: das passt nicht zusammen – dazu gibt es keine Bilder, weder in der Öffentlichkeit noch in unseren Köpfen. Das wird deutlich an einer kleinen Übung.

Stellen wir uns einmal vor, Kontakt mit unserem aktuellen Lebensalter aufzunehmen, uns klarzumachen, wie alt wir derzeit gerade sind. Wir markieren diesen Punkt nun auf unserer fiktiv gezeichneten Lebenslinie, stellen uns drauf und schauen auf unser bisher gelebtes Leben zurück. Nun prüfen wir bei dieser Rückschau, was wir bisher sexuell erlebt, erfahren – ein bisschen provokativ gesagt: vielleicht auch „erledigt" – haben. Wir gehen einen Schritt weiter und fantasieren unser Wunschalter. Anschließend schreiten wir auf unserer Lebenslinie bis zu diesem gewünschten, fantasierten Lebensalter voran. Dort angekommen, bei 89, 96, blicken wir erneut zurück zum Hier und Jetzt, wo wir eben gestanden haben. Dabei prüfen wir erneut, was wir – wenn wir dort einmal stehen werden – während dieser Zeit von hier bis dort in puncto Sexualität gern noch erfahren, erlebt oder auch „erledigt" hätten. Wir prüfen also das, worauf wir im Alter von 89 oder 96 Jahren an sexuellen Erlebnissen und Erfahrungen gern zurückblicken würden.

Was diese kleine Übung deutlich macht, ist die Tatsache, dass sexuelles Begehren im Alter nicht einfach aufhört, ganz gleichgültig wie wir leben, ob „aktiv" ob „inaktiv": das Begehren bleibt erhalten. Und es ist wichtig, sich dessen bewusst zu werden, um den Alten ihr Begehren – weil kulturell normiert – nicht einfach abzusprechen. So tut es die öffentliche Welt. Die private sieht oft ganz anders aus.

Vor einiger Zeit erzählte mir eine Urologin folgende Begebenheit: Ein altes Paar kam in ihre urologische Praxis. Aufgrund der telefonischen Anmeldung wusste bereits sie, dass es um Potenzprobleme ging. Die Szene beschrieb sie folgendermaßen: „Vor mir stand ein altes Paar, beide um die achtzig. Sie hielt ihn an der Hand. Er blickte nach unten, zeigte deutliche körperliche Abwehr, mein Sprechzimmer zu betreten. Die alte Dame zog ihn förmlich hinter sich her, dann standen sie in meinem Raum. Ich war irgendwie von Peinlichkeit ergriffen, wusste auch nicht, wie ich anfangen sollte, und hörte mich schlussendlich sagen: „Ja, es geht offenbar um Potenz, hm, hätten Sie die denn gern wieder? Sollte sich da etwas ändern?" Daraufhin schaute die alte Dame mir festen Blickes in die Augen, erhob die Stimme und sagte dann laut und deutlich in breitem Norddeutsch: „Schööön wär's schoon, aber doot soll er nich geehn."

Die Art und Weise, in der in dieser kleine Geschichte Liebe, Alter und Sexualität integriert, ist berührend. Und sie führt mitten ins Thema, zu der Frage: Was sind die sexuellen Probleme alter Männer, alter Frauen und alter Paare? Um dieses zu verdeutlichen, seien im Folgenden einige Beispiele aus dem klinischen Alltag einer Sexualambulanz dargestellt.

1. Beispiel

Frau M., Mitte sechzig, kommt in die Ambulanz. Sie ist angespannt, ringt mit den Tränen: „Frau Doktor, ich weiß nicht, es ist mir so peinlich, doch gleichzeitig bin ich verzweifelt. Es geht nicht so weiter. Mein Mann hatte vor einem Jahr ein Prostatakarzinom. Seither ist alles anders. Er zieht sich nur noch zurück. Er berührt mich nicht mehr. Ich darf ihn kaum noch küssen. Selbst das wehrt er ab. Offenbar hat er Angst, ich könnte mehr von ihm wollen. Ich weiß, dass das alles wegen der Krankheit ist und der damit verbundenen Impotenz. Aber wissen Sie, wir hatten vorher eine zufriedenstellende und harmonische Ehe, auch in zärtlicher Hinsicht. Das mit der Potenzproblematik, das habe ich gedacht, das würden wir schon hinkriegen. Aber wir schaffen das nicht. Es liegt daran, dass mein Mann nicht nur darüber nicht spricht, sondern sich offenbar aufgrund dessen auch noch immer mehr von mir zurückzieht. Wir sprechen kaum noch. Wir sind angespannt. Er ist aggressiver und depressiver – alles gleichzeitig. Und das jetzt, zu einer Zeit, wo wir doch auch gar nicht wissen, wie lange wir uns noch haben. Oder vielmehr: wo wir doch eigentlich alle unsere Kräfte bündeln sollten, für sein Gesundwerden – und dafür, dass wir jeden Tag, so gut es geht, nutzen und wertschätzen sollten. Es ist schon verrückt – eigentlich geht es nur um Sex, aber in Wirklichkeit geht es um viel mehr. Dieses Problem belastet unsere Ehe, unsere Liebe."

2. Beispiel

Herr L. ruft an: „Frau Doktor, ich weiß gar nicht, es ist mir peinlich. Ich bin schon 78 Jahre alt. Ich habe einen Altersdiabetes und ich habe eine Totalendoprothese im rechten

Hüftgelenk. Aber ich und meine Frau, wir hatten eigentlich immer eine schöne Sexualität. Nun habe ich seit einiger Zeit diese Potenzschwierigkeiten. Meine Frau kommt ganz gut damit zurecht. Ich hingegen merke, dass sie mich enorm belastet. Es ist, als wenn ein Stück Lebendigkeit von mir weggegangen wäre. Es ist auch nicht nur die Sexualität mit meiner Frau. Es ist auch etwas ganz persönlich für mich verloren gegangen, irgendetwas an Mann-Sein. Dann gibt es aber auch diese Scham in mir, die da sagt: „In deinem Alter … Sei doch einfach froh, dass du noch einigermaßen gesund bist." Ich weiß nicht, ich würde so gerne mit meinen Arzt darüber sprechen, aber es ist mir auch so peinlich. Was meinen Sie?"

3. Beispiel

Frau S., 73 Jahre, kommt überwiesen von einer Gynäkologin. Sie klagt über rezidivierendes Jucken im Vaginal- und Analbereich, gynäkologisch alles ohne Befund. Angesprochen auf Zärtlichkeit und Sexualität wird sie traurig. Sie sagt: „Ach, ich könnte jetzt so tun, als würde mir das nicht fehlen, es stimmt aber nicht. Ich sehne mich nach Zärtlichkeit, auch nach erotischer Berührung. Und ich finde das nicht so einfach, zu wissen, dass ich diese in meinem Leben wahrscheinlich nie mehr bekommen werde. Und am allerschwersten finde ich, dass mich gar keiner mehr sieht, dass ich als sexuelles Wesen, als Frau, als potente Frau, in meinem Alter nicht mehr vorkomme in dieser Welt."

4. Beispiel

Frau L., 69 Jahre alt, kommt in die Ambulanz: „Frau Doktor, ich bin 69 Jahre, ich hatte noch nie einen Orgasmus. Ich weiß, dass sich das komisch anhört, in meinem Alter, aber ich hätte gerne einen."

Diese Beispiele machen eindrücklich klar, dass alte Menschen sexuelle Wesen bleiben, ob sie nun sexuell aktiv leben oder nicht. Weiterhin zeigen sie, dass sexuelle Probleme – auch die von alten Menschen – Beziehungs- und damit Liebesprobleme sind, völlig unabhängig davon, ob alte Menschen mit einem Partner oder einer Partnerin leben oder nicht. Damit sind sie ernst zu nehmende Altersthemen, ja Altersnöte – über die niemand spricht. Das hat Gründe. Alle drei Gebiete, die sie berühren, nämlich Alter, Krankheit und Sexualität, sind äußerst schambesetzte Bereiche. Altwerden ist mit Scham besetzt, Krankwerden ist mit Scham besetzt, ein sexuelles Wesen zu sein ist mit Scham besetzt. Wie mag es dann also denen gehen, die alt sind, die krank sind und die vielleicht zusätzlich noch sexuelle Probleme haben? Ist es vermessen, wenn ein alter kranker Mensch seine Sexualität reparieren lassen möchte? Oder wenn er oder sie mit einem Arzt darüber sprechen möchte? Berichte von alten Männern und Frauen, die es wagen, ihre sexuellen Nöte den Ärzten zu präsentieren, geben deren Haltung in etwa wie folgt wieder: „Seien Sie doch froh, dass Sie noch gesund sind in Ihrem Alter, trinken Sie doch einfach ein Gläschen Sekt, genießen Sie Ihre Zeit", und so weiter und so fort, alles gut gemeinte Empfehlungen, die aber das sexuelle Begehren der Alten entwerten und entsprechend nicht respektieren.

Auch ein geschlechtsspezifischer Aspekt fällt bei der Betrachtung von Alterssexualität ins Auge. Während der alte Mann noch vorkommt – wach geküsst von der modernen

Potenzindustrie, faltig, aber erigiert wieder aufgeblüht –, verschwindet die älter werdende Frau vollständig von der Bühne der sexuellen Potenz. Nirgendwo kommen ältere Frauen vor, weder in den Medien noch in der Literatur. Wenn sie vorkommen – die alten, sexuell aktiven, lustvollen Frauen –, lösen sie Abwehr bis Abscheu aus. Man stelle sich doch nur einmal eine 83-jährige Frau vor, wie sie daliegt, zuckend und heftig atmend, während ihr Partner sie zum Orgasmus stimuliert. Das sind fremdartige Bilder, Bilder, die bedrohlich wirken und das Gefühl von Unanständigkeit bis hin zu Ekel hervorrufen. Und genau das wiederum sind die Gefühle, die die emotionale Wirklichkeit der kulturellen Normen zur weiblichen Alterssexualität repräsentieren.

Leider gibt es insgesamt viel zu wenig Untersuchungen zum Thema Alterssexualität. Was die klinische und die wissenschaftliche Erfahrung bereits lehrt, ist, dass die Alten genauso wie die Jungen es schätzen, niederschwellig auf dieses Thema angesprochen zu werden. Angebote ärztlicherseits wie zum Beispiel „Gibt es irgendwelche Sorgen in puncto Sexualität?" oder „Falls es Sorgen in punkto Sexualität gibt, können wir ja gerne darüber sprechen", werden sowohl von alten Frauen als auch von alten Männern geschätzt. In Studien zum Thema „Sexualmedizinischer Bedarf" (Luck) geben die Alten wie die Jungen an, dass sie eine sexualmedizinische Kompetenz ihrer Ärzte überaus wünschen; bis zu 60 Prozent von ihnen würden es sogar schätzen, von ihrem Arzt auf das Thema direkt angesprochen zu werden.

An dieser Stelle sei eine Studie zu dem Thema „Weibliches Begehren im Alter" (Brandenburg, Attermeier) erwähnt, die an der Sexualwissenschaftlichen Ambulanz des Aachener Universitätsklinikums durchgeführt wurde. Die Idee für diese Studie entstand angesichts von Berichten älterer und alter Frauen, die wegen unklarer vaginaler, analer oder genitaler Schmerzsyndrome die Ambulanz aufsuchten, und die, angesprochen auf das Thema Sexualität, bewegende und nachdenklich stimmende Geschichten erzählten. Allgemein war der Tenor, insbesondere der der allein lebenden Frauen: „Keiner sieht mich mehr. Ich komme in dieser Welt als sexuell potentes Wesen nicht mehr vor." Weiterhin wurde von vielen der nicht in Beziehung lebenden Frauen der Kummer geäußert: „Keiner berührt mich mehr erotisch." An der Studie nahmen 50 Frauen im Alter von Anfang 60 bis Ende 80 teil. Die Daten wurden mittels Fragebögen sowie ausführlicher Interviews gewonnen.

Einzelne, besonders interessante Ergebnisse der Studie: Zum Beispiel war bemerkenswert, dass allein lebende Frauen durchaus nicht – wie oft in den Medien dargestellt – gleichgesetzt werden konnten mit sexuell inaktiven Frauen; genauso wenig konnten umgekehrt in Paarbeziehung lebende Frauen mit sexuell aktiven Frauen gleichgesetzt werden. Es zeigte sich keineswegs, dass die ältere oder alte Frau immer sexuell inaktiv ist. Der Großteil der von uns befragten Frauen gab an, erotische Fantasien zu haben. Und viele Frauen berichteten darüber, sich selbst zärtlich zu berühren. Interessant war die Diskrepanz zwischen den mittels Fragebogen und mittels Interview erhobenen Daten zu den Bereichen Selbstbefriedigung und Geschlechtsverkehr: So gaben im persönlichen Interview ca. 40 Prozent der Frauen an, sich gelegentlich selbst zu befriedigen, im Fragebogen hingegen ca. 60 Prozent. Bei der Aktivität Geschlechtsverkehr verhielt es sich genau umgekehrt: Im persönlichen Interview gaben ca. 60 Prozent der Frauen an, Geschlechtsverkehr zu betreiben, im Fragebogen hingegen nur ca. 40 Prozent. Möglicherweise spiegelt diese Diskrepanz eine Norm wider, nach der Geschlechtsverkehr für die ältere Frau durchaus als normal, Selbstbefriedigung hingegen als erheblich weniger normkonform gilt.

Hochinteressant war ein Ergebnis der Studie zum Thema sexuelle Befriedigung bei älteren Frauen. So ließ sich keinerlei Zusammenhang zwischen der sexuellen Zufriedenheit der befragten Frauen und sexuellen Aktivitäten wie Geschlechtsverkehr, Selbstbefriedigung oder Orgasmus etc. entdecken. Ein hochsignifikanter Zusammenhang hingegen bestand zwischen einer guten, akzeptierenden Beziehung zum eigenen Körper und der sexuellen Zufriedenheit. Möglicherweise stellt eine gute Beziehung zum eigenen Körper sehr viel eher den Schlüssel zu einer zufrieden stellenden Sexualität älterer Frauen dar als sexuelle Aktivität an sich.

Das Fazit sollte sein, der Sexualität älterer und alter Menschen mehr Gewichtung und damit mehr Aufmerksamkeit und Respekt zu verleihen. Das würde zum einen heißen, diese Thematik in der Öffentlichkeit präsenter zu machen. Zum anderen würde es heißen, dass Ärzte und Ärztinnen ältere Menschen auf ihre sexuelle Welt und auf ihre damit verbundenen möglichen sexuellen Sorgen konkreter ansprechen sowie sie bei der Bewältigung dieser Sorgen im Sinne einer salutogenetischen ärztlichen Haltung begleiten.

Literatur

Brandenburg, U. / Attermeyer, U. / Sass, H.: Weibliches Begehren im Alter: zwischen Scham und Lust. In: Psychotherapie 5 (2000) 2.

Luck, B.: Dissertationsschrift. Medizinische Fakultät Aachen, 2002.

Konzepte für das Leben im Alter

Eva-Maria Lettenmeier

Bis weit in die 80er Jahre des 20. Jahrhunderts hinein war die Frage, wie und wo man im Alter leben solle, ein ziemlich randständiges Thema. „Alter" kam lediglich als Synonym für Hinfälligkeit und Verarmung ins Visier der Sozialplaner. Auch hier waren es die „jungen", die „neuen" Alten, die einer größeren Öffentlichkeit den Blick dafür schärften, dass für diesen wachsenden Lebensabschnitt eigene Konzepte des Wohnens und Lebens gefragt sein könnten.

Heute quellen die Medien von angeblich „innovativen" Wohnformen für Senioren über, die Studien und wissenschaftlichen Publikationen hierzu sind zahllos, Sozialpolitiker veranstalten Symposien, Immobilienvermarkter laden zu Kongressen, global agierende „Care Companies" führen Marktstudien durch. Irritierend ist, dass das Wissen dieser grundverschiedenen Akteure offensichtlich an keiner Stelle zusammenfließt.

Der Versuch einer Synthese dieser vielfältigen und bisweilen inkompatiblen Ansätze wäre vermessen. Allerdings ist es aufschlussreich, sich ihr Zusammenspiel genau zu besehen. Nur unter Einbeziehung des komplexen Spannungs- und Handlungsfelds können Konzepte für das Leben im Alter aus meiner Sicht qualifiziert bewertet werden. Ein ideales Beispiel für eine derartige Analyse ist ein gar nicht so alter Bekannter: das „betreute Wohnen".

Eine Krise kommt selten allein, oder: Was die „neuen Alten" mit Bausparverträgen zu tun haben

Mitte der 80er Jahre entsteht der Begriff der „neuen Alten", der deutlich macht, dass sich Menschen in der nachberuflichen Lebensphase mit dem Wort „alt" nicht mehr identifizieren können. Ab da gibt es wissenschaftlich belegt die aktiven, selbstständigen, unabhängigen Alten. Die klassische Assoziation von Hinfälligkeit und Hilfsbedürftigkeit fokussiert sich fortan auf die „alten" Alten. Es entsteht die von Gerontologen hinreichend beschriebene „Bipolarität" des Alters.

Die Identitätskrise jener neuen Rentnergeneration und die Krise der Bauwirtschaft gingen eine überraschende Partnerschaft ein: Es waren die Marketingexperten der Landesbausparkassen, die den richtigen Riecher hatten. Sie erfanden das „betreute Wohnen". Aus einem nachvollziehbaren Grund. Älteren Menschen war bis dato nur noch schwer ein neuer Bausparvertrag zu verkaufen. Das „betreute Wohnen" sollte eine Antwort für diese neu entdeckte Zielgruppe der „jungen" Alten sein. Konzeptionell ist es nicht mehr und nicht weniger als ein „Wohnstift light". So umfangreich die wissenschaftlichen Arbeiten Anfang der 90er Jahre dazu auch gewesen sein mögen: Es handelt sich nur um eine schlankere, sprich günstigere Variante dessen, was jahrzehntelang bereits auf dem Markt war. Es liegt lediglich ein besonderer Akzent auf einer schicken Immobilie – nicht auf einem ausgefeilten Betreiberkonzept.

Von der Vermarktungsseite her ist die Idee allerdings bis heute ein echter Senkrechtstarter: ein Vertrauen erweckender Begriff, weit weg vom gefürchteten „Altenheim", weder durch ein Heimgesetz reglementiert noch als Begriff geschützt. Der ohnehin minimale Personalaufwand liegt in der Hand und in der Verantwortung meist karitativer Betreiber, nicht der Investoren. Die Objekte sind flexibel: je nach Rahmenbedingungen als Miet- ebenso wie als Kaufimmobilie zu vermarkten.

Das „betreute Wohnen" besetzte die Lücke und wurde zum Marketingerfolg. Exakte Zahlen über die existierenden Anlagen sind schwer zu bewerten – meist handelt es sich um Mischformen, angeschlossen an ein klassisches Pflegeheim. An die 250 000 Plätze müssten es inzwischen allerdings sein. Ein unglaubliches Wachstum für diesen sonst sehr schwerfälligen „Sozial-Markt".

Die Geschichte vom „betreuten Wohnen" hat noch eine überraschende Wendung. Bei der ursprünglichen Zielgruppe, den „jungen Alten", ist es ein Flop. Es sind die „alten" Alten Ende 70, die ins „betreute Wohnen" gehen, wie auch die Studien von Winfried Saup (Augsburg) belegen. Die Bewohner erhoffen sich Unterstützung, Sicherheit, einen Ausweg aus ihrer Einsamkeit – ohne ihre persönliche Freiheit mit einer eigenen Wohnung aufgeben zu wollen. Dass diese behindertengerecht ausgestattete Wohnung nur ein Zuhause auf Zeit sein kann, ist die logische Konsequenz dieses Konzepts – und der Pflegeversicherung in ihrer heutigen Form.

Zu viele Mauern oder die Folgen der Pflegeversicherung

Wer auch immer über Konzepte für das Leben im Alter nachdenkt, sollte die Rechnung nicht ohne die Pflegeversicherung machen. Sie hat in unseren Köpfen eine Mauer errichtet, die es bis vor zehn Jahren so nicht gab: die Mauer zwischen ambulanter und stationärer Versorgung. So wurden Altenheime zwar reduziert, dafür aber umso mehr neue Pflegeheime gebaut.

Ein typischer Fall: Emma S., 83, hat sich nach zwei Jahren in einer „betreuten Wohnanlage" endlich eingelebt. Sie kann ganz gut mit ihrer Nachbarin. Man besucht sich, ruft sich gegenseitig an, hilft sich bei Besorgungen. Nun stürzt Frau S., Oberschenkelhalsbruch. Im Krankenhaus und anschließend in der Rehabilitation ist sie plötzlich ziemlich verwirrt; sie kommt nicht mehr so recht auf die Beine. Zurück in die Wohnung könne sie nicht, da komme der ambulante Dienst nicht häufig genug, sagt der Sozialdienst der Rehaklinik. Sie wird ins Heim verlegt. Eine Nichte lässt die Wohnung von Emma S. räumen. Ihre Nachbarin sieht Emma S. nur noch ein Mal – der Weg ist dieser zu beschwerlich.

Warum kann Emma S. nicht da bleiben, wo sie nun schon heimisch geworden ist? Warum muss sie mit lauter neuen, fremden, ebenso kranken und verwirrten Menschen zusammengewürfelt werden, an die sie sich nicht mehr gewöhnen kann? Die Antwort lautet: Weil es hier eine Mauer gibt, die handfeste ökonomische Gründe hat. Und vielleicht spielt untergründig auch jene unsichtbare Grenze zwischen dem selbstständigen und dem hilfebedürftigen alten Menschen eine Rolle.

Der Hintergrund ist kompliziert: Die Kosten für die Pflege und Betreuung von Emma S. sind in ihrer Wohnanlage nicht mit den Kosten im Heim vergleichbar. Im Gegensatz zur stationären Unterbringung mit festen Tagessätzen ist im ambulanten Bereich der Zuschuss der Kassen zur Pflege (Pflegestufen I und II) nicht nur kleiner, es muss auch jede tatsächlich erbrachte Leistung einzeln erfasst und am Monatsende abgerechnet werden. (Ob Rechnungen, die 30 Mal „Hilfe bei Ausscheidungen" auflisten, zur Lebensqualität der Betroffenen beitragen, sei einmal dahingestellt.) Wie hoch eine solche Monatsrechnung für Emma S. sein wird, kann keine noch so redliche Pflegedienstleitung im Voraus mit Sicherheit sagen.

Im Heim zahlt außerdem die Pflegekasse auch für die Unterbringung und die Verpflegung anteilig. Im „betreuten

Wohnen" hingegen sind diese Bereiche natürlich außen vor. Und ob ein Sozialhilfeträger die in der Regel hohen – um nicht zu sagen überhöhten – Quadratmetermieten im Rahmen von Wohngeld übernimmt, hängt wahrscheinlich schlicht davon ab, ob es sich um ein Haus handelt, das von der öffentlichen Hand beim Bau mitfinanziert wurde. Im Heim ist die Kostenübernahme durch die Kostenträger bei nachgewiesener Bedürftigkeit unstrittig.

Diese Vorgaben der Pflegeversicherung steuern den Bedarf und die Konzeption von Einrichtungen für alte Menschen viel stärker, als die Demographie oder gerontologische Konzepte dies in den nächsten Jahren könnten. Wo und wie Menschen im Alter leben und gepflegt werden, hängt ganz überwiegend von den damit verbunden Kosten ab. Über Konzepte für das Leben im Alter sollte man nur vorbehaltlich der sozialpolitischen Rahmenbedingungen urteilen.

Von Glasfassaden und Senioren-WGs

Was haben Wohngemeinschaften für Alte mit Architektur zu tun? Sie zeigen, dass Konzepte für das Leben im Alter Moden unterliegen, wie alles andere auch. Die Moden erstrecken sich auf den sozialwissenschaftlichen Diskurs, die Architektur, auf Vorlieben für gewisse Lebensformen und – wie eingangs ausführlich diskutiert – natürlich nicht zuletzt auf Vermarktungsaspekte. Jede Generation definiert ihre Vorlieben neu. Die kommende kann das noch sehr komfortabel, aufgrund eines nie da gewesenen Wohlstands und hoher sozialer Standards. Die nächste, also meine, wird in ökonomischer Hinsicht wieder den 60er Jahren näher stehen.

Die Architektur erprobt ihren Gestaltungswillen gerne an dem Thema „Wohnen im Alter", finden sich hier doch gesellschaftliche Herausforderung und wirtschaftliche Chance ideal zusammen. Es ist ganz aufschlussreich, die aktuellen Trends in Deutschland zu beobachten: Finanziert die öffentliche Hand oder baut ein karitativer Betreiber für den so genannte „Pflegesatz-finanzierten" Bereich, ähneln Pflegeheime manchmal beinahe schon Kunsthallen in ihrer Kühnheit und gläsernen Transparenz. Entstehen Objekte, die auf dem freien Markt ihre selbstzahlenden Bewohner finden müssen, regieren wenn nicht Kitsch, so doch klassizistischer Stuck, gefällige Fassaden und kleinteilige Strukturen. So lässt sich der Wandel der Vorstellungen über das Leben im Alter kombiniert mit dem jeweiligen architektonischen Geschmack an den Fassaden der Anlagen vergangener Jahrzehnte mühelos ablesen.

Und noch ein Trend ist derzeit stilbildend: In der öffentlichen Diskussion beherrscht der Wille zu kleinen, familienähnlichen Strukturen für ältere Menschen die Szene. Dies greift eine sozialpolitische Debatte der 70er Jahre auf. Damals wurde die „Ent-Institutionalisierung" von Heimeinrichtungen vor allem für psychisch Kranke und behinderte Menschen gefordert; „Normalisierung des Alltags" hieß das Schlagwort. Kritisiert wurde zu Recht die weitgehende Entmündigung der Bewohner und die tendenzielle Kundenunfreundlichkeit in großen Institutionen.

Es ist allerdings ein Kurzschluss, von der Größe einer Einrichtung zu schließen auf den Grad der in ihr gelebten Individualität zum einen, zum anderen auf das Gefühl bewusster Zusammengehörigkeit der Bewohner. Wie persönlich, wie individuell, wie flexibel ein Angebot sozialer Dienstleistung ist, hängt alleine von der Motivation, der Ablauforganisation, dem Kundenbewusstsein und der inneren Einstellung der handelnden Personen bzw. des Anbieters ab. Der Wettbewerb tut hier das seine und schafft heute eine in den 70er Jahren unvorstellbare Differenzierung und Angebotsvielfalt.

Blick nach vorne: Management der Übergänge

Trotz der Breite der Diskussion ist das Thema „Leben im Alter" doch immer noch erstaunlich emotional besetzt und belastet: Sätze wie „Der alte Mensch ist in der Familie am besten aufgehoben" sind noch immer als Floskel in öffentlichen Reden beliebt. Zwar kritisieren nur noch arge Kulturpessimisten die nachhaltige Individualisierung des ganzes Lebens. Im Alter, so scheint es, reut aber der Preis der Freiheit. Ängste werden wach, vom „Abschieben" ist die Rede. Das bewusste Umsiedeln an einen Ort des Alters wird bis heute als freiwilliges, „zu frühes" Ausscheiden aus der Gesellschaft der Aktiven verstanden – nicht als mutiger Neubeginn in einem wichtigen Lebensabschnitt. Wenn die lang verdrängte Endlichkeit plötzlich neben dem Möbelwagen steht, kostet so ein Schritt einfach immer Überwindung und löst spontan Verdrängungsreaktionen aus.

Konzeptionell heißt die Herausforderung heute, aus den Fragmenten wieder ein Ganzes zu machen. Wir haben uns daran gewöhnt, dass es für jede Phase des Alterns ein spezielles, funktional optimiertes Angebot gibt. Entgegen dieser Perspektive halte ich es mit der Philosophie des Augustinum-Gründers Georg Rückert. Er vertrat bereits in den 70er Jahren leidenschaftlich die These, dass es innerhalb einer Institution für das Alter keine weiteren Abstufungen geben dürfe, in die der Mensch abhängig vom Grad der Hinfälligkeit dann zwangsversetzt wird: Man sollte an *einem* Ort alt werden dürfen, eine verlässliche Gemeinschaft für die letzten Jahre finden. Dies kann eine Alten-WG, ein Alten-Dorf, ein Wohnstift oder der vertraute Stadtteil mit entsprechender Infrastruktur gleichermaßen leisten. Es ist, wie dargelegt, eine Frage der finanziellen Ressourcen, des Verhältnisses von Angebot und Nachfrage sowie der persönlichen Prägungen und Vorlieben.

Die strategische Herausforderung dieser Angebote liegt künftig darin, ein „Management der Übergänge" zu leisten: Werden Einbußen des Alters dezent abgefedert, werden Krisen begleitet, ohne die Autonomie zu rauben, passt sich das Umfeld an. Gibt es für alle Lebensphasen passende Angebote und Strukturen, oder ist letztlich der abrupte Wechsel der Bezugspersonen oder des privaten Lebensraumes doch unausweichlich? Altwerden ist ein Prozess – die Konzepte für das Leben im Alter müssen das berücksichtigen.

Schließlich hängt das richtige Konzept für das Leben im Alter von jedem selbst ab. Wählt er selbst, aktiv? Das ist die entscheidende Frage. Und: Wählt er zum richtigen Zeitpunkt? Es gibt dafür eine ganz einfache Faustregel. Suchen Sie sich eine geeignete Lebensform, wenn Sie selbst noch etwas für andere zu geben haben. Warten Sie nicht auf den Zeitpunkt, an dem Sie nur noch nehmen müssen.

VII. Wirtschaftliche Aspekte des Alters

Kosten des Alter(n)s unter besonderer Berücksichtigung des Gesundheitswesens

Klaus-Dirk Henke

I. Direkte Kosten bzw. tatsächliche Ausgaben im Gesundheitswesen

1. Teures Altern bei globaler Betrachtung nach Altersgruppen

a. Altersspezifische Gesamtausgaben und Einnahmen
Ein Drittel bis die Hälfte der gesamten Gesundheitsausgaben entsteht im Alter ab 65 Jahren. Diese Aussage gilt gleichermaßen für Japan, Großbritannien, Kanada, die USA, Australien, Frankreich, Neuseeland und Deutschland. Die neue Krankheitskostenrechnung des Statistischen Bundesamtes bietet erstmals die Möglichkeit, die Kosten im Gesundheitswesen nach Krankheiten darzustellen und diese zusätzlich nach Alter und Geschlecht zu differenzieren.[1]

Der Anteil der Krankheitskosten für Personen im Alter von 15 bis 65 Jahren betrug 51,5 Prozent der gesamten Krankheitskosten. Bei den Personen außerhalb des erwerbsfähigen Alters konzentrieren sich die Ausgaben auf die Bevölkerung über 65 (43,0 Prozent) und auf die Kinder und Jugendlichen (5,6 Prozent). Pro Kopf der Bevölkerung steigen die Krankheitskosten von im Durchschnitt 1000 Euro bei unter 15-Jährigen auf 12.430 Euro bei der über 85-jährigen Bevölkerung.

Höhere Ausgaben im Alter für Männer und Frauen und sinkende Beitragseinnahmen in der gesetzlichen Krankenversicherung (GKV) treten gleichzeitig auf (vgl. Abb. 1 für die Bundesrepublik Deutschland). Diese amtlichen Zahlen des Versicherungsaufsichtsamtes für die GKV aus dem Jahre 2002 liegen dem Risikostrukturausgleich zwischen den verschiedenen Krankenkassen zugrunde, der erforderlich wurde, um einen fairen Wettbewerb ohne Risikoselektion unter ihnen zu ermöglichen. Die in etwa U-förmige Entwicklung der Gesundheitsausgaben in der folgenden Abbildung gilt in ganz ähnlicher Form auch für die private Krankenversicherung (PKV).

Abb. 1: Standardisierte Leistungsausgaben Bund 2002

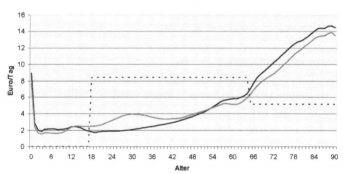

Quelle: Bundesversicherungsamt 2004

Versicherte über 60 Jahre „kosten" dreimal so viel wie die Gruppe der Erwerbstätigen zwischen 20 und 60 Jahren und zahlen halb so viel Beiträge. Diese Aussage, die sich auf das Jahr 2002 bezieht, muss zudem in ihrer zeitlichen Entwicklung betrachtet werden; die Anzahl der Beiträge zahlenden Erwerbstätigen nimmt ab, während der Anteil der Bevölkerung über 60 stark zunimmt. Erst ein Übergang von lohnbezogenen zu einheitlichen Pro-Kopf-Beiträgen wird die Finanzierung der GKV stärker von der absehbaren demographischen Entwicklung abkoppeln.[2]

b. Die teuersten Krankheiten
Im Jahre 2002 wurden in der Bundesrepublik 223,6 Milliarden Euro für die Behandlung von Krankheiten ausgegeben. Bei diesen Ausgaben stehen die Herz-Kreislauf-Krankheiten mit 35,4 Milliarden Euro vor den Krankheiten des Verdauungssystem (bei denen die Kosten für zahnärztliche Leistungen und Zahnersatz mit 31,1 Milliarden Euro den Löwenanteil ausmachen) und den Krankheiten des Muskel-Skelett-Systems und Bindegewebes (25,2 Milliarden Euro) sowie den psychischen und Verhaltensstörungen (22,4 Milliarden Euro). Diese vier Krankheitsbilder vereinen im Jahre 2002 knapp über 50 Prozent aller Krankheitskosten bzw. Gesundheitsausgaben auf sich.

c. Pro-Kopf-Ausgaben
Die durchschnittlichen Ausgaben pro Kopf der Bevölkerung liegen bei 2710 Euro jährlich und verteilen sich ungleichmäßig auf Männer und Frauen; der Wert liegt für die Frauen bei 3160 Euro und für die Männer bei 2240 Euro (2002).

d. Beitragssatzentwicklung
Beitragssatzsteigerungen in der gesetzlichen und privaten Krankenversicherung sind die Kehrseite der Ausgabenentwicklung.[3] Inwieweit Ausgabensteigerungen im Alter zwangsläufig zu Beitragssatzsteigerungen führen, hängt auch davon ab, ob die Finanzierung im Rahmen des Umlage- oder des Kapitaldeckungsverfahrens erfolgt. Je mehr Alterungsrückstellungen gebildet werden, desto demographieresistenter lässt sich das Sicherungssystem ausgestalten.[4]

e. Diskussion

Es ist strittig, ob es (wie die „Berliner Altersstudie" nahe legt) zu einer Kompression der Morbidität kommt und schwerwiegende und teure Krankheiten gehäuft in den letzten drei Lebensjahren auftreten. Das würde also bedeuten, dass die Menschen länger bei guter Gesundheit blieben. Amerikanische Daten der staatlichen Krankenversicherung der Älteren (Medicare) zeigen, dass die letzten zwei Jahre umso „billiger" sind, je älter jemand wird. Bei diesen Zahlen fehlen allerdings Angaben über die Kosten der Pflege Altersgebrechlicher. Der Kompressionsthese steht die Medikalisierungsthese gegenüber, der zufolge die Inanspruchnahme von Gesundheitsleistungen mit dem Alter zunehme und die altersspezifischen Ausgabenprofile zunehmend steiler verliefen (vgl. Abb. 1).

Die aktuelle Diskussion über die Ausgabenentwicklung im Gesundheitswesen bezieht sich neben der unverzichtbaren Rationalisierung bzw. Mobilisierung von Wirtschaftlichkeitsreserven häufig auch – insbesondere in den Medien – auf eine erforderliche altersbezogene Rationierung von Leistungen.

In der wissenschaftlichen Auseinandersetzung über die Bestimmungsfaktoren der Ausgabenentwicklung ist weithin umstritten, ob es tatsächlich die demographische Entwicklung ist und nicht vielmehr der medizinische und medizinisch-technische Fortschritt, die die Ausgaben in die Höhe treibt. Schließlich wird in dieser Diskussion darauf verwiesen, dass der medizinische Fortschritt die Lebenserwartung der über 60-Jährigen wesentlich stärker beeinflusst als die (generell steigende) Lebenserwartung überhaupt.

Neuere Berechnungen von Breyer und Felder kommen (auf der Grundlage der prognostizierten Altersentwicklung bis 2050) zu dem Ergebnis, dass die Auswirkungen der demographischen Entwicklung im Hinblick auf die Gesundheitsausgaben wesentlich geringer sind als der Einfluss des medizinischen Fortschritts.[5]

Abb. 2: Kosten 2002 nach Krankheitsklassen und Alter in EUR je Einwohner der jeweiligen Altersgruppe

Gegenstand der Nachweisung	Insgesamt	Davon im Alter von ... bis unter ... Jahren			
		unter 15	15 – 45	45 – 65	65 u. mehr
Krankheiten insgesamt	2710	1000	1510	2960	6740
I. bestimmte infektiöse u. parasitäre Krankheiten	50	70	40	40	60
II. Neubildungen	180	20	50	250	520
III. Krankheiten d. Blutes u. d. blutbildenden Organe	10	10	10	10	40
IV. endokrine, Ernährungs- u. Stoffwechselkrankheiten	160	20	50	210	440
V. psychische und Verhaltensstörungen	270	100	190	240	670
VI. Krankheiten d. Nervensystems	130	40	70	130	330
VII. Krankheiten d. Auges u. d. Augenanhangsgebilde	60	30	20	50	170
VIII. Krankheiten d. Ohres u. d. Warzenfortsatzes	30	40	20	30	60
IX. Krankheiten d. Kreislaufsystems	430	10	60	450	1650

X.	*Krankheiten d. Atmungssystems*	*150*	*190*	*100*	*130*	*260*
XI.	**Krankheiten d. Verdauungssystems**	380	60	310	540	570
XII.	Krankheiten d. Haut u. d. Unterhaut	50	40	40	50	80
XIII.	**Krankheiten d. Muskel-Skelett-Systems**	310	30	140	430	780
XIV.	Krankheiten d. Urogenitalsystems	110	20	80	130	210
XV.	Schwangerschaft, Geburt u. Wochenbett	50	0	110	0	0
XVI.	Zustände mit Ursprung i. d. Perinatalperiode	10	60	0	0	0
XVII.	angeborene Fehlbildungen, Deformitäten	20	50	10	10	10
XVIII.	Symptome u. abnorme klinische Befunde a.n.k.	150	80	60	100	500
XIX.	Verletzungen u. Vergiftungen	130	60	80	100	330
XXI.	Faktoren, die den Gesundheitszustand beeinflussen	60	60	70	50	80

483

2. Teures Altern bei spezieller Betrachtung ausgewählter Krankheiten nach Geschlecht und Alter

Wie schon ausgeführt, veröffentlicht das Statistische Bundesamt im Rahmen der Gesundheitsberichterstattung über Krankheitskosten auch Tabellen mit den Gesundheitsausgaben nach Krankheitsklassen, Geschlecht und Alter, erstmalig für das Jahr 2002. Das sich ergebende Bild ist der Abb. 2 zu entnehmen.

Mit ganz wenigen Ausnahmen zeigt sich auch hier das erwartete Bild steigender Gesundheitsausgaben mit zunehmendem Alter. Beispielhaft sind die drei teuersten Krankheiten durch Fettdruck herausgestellt. Bei den drei kursiv ausgedruckten Krankheitsbildern ergibt sich am ehesten ein U-förmiger Verlauf der altersspezifischen Kosten- bzw. Ausgabenkurve.

Noch ausdrucksstärker sind prozentuale Angaben zu den krankheitsspezifischen Unterschieden in ihrer Abhängigkeit vom Alter, wie sie der Abb. 3 zu entnehmen sind, in der links die Situation für Frauen und rechts die für Männer wiedergegeben ist.

Bei den Krankheiten des Kreislaufsystems zeigt sich am deutlichsten das Ausmaß der Gesundheitsausgaben im Alter von 65 Jahren und höher, während die Verletzungen und Vergiftungen sowie die Krankheiten der Atmungsorgane auch hohe Anteile im Alter bis einschließlich 45 Jahren aufweisen.

Krankheitsübergreifend zeigt sich in der Abb. 4, dass Männer und Frauen in den drei unteren Altersgruppen nahezu gleichauf liegen, im zunehmenden Alter dann aber geschlechtsspezifische Unterschiede auftreten und die Frauen mit zunehmendem Alter „teurer" werden. Auf die 85-Jährigen und Älteren entfielen bei den Frauen rund ein Zehntel (10,8 Prozent) der Krankheitskosten bei einem Bevölkerungsanteil von 2,7 Prozent, bei den Männern hingegen nur

Abb. 3: Krankheitskosten 2002 nach ausgewählten Krankheits-klassen und Alter in % Alter von ... bis unter ...

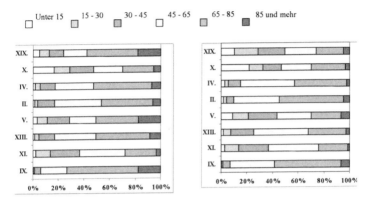

XIX. Verletzungen und Vergiftungen
X. Krankheiten des Atmungssystems
IV. endokrine, Ernährungs- und Stoffwechselkrankheiten
II. Neubildungen
V. psychische und Verhaltensstörungen
XIII. Krankheiten des Muskel-Skelett-Systems
XI. Krankheiten der Verdauungsorgane
IX. Krankheiten des Kreislaufsystems

Quelle: „Gesundheit", Krankheitskosten 2002, Statistisches Bundes-amt, Wiesbaden 2004, S. 14

ein Zwanzigstel (4,6 Prozent) bei einem Bevölkerungsanteil von 0,9 Prozent.

Aufschlussreich sind bei der Analyse der Kosten des Alters auch die durchschnittlichen Krankheitskosten pro Kopf der Bevölkerung nach Geschlecht und Alter, wobei die Frauen fast durchgängig „teurer" sind. Die Ausgaben steigen mit zunehmenden Alter überproportional an; nur in der untersten Altersgruppe liegt der Wert für die Männer etwas höher. Die Verdopplung der Pro-Kopf-Werte vollzieht

Abb. 4: Krankheitskosten 2002 nach Geschlecht und Alter in %
Alter von ... bis unter ... Jahren

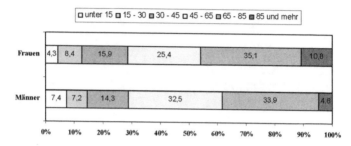

Quelle: „Gesundheit", Krankheitskosten 2002, Statistisches Bundesamt, Wiesbaden 2004, S. 12

Abb. 5: Krankenkosten 2002 nach Geschlecht und Alter
Euro je Einwohner

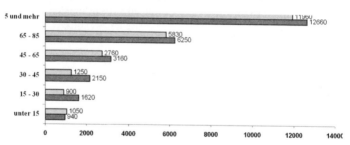

Quelle: „Gesundheit", Krankheitskosten 2002, Statistisches Bundesamt, Wiesbaden 2004, S. 13

sich bei den Frauen bei der zugrunde liegenden Altersklasseneinteilung langsamer, bei den Männern bereits von der Altersgruppe der 30- bis 45-Jährigen an.

Bei den unterschiedlichen Werten in den Altersklassen fällt auf, dass die Ausgaben pro Kopf bei den 15- bis 30-jährigen und den 30- bis 45-jährigen Frauen deutlich höher ausfallen als bei den Männern. In diesem Lebensabschnitt

486

spielen die Leistungen bei Schwangerschaft und Geburt sowie damit in Zusammenhang stehende Gesundheitsleistungen (z. B. künstliche Befruchtung) eine besondere Rolle. Auch Urogenitalerkrankungen gehen in diesem Altersbereich bei Frauen mit deutlich höheren Ausgaben einher.

Nimmt man die Krankheitskosten der männlichen und weiblichen Einwohner als Maßstab zur Einschätzung der Kostensituation im Gesundheitswesen, fällt in der Abb. 6 auf, dass in nahezu allen Krankheitsklassen die Pro-Kopf-Ausgaben bei den Frauen höher liegen als bei den Männern. Besonders deutlich schlägt das bei den psychischen und Verhaltensstörungen sowie den Krankheiten des Muskel-Skelett-Systems zu Buche. Hier sind die Ausgaben pro Kopf bei den Frauen mehr als 1,5-mal so hoch wie die bei den Männern.[6]

Im Folgenden werden ausgewählte chronische Erkrankungen wie ischämische Herzkrankheiten, Diabetis mellitus, Demenz und Brustkrebs in den Vordergrund gestellt. Sie stehen im Mittelpunkt des öffentlichen Interesses und spiegeln im Kontext der Disease-Management-Programme (DMP) und des Risikostrukturausgleichs eine besondere Rolle. Dort zeigt sich, dass in allen vier Krankheiten die Kosten mit dem Lebensalter deutlich zunehmen.

Vor dem Hintergrund der Disease-Management-Programme und der Trägerstrukturen im Gesundheitswesen ist es interessant, welche Einrichtungen bei der Behandlung dieser ausgewählten Krankheitsbilder im Vordergrund stehen. Wie aus dem Schaubild des Statistischen Bundesamtes zu entnehmen ist, zeigt sich für die vier zentralen Krankheitsbilder ein ganz unterschiedliches Bild hinsichtlich der Trägerstrukturen bei der Behandlung. Bis auf die Behandlung des Diabetes mellitus steht die stationäre Versorgung im weitesten Sinne deutlich im Vordergrund.

Abb. 6: Krankenkosten 2002 nach ausgewählten Krankheits-klassen und Geschlecht

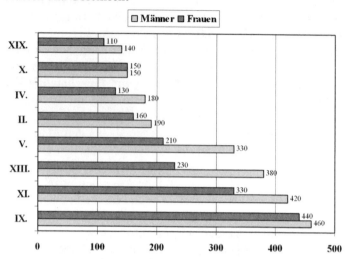

XIX. Verletzungen und Vergiftungen
X. Krankheiten des Atmungssystems
IV. endokrine, Ernährungs- und Stoffwechselkrankheiten
II. Neubildungen
V. psychische und Verhaltensstörungen
XIII. Krankheiten des Muskel-Skelett-Systems
XI. Krankheiten der Verdauungsorgane
IX. Krankheiten des Kreislaufsystems

Quelle: „Gesundheit", Krankheitskosten 2002, Statistisches Bundes-amt, Wiesbaden 2004, S. 16

*Abb. 7: Krankheitskosten 2002 nach ausgewählten Krankheits-
klassen, Geschlecht und Alter in %*
Alter von ... bis unter ...

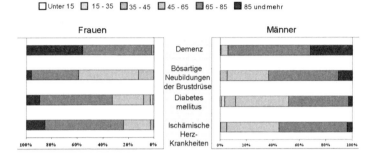

Quelle: „Gesundheit", Krankheitskosten 2002, Statistisches Bundesamt, Wiesbaden 2004, S. 24

*Abb. 8: Krankheitskosten nach ausgewählten Krankheiten und
Einrichtungen in %*

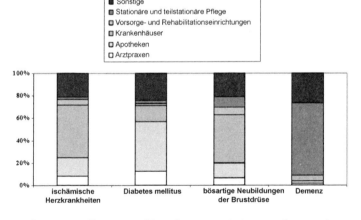

Quelle: „Gesundheit", Krankheitskosten 2002, Statistisches Bundesamt, Wiesbaden 2004, S. 25

II. Indirekte Kosten (Verlust an Wertschöpfung)

Während die direkten Kosten den unmittelbaren Ressourcenverbrauch erfassen, geht es bei den indirekten Kosten um den mittelbar mit Arbeitsunfähigkeit, Invalidität und vorzeitigem Tod einhergehenden wirtschaftlichen Ressourcenverlust. Auch die sog. intangiblen Kosten (Schmerz, Verlust an Lebensqualität etc.) fallen hierunter.

Durch Krankheit und vorzeitigen Tod gehen wertvolle Lebensjahre verloren, die möglicherweise im Rahmen von mehr Prävention und Gesundheitsförderung hätten gerettet werden können („avoidable mortality" und „avoidable morbidity"). Arbeitsunfähigkeit, Invalidität und vorzeitiger Tod führen zu verlorenen Erwerbstätigkeits- und verlorenen Lebensjahren. Neben die tatsächlichen Ausgaben bzw. direkten Kosten treten also diese indirekten Kosten, die sich in den Verlusten an volkswirtschaftlicher Wertschöpfung niederschlagen.

Im Jahre 2002 gingen in Deutschland 5,1 Millionen Erwerbstätigkeitsjahre verloren, wobei die verlorenen Lebensjahre (gegenüber der durchschnittlichen Lebenserwartung) sich nur auf die unter 65-Jährigen beziehen. Der größte Verlust resultiert, wie der nächsten Abbildung entnommen werden kann, aus Verletzungen sowie aus Muskel-, Skelett- und Bindegewebserkrankungen, insbesondere Rückenleiden.

Verlorene Lebensjahre beziehen neben dem reinen krankheitsbedingten Arbeitsausfall (verlorene Erwerbstätigkeitsjahre) auch den krankheitsbedingten Verlust an Lebensjahren bei nicht erwerbstätigen Personen, also bei Kindern, Jugendlichen und der über 65-jährigen Bevölkerung, mit ein. Hier ist der Verlust an Jahren dreimal so hoch wie bei den verlorenen Erwerbstätigkeitsjahren. Am „teuersten" waren hier die Krankheiten des Kreislaufsystems, gut- und bösartige Neubildungen, Verletzungen

Abb. 9: Verlorene Erwerbstätigkeitsjahre nach ausgewählten Krankheiten und Geschlecht in 1000 Jahren

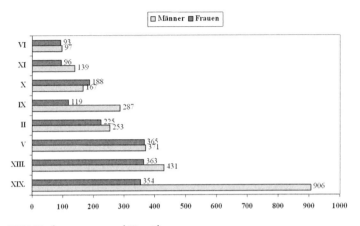

XIX. Verletzungen und Vergiftungen

X. Krankheiten des Atmungssystems

IV. endokrine, Ernährungs- und Stoffwechselkrankheiten

II. Neubildungen

V. psychische und Verhaltensstörungen

XIII. Krankheiten des Muskel-Skelett-Systems

XI. Krankheiten der Verdauungsorgane

IX. Krankheiten des Kreislaufsystems

Quelle: „Gesundheit", Krankheitskosten 2002, Statistisches Bundesamt, Wiesbaden 2004, S. 27

und Vergiftungen sowie psychische und Verhaltensstörungen.

Vor dem Hintergrund der nunmehr regelmäßig verfügbaren Daten zu den Krankheitskosten ergeben sich möglicherweise neue gesundheitspolitische Schlussfolgerungen. Forschungsschwerpunkte werden sich verändern, ausgewählte Krankheiten wirkungsvoller bekämpft und neue

491

Präventionspotentiale erkannt. Auch Schlussfolgerungen für die Finanzierung und Vergütung werden sich ergeben.[7]

III. Kosten als Verlust an Innovationskraft und gesamtwirtschaftlicher Leistungsfähigkeit

Bei einer volkswirtschaftlichen Betrachtungsweise werden im Zusammenhang mit der Alterung der Bevölkerung auch deren Auswirkungen auf die Arbeitsmärkte und die Wettbewerbsfähigkeit der Volkswirtschaft thematisiert. Die geringer werdende Zahl an jungem und qualifiziertem Nachwuchs geht mit der möglicherweise abnehmenden Innovationsfähigkeit und Produktivität der älteren Menschen einher. Wachstum und Wettbewerbsfähigkeit älter werdender Nationen nehmen ab, und damit sinkt auch das durchschnittliche Einkommen pro Kopf. Auch diese Perspektive, die häufig auch mit einer Humankapitallücke in Verbindung gebracht wird, stellt eine bisher noch wenig untersuchte Form der „Kosten" des Alters und damit des Verlustes an Wertschöpfung dar.[8] Die personalen Ressourcen einer aktiven Lebensgestaltung müssen daher genutzt werden, um den beschriebenen Kräften entgegenzuwirken, wobei der ökonomische Imperialismus im Rahmen einer sich entwickelnden Ökonomie des Alters nicht zu weit getrieben werden darf.[9]

Bei globaler Betrachtung verschieben sich ceteris paribus durch den demographischen Wandel möglicherweise auch die Leistungszentren von Europa über die USA nach Asien. Die „Innovationsspeicher" liegen in den jungen Schwellenländern und in Ländern mit höheren Wachstumspotentialen wie China, Indien, aber auch den USA. Europa verliert an Attraktivität für Investitionen, Anlagen und „high potentials". Kritiker sprechen bereits polemisch von einem „Kontinent der Besitzstandswahrer" und von „Europa als Altenheim".

IV. Vermögen im Alter, Alterseinkünfte, Ausgaben im Alter und Kaufkraft der älteren Bevölkerung

Die wirtschaftliche Lage im Alter ist im *Dritten Bericht zur Lage der älteren Generation* ausführlich dargestellt worden.[10] In der daraus entnommenen folgenden Übersicht sind die wichtigsten Determinanten der Einkunfts- und Abgabearten dargestellt. Weiterhin ist dort zu entnehmen, wie sich Brutto- und Nettoeinkommen errechnen und welche Geld- und Sachvermögensbestandteile unterschieden werden können. Diese Informationen gewinnen an Bedeutung, wenn an einen intergenerativen Ausgleich der Lasten nachgedacht wird.

Statistiken zur Vermögens- und Einkommenssituation machen deutlich, dass sich insbesondere die Einkommenslage ostdeutscher älterer Menschen beträchtlich verbessert hat (vgl. dazu im Einzelnen die im genannten Bericht wiedergegebenen Statistiken).

Für künftige Rentner werden sich weitere Einschränkungen im Leistungsrecht der gesetzlichen Rentenversicherung ergeben. Zum Teil kann hier durch eine Verlängerung der Erwerbsphase entgegengewirkt werden. Sowohl der Teil der Bevölkerung, der sich bereits im „Rentenalter" befindet, als auch der jüngere Teil werden durch erforderliche gesetzliche Neuregelungen in ihrem Anspruchserwerb beeinträchtigt werden. Mit einer Verlängerung der Erwerbsphase ergeben sich bessere Möglichkeiten, eigenverantwortlich zusätzliche private Vorsorge zu treffen. Angesichts der gegebenen demographischen Entwicklung und der absehbaren gesamtwirtschaftlichen Lage wird der Attentismus in der Bevölkerung ihr Spar- und Konsumverhalten beeinflussen und die Sparquote tendenziell erhöhen. Armut im Alter ist nach den Untersuchungen der Sachverständigenkommission im Vergleich zu anderen Bevölkerungsgruppen die Ausnahme.

*Abb. 10: Übersicht: Wichtige Determinanten der Einkommens-
lage im Alter*

Einkunfts-/Abgabenarten	Determinanten
Erwerbseinkünfte aus unselbstständiger und selbstständiger Tätigkeit	Erwerbstätigkeit im formellen und informellen Sektor
Vermögenseinkünfte (ohne Versicherungen)	Sparen, Schenkungen und Vererbung
Renten und Pensionen	Leistungsrecht der sozialen Sicherungssysteme
- Sozialversicherungen	Art und Umfang früherer Erwerbstätigkeit im formellen Sektor,
- Gebietskörperschaften	
- Versorgungswerke	Familienstand (bei Hinterbliebenenrenten),
- Betriebe	Gesundheitszustand (bei Invalidität)
- Privatversicherungen	
weitere Transferzahlungen aus öffentlichen Haushalten (z. B. Sozialhilfe, Wohngeld)	übrige Einkünfte; Haushaltsgröße und -struktur; Mietausgaben usw.
Interfamiliäre und andere private monetäre Transfers	Familienbeziehungen und ökonomische Situation von Familienangehörigen
Σ=Bruttoeinkommen	
Lohn- und Einkommensteuer	Einkommen bzw. einzelne
Sozialversicherungsbeiträge	Einkunftsarten, Abgabesätze
- Rentenversicherung	
- Krankenversicherung	
- Pflegeversicherung	
- Bundesanstalt für Arbeit	
(vergleichbare Beiträge bei Nichtversicherungspflichtigen)	
Σ=Nettoeinkommen	
Auflösung von Geld- oder/und Sachvermögen	Vermögensbestand
	Laufende Einkommen im Verhältnis zum „Bedarf"
nichtmonetäre Einkommenselemente u.a.	Leistungsrecht
aus öffentlichen Haushalten (Sachleistungen)	
Preisvergünstigungen	Art der Einkommensverwendung
Sachleistung aus Privathaushalten (z. B. intrafamiliäre Transfers)	Familienbeziehungen
Indirekte Steuern	Art der Einkommensverwendung
Zuzahlungen im Krankheits- und Pflegefall	Leistungsrecht, Gesundheitszustand

Abbildung – Quelle: Bundesministerium für Familie, Senioren, Frauen und Jugend, Hrsg., Dritter Bericht zur Lage der älteren Generation, S. 187

Die Generation, die derzeit ins Rentenalter überwechselt, ist im zeitlichen Vergleich sicherlich die wohlhabendste Generation, die es in der Bundesrepublik jemals gab. Sparguthaben, Wertpapiere und sonstige Anlagen liegen überdurchschnittlich hoch. Im Durchschnitt der Bevölkerung der 60- bis 64-Jährigen beträgt der Immobilienbesitz rund 225.000 Euro pro Haushalt und liegt über dem Durchschnittswert der Gesamtbevölkerung in Höhe von 219.000 Euro.[11] Vor diesem Hintergrund verwundert es nicht, dass der Wellness- und Fitness-Bereich auch für

"What's this I hear about you adults mortgaging my future?"

den älteren Teil der Bevölkerung von größtem Interesse ist und bereits als „Senioren-Markt" bezeichnet wird. Gesundheitsmessen wie „Aktiv im Alter" und „Gesundheitsmesse Berlin-Brandenburg" sind nur ausgewählte Beispiele für diese Entwicklung in dieser insgesamt personalintensiven Wachstumsbranche. Zugleich zeigen die Zahlen, dass eine stärkere Belastung älterer Jahrgänge im Sinne eines Generationenausgleichs durchaus möglich ist. Die Karikatur soll diese Aussage verdeutlichen.

V. Nachhaltige Finanzierung der Sozialsysteme und Generationenvertrag: Zur Finanzierbarkeit des demographischen Wandels

Es ist unstrittig, dass unsere Systeme der sozialen Sicherung einer Reform bedürfen, um ihre nachhaltige Finanzierung zu ermöglichen. Das erforderliche Umsteuern der Systeme verlangt:[12]
- eine klare Trennung von Versicherungs- und Umverteilungsaufgaben,

- eine Stärkung des Äquivalenzprinzips in der Renten-
  und Krankenversicherung,
- keine Verbreiterung der Bemessungsgrundlage und
  keine Ausdehnung des Kreises der Versicherten, um zusätzliche Finanzmittel zu erschließen,
- eine stärkere Teilkapitaldeckung unter Beibehaltung des
  Umlageverfahrens,
- die Stärkung des Wettbewerbs bei der Erbringung von
  Gesundheitsleistungen einschließlich der Rehabilita-
  tionsleistungen.

Mit einer größeren kohortenspezifischen Äquivalenz wird
mehr Demographieresistenz dadurch hergestellt, dass die
zu bildenden Kohorten zumindest partiell für sich selbst
sorgen. Zusammenfassend ergibt sich folgendes Bild:

Kernpunkte eines Modells zur nachhaltigen Finanzierung
der Krankenversicherung:

- Mindestversicherungspflicht für alle und Wahlfreiheit
  für den Einzelnen ausgehend vom Niveau in der GKV,
- Abkoppelung der Beiträge von den Lohn(neben)kosten,
- Belastungsobergrenze, d. h. unverzichtbarer sozialer
  Ausgleich einschl. Kinderlastenausgleich über Steuern,
- Auszahlung des Arbeitgeberbeitrags,
- Geschlechtsunabhängige Prämien (Kopf- bzw. Bürger-
  pauschale),
- Anbieterpluralität mit Überwindung der Trennung von
  GKV und PKV,
- Kontrahierungszwang und Vermeidung von Risiko-
  selektion,
- Teilkapitaldeckung, weniger Umlagefinanzierung,
- Mehr Wettbewerb und Eigenverantwortung.

Um das Potential der älteren Bevölkerung zu stärken, muss der Präventionsgedanke auch in diesem Lebensabschnitt eine zentrale Stellung haben; daher ist die Lebensarbeitszeit auf freiwilliger Basis zu verlängern. Da es einen allumsorgenden Staat nicht gibt, bedarf es einer permanenten Anpassung der Systeme. Hierzu gehören auch ein Ausbau von Pflegeeinrichtungen, mehr ambulante Pflegedienste und mehr Pflegekräfte in einer integrierten und damit sektorenübergreifenden Versorgung. Die finanzielle Belastung der älteren Bevölkerung wird vor dem oben beschriebenen Hintergrund zunehmen müssen, möglichst noch bevor die Bevölkerung der über 65-Jährigen die Mehrheit der Wählerstimmen besitzt.[13]

Anmerkungen

[1] *Statistisches Bundesamt:* Gesundheit. Krankheitskosten 2002. Wiesbaden 2004, sowie *Robert-Koch-Institut / Statistisches Bundesamt:* Gesundheit im Alter. Gesundheitsberichterstattung des Bundes. Heft 10.

[2] *Henke, Klaus-Dirk:* Plädoyer für die Kopfprämie. In: Universitas. Orientierung in der Wissenschaft (2004) 691, S. 23–29.

[3] Zu ihrer Entwicklung vgl. beispielhaft: *Sachverständigenrat für die Konzertierte Aktion im Gesundheitswesen:* Gutachten 2003. Bd. I: Finanzierung und Nutzerorientierung, Baden-Baden 2003.

[4] Vgl. hierzu im Einzelnen *Henke, Klaus-Dirk:* Finanzierung und Vergütung von Gesundheitsleistungen in der zukünftigen Krankenversorgung und Gesundheitsförderung, in: *Hesse, Helmut / Graf von der Schulenburg, Matthias:* Knappheit der Gesundheit aus Knappheit der Mittel im Gesundheitswesen. Zukunftsfragen der Gesellschaft. Vorträge des 3. Symposiums vom 13. Februar 2004. Mainz 2004, S. 35–52, sowie: Nachhaltige Finanzierung der Renten- und Krankenversicherung. Gutachten des Wissenschaftlichen Beirats beim Bundesministerium der Finanzen. Bonn 2004.

[5] *Breyer, Friedrich / Felder, Stefan:* Zunahme der Lebenserwartung und Gesundheitsausgaben. Eine neue Berechnung unter Berücksichtigung der Sterbekosten. Manuskript, Konstanz/Magdeburg 2004.

[6] Die unterschiedlichen Verläufe in der Statistik des Bundesversicherungsamts (Abb. 1 über die standardisierten Leistungsausgaben) und in der Krankheitskostenrechnung des Statistischen Bundesamtes ergeben sich aus der jeweils unterschiedlichen Abgrenzung der Gesundheitsausgaben.

[7] Vgl. hierzu im einzelnen *Henke, Klaus-Dirk:* Die Kosten von Krankheiten: Ein Maßstab für neue Ansätze in der Gesundheitspolitik? In: Milde, Hellmuth / Monissen, Hans G. (Hrsg.): Rationale Wirtschaftspolitik in komplexen Gesellschaften. Gerard Gäfgen zum 60. Geburtstag. Stuttgart 1985, S. 412–420, und *Ders.:* Die direkten und indirekten Kosten von Krankheiten in der Bundesrepublik Deutschland im Jahre 1980. Beitrag zum 11. Kolloquium „Gesundheitsökonomie" der Robert-Bosch-Stiftung, 1985.

[8] Vgl. in diesem Zusammenhang auch *Baltes, Paul B.:* Der Generationenkrieg kann ohne mich stattfinden. In: FAZ vom 12.5.2004, S. 39; *Kaufmann, Franz-Xaver:* Gibt es einen Generationenvertrag? In: FAZ vom 12.7.2004, S. 7; *Börsch-Supan, Axel:* Aus der Not eine Tugend. In: FAZ vom 14.8.2004, S. 38; *Starbatty, Joachim:* Die Bevölkerungsurne. In: FAZ vom 7.6.2004; *Vaupel, James W.:* Deutschlands größte Herausforderung. In: FAZ vom 8.4.2004, S. 41.

[9] Vgl. auch *Skirbekk, Vegard:* Age and Individual Productivity. A Literature Survey. Max Planck-Institut für Demographische Forschung, Working Paper 2003–28. Heidelberg 2003.

[10] Bundesministerium für Familie, Senioren, Frauen und Jugend (Hrsg.): Dritter Bericht zur Lage der älteren Generation, BTD 14/5130 vom 19.1.2001, S. 185ff.; Nachhaltige Finanzierung der Renten- und Krankenversicherung. Gutachten des Wissenschaftlichen Beirats beim Bundesministerium der Finanzen. Bonn 2004.

[11] Bundesministerium für Familie, Senioren, Frauen und Jugend.

[12] Vgl. hierzu im Einzelnen: Nachhaltige Finanzierung der Renten- und Krankenversicherung. Gutachten des Wissenschaftlichen Beirats beim Bundesministerium der Finanzen. Bonn 2004; *Henke, Klaus-Dirk:* Was ist uns die Gesundheit wert? Probleme der nächsten Gesundheitsreformen und ihre Lösungsansätze. In: Perspektiven der Wirtschaftspolitik 6 (2005) 1, S. 95–111.

[13] *Schirrmacher, F.:* Das Methusalem-Komplott. München [4]2004.

Finanzierung von Gesundheit und Pflege

Johann-Magnus von Stackelberg

Monat für Monat bekommen über 1,4 Millionen Pflegebedürftige im ambulanten Bereich Leistungen der Pflegeversicherung. Im stationären Bereich können rund 600.000 Pflegebedürftige mithilfe der Leistungen der Pflegeversicherung mit einer qualitativ guten Pflege rechnen. Die noch bis in die Mitte der 90er Jahre des vorigen Jahrhunderts übliche Verarmung bei Einzug in ein Pflegeheim hat erheblich abgenommen, im Bundesdurchschnitt sind nur noch etwa 40 Prozent der Heimbewohner sozialhilfeabhängig.

1. Langfristige Finanzierung

Wichtig ist es, die soziale Sicherung bei Pflegebedürftigkeit auch für die Zukunft so zu gestalten, dass den betroffenen Menschen ein würdiges Alter garantiert wird. Ähnlich wie bei der gesetzlichen Krankenversicherung konzentriert sich die Reformdebatte in der Pflegeversicherung vorwiegend auf Finanzierungsaspekte. Die Reformvorschläge ähneln sich in beiden Sozialversicherungszweigen und reichen von der Weiterentwicklung der Finanzierungsgrundlage zur Bürgerversicherung bis zur vollständigen Kapitaldeckung. Die verschiedenen Alternativen sind im Einzelnen:

a. Im System der Pflegeversicherung kann den demographischen Herausforderungen durch Erhöhung des Beitragssatzes Rechnung getragen werden. Bei Einführung der Pflegeversicherung war nach den Darstellungen in der Gesetzesbegründung eine erste Beitragssatzsteigerung bereits für das Jahr 2000 in Kauf genommen worden. Für das Jahr 2030 wurde ein Beitragssatz von 2,4 Prozent für erforderlich gehalten. Die öffentliche Diskussion zeigt, dass Beitragssatzerhöhungen auch in der Pflegeversicherung nur schwer zu kommunizieren sind. Eine sinnvolle Lösung könnte aber darin bestehen, der Pflegeversicherung bei Beibehaltung des jetzigen Beitragssatzes durch einen Bundeszuschuss finanziell zu helfen. In der Sozialversicherung ist eine solche Lösung von der Rentenversicherung her bekannt. Auch in Nachbarländern wird dies praktiziert. So hat z. B. Luxemburg ebenfalls einen Beitragssatz von 1,7 Prozent, finanziert damit aber nur 60 Prozent der Kosten; 40 Prozent werden über einen Staatszuschuss aufgebracht. Ein Bundeszuschuss würde in Deutschland zudem dem Erfordernis gerecht, die Bewältigung der demographischen Herausforderung zur Aufgabe möglichst vieler zu machen und nicht allein den Beitragszahlern zu überlassen.

b. Insbesondere vor dem Hintergrund der Schnittstellenproblematik wird die Integration der Pflegeversicherung in die gesetzliche Krankenversicherung diskutiert. Die Effekte einer Integration müssen vor allem vor dem Hintergrund der Struktur- und Systemunterschiede der Kranken- und Pflegeversicherung bewertet werden. Unter Beibehaltung der jetzigen Rahmenbedingungen der Pflegeversicherung (Teilkaskoversicherung/Leistungsdeckelungen, vollständiger Finanzausgleich bei gesetzlich festgelegtem Beitragssatz, gemeinsames und einheitliches Handeln der Leistungsträger einschließlich der Sozialhilfeträger) ist eine Integration nicht sinnvoll, zumal damit die Schnittstellenprobleme nicht gelöst werden. Eine Integration der Pflegeversicherung in die Krankenversicherung würde zudem unkalkulierbare Risiken für das wettbewerbsorientierte GKV-System bergen. Vor allem für die AOK, die nahezu 60 Prozent der Pflegebedürftigen versichert, ist die Integration im derzeitigen RSA eine Katastrophe.

Eine saubere Aufgabenteilung zwischen den beiden Systemen Krankenversicherung und Pflegeversicherung ist vor allem im Bereich der geriatrischen Rehabilitation (einschließlich Hilfsmittel) erforderlich. Sie wäre dadurch zu erreichen, dass die Krankenversicherung nur für Leistungsrisiken bis zum Eintritt von Pflegebedürftigkeit zuständig ist, die Pflegeversicherung für Leistungsrisiken nach Eintritt der Pflegebedürftigkeit. Diese Abgrenzung entspricht auch der, die zwischen Kranken- und Rentenversicherung bzw. zwischen Kranken- und Unfallversicherung besteht. Selbstverständlich wären auch bei dieser Abgrenzung so genannte „interkurrente Erkrankungen" – also akutes Krankheitsgeschehen während der Phase der Pflegebedürftigkeit – von der Krankenversicherung abzusichern.

c. Die Integration von privater und sozialer Pflegeversicherung würde dem Gesamtsystem insgesamt die Altersrückstellung der privaten Pflegeversicherung von zurzeit 10,24 Milliarden Euro erschließen und damit erheblichen Handlungsspielraum schaffen. Dieser bestünde dauerhaft, weil die private Pflegeversicherung eine erheblich bessere Risikostruktur als die soziale hat. Allerdings ist umstritten, ob die Altersrückstellung als zweckgebundenes Eigentum verfassungsrechtlich geschützt ist. Das Bundesverfassungsgericht hat 2003 die derzeitige Konstruktion einer sozialen und einer privaten Pflegeversicherung abgesegnet, zugleich aber auch den weiten Handlungsspielraum des Gesetzgebers in der Sozialversicherung betont. Zur verfassungsrechtlichen Absicherung der Rücklagen in der PKV gibt es seit den 80er Jahren Entscheidungen des Bundesverfassungsgerichts.

d. Ein Pflegeleistungsgesetz, das auf Steuerfinanzierung setzte, würde die Versorgung pflegebedürftiger Menschen wieder auf den Status zurückführen, der zur Einführung der Pflegeversicherung geführt hat. Vor dem Hintergrund der demographischen Entwicklungen kann dies keine zukunftsträchtige Lösung sein. Im Übrigen würde ein Pflegeleistungsgesetz naturgemäß auch neue Verwaltungsstrukturen auf Länder- oder kommunaler Ebene erfordern. Deren Kosten wären zusätzlich zu den eigentlichen Leistungen vom Bund zu finanzieren; der derzeitige Verwaltungskostenersatz von 3,5 Prozent für die Krankenkassen wird sicherlich überschritten.

e. Eine Stärkung der Eigenvorsorge wird durch die sinnvolle Arrondierung der heute schon budgetierten Leistungen erreicht und könnte ausgebaut werden. Zu bedenken ist allerdings, dass die für die Eigenvorsorge zu bindenden Mittel nicht bei allen Sozialversicherten zur Verfügung stehen und die angesparten Mittel dem Kapitalmarkt wahrscheinlich zur gleichen Zeit entzogen werden müssten wie die in der Riester-Rente gebundenen Mittel. Es erscheint aus heutiger Sicht fraglich, ob vor dem Hintergrund der demographischen Entwicklung damit die Stabilität des Kapitalmarktes gewährleistet sein könnte. Auch die Erfahrungen mit den jüngsten konjunkturellen Zyklen lassen bezweifeln, dass Eigenkapital tatsächlich gegen konjunkturelle und gesamtwirtschaftliche Krisen gesichert ist.

2. Der Steuerungs- und Leistungsrahmen

Die selbständige Lebensführung im Alter würde aber auch dadurch erheblich gestärkt, dass der bisherige starre leistungsrechtliche Rahmen (budgetierte Sachleistungen, die lediglich dem somatischen Hilfebedarf Rechnung tragen) aufgegeben würden. Mehr Eigenständigkeit wird erreicht, wenn dem pflegebedürftigen Menschen ein Leistungsbudget zur Verfügung gestellt wird, mit der er sich die Leistungen der Behandlungspflege und Grundpflege, der sozialen Kommunikation und der hauswirtschaftlichen Versorgung einkaufen kann, die er zur Abdeckung seines individuellen Bedarfs benötigt.

Selbstverständlich muss dieser neue Leistungszuschnitt auch mit der Berücksichtigung des gesamten Hilfebedarfs bei der Feststellung der Pflegebedürftigkeit einhergehen. Zudem ist es erforderlich, dass ein stringentes Qualitätssicherungssystem für die Leistungserbringer gilt; denn die Pflegekassen müssen an dieser Stelle auch Funktionen des Verbraucherschutzes für die Leistungsempfänger übernehmen, die aufgrund ihrer Pflegebedürftigkeit ansonsten dem Pflegemarkt weitgehend ausgeliefert wären. Zur besseren Abstimmung zwischen Kranken- und Pflegeversicherungsleistungen wäre zudem ein bei den Kassen angesiedeltes Case-Management erforderlich.

In einem so konstruierten Versorgungssystem müssten allerdings auch die Leistungslöhne zur Disposition stehen. Seit Einführung der Pflegeversicherung im Jahre 1995 sind die Leistungsbeträge in ihrer Höhe unverändert geblieben. Im Verhältnis zur allgemeinen Kaufkraftentwicklung sind somit die Leistungsbeträge real abgewertet worden. Ein weiteres Festhalten an den Leistungsbeträgen führt zu steigenden Zuzahlungen der Betroffenen und insbesondere im stationären Bereich wieder zum Anstieg der Zahl der Sozialhilfeempfänger. Diese Entwicklung steht dem Ziel des selbstgesteuerten Lebens im Alter diametral entgegen.

Unabhängig von den Veränderungen in den Leistungsansprüchen erfordert eine derartige Ausrichtung eine Stärkung der ambulanten Infrastruktur (z. B. durch Nachtcafés, zugehende Dienste usw.). Das ist Aufgabe der Kommunen, die hier zwingend gefordert sind, um dem politischen Credo „ambulant vor stationär" tatsächlich zum Durchbruch zu verhelfen.

3. Stärkung des Ehrenamtes

Vor dem Hintergrund des sich abzeichnenden Mangels sowohl an professionellen Pflegefachkräften als auch an Pflegepersonen im häuslichen Bereich kommt der Stärkung des ehrenamtlichen Engagements eine immer zentralere Bedeutung zu. Diese Notwendigkeit geht einher mit dem Wunsch vieler Betroffener, sich ihre Pflege selbst zu organisieren. Ein hohes Potenzial zur Förderung des ehrenamtlichen Engagements wird vor allem unter der wachsenden Zahl der „jungen Alten" gesehen.

Ehrenamtliches Engagement wird die direkten Pflegemaßnahmen zwar nicht ersetzen, es kann aber unterstützend und begleitend eingebracht werden. Sehr hohe Entlastungen könnte ehrenamtliches Engagement gerade im Rahmen der sozialen Betreuung bewirken. Ein Schritt in die richtige Richtung ist insoweit die Förderung insbesondere niedrigschwelliger Betreuungsangebote für Personen mit erheblich eingeschränkter Alltagskompetenz – durch das Pflegeleistungs-Ergänzungsgesetz – und die Bereitstellung eines persönlichen Budgets für den Einkauf entsprechender Leistungen. Dies sollte konsequent zur Stärkung des Ehrenamtes ausgebaut werden.

Die Pflegeversicherung sollte deshalb zur Förderung des

Ehrenamts die Möglichkeit erhalten, Kampagnen, Schulungsmaßnahmen usw. zu finanzieren.

4. Prävention und Rehabilitation

Entscheidende Bedeutung für den Erhalt der Selbstständigkeit im Alter und für eine dauerhaft finanzierbare Absicherung des Risikos der Pflegebedürftigkeit kommt der Stärkung der Prävention und der Rehabilitation für alte Menschen zu. Studien zu medizinischen und funktionellen Ergebnissen im Langzeitverlauf nach einer geriatrischen Rehabilitation zeigen, dass deren Erfolg nach einem Jahr wieder um mehr als die Hälfte zurückgegangen ist. Das macht deutlich, dass eine Mobilisierung oder Aktivierung der Pflegebedürftigen nicht ausreichend stattfindet. Die passivierende Pflege erhöht wiederum den Rehabilitations-Bedarf von Pflegebedürftigen und setzt eine Spirale in Gang, die in der Bettlägerigkeit endet und letztlich mit mehr Personalbedarf bewältigt werden muss.

Kompetenz und Potenzial der Pflegefachkräfte bei der aktivierend-rehabilitativen Pflege sind also stärker als bislang zu nutzen. Das geschieht am Besten in der Leistungszuständigkeit der Pflegeversicherung, zumal dann auch gesetzgeberische Anreize gesetzt werden können, die verhindern, dass – wie im geltenden Recht – erfolgreiche Rehabilitation u. U. zwangsläufig zur Verringerung der Leistungsansprüche in der Pflegeversicherung führt.

Finanzierung von Pflegeeinrichtungen – die Sicht einer Bank

Richard Böger

1. Bank für Kirche und Caritas

Die Bank für Kirche und Caritas ist eine Spezialbank innerhalb des genossenschaftlichen Finanzverbundes und betreut im Bereich der katholischen Kirche ausschließlich kirchliche und caritative Einrichtungen sowie deren hauptamtliche Mitarbeiter. Unser regionaler Schwerpunkt sind die (Erz-) Bistümer Paderborn, Fulda und Magdeburg, aber darüber hinaus wir sind auch bundesweit aktiv. Mit 2,5 Milliarden Euro Bilanzsumme belegten wir im letzten Jahr den Platz 24 auf der Liste der größten Genossenschaftsbanken in Deutschland. In den letzten Jahren haben wir über 100 katholische Altenpflegeheime finanziert.

Als Kirchenbank fühlen wir uns den Überzeugungen unserer Kunden eng verbunden. Auch wir treten deshalb für einen konsequenten *Schutz des Lebens* ein. Dies gilt für den Anfang des Lebens, aber auch für das Ende. Für jeden Menschen gilt, dass er Geschöpf und Ebenbild Gottes ist, dem Heil zugesagt wird. Katholische Altenhilfeeinrichtungen sollen Orte sein, wo Bewohner, Mitarbeiter und Angehörige einander begegnen und darauf achten, dass Fähigkeiten nicht verkümmern und unverwechselbares Leben nicht eingeengt wird, sondern sich frei entfalten kann. Aus dem Miteinander entsteht ein Füreinander, das Menschen in Würde altern lässt und ihnen Wegbegleitung bis in den Tod anbietet, getragen von Achtung und Zuwendung.

2. Marktstruktur und Marktentwicklung

Dieses christliche Menschenbild hat dazu geführt, dass das Betreiben von Altenpflegeheimen schon immer eine wichtige Aufgabe von Caritas und Diakonie gewesen ist. Dies prägt auch die aktuellen Marktstrukturen. Von den etwa 8500 in Deutschland betriebenen stationären Altenpflegeheimen sind etwa 75 Prozent von freien gemeinnützigen Trägern (und hier vor allen Dingen von Caritas und Diakonie) errichtet worden. Etwa 10 Prozent sind öffentliche Häuser, und nur 15 Prozent der Altenpflegeheime werden von privaten Trägern betrieben. Dabei ist zu beobachten, dass sich die kirchlichen Träger gegenüber den privaten Wettbewerbern sehr gut behaupten können. Die Marktanteile der kirchlichen Träger sind in den letzten Jahren gestiegen.

Meiner Meinung nach sollte der Staat ein hohes Interesse daran haben, dass die gute Marktposition der Heime in christlicher Trägerschaft erhalten bleibt. Aufgrund der institutionellen Verankerung der am Lebensschutz orientierten Unternehmensphilosophie sind christliche Heime eher gefeit gegen Tendenzen, die die alten Menschen zuerst in ihrer Rolle als Kostenverursacher oder Ertragsbringer sehen und nicht ausschließlich in ihrer Rolle als zu pflegende Menschen. Ohne die Arbeit der privaten oder öffentlichen Häuser in irgendeiner Weise negativ zu bewerten, bin ich davon überzeugt, dass der grundgesetzliche Schutz der Würde des menschlichen Lebens auch im Alter eher realisiert wird bei einer Marktstruktur, die von christlichen Häusern geprägt wird, als wenn der Markt von privaten Heimen dominiert würde.

Wie wird sich der Pflegemarkt in Zukunft entwickeln? Hier sind sich alle Experten ziemlich einig. Der Anteil der Pflegefälle wird in den nächsten Jahren kontinuierlich zunehmen. Hierzu trägt die steigende Lebenserwartung wie auch die steigende Anzahl alter Menschen bei. Auch wenn man davon ausgeht, dass die altersspezifische Pflegewahrscheinlichkeit aufgrund einer insgesamt gesünderen Bevölkerung abnimmt (Kompressionsthese), wird sich die Zahl der Pflegebedürftigen dramatisch erhöhen. Nach Schätzungen des Instituts für Wirtschaft und Gesellschaft in Bonn wird sich die Zahl der Pflegefälle von 2 Millionen im Jahr 2000 auf 4 Millionen im Jahr 2050 verdoppeln. Da das IWG bei seinen Berechnungen nicht die Kompressionsthese unterstellt, sondern von gleichbleibenden altersspezifischen Pflegewahrscheinlichkeiten ausgeht, rechne ich mit einem geringeren Anstieg, der aber nach wie vor beachtlich bleibt.

Mit einer größeren Anzahl von Pflegebedürftigen sind natürlich ganz unweigerlich deutlich steigende Kosten und Investitionen in neue Heime verbunden. Ein stationärer Pflegeplatz der Pflegestufe 3 kostet heute im Monat etwa 3500 Euro. Da dies die Durchschnittsrente bei weitem übersteigt, ist klar, dass die Pflegebedürftigen neben ihrer eigenen Rente zusätzlich Unterstützung über die Pflegeversicherung und/oder die Sozialhilfe benötigen, damit die Pflegebedürftigen die in Anspruch genommenen Leistungen bezahlen können. Wenn eine Gesellschaft eine menschenwürdige Pflege im Alter will, muss sie auch die Ressourcen bereitstellen, sonst bleiben die Bekundungen wirkungslose Sonntagsreden.

Ich möchte nicht auf die gesamtwirtschaftlichen Konsequenzen (im Hinblick auf die Organisation der Pflegeversicherung bzw. die Notwendigkeit ihrer Reform) eingehen, sondern mich auf die Finanzierung aus der Sicht eines einzelnen Altenheimes konzentrieren.

3. Finanzierung von Altenpflegeheimen

Wie wurden Altenheime bisher finanziert? In Nordrhein-Westfalen (aber auch in vielen anderen Bundesländern) gab es bis zum Jahr 2002 die Regelung, dass für den Bau oder Umbau eines Altenpflegeheimes ein zinsloses Darlehen in Höhe von 50 Prozent der Investitionssumme gewährt wurde. Die anderen 50 Prozent konnten dann problemlos über eine Bank, zum Beispiel unser Haus, aufgenommen werden. Auf diese Weise konnten die Träger auch ohne den Einsatz von Eigenkapital ein rentables Altenpflegeheim aufbauen und betreiben.

Diese *Objektförderung* wurde in Nordrhein-Westfalen und inzwischen auch in den meisten anderen Bundesländern abgeschafft und durch die *Subjektförderung* ersetzt. In den Bundesländern Baden-Württemberg, Bayern, Hessen, Sachsen, Sachsen-Anhalt und Thüringen gilt die Objektförderung noch. Angesichts der leeren Länderkassen ist die Förderung jedoch nicht gewährleistet, und dadurch ist ein Investitionsstau entstanden. Absehbar ist, dass auch hier in den nächsten Jahren ein vollständiger Rückzug aus dieser Art der Finanzierung erfolgen wird. Die Altenhilfeeinrichtungen müssen nun zunächst 100 Prozent der Investitionssumme aufbringen und können die Kosten über den Investitionspflegesatz refinanzieren.

Welche Konsequenzen hat diese Änderungen der Finanzierung für die Altenhilfeeinrichtungen in Nordrhein-Westfalen?

1. Mit der Änderung wurde gleichzeitig das Volumen der maximal zulässigen Baukosten um 20 Prozent reduziert auf 76.600 € pro Platz. Dies bedeutet, dass der Bau von Pflegeheimen heute 20 Prozent weniger kosten darf als vor 10 bis 15 Jahren. Auch wenn dieses gesunkenen Preisniveau angesichts der schlechten Lage in der Bauwirtschaft aktuell

durchsetzbar ist (z. B. mit Bauarbeitern aus Osteuropa), kann dies langfristig nur funktionieren, wenn Abstriche bei den Baustandards gemacht werden.

2. Für die Pflegebedürftigen erhöht sich der Pflegesatz (unabhängig von der Pflegestufe) um ca. 300 € pro Monat. Dieser Mehrbetrag muss aus eigenem Einkommen oder Vermögen aufgebracht werden, da für die Investitionskosten die Pflegeversicherung nicht aufkommt. Erst wenn das eigene Einkommen nicht reicht und das Vermögen bis auf einen Restbetrag von ca. 10.000 € verbraucht ist und wenn dann noch das Einkommen der Kinder herangezogen wurde, zahlen die Kommunen ergänzendes Pflegewohngeld. Hierfür gibt es aber in NRW keine einheitlichen Regelungen, sondern jede Kommune hat hier einen eigenen Ermessenspielraum.

Dies ist eine deutliche Kürzung der sozialen Leistungen in diesem Bereich, die in der Öffentlichkeit bisher kaum bekannt ist. Dies liegt daran, das es bisher kaum Pflegewohnheime gibt, die nach neuem Recht finanziert worden sind. Von dieser Kürzung ist insbesondere die Mittelschicht betroffen. Die Ärmeren bekommen auch jetzt schon Pflegewohngeld, und die Reichen können sich auch die höheren Pflegesätze leisten.

Exkurs: Mit Sorge sehe ich die Tendenzen bei den Kommunen und in der Rechtsprechung, in einem immer stärkeren Umfang die Kinder und Schwiegerkinder zur Finanzierung der Pflege heranzuziehen, um die ergänzenden Zahlungen der Kommunen zu reduzieren. Dabei mache ich mir aus Sicht der Träger darüber keine Probleme, zumal die Leistungen der Kinder von den Kommunen und nicht von den Heimen eingefordert und im Streitfall eingeklagt werden. Sorge bereiten mir die Auswirkungen dieses Vorgehens auf die Psyche der Pflegebedürftigen. Wie mag sich eine Pflegebedürftige alte Frau von 80 Jahren fühlen, wenn sie weiß, dass sie Monat für Monat eine solche finanziellen

Belastung für die eigenen Kinder ist, dass diese ihren Lebensstandard spürbar einschränken müssen?

3. Die Träger können ab heute nur noch in neue Pflegeheime investieren oder alte umbauen, wenn ausreichend Eigenkapital vorhanden ist. Da keine Bank (auch wir nicht) Investitionen ohne den Einsatz von Eigenkapital finanziert, muss ein Träger jetzt mindestens 20 Prozent der Investitionssumme als Eigenkapital vorab in die Finanzierung einbringen. Die Bedeutung der Bankfinanzierung steigt dabei gleichzeitig von 50 Prozent auf 80 Prozent der Investitionssumme. Es ist zu beobachten, dass sich viele Kreditinstitute aus der Finanzierung des sozialen Sektors zurückziehen. Wenn es die Spezialbanken, wie die Kirchenbanken, nicht gäbe, die die Finanzierung dieses Sektors weiter aufrechterhalten, würden sicherlich etliche kirchliche Träger große Finanzierungsprobleme bekommen.

Für den caritativen und diakonischen Sektor ist absehbar, dass die Zahl der kleinen, eigenkapitalschwachen Träger abnehmen wird und sich die Neuinvestitionen auf die großen und starken Träger konzentrieren werden. Die Möglichkeiten der Kirche, das erforderliche Eigenkapital zur Verfügung zu stellen, nehmen angesichts der rückläufigen Kirchensteuern deutlich ab, so dass das Eigenkapital letztlich aus den in der Vergangenheit erwirtschafteten Rücklagen bereit gestellt werden muss. Gott sei Dank gibt es sowohl im caritativen wie auch im diakonischen Sektor zur Zeit noch genügend Träger, die diese Voraussetzungen mitbringen.

Die Politik muss aber sicherstellen, dass es auch in Zukunft noch starke und wirtschaftlich gesunde Träger geben wird. Das immer stärkere Ausbluten der Träger durch Deckelung der Pflegesätze bei knapp bemessenen Budgets mag zwar kurzfristig Sparerfolge bringen, wird aber langfristig die wirtschaftliche Basis vieler Anbieter so schwächen, dass es für sie uninteressant ist, die Pflegeheime weiter zu betreiben. Diese Entwicklung sehe ich mit Sorge.

Wenn der politische Wille besteht, in Deutschland den alten Menschen ein Altern in Würde und Menschlichkeit zu ermöglichen, dann müssen auch die Refinanzierungsbedingungen für die Altenheimbetreiber so gestaltet sein, dass es für einen gemeinnützigen Träger möglich ist, ein Altenheim wirtschaftlich zu betreiben.

Generell bewegen wir uns hier in einem regulierbaren Markt. Die Preise, die das Heim von seinen Bewohnern fordert (Pflegesätze), werden in Verhandlungen zwischen dem Betreiber und öffentlichen Stellen festgelegt. Diese Regulierung ist generell richtig und sinnvoll, schützt sie doch die Altenheimbewohner vor der Ausnutzung von Notlagen. Gleichzeitig schafft sie Rechtssicherheit für die Anbieter, die für einen Investitionszeitraum von mindestens 25 Jahren Sicherheit benötigen.

4. Politische Forderungen

Welche politischen Implikationen und welche Forderungen an die Politik ergeben sich aus dem Ziel, auch in Zukunft eine menschenwürdige und qualitativ hochwertige Pflege zu sichern?

1. Klare Regelungen zur Refinanzierung der Investitionskosten. Zu niedrig bemessene Abschreibungen führen dazu, dass die Träger einem schleichenden Enteignungsprozess unterliegen. Die in Nordrhein-Westfalen getroffenen Regelungen sind hier brauchbar. Refinanziert werden Abschreibungen in Höhe von 4 Prozent, der Zinsaufwand für die Aufnahme von Fremdkapital und eine Eigenkapitalverzinsung in einer Höhe von 4 Prozent.

Bis auf NRW sind nur Abschreibungen in einer Höhe von 2 Prozent refinanzierbar. Hier geht man somit davon aus, dass ein Altenheim eine Lebensdauer von 50 Jahren hat. Es hat sich aber gezeigt, dass nach 25 Jahren der Investitionsbedarf in einem Altenheim, ob Ersatzneubau oder Umbau, so hoch wie der Neubau des Hauses ist. Die alten Kredite müssen deshalb nach 25 Jahren getilgt sein, da sonst die Banken keine neuen Kredite für die Investitionsfinanzierung geben können.

Die refinanzierbare Eigenkapitalverzinsung von 4 Prozent ist für gemeinnützige Träger ausreichend, führt aber gleichzeitig dazu, dass die Branche für private Träger nicht attraktiv ist. Die nordrhein-westfälische Regelung sollte deshalb auch auf andere Bundesländer übertragen werden.

2. Wir beobachten aktuell einen schleichenden Rückzug der öffentlichen Hand aus der Finanzierung. Die Leistungen der Pflegeversicherung sind seit 10 Jahren unverändert. Der Staat hat sich in NRW aus der Investitionsfinanzierung zurückgezogen und gleichzeitig die maximalen Baukosten gesenkt. Diese Entwicklung kann so nicht weitergehen ohne massive negative Auswirkungen auf die Qualität der Pflege. Wir brauchen eine Dynamisierung der Leistungen auf allen Ebenen, das heißt eine Anpassung an Inflationsrate und Lohnentwicklung.

3. Die zuständigen Stellen, also die Krankenkassen, die Pflegeversicherung und auch die Länder und Kommunen, sollten offen sein für alle Arten von Mischformen zwischen ambulanter und stationärer Pflege. Wenn es Einsparmöglichkeiten gibt, dann durch einen Ausbau der ambulanten Pflege bzw. durch Befolgen des Grundsatzes: ambulant so weit wie nötig, stationär so spät wie möglich. Hier muss ein abgestimmtes Verhalten von Krankenkassen und Pflegekassen erreicht werden, um im Interesse der alten Menschen zu einer optimierten Pflegekette zu kommen.

4. Wir brauchen eine bessere Aufklärung der Gesellschaft über Kosten und Wahrscheinlichkeiten der Pflegebedürftigkeit. Wenn der Staat sich aus der Finanzierung mehr

und mehr zurückzieht (weil er aufgrund der Staatsverschuldung keine anderen Möglichkeiten hat), dann sollte
er zumindest stärker und besser aufklären über die Situation und die Regelungen beim Eintritt eines Pflegefalles.
Nur dann können die Menschen (spätestens mit 55) rechtzeitig private Vorsorge betreiben, um unerwünschte Situationen und Abhängigkeiten in diesem Fall zu vermeiden.

Senioren in der Werbung

Carl-Philipp Mauve

Die Folgen der aktuellen demographischen und gesellschaftlichen Entwicklung treten nicht nur in den öffentlichen Debatten zum Rentensystem und zur Pflegeversicherung zutage, auch die privaten Unternehmen müssen sich zunehmend auf die daraus resultierenden Veränderungen auf den Märkten einstellen.

Mit dem demographischen Wandel entstehen neue Herausforderungen in allen zentralen Unternehmensbereichen. In der Personalpolitik müssen neue Arbeitszeitmodelle aufgrund der alternden Arbeitnehmerschaft und des späteren Renteneintrittsalters erdacht werden. Auf mittlere Sicht wird ein Fachkräftemangel immer wahrscheinlicher, es muss also in die Weiterbildung älterer Arbeitnehmer investiert werden. Bei der Produktentwicklung müssen die Bedürfnisse der alternden Konsumenten berücksichtigt werden. Die dramatische Verschiebung des Kaufkraftpotentials in Richtung des Kundensegments der über 60-Jährigen muss von den Unternehmen in der langfristigen Geschäftsplanung berücksichtigt werden.

Der jüngsten Einkommens- und Verbrauchsstudie des Statistischen Bundesamtes ist zu entnehmen, dass bereits jetzt 40 Prozent des gesamtem Nettovermögens aller bundesdeutschen Haushalte bei den über 60-Jährigen liegt, und dies bei einem Bevölkerungsanteil von nur 25 Prozent. Um dieses Marktpotential zu nutzen, muss im Besonderen auch die Marketing-Kommunikation darauf ausgerichtet werden.

Die traditionellen Rollenbilder der Gesellschaft verschwimmen zusehends. Familienstrukturen werden immer weniger horizontal, sondern vertikal. Die traditionellen Familienverbände lösen sich auf, und es entstehen neue Lebensweisen und Formen des Zusammenlebens.

Eine Analyse der Werbung aus den 90er Jahren zeigt, wie groß die Schere zwischen vorhandenem Zielgruppenpotential und tatsächlicher Zielgruppenansprache ist.

Entweder findet eine Ansprache der älteren Menschen gar nicht statt, oder sie erfolgt in diskriminierender Weise. Dabei sind zwei unterschiedliche Kommunikationsmuster zu beobachten.

Die *altersexklusive* Werbung stellt den kleineren Teil der Werbung mit älteren Menschen dar. Diese richtet sich ausschließlich an die ältere Zielgruppe. Hier werden oft klischeehafte Darstellungen – wie zum Beispiel ein glückliches Rentnerpaar, das blendend aussehend am Strand entlangspaziert – oder die Darstellung des Defizitären des Alters gewählt, um seniorenspezifische Produkte zu verkaufen. Diese Art der Darstellung wird oft bei Gesundheits- oder Pflegeprodukten gewählt.

In der *alterskontrastiven* Werbung, die sich an jüngere Zielgruppen richtet, werden ältere Menschen aus ganz anderen Gründen gezeigt. Um die Jugendlichkeit einer Marke zu betonen, werden ältere, oft gebrechliche Menschen auf eine sehr oft respektlose Art und Weise verulkt. Auf deren Kosten versucht man sich also als junge Marke darzustellen. Mit dieser Art der Darstellung und dem häufig etwas schrägen Humor der Kampagnen sollen Sympathie- und Aufmerksamkeitseffekte für die beworbene Marke bei einem jüngeren Zielpublikum erreicht werden.

Dass die intendierte Verjüngung des Markenimages über die Diskriminierung des Alters nicht ohne Risiko umzusetzen ist, mussten jüngst die Marketers bei Mercedes erfahren. So stieß der Werbespot, in dem der junge Mercedes-Fahrer seinem Vater sagt, dass er zu alt für den neuen

Mercedes sei, auf so heftige Gegenreaktionen aus der älteren Mercedes-Stammkundschaft, dass sich das Unternehmen sehr schnell entschied, diesen Werbespot vom Sender zu nehmen.

Auf die durch die demographischen und gesellschaftlichen Veränderungen verursachte, wachsende Unzuverlässigkeit von althergebrachten Zielgruppenschablonen wurde bis dato von den Werbungtreibenden nur bedingt reagiert.

Meist wurden diese Entwicklungen schlicht und einfach ignoriert, und der Fokus lag weiterhin auf der Kernzielgruppe zwischen 14 und 49 Jahren. Dieses Altersintervall dient seit Jahrzehnten in der Mediaplanung als eine Art Basiswährung.

Die Gründe für das Missverhältnis zwischen dem (durchaus erkennbaren) Zielgruppenpotential und der mangelnden tatsächlichen Adressierung der Zielgruppe sind vielfältig.

Unter den Verantwortlichen aufseiten der Werbung Treibenden und Werbeschaffenden herrscht eine Mischung aus mangelnder Sensibilität und fehlendem Enthusiasmus, wenn es um die kommunikative Ansprache älterer Menschen geht. Welcher 30-jährige Agenturmann oder Brand Manager will sich freiwillig in die Gefühle seiner Elterngeneration hineindenken – vor allem wenn das Briefing die Markenverjüngung vorsieht?

In der Werbebranche herrscht Einigkeit darüber, dass sich Senioren sehr wohl mit dem Bild von jüngeren Menschen in der Werbung identifizieren – aber eben nicht andersherum.

Eine direkte Ansprache von älteren Menschen in der Werbung kann sogar zur Ablehnung der Werbebotschaft bei den Älteren führen. Die Gründe dürften dieselben sein wie bei der direkten Ansprache von ostdeutschen Konsumenten nach der Wende: Man fühlt sich ausgegrenzt.

Ein weiterer Grund für die Vernachlässigung der Senioren in der Werbung liegt in der Markenstrategie. Viele Pro-

dukte werden mit einer jugendlichen Markenpersönlich-
keit positioniert. Entsprechend groß ist die Furcht vor einem Verlust an Sympathien und Anerkennung im jüngeren
Kundensegment. Entscheidend trägt dazu auch die öffentliche Meinung bei, die mit dem Alter überwiegend negative Assoziationen verbindet.

Des Weiteren gibt es die weit verbreitete, stereotype
Auffassung der Werbung Treibenden, dass Menschen im
fortgeschrittenen Alter bereits festgelegte Markenpräferen-
zen hätten und eine Bearbeitung dieser Zielgruppe nur unter hohem Mediendruck den gewünschten Erfolg bringe.

Diese Auffassung muss unter den sich für die Zukunft
abzeichnenden gesellschaftlichen Rahmenbedingungen
mehr und mehr in Frage gestellt werden, da die Menschen
im Alter im Vergleich zu früher eine bessere Gesundheit
haben. Daher haben sie noch viel vom Leben zu erwarten,
können nach dem aktiven Arbeitsleben ihre Zeit für sich
selber nutzen und auch im hohen Alter noch neue Erfahrungen sammeln. Aufgrund dieser (in Marktforschungsstu-
dien belegten) Offenheit ist diese Zielgruppe auch bereit,
sich auf neue Marken einzulassen und Unbekanntes aus-
zuprobieren.

Auch unter dem Aspekt der Optimierung des Medien-
Mix kann es auf den ersten Blick als sinnvoll erscheinen,
Senioren als Zielgruppe nur indirekt anzusprechen.

In Studien zur Zielgruppe Senioren ist belegt worden,
dass diese eine deutlich intensivere Mediennutzung haben
als andere Altersgruppen. Wenn man im Mediaplan einen
Schwerpunkt auf die jüngere Zielgruppe legt, wird man
trotzdem auch die Senioren ansprechen, da diese durch die
höhere Mediennutzung leichter mit Werbemaßnahmen zu
erreichen sind. Aufgrund der in der Gesellschaft vorhandenen Dominanz des jugendlichen Idealtypus orientieren
sich die Interessen und Identifikationspunkte auch der älteren Menschen länger daran. Somit reagieren sie auch in-

haltlich auf den Mainstream junger Werbung. Dies rührt daher, dass man sich eher mit Menschen jüngeren als höheren Alters identifiziert, da man die zurückliegenden Lebensphasen schon durchlebt hat und sich selbst in den Jüngeren besser wiedererkennen kann.

Der Einfluss der privaten Fernsehsender sollte bei der Frage, warum die ältere Zielgruppe in der Werbung unterrepräsentiert ist, auch nicht vernachlässigt werden. Da die privaten Programme ein jüngeres Zielpublikum haben, versuchen die Medienmacher den Fokus der Werbung Treibenden auf die Zielgruppe von 14 bis 49 Jahren zu forcieren, was ihnen durch den erheblichen Einfluss ihrer Vermarktungsgesellschaften auch teilweise gelingt.

Zusammenfassend ist zu sagen, dass die Rolle der Senioren in der Werbung bis zum heutigen Zeitpunkt in keiner Weise den gesellschaftlichen Entwicklungen und dem Marktgewicht der Konsumentengruppe über 50 Jahren gerecht wird. Auch der zunehmenden Relativierung des Alters in Bezug auf Lebensstile und im Besonderen auf das Kaufverhalten wird nicht ausreichend Rechnung getragen.

In aktuellen Werbekampagnen zeichnet sich seit einiger Zeit jedoch ein Paradigmenwechsel im Umgang mit dem Alter ab.

Die dogmatische Fixierung auf die Jugendlichkeit nimmt – wie in vielen Lebensbereichen – auch in der Marketing-Kommunikation langsam, aber stetig ab. Es ist abzusehen, dass das Alter von der Werbung zunehmend neu interpretiert wird, da auch die Unternehmen beginnen, die ökonomischen Chancen zu erkennen, die sich hier ergeben, und sich auf die demographischen und gesellschaftlichen Entwicklungen einzustellen.

Unterstützt wird diese Entwicklung von Studien, die nicht nur das große Marktpotential für die Werbung Treibenden aufzeigen, sondern auch Hinweise für eine erfolgreiche Ansprache liefern.

Für das Kundensegment der älteren Menschen gibt es eine Vielzahl von Definitionen, mit denen versucht wird, die Zielgruppe einzugrenzen. Diese reichen von den „Mid-Agers", den 45- bis 65-Jährigen, die meist noch berufstätig sind und deren Kinder schon aus dem Haus sind, bis zu den „Yollies" (Young Old Leisurely Living People), die die aktive Berufslaufbahn schon beendet haben, im Paarhaushalt leben und ihre neu gewonnenen Freiheiten in vollen Zügen genießen.

In neueren Kampagnen werden Senioren mehr und mehr in der Mitte der Gesellschaft angesiedelt, als Charaktere, mit denen sich jede Altersgruppe identifizieren kann. So kann eine generationenübergreifende Zielgruppenansprache realisiert werden, und die Isolation einzelner Altersgruppen wird aufgehoben.

Eine Studie des Instituts IFAK belegt den sich vollziehenden Paradigmenwechsel. So fühlte sich im Jahr 2003 die Zielgruppe ab 50 Jahre signifikant besser als Werbezielgruppe angesprochen als noch drei Jahre zuvor.

VIII. Altersgrenzen

Altersgrenzen aus der Sicht der Rechtswissenschaft

Wolfram Höfling

I.

Über Altersgrenzen zu sprechen, bereitet einige Kopf-schmerzen. Grenzziehungen müssen zwar nicht immer mit diskriminierender Ausgrenzung zu tun haben, sie können auch fürsorgliche Schutzräume errichten und freiheits-ermöglichende Distanz bedeuten. Gleichwohl: Namentlich im hohen Alter bergen Grenzziehungen existentielle Gefahren. Darauf werde ich später zurückkommen. Zunächst aber will ich kurz in einem eher formalen Sinne meine In-formationspflichten erfüllen und einige normative Alters-grenzen knapp skizzieren.

II.

Beim Blick auf das positive Recht fällt der Befund ambiva-lent aus:

Einerseits: Es gibt zahlreiche Rechtstexte, in denen das Alter Anknüpfungspunkt normativer Unterscheidungen ist. Man könnte gleichsam eine *„Lebensalter-Tafel"* erstel-len: vom 7. Lebensjahr (§ 106 BGB: beschränkte Geschäfts-fähigkeit) über das 10. (Anhörungsrecht zum Bekenntnis-wechsel gemäß §§ 2, 3 des Gesetzes über die religiöse Kindererziehung) und das 14. Lebensjahr (bedingte straf-rechtliche Verantwortung gemäß §§ 1, 3 JGG) bis zum 18. Lebensjahr (Erreichen der Volljährigkeit [§ 2 BGB], Wahlrecht zum Deutschen Bundestag), von hier über das 25. Lebensjahr (Mindestalter für Adoption und das Schöffenamt) und über das 40. Lebensjahr (dessen Vollendung Voraussetzung für das Amt eines Richters des Bundesverfassungsgerichts [§ 3 Abs. 1 Satz 1 BVerfGG] und des Bundespräsidenten [Art. 54 Abs. 1 Satz 2 GG] ist), bis zu zahlreichen Ruhestands- und Pensionsregelungen zum 65. Lebensjahr.

Demgegenüber enthält die normative Maßstabsordnung, die Verfassung, keine einschlägigen Bestimmungen. Das Grundgesetz als höchstrangiges Recht und programmatische Grundordnung mit Verbindlichkeitsanspruch auch gegenüber dem Gesetzgeber, es schweigt. Insbesondere ist das Alter nicht in den recht umfänglichen Katalog der Diskriminierungsverbote in Art. 3 Abs. 3 GG aufgenommen worden. Das Grundgesetz kennt auch nicht – anders als z. B. die Europäische Menschenrechtskonvention und der Internationale Pakt für bürgerliche und politische Rechte – eine Auffangklausel, also kein Verbot einer Diskriminierung aus anderen Gründen.[1] Das heißt nicht, dass dem Gesetzgeber – oder gar anderen Institutionen – eine beliebige Deutungshoheit über eine alterskriterielle Zuteilung von Entfaltungs- und Lebenschancen zustände. Es bedeutet nur, dass jede einzelne Grenzziehung bereichsspezifischer Analyse und Rechtfertigung nach Maßgabe der je einschlägigen Grundrechte bedarf. Denn eines ist sicher, jede Grenzziehung – auch eine in fürsorglicher Absicht – bedeutet für den Betroffenen, der sich jenseits dieser Grenze bewegen und entfalten will, eine Verkürzung von Freiheit und ggf. Würde.

Wer feststellen muss, dass man mit 56 Jahren nicht mehr als Vertragsarzt zugelassen wird, würde gerne wissen, ob es dafür überzeugende Gründe gibt. War es wirklich eine sinnvolle Regelung, wenn der Gesetzgeber im Transsexuellenrecht für die sog. „kleine Lösung", die bloße Namensänderung ohne chirurgischen Eingriff, ein Mindestalter vorsah, damit keine voreiligen Festlegungen erfolgten,[2] für die sog. „große Lösung" aber nicht? Könnte auch in Deutschland die Bundesärztekammer – nach Schweizer Vorbild – Empfehlungen bzw. Richtlinien für Neonatologen formulieren, in denen für die Behandlung bzw. Nichtbehandlung von extrem früh Geborenen eine Grenze – die 21. oder 22. Schwangerschaftswoche etwa – fixiert wird? Kann man heute wirklich noch – wie das Bundesverfassungsgericht[3] – den unterschiedlichen Zeitpunkt für den Bezug von Altersruhegeld bei Männern und Frauen mit der Begründung akzeptieren, damit würden faktische Nachteile kompensiert, die typischerweise eher Frauen treffen? Verfestigt dies nicht gerade traditionelle Rollenverteilungen?

III.

Es liegt auf der Hand, dass ich all diese Fragen hier nicht beantworten kann. Ich wende mich deshalb einem anderen – aus meiner Sicht zentralen – Problemaspekt zu und werde die anderen abschichten. Ich werde also ausklammern, ob Hebammen und Prüfingenieure für Baustatik mit 70 Jahren aufhören müssen, weil die denkbaren Gefahren für Dritte, die von nicht mehr geeigneten Berufsangehörigen ausgehen, die pauschalierende Ausgrenzung wirklich rechtfertigen, oder ob nicht gleitende Übergänge und prozedurale Sicherungen ausreichen.[4] Ich werde dagegen noch einmal auf eine Grundsatzfrage zurückkommen, die in der Diskussion eine wichtige Rolle spielt. Meine These war und ist: Es gibt einen Bereich, in dem das *Alter eines Menschen als Differenzierungsmerkmal tabuisiert* sein muss: Die Menschenwürdegarantie des Grundgesetzes, eine aus der schrecklichen Erfahrung erwachsene exzeptionelle Grundnorm unseres Verfassungsrechts, vermittelt nicht nur subjektive Abwehr- und Schutzansprüche gegenüber dem Staat. Die Vorschrift des Art. 1 Abs. 1 GG („Die Würde des Menschen ist unantastbar") entfaltet auch eine objektiv-rechtliche Wirkung. In diesem Sinne ist die Menschenwürdegarantie eine Staatsfundamentierungsnorm in dem Sinne, dass sie – gegenüber allen Änderungsabsichten resistent – klarstellt: Alle Mitglieder der menschlichen Gattung anerkennen einander als gleichwürdige Mitglieder der Gesellschaft. Keiner – auch nicht der Gesetzgeber – hat die Befugnis, über diese existentielle Dazugehörigkeit nach welchen Kriterien auch immer zu entscheiden.[5] Menschenwürde kommt jedem zu, und zwar – wie das Bundesverfassungsgericht zu Recht hervorgehoben hat – unabhängig von Fähigkeiten, Eigenschaften und einem wie auch immer zu definierenden Nutzen für die Gesellschaft.[6] Jeder Mensch – sei es das Frühgeborene in der 22. Schwangerschaftswoche, sei es der wachkomatöse 95-jährige – hat deshalb Anspruch auf Respektierung seines Lebens und seiner existentiellen Persönlichkeitsrechte. Diese Basisgleichheit wird durch den allgemeinen Gleichheitssatz des Art. 3 Abs. 1 GG nochmals untermauert. Er garantiert den gleichen Anspruch eines jeden auf existentielle Dazugehörigkeit zur Solidargemeinschaft des Staates.[7] Und deshalb darf es für die Zuteilung oder Vorenthaltung existentieller medizinischer und pflegerischer Maßnahmen auch keine Altersrationierung geben.

Und damit komme ich zu einer letzten Bemerkung. Ausgrenzung erfolgt nicht nur durch starre Altersgrenzen. Ausgrenzung findet auch dort statt, wo große Teile bestimmter Bevölkerungsgruppen durch eine Strategie der Institutionalisierung von Aktivierungs- und Motivationsanreizen sowie Kommunikationsmöglichkeiten systematisch abgeschnitten werden. Dazu zählen neben psychisch Erkrankten und Behinderten auch alte Menschen. Gerade in Altenpflegeheimen sind vielfach immer noch Zustände zu

beklagen, die jenes Mindestmaß an Integritäts- und Persön-
lichkeitsschutz, das die Menschenwürdegarantie verlangt,
zum Teil weit unterschreiten: Wenn allein im Jahre 1998
im Rahmen der Hamburger Krematoriumsleichenschauen
über 200 Fälle hochgradiger Dekubitalulcera bekannt geworden sind[8] und trotz inzwischen etablierter Qualitätsstandards immer noch tausende von entsprechenden Kör-
perverletzungen jahrein, jahraus beobachtet werden; und
wenn vermutlich 25–30 Prozent der PEG-Sonden namentlich in Alten(pflege)heimen ohne jede medizinische Indikation gelegt werden – allein aus Kostengründen, weil das
Füttern Zeit und das Waschen verschmutzter Bettwäsche
Geld kostet –, dann müssen wir uns alle die Frage stellen:
Wie wollen wir eigentlich miteinander umgehen, und wie
soll dereinst mit uns umgegangen werden?

Anmerkungen

[1] Siehe nur *Nußberger*, in: JZ 2002, 524ff. (524).

[2] Die Bestimmung ist durch das Bundesverfassungsgericht verwor-
fen worden, siehe BVerfGE 88, 87 (96ff.).

[3] Siehe BVerfGE 74, 163 (178).

[4] Siehe dazu etwa BVerfGE 64, 72 (82f.).

[5] Siehe näher hierzu *Hasso Hofmann*, Die versprochene Menschenwürde, in: AöR 118 (1993), 353ff.; *Wolfram Höfling*, Kom-
mentierung des Art. 1 GG, in: M. Sachs (Hrsg.), GG-Komm., [3]2003,
Art. 1 Rn. 42ff.

[6] Siehe dazu etwa BVerfGE 87, 209 (228).

[7] Dazu *Paul Kirchhof*, Der allgemeine Gleichheitssatz, in: Isensee/
Kirchhof (Hrsg.), Handbuch des Staatsrechts. Bd. 5. 1992, § 124 Rn.
199.

[8] Siehe *Armin Buchter/Axel Heinemann/Klaus Püschel*, Rechtliche und kriminologische Aspekte der Vernachlässigung alter
Menschen am Beispiel des Dekubitus, MedR 2002, 185ff.)

Altersgrenzen aus der Sicht der Soziologie

Harald Künemund

Einleitung

Obgleich die Renten zumeist im Mittelpunkt der Diskussion um die Belastungen des Sozialstaats stehen, wenn das Altern der Gesellschaft thematisiert wird, bereiten die Kosten im Bereich der gesundheitlichen Sicherung möglicherweise ein noch größeres Problem. Die Prognosen zur Entwicklung dieser Kosten, die durch die zukünftigen „Alten" entstehen werden, verführen dann offenbar leicht zu der Idee, diese dann auch für solche Kosten selbst aufkommen zu lassen oder ihnen bestimmte Leistungen vorzuenthalten. Ein bekanntes Beispiel hierfür ist z. B. der JU-Vorsitzende Philipp Missfelder, der vorschlug, für 85-Jährige und Ältere künstliche Hüftgelenke nicht mehr auf Kosten der Solidargemeinschaft bereitzustellen: „Früher sind die Leute auch auf Krücken gelaufen."[1] Man kann einem solchen Schluss von der vermeintlichen Ursache der Kostenexplosion auf deren Eindämmung gemäß dem Verursacherprinzip mit einer ganzen Reihe von Argumenten begegnen: Man kann etwa sagen, dass die einzelne Person, die mit 85 Jahren ein künstliches Hüftgelenk benötigt, höchstwahrscheinlich nicht dafür verantwortlich ist, dass die sozialen Sicherungssysteme an finanzielle Grenzen stoßen – also dafür, dass es von diesem Altersjahrgang so viele und zugleich am Arbeitsmarkt so wenige Personen gibt, die faktisch etwas in das System einzahlen –, oder dass sie keinen nennenswerten

Einfluss auf die Gestaltung der Preise für das gewünschte Gut hat. Män könnte auch auf ethische Prinzipien verweisen, die solche Überlegungen generell nicht akzeptabel erscheinen lassen, auf Einsparmöglichkeiten in anderen gesellschaftlichen Bereichen, auf Möglichkeiten einer solidarischen Verteilung der Lasten, ohne dass dabei Personen allein aufgrund ihres Alters diskriminiert werden, oder auf Möglichkeiten der Verbesserung von Arbeits- und Gesundheitschancen – etwa gesundheitsfördernde Maßnahmen am Arbeitsplatz, die sich in Kombination mit dem lebenslangen Lernen positiv sowohl auf der Einnahmeseite als auch der Ausgabenseite des Sozialversicherungssystems auswirken könnten, indem sie die Erwerbsphase verlängern. Neben diesen (und weiteren) berechtigten Einwänden kann man aber auch darauf hinweisen, dass der Rekurs auf „Alter" und „Altersgrenzen" in solchen Überlegungen selbst hochgradig fragwürdig ist. Dies wird deutlicher, wenn diese Begriffe als soziale Konstruktionen in konkreten historisch-gesellschaftlichen Konstellationen betrachtet werden.

Alter

Alter ist eine soziale Konstruktion, oder besser: Es gibt viele solcher Konstruktionen. Man kann z. B. für den menschlichen Lebenslauf zwischen biologischem, psychischem und sozialem Alter differenzieren (vgl. ausführlicher: Kohli 1998; Kohli/Künemund 2000): Biologisches Alter bezeichnet die Entwicklungsstadien des Organismus zwischen Geburt und Tod, psychisches Alter diejenigen des personalen Systems, soziales Alter den Ort der Person im gesellschaftlich gegliederten Lebenslauf, d. h. ihre Zugehörigkeit zu einer der gesellschaftlich abgegrenzten Altersphasen und Altersgruppen. Diese Prozesse werden oft in Beziehung zum kalendarischen Alter gesetzt, jedoch ist dieses kein besonders gutes Messinstrument für Prozesse, die gar nicht immer linear und irreversibel und auch nicht immer zwangsläufig „ablaufen". Kalendarisch gleichaltrige Personen können z. B. durchaus biologisch mehr oder weniger „gealtert" sein – besonders drastisch macht dies das Hutchinson-Gilford-Syndrom (Progerie) deutlich. Sie können auch unterschiedlich „weise" und in verschiedenen sozialen Kontexten sogar gleichzeitig unterschiedlich „alt" sein – man denke etwa an einen Fußballspieler, der als solcher mit z. B. 30 Jahren schon zu den „Alten" zählt, während er in anderen sozialen Kontexten durchaus noch zu den „Jungen" zählen dürfte.

Die Unangemessenheit des kalendarischen Alters als Messlatte für diese Prozesse wird besonders deutlich, wenn man auf den Entstehungszusammenhang dieser sozialen Konstruktion blickt. Der Kalender und auch das Konzept der Zeit selbst sind über viele Generationen hinweg entwickelt worden, um soziale Interaktionen koordinieren zu können (vgl. Elias 1984). Dabei hat man sich zunächst an beobachtbaren Veränderungen in der Umwelt – Ebbe und Flut, Wechsel der Jahreszeiten usw. – orientiert. Erst relativ spät in der Menschheitsgeschichte gelang es, den Kalender so zu konstruieren, dass er mit diesen wahrnehmbaren Veränderungen weitgehend übereinstimmte, und mit der mechanischen Uhr mit Hemmung ein standardisiertes Messinstrument zu entwickeln, dass den früheren Wasser-, Sand- und Kerzenuhren usw. im Hinblick auf die präzise Abstimmung der Zeit überlegen war. Zu verschiedenen historischen Zeitpunkten wie auch in unterschiedlichen Gesellschaften bestanden ganz unterschiedliche Konzepte und Zeitvorstellungen, ebenso ganz unterschiedliche Messinstrumente (vgl. ausführlich hierzu Wendorff 1980). Bei der Entwicklung dieser Messinstrumente stand aber nicht die Bestimmung des biologischen, psychologischen oder sozialen Alters von Personen im Zentrum. Und die

Anwendung eines für diese Prozesse unzuverlässigen
Messinstruments birgt einige Risiken. Einige dieser Risiken lassen sich am Beispiel der gegenwärtigen Altersgrenze
für das Erwerbsleben veranschaulichen.

Altersgrenzen

Altersgrenzen sind soziale Konstruktionen, die Lebensläufe nach Lebensphasen strukturieren. Dass es sich auch
bei ihnen um Konstruktionen handelt, lässt sich ebenfalls
sehr leicht dekonstruieren, indem man verschiedene Gesellschaften oder Epochen hinsichtlich ihrer jeweiligen Al-
tersgliederung vergleicht – dann zeigt sich z. B. eine große
Varianz von Altersgrenzen wie auch eine enorme Vielfalt
von Regeln, die das Erreichen und Überschreiten der jeweiligen Grenzen betreffen. Daraus folgt aber nicht ohne weiteres, dass man Altersgrenzen beliebig verändern könnte,
da sie in verschiedener Hinsicht in die sozialen Strukturen
der Gesellschaft fest eingewoben sind. Dies zeigt sich in
besonders ausgeprägter Weise bei der Altersgrenze zwischen Erwerbsleben und Ruhestand. Diese reguliert den
Zu- und Abgang zum Arbeitsmarkt mithilfe von Institutionen, die in Abhängigkeit von der Position der Individuen
zu den jeweiligen Altersgrenzen verschiedene Leistungs-
systeme und Funktionen bereitstellen. Die Herausbildung
dieser Altersgrenzen mit ihrer relativ strikten chronologischen Dreiteilung des Lebenslaufs in Ausbildungs-, Er-
werbs- und Ruhestandsphase hat Kohli (1985) ausführlich
als einen Prozess der Institutionalisierung des Lebenslaufs
beschreiben.

Diese starre Altersgrenze steht heute zunehmend in der
Kritik (vgl. z. B. Lehr 1998), vor allem aus folgenden Gründen:

– Eine feste Altersgrenze kann als eine Form der Diskriminierung nach dem Alter betrachtet werden.
– Sie stellt zugleich eine fragwürdige Einschränkung der individuellen Handlungsautonomie dar.
– Ihre Anwendung führt zum Verlust von Humankapital: Kompetenzen und Ressourcen älterer Menschen werden nicht genutzt.
– Sie verschärft die Finanzierungsprobleme des Rentensystems, wenn das Rentenzugangsalter nicht drastisch angehoben wird.
– Sie ignoriert den Wandel der modernen Erwerbsbiographien in Richtung zunehmender Flexibilisierung und Mobilität.

Die Altersgrenze zwischen Erwerbsleben und Ruhestand hat in diesem Kontext aber auch eine Reihe von Funktionen, die dafür sprechen, dass sie sich nicht ohne weiteres abschaffen oder modifizieren lassen wird:
– Sie regelt den Austritt aus dem Erwerbsleben, also die Beendigung des Arbeitsvertrages, und ermöglicht damit z. B. eine längerfristige innerbetriebliche Planung der Nachfolge für einzelne Positionen, entlastet von der individuellen Überprüfung der Kompetenzen bzw. dem Nachweis individueller Defizite und gibt den Betrieben durch gewisse Spielräume zugleich eine weitgehend akzeptierte Möglichkeit zur Lösung von Personalanpassungsproblemen an die Hand.
– Die Altersgrenze regelt aber auch den Zugang zu bestimmten Leistungen des Systems sozialer Sicherung, z. B. in Form einer Altersrente als Lohnersatz, und hier war eine starre Altersgrenze lange Zeit insofern vorteilhaft, als sie von einer aufwendigen individuellen Überprüfung z. B. des Gesundheitszustandes befreit. Zugleich macht sie den Übergangsprozess längerfristig überhaupt erst plan- und berechenbar.

– Schließlich gibt sie auf der individuellen Ebene einen Orientierungspunkt für die subjektive Gliederung und Planung des Lebenslaufs (mit entsprechenden Konsequenzen z. B. hinsichtlich des Sparverhaltens oder der Abstimmung mit dem Partner).

In den letzten Jahrzehnten waren verschiedene Akteure an der Ausgestaltung der Altersgrenze zwischen Erwerbsleben und Ruhestand beteiligt, ebenso an den Regelungen, die das Erreichen und Überschreiten dieser Grenze betreffen – vor allem Arbeitgeber, Gewerkschaften und die Sozialpolitik (vgl. als Übersicht Clemens et al. 2003). Hier bestand eine gewisse Interessenkoalition hinsichtlich eines möglichst frühen Übergangs in den Ruhestand. Bei hinreichender materieller Absicherung wünschte bislang offenbar ein großer Teil der Arbeitnehmer eine möglichst frühe Beendigung der Erwerbsphase. Auch die Arbeitgeber fanden mit der Frühverrentung eine sozial weitgehend akzeptierte und häufig betriebswirtschaftlich vorteilhafte Möglichkeit zur Personalanpassung, die Gewerkschaften versprachen sich vom frühen Ruhestand eine Verbesserung der Lebensqualität für die Arbeitnehmer, und die Politik, die zahlreiche Frühausgliederungspfade geschaffen und dafür teilweise die Sozialversicherungen instrumentalisiert hat, eine Entlastung des Arbeitsmarkts – auch im Interesse der Beschäftigungsmöglichkeiten der jüngeren Generation.

Trotz z. T. deutlicher Unterschiede in den Systemen der sozialen Sicherung in den modernen Industriegesellschaften und trotz unterschiedlichen Ausmaßes der finanziellen Absicherung im Alter – welche heute insbesondere vonseiten der Ökonomie als so genannter „Pull"-Faktor im Sinne von individuellen Anreizen für einen möglichst frühen Übergang in den Ruhestand maßgeblich für den Trend zum immer früheren Ruhestand verantwortlich gemacht

Abbildung 1: Erwerbsquoten der Männer über 64 Jahren

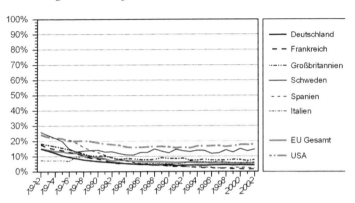

Quelle: OECD Labor Force Statistics.

wird – hat sich in fast allen westlichen Industrienationen ein ganz ähnliches Bild ergeben (Abbildung 1).[2]

Männer über 64 Jahren sind in fast allen hier betrachteten Ländern zu über 90 Prozent aus dem Erwerbsleben ausgeschieden, Ausnahmen sind die skandinavischen Länder (mit einer hohen Quote von Teilzeitarbeit) oder die USA (ohne feste Altersgrenze), wo dieser Anteil „nur" bei 85 und 80 Prozent liegt. Bei den über 64-jährigen Frauen jedoch gilt Ähnliches dann auch für Schweden und die USA. Im EU-Durchschnitt sind nur 2 Prozent der Frauen dieser Altersgruppe erwerbstätig.

Jenseits des 65. Lebensjahres ist die Beteiligung am Erwerbsleben also eine absolute Ausnahme. Betrachtet man die Erwerbsquoten der 60–64-jährigen Männer im Zeitverlauf (Abbildung 2), kann man aber vermuten, dass der Trend zum immer früheren Ruhestand Ende der 90er Jahre des letzten Jahrhunderts gestoppt, vielleicht sogar umgekehrt wurde. Dennoch ist im EU-Durchschnitt nur ungefähr jeder Dritte 60–64-jährige Mann erwerbstätig.

Abbildung 2: Erwerbsquoten der Männer von 60–64 Jahren

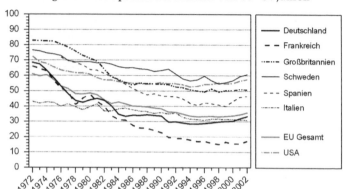

Quelle: OECD Labor Force Statistics.

Bei den 60–64-jährigen Frauen vollzieht sich der Übergang zumeist bereits früher, so dass die jeweiligen Quoten wiederum weit geringer ausfallen. Aber auch hier scheinen sich die Quoten auf niedrigem Niveau – im EU-Durchschnitt knapp 6 Prozent – zumindest stabilisiert zu haben. Diese Gleichförmigkeit bei durchaus unterschiedlicher Ausgestaltung der Alterssicherungssysteme lässt erahnen, wie eng der Spielraum für Veränderungen der faktischen Altersgrenzen beim Ausscheiden aus dem Erwerbsleben durch Veränderungen am Rentenzugangsalter und den finanziellen Anreizen des Rentenversicherungssystems ist.

Die Schärfe dieser Altersgrenze lässt sich aber in einer anderen Perspektive deutlicher machen, nämlich bei einem Blick auf individuelle Übergänge. Abbildung 3 zeigt, dass der Prozess des Ausscheidens aus dem Erwerbsleben zwar nicht abrupt zu einem Zeitpunkt für alle, wohl aber in einer relativ engen Zeitspanne abläuft: Zwischen dem 55. und dem 65. Lebensjahr sinkt die Erwerbstätigenquote der Männer von fast 100 auf fast 0 Prozent. In den jüngeren Altersgruppen wurde der Übergang – zumindest 1996, aus diesem Jahr stammen

Abbildung 3: Faktisches Ende der Erwerbsphase bei Männern

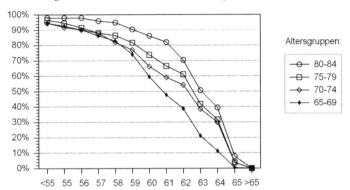

Quelle: Alters-Survey 1996.

diese Daten (vgl. als Übersicht zum Alters-Survey Kohli/Künemund 2003) – sogar immer früher vollzogen. Gleiches gilt – von einem geringeren Niveau ausgehend – für die Frauen, wobei die Altersgrenze von 60 Jahren eine noch größere Rolle spielt, da es oftmals die Möglichkeit des vorgezogenen Altersruhegeldes mit 60 Jahren gab.

Diese Altersgrenzen schlagen sich auch in den Planungen und Erwartungen der Individuen nieder. Die überwiegende Mehrheit derer, die noch erwerbstätig sind, plant einen Übergang in die Lebensphase „Alter" mit 60 oder spätestens mit 65, länger arbeiten möchte fast niemand. Bislang hat sich die Altersgrenze als sehr resistent gegenüber Flexibilisierungsoptionen erwiesen – auch der gleitende Übergang in den Ruhestand wird nur selten praktiziert. Allerdings markiert diese Altersgrenze heute nicht mehr den Beginn der Lebensphase, in der man alt ist. Dieser Beginn wird mit hoher Übereinstimmung später angesetzt, nämlich auf etwa 70–75 Jahre (Abbildung 4).

Die Altersdefinition der Gesellschaftsmitglieder entspricht damit in den Grundzügen den gängigen Glie-

Abbildung 4: „Ab welchem Alter würden Sie jemanden als alt bezeichnen?" (Mittelwerte und Standardabweichungen)

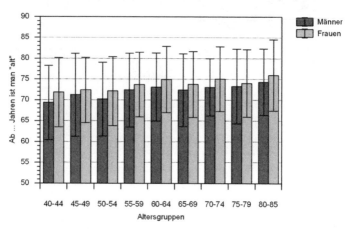

Quelle: Alters-Survey 1996.

Abbildung 5: „Einmal abgesehen von Ihrem tatsächlichen Alter: wenn Sie es in Jahren ausdrücken sollen, wie alt fühlen Sie sich?" (Mittelwerte und Standardabweichungen)

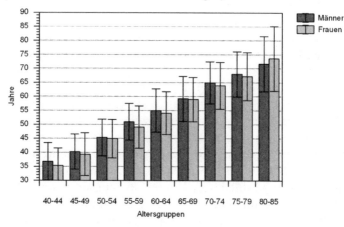

Quelle: Alters-Survey 1996.

536

derungsvorschlägen in Wissenschaft und Öffentlichkeit, die in der Phase bis etwa 75 Jahren eine neue Lebensphase des „jungen Alters" sehen. Man könnte hierin einen Prozess erkennen, in dem sich eine neue Altersgrenze konstituiert. Allerdings entspricht die individuelle Einordnung als „alt" auch dieser Altersgrenze nicht: Im Durchschnitt fühlen sich die über 40-Jährigen rund 10 Jahre jünger, als sie ihrem chronologischen Alter nach sind (Abbildung 5). Diese „Verjüngung" spräche dann vielleicht dafür, den Beginn des vierten Lebensalters erst mit 85 anzusetzen.

Eine solche Differenzierung in ein drittes und viertes Lebensalter – als Altersstufen, ähnlich z. B. den traditionellen Lebenstreppen-Darstellungen – macht im Hinblick auf Lebensphasen durchaus Sinn. Deren Kopplung an das kalendarische Alter ist jedoch – wie oben dargelegt – keinesfalls sinnvoll. Allenfalls gibt es eine historisch veränderliche statistische Korrelation von gesundheitlichen Beeinträchtigungen und kognitiven Verlusten mit dem kalendarischen Alter, aber die interindividuelle Varianz ist erheblich, bei gleichzeitig erheblichen Kohorten- und Periodendifferenzen. Würde man hierfür die Bezeichnung „Altersgrenze" wählen, nähme man implizit die genannten Nachteile solcher Festlegungen in Kauf, ohne dass man dafür entsprechende Vorteile gewinnen würde. Zumindest bislang gibt es keine gesellschaftlich institutionalisierte Altersgrenze zwischen diesen Altersstufen, und eine solche scheint m. E. auch nicht wünschenswert: Diskriminierungen und Stigmatisierungen wären die Folge.

Kurzum: Altersgrenzen verändern sich, und sie lassen sich verändern, aber nicht beliebig und in der Praxis auch nicht quasi mit einem Federstrich – und vor allem nicht ohne Konsequenzen für andere soziale Institutionen und Bereiche. Sie sind Teil eines komplexen Systems von Institutionen und Interaktionszusammenhängen, so dass Interdependenzen und Konsequenzen wohlüberlegt sein wollen.

Literatur

Clemens, Wolfgang / Hinte, Holger / Künemund Harald / Ohly H. Peter: Renaissance der Älteren auf dem Arbeitsmarkt? Schlussfolgerungen und Ausblick zu einer multidisziplinären Forschungsübersicht. In: Herfurth, Matthias / Kohli, Martin / Zimmermann, Klaus F. (Hrsg.): Arbeit in einer alternden Gesellschaft. Problembereiche und Entwicklungstendenzen der Erwerbssituation Älterer. Opladen: Leske + Budrich, 2003, S. 195–202.

Elias, Norbert: Über die Zeit. Frankfurt a. M.: Suhrkamp, 1984.

Kohli, Martin: Die Institutionalisierung des Lebenslaufs. In: Kölner Zeitschrift für Soziologie und Sozialpsychologie 37 (1985), S. 1–29.

Kohli, Martin: Alter und Altern der Gesellschaft. In: Schäfers, Bernhard / Zapf, Wolfgang (Hrsg.): Handwörterbuch zur Gesellschaft Deutschlands. Opladen: Leske + Budrich, 1998, S. 1–11.

Kohli, Martin / Harald Künemund: Die Grenzen des Alters – Strukturen und Bedeutungen. In: Perrig-Chiello, Pasqualina / François Höpflinger (Hrsg.): Jenseits des Zenits. Frauen und Männer in der zweiten Lebenshälfte. Bern: Haupt, 2000, S. 37–60.

Kohli, Martin / Harald Künemund: Der Alters-Survey. Die zweite Lebenshälfte im Spiegel repräsentativer Daten. In: Aus Politik und Zeitgeschichte, B20/2003, S. 18–25.

Lehr, Ursula: Eine fixe Altersgrenze? Konsequenzen des demographischen Wandels für die Berufs- und Arbeitswelt. In: *Peter Borscheid et al.:* Die Gesellschaft braucht die Alten. Fragen der (Wieder-)Eingliederung in den Lebenszusammenhang. Opladen: Leske + Budrich, 1998, S. 67–86.

Wendorff, Rudolf: Zeit und Kultur. Geschichte des Zeitbewußtseins in Europa. Opladen: Westdeutscher Verlag, 1980.

Anmerkungen

[1] So formuliert in einem Interview mit dem Berliner Tagesspiegel, Nr. 18198 vom 3.8.2003, S. 8.

[2] Die folgenden Abbildungen zur Beendigung der Erwerbsphase beschränken sich aus Platzgründen exemplarisch auf die Männer.

Altersgrenzen aus der Sicht des Journalismus

Klara Obermüller

Journalismus ist kein Beruf, sondern eine Lebensform. Journalist ist man mit Leib und Seele, ein Leben lang. Pensionierung mag es geben, streng rechtlich und auf dem Papier. Der Kopf geht deswegen noch lange nicht in Rente. Dies ist, kurz und überspitzt ausgedrückt, meine These, die ich im Folgenden auf ihre Berechtigung hin überprüfen und zur Realität der Medienszene in Beziehung setzen möchte.

Was meine eigene Person, die zwar nicht repräsentativ, aber vielleicht typisch ist, betrifft, verhält es sich so: Ich habe im Alter von 62 Jahren meine Stelle als Redakteurin und Moderatorin der Sendung „Sternstunde Philosophie" beim Schweizer Fernsehen aufgegeben. Ab 62 zahlt der Sender seinen Mitarbeiterinnen und Mitarbeitern die volle Pension aus. Seit ich 63 bin, beziehe ich zusätzlich die staatliche Rente oder AHV, wie es in der Schweiz heißt. Ich befinde mich also im Ruhestand, bin Rentnerin mit allem, was dazugehört – außer der Ruhe. Meine Arbeit beim Fernsehen ist zwar zu Ende, meine Tätigkeit als freischaffende Publizistin hat gerade eben wieder begonnen. Und sie läuft auf Hochtouren.

Die Frage, ob es volkswirtschaftlich Sinn macht, Pensionen und Renten an Vollbeschäftigte auszuzahlen, darf gestellt werden. Es darf aber auch gefragt werden, ob es richtig ist, heutzutage noch Leute in den Ruhestand zu schicken, die nicht nur arbeitsfähig, sondern auch arbeitswillig sind.

Aus den Reihen meiner Kolleginnen und Kollegen kenne ich viele, die sich ihr Leben als Pensionierte ähnlich eingerichtet haben wie ich. Der Journalismus ist ein ideales Betätigungsfeld für Leute, die 1. ihren Beruf lieben und 2. zu aktiv, zu neugierig, zu unternehmungslustig sind, um von einem Tag auf den andern aufzugeben, was sie ein Leben lang am liebsten getan haben. Am Beispiel des Journalismus lässt sich aber auch sehr gut zeigen, wie variabel und flexibel der Übergang vom Erwerbsleben in den Ruhestand gestaltet werden kann und auch gestaltet werden sollte.

Der Möglichkeiten für pensionierte Journalisten sind viele: Sie können Artikel schreiben, Interviews führen, Podien moderieren, Vorträge halten, in der beruflichen Weiterbildung mitarbeiten. Sie können auf Reisen gehen, Dokumentarfilme drehen, Reportagen machen, Bücher verfassen. Man holt sie, wenn es gilt, zu politischen Ereignissen Kommentare zu schreiben oder Stellungnahmen abzugeben. Auch Nachrufe und Gedenkartikel sind bei ihnen in guten Händen; denn sie verfügen nicht nur über eine fundierte Berufserfahrung, sondern meist auch über ein gutes Erinnerungsvermögen. Ältere Journalisten sind so etwas wie das Gedächtnis einer Zeitung – und manchmal auch eine Art Instanz, auf die man sich in Presseräten, an Ombudsstellen oder in der Öffentlichkeit gerne besinnt.

Die Medien, die gedruckten ebenso wie die elektronischen, tun m. E. gut daran, sich die Erfahrung und das Wissen der älteren Kollegen zu sichern, auch derjenigen, die nicht mehr aktiv in einer Redaktion beschäftigt sind. Zugegeben, es wird der Tag kommen, da schickt man die alten Hasen vielleicht nicht mehr unbedingt an die Front und auch nicht mehr in Gegenden, wo Puste und Sprintvermögen für das Gelingen einer Reportage ausschlaggebend sind. Für die Analyse, den Hintergrund, die scharfsinnige Auseinandersetzung, die einfühlsame Annäherung kommen sie allemal in Frage oder sind jüngeren Kollegen sogar vorzuziehen. Gewisse Zusammenhänge will ich mir nämlich nicht unbedingt von einem 30-Jährigen erklären lassen. Das ist auch eine Frage der Glaubwürdigkeit – vor allem im Fernsehen, wo das Bild seine eigene Sprache spricht.

So gesehen wären staatlich festgesetzte Altersgrenzen im Journalismus also ohne größere Bedeutung: fließende Übergänge von einer Arbeitsform in die andere, mehr nicht. Und doch gibt es natürlich auch für uns Journalisten Altersgrenzen, die es ernst zu nehmen gilt. Sie verlaufen dort, wo die Beine nicht mehr mitmachen und der Kopf seinen Dienst versagt. Diesen schleichenden Alterungsprozess rechtzeitig wahrzunehmen und sich selbst einen würdigen Abgang zu bereiten, dürfte zu den schwierigsten Aufgaben gehören, die wir älteren Journalistinnen und Journalisten noch vor uns haben. Ich kann nur auf den Beistand guter Freunde hoffen, wenn ich selbst nicht mehr merken sollte, dass es Zeit ist. Bis dahin halte ich mich jedoch gerne an die These von Leopold Rosenmayr, dass besonders gut altert, wer sein eigenes Alter unterschätzt.

So viel zum Thema „Altersgrenzen im Journalismus" aus subjektiver Sicht. Es ist mir bewusst, dass diese Sicht ein Stück weit auf Wunschdenken beruht. Die Realität nämlich sieht ziemlich anders aus – nämlich so, wie sie sich fast überall in der Wirtschaft darstellt. Verlage machen da keine Ausnahme mehr. Auch in ihren Führungsetagen hat der Kult um den dynamischen Jungmanager Einzug gehalten. Auch Redaktionen sind in den letzten Jahren auf Teufel komm raus verjüngt worden.

Beispiel Nr. 1: Der Zürcher *Tages-Anzeiger*, die größte Regionalzeitung der Schweiz, ist vor Jahren dazu übergegangen, seine Redakteure im Alter von 58 Jahren in Frühpension zu schicken, und hat damit nicht nur eine Reihe profilierter Mitarbeiterinnen und Mitarbeiter gedemütigt, sondern auch geistige Ressourcen verschleudert, die sich nicht über Nacht ersetzen lassen. Erfahrungsreichtum, Urteilskraft und historisches Bewusstsein sind sowohl im Polit- wie im Kulturjournalismus ein Kapital, das sich auch im besten Lehrgang nicht erwerben lässt. Wenn es fehlt, sieht man das einer Zeitung an. Die *Neue Zürcher Zeitung* oder auch die *Frankfurter Allgemeine* sind nicht nur deshalb so gute Zeitungen, weil sie ein hervorragendes Korrespondentennetz unterhalten, sondern auch, weil sie das Team ihrer Redakteurinnen und Redakteure über Jahrzehnte hinweg aufbauen und pflegen.

Beispiel Nr. 2: Als es der Schweizer Wochenzeitung *Die Weltwoche"*, bei der ich 16 Jahre beschäftigt war, wieder einmal schlecht ging – das tat es öfters –, verordnete ihr der Besitzer ein neues Konzept. Zu Recht, wie ich meine. Weniger sinnvoll fand ich, dass er die Erarbeitung dieses neuen Konzepts in die Hände einer internen Arbeitsgruppe legte, die ausschließlich aus den unter 40-jährigen Redaktionsmitgliedern bestand. Die Übung nannte sich „Frühlingserwachen" und ging so schief, wie sie nur schief gehen konnte. Dass kein brauchbares Konzept dabei herauskam, war schlimm genug; schlimmer war, dass die in sich gespaltene Redaktion hinterher zu keiner vernünftigen Zusammenarbeit mehr fähig war. Neun der „jungen Wilden" probten den Aufstand, unterlagen und zogen schließlich aus. Zurück blieb eine Zeitung, deren Image nachhaltig beschädigt war.

Beispiel Nr. 3 (die Ausnahme, welche die Regel bestätigt): Als ich meine Moderationstätigkeit beim Schweizer Fernsehen aufnahm, war ich 56, in einem Alter also, da viele sich bereits Gedanken über Frühpensionierung und Vorruhestandsregelungen machen. Zusammen mit meinem Redaktionsleiter und einem nur wenig jüngeren Tagesschau-Moderator war ich mit Abstand das älteste Gesicht am Bildschirm. Man ließ uns zu, weil der Kollege von der Tagesschau mit seinen grauen Haaren Glaubwürdigkeit ausstrahlte und mein Redaktionsleiter und ich die Bildung mitbrachten, die für die Gestaltung einer philosophischen Sendung erforderlich ist. Heute sind wir alle drei durch Jüngere ersetzt. Damit stellt sich auch das Schweizer Fernsehen so dar, wie es höheren Orts gewünscht wird: jung, dynamisch, unverbraucht. Die Faktoren Lebenserfahrung, Kompetenz und Bildung spielen dabei nur noch eine untergeordnete Rolle.

Fazit: Es gibt also sehr wohl auch äußere, nichtsubjektive Altersgrenzen im Journalismus. Es gibt sie vor allem dort, wo Gesicht und Stimme mitspielen und Alter effektiv in Erscheinung tritt: in den elektronischen Medien Fernsehen und Rundfunk. Und es gibt sie vor allem für Frauen. Während in gewissen Informations- oder Politformaten der „Anchorman" mit dem zerfurchten Gesicht und den grauen Schläfen noch besonderes Ansehen genießt, haben ältere Frauen am Bildschirm kaum mehr eine Chance. Höchstens, dass sie vielleicht mal für eine Ratgebersendung hinzu gezogen werden oder in einer Diskussionsrunde, einer Literatursendung zum Beispiel, als Spezialistin einen Part übernehmen dürfen. Sonst sucht man ältere Frauen am Bildschirm, in Verlagsetagen oder Chefredaktionen – mit Ausnahme der Frauenzeitschriften – meines Wissens vergebens.

Aber Gräfin Dönhoff, werden Sie mir jetzt vielleicht entgegenhalten. Zugegeben, Gräfin Dönhoff war bis ins hohe Alter als Herausgeberin der *Zeit* tätig. Sie war das publizistische Gewissen der Zeitung, aber sie war auch eine absolute Ausnahmeerscheinung. Ein vergleichbares Beispiel ist mir im deutschen Sprachraum nicht bekannt.

So lässt sich denn also feststellen, dass Journalismus auf der einen Seite ein Beruf ist, dem man in fast all seinen Spielarten bis weit über die offizielle Altersgrenze hinaus nachgehen kann. Und, so weit ich die Szene überblicke, in vielen Fällen auch gerne nachgehen würde. Auf der andern Seite aber macht sich auch in den Medien, den elektronischen vor allem, seit geraumer Zeit eine schleichende Altersdiskriminierung bemerkbar, die dem Arbeitswillen und der Arbeitslust altgedienter Journalisten und vor allem Journalistinnen keinen Raum mehr zugesteht.

Ob das Publikum es so wünscht, wage ich zu bezweifeln. Es scheint mir viel eher so, dass auch die Medien jenem Trend zur Jugendlichkeit folgen, der überall in der Wirtschaft um sich gegriffen hat. Und da die meisten Verlagsleitungen ihrerseits sich in jungen Händen befinden, ist eine Trendwende einstweilen nicht in Sicht. Sie wird m. E. erst eintreten, wenn man auch in der Medienbranche eingesehen hat, dass eine Zeitungs- oder Senderedaktion nur dann qualitativ hochstehende Arbeit leisten kann, wenn sie generationenmäßig gut durchmischt ist und beides gleichermaßen zum Zuge kommt: jugendliches Ungestüm und aus jahrelanger Erfahrung gewachsene Besonnenheit.

Mit Blick auf die Zukunft könnten die Medien m. E. in doppelter Hinsicht eine Vorreiterrolle übernehmen: Sie könnten

1. durch flexible Arbeits- und Arbeitszeitmodelle zeigen, wie Alter und Berufstätigkeit sich miteinander verbinden lassen, und sie könnten

2. auf dem Weg über die Personalpolitik dafür sorgen, dass sich in der Öffentlichkeit Bilder verbreiten, die Alter nicht nur als defizitären Zustand, sondern als Lebensphase mit je eigenen Gestaltungsmöglichkeiten und eigenem Sinnpotential darstellen.

IX. Politik in der alternden Gesellschaft

Herausforderungen des demographischen Wandels aus politischer Sicht

Axel Wintermeyer

„Kinder kriegen die Leute sowieso." (Konrad Adenauer)

Wer mehr ausgibt, als er einnimmt, macht Schulden. Diese einfache Binsenweisheit erschließt sich jedem. Dass Schulden nur aufgenommen werden können, solange dafür jemand einsteht, ist ebenso einfach wie nachvollziehbar.

Konnte Konrad Adenauer sich seinerzeit noch sicher sein, dass immer genügend Kinder da sein werden, um die Schulden vorheriger Generationen zu begleichen, so ist dies heute nicht mehr zu erwarten, und das stellt unser Gemeinwesen bei steigendem Schuldenstand vor exorbitante Probleme.

Der demographische Wandel – also der Wandel von Zusammensetzung und Struktur unserer Gesellschaft – ist in vollem Gang. Unsere Gesellschaft überaltert! Die Kosten dieser Entwicklung führen bei statischen Strukturen in die Schuldenfalle. Um nicht künftigen Generationen jeden Handlungsspielraum zu nehmen, müssen wir dringend schon heute handeln. Staat und Gesellschaft müssen grundlegend umdenken. Wir müssen die gesamte Basis unseres Gemeinwesens reformieren. Motto: Wohlstand für alle – aber auf niedrigem Niveau.

1. Warum müssen wir sofort handeln?

Wie in fast allen Staaten Europas geht auch in Deutschland die Geburtenrate stark zurück. Das klassische Familienideal schwindet; Frauen sind häufiger berufstätig und bekommen weniger Kinder. 40 Prozent aller Frauen mit akademischer Ausbildung verzichten gänzlich auf Nachwuchs. Der medizinische Fortschritt und die besseren Lebensumstände lassen parallel dazu die durchschnittliche Lebenserwartung stetig steigen.

Die Folge ist, dass auf immer weniger junge und gesunde Menschen, die in die Sozialkassen einzahlen, immer mehr alte und kranke Menschen kommen, die Leistungen in Anspruch nehmen – mit weiter steigender Tendenz: Von derzeit ca. 82 Millionen Deutschen könnte die Bevölkerungszahl bis 2050 auf nur 75 Millionen schrumpfen, wenn man eine durchschnittliche Lebenserwartung von 81,1 bei Männern und 86,6 Jahren bei Frauen sowie ein Zuwanderungssaldo von 200.000 Menschen zugrunde legt.

Bei einem Zuzug von 100.000 Menschen jährlich und einer Lebenserwartung von 78,9 bei Männern und 85,7 Jahren bei Frauen würde sich die Bevölkerungsgröße auf nur 67 Millionen reduzieren.

Diese dramatischen Zahlen belegen ausdrücklich den dringenden Handlungsbedarf – ein Handlungsbedarf, der der Politik bereits seit vielen Jahren – wenn nicht Jahrzehnten – bekannt ist.

2. Welche Auswirkungen hat eine schrumpfende Gesellschaft?

Mit der sinkenden Bevölkerungzahl sinkt vor allem die Anzahl der Erwerbstätigen – die Steuereinnahmen schrumpfen! Bei einem prognostizierten Rückgang der Bevölkerung um 14,3 Prozent bis 2050 fiele die Anzahl der Erwerbstätigen demographiebedingt um 21,2 Prozent. Diese tragen jedoch nicht nur die wesentliche Steuerlast, sondern finanzieren derzeit im Kern auch die sozialen Sicherungssysteme.

Eine sinkende Bevölkerungsanzahl würde zwar die bevölkerungsabhängigen Ausgaben senken, die bevölkerungsunabhängigen Ausgaben würden jedoch gleich hoch bleiben. Die Schere zwischen sinkenden Ausgaben und ausbleibenden Einnahmen ginge immer weiter auf. Dieses Delta wird zukünftig nicht mit weiteren Schulden geschlossen werden können.

Am Beispiel der geschätzten Versorgungsausgaben lässt sich erkennen, welche immensen Defizite bevorstehen. Für 2030 werden die Versorgungsausgaben z. B. im Bundesland Hessen auf bis zu 5,3 Milliarden Euro geschätzt. Bei abnehmender Bevölkerungszahl entspricht dies fast dem Fünffachen von 2000! Dies stellt den Fortbestand der bisherigen Systeme in Frage.

3. Wie wirkt sich der demographische Wandel auf die Sozialkassen aus?

a) Sozialabgaben allgemein

Derzeit wandern 42 Prozent der Bruttoeinkommen in die Sozialkassen. Wird das System nicht verändert, würden unter Berücksichtigung des demographischen Wandels 2050 ca. 60 Prozent der Bruttoeinkommen aufgewendet werden müssen, um den gleichen Standard beizubehalten. Eine solch massive Steigerung ist weder Arbeitnehmern noch Arbeitgebern zuzumuten.

b) Krankenversicherung

Bedingt durch den medizinisch-technologischen Fortschritt und die damit einhergehende Alterung der Gesellschaft werden die Ausgaben im Bereich der gesetzlichen Krankenversicherung in den kommenden Jahren dramatisch steigen. Parallel dazu verringern sich jedoch die Einnahmen durch hohe Arbeitslosigkeit und den steigenden Rentneranteil.

Ohne eine Reform würden die durchschnittlichen Krankenversicherungsbeiträge von derzeit 14,4 Prozent auf 25,1 Prozent im Jahr 2050 ansteigen.

c) Pflegeversicherung

Die Veränderungen in den Familienstrukturen tragen dazu bei, dass der Anteil der ambulanten häuslichen Pflege in den Familien deutlich zurückgehen wird. Die Menschen werden zwar statistisch immer älter, sind deshalb aber nicht zwangsläufig gesünder. Altersdemenz und hohe Pflegebedürftigkeit nehmen dramatisch zu, auch infolge einer Medizin, die das Leben häufig nur funktional verlängert.

Durch die höhere Lebenserwartung und den größeren Anteil Schwerstpflegebedürftiger wird der Bedarf an kostenintensiven stationären Pflegeplätzen dramatisch steigen, und dadurch wird sich der Beitragspunktesatz zur Pflegeversicherung bis 2050 um das Dreieinhalbfache auf 5,8 Beitragssatzpunkte erhöhen.

d) Rentenversicherung

Das derzeitige Umlageverfahren wird zukünftig durch die massiv zunehmende Empfängerzahl stark aus dem Gleichgewicht geraten. Die zu erwartende Rentenhöhe könnte sogar unterhalb des Sozialhilfesatzes liegen und den Lebensstandard der Rentner nicht mehr sichern. Viele Rentner werden sich um die Früchte ihrer Lebensarbeit betrogen fühlen, wenn die Rente unter die „staatliche Nichterwerbsförderung" schrumpft.

Zudem würden ohne Reformen die Beitragssätze von heute 19,5 Prozent auf ca. 27 Prozent im Jahr 2050 steigen. Die sich dann ergebende große Diskrepanz zwischen Leistungseinzahlung und Leistungsempfang wird die Rentenversicherung zudem in eine große Legitimationskrise führen. Es ist den heutigen Jugendlichen, die zukünftig als Berufstätige die Rentner finanzieren sollen, schlichtweg nicht zuzumuten, wesentlich mehr zu zahlen und davon später wesentlich weniger Nutzen zu haben. Ein so offensichtlich unausgeglichenes System würde den sozialen Frieden bzw. das Miteinander der Generationen gefährden.

e) Arbeitslosenversicherung

Derzeit liegt der Arbeitnehmerbeitrag zur Arbeitslosenversicherung bei 6,5 Prozent. Aufgrund der zurückgehenden Bevölkerungsanzahl und dem damit einhergehenden Sinken der Arbeitslosenzahlen wird sich für 2050 ein prognostischer Beitragssatz von 6 Prozent ergeben.

In dem Bestreben, die Sozialabgabenquote unter 40 Prozent zu senken, um den Faktor Arbeit zu stärken, muss aus Sicht der CDU der Beitragsanteil dauerhaft auf höchstens 5 Prozent abgesenkt werden.

Die genannten Beispiele und Prognosen sprechen für sich. Der Gesetzgeber, aber auch die Gesellschaft insgesamt, ist nun gefordert: zum Umdenken und zum Handeln.

4. Voraussetzungen einer Reform

Bei ihren Reformüberlegungen hat sich die CDU folgenden Voraussetzungen verschrieben:

1. Der Faktor Arbeit darf nicht verteuert werden, denn: Sozial ist, was Arbeit schafft.
2. Anstelle eines Umlageverfahrens muss ein Versicherungsverfahren gewählt werden, um unabhängig von der weiteren Bevölkerungsentwicklung zu sein.
3. Eine Reform muss sozial ausgewogen sein, um Geringverdiener und Familien nicht zu überlasten.
4. Im Gesundheitswesen erfolgt der Sozial- und Familienausgleich derzeit vor allem durch die gesetzlich Krankenversicherten. In einer solidarischen Gemeinschaft müssen alle zu diesem Ausgleich beitragen.
5. Kleine Reparaturen am System reichen nicht mehr aus. Eine grundlegende Kurskorrektur, ein gesellschaftliches Umdenken ist erforderlich.

5. Lösungswege der CDU

Aufbauend auf den Vorschlägen der Herzog-Kommission hat die CDU schon auf ihrem Leipziger Parteitag (Dezember 2003) und in Düsseldorf (2004) Lösungswege aufgezeigt, um die Misere abzuwenden.

a) Reform des Gesundheitswesens

Keine Bürgerversicherung
Die CDU ist dagegen, den Kreis der gesetzlich Versicherten zwangsweise zu vergrößern, und lehnt eine Bürgerversicherung ab. Eine Bürgerversicherung würde weiterhin eine Bindung der Beitragseinnahmen an Löhne und Gehälter verursachen und somit das Problem steigender Lohn-

nebenkosten nicht lösen. Zudem käme eine Bürgerversicherung einer Enteignung der privaten Krankenkassen
gleich. Das Problem, wie mit den bereits gezahlten Beiträgen umgegangen werden soll, ist ungeklärt. Denn wer eingezahlt hat, hat einen Anspruch darauf, auch wieder etwas
ausgezahlt zu bekommen.

Gesundheitsprämie
Die Union möchte das System der gesetzlichen Krankenversicherung in ein kapitalgedecktes, einkommensunabhängi-
ges und somit demographiefestes System einer „Gesundheitsprämie" umwandeln. Die Idee der Gesundheitsprämie
bringt mehr Wettbewerb und verhindert derzeit vorhandene
Fehlsteuerungen.

Der vorgeschlagene Weg ist grundsätzlich: Familien fördern, Lohnnebenkosten senken sowie mehr Flexibilität
und Leistung.

Gesetzlich Versicherte zahlen alle denselben Grundbeitrag und einen zusätzlichen Vorsorgebeitrag, der als Son-
dervermögen vor staatlichen Zugriffen geschützt ist und
als Rücklage die Altersentwicklung abfedert.

Für Kinder ist der halbe Grundbeitrag vorgesehen, welcher von der Kindergeldstelle und somit von allen Steuer-
zahlern beglichen wird. Denn der soziale Ausgleich für
kinderreiche Familien liegt im Interesse aller und ist damit
eine Aufgabe der ganzen Gemeinschaft.

Der bisherige Arbeitgeberbeitrag zur Krankenversicherung von 6,5 Prozent wird gedeckelt und an die Arbeitnehmer ausbezahlt.

Ein sozialer Ausgleich für Geringverdiener aus Steuermitteln, verschiedene Tarife und Zusatzoptionen, Anreize
durch „Präventions-Boni", Fallpauschalen und Qualitäts-
merkmale sollen mehr Wettbewerb in das System bringen
und Fehlversorgungen abbauen.

b) Reform der Pflegeversicherung

Angesichts des steigenden Bedarfs an Pflegeplätzen kommt für die Union eine Finanzierung durch Absenkung des Leistungsniveaus nicht in Frage.

Analog zur Krankenversicherung soll auch in der Pflegeversicherung ein demographiefestes Prämienmodell eingeführt werden, wobei der Arbeitgeberanteil wie bei der Krankenversicherung an den Arbeitnehmer ausgezahlt werden soll.

Um der vom Bundesverfassungsgericht geforderten Entlastung aktiv Erziehender nachzukommen, ist aus allgemeinen Steuermitteln eine Prämienvergünstigung pro Kind und Monat vorgesehen.

Darüber hinaus muss dem Grundsatz „ambulant vor stationär" mehr Gewicht beigemessen werden. Der Vorrang von ambulanten vor stationären Hilfen sowie von Prävention und Rehabilitation vor Pflege wird bisher nicht ausreichend berücksichtigt. Bei der Finanzierung ambulanter oder häuslicher Hilfen ist festzustellen, dass sich zur Zeit 69 Prozent der Pflegebedürftigen in häuslicher Pflege befinden, aber nur 41 Prozent der Leistungen erhalten. Der Wert der häuslichen Pflege wird damit viel zu wenig beachtet. Eine Lösung des Problems könnte in der Einrichtung von Wohngruppen liegen – z. B. für Demenzkranke, deren geistige Leistungsfähigkeit nachlässt, die aber körperlich fit sind –, in denen sich die alten Menschen unter Aufsicht nur weniger (auch ehrenamtlicher) Pflegekräfte größtenteils selbst versorgen können. Dies schafft eine eigene soziale Gemeinschaft und entlastet auch den Träger bei den Kosten der Unterbringung. Dem heutigen Ruf nach „Arbeit und Familie" wird zukünftig der Ruf nach „Arbeit und Pflege" folgen.

c) Reform der Alterssicherung

Weniger Staat – mehr Eigenverantwortlichkeit!
Ein zukünftiges System der Alterssicherung muss jungen Menschen eine ausreichend sichere Lebensplanung ermöglichen und alten Menschen ein hohes Maß an Sicherheit bieten, und es darf darf dabei die Generationengerechtigkeit nicht vernachlässigen.

Das derzeitige Umlageverfahren soll nach Ansicht der Union zukünftig nur noch eine Säule neben der privaten und betrieblichen Altersvorsorge sein.

Alle müssen zukünftig bei einer höheren Lebensarbeitszeit eine höhere Belastung schultern. In die gesetzliche Rentenanpassungsformel muss ein erweiterter Demographiefaktor aufgenommen werden, um die veränderte Demographie wie auch die Leistungskraft der aktiven Beitragszahler zu berücksichtigen. Familien und Kinderlose sind ausgewogen zu belasten.

Um die private Vorsorge zu ermöglichen, muss zuerst eine große Steuerreform mit deutlicher Senkung des Eingangs- und Spitzensteuersatzes erfolgen. Dabei ist jedoch die individuelle Leistungsfähigkeit zu berücksichtigten.

Um die private Vorsorge und das System attraktiv zu halten, muss die Rente von langjährig Versicherten mindestens 15 Prozent über dem jeweils gültigen Sozialhilfesatz liegen. Die Frucht der Erwerbsarbeit muss schmackhaft bleiben!

d) Reform der Arbeitslosenversicherung

Der arbeitsmarktpolitische Grundsatz der Union lautet: „Fördern und Fordern".

„Fördern und Fordern" heißt, Arbeitslose aktiv und zielorientiert bei der Arbeitssuche zu unterstützen, gleichzeitig aber auch Eigenengagement und Vermittlungswillen einzufordern. Arbeitslose müssen ein eigenes großes Interesse an der raschen Rückkehr in ein Arbeitsverhältnis haben.

Hartz IV

Mit der Anfang 2005 gestarteten Arbeitsmarktreform Hartz IV wurden bereits einige der CDU-Zielsetzungen umgesetzt. Das neue geringere Arbeitslosengeld II und die Kürzungsmöglichkeiten schaffen einen deutlichen Anreiz für Arbeitslose zur Rückkehr in ein Arbeitsverhältnis.

Die CDU ist zudem davon überzeugt, dass eine Förderung vor Ort effektiver ist. Deshalb wurde im Vermittlungsausschuss von Bundestag und Bundesrat das sog. Optionsmodell durchgesetzt. Bundesweit 69 Landkreise und kreisfreie Städte erhalten das Recht, die Zuständigkeit für das Arbeitslosengeld II selbst zu übernehmen – 12 Landkreise und die Landeshauptstadt Wiesbaden werden dies in Hessen sein.

Damit ist Hessen bundesweit Spitzenreiter. In keinem anderen Bundesland werden so viele Städte und Gemeinden die Zuständigkeit für die Empfänger des Arbeitslosengeldes II und damit die Betreuung und Vermittlung der Langzeitarbeitslosen selbst übernehmen – eine Herausforderung, die, wenn sie bestanden wird, zum beispielhaften Erfolgsmodell werden kann.

6. Fazit

Bismarck'sche Umlagesysteme stoßen heute schon an ihre Grenzen. Sie stellen angesichts der grundlegenden Veränderungen in der Altersstruktur unserer Gesellschaft keine ausreichende Versorgungssicherheit her.

Der Generationenvertrag darf nicht in Frage gestellt

werden. Die Verlängerung der effektiven Lebensarbeitszeit durch eine kürzere Ausbildungsphase und einen flexiblen Eintritt in die Rente sind ebenso notwendig wie eine Steigerung der Erwerbstätigkeit von Frauen.

Die Eigenvorsorge des Einzelnen in einem grundlegend umgebauten Sozialstaat wird im Vordergrund stehen müssen.

Es bedarf eines stetigen qualitativen und quantitativen Wirtschaftswachstums durch Steigerung der Produktivität und der Innovationskraft.

Wir werden Migration auf unseren Arbeitsmarkt begrenzt zulassen müssen. Und schließlich muss die Staatsquote nachhaltig gesenkt werden.

Wer über fast zwei Jahrzehnte hinweg ignorant über seine Verhältnisse gelebt hat, wird zukünftig ein nivelliertes Wohlstandsniveau akzeptieren müssen.

Nehmen wir also den demographischen Wandel als Herausforderung an und sehen wir es als eine Chance für ein neues Miteinander, dass unsere Gesellschaft sich in Zukunft nicht mehr alles leisten kann, was sie sich gerne leisten würde.

Bei Shakespeare heißt es: „Worte zahlen keine Schulden." Dieser fast 400 Jahre alte Ausspruch hat auch im 21. Jahrhundert nicht an Aktualität verloren.

Der politischen Stabilität wegen braucht unsere Bevölkerung verlässliche Perspektiven. Es ist nun höchste Zeit zu handeln!

Betreuung älterer Menschen

Barbara Lanzinger

Lassen Sie mich mit zwei Prämissen zum Thema „Alter"
beginnen: Ein Nachdenken über „den alten Menschen" ist
grundsätzlich nicht möglich. Zum einen können wir über
diese Bevölkerungsgruppe nicht unabhängig von der Überlegung reden, dass wir uns selbst vom Moment unserer Geburt an unaufhörlich auf die Zugehörigkeit zu dieser
Gruppe zubewegen, dass es bei dieser Thematik also
zwangsläufig immer auch um uns selbst geht. Zum anderen gibt es weder „den" Alten oder „den" Senioren (wie es
im Fachjargon heißt). Jeder Mensch ist einzigartig, und je
älter Menschen werden, desto verschiedener werden sie,
aufgrund der vielfältigen Erfahrungen, die ihr Leben geprägt haben. Gerade an uns Politiker richtet sich daher die
Aufgabe, alle Forderungen im Hinblick auf den Umgang
mit „dem Alter", auch auf die Formen der Betreuung älterer Menschen, immer auch aus unserer eigenen Situation
heraus zu überdenken.

Aufgrund der demographischen Entwicklung sind wir
mit einer steigenden Zahl älterer Menschen konfrontiert,
denen immer weniger jüngere Menschen sowie pflegewil-
lige Angehörige und professionelle Pflegekräfte gegenüberstehen. Deutschland ist weltweit das Land mit dem viert-
höchsten Durchschnittsalter der Bevölkerung. 2003 waren
in der Bundesrepublik 14 860 000 Personen älter als 65 Jahre.[1] Viele von diesen Menschen sind krank und pflegebedürftig, ungefähr 1,31 Millionen – es ist auch eine Folge
des demographischen Wandels, dass sich das Spektrum der
Krankheiten von akuten zu chronischen Erkrankungen

verschoben hat, die mittlerweile in zwei Dritteln der Todesfälle die Todesursache ausmachen, insbesondere Diabetes und Herz-Kreislauf-Erkrankungen. Besondere Aufmerksamkeit verlangen die ca. 950 000 Demenzkranken –
bis zum Jahr 2050 wird sogar ein Anstieg auf 2,05 Millionen Demenzkranke erwartet. Auf diese Dimensionen ist
weder die Pflegeversicherung in ihrer derzeitigen Konzeption noch das oft mangelhaft qualifizierte Pflegepersonal
vorbereitet – und das, obwohl es eine Besonderheit ist,
dass es in unserem Staat die Altenpflege als Ausbildungsberuf gibt. In den letzten Jahren wurde nicht nur aus unserem Nachbarland Frankreich (dort mitbedingt durch die
unerwartete Hitzewelle), sondern auch aus unseren Pflege-
und Altenheimen immer wieder über skandalöse Fälle berichtet: So werden den Bewohnern von Altenheimen Magensonden eingesetzt, obwohl der Betroffene noch in der
Lage ist, selbst zu schlucken – aber der Zeitaufwand für
das Füttern soll eingespart werden. Genauso habe ich mit
eigenen Augen gesehen, dass Menschen am Bett fixiert
werden, damit sie nicht weglaufen können. Solche Fixierungen werden auch aus dem Grund vorgenommen, weil
die Versicherung sonst im Schadensfall die Kostenübernahme verweigert! Derartige Vorkommnisse, auch wenn
es Einzelfälle sind, sind unter dem höchsten Kriterium der
Menschenwürde, die ja im Alter keinesfalls aufhört oder
abnimmt, nicht hinnehmbar.

Statt dass wir uns daran gewöhnen, hin und wieder von
solchen Vorfällen zu lesen, müssen wir diskutieren, wie ältere und demente Menschen in der Betreuung weniger entmündigt werden können. Es ist doch ein Widerspruch, dass
wir in der Kindererziehung das Postulat der Selbstständigkeit erheben und die jungen Menschen möglichst früh zu
eigenständigen und mündigen Bürgern erziehen wollen –
und dass im Umgang mit älteren und kranken Menschen
zunehmend der genau umgekehrte Weg eingeschlagen

wird, indem Betreute vielfach bevormundet werden. Es gibt gute Beispiele in anderen Ländern, beispielsweise in Skandinavien, wie ältere Menschen in ihrer Eigenverantwortlichkeit belassen werden können, auch jene Menschen, die aufgrund einer Demenzerkrankung hilflos sind. Dazu müsste das Heimkonzept, müssten die bisherigen Strukturen unserer Altenheime völlig verändert werden. Ein gewisses Maß an Mut zu neuen Formen der Betreuung ist dafür notwendig.

Gerade in der aktuellen Situation des Kostendrucks, der auf unserem Gesundheits- und sozialen Sicherungssystem lastet, müssen wir die Tendenzen stoppen, die alte und kranke Menschen unter dem Aspekt des Wirtschaftlichkeitsdenkens in den Blick nehmen. Wir sind gefordert, unsere Standards im Umgang mit Betreuten, insbesondere in Pflegeheimen, völlig neu zu überdenken. Was wir brauchen, ist eine Pflege und Betreuung, die ermöglicht, statt zu bevormunden. Konkret wird dies an ganz kleinen Dingen und Tätigkeiten: zum Beispiel dadurch, dass man dem Betreuten Hilfe beim selbständigen Essen leistet, anstatt ihn zu füttern. Auch wenn man einfach nur Bilder der Bewohner in den Altenheimen aufhängen würde, würde das viel zu einer positiven Atmosphäre beitragen. Absolut nicht vorkommen darf, dass Heimbewohner durch Psychopharmaka ruhig gestellt werden, das Gleiche gilt für andere Medikamente oder das Fixieren am Bett (das ich oben schon angesprochen habe). Anstatt Heimbewohner durch den Fernseher ruhig zu stellen, sollte ihnen mehr zeitliche und menschliche Zuwendung zuteil werden. Das ist nicht immer nur eine Frage der Quantität von Zeit, die ihnen zur Verfügung gestellt wird, sondern auch von der Tiefe, mit der diese Zeit gefüllt wird. Der Einzelne (und damit knüpfe ich an meinen Ausgangspunkt an, dass die Individualität des jeweiligen betreuten Menschen geachtet werden muss) muss als Mensch absolut im Mittelpunkt stehen. Ich selbst habe meine „ehrenamtliche Heimat" in der Hospizarbeit. Dort gilt es, sich immer nach den Wünschen und Bedürfnissen des Patienten auszurichten, und genau das wünsche ich mir auch für die Betreuung aller anderen Menschen. Ich halte es überhaupt für notwendig, den Hospizgedanken in die Heime zu tragen. Es ist Teil der Realität, dass ein alter Mensch in absehbarer Zeit sterben wird, und das ist eine besondere Situation, auf die Ärzte und Pflegepersonal intensiv vorbereitet sein sollten. Lebensbegleitung und ein positiver Umgang mit dem Sterben müssen in der Betreuung alter Menschen Hand in Hand gehen. Auch dabei ist es Aufgabe der behandelnden Ärzte, zuzuhören, Leid und Ohnmacht ebenso zuzulassen wie Beziehungen, und es ist eine vordringliche Aufgabe, in einem interdisziplinären Team zu arbeiten. In einem Altenheim kann das durchaus auch heißen, selbst eine Reinigungskraft in die menschliche Betreuung der Bewohner mit einzubeziehen.

Was wir dazu vonseiten der Politik brauchen, ist der Abbau von Bürokratie zugunsten von mehr Menschlichkeit und Zuwendung. Wir sollten Rahmenbedingungen schaffen, die einzelnen Menschen Entscheidungsspielräume lassen: sowohl uns, die wir später älter und hilfsbedürftig sein werden, als auch den Berufsgruppen, die sich um die konkrete Betreuung im Alter kümmern. Verantwortung, auch im finanziellen Bereich, zu übertragen, kann dabei z. B. heißen, nicht vorzuschreiben, wer für welche konkrete Leistung welches Geld bekommt, sondern die Betroffenen selbst entscheiden zu lassen – allerdings unter der Voraussetzung, dass sie professionelle Dienste zur Hilfe heranziehen. Die Pflegeversicherung sollte dabei immer nur eine Zusatzleistung sein. Ein Weg könnte dabei auch sein, den Familien, die eine häusliche Pflege organisieren, die Möglichkeit zu geben, die Kosten für das Pflegepersonal von der Steuer abzusetzen. Hier könnte auch eine Steuerreform greifen; ich plädiere sehr dafür, das „Unternehmen Familie" zu stärken und jungen Menschen mehr finanzielle Spielräume zu lassen, um eigene Vorsorge für später zu betreiben.

Unbedingt notwendig scheint mir, den gesetzlichen Grundsatz „ambulant vor stationär" deutlich besser in der Praxis umzusetzen, als dies bislang der Fall ist. Aktuell sind ungefähr eine halbe Million älterer Menschen in Heimen untergebracht, obwohl es der Wunsch der Mehrheit der Bevölkerung ist, auch im Alter zu Hause bleiben zu können. Auch unserem menschlichen Wesen würde es besser entsprechen, ein Miteinander der Generationen zu leben, als eine Gettoisierung alter und pflegebedürftiger Menschen vorzunehmen. Es ist nicht mein eigentliches Thema hier, aber ich möchte doch mit der Überlegung schließen, dass Betreuung auch eine Frage des gesellschaftlichen Umgangs mit älteren Menschen überhaupt ist: Auch politisch müssen Eigeninitiativen älterer Menschen stärker als bisher gefördert werden; eine Integration älterer Mitbürger beispielsweise durch ein Ehrenamt wirkt sich positiv auf das Lebensgefühl und das Wohlbefinden aus. Ich nenne immer gerne den verstorbenen Papst Johannes Paul II., der zu Unrecht so häufig belächelt wurde, als Vorbild. In seiner Hinfälligkeit und Krankheit hat er uns in seiner Schwäche immer wieder aufs Neue ein Bild der Stärke gegeben.

Anmerkungen

[1] Statistisches Bundesamt: http://www.destatis.de/basis/d/bevoe/bevoetab5.php.

Autonomie im Alter

Detlef Parr

Jürgen Mittelstraß hat in seinem Beitrag in diesem Buch die stärkere Herausstellung des Aspekts „gelingendes Altern" angemahnt. *Autonomie* im Alter ist sicher eine der wesentlichen Voraussetzungen dazu.

Es ist eine Kernaufgabe der Politik, durch eine behutsame Rahmensetzung den älter werdenden Menschen gemäß ihrer geistigen, körperlichen und seelischen Verfassung so lange wie möglich so viel Selbstbestimmung wie möglich einzuräumen und zu belassen. Dazu gehören Entscheidungsfreiheiten, Eigenverantwortung (statt Fremdbestimmung), Freiräume zu eigener Gestaltung (statt sich damit zu begnügen, verwaltet zu werden, und sich einer Versorgungsmentalität zu unterwerfen). Josef Schuster hat das Altern als ein „Werden zu sich selbst" beschrieben: „Jeder gibt seinem Leben eine individuelle Gestalt." Jürgen Mittelstraß hat die Zukunft des Alters in seiner Wiederentdeckung als einer genuinen Lebensform mit eigener Qualität und Würde gesehen. Leopold Rosenmayr hat das enorme Potential der Selbststeuerung bei Alten herausgestellt und den daraus erwachsenden Legitimitätszuwachs dargestellt.

Diesen Feststellungen und Bewertungen entspricht die Zielrichtung der EU mit ihrer Politik des aktiven Alterns. Oder der Grundsatz der Liberalen Senioren in NRW, deren Vorsitzender ich bin: zu aktiv, um alt zu sein.

Eine der Regeln für ein aktives Altern heißt „neugierig bleiben". Damit hängt natürlich die Frage nach der Selbstaktivierung zusammen – schaffen wir das aus uns selbst he-

raus oder aus unserer Familie und dem Freundes- und Bekanntenkreis? Oder benötigen wir dazu den aktivierenden,
betreuenden, fürsorgenden Staat? Nicht nur für einen Liberalen dürfte die Antwort hoffentlich klar sein: Wir müssen alles daran setzen, dieses Ziel aus der individuellen Kraft, der
Erfahrungsstärke, wie Jürgen Mittelstraß formulierte, und
einer positiven Selbstwahrnehmung heraus zu erreichen.

Zu dieser notwendigen Neubestimmung können wir
nach meiner Überzeugung als Ältere nicht alleine beitragen. Politik für ältere Menschen muss sich im Dialog mit
den Jüngeren gestalten – Generationengerechtigkeit durch
Zusammenarbeit zwischen Jung und Alt – leben und leben
lassen. Dazu sagt der Berliner Soziologe Martin Kohli: „Politik in einer alternden Gesellschaft ist Politik für alle Lebensalter, und sie muss die bestehenden Solidaritätsbezie-
hungen zwischen den Altersgruppen und Generationen
aufnehmen. Diese durchaus vorhandene Solidarität ist ein
Kapital, das nicht verschleudert werden darf." Solidarität
dürfen wir allerdings nicht ersticken durch staatliche
Überregulierung, sondern müssen sie freisetzen durch Ermutigung.

Wir brauchen eine gesellschaftliche und politische Neu-
bewertung der Leistungsfähigkeit älterer Menschen. Längere aktive Teilnahme am wirtschaftlichen und sozialen
Leben muss eine zentrale Überlegung sein, ebenso wie lebenslanges Lernen und lebenslanges Mitwirken als Mittel
zum Erhalt oder zur Stärkung des Selbstbewusstseins und
der Eigenverantwortung. Wichtig dabei ist ein verändertes
Führungsverhalten in deutschen Unternehmen, aber auch
eine veränderte Mentalität in der Gesellschaft. Das Streben
im Sinne von „möglichst früh gesichert in den Ruhestand"
muss der Vergangenheit angehören.

Wir müssen die Lebensarbeitszeit neu diskutieren, auf
der Grundlage einer Anpassung der Arbeitsorganisation
und eines Altersmanagements am Arbeitsplatz nach dem

Motto „später und schrittweiser Übergang in den Ruhestand".

Dazu gehört natürlich mehr Flexibilität, vor allem flexible Arbeitszeitregelungen. Zum lebenslangen Lernen und der Teilnahme am Leben gehört natürlich auch der Umgang mit dem Computer und dem Internet.

Das Ausmaß der Selbstbestimmung im Alter hängt auch von den Wohnformen ab. Rechtzeitige Anpassung des Wohnraums an die Bedürfnisse des Alters kann Heimeinweisungen vermeiden: Klein- und Wohngruppenansätze sind richtig. Die schwedischen Liberalen haben einmal eine Wahl sehr erfolgreich bestritten mit der Forderung nach eigenen vier Wänden für jeden Älteren.

Der Leerstand von Bürogebäuden in mancher Großstadt – ich kann das besonders in Berlin beobachten – fordert förmlich die Umgestaltung in altersgerechten Wohnraum heraus.

Und das Wohnen mit eigenem Nachbarschaftsbezug sichert einerseits die Selbstständigkeit und ermöglicht andererseits schnelle Hilfe bei Bedarf. Mitmenschlichkeit und Gemeinsinn müssen wieder stärker ins Bewusstsein der Menschen gerückt werden – auch als Gestaltungsfeld für Ältere, z. B. durch Übernahme ehrenamtlicher Aufgaben, ohne die unsere freie Gesellschaft nicht auskommen kann. Das heißt auch: bürokratische Hürden abbauen und den Zugang für ältere Menschen erleichtern. Erinnern wir uns erneut an die Regeln von Volker Schumpelick für ein aktives Altern: für etwas nützlich bleiben!

Das 5. Rahmenprogramm Forschung der EU (98–02) hat Forschungsvorhaben zur Steigerung der Lebensqualität, der Autonomie und der sozialen Integration älterer Menschen gefördert. Die Schwerpunkte dabei sind gesundes Altern in allen Lebensphasen und Wohlbefinden im Alter.

Ein wichtiges Ergebnis: Negative Altersvorstellungen führen zu selbstverschuldeter Unmündigkeit und einem

Verlust an Denkfähigkeit schon im frühen Alter! In diesem Zusammenhang erinnere ich mich an einen pädagogischen Grundsatz, der nicht allein in der Schule von besonderer Bedeutung ist: Wer – ich ergänze jetzt „sich", also: „Wer sich *fördern* will, muss sich *fordern.*"

Ein dergestalt rechtzeitig gestärktes Selbstvertrauen schafft Optimismus und Zuversicht, die das subjektive Wohlbefinden steigern und den Älteren die Kraft zur eigenen Gestaltung ihres Lebens länger erhält.

Lassen Sie mich zum Schluss noch Stellung nehmen zur Autonomie am Lebensende – Stichwort Patientenverfügungen.

Die Enquete-Kommission „Ethik und Recht der modernen Medizin", der ich in der vergangenen Legislaturperiode und zu Beginn dieser Legislaturperiode angehört habe, hat einen Zwischenbericht vorgelegt. Die Enquete-Kommission hat aus unserer Sicht ihren Auftrag verfehlt, Patientenverfügungen wirklich zu stärken. Das Selbstbestimmungsrecht von Patienten am Lebensende und bei schwerer Krankheit wird nicht anerkannt.

Der Bericht bleibt weit hinter den Vorschlägen der Arbeitsgruppe des Bundesjustizministeriums zurück, die u. a. von Vertretern beider großer Kirchen mitgetragen worden sind. Auch die Richtlinien der Bundesärztekammer geben mehr Raum für individuelle Entscheidungen. Dagegen hat die Mehrheit der Enquete-Kommission empfohlen, die Reichweite von Patientenverfügungen für einen zum Tode führenden Behandlungsabbruch gesetzlich auf Situationen zu beschränken, in denen das Grundleiden irreversibel tödlich ist. Das bedeutet, dass lebensverlängernde Maßnahmen teils entgegen einer Patientenverfügung durchgeführt werden sollen – etwa bei Wachkoma oder entgegen religiös motivierten Behandlungsverboten.

Zudem hält die Enquete-Kommission nun entgegen früheren Plänen daran fest, das Vormundschaftsgericht bei der Umsetzung von Patientenverfügungen in jedem Fall einzuschalten.

Unsere Gegenposition: Therapiebegrenzungen durch Patientenverfügungen sind im Grundsatz in jeder Krankheitsphase anzuerkennen. Die Überprüfung des Willens des Patienten soll im Regelfall ohne Vormundschaftsgericht durch den Arzt und Betreuer bzw. Bevollmächtigen erfolgen. Die Angehörigen und das Pflegepersonal sind anzuhören. Nur bei Meinungsverschiedenheiten zwischen den Beteiligten bezüglich des Patientenwillens müsste das Vormundschaftsgericht entscheiden, ebenso wenn die Verfügung einen lebensbedrohlichen Therapieabbruch außerhalb irreversibel tödlicher Krankheiten vorsieht.

Abschließende Bemerkung:

Ich möchte zu einer Politik beitragen, die Frank Schirrmacher zukünftig davon abhält, einen Satz wie diesen zu schreiben: „Die Gesellschaft, die wir geschaffen haben, nimmt den Alternden alles: das Selbstbewusstsein, den Arbeitsplatz, die Biographie."

Vielmehr möchte ich Sören Kierkegaards Worten politischen Inhalt geben und die darin liegenden Chancen betonen: „Verstehen kann man das Leben rückwärts, leben müssen wir es vorwärts."

Oder, wie mein Pfarrer mir als Konfirmanden mit auf dem Weg gegeben hat: Wer seine Hand an den Pflug legt und sieht zurück, der ist nicht geschickt zum Reich Gottes.

Mit 50 Jahren ist noch lange nicht Schluss

Irmingard Schewe-Gerigk

„Mit 66 Jahren ... da fängt das Leben an", sang Udo Jürgens mit 42 Jahren und ließ seinen Schlager enden mit dem Satz: „... mit 66 ist noch lange nicht Schluss". Womit noch lange nicht Schluss ist, hat uns Udo Jürgens nicht verraten.

Auf dem Arbeitsmarkt ist allerdings für große Teile der Beschäftigten schon viel früher Schluss, nämlich mit 50 Jahren. In nicht einmal jedem zweiten Unternehmen in Deutschland arbeiten über 50-Jährige. Dabei gibt es für die Unterstellung, dass ältere Menschen nicht mehr in der Lage seien, die im Beruf erforderliche intellektuelle und körperliche Leistungen zu erbringen, keine sachliche oder wissenschaftlich fundierte Grundlage. Hierbei handelt es sich eindeutig um Altersdiskriminierung.

Aber ältere Menschen werden nicht nur in der Arbeitswelt benachteiligt. Auch die Werbung bedient sich fast ausschließlich junger, schöner Models. Sind tatsächlich einmal Ältere sichtbar, so in einer ganz bestimmten defizitären Rolle. Sie werben für Haftcremes oder Blasentee. In den Medien betrifft es besonders die Frauen. Erscheint dem Chef ein Gesicht zu alt, verschwindet es von der Bildfläche. Selbst wenn Frauen jede Falte wegoperieren lassen und ihr Gesicht förmlich zur Maske wird, fällt das Urteil: nicht mehr vor die Kamera.

Selbst bei der Kreditvergabe macht das Alter Probleme. Manche Banken verweigern Ratenkredite an über 55-Jährige. Natürlich muss akzeptiert werden, dass Kreditinstitute bestimmte Risiken vermeiden müssen. Aber wenn laut Schufa die 20- bis 29-Jährigen zu 20 Prozent Rückzahlungsprobleme haben, die über 55-Jährigen aber nur zu 2,5 Prozent, ist auch hier die Annahme zumindest nahe liegend, dass es sich um eine Diskriminierung handelt.

Diese wenigen Beispiele machen deutlich, welchen Nachteilen Ältere in verschiedenen Lebensbereichen ausgesetzt sind. Ich werde mich nun in meinem Beitrag auf die Diskriminierung von älteren ArbeitnehmerInnen konzentrieren. Zunächst einige Fakten:

- Weniger als 37 Prozent der 55- bis 64-Jährigen waren 2001 in Deutschland erwerbstätig, während es im OECD-Durchschnitt über 48 Prozent waren. In der Schweiz, Norwegen, Schweden und Dänemark liegt die Quote zwischen knapp 60 und 70 Prozent. Bei den 60- bis 64-Jährigen lag die Quote sogar nur bei 19,6 Prozent.
- Mit 11,2 Prozent hat Deutschland mit Abstand die höchste Arbeitslosenquote bei den 55- bis 64-Jährigen (2001). Die Arbeitslosigkeit in anderen Ländern liegt deutlich niedriger, bei den erfolgreichen Vergleichsländern liegt sie unter 4 Prozent.
- Länder mit einer hohen Erwerbstätigkeit älterer Menschen haben auch eine günstige Erwerbsquote bei den Jüngeren.

Damit ist das Thema der Vorurteile gegenüber älteren ArbeitnehmerInnen in Deutschland im Spiel. Der letzte Befund belegt, dass eine hohe Erwerbsquote von Älteren nicht zu Lasten der jüngeren Generation geht. Oft krank, nicht mehr leistungsfähig und Neuem gegenüber wenig aufgeschlossen, so lauten die gängigen Vorurteile gegenüber ArbeitnehmerInnen, die das Ende des fünften Lebensjahrzehnts erreicht haben.

In dem IAB-Betriebspanel 2000 wurden Betriebe danach gefragt, ob sie Erfahrungen mit der Beschäftigung älterer ArbeitnehmerInnen über 50 Jahre haben. Weit mehr als die Hälfte der befragten Betriebe hatten keine Mitarbeiter über 50 Jahre beschäftigt. Interessant sind die weiteren Unterschiede nach Branchen:

– Nur knapp die Hälfte der Betriebe des produzierenden Gewerbes gaben an, Erfahrungen mit Älteren zu haben.

– Mit nicht einmal vier von zehn Betrieben hat der private Dienstleistungsbereich die wenigsten Erfahrungen mit älteren Beschäftigten.

– Im öffentlichen Dienst gab es mit 55 Prozent in Westdeutschland und 71 Prozent in Ostdeutschland die umfangreichsten Erfahrungen mit älteren Beschäftigten.

Die Betriebe, die Erfahrungen mit älteren ArbeitnehmerInnen haben, wurden im Weiteren zu ihrer Beurteilung der Leistungsfähigkeit der älteren Beschäftigten befragt:

– Über 80 Prozent der Betriebe finden einen gemeinsamen Einsatz älterer und jüngerer Mitarbeiter in altersgemischten Teams sinnvoll.

In den alten Ländern waren 81 Prozent und in den neuen Ländern 75 Prozent der Meinung, dass auch ältere Mitarbeiter an Qualifizierungsmaßnahmen beteiligt werden sollten.

Daran lässt sich erkennen: Wenn tatsächlich Erfahrungen mit Älteren in den Betrieben vorliegen, wird die Leistungs- und Einsatzfähigkeit Älterer durchaus positiv eingeschätzt. Allerdings haben ältere ArbeitnehmerInnen im Durchschnitt nur zu 7 Prozent einen Zugang zu beruflichen Weiterbildungsmaßnahmen.

Ernsthafte Probleme von älteren ArbeitnehmerInnen, mit den Leistungsanforderungen mitzuhalten, gibt es tatsächlich in den Branchen, in denen die körperliche Arbeit dominiert, wie z. B. im Baugewerbe. In den Dienstleistungsbereichen kommt es vor allem auf geistige Arbeit und soziale Kompetenzen an, bei der gerade auch die langjährige Berufserfahrung von großem Nutzen ist.

Wir leisten uns in Deutschland seit langer Zeit ein „Defizitmodell" vom Alter im Allgemeinen und von älteren ArbeitnehmerInnen im Besonderen, das uns buchstäblich teuer zu stehen kommt:

- In einer Studie der Bertelsmann-Stiftung wurde errechnet, dass die Sozialversicherungen im Jahr 2001 mit 37 Milliarden Euro belastet wurden durch Maßnahmen der vorzeitigen Berentung, durch Altersteilzeitregelungen und durch die Kosten der hohen Arbeitslosigkeit von ArbeitnehmerInnen, die älter als 55 Jahre alt sind.

- Durch Frühverrentung, Altersteilzeit und Arbeitslosigkeit bei den jungen Alten ist in Deutschland insgesamt eine Beschäftigungslücke von 2,2 Millionen Personen entstanden (gemessen an der Erwerbstätigenquote dieser Altersgruppe in Dänemark). Dieser Verlust an volkswirtschaftlicher Wertschöpfung durch Nichtnutzung von Humankapital wird auf einen Betrag zwischen 23 und 184 Milliarden Euro jährlich geschätzt. Zwischen dieser Vernichtung von Humankapital und dem fehlenden Wirtschaftswachstum wird ein direkter Zusammenhang angenommen.

- Die FAZ berichtet in einem Artikel vom 18.9.2004 über 16.600 Ingenieurstellen, die deutsche Unternehmen im vergangenen Jahr nicht besetzen konnten. „Daraus resultieren nicht getätigte Investition in Forschung und Entwicklung in Höhe von 3,85 Milliarden Euro und umgerechnet mehr als 30.000 nicht geschaffene Stellen." In dem gleichen Beitrag wird die Frage gestellt, ob angesichts 65.000 arbeitslos gemeldeter Ingenieure wirklich von einem Mangel gesprochen werden kann. Es wird weiterhin darüber berichtet, dass zwei Drittel der erwerbslosen Ingenieure über 45 Jahre alt sind. Der Ingenieurmangel in Deutschland bewirke eine Arbeitsplatz-verlagerung ins (osteuropäische) Ausland.

Die Bevölkerungsstatistiker gehen davon aus, dass es ab 2015 zu einer erheblichen Verknappung von Arbeitskräften kommen wird und dass die Zahl der nachwachsenden jüngeren Erwerbstätigen zwischen 20 bis 50 Jahren erheblich sinken wird. Betriebe, die es gelernt haben, mit alters-gemischten Teams zu arbeiten, werden die Anforderungen dann zweifellos besser bewältigen.

An dem Beispiel der Ingenieure wird deutlich, dass eine Änderung der bisherigen Politik dringend geboten ist. Die Rahmenbedingungen zur Nutzung der Potenziale von älteren ArbeitnehmerInnen sind deutlich zu verbessern, um einen Engpass an qualifizierten Beschäftigten in den nächsten Jahrzehnten zu verhindern. Die Erhöhung der Erwerbs-quote der über 45-Jährigen ist ein notwendiger Schritt zur Bewältigung des demographischen Wandels und zur Sicherung der wirtschaftlichen Entwicklung.

Die Verlängerung der Lebensarbeitszeit und die Abschaffung der Frühverrentung wird alleine nicht ausreichen, um die demographischen Veränderungen und deren Auswirkungen im Bereich der Erwerbsarbeit meistern zu können. Vielmehr kommt es darauf an, die Leistungsfähigkeit und die Kompetenzen der älteren wie der jüngeren Beschäftigten zu erhalten und zu verbessern. Dazu mache ich folgende Vorschläge:

– Altersteilzeitregelungen sind unter Wahrung des Vertrauensschutzes zu beenden.

– Anreize sind zu schaffen, um über die gesetzliche Altersgrenze hinaus zu arbeiten und die Erzielung von Einkünften neben dem Bezug von Rentenleistungen zu ermöglichen.

– Die starren Altersgrenzen für das Renteneintrittsalter sind zu flexibilisieren und ab dem 62. Lebensjahr stärker von der Zahl der Beitragsjahre abhängig zu machen; damit haben ArbeitnehmerInnen mit einem frühen Einstieg in den Beruf die Möglichkeit, ohne Abschläge ab diesem Zeitpunkt in Rente zu gehen.

- Ferner sind Maßnahmen zur Förderung des lebenslangen Lernens erforderlich. In anderen Ländern haben sich betriebliche und staatliche Lernkontensysteme bewährt, die zum Teil über Steuervergünstigungen gefördert werden. Denkbar ist auch die Weiterentwicklung von Arbeitszeitkonten zur Finanzierung von Weiterbildung. Wichtig ist dabei eine nachfrageorientierte Steuerung und die Anknüpfung an die bisherigen Berufserfahrungen der älteren ArbeitnehmerInnen.

- Wie in vielen anderen europäischen Ländern soll die Diskriminierung von älteren ArbeitnehmerInnen Gegenstand eines umfassenden Antidiskriminierungsgesetzes sein.

Entscheidend ist insgesamt ein Mix von Maßnahmen, die in unterschiedlichen Bereichen Anreize schaffen und überkommene Modelle abbauen.

X. Das Alter in der Literatur

Autorenlesung:
Das Alter in der Literatur
Einführung

Birgit Lermen

Adolf Muschg ist eine jener seltenen Doppelbegabungen, die Wissenschaft und Dichtung auf ideale Weise verbinden und in beiden Bereichen ein immenses Werk geschaffen haben. An ihm zeigt sich, wie sehr das „Hervorbringen und Interpretieren von Literatur sich wechselseitig fördern können"[1].

Er lehrte an deutschen, schweizerischen, japanischen und amerikanischen Universitäten und war von 1970 bis zu seiner Emeritierung im Jahre 1999 Professor für Neuere Deutsche Literatur an der Eidgenössischen Technischen Hochschule in Zürich, an der – dank seines Engagements – Natur- und Geisteswissenschaften eine ideale Symbiose eingegangen sind.

Zunächst und vor allem aber ist Adolf Muschg ein bedeutender und international anerkannter Schriftsteller, der seit seinem Debüt 1965 ein durch Umfang und Vielfalt imponierendes Werk vorgelegt hat, das Romane, Erzählungen, Theaterstücke, Hörspiele, Drehbücher und Essays umfasst. Zu Recht gilt er deshalb als der renommierteste Gegenwartsautor der Schweiz.

Aus der Fülle seines Opus seien exemplarisch nur drei Werke hervorgehoben:

Erinnert sei zunächst an seine epochale Nacherzählung des Parzival-Epos aus dem Jahre 1993, den tausendseitigen Roman *Der Rote Ritter*[2], der den Freund und Kollegen Iso

574

Camartin veranlasste, in einer verschmitzten Analogie zwischen ETH und Artus-Hof Adolf Muschg als „Roten Ritter" zu bezeichnen, der zwar weißhaarig und nicht im roten Gewand, „aber doch mit roten Gedanken im Herzen" sich in die „Weltaufgaben" stürze, statt wie viele andere dienstbeflissen am Artus-Hof zu bleiben.[3] In dieser Parabel vom menschlichen Leben thematisiert Muschg „die exemplarischen Konflikte und die archetypischen Konstellationen der Menschheitsgeschichte: Liebe und Tod, Sich-Verlieren und Wiederfinden, Sich-Maskieren und Entlarven, Kindheit und Älterwerden, Glück und Unglück, Hass, Schuld und Gnade". Parzivals Suche nach dem Gral symbolisiert die innere Entwicklung eines Tors, der sich „fröhlich und naiv seinen Weg" bahnt, „gierig nach dem Glück fahndet, sich fortwährend schuldig macht" und – nach unzähligen Niederlagen – schließlich doch den Glück und Heil verheißenden Stein findet.[4] In keinem anderen Werk der zeitgenössischen Literatur ist die Frage nach dem gelingenden Leben eindringlicher gestellt, ist „jene Grenzscheide, wo der Tod sich im Leben einzufressen beginnt, minutiöser ausgeleuchtet" und ist zugleich „ernsthafter mit der Vergänglichkeit"[5] gespielt als in Adolf Muschgs Parzival-Roman.

Sutters Glück[6], erschienen im Frühjahr 2001, ist eine satirisch-elegische Zeit- und Kriminalgeschichte. Es ist der erste Roman der deutschsprachigen Gegenwartsliteratur, der sich dezidiert mit der aktuellen bioethischen Wertedebatte auseinandersetzt. Muschg erzählt vom verlorenen und zu spät erkannten Glück eines Ehepaares, dessen Lebensplanung sich nicht realisieren ließ. Sutter, der Ehemann, ist ein ehemaliger Gerichtsreporter, der die Motive für den Freitod seiner krebskranken Frau zu ergründen sucht. Dabei stößt er auf unterschiedliche Sinnsysteme. Seine Frau Ruth hat sich in ein neoromantisches Wertsystem geflüchtet, das Schutz bietet vor dem Materialismus ihrer Zeit; sein Künstlerfreund Jörg hat sich an die Welt des Kapitals verkauft und porträtiert gegen „fünftausend [Dollar] pro Sitzung" den Boss eines Genomkonzerns; ein Pfarrer hält die Theologie für ein „Abwesenheitsverfahren", eine „Fifty-fifty-Spekulation": „Gibt es Gott, so hat sie sich ausgezahlt. Gibt es Ihn nicht, so hast du mit Glauben nicht viel verloren." Auch die Aussichten für die Kunst sind düster: „Romeo und Julia sind abgemeldet [...] Die Geschichte ist so überholt wie die Liebe. Vorbei die Kunst [...] Das egoistische Gen ist die neue Thora. Die digitale Armee rollt unser bisschen Menschheit auf, sie wickelt unsere Geschichte ab."[7]

Doch trotz des Unglücks, das die Hauptfigur heimsucht, ist der Roman eine Verteidigung des Glücks. Auf die bange Frage, wie denn ein Leben ohne Gott und Ideale möglich sei, gibt Muschg eine illusionslose Antwort:

„Du brauchst nicht zu fürchten, ins Bodenlose fortgerissen zu werden. Da ist kein Ich mehr zum Fürchten übrig, und ist nichts Bodenloses mehr; da ist aber auch kein Boden, der dich nicht tragen würde; da ist nicht einmal einer, den du je verlassen hättest."[8]

Der Wert, von dem der Roman spricht, heißt „Anstand". Dieser Anstand aber hat nichts mit dem Kodex sittlicher Korrektheit zu tun, hinter deren Fassade sich oft die Verleumdung des vermeintlich Unanständigen versteckt. Muschg nimmt den Begriff aus dem Kontext der bürgerlichen Tugenden, unter denen er seit Knigge Karriere gemacht hat, und gibt ihm seine mythische Aura zurück. Für ihn ist „Anstand" ein „Wort von hohem Adel", ein Wort, das mit den Tugenden der Verschwiegenheit, Diskretion und Zurückhaltung zu tun hat und ein wichtiges Mittel ist, den Auftrag der Humanität zu erfüllen. Deshalb sind es einzig und allein die von Sutter und seiner todkranken Frau bis zuletzt gemeinsam gelesenen Märchen, die unter allen Ausdrucksformen der Kultur „das Wahre angemessen" verbergen. Nur die Märchen sind eine „Gegend vollendeten Anstands"[9]. Sie nennen die wahren Werte nicht beim Namen, sondern verhüllen sie symbolisch. Diese Märchen, die sich Sutter und Ruth im Angesicht des Todes erzählen, sind Zeichen eines winzigen Restes von Hoffnung, Zuversicht und Vertrauen. Nicht zufällig kehrt Sutter nach dem Tod seiner Frau eben an jenen Ort zurück, wo sie einst die Sommerwochen verbrachten: nach Sils Maria, wo Nietzsche seinen Zarathustra entwarf und über die Umwertung der Werte nachdachte. Und nicht zufällig auch hat Muschg seiner Hauptfigur den griechischen Namen des Erlösers eingeschrieben: *soter.*[10]

Das gefangene Lächeln[11] (2002) erzählt die Geschichte einer Schuld, die eine Familie über drei Generationen belastet und den Ich-Erzähler zu einer Lebensbeichte veranlasst. Kurz vor seinem Krebstod schreibt der alte Mann mit dem beziehungsreichen Namen Josef Kaspar Kummer seinem sechsjährigen Enkel einen langen Brief, den dieser erst in zwanzig Jahren erhalten soll.

Kummers Kindheit und Jugend war überschattet von der streng puritanischen Erziehung im Elternhaus, das ihm weder Halt noch Geborgenheit schenkte. Er wuchs auf in einem Klima eisiger Kälte und falscher Moral und durchlebte die entscheidenden Jahre seiner Entwicklung in dem Bewusstsein, dass alles, was mit Sexualität zu tun hat, Sünde sei. Zeile für Zeile spürt der Briefschreiber die fatale Lebensmitgift seiner bäuerlichen Ahnen auf, die unter dem überfordernden Leistungsdruck und Erfolgszwang ihr Leben als „Buße" und „immerwährende Züchtigung" empfanden und sich gezeichnet glaubten:

„Der Herr hatte sie mit dreierlei Zeichen gesegnet, dem Gottesblick, der Adlernase und dem gefangenen Lächeln."[12]

Das „gefangene Lächeln", Ausdruck einer „die Seele auf-
fressenden und erstickenden Freudlosigkeit"[13], symbolisiert die Folgen zwanghaft verinnerlichter reformiert-puri-
tanischer Frömmigkeit.

Die Erzählung thematisiert die gelungene Befreiung der
Hauptfigur aus diesem erstarrten, missverstandenen Chris-
tentum. Sowohl durch die Flucht nach Ägypten als auch
durch den Vorgang des Schreibens wird die über der Familie
lastende Lebensangst überwunden. Als der Ich-Erzähler
den Versuch unternimmt, seine Lebensgeschichte der Zukunft anzuvertrauen, um sich gleichzeitig davon zu befrei-
en, verliert das „gefangene Lächeln" seine Macht. Mit den
Worten „Wir müssen aber viel leichter werden, John, um
das Gewicht des Lebens zu tragen"[14] wendet sich Josef Kaspar Kummer von seinen Ahnen ab und hoffnungsvoll der
nachfolgenden Generation zu.

In den achtziger und neunziger Jahren hat man dem Autor
nicht selten „abgezirkelte Perfektion" und „allzu nach-
drückliche Brillanz seiner Formulierungen"[15] vorgeworfen.

Für den wortgewaltigen Perfektionisten mochte das zuweilen eine Versuchung sein, der aber Muschg zu keiner
Zeit erlag. Vor allem in seinen letzten Werken hat er zu einer Einfachheit gefunden, die nach Brecht so schwer zu erreichen und das Ergebnis artistischer Anstrengung ist.

Muschg ist ein virtuoser Sprachkünstler, der die Defizite
und Defekte unserer Existenz geradezu liebevoll freilegt.
Wie ein „Wünschelrutengänger"[16] spürt er das Außerordent-
liche im Alltäglichen auf, macht er das Unscheinbare, Leise,
Zurückgenommene und Vernachlässigte erfahrbar. Das
Durchlebte ist in seinem Werk Sprache geworden, verdich-
tete Sprache, die von handwerklicher Sicherheit zeugt und
beweist, dass er „die Waage für Wortgewichte im Ohr"[17] hat.

Wie aus der Fülle der Rezensionen hervorgeht, sprechen
die Literaturkritiker von Muschg als einem „Weltbürger

mit Witz und Esprit", einem „Chronisten allgemeiner Bewusstseinsveränderungen", einem „Provokateur mit Grazie", einem „brillanten Literaturtheoretiker", einem „streitbaren homo politicus" und einem „souveränen Leiter erlesener Gesprächsrunden". Er erwies sich stets als überzeugter Anwalt der Aufklärung, der auf die Kraft der Vernunft setzt, ohne den Kopf vom Gefühl abzutrennen – sei es in der Debatte um die Genom-Revolution oder in der Auseinandersetzung um Politik und Moral. Adolf Muschg ist dabei stets klug genug, als Schriftsteller die „Rolle des Ratgebers" abzulehnen. Denn ihm ist daran gelegen, die Kunst gegen allzu wohlfeile „Therapie-Erwartungen" in Schutz zu nehmen. Hinter dem Titel seiner viel beachteten Frankfurter Poetikvorlesungen aus dem Jahre 1980, *Literatur als Therapie?*[18], steht deshalb ausdrücklich und unübersehbar ein Fragezeichen. Er weiß, dass „kein gerader Weg von der ästhetischen Kompetenz in die soziale Verantwortung" führt und schließt dezidiert eine Literatur aus, die *nur* Therapie wäre. Aber Literatur und Therapie haben – nach seiner Meinung – ihren gemeinsamen Fluchtpunkt in der Lebenskunst:[19] „Kunst und Therapie haben ein Ziel: Befähigung zum eigenen Leben. Aber sie haben nicht einen Weg. Kunst – oder Literatur – ist keine Therapie, aber sie macht Mut dazu, den Weg zur Therapie im Ganzen weiterzugehen. Die Therapie ist nicht Kunst, aber sie dient der Kunst als Bürgschaft für die Verbindlichkeit, für die Gangbarkeit der lebensverändernden Phantasie. Beide arbeiten am Gleichgewichtssinn einer sich selbst bedrohenden Menschheit. Aus beiden ist die Einsicht zu schöpfen, dass Überleben erst dann keine Sorge mehr sein wird, wenn wir leben gelernt haben."[20]

In einem programmatischen Vortrag der achtziger Jahre erklärte Muschg:

„Wir gehen im Dunkel und warten auf eine gute Ge-schichte, die uns den Weg vor unseren Füßen erhellt – nicht weit, und nicht lange, aber doch so, dass wir ein paar Schritte lang zu erkennen glauben, woher wir kom-men und wohin wir gehen; und *warum* wir gehen.“[21]

Und er setzte hinzu:

„[…] Geschichten sind Lebens- und Heilmittel; damit sie fortfahren Menschen leben zu helfen, dürfen sie nicht dieselben bleiben.“[22]

Kaum ein anderer Autor der Gegenwart hat das Verhältnis von Kunst und Leben mit vergleichbarer Insistenz aus-geleuchtet und die existentiellen Fragen nach Lieben, Al-tern und Sterben mit stärkerer Dringlichkeit gestellt als Adolf Muschg. Seine literarischen Werke bieten illusions-lose Diagnosen des Lebens, auch der letzten Lebensphase des Menschen. Sie zeigen das Altwerden sowohl in seinen negativen Auswirkungen (wie in einigen Erzählungen des Bandes *Leib und Leben*) als auch mit seinen positiven Möglichkeiten, wie der Auftakt zu dem Essay *Auf der Hand* signalisiert: „Älter werden ist schön.“[23]

Anmerkungen

[1] *Hinck, Walter:* Ein gelassener Virtuose. Artistisch, elegant, welt-läufig: Der Schriftsteller Adolf Muschg wird sechzig. In: FAZ vom 13.5.1994.

[2] *Muschg, Adolf:* Der Rote Ritter. Eine Geschichte von Parzival. Frankfurt a. M. 1993.

[3] Ergiebiger Umgang mit geistigen Vätern. Die ETH feiert Adolf Muschg. In: NZZ vom 17.6.1994.

[4] *Reinacher, Pia:* Der mit dem Echo ringt. Patriot der Widerrede: Adolf Muschg zum siebzigsten Geburtstag. In: FAZ vom 13.5.2004.

[5] *Gellner, Christoph:* „[…] um das Gewicht des Lebens zu tragen“.

Zum 70. Geburtstag von Adolf Muschg. In: Orientierung vom 30.4.2004, S. 87.

[6] *Muschg, Adolf:* Sutters Glück. Roman. Frankfurt a. M. 2000.

[7] *Muschg* (wie Anm. 6), S. 118 und 177.

[8] *Muschg* (wie Anm. 6), S. 325.

[9] *Muschg* (wie Anm. 6), S. 45.

[10] Vgl. *Braun, Michael:* Wertorientierung in der Gegenwartsliteratur. In: Die Politische Meinung 47 (2002) 39, S. 172f.

[11] *Muschg, Adolf:* Das gefangene Lächeln. Eine Erzählung, Frankfurt a. M. 2002.

[12] *Muschg* (wie Anm. 11), S. 42.

[13] *Gellner* (wie Anm. 5), S. 88.

[14] *Muschg* (wie Anm. 11), S. 144.

[15] *Blöcker, Günter:* Ein Provokateur mit Grazie. „Leib und Leben" – Geschichten des Schweizers Adolf Muschg. In: FAZ vom 8.5.1982.

[16] *Blöcker, Günter:* Die Sprache illuminiert die Gegenstände von innen. „Noch ein Wunsch", eine Erzählung von Adolf Muschg. In: FAZ vom 24.11.1979.

[17] Oskar Loerke, zitiert nach Rose Ausländer, Materialien zu Leben und Werk. Frankfurt a. M. 1991, S. 79.

[18] *Muschg, Adolf:* Literatur als Therapie? Ein Exkurs über das Heilsame und das Unheilbare. Frankfurt a. M. 1981.

[19] *Schafroth, Heinz F.:* Adolf Muschg. In: KLG 72. Nlg, 10/2002, S. 11.

[20] *Muschg* (wie Anm. 18), S. 203.

[21] *Muschg, Adolf:* Psychoanalyse und Manipulation. In: M. Dierks (Hrsg.): Adolf Muschg, Frankfurt a. M. 1989, S. 293–318.

[22] *Muschg* (wie Anm. 21), S. 313.

[23] *Muschg, Adolf:* Auf der Hand. In: NZZ vom 28./29.8.2004.

Lesung

Adolf Muschg: Auf der Hand

Älterwerden finde ich schön. Das heißt: Ich habe das gute Leben viel weniger und viel mehr in der Hand. Viel weniger: Die eigenen Grenzen rücken einem deutlich auf den Leib – Sehschärfe, Steh- und Laufvermögen, sinnliche Bereitschaft, Gleichgewichtssinn, Reaktionsgeschwindigkeit sind nicht mehr, was sie waren. Aber auch damit geht es mir eigenartig: Wie viel von der Einbildung, „was sie waren", beruht auf Selbsttäuschung? Tatsache ist viel eher, dass diese Güter, als man über sie zu verfügen glaubte, unbeachtet blieben. Jetzt, wo die Verknappung auffällig ist, leuchtet ihre Kostbarkeit unmittelbar ein: Sie vergegenwärtigen sich zum ersten Mal. Verschwender genießen ihren Reichtum nicht, Geizhälse haben noch weniger davon: Das Maßhalten, auch das unfreiwillige, empfinde ich als Zuwachs, und die Erlaubnis, die ich mir dazu gebe, als Befreiung.

Meine Mutter pflegte, wenn wir uns zur Herbstzeit in einer anerkannt schönen Gegend befanden, zu sagen: Wie schön müsste es hier im Frühling sein! Aber im Frühling wiederzukommen, hätte nichts genützt: Dann hätte es hier im Herbst besonders schön sein müssen. Für ihren Unwillen, Ort und Zeit, wo sie sich hier und jetzt gerade befand, schön zu finden, habe ich sie geneckt. Dabei tat mir in der Seele weh, dass sie sich scheinbar gar nichts gönnen konnte und dass schon Anwesenheit genügte, ihr den Genuss derselben zu verleiden. Heute höre ich ihren Satz anders: Um das Glück, das sie wirklich empfand, anzunehmen, war ein kleiner Irrealis nötig, alles andere wäre ihr unbescheiden vorgekommen. Mir geht es längst ähnlich, auch wenn ich das puritanische Salz, das sie einem Genuss zusetzen musste, gut entbehren kann. Aber auch ich erlaube der Realität nicht mehr, sich faustdick um mich zu ballen, gebe mich einer Stimmung, einem Eindruck, einer Überzeugung nicht mehr rückhaltlos gefangen: Ich mag das Bedingte daran; was ist, muss nicht sein. Es ist schön, Dinge zu lassen. Auch an meinen größten Problemen bemerke ich eine rettende Kleinheit, und wenn es gut geht, strahlt Heiterkeit davon aus, ein schöner Unernst in scheinbar ganz eigener Sache. Es gehört mir nicht mehr so viel von dem, was ich mir früher herausgenommen habe; um so besser. Was wirklich etwas zu bedeuten hat, geht um so weniger verloren. Aber ich werde leichter: Diese Leichtigkeit nimmt der Gegenwart nichts weg, im Gegenteil: Ich habe den Eindruck, viel mehr „da" zu sein als in Jahren der Hetze und Getriebenheit. Aber zugleich gönne ich mir auch ein wenig von jener Abwesenheit, die der Gegenwart erst den wahren Reiz gibt, wie ein Nebelstreif dem Umriss eines Gebirges. Wie vieles, was sich gestern dick und wichtig machte, muss heute nicht mehr sein. Wie leicht kann man sich die Aufregung darüber schenken.

Was Kleist „die gebrechliche Einrichtung der Welt" nennt – meine eigene eingeschlossen – ist kein Jammergrund mehr, und ihre Zweideutigkeit auch nicht. Viel eher stimmt sie einen, der beides an sich selbst erfährt, zu einer Art Brüderlichkeit. Aber diese hat ihre eigene Radikalität und entfernt sich – wenn ich recht sehe – von Altersweisheit immer weiter: Altersweise war ich vor zwanzig Jahren. Inzwischen habe ich eher die Sorge, ob es mir noch zu einem rechten Narren reicht. Kürzlich ist mir eines meiner Lieblingsgedichte, William Butler Yeats' *Sailing to Byzantium*, wieder in die Hand geraten, und ich habe festgestellt, dass ich ihm in seine goldene Stadt – das Bollwerk gegen die Hinfälligkeit des Lebens – nicht mehr zu folgen brauche. „An aged man is but a / paltry thing, / A tattered coat upon a / stick" – so weit, so gut – oder eben nicht. Aber dann gibt er sich das Signal zum Aussteigen: „unless / Soul clap its hands and sing, and louder sing / For every tatter in its / mortal dress". Kurz ist das Leben, ewig ist die Kunst? Diesen Trost möchte ich entbehren können, glaube ich. Im Fernen Osten habe ich von einem anderen Händeklatschen gehört: dem mit einer Hand. Ein klassisches Koan, über dem Adepten des Zen grübeln dürfen. Auf die Lösung ist noch nie jemand gekommen, obwohl sie auf der Hand liegen muss: aber es wäre eben die eigene. Mein schönes Gedicht hätte es gerne anspruchsvoller: „Once out of nature I shall never take / My bodily form from any natural thing". Warum nicht, und wovon denn sonst? Was wir weder fassen noch packen, kann sich ja auch *zeigen*: etwa an einem Bambusblatt, das der Pinsel in einem einzigen Strich aufs Papier geworfen hat, wie ein Wind auf die Straße. Zur Erinnerung: dass wir den berühmten Sinn des Lebens nicht weiter zu suchen brauchen als bis zum Allernächsten. Aber bis mir – trotz abnehmender Sehschärfe – die Augen darüber aufzugehen anfingen, wie weit das ist, musste ich schon ein wenig alt werden.

(NZZ, 28./29.8.2004)

XI. Schlusswort

Der demographische Wandel als gesellschaftliche Aufgabe

Wilhelm Staudacher, Norbert Arnold

Der demographische Wandel ist kein neues Phänomen unserer Zeit. Schon seit Beginn des 20. Jahrhunderts sind die Trends, nämlich Rückgang der Geburtenrate und verlängerte Lebenserwartung, erkennbar – wenn auch vielfach überdeckt durch Wirtschaftskrisen und Kriege. Der geburtenstärkste Jahrgang in Deutschland war 1964. Seit dieser Zeit ist die Geburtenrate rückläufig. Seit Anfang der 1970er Jahre sterben in Deutschland mehr Menschen als geboren werden. Seit rund 30 Jahren ist also das Problem bekannt.[1]

Der demographische Wandel ist kein regionales Problem. Die alternde Gesellschaft wird nicht nur zu einer Herausforderung für Deutschland. Vielmehr sind in den meisten europäischen Ländern die Geburtenziffern zu niedrig, um die Bevölkerungszahl zu stabilisieren. Auch viele Schwellen- und Entwicklungsländer, die heute noch an der Last der Überbevölkerung tragen, werden sich in den nächsten Jahrzehnten mit diesem Problem befassen müssen: Bereits heute werden in 59 Staaten der Erde nicht genügend Kinder geboren.[2]

Es ist höchste Zeit zum politischen Handeln. Gravierende Veränderungen, die fast alle Bereiche unseres gesellschaftlichen Lebens betreffen, werden die Folge sein, und wenn politische Weichenstellungen ausbleiben, ist mit einer spürbaren Verschlechterung unserer Lebensbedingungen zu rechnen, die die soziale Sicherung, die wirtschaftliche Prosperität, den Wohlstand und den gesellschaftlichen Zusammenhalt gleichermaßen betrifft.

Politische Konzepte, mit denen man den Risiken des demographischen Wandels wirkungsvoll begegnen könnte, sind noch nicht deutlich erkennbar, auch nicht im internationalen Vergleich. Gleichwohl sind einige Details der im Ausland versuchten Lösungen interessant und könnten als Vorbild für Deutschland dienen. Eine Politik, die wirksam den Herausforderungen des demographischen Wandels begegnen will, muss ein umfassendes Handlungskonzept entwerfen. Sie kann sich nicht nur auf einige wenige Politikfelder beschränken, vielmehr scheint es notwendig, in verschiedenen Bereichen parallel zu handeln. Isolierte Ansätze gehen fehl, nur in der Summe richtiger Maßnahmen kann eine Chance zur Korrektur liegen.

Folgt man den Prognosen, so kommen durch den demographischen Wandel Probleme auf uns zu, die zu den größten politischen Herausforderungen des 21. Jahrhunderts gehören:

– Die Bedürfnisse älterer Menschen müssen eine höhere Priorität erhalten.

Der demographischen Prognose entsprechend müssen politische Weichenstellungen folgen, die zur Lösung der Herausforderungen einer alternden Gesellschaft beitragen.

Dies gilt für die unterschiedlichsten Bereiche, so z. B. für die Gesundheitsversorgung. In einer alternden Gesellschaft werden chronische und nicht mehr akute Erkrankungen zum Regelfall mit weitreichenden Folgen für Arzt und Patient. Die Begriffe von Gesundheit und Krankheit werden unschärfer, ein Leben mit gesundheitlichen Gebrechen wird zur Normalität. Alle Akteure im Gesundheitswesen werden sich darauf einstellen müssen, um den Belangen älterer Patienten gerecht zu werden.

Ein Paradigmenwechsel in der Medizin ist langfristig die Folge. Die kurative Medizin wird durch eine stärkere Prävention und Rehabilitation ergänzt werden müssen. Die Möglichkeiten der prädiktiven Medizin zur Früherkennung müssen ausgebaut werden. Auch die regenerative und palliative Medizin erhalten einen höheren Stellenwert.

Die Gesundheitsforschung braucht eine Neuorientierung. Krebs, Demenzen, Erkrankungen des Skelett-Muskel-Systems usw. müssen als Alterskrankheiten wahrgenommen und untersucht werden. Die therapieorientierte Forschung muss Multimorbidität als Regelfall berücksichtigen und neben- und wechselwirkungsarme Therapieformen für das Alter entwickeln.

– Bereits heute stoßen die Sozialsysteme an ihre Grenzen. Das Gesundheitssystem bedarf dringend einer Strukturreform: Die alternde Gesellschaft und der wissenschaftliche Fortschritt als wichtige Kostentreiber bringen die Kassen an den Rand der Finanzierbarkeit.[3]

Die Alterssicherung ist reformbedürftig: Gesetzliche Renten werden nicht mehr reichen; betriebliche und private Altersvorsorge müssen als zweite und dritte Säule hinzukommen.

Der Bedarf an Betreuung und Pflege älterer Menschen wird rapide zunehmen. Dabei ist die Finanzierung unsicher; eine Reform der Pflegeversicherung ist notwendig. Darüber hinaus muss die Qualität verbessert werden. Da diese Aufgaben voraussichtlich nicht mehr nur in den Familien geleistet werden können, müssen sie professionell organisiert werden. Die physischen, psychischen und sozialen Interessen der älteren Menschen müssen dabei ausreichend berücksichtigt werden. Einer Diskriminierung muss vorgebeugt, einer gesellschaftlichen Re-Integration alter Menschen der Weg geebnet werden.

– Die Entwicklung der öffentlichen Haushalte wird zu einem Problem.

Durch den demographischen Wandel wird die öffentliche Hand stark belastet werden. Einerseits nehmen die Ausgaben für Gesundheit, Pflege und Renten zu, andererseits werden durch den geringeren Anteil der Erwerbstätigen und das geringere Wirtschaftswachstum die Einnahmen verringert. Die Defizite der öffentlichen Hand werden weiter anwachsen, ohne dass Möglichkeiten für eine Sanierung erkennbar werden. In einer Ifo-Studie werden für die nächsten Jahrzehnte eine Staatsverschuldung von bis zu 200 Prozent des Bruttoinlandsprodukts und eine jährliche Neuverschuldung von weit über 7 Prozent des Bruttoinlandsprodukts prognostiziert.[4] Die Prognosen des Sachverständigenrates zur Begutachtung der gesamtwirtschaftlichen Entwicklung fallen noch dramatischer aus.[5]

– Auch in der Wirtschaftspolitik muss eine Antwort auf die Herausforderungen der alternden Gesellschaft gefunden werden.

Hohe strukturelle Arbeitslosigkeit kennzeichnet die aktuelle Situation – künftig muss mit einem Mangel an qualifizierten Arbeitskräften gerechnet werden. Außerdem ist unklar, wie bei einer Bevölkerung ohne Wachstum ein *wirtschaftliches* Wachstum erreicht werden kann.

Das Verhältnis zwischen der berufstätigen und der nichtberufstätigen Bevölkerung wird sich weiter verschlechtern. Immer weniger Menschen müssen Lebensstandard und Wohlstand für alle sichern.

Auch die Konsumstruktur wird sich verändern („Inkontinenz-Windeln statt Pampers"). Das derzeitige Vermögen der Senioren wird auf zwei Billionen Euro geschätzt. Ihre jährliche Kaufkraft liegt zwischen 90 und 150 Mrd. Euro. Banken, Versicherungen, Wellness und Tourismus werden profitieren.[6]

Die Innovationsfähigkeit und damit die Wettbewerbsfähigkeit des Standorts Deutschland im globalen Wettbewerb werden eventuell geschwächt. Prognosen, die besagen, dass mit dem geringen Anteil Jugendlicher auch die Kreativität und Innovationsfähigkeit einer Gesellschaft abnehmen, scheinen nicht ganz unbegründet. Andererseits darf die Leistungsfähigkeit älterer Menschen nicht gering geschätzt werden.

Wir brauchen mehr Innovationskraft, die forschungsintensive produzierende Unternehmen mit neuen High-Tech-Produkten am Standort Deutschland hält – eine Dienstleistungsgesellschaft ohne neue Produkte schafft keinen Mehrwert, der Lebensstandard und Wohlstand einer alternden Gesellschaft alleine sichern könnte. Kompetenzzentren und -netzwerke, Technologie-Cluster, ein funktionierender Technologietransfer und vor allem Deregulierung und Entbürokratisierung müssen stärker als bisher vorangetrieben werden. Wenn innovative und kreative Leistungsträger zur knappen Ressource werden, muss die schwindende Quantität durch eine höhere Qualität kompensiert werden. Daher gilt: Innovationspolitik ist die beste Politik, die man sich für eine alternde Gesellschaft vorstellen kann.

Altersgerechte Arbeitsplätze müssen geschaffen werden, so dass das Know-how älterer Arbeitnehmer optimal genutzt werden kann.

– Die Bildungspolitik ist gefordert, auf die neue Situation zu reagieren.

Innovationsoffensiven und Bildungskonzepte, wie etwa das des lebenslangen Lernens, könnten eine adäquate Antwort auf einen eventuellen schleichenden Kreativitätsverlust in der alternden Gesellschaft sein, stoßen jedoch bereits heute vielfach auf Technikaversionen und Bildungsfaulheit.

Schulen und Hochschulen müssen mit einem Mangel an Schülern und Studenten rechnen. Bereits heute werden in ländlichen Regionen Schulen geschlossen. Eine flächendeckende Versorgung muss reorganisiert werden, dies erfordert neue Modelle für Schulen und Hochschulen.

Die Reform der Schulen muss vorangetrieben werden. Wie PISA und andere einschlägige Studien zeigen, gibt es bildungsferne Bevölkerungsschichten, die es gezielt zu fördern gilt. Durch geeignete bildungspolitische Maßnahmen könnte es gelingen, dieser Gruppe eine bessere Bildung und Erziehung zu vermitteln. Dies hätte sowohl bessere Zukunftsperspektiven für die Betroffenen als auch eine Stärkung der wirtschaftlichen Leistungsfähigkeit unseres Landes zur Folge. Wir brauchen eine bessere Bildung, damit es genügend Leistungsträger in der alternden Gesellschaft gibt. Wir brauchen mehr Flexibilität in Bildung und Ausbildung, die der individuellen Begabung gerecht wird und sie fördert. Wir brauchen einen Konsens über Bildungs-*Inhalte*.

Das „Recht auf Bildung" muss durch eine *„Pflicht* zur Bildung" ergänzt werden: Bildung ist Bürgerpflicht – dies gilt besonders in der alternden Gesellschaft, die nur als *Wissens*-Gesellschaft zukunftsfähig ist.

– Der demographische Wandel wird gravierende Folgen für die Kommunalpolitik und für die regionale Strukturpolitik haben.

Schrumpfende Einwohnerzahlen werden viele Kommunen an den Rand ihrer Existenzfähigkeit bringen. Die Infrastruktur wird geschwächt. Die wirtschaftliche Leistungsfähigkeit ganzer Regionen scheint gefährdet.[7] Insbesondere in den neuen Ländern wird sich die Situation zuspitzen: Dort kommt zum demographischen Wandel die hohe Abwanderungsrate junger Menschen erschwerend hinzu.

In knapp einem Drittel aller Kreise in Deutschland sinkt die Einwohnerzahl. Viele davon liegen im Osten, aber auch in einigen Industrieregionen im Westen, insbesondere im Ruhrgebiet, im Saarland und in den südöstlichen Landesteilen Niedersachsens. Bis 2020 werden sich die Schrumpfungsregionen fast verdoppeln. Städteplanerisch wird schon heute von „intelligentem Schrumpfen", „smartem Rückbau" und „Entdichtung" gesprochen. Das Ziel sind „lean cities". Regionaler Bevölkerungszuwachs, wie z. B. in den Großräumen Berlin, Hamburg, Bremen und München, sind auf innerdeutsche Wanderungsbewegungen zurückzuführen. Sie sind gekennzeichnet durch eine Flucht aus entlegenen ländlichen Gebieten hin zu Ballungsräumen. Bundesweit werden viele Regionen mit einer Abnahme junger und einer Zunahme älterer Bevölkerungsgruppen rechnen müssen. Diese Überalterung wird sich besonders in wirtschaftsschwachen Regionen bemerkbar machen.

– Dringend verbesserungsbedürftig und von zentraler Bedeutung ist die Familienpolitik.

Die Familienstrukturen ändern sich grundlegend:[8] Informelle Partnerschaften, Trennungen und Scheidungen nehmen zu. Neben einer Pluralisierung von Familienstilen ist eine Verschiebung der Haushaltsstrukturen zu erkennen. Einpersonenhaushalte machen in der Europäischen Union schon heute 10 bis 15 Prozent aller Haushalte aus. Die Zahl der Familienhaushalte, in denen Kinder leben, ist seit Jahrzehnten rückläufig. Heute leben nur noch in 55 Prozent aller Haushalte Kinder. Demgegenüber leben mehr Paare ohne Kinder als mit Kindern. Immer weniger Paare entscheiden sich für Kinder. 40 Prozent der Akademikerinnen bleiben in Deutschland kinderlos.

Immer weniger Kinder haben Geschwister. Auch die Anzahl der Cousinen, Onkel und Tanten nimmt ab. Verwandtschaften werden kleiner. Immer weniger Menschen unserer Gesellschaft sind familiär miteinander verbunden.

Zwei Maßnahmen liegen auf der Hand: Erstens muss die Vereinbarkeit von Familie und Beruf verbessert werden. Zweitens brauchen Familien eine wirkungsvolle finanzielle Entlastung. Dafür finden sich im Ausland funktionierende

Vorbilder – ein simples Kopieren führt im Hinblick auf die kulturellen Unterschiede jedoch kaum zum Ziel.

– Auswirkungen sind auch auf die Einwanderungspolitik zu erwarten.

Der Bedarf an Arbeitskräften in der alternden Gesellschaft wird – zumindest teilweise – durch eine verstärkte Einwanderung gedeckt werden müssen. Der Sog der Industrieländer wird durch den Migrations-Druck in Entwicklungsländern verstärkt. Illusionär bleibt allerdings die Vorstellung, man könne den fehlenden Nachwuchs in Deutschland durch eine verstärkte Zuwanderung vollständig kompensieren. Die Integrationsfähigkeit der Gesellschaft würde rasch an ihre Grenzen stoßen. Ein ethnischer Melting-Pot, wie z. B. in den USA, scheint für Deutschland kein realisierbares Modell zu sein – zumal auch in den USA Grenzen der Integrationsfähigkeit erkennbar werden.

– Auch die Außen- und Sicherheitspolitik könnte vom demographischen Wandel betroffen werden.

Dynamisch wachsende Bevölkerungen in vielen Weltregionen und alternde, abnehmende Bevölkerungen in westlichen Staaten werden nicht ohne Auswirkungen bleiben. Die jungen Gesellschaften werden ihren Anteil am weltweiten Wohlstand fordern. Neue Migrationsströme könnten die Folge sein. Der demographische Wandel weltweit mit seinen unterschiedlichen Geschwindigkeiten führt zu gesellschaftlichen und wirtschaftlichen Spannungen von geopolitischer Bedeutung. Krisenherde und Kriege werden davon beeinflusst.[9]

Schirrmacher sieht durch die „Macht der Teenager" in manchen Regionen die Gefahr des Extremismus und des Terrorismus steigen: „Man sollte bei aller Hoffnung auf den Dialog der Kulturen nicht übersehen, dass der radikale

Islam in solchen Ländern an Boden gewonnen hat, deren typischer Einwohner ein Teenager ist [...]."[10]

– Das gesellschaftliche Klima wird sich ändern.
Wertvorstellungen und Interessen älterer Menschen werden an Bedeutung gewinnen. Die Politik wird sich daran orientieren: „Aufgrund der demographischen Entwicklung wird aus wahlstrategischer Sicht die Generation „60 +" immer bedeutender. Ein knappes Drittel der Wahlberechtigten ist heute bereits über 60 Jahre alt – mit steigender Tendenz. Die Wahlbeteiligung ist zudem größer als bei den jüngeren Wählern. Aufgrund der absoluten Gruppenstärke lässt sich eine einfache Gleichung aufmachen: Wer in dieser Gruppe 10 Prozent der Stimmen verliert, kann dies durch Gewinne in den jüngeren Altersgruppen schwer kompensieren."[11]

Wenn ältere Menschen zur wichtigsten Wählergruppe werden, neigen politische Parteien dazu, vor allem die Interessen der Älteren zu vertreten. Dies könnte zu einer Überbewertung von *„Sicherheits"*-Themen und einer stärkeren Ablehnung von *„Risiko"*-Themen führen mit der Folge, dass beharrende und nicht innovative Elemente gestärkt werden, die jedoch zur Zukunftssicherung einer alternden Gesellschaft dringend notwendig sind. Politik darf dieser Gefahr nicht erliegen. Sie ist gefordert, einen gerechten Interessensausgleich zwischen den Generationen zu schaffen.

Ältere Menschen müssen davon überzeugt werden, dass ihr eigenes Wohlergehen auf Dauer nur gesichert werden kann, wenn die Belange der *jüngeren* Bevölkerungsgruppen ausreichend berücksichtigt werden. In der Diskussion über den demographischen Wandel und seine Folgen ist grundsätzlich eine Erweiterung der Perspektive zu einer gesellschaftlichen Gesamtsicht notwendig: Wer die Risiken der alternden Gesellschaft mindern will, darf die Jungen nicht aus den Augen verlieren.

Anmerkungen

[1] Deutsche Kinderlosigkeit. In: FAZ vom 6.4.2004.

[2] *Phillip Longman:* Die Wiege ist leer. In: Rheinischer Merkur vom 1.7.2004.

[3] Zu den Herausforderungen für Medizin und Gesundheitswesen vgl. Schumpelick, Volker / Vogel, Bernhard (Hrsg.): Grenzen der Gesundheit. Freiburg 2004.

[4] *Riedel, Donata:* Demographie sprengt die Staatshaushalte. In: Handelsblatt vom 22.9.2004.

[5] *Starbatty, Joachim:* Die Bevölkerungsurne. In: FAZ vom 7.6.2004.

[6] *Bilen, Stefanie:* Die Wirtschaft entdeckt die Alten. In: Handelsblatt vom 29.6.2004.

[7] *Krohnert, Steffen / von Olst, Nienke / Klingholz, Reiner:* Deutschland 2020. Die demographische Zukunft der Nation. www.berlin-institut.org/kompl.pdf.

[8] Statistisches Bundesamt, Mikrozensus, www.destatis.de/themen/d7thm_mikrozen.htm.

[9] *Gritton, Eugene C. / Anton, Philip S:* Headlines over the horizon. In: The Atlantic Monthly, Juli/August 2003; *Hewitt, Paul S.:* Die Geopolitik des globalen Alterungsprozesses. In: FAZ vom 23.3.2004.

[10] *Schirrmacher, Frank:* Das Methusalem-Komplott. München 2004.

[11] *Neu, Viola:* Alter gegen Geschlecht: Was bestimmt die Wahlentscheidung? (Hrsg.: Konrad-Adenauer-Stiftung. Arbeitspapier 123/2004). Sankt Augustin 2004. Vgl. auch: *von Wilamowitz-Moellendorff, Ulrich:* Ältere Menschen 1996. Alltagserfahrungen, politische Einstellungen und Wahlverhalten, (Hrsg.: Konrad-Adenauer-Stiftung. Interne Studie 132/1996). Sankt Augustin 1996.

Autorenverzeichnis

Prof. Dr. Michael Albus
ZDF-Journalist, Universitäten Freiburg und Frankfurt

Dr. Norbert Arnold
Leiter der AG Gesellschaftspolitik, Konrad-Adenauer-Stiftung e.V.

Prof. Dr. Gertrud M. Backes
Lehrstuhl für Soziale Gerontologie, Universität Kassel

Prof. Dr. Eggert Beleites
Direktor der Hals-Nasen-Ohren-Klinik der Universität Jena, Präsident der Landesärztekammer Thüringen

Prof. Dr. Klaus Bergdolt
Direktor des Instituts für Geschichte und Ethik der Medizin, Universität zu Köln

Prof. Dr. Wilhelm Berges
Direktor der Klinik für Innere Medizin und Gastroenterologie, Luisenhospital Aachen

Dr. Richard Böger
Vorstandsvorsitzender der Bank für Kirche und Caritas eG

Ute Borchers-Siebrecht
Mitglied des Vorstandes der Senioren-Union der CDU Niedersachsen

Dr. Ulrike Brandenburg
Fachärztin für Psychotherapeutische Medizin, Praxis für Paar- und Familientherapie

Prof. Dr. Wolfgang Clemens
Institut für Soziologie, Freie Universität Berlin

Prof. Dr. Ulrich Eibach
Evangelisch-Theologische Fakultät, Leiter der Klinikseelsorge, Universität Bonn

Dr. Dr. Rainer Erlinger
Arzt, Rechtsanwalt, Publizist

Prof. Dr. Gerd Göckenjan
Fachbereich Sozialwesen, Universität Kassel

Prof. Dr. Hanfried Helmchen
Klinik und Poliklinik für Psychiatrie und Psychotherapie, Freie Universität Berlin

Prof. Dr. Klaus-Dirk Henke
Lehrstuhl für Finanzwissenschaft und Gesundheitsökonomie, Technische Universität Berlin

Prof. Dr. Wolfram Höfling
Direktor des Instituts für Staatsrecht, Universität zu Köln

Prof. Dr. François Höpflinger
Forschungsdirektor am Universitären Institut „Alter und Generation" (INAG), Sion

Dr. Marianne Koch
Präsidentin der Deutschen Schmerzliga

Walter Köbele
Vorsitzender der Geschäftsführung, Pfizer GmbH

Dr. Carsten Johannes Krones
Chirurgische Klinik, Universitätsklinikum der RWTH Aachen

Prof. Dr. Andreas Kruse
Direktor des Instituts für Gerontologie, Universität Heidelberg

Dr. Harald Künemund
Institut für Soziologie, Freie Universität Berlin

Herbert Landau
Staatssekretär im Hessischen Ministerium der Justiz

Barbara Lanzinger MdB
CDU/CSU-Fraktion im Deutschen Bundestag

Prof. Dr. Ursula Lehr
Bundesministerin a.D., Gründungsdirektorin des Deutschen Zentrums für Alternsforschung, Heidelberg

Prof. Dr. Birgit Lermen
Seminar für Deutsche Sprache und Literatur, Universität zu Köln

Eva-Maria Lettenmeier
Mitglied der Geschäftsleitung, Augustinum-Wohnstifte

Prof. Dr. Herbert Löllgen
Medizinische Klinik, Sana-Klinikum Remscheid

Carl-Philipp Mauve
Ogilvy & Mather, Düsseldorf

Prof. Dr. Meinhard Miegel
Direktor des Instituts für Wirtschaft und Gesellschaft, Bonn

Prof. Dr. Dr. h. c. mult. Jürgen Mittelstraß
Zentrum für Philosophie und Wissenschaftstheorie, Universität Konstanz

Dr. Michaela Moritz
Geschäftsführerin des Österreichischen Bundesinstituts für Gesundheitswesen

Prof. Dr. Adolf Muschg
Schriftsteller, Präsident der Akademie der Künste, Berlin

Gert Nachtigall
Verwaltungsratsvorsitzender des AOK-Bundesverbandes

Elisabeth Niejahr
Die Zeit

Dr. Klara Obermüller
Publizistin, Neue Zürcher Zeitung am Sonntag

Detlef Parr MdB
FDP-Fraktion im Deutschen Bundestag

Prof. Dr. Leopold Rosenmayr
Leiter des Ludwig-Boltzmann-Instituts für Sozialgerontologie und Lebenslaufforschung, Wien

Prof. Dr. Dietrich O. Schachtschabel
Institut für Interdisziplinäre Gerontologie und angewandte Sozialethik, Universität Marburg

Irmingard Schewe-Gerigk MdB
Frauen- und seniorenpolitische Sprecherin der Fraktion Bündnis 90/Die Grünen im Deutschen Bundestag

Prof. Dr. Dr. h. c. Volker Schumpelick
Direktor der Chirurgischen Klinik, Universitätsklinikum der RWTH Aachen

Prof. Dr. Josef Schuster SJ
Philosophisch-Theologische Hochschule Sankt Georgen, Frankfurt

Johann-Magnus von Stackelberg
Stellvertretender Vorsitzender des AOK-Bundesverbandes

Wilhelm Staudacher
Staatssekretär a. D., Generalsekretär der Konrad-Adenauer-Stiftung e. V.

PD Dr. Gerd Steinau
Chirurgische Klinik, Universitätsklinikum der RWTH Aachen

Prof. Dr. Dr. h. c. mult. Bernhard Vogel
Ministerpräsident a. D., Vorsitzender der Konrad-Adenauer-Stiftung e.V.

PD Dr. Stefan Willis
Chirurgische Klinik, Universitätsklinikum der RWTH Aachen

Axel Wintermeyer MdL
Rechtspolitischer Sprecher der CDU-Fraktion im Hessischen Landtag

Prof. Dr. Klaus Zerres
Direktor des Instituts für Humangenetik, Universitätsklinikum der RWTH Aachen